四川歷史
名人叢書
文獻系列

LITERATURE SERIES

華陽國志校補圖注

上

任乃強 著
任新建 編

巴蜀書社

圖書在版編目(CIP)數據

華陽國志校補圖注 / 任乃强著；任新建編. —成都：巴蜀書社, 2021.12 (2025.3 重印)

ISBN 978-7-5531-1599-3

Ⅰ.①華… Ⅱ.①任… ②任… Ⅲ.①西南地區-地方志-東晉時代 Ⅳ.①K297

中國版本圖書館 CIP 數據核字(2021)第 254002 號

HUAYANGGUOZHIJIAOBUTUZHU

華陽國志校補圖注

任乃强 著　任新建 編

策　　劃	劉　冰
責任編輯	王　雷　且志宇
責任印製	田東洋　谷雨婷
封面設計	今亮後聲
出　　版	巴蜀書社
	成都市錦江區三色路 238 號新華之星 A 座 36 層
	郵編 610023　總編室電話：(028)86361843
網　　址	www.bsbook.com
發　　行	巴蜀書社
	發行科電話：(028)86361856
經　　銷	新華書店
照　　排	成都完美科技有限責任公司
印　　刷	成都新恒川印務有限公司
	電話：(028)85412411
版　　次	2023 年 4 月第 1 版
印　　次	2025 年 3 月第 2 次印刷
成品尺寸	240mm×170mm
印　　張	98.25
插　　頁	11
字　　數	1500 千
書　　號	ISBN 978-7-5531-1599-3
定　　價	490.00 圓(全三册)

本書若有印裝質量問題，請與工廠調換

《四川歷史名人叢書》編委會名單

主　任　何志勇

副主任　李　強　王華光

委　員　譚繼和　何一民　段　渝　高大倫　霍　巍
　　　　張志烈　祁和暉　林　建　黃立新　常　青
　　　　楊　政　馬曉峰　侯安國　劉周遠　張慶寧
　　　　李　雲　蔣咏寧　張紀亮

‖ 總　序 ‖

《四川歷史名人（第二批）叢書》總序
——傳承巴蜀文脉，讓歷史名人"活"起來

文化是民族的血脉。文化興國運興，文化强民族强。

黨的十八大以來，習近平總書記以政治家的戰略眼光，以唯物主義的科學態度，從中華文化的思想内涵、道德精髓、現代價值和傳承理念等方面多維度、系統化地闡述了對待中華文化的根本態度和思想觀點。他將中華優秀傳統文化提升到"中華民族的基因""中華民族的根和魂"的嶄新高度，指出"一個國家、一個民族不能没有靈魂"，要"加强對中華優秀傳統文化的挖掘和闡發"，努力實現傳統文化的"創造性轉化、創新性發展"。

中華文化源遠流長，積澱着中華民族最深沉的精神追求，是中華民族獨特的精神標識，爲中華民族生生不息、發展壯大提供了豐厚滋養。與古印度、古埃及、古巴比倫文明相較，中華文明至今仍然噴湧和焕發着蓬勃的生機。四川作爲中華文明的重要發源地之一，歷史文化源遠流暢、悠久深厚。舊石器時代，巴蜀大地便有了巫山人和資陽人的活動，2021 年公布的全國十大考古發現之一的稻城皮洛遺址，爲研究早期人類遷徙提供了豐富材料。新石器時代，巴蜀創造了獨特的灰陶文化、玉器文化和青銅文明。以寶墩文化爲代表的古城遺址，昭示着城市文明的誕生；三星堆和金沙遺址，展示了古蜀文明的不同凡響；秦并巴蜀，開啓了與中原文化的融通；漢文翁守蜀，興學成都，蜀地人才濟濟，文風大盛。此後，四川具有影響力的文人學者，代不乏人。文學方面，漢司馬相如、王褒、揚雄，唐陳子昂、李白、薛濤，宋蘇洵、蘇軾、蘇轍，元虞集，明楊慎，清李調元、張問陶，現當代巴金、郭沫若等，堪稱巨擘；史學方面，晉陳壽、常璩，宋范祖禹、張唐英、李燾、李心傳等，名史俱傳；蜀學傳承方面，漢嚴遵，宋三蘇、張栻、魏了翁，晚清民國劉沅、廖平、宋育仁等，統序不斷，各領風騷。此外，經過一代代巴蜀人的篳路藍縷、薪火相傳，還創造了道教文化、三國文化、武術文化、川酒文化、川菜文化、川劇文化、蜀錦文化、藏羌彝民族文化等，都玄妙神奇、浩博精深。瑰麗多姿的巴蜀文化，是中華文化的重要組成部分，是四川人的根脉，是推動四川文化走向輝煌未來的重要基礎。記得來路，不忘初心，我們要以"爲往聖繼絕學"的使命擔當，擔負起傳承歷史的使命和繼往開來的重任，大力推動巴蜀文化的傳承、接續與轉化，讓巴蜀文化的優秀基因代代相傳。

"四川歷史名人文化傳承創新工程"是深入貫徹習近平新時代中國特色社會主義思想，踐行"兩個結合"，推動中華優秀傳統文化創造性轉化、創新性發展的生動實踐。自2016年10月提出方案，2017年啓動實施，推出首批十位四川歷史名人，彰顯了歷史名人的當代價值，推動了中華優秀傳統文化傳承發展。2020年6月，經多個領域權威專家學者的多次評議，又推出文翁、司馬相如、陳壽、常璩、陳子昂、薛濤、格薩爾王、張栻、秦九韶、李調元等十位第二批四川歷史名人。這十位名人，從漢代到清代，來自政治、文學、思想、教育、科學、史學等領域，和首批歷史名人一樣，他們是四川歷史上名人巨匠的傑出代表，在各自領域造詣很高，貢獻突出：文翁化蜀興公學，千秋播德馨；相如雄才書大賦，《漢書》稱"辭宗"。陳壽會通古今寫三國，並遷雙固創史體；張栻融合儒道辦書院，超熹邁謙新理學。薛濤通音律、善辯慧、工詩賦，女中豪傑；格薩爾王征南北、開疆土、安民生，曠世英雄。陳子昂提倡興寄風骨，橫制頹波，天下質文翕然一變；李調元鍾情鄉邦文獻，復興蜀學，有清學術旗鼓重振。常璩失意不憤，潛心歷史、地理、人物，撰《華陽國志》，成就中國方志鼻祖；秦九韶在官偷閑，精研天文、曆律、算術，著《數書九章》，站上世界數學頂峰。

總　序

《四川歷史名人叢書》的編纂出版，是深入貫徹落實中央《關於加強和改進出版工作的意見》和中辦、國辦《關於推進新時代古籍工作的意見》精神，推動四川出版高質量發展的重大舉措，是傳承巴蜀文明、建設文化強省、振興四川出版的品牌工程。其目的是深入挖掘歷史名人的思想精髓，凝練時代所需的精神價值，增強川人的歷史記憶，延續中華文化的巴蜀脉絡，推動中華文化傳承創新，爲實現中華民族偉大復興提供精神力量。

《四川歷史名人叢書》的編纂出版，始終堅持正確的政治方向、出版導向、價值取向，深入挖掘名人的精神品質、道德風範，正面闡釋名人著述的核心思想，藉以增強川人的文化自信，激發川人瞭解家鄉、熱愛家鄉、建設家鄉的澎湃力量；始終堅守中華文化立場，着力傳承中華文化的經典元素和優秀因子，促進人民在理想信念、價值理念、道德觀念上團結一致；始終秉承辯證唯物主義和歷史唯物主義觀點，用客觀、公正、多維的眼光去觀察歷史名人，還原全面、真實、立體的歷史人物，塑造歷史名人的優秀形象，展示四川文化的獨特魅力，讓歷史名人文化爲今天的社會發展提供精神動能。

《四川歷史名人叢書》的編纂出版，注重在創新上下功夫，遵循出版規律，把握時代脉搏，用國際視野、百姓視角、現代意識、文化思維，將思想性、知識性、藝術性、可讀性有機結合，找到與讀者的共振點，打造有文化高度、歷史厚度、現代熱度的文化精品，經得起讀者檢驗，經得起學者檢驗，經得起社會檢驗，經得起歷史檢驗；注重在品質和水準上下功夫，立足原創、新創、精創，努力打造史實精準、思想精深、内容精彩、語言精妙、製作精美的文化精品，全面提升四川出版的知名度和美譽度，爲建設文化強省、助推治蜀興川再上新臺階提供思想引領、輿論推動、精神鼓勵和文化支撑，爲增強中華文化影響力貢獻四川力量。

《四川歷史名人（第二批）叢書》編委會

2022 年 4 月 5 日

目　次

前言 1

上册

卷一　巴志 1
　　附　說鹽 108
卷二　漢中志 123
　　附　《常志》梁州郡縣與兩《漢志》及《晉志》對照表 219
卷三　蜀志 225
　　附一　蠶叢考 431
　　附二　成都七橋考 440

中册

卷四　南中志 447
　　附一　莊蹻入滇考（附路綫圖） 609
　　附二　蜀枸醬入番禺考 614
　　附三　蜀布、邛竹杖入大夏考 626
卷五　公孫述劉二牧志 637
卷六　劉先主志 687
卷七　劉後主志 749
卷八　大同志 837

卷九　李特雄期壽勢志 ……………………………… 937

下册

卷十上　先賢士女總讚論 ……………………………… 1009
　附　《巴郡士女讚注》殘文輯佚 ……………………… 1070
卷十中　廣漢士女 ……………………………………… 1079
卷十下　漢中士女 ……………………………………… 1147
卷十一　後賢志 ………………………………………… 1193
　原附　益梁寧三州先漢以來士女目録 ……………… 1287
卷十二　序志 …………………………………………… 1389

附録一　舊刊序跋 ……………………………………… 1425
　一　宋元豐成都刻本吕大防序 ……………………… 1425
　二　宋嘉泰邛州刻本李𡊮序 ………………………… 1427
　三　明嘉靖甲子成都刻本楊經序 …………………… 1429
　四　同前書劉大昌後序 ……………………………… 1430
　五　明嘉靖蒲州刻本張佳胤序 ……………………… 1432
　六　嘉靖蒲州刻本張四維序 ………………………… 1434
　七　張佳胤《江原常氏士女目録》跋語 …………… 1435
　八　吴琯《古今逸史》校刻《華陽國志》凡例 …… 1436
　九　明天啓丙寅李一公重刻《華陽國志》序 ……… 1437
　十　同前書范汝梓序 ………………………………… 1439
　十一　四川省圖書館藏《函海》本《華陽國志》卷九《李志》
　　　張佳胤跋語 ……………………………………… 1441
　　　附　李調元《函海》後序 ……………………… 1441
　十二　《函海》《華陽國志》附録 ………………… 1443
　十三　《漢魏叢書》江西本《華陽國志》王謨跋 … 1447

十四　清嘉慶甲戌南京刻題襟館本廖寅序 …………………… 1448

十五　北京圖書館藏顧廣圻校批本前四卷中的重要題記
　　　（附説明） ……………………………………………… 1450

十六　向覺明家藏何校顧批《華陽國志》考略 ……………… 1457

十七　向藏本之顧批及其他乾嘉名流題記 …………………… 1465

十八　《四庫全書總目提要》史部載記類《華陽國志》 ……… 1468

十九　章宗瀛校《四庫全書考證》史部《華陽國志》 ………… 1470

二十　《山右叢書》耿氏《萬卷精華樓藏書記》卷四十史部九載
　　　記類《華陽國志》叢記兩種 ………………………… 1472

二十一　悔過齋重刻題襟館本《華陽國志》陶濬宣題記 ……… 1478

二十二　顧觀光《華陽國志》校勘記 …………………………… 1479

二十三　傅增湘《藏園群書題記》續集卷一校明劉大昌刻本
　　　《華陽國志》跋 ………………………………………… 1480

附録二　莫與儔著作兩篇 ………………………………………… 1484

　一　牂牁考 ……………………………………………………… 1484

　二　莊蹻考 ……………………………………………………… 1488

跋 …………………………………………………………………… 1491

修訂版後記 ………………………………………………………… 1492

圖版目錄

1. 《巴志》形勢總圖
2. 巴族歷史發展圖
3. 江州三峽圖
4. 巴西、宕渠二郡圖
5. 《漢中志》形勢總圖
6-1. 漢沔流變圖之一：侏羅紀末期的漢沔流向
6-2. 漢沔流變圖之二：白堊紀期的漢水與潛水
6-3. 漢沔流變圖之三：史前期以後的東西漢水
7. 《蜀志》形勢總圖
8. 李冰治水遺迹圖
9. 都江堰工程略圖
10. 沫水離堆示意圖
11. 秦漢成都城址比較圖
12. 秦漢成都市郊示意圖
13. 花蒂紋圖的發展變化
14. 李冰造七星橋位置圖
15. 《南中志》形勢總圖
16. 諸葛亮南征路綫圖
17. 雲南東北部湖迹盆地圖
18. 莊蹻入滇路綫圖

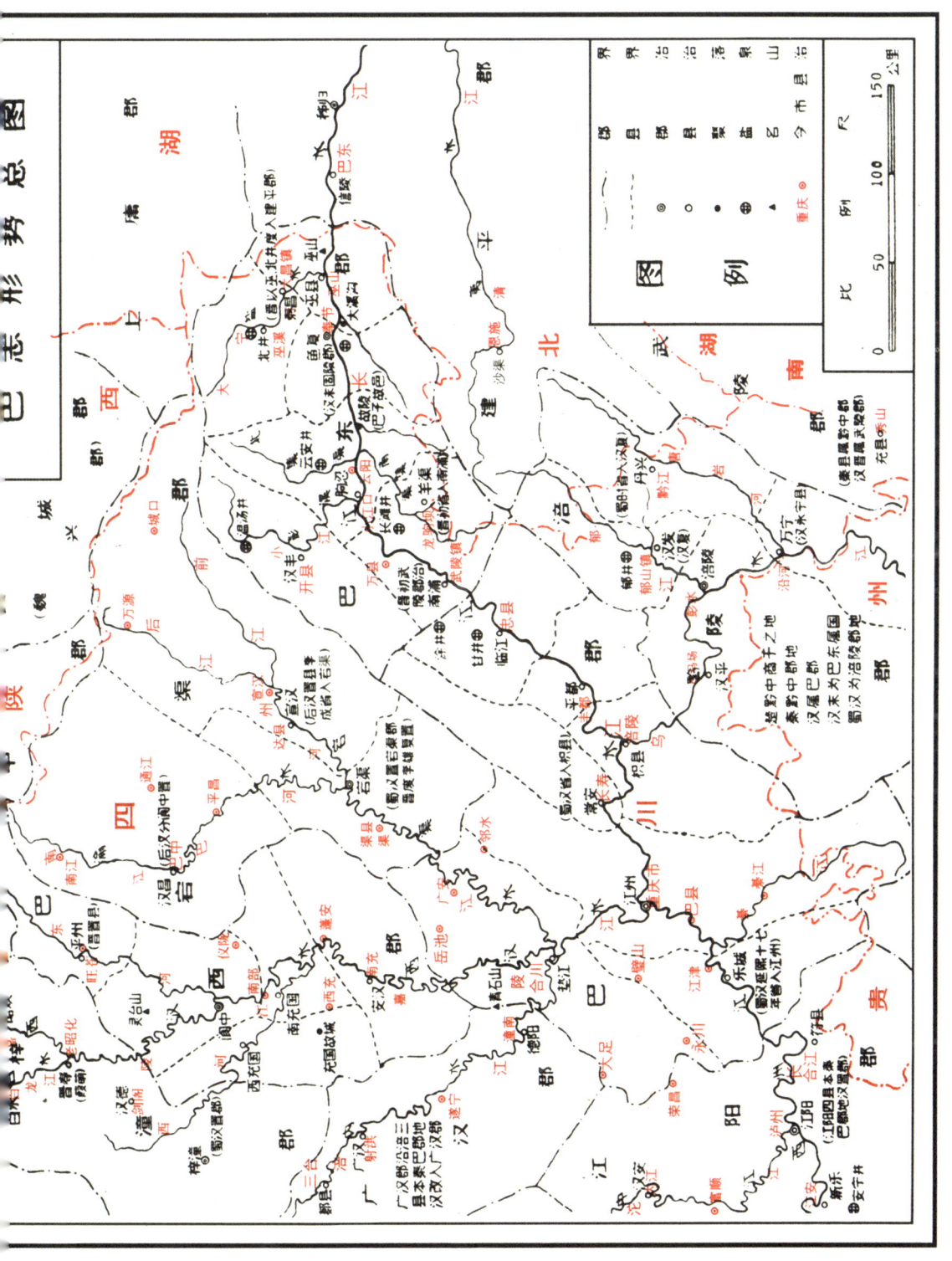

圖版1 《巴志》形勢總圖

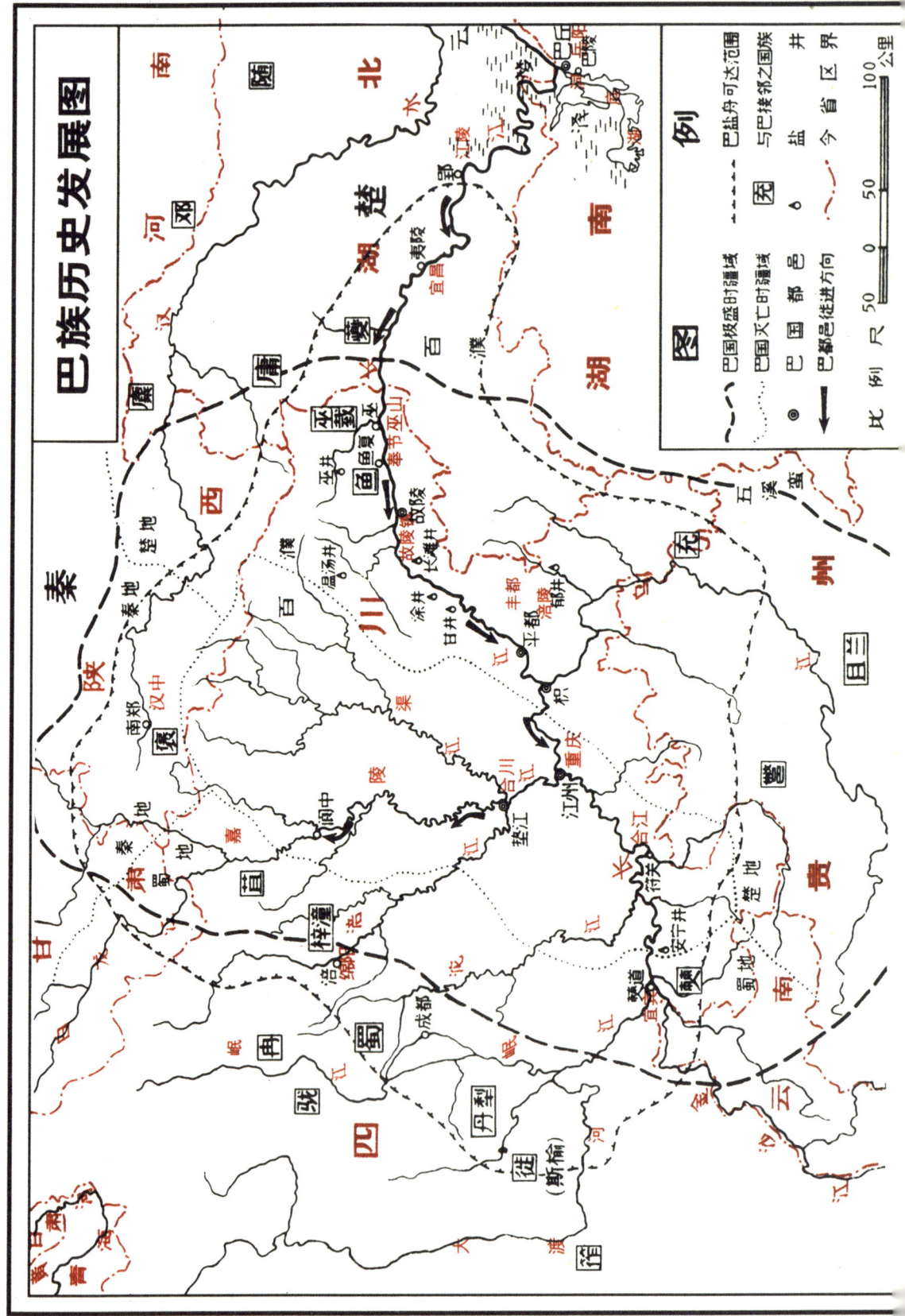

圖版2 巴族歷史發展圖

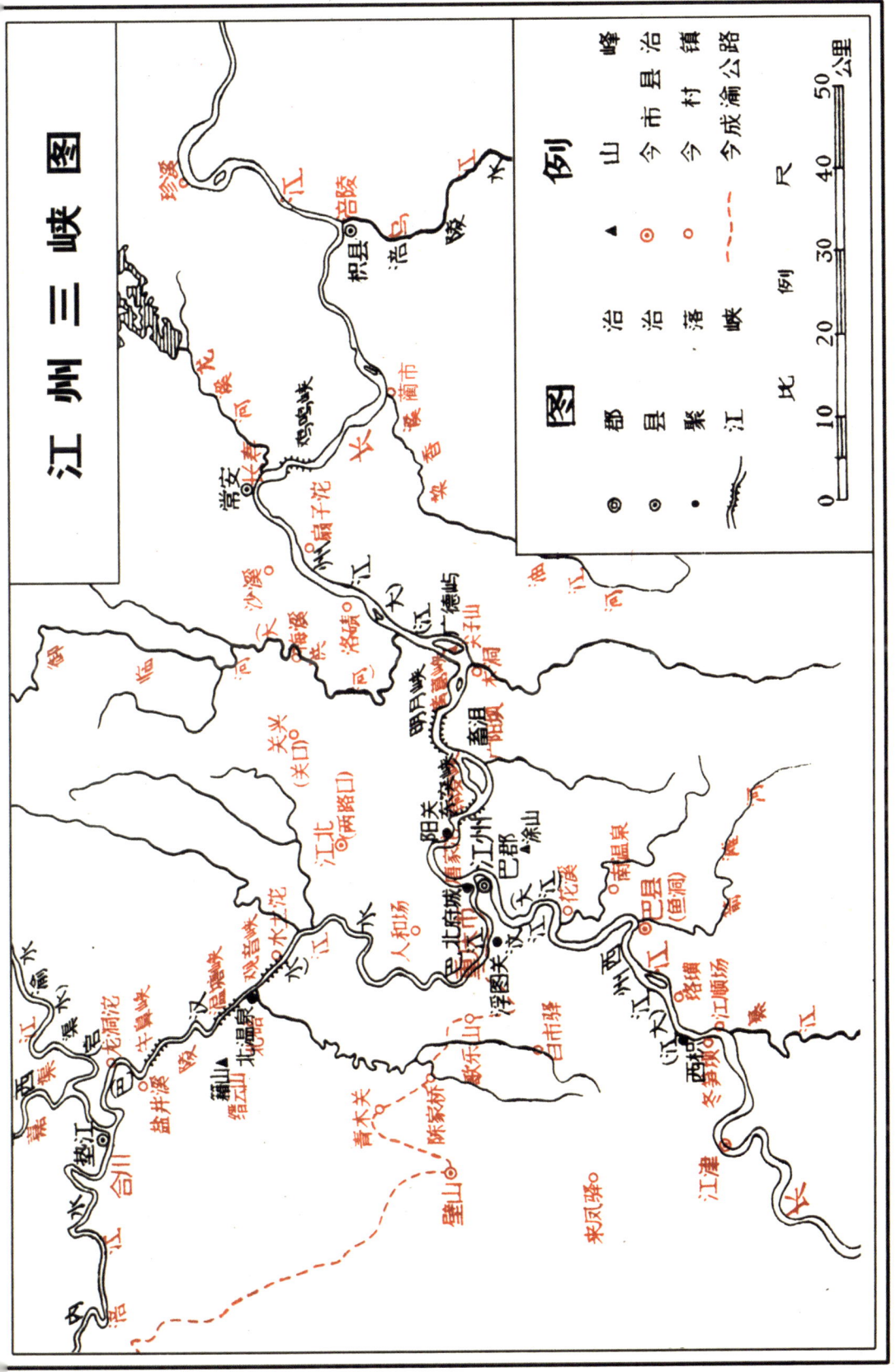

圖版3　江州三峽圖

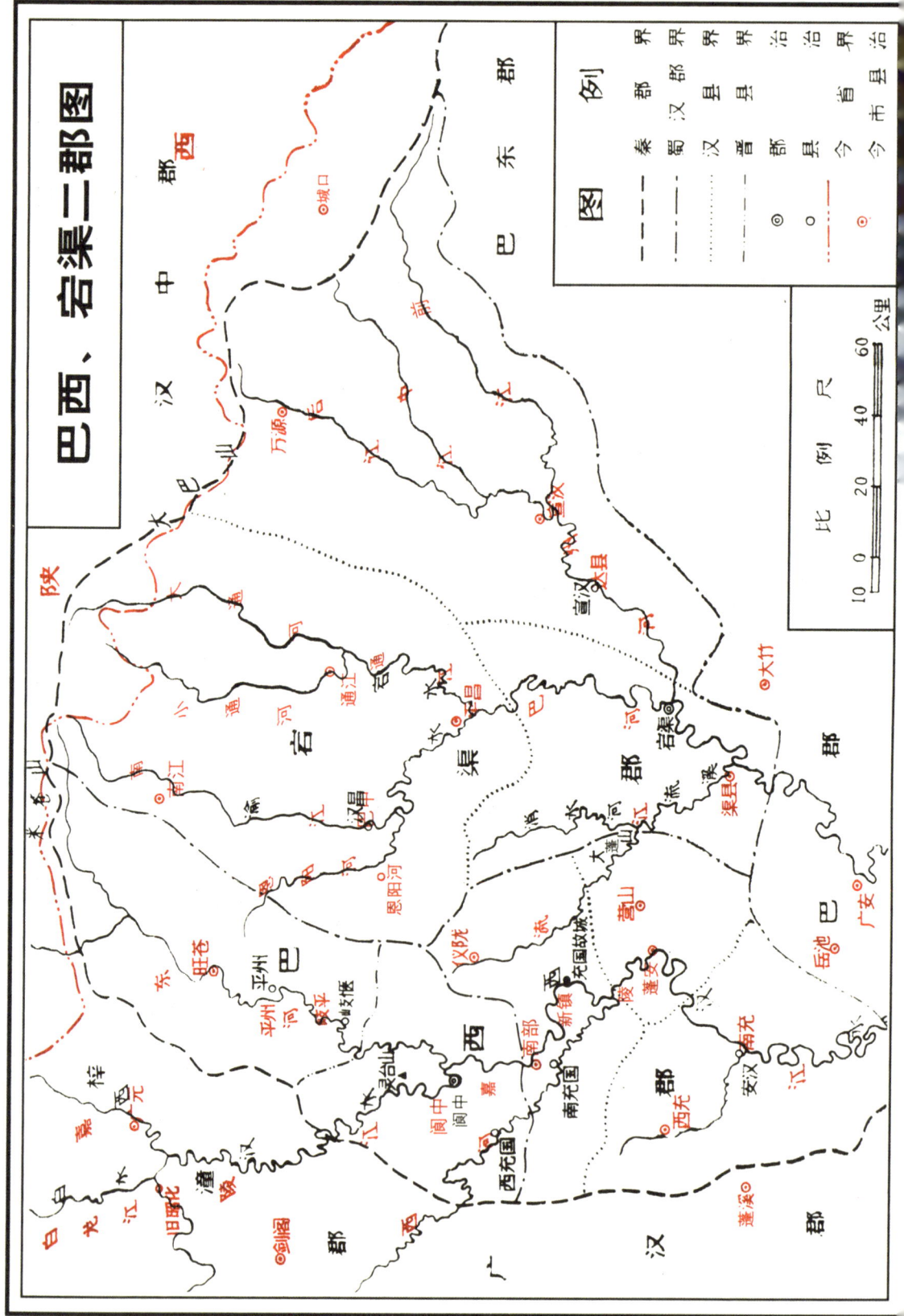

圖版4　巴西、宕渠二郡圖

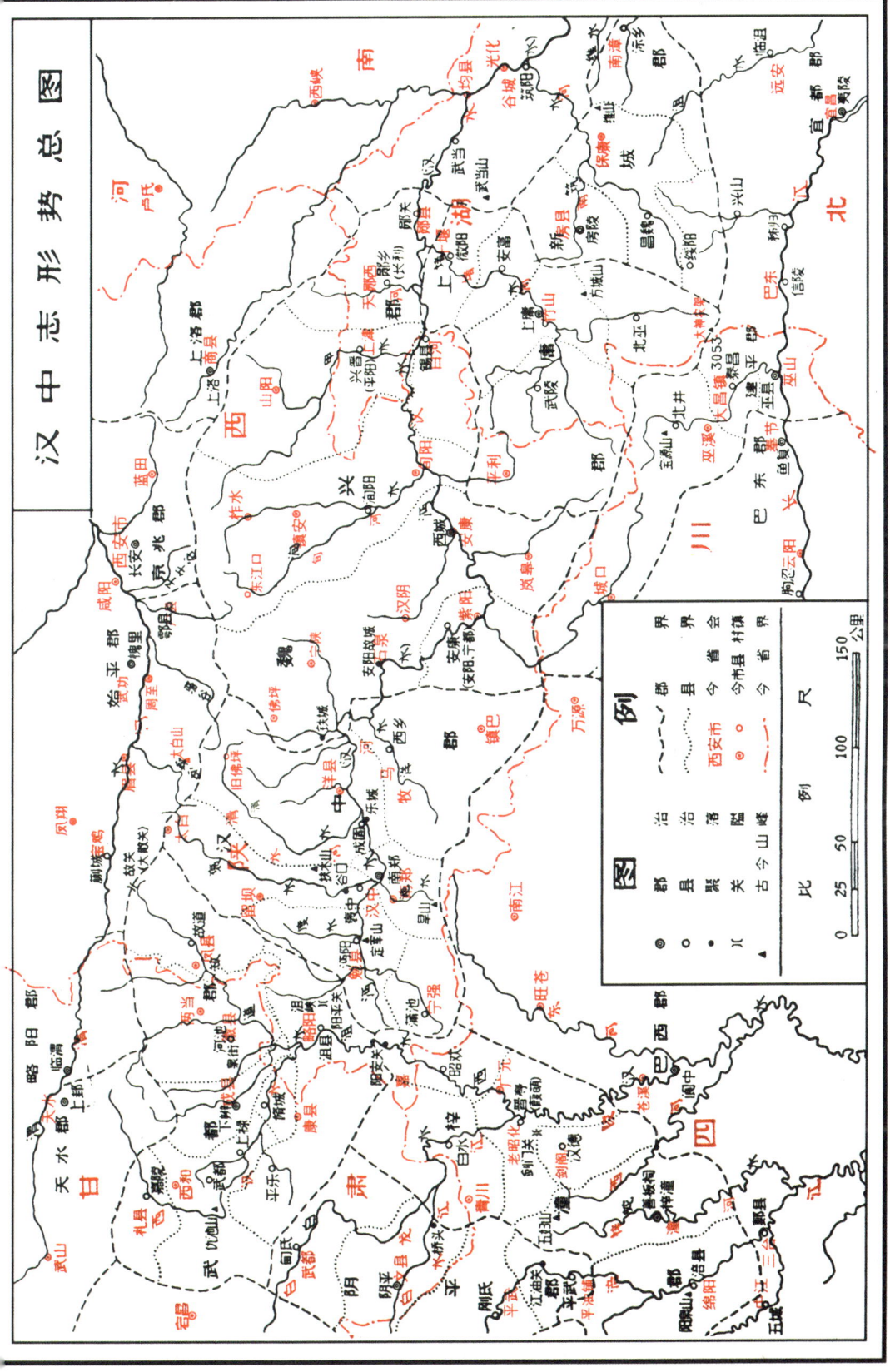

圖版5 《漢中志》形勢總圖

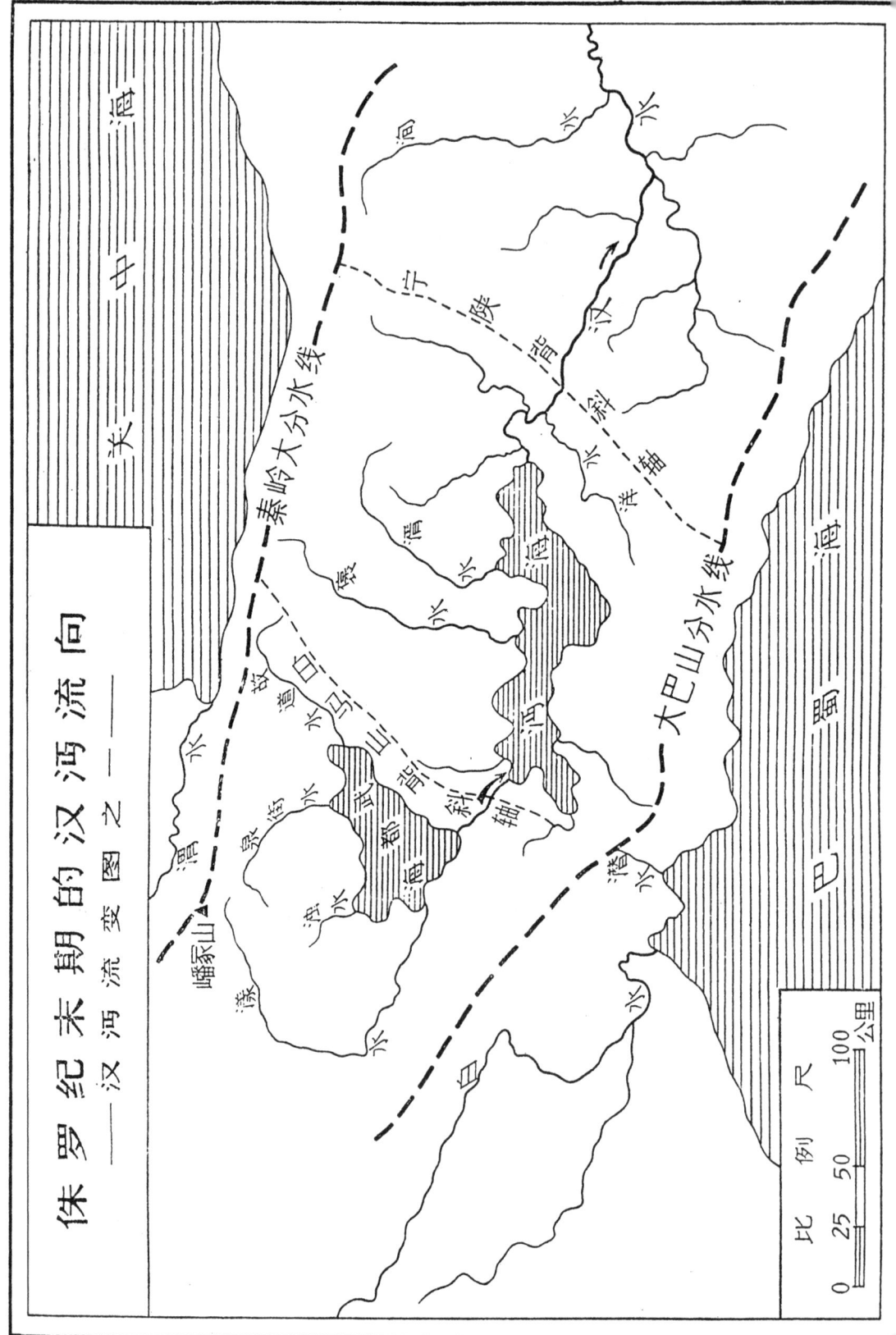

圖版6-1　漢沔流變圖之一：侏羅紀末期的漢沔流向

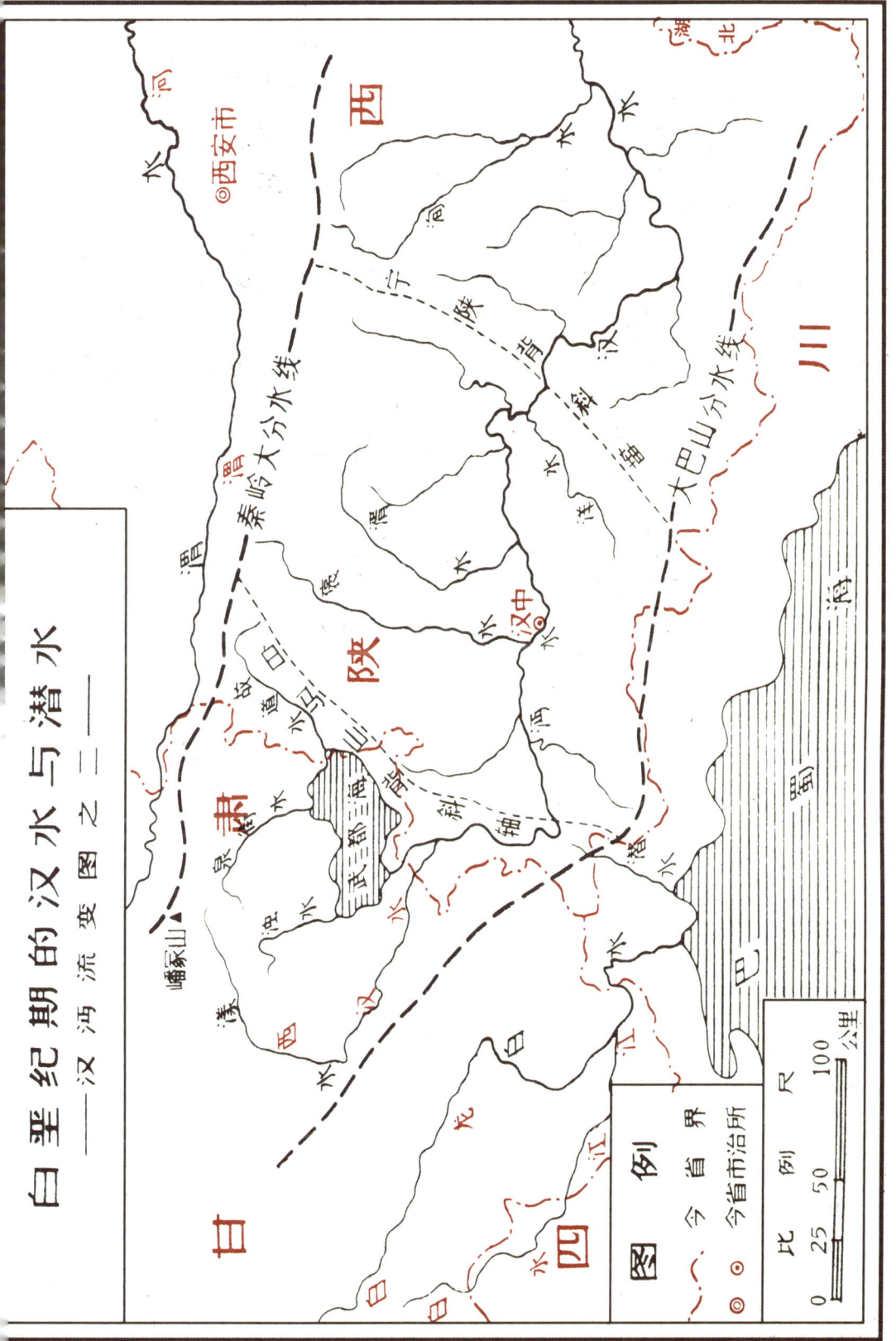

圖版 6-2　漢沔流變圖之二：白堊紀期的漢水與潛水

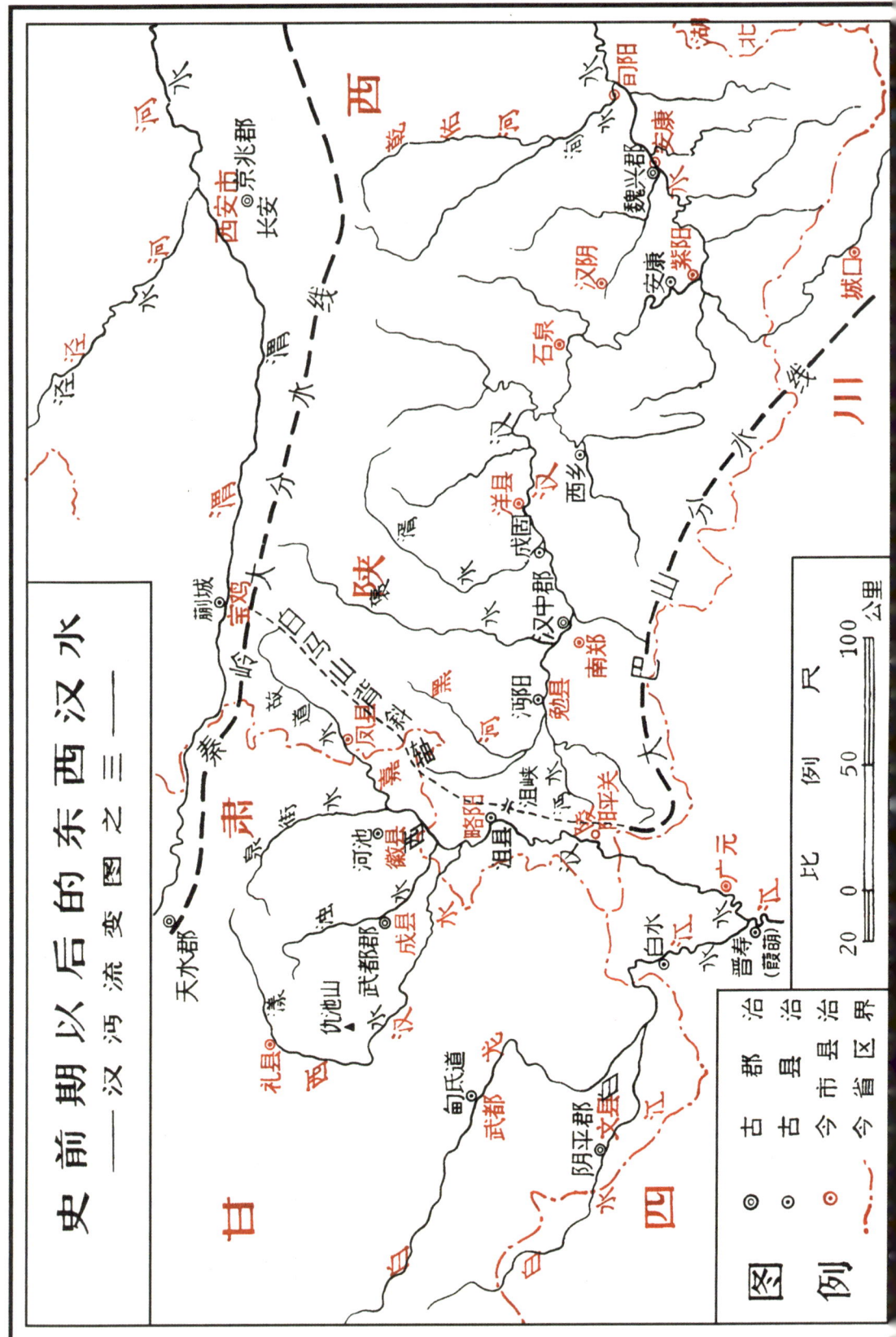

圖版 6-3 漢沔流變圖之三：史前期以後的東西漢水

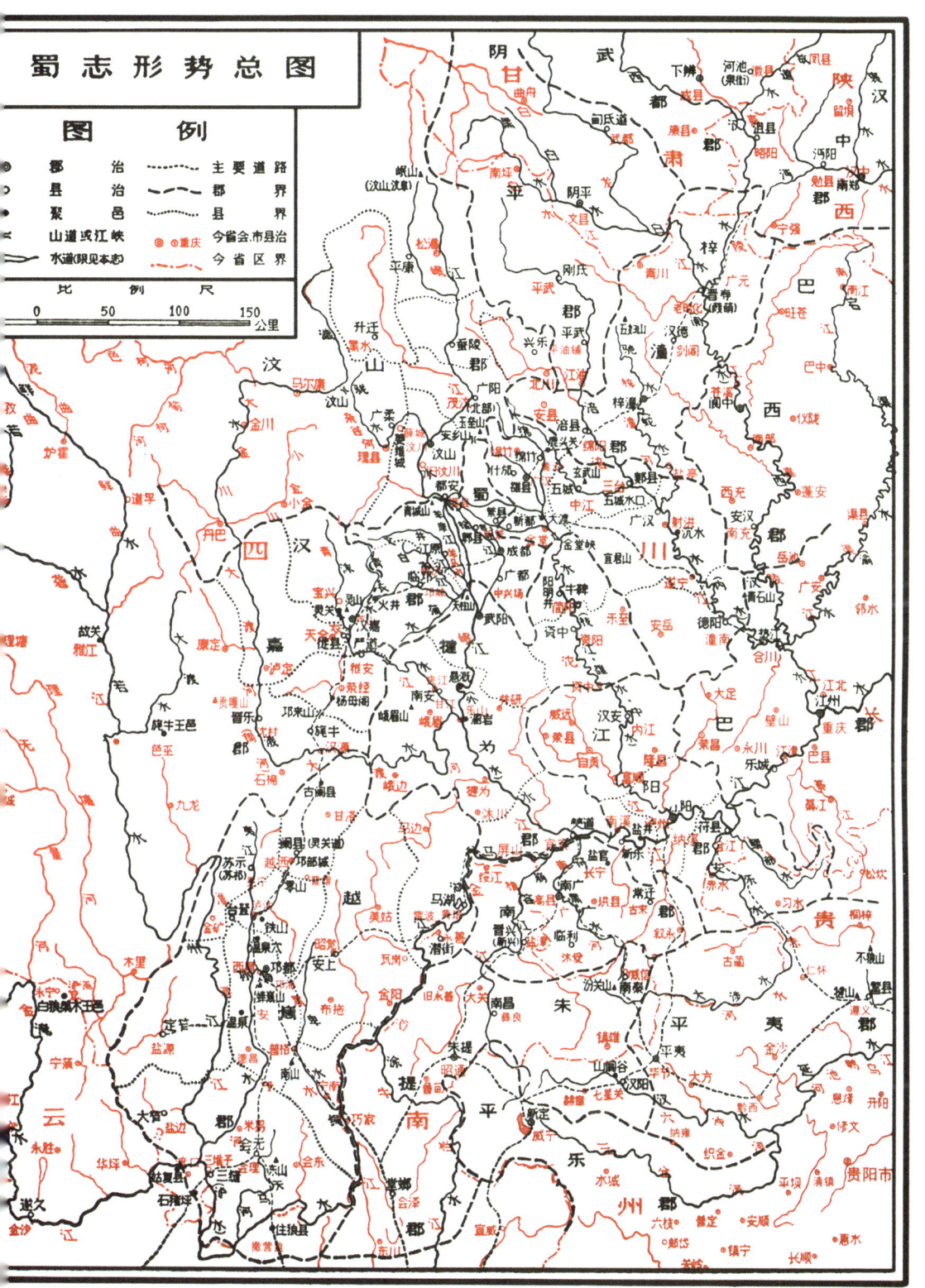

圖版7 《蜀志》形勢總圖

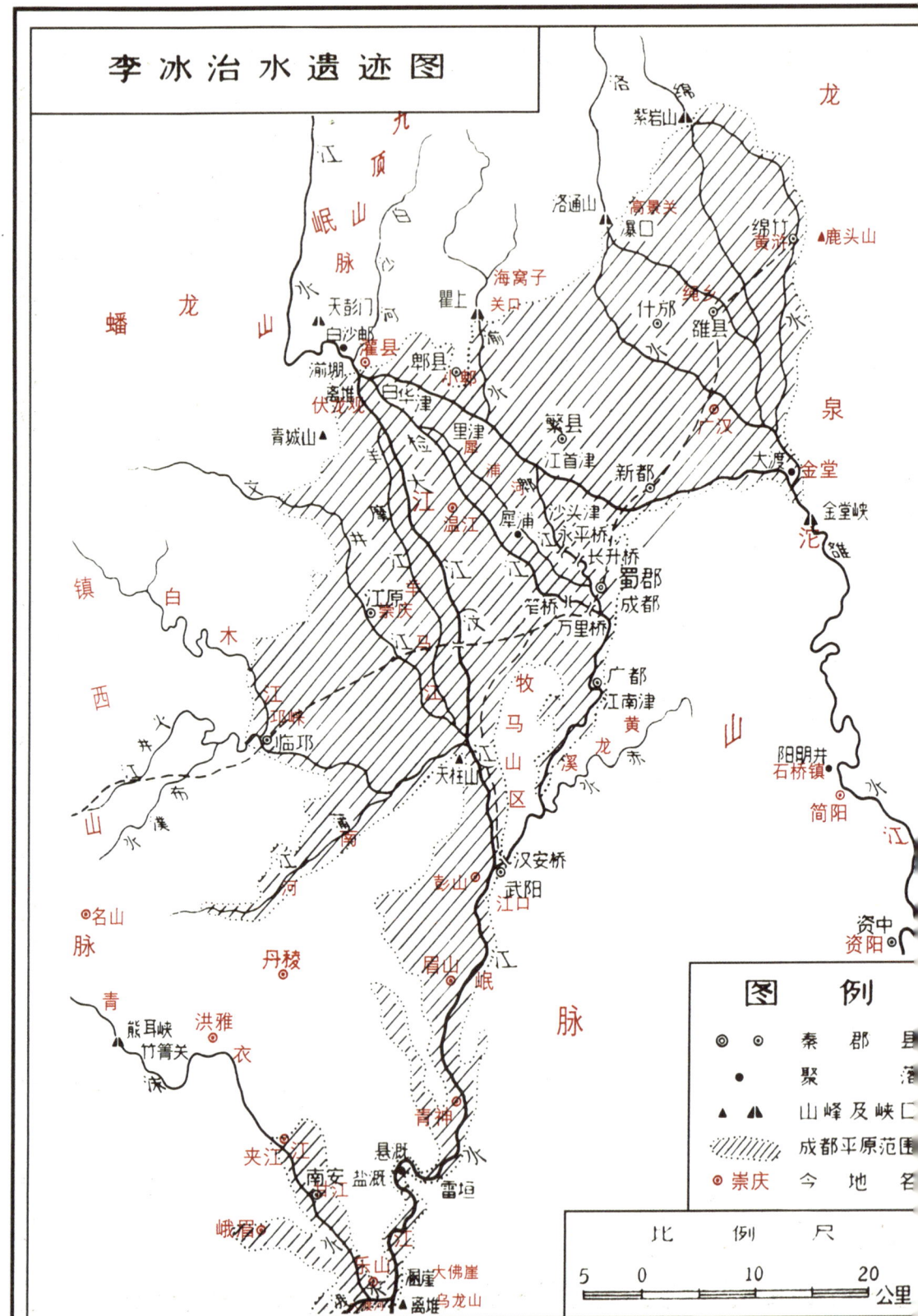

圖版8 李冰治水遺跡圖

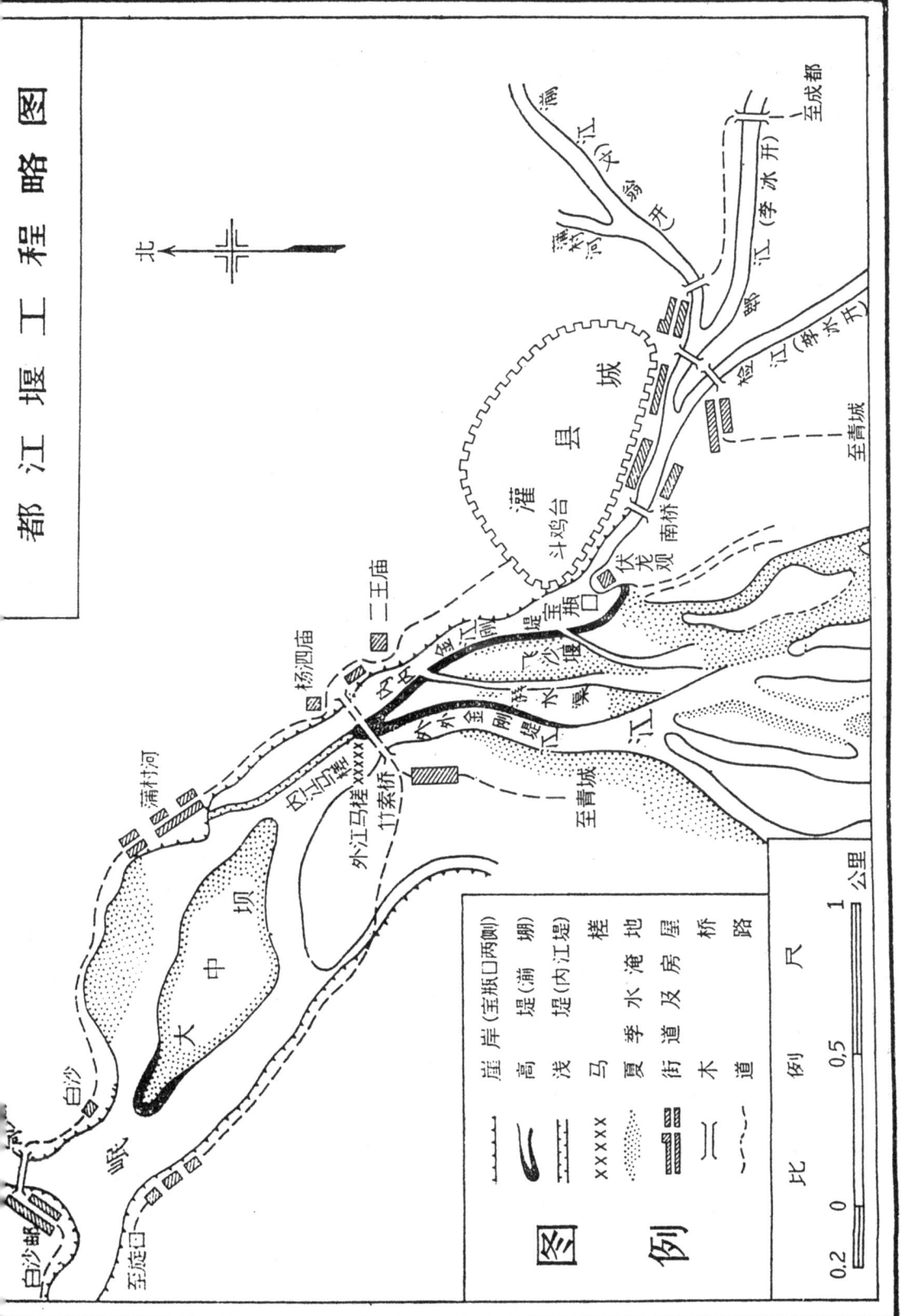

圖版9　都江堰工程略圖

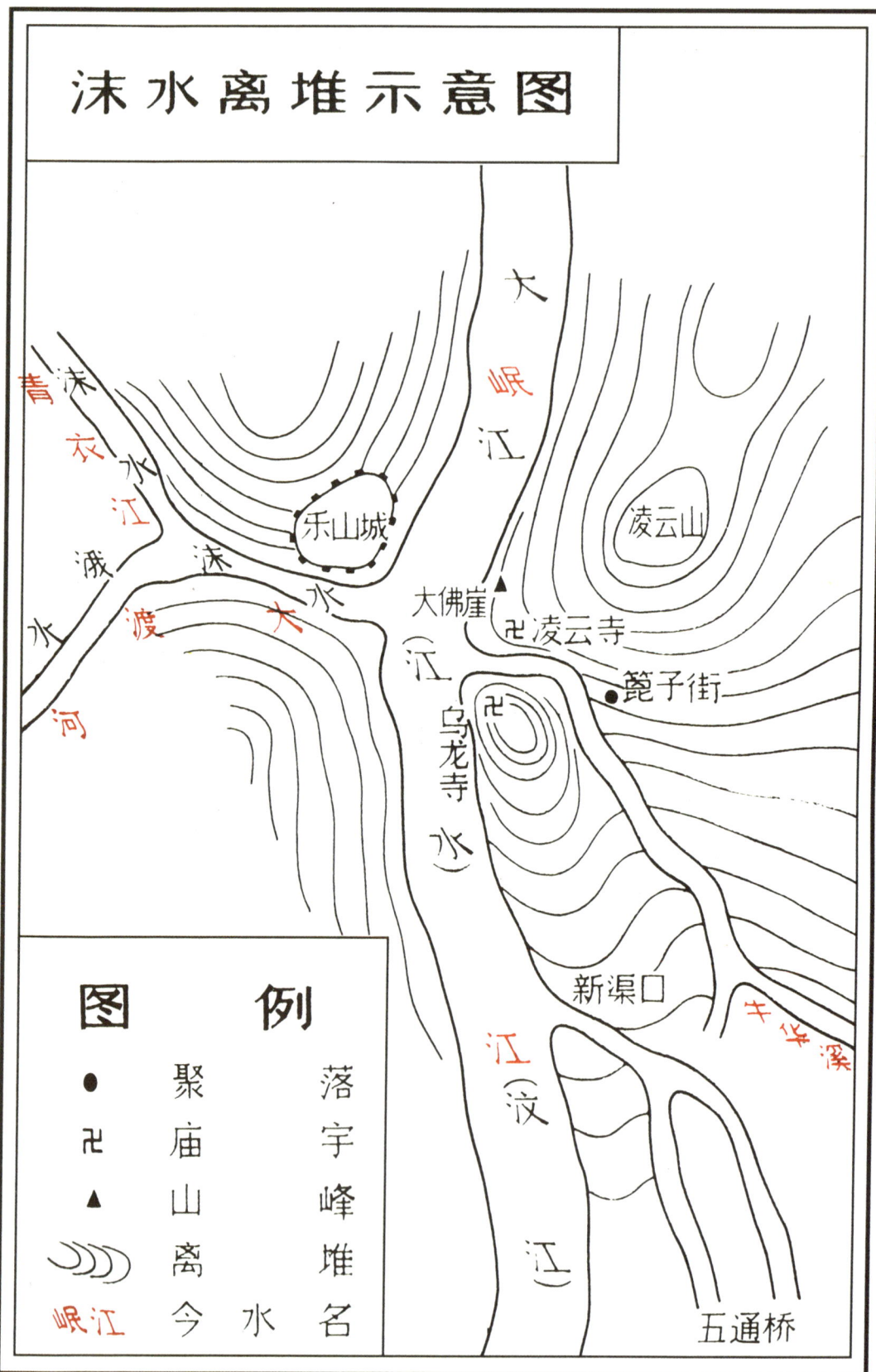

圖版10 沫水離堆示意圖

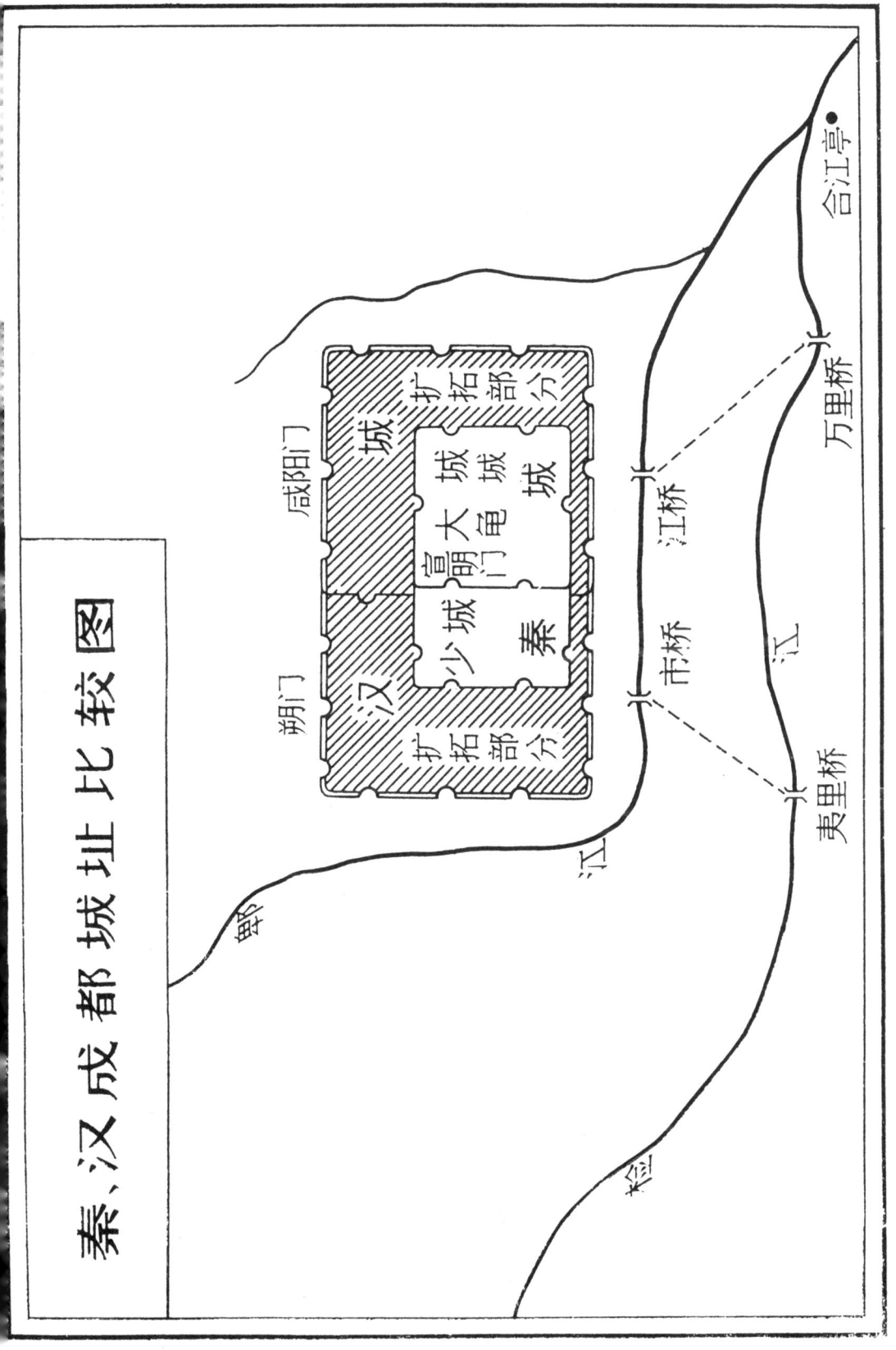

圖版 11　秦漢成都城址比較圖

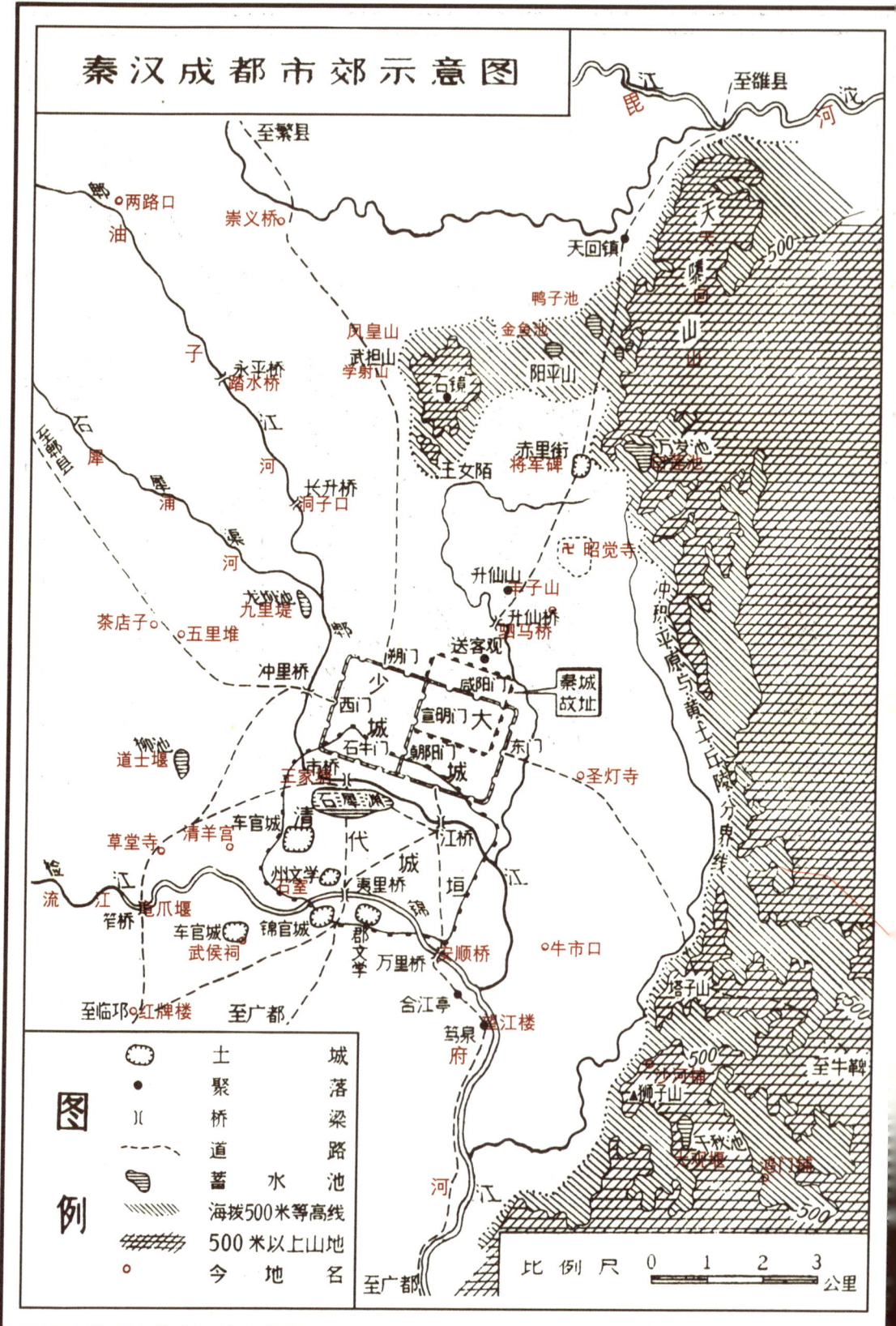

圖版12 秦漢成都市郊示意圖

花蒂紋圖的發展變化

摘自王家祐同志輯錄的《巴蜀出土文物》的一百五十種圖像文字。（尚未發表，圖下數碼爲原文編號。）審訂漢字，是作者試擬。

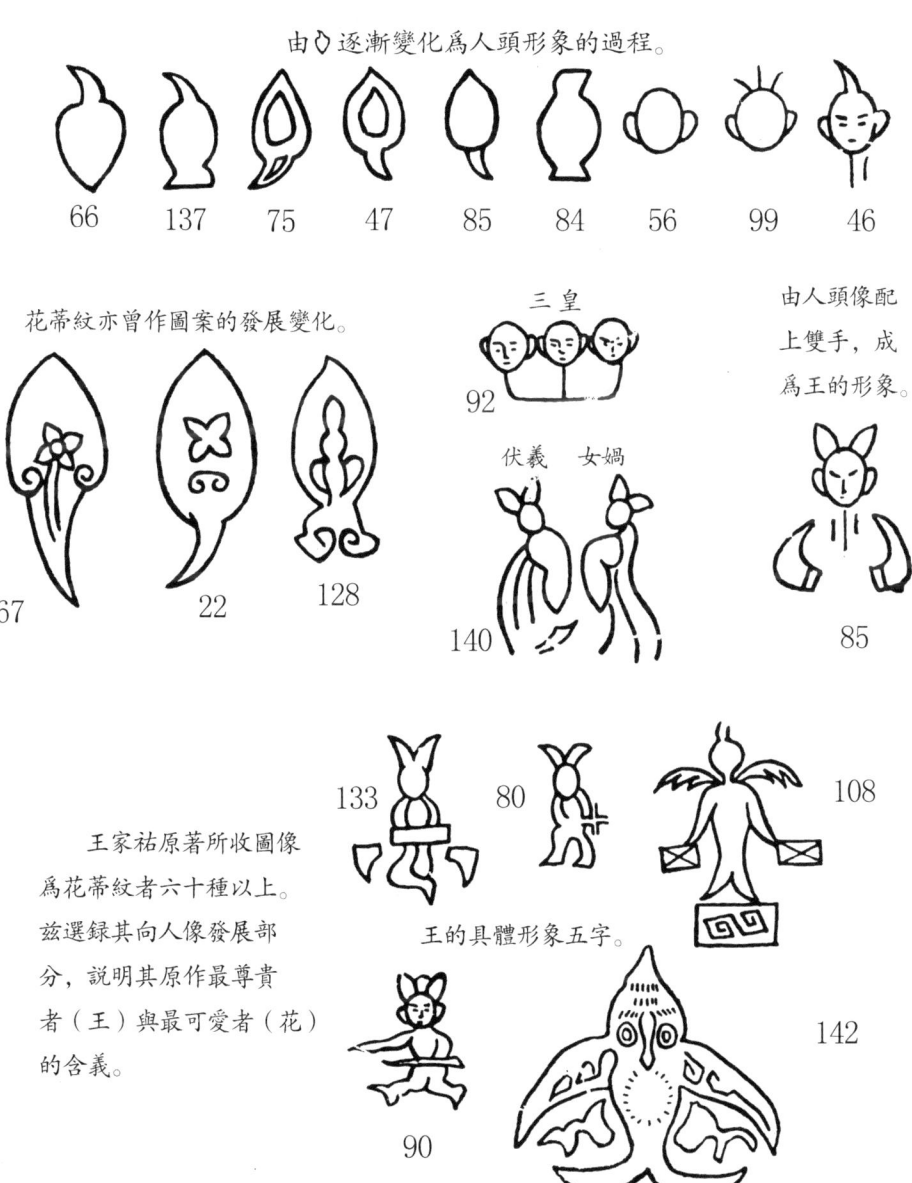

圖版 13　花蒂紋圖的發展變化

花蒂紋與手形合字，徐中舒先生暫稱之爲"手心紋"，兹審爲王作或王府監造之義，手爲造作之義。

原件出土在峨眉縣符溪，係蜀王轄區，紋爲蜀王之義。疑此花蒂相併二蜀字上下象蠶形，中爲威懾的象徵。

手爲造作之義。肘下花紋仍是花蒂紋變，合爲官府所造之義。

佩刀人表示戰士（兵），在此表示武器（刀、劍），或是表示王的佩刀，或是表示王的軍隊。

圓形放光芒，爲古蜀的日（太陽）字，亦表示永恒之義，中原語義亦然。《周禮·春官》司常"日月爲常"。

字紋不明，可釋爲人作舞蹈，表示快樂和勝利；亦可釋爲虎形，仍是表示無敵之義。

整句文審爲"蜀王作劍長樂"或"蜀王作兵常勝"。

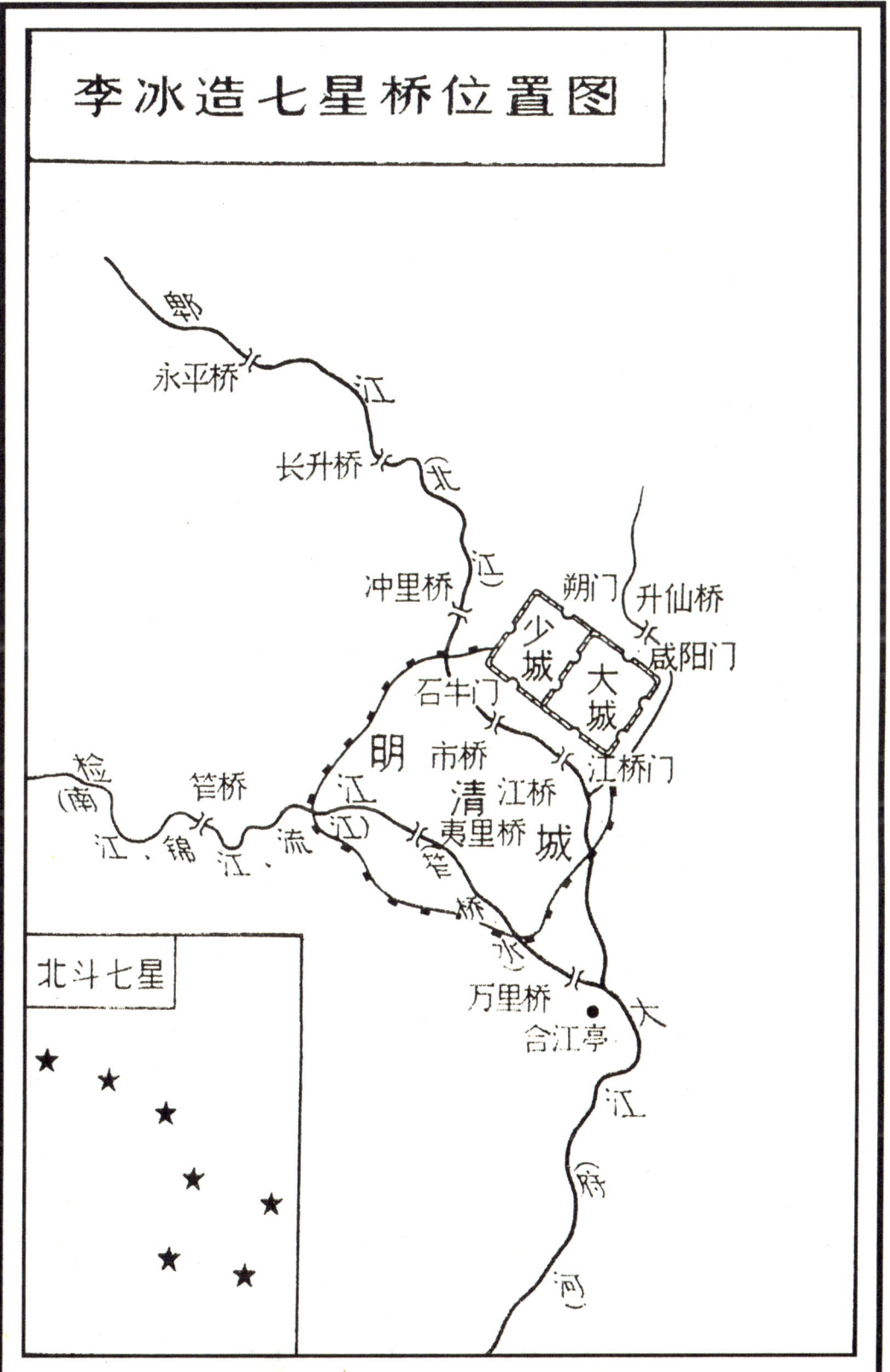

圖版 14　李冰造七星橋位置圖

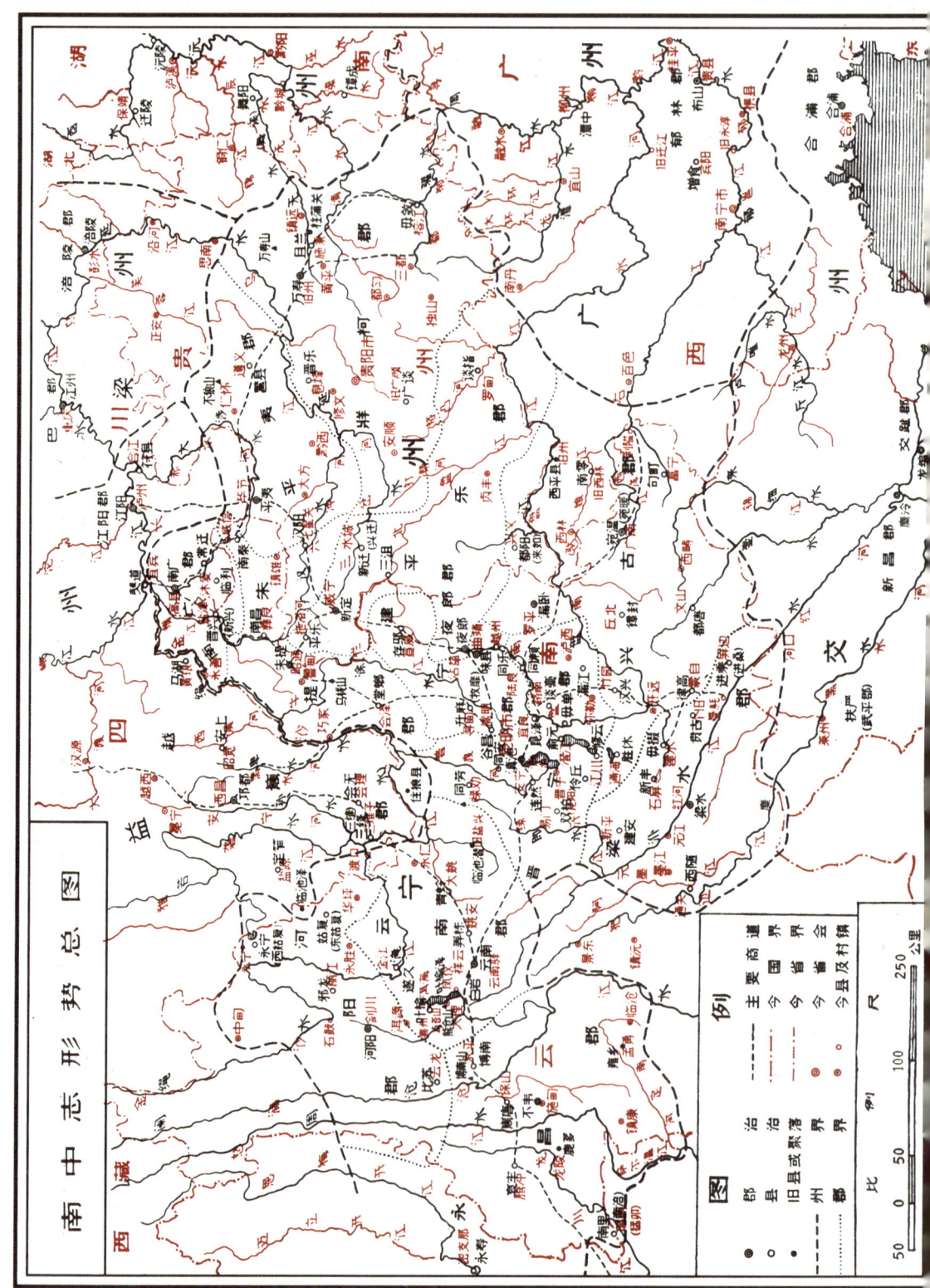

圖版15 《南中志》形勢總圖

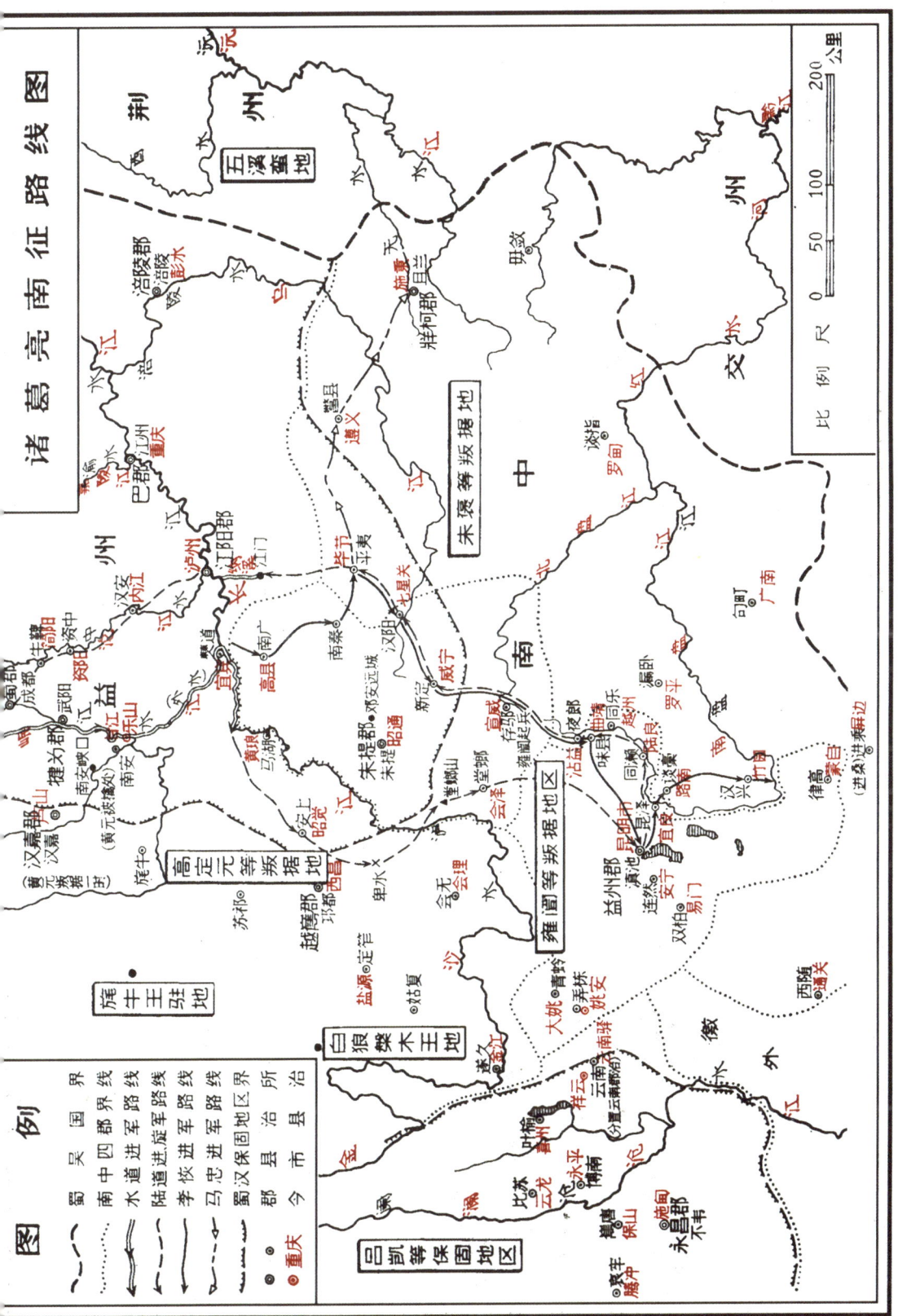

圖版16 諸葛亮南征路綫圖

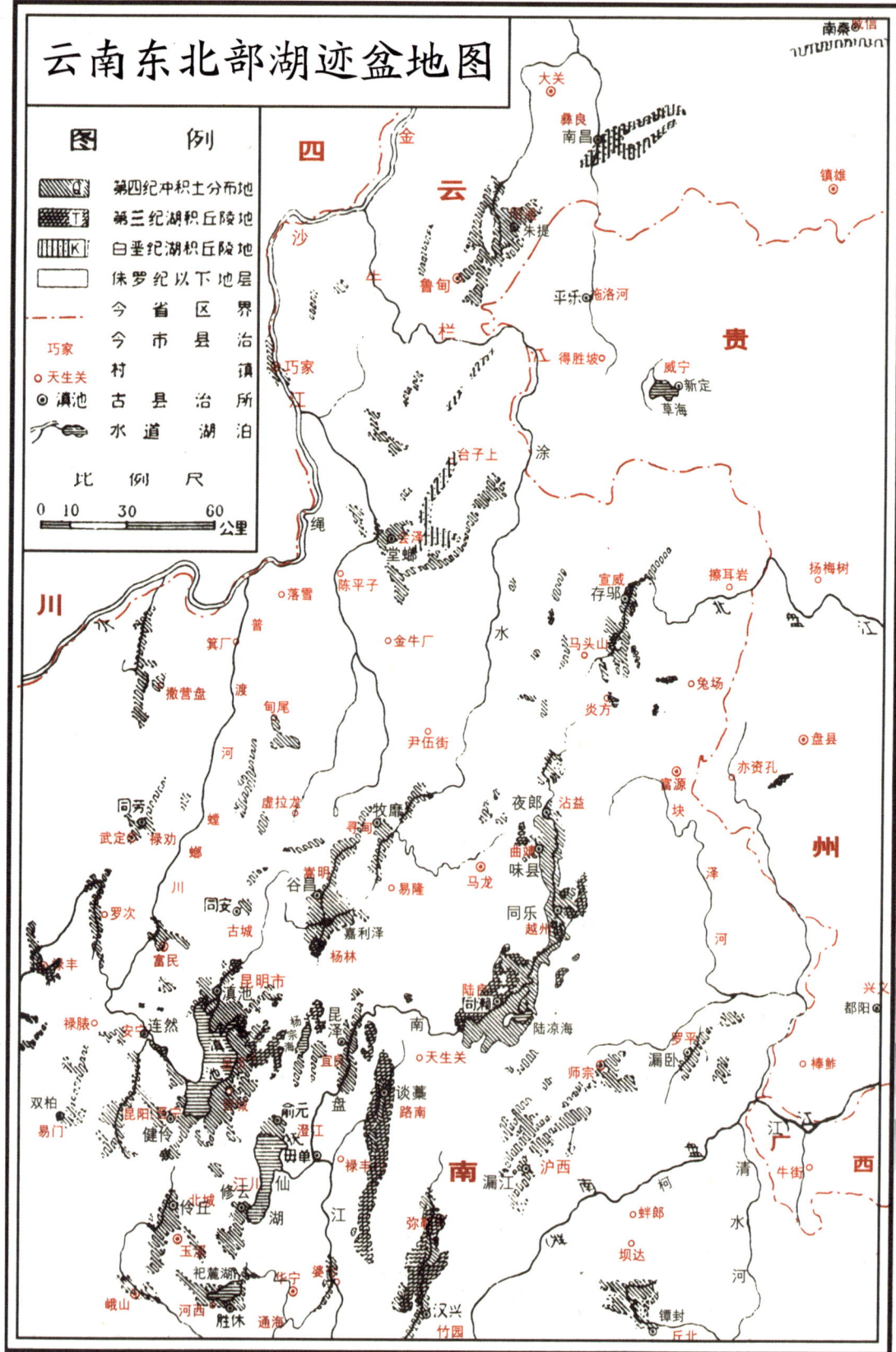

圖版17 雲南東北部湖迹盆地圖

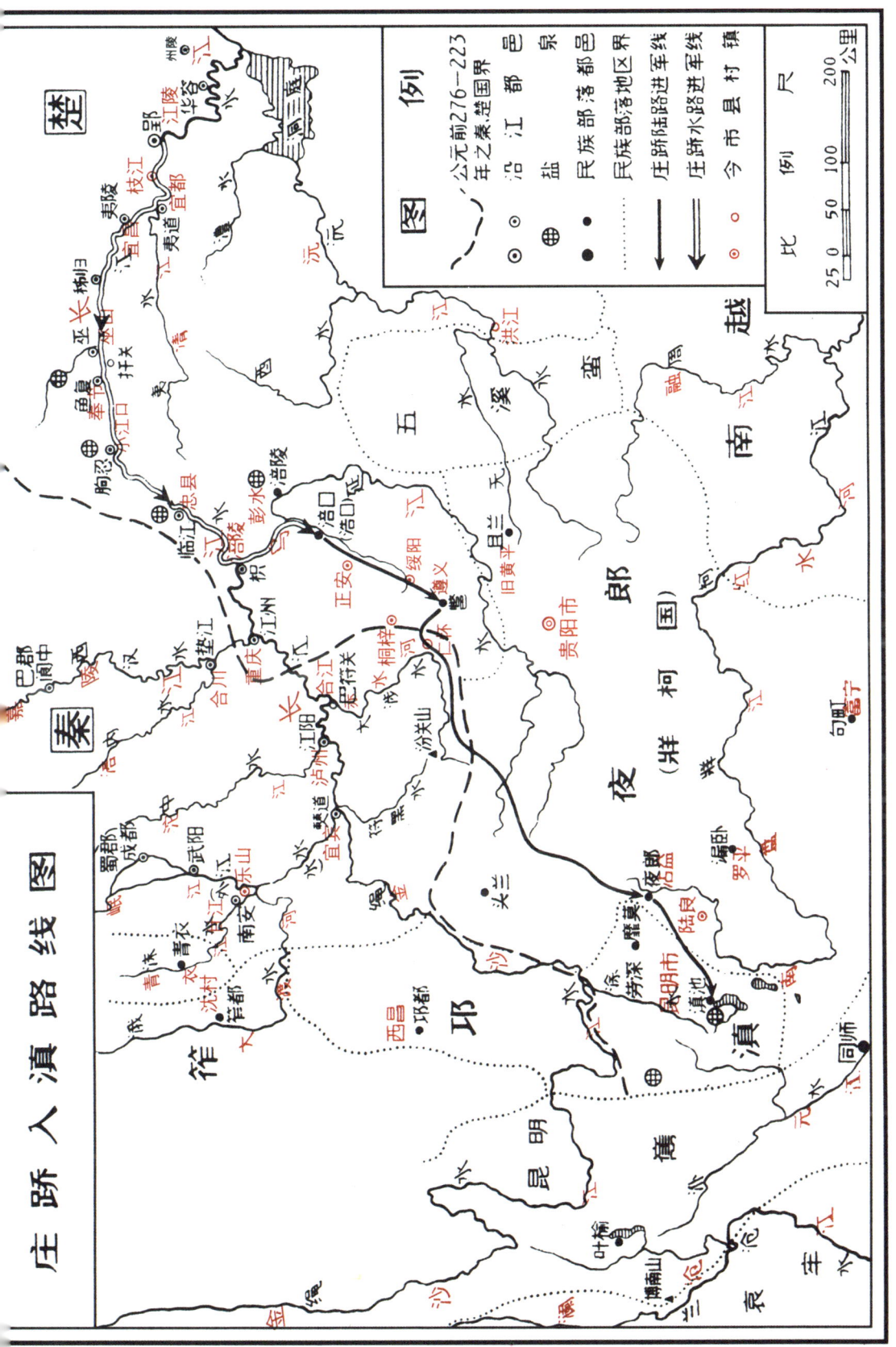

圖版 18　莊蹻入滇路綫圖

前　言

（一）常璩身世與其撰述動機

（二）原著撰述過程與資料依據

（三）原著之優缺點

（四）原著流行情況

（五）宋代刻本與校勘工作

（六）明代刻本、鈔本與校勘工作

（七）清中葉刻本與校勘工作

（八）道咸以來之翻刻與校勘

（九）舊刻遺存問題與此次整理目的

（十）校勘述例

（十一）闕文輯補述例

（十二）繪圖述例

（十三）注解與標點述例

（十四）附錄蒐輯述例

　　研討西南古代史地，屢須檢覈《華陽國志》，然學者每以未有善本，殘闕訛奪，影響文義爲憾。今在四川大學歷史系師生的協助下，蒐討舊刻，博徵群書，勘正原文，補其殘闕，施以標點，分段加注，插繪地圖，期於解決舊刻遺存之問題，便於讀者使用，稱爲《華陽國志校補圖注》。茲將常璩原著特點，歷代鈔刻情形，與此次整理工作過程、方法、着力之點及存留問題作一説明，藉當敍例云爾。

（一）常璩身世與其撰述動機

常璩字道將，晉世蜀郡江原縣人。江原常氏爲巨族，頗多治學藝、擅文辭、喜著述者。四世紀初，因蜀地農民起義，當地士族紛率其部曲客戶流轉遠徙他鄉。常氏以常寬爲首領，從杜弢等東走荊湘。璩時尚幼，家較貧，未能遠徙，隨族結塢，附青城范長生以自存。後受李雄綏撫。雄既奄有梁益，頗興文教。時則蜀土清宴，年豐賦薄，璩以舊族遺民，方當壯歲，在安定生活中，得遍讀先世遺書，頗以文學自負。其後蜀民流在荊湘者，奉杜弢割據湘州，常寬復率族避地交阯。李雄收取寧州，招輯流民，蜀人流在交阯、南中、荊湘者，次第復還，常族與焉。時璩方強仕，常氏新還者咸依之。璩強學好問，招還流民中又多有識遠方地理與亂離故事者，記問既豐，頗多撰述。逮李期、李壽之世，璩仍爲史官。曾依李雄時圖籍版檔，撰《梁益寧三州地志》及《蜀漢書》。李壽與江左絕，而頗交通北方，璩書緣是最先流傳黃河流域。李勢時，璩官散騎常侍，素服巴西龔壯言論，傾心江左。永和三年，桓溫伐蜀，軍至成都，璩與中書監王瑕等勸勢降晉，隨勢徙建康。江左重中原故族，輕蜀人，璩時已老，常懷亢憤，遂不復仕進，裒削舊作，改寫成爲《華陽國志》。其主旨在於誇詡巴蜀文化悠遠，記述其歷史人物，以頡頏中原，壓倒揚越，以反抗江左士流之消藐。因資料新穎，敘述有法，文詞亦復典雅、莊嚴，符合封建士流志尚，故能及時流行，爲千六百年來地方史志所取則。

其書凡十二卷，約分三部：第一至四卷，述梁、益、寧三州地理與其古史；第五至九卷，志公孫述以來割據蜀地者始末；第十、十一兩卷，標榜蜀中人物，殿以《自序》一卷，又輯附三州人物目錄。全書共約九萬字，在絹素時代，爲地方史一鴻篇鉅製矣。

茲爲便於説明常璩的時代背景與撰述過程起見，編爲下列年表：

公元	晉帝紀年	李氏紀年	大事	常璩年歲（估計數，誤差約五年）與其著述
291	惠帝元康元年		晉朝廷內亂發生。	出生年（？）
296	六		關中羌胡並起叛晉。	
298	八		關隴流民入蜀。	
300	永康元年		趙廞據益州叛晉。	
301	永寧元年		李特攻殺趙廞。	十歲左右
302	泰安元年		晉益州刺史羅尚與李特相攻。	
303	二	李特建初元年	李特敗死，李雄反攻羅尚。	
304	永興元年	李雄建興元年	羅尚敗走巴郡。李雄入成都。	
305	二	二	蜀民大流徙。	江原常寬率族入巴，流轉荊湘。
306	光熙元年	晏平元年	羅尚得荊州支持，軍復振。	
307	懷帝永嘉元年	二	蜀、巴對峙。	
308	二	三	梓潼叛雄附巴。	
309	三	四	巴西叛雄附巴。巴內亂。	
310	四	五	蜀流民杜弢等據湘州。	
311	五	玉衡元年	李雄收復巴西、梓潼、犍爲。	二十歲左右
312	六	二	李雄統一益、梁二州。	
313	愍帝建興元年	三	南中流民漸還巴蜀。	
314	二	四		
315	三	五	湘州杜弢敗亡。	
316	四	六	劉曜入關中，西晉亡。	
317	元帝建武元年	七	司馬睿稱晉王。	
318	大興元年	八	司馬睿稱帝，是爲東晉。	
319	二	九		
320	三	十	陳安叛劉曜於隴右。	
321	四	十一		三十歲左右
322	永昌元年	十二	晉有王敦叛亂。	
323	明帝大寧元年	十三	李雄軍攻寧州，敗還。	
324	二	十四	王敦敗死。	
325	三	十五		
326	成帝咸和元年	十六	李雄取涪陵。	
327	二	十七	晉有蘇峻等叛亂。	

續表

公元	晉帝紀年	李氏紀年	大事	常璩年歲（估計數，誤差約五年）與其著述
328	三	十八	蘇峻敗死。	
329	四	十九	蘇峻餘黨敗潰。	
330	五	二十	李雄遣李壽攻取巴東、建平。	
331	六	二一	李壽遣軍陰平、武都，楊難當降。	四十歲左右
332	七	二二	李壽南征寧州。	撰梁、益二州
333	八	二三	寧州入於李雄。交、廣流民漸還。	地記及《南中志》。
334	九	二四	李雄卒，蜀宗室相殘。	
335	咸康元年	李期玉恒元年		改寫《梁州記》爲《巴漢志》、《益州記》爲《蜀志》。
336	二	二	晉取蜀興古，蜀取晉漢中。	
337	三	三		
338	四	李壽漢興元年	李壽襲成都，殺李期，改國號漢。	
339	五	二	建寧叛蜀附晉。李壽通使石虎。	撰成《蜀漢書》。
340	六	三	蜀克建寧，復寧州。	五十歲左右
341	七	四	蜀軍攻牂柯不克。	
342	八	五		改寫《三州志》爲《華陽國記》。
343	康帝建元元年	六	晉軍襲蜀江陽，李壽卒。	
344	二	李勢太和元年	晉軍取巴東。	
345	穆帝永和元年	二	李勢殺其弟廣及解思明等。	
346	二	嘉寧元年	李奕自晉壽叛，尋敗死。	
347	三		桓溫伐蜀，李勢降。	隨李勢徙江左，改寫《華陽國記》爲《華陽國志》。
348	四		李勢餘衆擁立范賁復據成都。	
349	五		晉軍再破成都，擒范賁。	
350	六		蕭敬文猶據涪城叛晉。	

續表

公元	晉帝紀年	李氏紀年	大事	常璩年歲（估計數，誤差約五年）與其著述
351		七		六十歲左右
352		八	蕭敬文敗死。	
353		九	晉殷浩北伐屢敗。	
354		十	晉內外政權歸於桓溫。	
357	升平元年		秦苻堅即天王位。	
361	五		李勢卒於建康。	七十歲左右卒（？）

（二）原著撰述過程與資料依據

上表判斷《華陽國志》非一次寫成，而爲纂合多種舊作所改編者，有下列證據。

1. 全書各篇自言其截止年代，參差不同，且其實際內容亦未與《序志》所標計劃一致。如《三州士女目錄》言"至晉元康末年"，而所列人物如譙登、侯馥，皆死於永嘉以後。又其《後賢志》云收"二十人"，實僅十八人有讚。足見其雖最後輯錄之《士女目錄》與《後賢志》，亦非按照計劃一次完成者。大抵《先賢》、《後賢》兩篇皆先撰成讚，後乃補傳爲注，又後乃造《目錄》，復經幾次增刪，故流行本與最初計劃頗有不符。

2. 其《序志》自言全書敘事"終乎永和三年"。其卷九亦明明標題爲《李特雄期壽勢志》，乃其文終於咸康五年李壽猶未死時，闕李壽事之太半與《勢志》全文；又其篇始於李雄，李特事跡乃在《大同志》內。可知其撰《大同志》在玉衡年代，至漢興年代又更以《蜀先主後主紀》與李特、流、雄、期、壽事纂爲《蜀漢書》，至漢興三年以後，慵未賡續。晚居江左，乃分《蜀漢書》之《先主後主紀》各爲志，改特、流事爲《大同志》；並擬於雄、期紀志外續成壽、勢二志，卒因畏避忌諱，兼以老病，未克完成，仍舊至咸康五年而止。

3. 《魏書》卷六十七《崔鴻傳》（《北史》卷四十四略同），謂鴻景明初（500）"搜集諸國舊史"撰《十六國春秋》，因多犯忌諱，不敢行世，魏主聞而徵之，正始三年（506），"乃妄載其表曰……惟常璩所撰李雄父子據蜀時書尋訪未獲，所以未及繕成，輟筆私求，七載於今。此書本江南撰録，恐中國（指中原）所無，非臣私力所能終得。其起兵僭號，事之始末，乃亦頗有，但不得此書，懼簡略不成"。又其子秘書郎子元，永安二年（529）奏上其父書曰："先朝之日，草構悉了。唯有李雄蜀書搜索未獲。闕兹一國，遲留未成。去正光三年（522），購訪始得。討論適訖，而先臣棄世。"父云"乃亦頗有"，子云"草構悉了"，皆足證正始年代鴻已撰成全書，具有蜀事。時既尚未購得江南撰之《華陽國志》，則其於蜀李事爲何書耶？其爲璩漢興初年所撰之《蜀漢書》無疑矣。故魏收指其藉口未得江南書爲"妄載其表"，而崔子元表則逕稱其父所謂"江南撰録"之"李雄父子據蜀時書"（指《華陽國志》）爲"李雄蜀書"，蓋就李雄父子據蜀一事言，兩書内容類同，崔子元混稱之也。

4.《水經注》屢引常璩之書，有稱《華陽國記》者（《漾水》、《沫水》）二處，稱《華陽記》者多處（卷三十三最多），他或稱"常璩曰"，或稱《巴漢志》，其文則皆今日通行之《華陽國志》文也，而竟無一處稱《華陽國志》者。又常氏自序，雖標題爲《序志》，文中乃作"號曰《華陽國記》"。可見此書舊本原稱《華陽國記》或《華陽記》，江左改寫本乃稱爲志耳。又，江左人士引此書者，如裴松之《三國志注》，劉昭《續漢郡國志注》，皆秖稱《華陽國志》，無稱作"記"者。隋唐以下引此書者亦然。足見常氏居蜀時所撰而流行於北方者，本曰《華陽國記》或《華陽記》，居江左改寫之本乃稱《華陽國志》。因其改寫易名於衰年恍惚中，偶仍舊序文字作"號曰《華陽國記》"耳。蓋常氏原著有《巴漢志》、《蜀志》、《南中志》爲地理專書。旋復增益霸史部分，名曰《華陽國記》，蓋早已單行，傳鈔於黄河流域，爲崔鴻、酈道元等所依據；徙居江南後，乃合地記、霸史與地方人物爲一書，分別篇章，定名《華陽國志》,江左人士與隋以來各書所引皆江南本,原撰各記未更流行也。

5. 常氏此書,以地理之部爲最精。其爲歷世所稱道與引用者,大抵不出前四卷。然此四卷之編次方法,頗多可疑:璩本蜀人,仕於蜀國,其文亦特重在蜀,何以首列《巴志》,《蜀志》反敘《漢中志》後?又記益、梁、寧三州文字分量相當,何以獨分梁州爲巴與漢中兩卷?晉梁州治歷在漢中,李氏梁州刺史亦常駐晉壽,何以首列《巴志》,且以《梁州總序》屬之?《水經注》引此前兩卷文,何以又不稱《巴志》、《漢中志》而別稱爲《巴漢志》?綜此疑點,可以推斷:常氏最先所撰地記爲益梁寧三州各一卷,緣李雄棄漢中後,梁州形勢首重三巴,故作如此敘述,並名爲《巴漢志》,原次在《蜀志》後。入江左後,爲尊晉制,未便抑漢中於巴郡下,乃分《巴志》與《漢中志》爲兩卷,藉省改寫之勞。試細校此巴、漢兩卷文字,其爲李氏統治時期舊作,形迹宛然,足知其先後撰述沿襲過程。大抵璩居江左時,但着力於表揚鄉邦人物,衰慵暮氣,未能更寫符合晉制之《梁州記》也。

由上推斷,更綜述常氏撰述過程與其資料依據如下:

地理之部 《蜀志》撰述最早,取材於揚雄《蜀本紀》,應劭《風俗通》,譙周《益州記》,陳壽《益部耆舊》,與揚雄、左思兩《蜀都賦》,來敏《本蜀論》,趙甯《鄉俗記》及常氏自所見聞,而以《史記》、《漢書》、《續漢書》、《漢紀》、《續漢紀》與陳壽、王崇《蜀書》之文參訂之。其他所云司馬相如、嚴君平、陽城子玄等之《蜀本紀》,皆既佚之書,則疑其或屬虛記,或僅傳聞,莫得而徵之矣。此篇初名《蜀記》,曾單行。(魏、周、隋時諸書所引《蜀記》,即出常氏。)後乃改爲《華陽國志》之一篇,稱《蜀志》耳。最初撰述時間,約在咸和中李雄統一蜀地之際。

常氏於撰述《蜀記》同時,亦撰《巴記》一書,所據爲譙周《三巴記》及自荆湘招還流民之傳述。後復採祝龜《漢中志》與鄭廑、陳術之書，合東三郡與梓潼、陰平舊事於《巴記》爲一書，曰《巴漢記》，至李壽時流傳於北方。永和中，收入《華陽國志》，始分爲《巴志》與《漢中志》二卷。

其《南中志》纂述較晚，約在咸和八年李壽取寧州後。所據爲楊終《哀牢傳》、譙周《南中異物志》、魏完《南中志》等書，尤以得於北還流民之傳説爲多。收入《華陽國志》時，全用舊文，未有增改，故咸和八年以後更無所紀。

霸史之部　晉初，陳壽與王崇各撰《蜀書》，記劉二牧與蜀二主君臣史事。其後常寬撰《蜀後志》，記晉武帝時蜀中官吏。漢嘉太守杜龔更續趙廞、羅尚時事。常璩並得其書。既爲李氏史官，得詳知李氏世譜，又親見太安以來蜀中亂離情形及李雄收拾全局經過，復繼杜龔之後，續常寬之書，皆敘次年月如本紀，初未行世。漢興初，乃更取《漢紀》所載公孫述事，分別《紀》、《傳》若陳壽書，稱爲《蜀漢書》，凡九卷，合《自序》爲十卷。李壽録之以遺石虎，故北方文士最先傳鈔之，崔鴻表所謂"亦頗有之"，由得此書也。《隋書·經籍志》與《新唐書·藝文志》並作"《漢之書》十卷"，《通典》直稱之爲"《漢書》十卷"，《通志》稱爲"《漢志書》"，皆鈔者所以自便之名。其由李勢表上者，已删除常氏《自序》，改稱《蜀李書》，《舊唐書·經籍志》"《蜀李書》九卷"是也。其書祇敘至漢興二年，今本《華陽國志》卷九改用晉帝紀年，至咸康五年而止者是也。

《隋書·經籍志》、《華陽國志》下，又有"梁有《蜀平記》十卷，《蜀漢僞官故事》一卷，亡"等字，謂梁世子蕭方等與其幕客撰此二書，記李氏事，當入霸史，非謂常璩所撰。惟其文實多出於常氏《蜀漢書》，故附著之耳。

《蜀漢書》以蜀比正統。降居江左改寫《華陽國志》時，不能不將此部大加改造，除改用晉帝紀年外，又將公孫述、劉二牧合爲一志（原爲列傳），李特、李流事（原爲本紀）合王濬、趙廞、羅尚事爲《大同志》一卷，僅以李雄據蜀後別爲一卷；在晉著書，勢所必然。究其内容實質，皆未失《蜀漢書》旨趣。

人物之部　常璩在蜀時，陳壽《益部耆舊》與各郡單行之《耆舊傳》並盛流行，常寬復有《梁益篇》續陳壽《耆舊》，故璩僅專力於地記與霸史之部。似亦曾仿楊羲《輔臣讚》撰有《益部士女總讚》一篇，爲文學自娛之業，未以行世。由其地理書中，已將州郡傑出人物加以短語表揚，兼及賢守令，則其初無贊述人物專篇之志可知矣。入江左後，乃因舊所讚，更仿陳壽《輔臣讚注》前例，各繫小傳爲注，明確頌揚巴蜀人士之德業功名足以傲世勵俗者，爲《先賢》、《後賢》兩篇，以抒其不堪東人誚藐之鬱氣。着力過猛，故雖僅兩卷，篇幅則大於地志與霸史之四、五卷。猶嫌其發抒不盡，更輯《三州士女目錄》以充實之。此其於江左改寫此書時新增之部也。

自序之部　封建文人恒喜於其得意著作之末，誇張門第德業。常璩亦仿司馬遷、揚雄、班固、仲長統等，於書末撰《自序》一篇，蓋本有長文述其身世，附著於《蜀漢書》内，崔鴻據之，於《十六國春秋》中列有《常璩小傳》。今傳常璩字道將，即出鴻書。李勢表上之《蜀李書》，則已將《自序》删除。《華陽國志·序志》雖爲一卷，篇幅不逮他卷之十一；蓋降人没落，衰年畏譏，且懼觸忌諱、滋是非，反以妨其書之流行，故删去舊序身世之部，但存著述旨趣千餘言而已。文中"凡十篇，號曰《華陽國記》"一語，蓋仍原《自序》文，恍惚未改正也。原《華陽國記·巴漢志》爲一篇，合《蜀志》至《後賢志》爲十篇。

（三）原著之優缺點

我國自公元一世紀開始，漸起地方史志撰述之風，或傳耆舊，或記風俗，或志古蹟，或紀歲時，或狀山水，或輯故事，逮如宮觀梵塔、夷貊殊俗、草木禽獸之類，或文或賦，各依州郡方隅，匯爲專書，傳鈔流布，與群經諸子爭市。此實我國文化一大進步也。大抵漢武以前，文化事業集中於政府，掌握於史官，故史籍必出於國都，所紀恒屬王侯世家之事。閭里所傳，僅或著於詩歌，極難收入史錄。漢武以後，儒生高擁《七經》，奪去文化揆席，史官降於從屬地位。然經師史官時相衝突，雖由歷朝帝王以政治强力融合之，終不可以長久相保。故自東漢初年起，治史諸家往往退處州邑，傳其地方故事，群芳怒發，遍地皆然，不復更萃於上林一角焉，於是基層社會之情俗，不待輶車採訪，中樞布政，能廣泛資爲依憑。大統一之局從而賴以穩定，則方志諸家有其功矣。然一至四世紀間，地方史志雖已發達，率皆偏記一類，無全面描繪之巨文。其一書而兼備各類，上下古今，縱橫邊腹，綜名物，揆道度，存治要，彰法戒，極人事之變化，窮天地之所有，匯爲一帙，使人覽而知其方隅之全貌者，實自常璩此書創始。此其於地方史中開創造之局，亦如正史之有《史記》者一。

璩雖生於亂世，而篤好古籍，勤於蒐討。當李雄昇平之世，承兩漢魏晉之後，舊家遺存典籍之富，復緣李雄頗興文教，飭風雅，璩壯年喜事，馳騁其間，所獲豐備。又歷任史職，得取用當時圖籍檔簿，且多與聚集遷流之人交往，錄其見聞，故所擁資料，在當時最爲贍足。按其《自序》所舉，獲見司馬相如、嚴君平、揚雄、陽城衡、鄭廑、尹貢、譙周、任熙八家《蜀本紀》，旁所引據復有何英、楊終、趙甯、王崇、陳術、祝龜、習鑿齒、王隱、虞預、干寶之書，多有永和時已經散佚者。在未有印刷術時，學者依於紈素，千里訪購，累年不能必得。璩乃獨擁一方之盛，博取約用，精練再三，故能一度書成，輒被傳鈔，流行南北，如有踁翼，"洛陽紙貴"，未爲多讓。此其憑藉豐厚，取用鴻博，亦如《三都賦》之見重於時者二。

封建時代著作，非依附於經藝，即恒被斥爲異端，爲士林所擯。璩則崇尚儒術，泛通經藝，兼及讖緯、五行、天文、易象之説。其所崇獎，又全屬清高潔白、孝義節烈、親上死長、勇强任俠一類封建道德，足以培養風俗，與儒家主張契合。所揭"書契五善"，能自兼備，文學復足以相稱，而於條理部居、抑揚控縱之間，未嘗苟且。故其在封建史籍中，從來無人加以訾議。我國兩千年來，地方史志不下萬種，無非流行一時，旋成覆瓿。惟璩此書，雖僅方隅之事而能流行全國，迄今研究封建社會史者猶必重之。此其在歷史發展階段中，代表性强，足以抗衡正史者三。

巴、蜀、南中，即今所謂大西南者，開化雖與中原同時，而以地形險阻，僻在邊方，文化發育則不與中原一致。尤以古代巴蜀，自有其獨特的經濟基礎，文物有獨具之特色，其與中原文化，尺短寸長，各有所適。漢魏以降，雖已互相融合，仍各有所偏重。分途異致，世亂則離。中原人物，留心此隅者甚希。例如李冰治水，瑰然爲人類創造奇蹟，而馬、班之書僅在《河渠》、《溝洫》篇中記以數言。天文曆數，《易》理醫方，從來推蜀士最精究，而《史》、《漢》諸書亦未明確莨弘、落下閎、任文公、涪翁等身世。蜀士既多見輕，述作亦遂罕能傳於中原者。相如、揚雄之賦，乃得狗監與侍臣推薦而顯。是故蜀士多懷寶自迷，肥遯不出。此巴蜀與中原古代隔閡之實際情形也。常璩此書，純用中原文化之精神，馳騖於地方一隅之掌故，通其痞隔，暢其流灌，使中土不復以蜀士見輕，而蜀人亦不復以中土爲遠。唐宋以降，蜀與中原融爲一體，此書蓋有力焉。此就掌握地方特殊性與全國一致性相結合言，常氏實開其先河者四。

常璩長育於封建時代，其思想固不可以現代水平責之。若僅就社會發展階段而論，則當時之封建制度，究不失爲比較進步之社會制度。而璩又爲其中傾向於改革之人物，故其著述中往往表現出一定的進步性。例如，對貪污之揭發指責，對勞動人民的同情，對被壓迫的少數民族的公道主張之表揚，與夫崇儉德、尚勤勞、獎信義、鄙自私等，書中多有突出之敘述。又屢表彰出自寒微之人物，與捍衛群體利益的功勛。對於古代史料，頗能批判吸收，而非一味盲從濫用。又略於往古而詳於當近。雖非通體皆然，要其個別有所表現，稍勝於班固、陳壽諸史。此其於史學三長中，史德尤爲傑出者五。

其書缺點，首在於宣傳封建迷信，脫離歷史真實之處不少。次爲其着力表揚之封建道德，除供歷史參證外，已少價值。又次在於對經濟資料蒐討太少，未能透達社會基層。由於其對經濟基礎無所認識，故不能反映社會發展的階段性；緣是，往往以前後不同時代之社會現象混爲一談。例如第三卷論蜀中風俗，以奴隸社會與封建社會相雜糅；第四卷記南中事，以封建文化譏少數民族之類皆是也。又因其書定於衰暮之歲，精神既難貫注，校覈尤多疏虞，字句間往往有重複、歧互、脫誤、偏枯，甚至有前後牴牾之處。凡此數失，大多由於歷史時代所局限，殆爲封建史學家共同之缺點，未足引爲深責。要當善爲區別，發揚其優點，評正其缺點，是則余爲此書作注時所曾隨處留意者也。

其書脫稿迄今，千六百年中，歷經書手傳鈔，匠民翻刻，頗有訛奪、溢衍。或經俗手改竄，或有脫簡闕文，清代從事於校勘此書者二十餘家，所能解決之問題不多。闕失待補、訛舛待正、誤衍待削、顚亂待乙、晦澀待解、異同待校之處纍纍有之，則鈔刻所遺之憾事，未得諉爲常氏之缺失也。

（四）原著流行情况

唐宋以前，書籍全靠傳鈔，流傳甚難，學人求書，亦甚迫切。舉凡内容新穎、代表性强、切於實用之書，有所聞知，必爭鈔購。故左思賦成，洛陽紙貴；陳子昂碎琴，百軸遽空。常璩所輯錄者，皆當時中原學人所不深悉而極欲知曉之事，故每一卷成，即能鈔售，無論江左、中原，流行並頗迅速，《華陽國志》爲其最後定本，尤爲世人所重。崔鴻求之七年不得，至於表乞魏帝訪購，著於《魏書》。其他經人引用，今可考見者約舉如次。

晉義熙中，徐廣撰《晉紀》已採用。宋元嘉初，范曄撰《後漢書》

採用尤多。同時，裴松之注《三國志》亦有引用。梁天監中，劉昭注《續漢書·郡國志》引用。太清中，蕭方等撰《三十國春秋》亦依據之。此皆南朝人士之使用此書者。在北朝，則魏太和中酈道元撰《水經注》，已採用其蜀中舊著甚多。崔鴻景明中撰《十六國春秋》，依據其《蜀漢書》。正光三年，又購得其《華陽國志》。他如賈思勰《齊民要術》，本農學書，亦引用之。諸家或稱所引書名，或否，要其文字可按驗也。

隋唐時，則大業中虞世南等撰《北堂書鈔》屢引之，貞觀中，房玄齡等撰《晉書》尤多採用。同時歐陽詢等撰《藝文類聚》，魏王泰等撰《括地志》亦頗引之。景龍中，劉知幾撰《史通》，屢稱此書，比於正史。開元中，徐堅等撰《初學記》屢引之。元和中，李吉甫《郡縣圖志》亦曾採錄。

宋世，則太平興國中李昉等輯《太平御覽》、《太平廣記》，樂史撰《太平寰宇記》，並多採之。景德中，王欽若等輯《册府元龜》採之。南宋則如歐陽忞《輿地廣記》、王象之《輿地紀勝》，並多採入，時則雕板盛行，此書已有刻本，而舊鈔傳播於故家者猶多。川峽四路各州圖經，殆無不引據此書者。

此後，各代一統志、地方志蔚起如麻，雖或地非梁益，亦多採錄此書。其彙輯巨製，如明之《永樂大典》，清之《圖書集成》等，皆幾於錄用此書全文，惟昔人採書，不遵原語，斷爛割裂者爲多。又或不檢原本，意舉其義；甚至剿錄他書所引，未見本文；因而每有訛亂，不盡可據以校訂刻本。

至於僅志書目與卷帙者，自《隋書·經籍志》、《舊唐書·經籍志》、《新唐書·藝文志》、《宋史·藝文志》、《通志·藝文略》、《通考·經籍考》、宋晁公武《郡齋讀書志》、陳振孫《直齋書錄解題》、王應麟《玉海》、明焦竑《國史經籍志》、陶珽重輯《説郛》、清《四庫全書提要》，以及近世書目諸刊，皆著錄之。清代補輯《晉·藝文志》諸家更無論矣。

此書刻本始於北宋，歷世轉多。明末以來，輯叢書者往往收入，並各以原書全貌與世相見，而頗有異同。清代諸校讎家考訂此書者先後二十餘人。

以下略述此書版刻源流與諸家校勘工作。

（五）宋代刻本與校勘工作

元豐元年（1078），成都府尹呂大防（《宋史》卷三百四十有傳）開始鏤行《華陽國志》。其目的僅在表彰一方人物，故云"庶有益於風教"。此刻本久已散絕，僅賴李㙨録存其原序一篇（參看《附録》）。向覺明（達）先生家藏有朱墨校本《華陽國志》十二卷，後八卷爲顧千里批校真蹟（前四卷乃過録何焯校本）。前四卷之顧校原件存北大圖書館，余曾見其攝影膠卷。此二本除顧氏墨批之外，另皆有硃批，爲清何焯（義門）所書，竊依其内容，定何氏校語所據之本爲元豐呂大防刻本（辨正詳見《附録》，是何校比顧批價值更高。呂本不顯於世久矣，賴何焯批校而存其厓略，又復得爲吾人所利用，亦幸矣哉。

常璩此書，在傳鈔時代，流行既廣，竄亂亦多。鈔者或肆己意爲別字，或隨愛憎有節删，或因誤解文義而妄加增飾，亦有以前人批注語誤入正文者。又或夾頁誤連，錯簡誤綴。誤衍、誤脱，訛舛錯亂之處，在在難免。自有刻本，始稍統一。然呂刻所據非善本，亦未加校勘。地志、霸史之部，謬亂頗甚，至如李㙨所云"載祀荒忽，剞缺愈多，觀者莫曉所謂"。

李㙨字叔崖，丹稜人，史學巨子李燾之子（《宋史·李燾傳》），嘉泰四年（1204）官邛州知州時，嫌呂刻訛亂，乃取《史記》、《兩漢書》、《三國志》與《益部耆舊傳》參訂，通正文理，重新刻版印行。是爲此書最早刊行之整理本。此刻行而呂本遂廢。明代諸刻，皆遵李氏。然李刻未久而蒙古軍入蜀，文物蕩然，故刻本流行於世者仍希，今世亦不可得，但能從明代諸刻知其大體面目而已。

李氏原序,自言整理工作亦頗矜慎:"凡一事而先後失序、本末舛逆者,則考而正之;一意而詞旨重複、句讀錯雜者,則刊而去之。設或字誤而文理明白者,則因而全之。其他旁搜遠取,求通於義者又非一端。凡此皆有明驗,可信不誣者。若其無所考據,則亦不敢臆決,姑闕之以俟能者。"是㠪僅據正史調整吕刻錯亂之部,固未曾逕以己意竄改舊文。其所改正字亦不多,大抵皆有小注說明。今其注文具在。世有謂李㠪竄改《常志》者,非實。

李刻之遺憾,首在於未能博徵舊鈔善本,進行校勘。既屬史學世家,詎無家藏此書鈔本?乃亦未能取以校正吕刻,而別取正史校之。其序云"蓋嘗博訪善本而莫之或得"。夫常氏原作,必不遵循舊史成文,是李㠪所爲,僅能據史實疏通吕刻訛亂格塞之意,非可能得常著面目精神;且所訂限於霸史之部,貢獻殊屬微渺。至於所謂整理吕本文,如《蜀志》與《李志》兩處,則謬陋難以設想,乃猶自詡爲"較以舊本之訛謬,大略十得五六"(原序參看附錄二),未免失於誇妄矣。

(六)明代刻本、鈔本與校勘工作

李㠪刻版後三十年,元人據蜀,又四十年而宋亡,歷元至明嘉靖時,約三百六十年中,更無刻本。嘉靖以後,明刻本有下列五種:

1. 嘉靖甲子(1564,嘉靖四十三年)成都劉大昌刻本(以下省稱劉本)。現存書兩部:一部在四川省圖書館,一部在北京圖書館,亦各有殘闕,互補恰成完本。冠首《知成都府楊經序》云:"壬戌歲,剖符西土,景行先哲,博徵文獻。政餘談及是書,鮮有知者。乃劉子出家藏一帙視之。因託之校正。謀之同知温子訓,推官宋子守約,將梓傳焉。……閱三月,梓人告成事。"又有《劉大昌後序》云:"璩仕晉爲散騎常侍,平生著作有《漢之書》、《平蜀記》、《蜀漢故事》;三書散逸,所傳僅此,藏書家亦不多得。茲編舊錄間有脫誤。嘗參互考訂，稽之《范史》列傳並注中所引，幸獲什一。闕者仍舊。久藏笥中。獻之郡齋，受命校正。爰命梓人。"《序》末有"本府吏張堯膳寫"七字一行。其書每葉兩面各十行，行二十字。楊經大字序後載《李㙉序》，又次乃爲《吕序》，足見所依爲邛州宋刻。於紀年處皆提行（偶有非紀年處提行，及紀年處未提行者，然極少），不盡依段落文氣。又多俚俗字，如稱作"秤"、補作"補"、博作"愽"、迎作"迎"之類不一。每段自首行頂格外，餘行皆低一格，此皆當時書吏繕寫程式，非宋刻原式甚明。即就劉大昌《後序》文字分析，亦可知其人僅俗吏，學識淺陋。誤解《隋書·經籍志》梁人之《平蜀記》與《蜀僞官故事》爲常璩書，又以李氏散騎常侍爲晉授之官，而所據參訂書僅《范史》一種，其不勝"校正"之任亦甚明。通觀全書，實未見其校正之跡。若云有之，則亦惟多作提行，破壞宋刻段落耳。

惟其劉大昌無校訂此書之力，故所保存宋刻原文最多，適以形成此刻一大優點。近代大藏書家傅沅叔（增湘）《藏園群書題記》有長文稱道此刻本，舉出其前十卷佳字六十四處，解決清代校讎家如顧廣圻等所懷疑而不能確定之問題頗多。如云："如卷五'以功曹李雄爲大司徒'。廖校云：'雄當作熊，見《後漢書》。'此本正作李熊。……卷十，'同室齋定'。廖校云：'誤，未詳，本或作窆字。'又，'菊穀二石'，廖校云：'誤，未詳，本或作蜀。'今本正作'窆'、'蜀'字。凡此皆廖氏所疑而未敢遽爲訂正者，今得此本，若合符契，益可恍然矣。"（全文另載附錄）。此外尚有絕大優點爲傅氏所未道及者三：一、清初國内流行之明代刻本，《大同志》皆闕"太安元年"以下四頁，劉本則全有之。二、又皆脫《先賢士女總讚》與巴、蜀、廣漢、犍爲四郡《士女小傳》，劉本除巴郡外全具。三、又《三州士女目錄》人數與總數多不相應，説明各本皆有脱漏；劉本此《目錄》亦有脱漏，而獨多出數人，可資以參訂他本，補成總計數的全部人名。

2. 嘉靖甲子蒲州張佳胤刻本（省稱張本）。張佳胤，四川銅梁人，嘉靖庚戌進士，《明史》卷二百二十二與《銅梁縣志》卷八有傳，避清廟諱作佳允。亦於嘉靖甲子官蒲州知州時刻行《華陽國志》。妙在與劉大昌初不相謀而同時開雕，同於申子春季完成。據王世貞所撰《墓誌銘》："公之乞歸也，實在萬曆丁亥……明年戊子，卒得風疾不起。"又序其《詩文集》云："卒年六十有二。"則張氏生於1527，卒於1588。其官蒲州在中進士後十四年，年三十八，正盛壯好事之時也。

吾於張本初未求得。迨全書初稿將完時，始從北京圖書館拍照得之。《中國版刻圖錄》第五冊亦有此書原刻第一頁樣片。用與吳琯刻《古今逸史》本《華陽國志》校，文字、行款相同，每面十行，行二十字。足見吳琯係用張本影刻，何允中《漢魏叢書》本亦然。故張、吳、何本及上海石印本大體相同。非如劉刻之爲完本也。

傅沅叔《藏園群書題記》續集卷一《校明劉大昌本華陽國志跋》謂："張氏蒲州所刻，觀其《自序》，乃得鈔本於澶淵晁太史家。嗣在江陽，假得楊用修本，又在梁，假得朱灌甫本，交互取質，參正脫訛。"又"有張四維《序》，亦署嘉靖甲子元月"。"凡劉刻改正之字，張本一一皆具。可知二公校訂之精審，視後世所傳惡鈔迥然大異。""余昔年曾得抱經堂藏本，缺第十、十一兩卷。嗣與友人易得完帙，今寶藏於雙鑑樓中。"知傅氏亦有此本，或即轉入北大圖書館者。

另據《山右叢書初篇》（近世山西省文獻委員會編印）清耿文光《萬卷精華樓藏書記》卷四十云："《華陽國志》十二卷，晉常璩撰，明嘉靖本，張佳允刊，前有宋元豐戊申呂大防微仲序，次目錄。十卷以下差謬過甚，盧召弓先生按《自序》重訂。末附江原常氏《士女志》一卷，張佳允補。"

大抵張氏原刻有特點四：（一）用呂大防成都刻本爲藍本，但是本殘闕。未得嘉泰李氏刻本相校，雖云用晁太史、楊升菴、朱灌甫三家批注本參訂,並未校出諸多脱落,足見其用功殊疏。(二)有張氏新輯江原常氏《士女目録》附在卷末。(三)《先賢志》不僅闕《巴郡士女讚傳》,又闕蜀、廣漢、犍爲三郡士女。又脱《大同志》泰安元年以上至永寧元年四頁。(四)改竄宋刻原文之處頗多,每失常氏原作精神。例如《先主志》中,有不依宋刻,逕用《三國志》原文長段刊易宋本之處。致被後人斥爲"俗本"。此正由其以學識自負,妄弄筆墨,反不如劉大昌之無所措者焉。

3. 新安吳琯刻《古今逸史》本(以下省稱吳本)。吳琯名不見史籍,所輯《古今逸史》五十五種,經上海涵芬樓影印,有所撰《自序》一篇,末著輯刻年月。各卷皆有"明吳琯刻"或"明新安吳琯校"或"明吳中珩校"一行,與萬曆壬辰(1592)新安程榮所刻之《漢魏叢書》行款同式,而所收書鮮同(如《華陽國志》程即未收)。疑是與程榮同時分購括蒼何鐘之書,別自刊售,其時間亦在萬曆二十年前後也。

其《華陽國志》一種,係依張佳胤原刻,有下列證據:

(1)用《中國版刻圖録》第五册所影張刻第一頁,以及自北京所拍回的張本膠片同吳本相校,文字、行款均同。各行字畫如一,可以相套,直同影刻。惟吳本卷首多"晉常璩著"與"明吳琯校"二行,致將"州牧"至"甄其"二行順移下頁。又,張刻騎頁折綫上爲"《華陽國志》卷一"六字,吳本作《華陽國志》與"卷之一"兩段於墨界上下。其他五十餘處皆爲此式。蓋爲求全書五十五種行款一致而改,於原文無所改也。

(2)《江原常氏士女目録》,張佳胤所輯(吳本已明著於題下),萬曆以前唯張刻有之,跋語作"佳胤曰"云云;吳本亦有之,同作"佳胤曰"云云。夫惟張氏自刻乃可作"佳胤曰"。他人刻本即當加上"張"字,而吳本無之,足見其是全用張刻,更無所用心於其間。

(3)吳本有"校刻《華陽國志》凡例"六條,其第二條云:"《先賢志》遺第二卷《巴郡士女》計七十八人傳讚,故舊逸也,宋李叔璽校刻曾未指出,今考明闕之,庶備搜補。"然吳本《先賢志》僅《漢中士女》、

《梓潼士女》兩篇，且皆無讚。無論巴郡，即蜀、廣、犍三郡《士女讚傳》亦無。驗以另引之耿氏《藏書記》，則吴本所據僅爲張刻之殘闕本，而此凡例六條，實張刻文，故與吴本不相應也。

4. 武林何允中刻《漢魏叢書》本（以下省稱何本）。《漢魏叢書》創輯於浙江括蒼人何鏜（字振卿，號賓巖，嘉靖進士，見《浙江通志》），原輯書一百種，分經、史、子、集四部，包有《華陽國志》。萬曆己卯（1579），東海屠隆（字緯真，《明史》卷二百八十八附《徐渭傳》）爲之改排爲典雅、奇麗、鴻肆、藻艷四部，寫有序文，但未刊行。新安書估程榮，購得其書三十八種，仍分經、史、子（集部全闕），於壬辰年（1592）刻行。有屠隆序，隆蓋其介購者。此三十八種中無《華陽國志》，疑是被吴琯分購去矣。

何允中刊行《漢魏叢書》約在十七世紀初葉，即萬曆末年，分經翼、別史、子餘、載籍四部，增輯爲八十種。多取吴琯《古今逸史》諸書。其《華陽國志》編入載籍，内容與吴本全同。每行二十字，各行首尾起訖，與吴本毫無參差。惟每面祇九行，故各頁起訖不同。又無凡例。《目録》與各篇標題亦大懸殊。其《目録》不標卷數，作十四行平排。吴本之《李特雄壽勢志》，何本作《雄壽勢志》，而書中標題作《李志》。無《先賢志》，但有《漢中士女志》與《梓潼士女志》兩目。（吴本則作"卷十、《漢中士女志》"，非用張刻舊目）。《後賢志》，作《西州後賢志》。各卷首行，何本標目頂格，不記卷數，其下有"晉常璩著"及"某縣某人閲"共一行。如此相異而已。亦闕《大同志》四頁與《先賢志》前二子卷，爲其依照吴本，而非與吴氏同用張刻爲藍本之證。其最大荒謬處在於以《三州士女目録》爲《序志》，而以常氏《序志》爲《序志後語》。個别文字鐫誤，亦較吴本爲多。在宋明刻《華陽國志》中，此爲最劣。

何允中字文開，武林縣人，見所題《叢書目録款識》，餘無可考。其人蓋略知文藝而不通豁，敢於剽竊改竄，而巧於推廣銷場之書估。其書每卷皆鐫有校閱人名貫，如《巴志》，"武林黃嘉惠閱"；《漢中志》，"蜀郡劉志曜閱"；《蜀志》、《南中志》，"吳郡汪明際閱"，如此廣泛引列當時知名人物以壯聲勢，實皆未曾從事校閱。至如《序志》，"武林錢敬臣閱"，竟不知其内容爲《三州士女目録》。《序志後語》，"武林何士錫閱"，亦不知其爲常璩《自序》，則其校閱名實可知。然竟藉此虚聲，迷惑無識之八股文士，一時行銷甚多。四川省圖書館藏有明刻單行之《華陽國志》一部，即用此本翻刻者也。

5. 天啓丙寅（1626）李一公成都刻本（以下簡稱李本）。有知成都府李一公與欽差四川恤刑范汝梓兩序（另載《附録》），均稱"重刻《華陽國志》"。時距劉刻僅六十三年，非由版片敝敗，蓋不滿劉本字體庸俗與段落謬亂，略作調整而重刻之。

今未求得李本原刻，但從《函海》校注中知其文全據劉本，僅有極少異字。所録宋人校語，移在書頭如眉批。提行分段則與劉本大異。又移《序志》於《巴志》之前，是爲特點。刊行未二十年而蜀大亂，故流行亦不甚廣。

6. 影寫《永樂大典》本。《永樂大典》中收有《華陽國志》，係依李㙈校刻本繕正。清武英殿聚珍版《欽定四庫全書考證》卷三十八之《華陽國志考證》，即對《永樂大典》輯出本之校勘文也。原輯本未經刊行，今《永樂大典》已散佚不可得。

7. 嘉靖中錢穀手鈔本（以下省稱錢本）。錢穀字叔寶，號罄室，出身孤貧，好讀書。每得善本，手自鈔寫，窮日夜校勘，至老不衰。游文徵明門，師其書畫。《明史》卷二百八十七，附《文徵明傳》。查文徵明生於成化六年（1470），卒於嘉靖三十八年（1559），錢氏游其門下，當在中歲，即正德、嘉靖之間。其手鈔《華陽國志》，今有《四部叢刊》影印本。就其筆力與印章推測，又當是錢氏晚歲所作，大約鈔於嘉靖末年，或隆慶之世。在劉、張二刻之後。或與同時。其板本與劉、張二本又不同，是其所鈔爲李㙡刻本。審其內容，有爲鈔自李刻之證據數端：

（1）僅有李㙡《重刊〈華陽國志〉序》。

（2）各篇文字，殆與劉本相同，但多古字，無俗字。

（3）提行空格，皆有法度。每有無文空格，其格數與校得宋刻原闕或作黑疤之字數相當。（並詳本書校注。）

（4）文中小字夾注，經考訂可知全屬宋刻已有之校語。

（5）多有避宋廟諱，如恒作"恒"之類；至敦字缺筆爲避光宗諱，故知爲依南宋刊本。

（6）卷十分上中下三子卷，標題爲《先賢士女總讚》，各傳本爲注文，此與劉本均通爲大字。與《四庫全書提要》之"《總讚》相續成文"及"㙡本第十卷分上中下"各語符合。

（7）提行處與劉本大異，則非據劉本。《蜀郡士女志》後無"佳胤曰"按語，亦不附《江原常氏士女志》，則非據張刻。第三卷《越雟郡》及第九卷《李勢志》後，李㙡按語皆作大字低格鈔入，亦李刻之證。

今世不可復見李㙡刻本，清初江南藏書家固當有之，藉錢氏此鈔，獲於今日識見李刻形制，爲益甚大。惜原鈔不言所據版本，殊勞猜測耳。

8. 附論明何宇度刻《華陽國志》單行本的有無問題。清乾隆中撰《欽定四庫全書提要》屢屢提及，頗似當時館閣筆人，曾親見何宇度刊之《華陽國志》單行本，並取以與吳琯、何鏜二本校勘者。然今未見有何宇度刻《華陽國志》單行本，自此《提要》外，亦更未見他文論及何刻此書。

查《四川通志》卷八十八，《經籍志·史部附錄》（原例錄非蜀人官蜀者所刻之書）有如此一條："《益部談資》三卷，明何宇度撰。宇度里貫未詳，萬曆中官夔州通判。"又查《夔州府志》卷二十三《秩官》，明代通判有"何宇度，湖廣德安守禦所官籍恩生"一條。再查《湖北通志》中的《選舉志》、《人物志》皆無其人。惟卷八十一《藝文志》五有"《益部談資》三卷，明何宇度撰"一條，云："宇度字仁仲，安陸人，侍郎遷仲子，官詹事，主簿，出爲夔州通判……"并無曾刊《華陽國志》之説。再查《明史》卷二八三《何遷傳》，安陸人，字益之，永樂進士，官至刑部侍郎。則宇度官夔州時，祇能在仁、宣之季，最遲不得過正統間，果曾刊行《華陽國志》，則是刻此書之最早者。嘉靖以後諸刻，應或取校於此書，清代藏書家、校讎家，亦當有所接觸，乃皆無跡象可徵。是可疑矣。

細繹此則《提要》，不合實際之處甚多，例如何鏜《漢魏叢書》並未刊行，即程榮刻本亦無《華陽國志》，而《提要》云有何鏜《漢魏叢書》本，蓋誤以何允中爲何鏜也。明刻《華陽國志》之尤近於李㙁本者，當推張佳胤、劉大昌兩本，《提要》均未提及，但言有影寫本，應指影寫《永樂大典》本或錢叔寶鈔本。是蒐討猶未到也。《後賢志》二十人，祇十八人有讚，各鈔、刻本皆然，《提要》乃云"二十人有讚"，是其檢覈疏忽也。至於以常氏《序志》"弁於簡端"，明刻惟李一公本爲然。李刻亦有蜀、廣漢、犍爲《士女讚傳》。初閱《提要》，以爲所言何宇度本即李本。嗣因何與李不同時，何亦未官於成都，且《李序》與《范序》均未言有何宇度參加其事，判其不然。嗣疑所言何宇度即何允中，因考二人並不同時，且《漢魏叢書》本與單行本不可相混，亦判其不然。反覆推求，判此《提要》爲館閣諸人妄憑記憶，捕風捉影，信手寫成，初未檢覈原書，遂誤以何允中爲何鏜，以《益部談資》爲《華陽國志》，又以李一公本爲何宇度刻故也。何宇度實未刻有《華陽國志》。

《四庫提要》謬誤頗多，近人已有糾謬專册印行，猶未論及此條，故並附録辨正於此。

（七）清中葉刻本與校勘工作

清代校勘《華陽國志》，始於乾隆三十九年《四庫全書考證》之《華陽國志考證》，祇十二條，僅用何允中本及《後漢書》文訂正《永樂大典》輯出之影寫本。且其書未印行，今置不論，但録曾刊行者與從事刊本之校補者如次：

1. 乾隆通州李調元輯刻《函海》本（以下省稱《函海》或《函》）。李調元字羹堂，號雨村，綿州羅江縣人，乾隆癸未（1763）進士，戊戌歲（1778）官直隸通永道時，蒐集蜀人著述（僅少量非蜀人作品）百五十九種鐫成叢書四十函，稱爲《函海》，"皆知不足齋所未採者"，號爲當時三大叢書之一（《漢魏》、《知不足齋》、《函海》）。其書以《華陽國志》冠首，亦惟《華陽國志》一種爲精校之本。其底本爲蘇州朱文游家所藏吳縣惠氏紅豆齋舊物，經惠定宇批校之宋槧。又有錢穀鈐記，可能即錢穀據鈔之底本。一時校勘名宿如吳騫、盧文弨、金榜、程瑤田、陳鱣等并推重之，許爲邛州原刻。李氏從丁小山（名杰，浙江歸安人，亦校讎家）家購得，並取劉大昌、李一公、吳琯、何允中本，手自校勘，注其異同。是爲十八世紀内最爲完善之足本《華陽國志》，《函海》一書，以此取重於時。

《函海》開雕於辛丑（1781）秋，至壬寅（1782），全書將成，李因虧空撤職。刻工收工貲未足，不肯發版，賴其戚南部陳琮（字韞山，時官永定道）借銀三百兩贖回續雕，至甲辰（1784）春完成。李自撰有後序，見《附録》。

此書校勘工作甚細緻，態度矜慎。凡提行、空格，諸本異文、別字，各家批注，無不忠實注出，使閱者如兼得諸本。又無輒以己意竄改之迹，是其遠勝宋明諸刻之處。所集明刻中無張佳胤本，故亦無《江原常氏士女目録》。

《函海》初刻，自《華陽國志》外，他本訛脱頗多。各方對之多所指責。至嘉慶十四年（1809），調元從弟鼎元（字和叔，號墨莊）致仕回籍，檢定全書，改正篇目，並校訂文字若干處，付調元子朝夔刊行。朝夔託言搬移損失，另刻新板，於道光乙酉（1825）完成，仍四十函，是爲綿竹重刻《函海》。其内容與通州舊刻出入頗大。剔去舊刻十三種，新收入者十四種，各函編次之書殆與舊刻全異，而以《華陽國志》冠首如故。其

《華陽國志》，較舊刻少呂、劉、李、范四序，僅存李至《序》一篇。餘仍原版。因其非另一版本，故祇附著於此。

2. 乾隆江西建昌王謨刻《漢魏叢書》本（以下省稱王本）。王謨字仁圃，江西金谿人，乾隆丁酉（1777）進士，授知縣，自乞教職，選建昌府教授。好著述。嘗輯《漢魏遺書》五百餘種，撰《江西考古錄》、《豫章十代文獻》等書。嫌程榮、何允中《漢魏叢書》義例未善，乃就學署增訂爲八十六種，乾隆五十六年（1791）刊行。學使桂林陳蘭森爲之序。亦載屠隆原序。謨自撰《凡例》九條。又於《目錄》後作《總跋》，指斥何允中本之謬。又載有"參閱姓氏"九十二人，皆南昌、南城、南豐、新城、瀘溪諸縣生員與建昌府學生。

其中《華陽國志》一種，仍祇翻刻何允中本，但從載籍轉入別史，并加圈點而已。其以《三州士女目錄》爲《序志》，《序志》爲《序志後語》，及脫《大同志》四頁與脫《先賢志》兩子卷等重大缺點，皆無所指稱與修正。故就《叢書》全面言，王本稍勝於何；就《華陽國志》言，則無毫釐差勝於何本，且其圈點謬妄，篇頁錯落之處頗多，實非佳書，而清代學人多重之，稱"江西本"，足見其時認真讀書者少也。

其首卷《巴志》標目行下，有"晉常璩著，萬載袁廷鰲校"十字。以下各卷則祇"晉常璩著"四字，不更載校閱姓名。是爲與何本唯一不同處。袁廷鰲者，乾隆己亥（1779）鄉試舉人，選知縣（見《江西通志》卷三十四《選舉表》），蓋王謨教職任內最先捷之門生，實未參加校閱，但藉其微名以自壯，仍是何允中攀載名流入書故智。乃此後直至清末，凡刻《漢魏叢書》者皆遵江西本，於《華陽國志》下亦皆有"萬載袁廷鰲校"一行，可謂書林怪事。

3. 浙江杭州增補何允中《漢魏叢書》本（以下省稱浙本）。自何允中刻《漢魏叢書》，至乾隆時，已二百餘年，原刻存於坊間者少而購者益多，至於書賈"多以建陽書林所刻《漢魏名文乘》冒充"（王謨《凡例》

語），王謨因而增輯，別鐫爲江西本以奪其利。杭州書估又復訾短王本，乃更向江浙諸藏書家求得善本改易何刻《漢魏叢書》之一部分爲浙江本以與相競。所刻仍依何允中原式。鐫刻時間未詳。

其中《華陽國志》一種，原用何本影刻，雕成，乃更剜補成爲足本。其改補何本之處，約舉如次：

（1）《目錄》依常氏《序志》十二卷原目，改用吳本款式，卷數與題目各佔一行，而第十卷又分上中下，共佔二十九行。洗去何本《序志後語》等荒謬標題。惟卷十上、中、下卷分題爲《先賢士女總讚》、《廣漢士女總讚》、《漢中士女總讚》，與原著剌謬。

（2）剷去各卷首行下"晉常璩著"與校閱人名貫各字。

（3）第一至九卷，行、葉全同何本，惟多有剜補擁擠字及剜餘空白處。例如：卷五第五葉下，何本原文"漢二十二世孝靈皇帝政治衰缺王室多故太常劉（以上第四行）焉字君朗江夏竟陵人漢魯恭主之裔建議……"（第五行）兩行，此本在前行劉字上剜補"竟陵"二字擠刻。於次行朗字下，剜去"江夏竟陵人漢魯恭王之裔"十一字爲空格。如此例多不勝舉，故文雖改易而各行首尾與葉數皆仍舊刻無變動。

（4）卷第八（《大同志》），除剜補擠刻字外，又補原脫宋刻四葉文字。其處理方法爲：於第九頁末行"厥腹心也"句下空白處增小字夾注云："此下向有脫文，今補刻四葉。"其所補刻，自"永寧元年"以下共六十行一千一百九十四字。其葉數番號則改第九葉爲"九之一"。所補爲九之二，之三，之四，之五。以下乃爲第十葉，故亦未移亂舊刻葉序。但因舊刻爲每面九行，行二十字，此千一百九十四字不能恰滿四葉，故"九之五"又空一面零三行無字。"太安元年"以下仍舊從第十葉起，剜補之文仍同前法擠排。

（5）第十卷補上中二子卷及讚如錢鈔本，共有二十四葉（原何本祇八葉），則完全不同何本矣。

（6）删去舊《西州後賢志》標目之西州二字。

（7）糾正何本《序志》標題，仍爲《益梁寧三州先漢以來士女目錄》。改次行"晉常璩著武林錢敬臣閱"爲"常道將集"四字。空第三行。自第四行起復與何本行、葉從同，但多增補各人品題字，擠刻於行首。例如：第二條"林閭字公孺"上增"高尚逸民"四字，九字擠刻，孺字以下小字不動。第四揚雄條，多"德行"二字，與"給事黃門"六字擠刻，"侍郎"以下字不動。

（8）改正何本《序志後語》標題，仍爲《序志》。

（9）改所有"譔曰"爲"讚曰"。

（10）删除原附《江原常氏士女目錄》一篇。

此書未著鐫刻時間與剡補緣由和依據。茲就上列特點推之：因改"譔曰"爲"讚曰"，是《函海》特點，所補各葉文，又皆《函海》所有，所删《江原常氏士女目錄》，亦《函海》所未收，故可疑其剡改所據爲《函海》。剡補時間，當在王謨鐫行江西本不久，即乾、嘉交替之間（1796前後），蓋欲以此諸優點壓倒王謨本，亦坊間決勝之一着也。惟此刻亦有廖本所具而《函海》所無者二特點：一爲《巴志》"殷人前徒倒戈"句增"前徒"二字，一爲《三州士女目錄》中所增品題各字，則又似廖本刊行以後即嘉慶末歲（1820前後）始剡補者。盧校本固曾先據《函海》本而又別有所增訂也。細考其所依據，乃盧文弨校本。

4. 嘉慶甲戌（1814）廖寅南京刻本（以下省稱廖本）。廖寅（1752—1825）字亮工，號復堂，四川鄰水縣人，乾隆己亥（1779）鄉試舉人，捐選河南葉縣知縣。因擒獲白蓮教首劉之協超升鎮江知府，賞戴花翎；旋護常鎮通海道，兼管揚州稅關；轉江西吉南贛寧道；未久復升兩淮都轉運使。皆當時所謂"肥缺"。既富盛歲貲，謬附風雅，借鈔得孫星衍家藏宋本《華陽國志》，先後邀請元和顧廣圻、江寧顧槐三爲之校勘，僱名刻工劉文奎兄弟就所居題襟館鐫刻。甲戌年刻成。世稱題襟館本。

廖本勝於以前諸本之處，尚在於校勘，其校勘態度之審慎，見解之精闢，表現於下列各點：

（1）雖有宋本依據，仍復引據羣書，多所訂正。

（2）校語簡潔，夾注行間；訂正雖多，未嘗改竄原本，閲者循文及注，其義自通。

（3）凡所訂正，雖多用臆測，後經別本證實其正確，足見其識力。

（4）校正地名錯字皆發前人所未發。

（5）首先指出舊刻汶山、越嶲兩郡間脱簡，并蒐列舊籍所引此段脱簡中文字五條，提出考訂綫索。凡此諸優勝處，皆出於顧千里手，以及顧槐三之參訂斟酌，廖寅無所預也。其缺點在於未多徵集異本參校，不惟蜀中劉、李諸刻及蒲州張刻爲所未見，即比較完善之《函海》本已經行世三十餘年，亦未取供參考，故着力雖多，取信不足，較之《函海》，互有短長。今從北京先後借得顧氏原稿覈之，其手筆即批注於經何焯校録之元豐底本上，而二顧竟無所覺，真可怪也。

5. 清中葉校勘《華陽國志》諸家。乾隆時《武英殿聚珍版叢書》中，有《四庫全書考證》一種。其卷三十八《華陽國志考證》十二條，署"臣章宗瀛恭校"，僅據何允中本改補《永樂大典》本十餘字，陋無足述。其時江南多大藏書家與校讎家，如歙縣鮑氏知不足齋、吳縣惠氏紅豆齋、黃氏百宋一廛、江都秦氏五笥仙館、餘姚盧氏抱經堂、海寧吳氏拜經樓、陳氏紫微山館、歸安丁氏小酉山房等，皆盛名籍籍，殆與皇成競富。他如江都程晉芳、陽湖孫星衍、鄱陽胡克家、江寧嚴長明、錢塘汪憲等皆稱數十萬卷。或兼刻書，或擅校讎。其校讎皆以淹貫經史，兼通小學爲基礎，空前精闢，不同淺學者流，遠非四庫館校閲諸臣所及。惜清廷未能延致，僅用章宗瀛十二條搪塞此書。

於時民間校本多未刊行，其於《華陽國志》有所貢獻者，據所知有惠棟、盧文弨、顧廣圻等諸大家，略述於次。

紅豆齋惠氏者，其先惠恕字元龍，一名周惕，康熙辛未（1691）進士，官密雲知縣。其子士奇（1670—1741），辛卯（1711）進士，官廣東學政。父子皆好藏書。士奇子棟（1687—1758）字定宇，號松崖，不樂仕進，專力學藝，恒以校書自娛。家藏舊刻既多，互用勘正，俱成善本。故有得其藏書鈐記及校注批劄者皆珍視之，稱惠校本。惠氏不刻書，但以校本、複本與他藏書家掉易秘藏。其時宋明刻本《華陽國志》惟吳琯、何允中二本在江南流行。惠氏所藏獨有李㙉刻本，較吳、何本多數十葉，稱爲足本，歷世珍秘，尚以校訂本與人掉易他書。其書有錢穀鈐記，蓋即穀鈔本所據。惠棟死後，家落書散，此本入於同邑朱氏。乾隆戊戌（1778）又轉入歸安丁氏，即《函海》所據本也（參看《附錄》、《函海》諸跋文）。其中惠棟批注僅數處，一時士流皆以其爲紅豆齋舊物而重之。

　　乾隆癸巳（1773）開四庫館，徵求遺書，歙縣鮑廷博（1718—1803）獻書最多，時稱爲江南第一藏書家。所藏《華陽國志》皆吳、何本，所刻《知不足齋叢書》亦未收錄。故惠校足本出世，曾經鬨動一時。實則其所取據爲蜀刻劉、李本，故其增補文字，與劉、李本略同，出入不大。小西山房主人丁杰（1738—1807）於1778年購得朱文然所藏紅豆齋足本，曾取蜀刻劉、李本校勘，有陳竹厂諸人襄其事。見程瑤田《跋》。1781年，乃由程晉芳（1718—1784）介讓與李調元，爲《函海》冠冕。李調元再取明刻各本細校鐫行。

　　惠棟另有校補《華陽國志》足本，曾經抱經堂盧氏換得。抱經堂盧氏者，先有餘姚富人盧存心，好藏書，乾隆丙辰（1736）舉博學鴻詞，未仕。其子文弨（1717—1795）字召弓，壬申（1752）進士，1768年棄官歸養。潛心漢學，尤嗜校讎。所校經、史、諸子、小學書甚富，或刊行之，或總爲《群書拾補》。有江陰諸生趙曦明者襄贊其事。所校《華陽國志》，使用版本已多。又爲江南藏書家中最先得蒲州刻本者。

　　《山右叢書》載耿文光《萬卷精華樓藏書記》卷四十又有"盧氏校張

本"一條云:"乾隆二十二年丁丑二月,盧文弨校。卷十缺上中二卷,但存下卷,今補足。先《總讚》,次《士女傳》。《蜀中士女》爲上卷。《巴郡士女》宋本已缺。《廣漢犍爲士女》爲中卷。《漢中梓潼士女》爲下卷。"

又録有按語一條云:"常璩《三州士女目録·巴郡士女》范目以下共一十八人,當列《蜀郡》後爲第二卷。今按本志讚傳並闕,豈稱全典哉?自宋吕大防、李𡑞二刻已無聞矣。先民往則,宜垂竹素。强識之士,不重有感耶?"(原有雙行小注云"此條在第十卷《蜀郡士女讚》後"。)蓋即購得盧校張本後題記也。

盧氏得張佳胤刻本於乾隆二十二年(1757),亦係脱卷十上中二子卷與《大同志》四葉者,即吴琯所據之本,係明代江南所有唯一之張氏刻本,盧氏依惠氏校本補足,仍闕《巴郡士女讚傳》。其第九卷末有題字云:"按《魏書·崔鴻傳》,云'常璩所撰李雄父子據蜀時書,尋訪不獲。久思陳奏,乞緣邊求採'云云。然則元魏時已闕此卷,抑不知璩本有録無書,不補可也。又按其子子元云:'正光三年購訪始得。'是有此卷。"(参看附録耿文光題記)則考訂亦殊未精。大抵盧氏長於經學,於史事未能深透故也。

盧氏晚居杭州新橋之抱經堂,所校書不似惠氏之秘護,而樂於流通。除自刊行外,常聽友好轉鈔。上述杭州剜補之《漢魏叢書》本《華陽國志》,即據盧校本改補者也。

盧校《華陽國志》足本,於乾隆癸丑(1793)經海寧陳鱣(1752—1817)借鈔。鱣嘗攜至蘇州上津橋石泉古舍,於1809年與黄丕烈校閱,有批注。此本後爲山西耿氏萬卷精華樓所得,亦見耿文光《題記》,稱爲"盧氏校張本"。陳鱣校語,細楷朱書,録於張本上端,自别於盧氏校語。鱣字仲魚,嘉慶三年(1798)舉人,好校讎。與嘉定錢大昕、大興翁方綱、金壇段玉裁、蘇州黄丕烈諸人友好,其經學之深與藏書之富,並爲當時浙中首屈。黄丕烈字蕘圃,蘇州吴縣人,乾隆戊申(1788)舉人,博學嗜書,收藏宋版極多,名所藏書處曰"百宋一廛",自號"佞宋主人"。亦好校讎與鐫刻。所刻古籍，務遵原本款式，不容妄改，爲一代刻書程法。他與陳鱣訂交於晚歲，以互出秘本勘校爲樂。

耿文光初欲以所得"盧氏校張本"付刻，嗣覺其校猶未精而止。耿氏自記云："見讚中一條，至名齊吳王止。張本旁注下有闕文。盧校云：名齊吳王耳，非闕文也。乍讀之，疑王字實玉字之譌。名齊吳王，實不成句。因取《函海》本對勘之，果是吳玉……盧校反遜《函海》之刻，遂置之。"（參看《先賢志》吳玉條校注。）於此，足見盧氏校勘之深度殊遜於《函海》。亦足見惠氏校本與盧氏校本相異之處。

陽湖孫星衍（1753—1818）字淵如，乾隆丁未（1787）進士，歷官山東道員，至布政使。富於藏書，亦好校讎，所鐫地理書頗多。其家藏有校錄元豐呂刻殘本《華陽國志》，有何焯、李調元、段玉裁校閱批字。未刊，讓與廖寅，並勸其延元和顧廣圻爲之校勘刊行之。即題襟館本所據底本也。

顧廣圻（1770—1839）字千里，號澗薲，元和縣學生。師事同縣經師江聲（1721—1799），通經史、訓詁、天算、輿地之學，目錄學尤爲專長，不求仕進，以校讎、著述爲業。當時名宿孫星衍、張敦仁、黃丕烈、胡克家皆延請其校勘宋版經籍，考訂文字，咸以精當見稱。其爲廖寅校《華陽國志》，在嘉慶庚午（1810），即廖寅年屆六十，兩淮鹽運使任内。顧氏時年四十餘，矜負意氣，頗與廖不愜洽，中途辭去。終其業者實爲顧槐三。

顧氏手稿前四卷現藏北大圖書館，經川大拍照保存。其稿係就吳琯刻本上用朱墨標識，批注行間格外殆遍。亦雜有他人參校批語。顧氏大字行書。參訂者字娟秀真書，其一處云"秋碧按"，蓋顧槐三手筆也。其下方欄外，每有墨漬掩字，未能全讀。首卷《呂大防序》題作《華陽國志引》，顧眉批云："《四川通志》作《後序》。"又批"抄本無此序"，謂孫星衍所鈔宋本也。序末"元豐戊申秋日吕大防微仲譔"句上，批云："元豐無戊申。戊午，元年也。庚申，三年也。"初未肯定何年，刻本乃作戊午，蓋刻時乃依《函海》本定之。即此一點，亦足見顧氏校書未嘗注意版本，但以意爲之。然甚精細與愼重。

顧氏校勘此書之方法：首在清理其郡縣體系，撮取前四卷中各郡屬縣名稱、數目、置廢、度移等文記，整理爲表。廖刻所附《補華陽國志三州郡縣目録》，署稱"鄰水廖寅"者，實剽竊奪顧氏創作。顧氏原稿寫在《目録》葉後空白處，字跡可辨。地理說明，全局在握，乃更從漢、魏群書中摘録引用《華陽國志》諸文若干條，彙寫一處，以便覈對（寫在《目録》葉後，正文首葉前）。以下乃於正文行間格外，批注其糾誤、存疑及考訂文字。其準備工作，甚有法度。

正文首行標題《巴志》下，行書大字二行云："癸酉十月，重讀一過，頗有點竄處，後之得此者□□之。澗蘋記。"（中二字照片不明。）癸酉，嘉慶十八年（1813），即開雕前一年，蓋顧初辭去時持去此稿，廖寅既決定付雕時乃索得之。由於顧氏受其薪給，故不得不付。廖寅并未遵其原稿刻行，而別取顧槐三之說，又並攘爲己作焉。

顧槐三字秋碧，江寧縣人。幼著文名，不求仕進。所著有《補後漢書藝文志》十卷，《補五代史藝文志》一卷，俱收在《廿五史補編》。又有《然松閣賦鈔》與《詩鈔》。生卒年月無考。據蔣國榜跋，爲乾嘉時人。蓋與顧廣圻先後受廖寅聘校此書者，最後定稿實出其手，廖序似亦彼所代撰。序中單稱顧廣圻者，自遜讓，不敢與千里爭名也。其序別創奇說，妄謂"華山在岐州之北，其南正值梁益，與太華不同"。足見其人淺薄無根柢，非可以賡續顧千里事業者也。

顧槐三改易廣圻校語處與遵用處，可於此稿本明白指出。茲舉《巴志》首段爲例：廖刻本"歷夏殷周"句下有小注云"當作歷虞夏殷，脫虞字，衍周字"十二字，顧氏原稿並無此語。應是顧槐三意。細審常氏原意，固不當有虞字，顧廣圻亦不至有此謬注（參看卷一校注）。又顧千里原稿，首段上方欄外有行書額批云："廣圻按，自此至凡統郡一十一，縣五十八是《總序》。十一郡者，蜀郡、巴郡、廣漢郡、犍爲郡、漢中郡、牂柯郡、西城、永昌、建寧、朱提也。"此批語四十八字，有朱筆泐勾，下批真書二小字云"不然"，蓋秋碧批駁字。廖刻本亦即無此校注。又轉下葉"分益州巴漢七郡置梁州"句額上，原稿有"廣圻按，此謂巴一，巴東二，涪陵三，巴西四，宕渠五，漢中六，梓潼七也"。挨下"更割雍州之武都陰平荊州之新城上庸魏興以屬焉"句，原稿於新城側注"十"，上庸側注"十一"，魏興側注"十二"等共五字。又於其額上批"十二明甚"四大字。廖刻本於"凡統郡一十一"下有校注云："當作二。按巴漢七郡者，巴一……梓潼七也。所廣益者：武都八，陰平九，新城十，上庸十一，魏興十二，故梁州之統郡一十二也。"則是全採廣圻原稿。又"洛書"句上，原稿額批"廣圻按，當提行另起"亦被朱泐，旁有真書"不然"二字。廖刻本亦即以"洛書曰上連"，不提行另起。如此反映寥刻對顧廣圻原校遵與不遵之處不一。可知顧槐三並非與顧廣圻同時參訂之人，亦非廣圻友好；而是廣圻辭去後，乃受廖寅延聘爲其撰寫校注之捉刀人，故得逕以己意刪抹千里原稿，自爲校注也。世謂廖刻爲"顧千里校本"，殊不盡然。謂此稿本爲"千里與秋碧商討本"者亦謬。此稿本，蓋由顧千里辭寥館後，更於癸酉歲重閱修訂，寄付廖寅，寅以付顧槐三作撰定校注參考。故槐三得逕以意塗抹批駁，並無商酌語，直如宗師批閱試課者然。其稿本前四卷轉入北大圖書館，後八卷，不知何故分散，現藏向覺明（達）家。說在《附録》。

以上所述，清乾隆、嘉慶年代曾經校勘《華陽國志》者，除《四庫全書》館諸人外，有惠棟、丁杰、陳竹厂、程瑶田、李調元、李鼎元、盧文弨、陳鱣、黃丕烈、孫星衍、顧廣圻、顧槐三諸家，就中盧文弨、李調元與二顧着力最多，顧廣圻識見卓絶，貢獻最大。李調元廣徵異本，校其異同，保存逸刻舊文；盧文弨劈破秘藏善本陋習，使江南人士得見宋刻足本；顧槐三因緣時會，削顧千里校以就己意，然究以保存原校之處爲多，非同掠美：皆其有功於常氏之處。

（八）道咸以來之翻刻與校勘

嘉慶以前，刻書者志在流通，不盡在於牟利。故其校刻往往絕精，成本甚高，非富有者與有志學人莫能爲之。海禁既開以後，商品流通暢便，購書者多，書業成爲商業之一種，文士經營商業者往往開設書肆，翻印舊刻，目的專在牟利；多爲妄言欺冒，以爭市場；校讎之學，固擯而不用；即精雕藝人，亦鮮有人延致。出書愈多，善本愈少。此社會風習一大轉變。其反映於《華陽國志》者亦殊明朗。道光乙酉（1825）李朝夔重刻《函海》，乃其叔父鼎元迫令爲之，政府亦多方獎借，乃克卒業。其書較舊刻爲佳，蓋猶具乾嘉流風餘緒。同治以後刻此書者，每況愈下，至於不堪，有如下列所舉：

1. 同治甲子（1864）綿竹常氏刻益州佳史館本（以下簡稱常本）。綿州照藜書屋主人常某，見題襟館本爲時所稱，自記爲常璩後裔，乃於綿州影刻廖本，剗去原刻"題襟館藏"四字，改刻爲"益州佳史館"。此外一無所易。并"金陵劉文奎，弟文模、文楷鐫"一行亦保存焉。其荒謬處尤在其首葉（舊云封面）有"嘉慶甲子重刊"一行。嘉慶甲子爲嘉慶九年，尚早於廖刻十年。書賈剽盜無恥，竟至於此。由此破綻，大爲士流所譏，其書竟不流行。或謂其書實係刻於光緒年代。或謂其書實係刻於同治甲子。同治甲子，上距李朝夔刻《函海》僅三十八年，舊時良刻工尚有留於綿州者，故其鐫刻技藝，略可追踪題襟館，無訛誤筆畫，但字較瘦，亦翻刻之較佳者。

2. 光緒丙子（1876）敘州盧氏紅杏山房刻《漢魏叢書》本（以下省稱盧本）。宜賓書賈紅杏山房主人盧秉鈞，於光緒二年江西本版片漫漶之際，出其舊藏較爲清楚之《漢魏叢書》影刻。自撰《小引》次於屠隆《序》後，其文如土訟師牒詞，鄙陋可笑。末有"無奈乾隆迄今又歷一百餘年……鈞不揣冒昧爰將家藏善本出而逐一勘對補殘校謬重付棗梨俾讀者開卷了然"云云。至其所改,就《華陽國志》言,僅首卷《巴志》標題下有"馬湖盧秉鈞重校"七字(次行仍"晉常璩著萬載袁廷鶯校"十字)。又改"譔曰"爲"讚曰",末行"《巴志》終"下,鎸有"馬湖盧秉鈞較刊"(原文如此)七字。以下各卷,則俱於次行"晉常璩著"下鎸"馬湖盧秉鈞校刊"七字。又仍用"譔曰"未改。正文中偶有與江西本相異之字,似由刻手誤鎸,非盧賈曾有校改也。

3. 光緒戊寅(1878)成都二酉山房翻刻題襟館本(以下省稱酉本)。篇葉行款與各卷文字均同廖本,僅無"金陵劉文奎弟文模文楷鎸"一行,有"光緒戊寅仲秋月重刊於二酉山房"一行。疑廖氏子孫所爲。四川省圖書館有此書,夾有唐百川校箋。

4. 光緒辛巳(1881)廣漢鍾登甲縮鎸《函海》之《華陽國志》爲單行本(以下省稱鍾本)。漢州徵文齋書肆主人鍾登甲,以《函海》卷帙太多,人不易購,亦獨《華陽國志》一種爲士林所愛,乃於光緒七年八月,改寫縮鎸爲十六開本。行款並遵《函海》程式,但將夾注小字放大爲每格二字(原每格四字),故各行起訖不同。首葉黃紙,題"華陽國志"四大字,華作業頭。尤怪在每卷標題皆遵《函海》原款有"晉散騎常侍蜀郡常璩道將撰,宋丹稜李㽦叔廱刊本,綿州李調元贊菴校定"三十字,而其所冠序文,自宋呂、李兩篇外,乃有題襟館本之廖寅原序。然其書鎸刻頗佳,小巧便於攜帶,故流行甚廣。余自北京隆福寺購回一部,原標"鄰水廖寅刻本",審乃鍾本,蓋由其有廖序而誤傳也。

5. 光緒壬午(1882)廣漢樂道齋縮刻《函海》本。樂道齋主人未暇考。其書全部縮雕李朝夔重鎸之《函海》爲十六開本,仍四十函,書一百五十九種,刻工頗佳。其《華陽國志》,首葉黃紙真書"函海"二大字,上款"川西李雨村編",下款"仿萬卷樓原本",底面"光緒壬午鋟於樂道齋"十字則極醜劣。内容一如鍾本。

6. 光緒庚寅(1890)鄰水李氏悔過齋補刻題襟館本(以下稱爲陶

本）。廖寅南京刻本版片，在太平天國年間展轉遷流，爲會稽陶氏購得。光緒庚寅，廖妻族有鄰水李鐵船者，從會稽陶濬宣處購回，補刻其蠹殘、遺失與漫漶之部，并從《太平御覽》引文增刻《張翕傳》百零五字。其介購、增補、題識、督刻並出陶手，故省稱之爲陶本。原刻似在上海，鎸板運回鄰水。

陶濬宣書法甚佳，於此刻首葉篆題"華陽國志"四字（志下"心"多一畫），葉底有"廖氏題襟館原本，光緒庚寅十月，板歸鄰水李氏悔過齋。陶濬宣題記"二十七字（文載《附錄》）。其書末陶氏跋文與所增《張翕傳》，皆陶手書，精刻儼如墨迹。此外與題襟館本無異。廖序葉末仍有"金陵劉文奎弟文模文楷鎸"一行。

7. 光緒甲午（1894）湖南藝文書局刻《漢魏叢書》本（以下省稱湘本）。十六開本。較王謨本多楊廷瑞《重鎸〈漢魏叢書〉序》與長沙王先謙撰之《鹽鐵論序》（此書改曰《後序》），冠於全書。又删陳蘭森《序》。其《華陽國志》，改用題襟館本縮寫，有吕、李兩序而無廖序。書末又有王謨江西本原跋。張冠李戴，牛頭馬頸，殊可駭異。其荒謬處，刻工亦能知之，在《後賢志》二十八葉《譙登傳》末行應空六格處鎸"永人你不通也"六字，楊竟不覺，隨書流行，甚可笑。

8. 宣統辛亥（1911）上海大通書局石印本與民初育文書局石印《漢魏叢書》本（以下省稱石印本）。皆有光紙石印十六開本。有"辛亥孟秋精校重印"與"通州張謇重序，會稽陶濬宣書"等題識。爲書九十六種（比王謨本多十種）。其《華陽國志》則全依王謨本，僅存吕大防一序與王謨跋語，無論未曾參考明刻及《函海》與廖本，即浙江補刻本亦未參訂。通體簡陋，與張謇序稱"廣集新舊之刻，特聘通儒，詳加考究"語氣完全不符，書商欺謾射利，至此爲極。由於石印價廉，復在上海出售，銷行極速，一年之内翻印達七次之多。宣統退位後復由上海育文書局承接翻印，印本完全與大通書局本同，祇版權所屬不同而已。

9. 1917年，上海隱脩堂刻《龍谿精舍叢書》本（以下省稱鄭本）。廣東潮陽人鄭國勳字薲臣，游宦寓居上海，輯近出善本爲《龍谿精舍叢書》，在滬用木板精刻，以民國七年二月齊燿琳序冠首。鄭氏《自序》稱"歲在彊圉大荒長至日，潮陽鄭國勳序於上海寓廬之隱脩堂"。蓋清室遺老嗜古者發宦囊爲之。彊圉大荒落即丁巳。長至，夏至日。龍雞精舍，其潮州故寓名也。其《華陽國志》全遵題襟館本，僅字畫樸拙與偶有誤字爲異。特點在附有金山顧觀光《校勘記》，及廖序前有《欽定四庫全書提要》三頁及《補華陽國志三州郡縣目錄》在正文前，爲不同。書末有"廣陵邱義卿紹周監刻，揚州周楚江刻"一行。

10. 上海中華書局校刊《四部備要》本。上海中華書局仿宋字排印《四部備要》，其《華陽國志》一種全據廖本。封底有"上海中華書局據顧校廖刻本校刊"及"桐鄉陸費逵總勘，杭縣高時顯、吳汝霖輯校，杭縣丁輯之監造"三行。不稱題襟館本，而稱顧校廖刻本，蓋隨俗傳，以爲校注全出顧千里。

此書校對甚佳，與原刻毫無訛謬，亦無他增飾。原綫裝本發行於1917年。其後復攝影縮印爲平裝本，今多存者。

11. 上海商務印書館《四部叢刊》影印明錢穀鈔本。

12. 上海商務印書館影印明吳琯《古今逸史》本。

上兩種皆取明本攝影印行，毫釐不失原貌。其內容前俱已經論述。影印不成其爲新版本。茲但舉其名，備檢取參校耳。《四部叢刊》亦有縮印平裝本。

13. 成都志古堂翻刻題襟館本及顧觀光《校勘記》（以後省稱志古堂本）。成都志古堂書肆主人王祖佑於1937年影刻題襟館本，並據《龍谿精舍叢書》附鐫顧觀光《校勘記》，又據陶本附刻"《華陽國志》佚文"一頁，即《張翕傳》百零五字。當時名士林山腴實主其事，期爲此書之空前善本。刻工校對均佳。書末有"華陽王祖佑新培重刻，華陽陳迹踐室初校,華陽林思進山腴覆校,成都邱光第仲翔覆校,岳池何青亭紹恩刻字"五行比排,獨刻工一行特低二格。

此書當時並未峻工。解放後,王祖佑將刻板捐獻給人民政府,並由四川人民出版社印行,增刻封面一葉,有"四川人民出版社一九五七年就成都志古堂原版印行"二十二字者是也。

14. 清末葉校勘《華陽國志》諸家。道咸以來,刻書者尚事翻板,其所謂校,皆專指校對舊本與新刻間有無不同,與乾嘉校讎、校勘之義不符。校讎既無市場,學人多棄而不顧。偶有興趣所屬,業餘從事者,亦每每僅從蒐採故籍輯錄異文方面用功。其於《華陽國志》尚能注意版本異同者,則有山西耿文光、北京傅沅叔(名增湘,本江安人,寓居北京)。能徵採異文者,則有會稽陶濬宣,成都唐百川。兼而能之者,則有金山顧觀光。耿、傅、陶三家論著,上文已引。《附錄》收其全文。以下補述顧觀光與唐百川二家。

顧觀光(1799—1862)字賓王,亦字尚之,江蘇金山縣(今屬上海)人。好學博通,經史百家,天算輿地,無不涉獵。尤精數學,所著算術與曆法書籍甚多,精闢每出西人之上。又好輯古人逸書,所輯凡數十種。同治元年卒,年六十四。《清史稿》有傳。所撰《華陽國志校勘記》,舊載《武林山人遺書》中。1916年,鄭國勛收入《龍谿精舍叢書》,附《華陽國志》後。1919年,成都存古書局據《武林叢書》,鑴成單行本。1937年,成都志古堂又據存古書局本,鑴附於《華陽國志》。《武林山人遺書》,存古堂本,龍谿精舍本皆每面十行,行二十二字。志古堂本改依廖本《華陽國志》,作每面十行,行二十字。内容全同。

顧氏《校勘記》遵用題襟館本,有時稱"廖刻本",有時逕稱"廖校"、"廖云",蓋未知其捉刀人有先後二顧也。又或稱爲"宋本",蓋以爲所依係宋本,非曾真得宋本覈對也。其校語大都肯定廖本校注,偶有不同見解。其斥何、王《漢魏叢書》本爲"俗本",與《函海》同;但又似未見《函海》本，故全未引及《函海》引校諸本異字。其多於二顧校語處在廣引類書。如《北堂書鈔》（顧省作《書鈔》），《藝文類聚》（顧省作《藝文》），《初學記》及《太平御覽》（顧省作《御覽》），《太平廣記》（省作《廣記》）等，皆記錄卷數，便於覈對。此外所引《史記》注、兩《漢書》注、《三國志》與《裴注》，《文選注》、《水經注》、《路史》等亦多。皆以原書標明引據《華陽國志》者爲限。未曾引用《後漢書》、《晉書》，亦未引及《寰宇記》及《輿地紀勝》等地理書，故所引《華陽國志》逸文亦未能盡。對廖本多於"俗本"之文，如《先賢志》前二子卷與《大同志》四葉脫文，及"俗本"多於廖本之文，如《先主傳》中所衍《三國志》文，皆錄存而不加校勘。於《巴郡士女》，則據類書補有關任文公父子、徐誦、譙隆、陳禪、張翕、郝伯都七人逸文。又補"諸書所引士女姓氏有不見《目錄》者"四條，是其最大貢獻，較陶潚宣之僅補張翕一條爲博覽矣。其功之勤實在嘉慶二顧之上，見解則多遜之。

唐百川本名鴻學，後以字行。雲南大關廳人，四川提督唐友耕第六子，捐班道員。曾任四川官印刷局局長。其父在時，營粹英堂書肆於成都，刻有《漢魏六朝百三名家集》。百川繼之，刻有《怡蘭堂叢書》。又爲布政使許涵度刻《三朝北盟會編》。頗治目錄、版本、校讎諸藝。卒於1944年前後。晚年閒居，以校勘《華陽國志》自娛。用二酉山房刻本爲底本，每得一條，書籤貼於文上，或朱或墨，凡約三百條左右。大抵採輯《初學記》、《太平御覽》引文及《函海》與《漢魏叢書》本異字。隨得隨貼，未及竟業而死。其底本八册用木匣精裝，現歸四川省圖書館。原貼似用口津，今全脫落，頗有零亂。人以其貢獻不大，未甚注意，本書校注每亦採之，凡稱"唐箋"者是也。

上述元豐以來，屬於《華陽國志》之刊本鈔本，及校勘《華陽國志》之刻本稿本，舉可知者凡約三十餘種，遺漏者自必尚有，要其主要刻本承襲源流，與其異同增損之間，是非優劣之較，大體已得端緒。校補準備工作雖有未盡，亦粗勝於往昔諸人之率爾（尔）操觚矣。下附《華陽國志版本源流圖》，藉以結束上文。

年代		時期	內容
-300	華陽國志版本源流圖	晉咸康中	常璩四十歲，仕蜀。 撰成益、梁、寧三州地記與《蜀漢書》。 撰成《華陽國志》（在江左）。
-400		義熙中	徐廣《晉紀》采。
		宋元嘉中	范曄《後漢書》采。 裴注《三國志》引。
-500		魏太和中	酈道元《水經注》采。
		景明中	崔鴻《十六國春秋》采。
		梁天監中	劉昭《續漢志注》引。
		大清中	蕭方等《三十國春秋》采。
-600		隋大業中	《北堂書鈔》采。
		唐貞觀中	《晉書》采。 《藝文類聚》采。 《括地志》引。
		上元中	李賢注《後漢書》引，《文選注》引。
-700		景龍中	劉知幾《史通》稱引。
		開元中	《初學記》引。
		元和中	李吉甫《郡縣圖志》采。
-800			
-900			
		宋太平興國	《太平御覽》引。 《太平寰宇記》引。
-1000			
-1100		1078 呂大防成都刻本	
		南宋時	川峽各州圖經引。 歐陽忞《輿地廣記》采。 王象之《輿地紀勝》引。
-1200		↓鈔本	

39

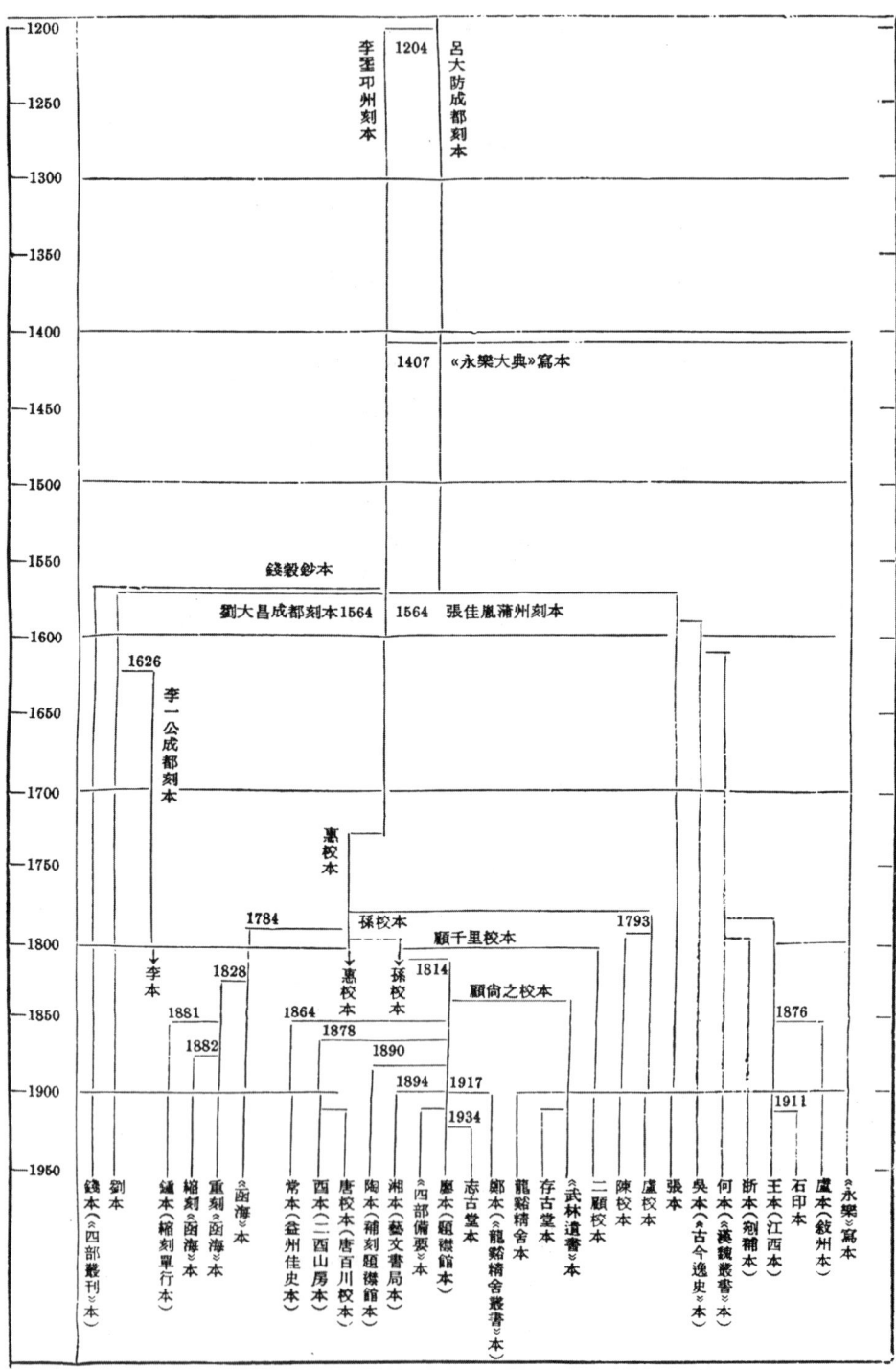

（九）舊刻遺存問題與此次整理目的

如上所述，《華陽國志》成書之初，本身已有闕漏未補、牴牾未正、重複未刪及規避忌諱囁嚅其詞未能率性暢達之處。更經七百年之傳鈔訛亂，始得鑴板。鑴板九百年來，雖經多次之校勘整理，漸復舊觀，而紛歧、淆亂之處仍復滋生。直至近世，尚無可以稱爲完善之印本。閱者私其一種，則如在井窺天；比較諸刻，則如亂絲難理。誠爲節省覽者校覈之勞，折衷之力，俾一目而諸本異同俱在，取捨可決，則匯校刊正之業，正有待於今日。此舊刻遺存問題有待解決者一也。

此書刻本盛於明清兩代。其中，又以張佳胤、吳琯、何允中、王謨等一系相承之殘闕本流行最廣，深入人心。比較完足之劉、李、《函海》本反湮滯一隅，鮮爲中原與江南人士所注意。碩學通儒如惠棟、盧文弨等雖已輯足宋本，並由《函海》與浙本、廖本鑴刻行世，乃其後數十年坊間尚流行王謨之殘闕本，雖如張季直、陶濬宣主持之石印本亦採用之。習非爲是，良可嘆息。世既安於殘闕，人遂憚於輯補，真足本乃不可得。顧千里爲廖寅校出《蜀志》三郡脫簡，并已得輯補綫索，究以非關時尚，莫爲賡續。其他篇中短句片文，明有脫落，未加修葺，以致文氣格塞、語意零斷，不可卒讀者尚多；蒐討補綴，不乏援據。而昔人謬託謹慎，謂無書證得原字，即當仍其舊刻。夫書傳所重，在於行意。意所確指，固存乎文；設其文亡而意可知，則斟酌葺補以暢其意，自較"郭公"、"夏五"，文存而意廢者差勝。況《史》、《漢》引據經籍，尚且多爲別字異文以通其意；他書之引用《常志》，詎遂能全遵舊文？然則必待獲得引用《常志》之文以補《常志》者，亦守株待兔、膠柱鼓瑟之計耳。此闕文未補，爲舊刻遺存問題尚待解決者二也。

歷史以地理爲基礎，地理資圖本而明確。故"左圖右史"以相參，則"扣槃捫燭"可不誤。是實測地圖者，治史最要之工具，亦即最客觀之資料也。常璩此書，地理四篇最爲時重，而歷世未有圖本；郡邑形勢，托諸空言；古今地名，難爲參覈；故文字偶有脱誤，界劃遂不分明；州部屢見載言，境域莫可確指。顧千里校勘此書，先從清理郡縣入手，列表既成，部位朗豁，惜尚無圖，亦未考訂古今地名。他本對於地理，更無涓埃貢獻。夫《常志》本以地理取重，而爲之刊行者乃不能考古證今、通其沿革、訂其部位、使全局朗然於几席之上，以便讀者，則何貴於有此鐫行乎？此舊刻遺存問題尚待解決者三也。

常璩於千六百年前寫成此書，而所用文字又復模擬更早時代之語言風格，且勿論引據文典已多爲今世所不習，即其命意遣詞，在當時出於習慣自然，在今日亦須解釋而後明。至於隱諱未彰之義，有待闡明；增補删易之文，有待解説；古今地名之變，有待會通；群書相異之字，有待參訂；欲使全文明快，通於今語，以便使用，則詮釋挹注必所當有。而舊刻唯有校注，無詮注，未合今世需要，此又遺存問題之待解決者四也。

注文必溢於正文以外，有待閲者往復檢尋，耗時恒多。是初治其書者所必資，而諳習瀏覽者所勿用。有時點斷句讀，其義自明，必有困惑而後檢注，則節時省事，爲便實多。《華陽國志》舊刻，惟江西本加鐫圈點，然時有時無，有處亦多悖於文義，不惟無益，反滋詬病。其或通人校語，每有"屬上屬下"字樣者，萬不得一。斟酌文義，審其句讀，爲之標點，是今日閲者所必需，而曩昔校刊者所未能，此又有待於今日解決之問題五也。

凡此五端，包羅百項，使全解決，亦不過調理古今語言，通正常氏本旨。若其爲歷史時代所局限，觀點立場之謬，抑揚褒貶之失，有待批判吸收，抉擇揚棄，與夫突出重點，酌爲補充，以收古爲今用之效者，自屬猶多。此則非筆者個人水平所能勝任，然亦不能遂無所努力。藍縷篳路，啓其一隅者亦頗有之。釐正糾繩，發展鴻拓，固有待於來者。本書任務，實偏重於前此五端，故定名爲《華陽國志校補圖注》。標點雖具，認爲今世刊書所當然，故不以入書稱。

以下略述此次進行校、補、圖、注、標點之工作方法與其義例。

（十）校勘述例

古書行世歷久，鈔刻紛龐，每有殘亂訛奪。爲之考覈群籍，比對異同，正其是非，求其本旨，折衷文理，釐訂章節，俾符原作面貌，是爲校讎。自漢劉向開端，歷世發展，至清而成專門之學。操此者務在博覽強識，字斟句審；一字推敲之間，有如兩造互控，老吏究詰，斷案成讞，義無可翻。如或偏任小慧，出以師心，影響臆測，擅爲改竄，則治絲愈棼，益誤來者。此校讎所大忌，而昔人每多犯之。其在《華陽國志》，如宋呂大防、李㙛，明張佳胤，清李調元、王謨、廖寅刻本皆不能免，他更無論矣。又有偏執一本，膠於先入，毀所不見，沿誤自是，訟敗而不肯服者；其在此書，則江西本、盧本、石印本尤爲突出。又有明知文譌義乖，有待釐正，而以未得善本勘合爲解，沿而不變，或僅注"疑闕"、"疑誤"等字，不加解說，自詡謹慎，云"待來者"，正如探路得阱，不爲填塞而去，則一行何貴有此先遣者哉？乾嘉諸校讎家每有此失，而後人乃以爲賢，是亦惑矣。校讎既無裨於實際，故刻書者亦每不採用。清代校此書者號稱二十餘家，其刊行者僅李調元、章宗瀛、顧廣圻、顧槐三與顧觀光五家。李調元參合板本，顧觀光廣徵群籍，皆值稱道。顧廣圻雖參驗不足，而所判斷，往往有異本爲之證實；又祇注其意而不率易原字，俾覽者自能抉擇；蓋不僅以識見服人，工作態度亦正可師也。

此次校勘《華陽國志》，於處理舊刻各本異字之方法，取法《函海》；審訂原著文意，勘正訛奪，則取法於顧廣圻；博採群籍，甄別文字，則取法於顧觀光；期合三家之長，以成善本。限於學識，加以耄昏，才不副志，力不從心，存留遺憾必多，但有竭其駑蹶而已。

此次校勘，以廖寅題襟館本爲底本，取其爲最近刻行比較完善之本，且易購得也。其他各本與此本文字相異之處與裁定意見，均加簡明校語，餘如行款、擡頭、空格等等之不同，間亦有所説明。其各本原有小注夾存者，則括以引用號，注其版本，嵌入新校語中或附於後。惟原注冗長屬於詮釋性質與其當批判辨論者，則用"詳注"二字代之，别於各段分注欄敍錄。期在校語不繁而宋、明、清三十餘種刻本之異同備焉。

《校記》中所舉板本，每種祇有一字代替。其影刻他本者不録，寫刻他本偶有異字者録之。所引凡十五種，其代字如下表：

元豐——清人何焯校録宋元豐刻本。

劉——明嘉靖成都劉大昌刻本。

張——明嘉靖蒲州張佳胤刻本。

錢——《四部叢刊》影印明錢叔寶鈔本。

吴——商務印書館影印明吴琯《古今逸史》本。

何——明萬曆何允中杭州刻《漢魏叢書》本。

李——《函海》引明天啓成都李一公刻本。

函——清乾隆通州李調元刻《函海》本。道光綿州李朝夔重鐫本同。

王——清乾隆南昌王謨刻《漢魏叢書》本。

浙——清杭州剜補《廣漢魏叢書》本。

廖——清嘉慶南京二顧校廖寅刻題襟館本。益州佳史館、二酉山房影刻本同。

盧——清光緒敍州盧秉鈞刻《漢魏叢書》本。

鍾——清光緒廣漢鍾登甲縮刻《函海》單行本。樂道齋縮刻《函海》本同。

湘——清光緒湖南藝文書局刻《漢魏叢書》本。

石——清宣統上海大通書局石印《漢魏叢書》本。民國育文書局石印本同。

校注中引用各家校勘文字，則每種用二字代替如下表：

前　言

惠校——吳縣惠棟紅豆齋批校稿（未見原稿）。

盧校——餘姚盧文弨抱經批補稿本（未見原稿）。

《函海》——《函海》本李調元校語。

千里——元和顧廣圻手校底本。

秋碧——同上顧廣圻手稿文間顧槐三批注。

尚之——金山顧觀光校勘記。

百川——成都唐鴻學校箋。

此次校勘，不盡依板本與前人校稿，每亦採用前人引據以外之書志引文（例如《寰宇記》、《輿地紀勝》及其他方志之文）。甚或無所引據，但用他書文字從側面推測，從本書上下文理與歷代鈔刻致誤之規律推斷者。惟皆不動原刻文字，別以符號區別其所當增删移改之字，並於注釋内說明其增删移改之理由，留待閲者評定之。例如：廖本《巴志》"園有芳蒻香茗給客橙蔟"句，劉、李本，錢鈔本皆作"蔟"字，是宋本原是蔟字。張、吴、何、函、王、浙、鍾本皆作"葵"，《函海》校注："原訛'蔟'。何本作'葵'。劉本亦作'蔟'。"是惠校所據宋本亦作'蔟'，張佳胤乃改葵字。吴、何本遵之，雨村又依何本改入《函海》爲誤。顧千里手稿此處無注。廖刻本原是蔟字。校注乃於橙字下云"當衍"，蔟字下云"當作'葖'。葖即橙字"，應是秋碧意，實不可通。六朝人慣用四字爲讀，上文皆然，何得此處獨爲三字？且常氏爲文平樸，非好用古文奇字者。何至棄橙字不用，改寫作葖。又字書，葖是草，非果蔬。《玉篇》作"金葖草"，《正字通》作"苦芐"。釋爲橙字，亦無前例。蔟字不見經籍，蓋扶留之別名，亦作"蕈蔟"，六朝時士流喜食檳榔，須拌扶留與蚌灰，故扶留迅速自日南移種於嶺南滇桂和川東南之長江河谷，此文省稱爲蔟，與橙皆巴江特產以供客者。宋以後以蕈蔟與扶留别爲二物，明人不知，誤改作葵。葵即莧葵，是常蔬，非園藝物，未得與橙比提。故正文依廖本作"橙蔟"字，並删《函海》、廖本兩注，但存各本異字，更爲校語云："蔟字是，即扶留，另詳注釋。"又如巴西郡"東接巴郡，南接，西接梓潼，北接涼、西域"。錢、劉、李、《函》與吳、何、王等本皆作"南接梓潼"，無"西接"二字。千里校稿，於吳本"梓潼"二字上下加朱泐，示有疑問。廖本獨有"西接"二字，於"南接"下注云"有脫"，不定脫何字，此明是原作"南接廣漢，西接梓潼"八字。唐宋人不知李成與晉之廣漢郡不是治雒縣之廣漢郡，而是涪江下游即蜀之東廣漢郡地，駭不敢遵，或有妄刪者，宋刻亦不能定而闕之。後人遂誤爲"南接梓潼"。夫晉梓潼郡在廣漢郡北，在巴西郡西北；廣漢郡在巴郡西北，巴西郡西南；安得設想爲常璩文是巴西郡"南接梓潼"乎？此處雖無他本依據，亦逕補入"廣漢"二字，合廖本"西接"二字，爲補四字，均用補闕號別之。

蓋校勘目的，在於尋繹原著之本來面目，固未可以一己偏私之見強加前人，妄改其字（如上舉之葵字、荎字）；亦未可妄持謹慎，明知蠹蝕奪，而亦聽其闕誤，無所用心。譬如發掘古物，得殘品破件，必爲之嵌鑲補綴，求還原貌。苟有誤綴，識者再爲糾正。固未可袖手以待來者也。校勘文字一律夾於正文中。

本書校勘中作增、删、移、改的情况和所用符號如下：

一、增補文字，旁加"▲"，如巴西郡之"南接廣漢，西接梓潼"。

二、衍文於其字、句之前後加方頭括號。如《巴志》言范目"封渡沔侯"，查秦漢無渡沔縣，依廖本注語，"縣"字當衍，故排作"封渡沔【縣】侯"。

三、原刻誤倒及舊鈔訛亂、飛句別出之當乙正處，亦依文字增删例表示。如《南中志》叙諸葛亮"移南中勁卒青羌萬餘家於蜀，爲五部，所當無前，軍號飛"，錢鈔與劉、李、《函海》本同，而"飛"下注有一"闕"字，張佳胤、吳琯、何允中本"前"字下作"號爲飛軍"四字，蓋元豐本原自如此（張佳胤自言得元豐本）。審文義當遵。今此句排作"【軍】號爲飛軍"，表示增一"爲"字，移"軍"字到句末。

四、校改文字，當改之字和所改之字亦分別加刪、增處理。如《蜀志》"元光四年，置蜀四部都尉"，考此"四部"，當爲"西部"字譌，理據充足，故作"置蜀(四)西部都尉"，其理由則在注中述之。至於古字、別體、俗體等，則酌情出校。

五、明清各本，每有遵用宋刻小字校語，或改作大字低格附於正文，或仍作小字夾於行間；又有各家自作校注，或入行間，或在書額者，本書一概存其原文於注釋中，並作考正。

（十一）闕文輯補述例

《華陽國志》鐫本，自宋呂大防刻本即多殘缺。宋時已有李㕒校語增補《李勢志》，又"整頓"其汶山、越巂二郡間一段文字，均見原跋。是宋人輯補闕文先例也。然所補不僅短陋，亦去原作精神，面貌太遠，甚至加重謬誤；及今視之，非惟無功，且增混亂。

宋刻如此，明張佳胤所得，仍是元豐之殘闕本，錯簡脱葉與全行漫滅之處頗多。張氏亦曾進行補綴，但皆未測原作字數與舊本行葉，以及常氏行文特點，而以私意所喜任情爲之，泛溢臃腫，或至數十字數百字之多；甚且駢枝復出，文不相應。例如，張本《先主志》於赤壁戰後，至"琦病死，先主領荆州牧，治公安，權進妹"以下，其所據本原脱一葉。今較以劉本實脱二百八十八字。張氏直用《三國志·先主紀》建安十二、十六、十九年三段原文補之，多至六百八十一字。並將此下《常志》原文，改從《三國志》文者多處，然後轉歸舊本。覈其所補文，僅適用於《三國志》而不適用於常著之處頗多。如：建安十六年，張松説劉璋迎先主以討張魯及先主入益州取劉璋經過五百餘字，《三國志》固在《先主紀》內；常著則先已載於《劉二牧志》，故於《先主志》僅用"十六年，益州牧劉璋遣法正迎，遂西入益州"十七字帶過。而張氏竟仍依《先主紀》補出全文，致前後重複五百餘字。此不當補而補也。又，《三國志》"權遣使云欲共取蜀，或以爲宜報聽許……荆州主簿殷觀進曰……"此上距"群下推先主爲荆州牧"隔有五十餘字，且雜敍他事，故於殷觀，必稱"荆州主簿"以明其職位。若《常志》，則述殷觀語於直承上文"及得荆州，復有人衆"句，故祇稱"主簿殷觀"即可明其爲荆州主簿矣。張氏於此仍用常文，而妄援《三國志》增"荆州"二字於主簿上，此不按行文規律而妄補也。又其後敍先主入成都，《三國志》文爲："蜀中殷盛豐樂，先主置酒大饗士卒，取蜀城中金銀分賜將士，還其穀帛。"夫"取蜀城中"云者，謂入城後縱將士分掠抗命諸家也。用其金銀以賞將士而"還其穀帛"，俾資生存耳。常璩改寫爲"蜀中豐富盛樂。置酒大會，饗食三軍，取蜀城中民金銀頒賜將士，還其穀帛"，符合當時實際，正是陳氏本旨。張氏乃亦改從《陳志》原文，而又將"還其穀帛"一句删去，實於陳壽本旨悖謬。如是妄改妄删以爲補，正如剪錦衣以飾短褐，其妄已甚。後人無識如吳琯、何允中、王謨等，乃亦遵而用之。宜識者之斥其爲"俗本"也。

　　清人輯補此書者，則如盧文弨據別本以補何允中本至兩子卷與四整葉之多。然別本所無者亦即不補。似有賢於張佳胤處，而實未盡輯補舊籍之全力。當時尚有宋刻在世，使能博徵善覈，力求全貌，應尚可及。遷延至今，着手更難。雖然，今日爲之，猶將勝於因陋就簡，袖手不爲。兹故因校勘之便，更竭綿力，輯補舊闕。藍縷草創，謬誤必多。姑且陳力竟志，以待來者裒削訂正耳。

　　此次輯補《常志》之方法，堅持五點。（1）估計原著闕佚篇葉，文字數量。藉字數控制所補文字，不容失於太嗇，亦不容失於泛溢。（2）力求常氏撰述精神，行文規律，用以審覈輯得資料，慎重補綴；雖不能似，求能似之。（3）所輯資料，不限於故籍明白標定爲引《常志》之文。凡可估爲其文出自常著者皆採用之。即屬明白標爲引《華陽國志》者，亦不盡遵原字。蓋知昔人著書多不言所引據，引書亦不盡遵用原文故也。

(4) 補文皆於校記中注"補"字。(5) 補文嵌入正文,下加小三角(▲)記號,以便檢覈。

以下略舉數例以申述之。

如《蜀志》,宋版原闕汶山郡至越巂郡約六葉之多。舊刻《汶山郡序》,"宣帝地節元年,武都白馬羌反,使者駱武平之。因","因"字以下,誤接至越巂郡之"拜越巂太守,迎者如雲"句。舊校諸家皆無所覺。顧千里整理《益州郡縣目錄》,至汶山郡,始發現原刻屬縣皆當屬於越巂。今其《益州郡縣表》初稿,汶山郡下無縣。而鈔附有《水經注》一條,云:"《水經注》三十六:沫水東北與青衣水合。引《華陽國記》曰:二水於漢嘉青衣縣東合爲一川,以下亦謂之青衣水。"又另錄一條云:"宋白茂州下注(按指《續通典》)引《華陽國志》云:宣帝地節三年,武都白馬羌反,使駱武平定之。汶山吏民詣武自訟:一歲再度更賦至重,邊人貧苦,無以供給,求省郡。遂省汶山郡,復置都尉。今自汶山吏民以下皆無之。蓋又非宋白所見之本矣。"顧氏當時僅得"駱武平之"以下闕文之端緒如此。廖刻本中,因字下已有大段校注,列舉《太平寰宇記》、《續漢·郡國志》注、《漢書·貨殖傳》注、《水經注》等所引《華陽國志》屬於汶山、漢嘉二郡之文,又據《晉書·地理志》考列其屬縣。蓋亦顧氏續所輯得也。此注後又補有"漢嘉郡"、"越巂郡"二目,但皆未補屬縣與志文。查《寰宇記》卷七十八引《華陽國志》此文,又較多於宋白。其文云:

> 宣帝地節三年,武都白馬羌反,使駱武平定之。因慰勞汶山。吏及百姓(詣)武自訟:"一歲再(役),更賦至重。邊人貧苦,無以供給。求省(郡)。"郡建以來四十五年矣。武以狀上。遂省汶山郡,復置都尉。(當作"北部都尉,合蜀郡"。下詳其說。)

樂史、宋白皆引自《華陽國志》而文微異,恰便互勘,用以補足宋版大段闕文甚爲現成。

以下則按常氏敍述郡縣之規律，採用《續漢·郡國志》、《晉書·地理志》、《宋書·州郡志》與洪亮吉、謝鍾英等所補輯之《三國疆域志》，排列汶山、漢嘉兩郡屬縣。再徵採各種史籍，地書、類書所載關於汶山、漢嘉、越嶲三郡之文字，爲應補各郡縣文準備。除廖刻已經摘出舊籍所引關於此三郡之《華陽國志》佚文外，又得群書中關於此三郡文字之可能出自《華陽國志》者八十餘條，三千餘字。再經反覆審覈，裁剪其未合常氏格局及不必要之部分，但存七十餘條，二千三百餘字。均各有注語說明，載在書中。兹摘舉二三處以示一般。

《後漢書》卷八十六《冉䭾夷傳》："至地節三年，夷人以立郡賦重，宣帝乃省并蜀郡爲北部都尉。"《宋書·州郡志·汶山郡》云："晉《太康地志》：漢孝武帝立。孝宣地節三年合蜀郡。"據此，知《寰宇記》所引《華陽國志》文雖較宋白爲多，亦已經有所刪節。前漢都尉無屬縣，省郡後，原轄縣歸併蜀郡，常氏必有明文。蜀郡舊有西部都尉治青衣，南部都尉治南廣，則省汶山郡後所置都尉當爲北部都尉。"北部"二字亦不可省。兹故依《後漢書》於"都尉"上補"北部"二字，依宋書所引《太康地志》補"合蜀郡"三字。不用《范書》"并蜀郡"三字者，於文謂"省併蜀郡，爲北部都尉"則可，謂"復置北部都尉并蜀郡"則不可。既用樂史所引《華陽國志》文，則祇可依《太康地志》文，不能用《范史》文也。

舊籍引文，不惟隨意刪節，亦多有不適當之竄改與增溢處。例如《後漢書·郡國志·蜀郡汶江道》，劉昭注："《華陽國志》曰，濊水、䭾水出焉，多冰寒，盛夏凝凍不釋。孝安延光三年復立之以爲郡。"此雖引自常氏原書，而並未遵用原文，其顛亂、增删之迹有灼然可見者數點：

（1）"濊水、䭾水出焉"之上，必有山名。汶江道治是今威州（茂汶羌族自治縣縣治），在岷江河谷低暖處，安得爲濊、䭾二水所出？考濊水即《漢志》之"滅水"，《水經注》作"涐水"，今爲大小金川，其下游曰大渡河者是也；駹水即《漢志》之"江沱"，《水經注》之"汶江"，今爲雜谷河，自威州入江者是也。其發源處在今馬爾康縣東馬塘附近之鷓鴣山。自鷓鴣山北連松潘縣之羊膊嶺，南連小金縣東界之巴朗山，在晉通稱汶山（《禹貢》曰岷山，《漢志》曰崏山）。《漢志·湔氐道》："《禹貢》崏山在西徼外。"又"汶江縣"條："湔水出徼外……江沱在西南，東入江。"皆言山與江源、湔源及江沱源在汶山郡徼外；《漢志》無《郡序》，故分繫之於其所近各縣也。常氏尊《漢志》，亦當以江源、湔源與駹源分載於《漢志》所當之縣，而變通其文義以符晉人習稱。其文當爲"汶山在徼外，湔水、駹水出焉"。《漢志》之汶江縣，後漢爲汶江道，蜀漢改汶山縣，晉因之。故知《常志》此文在汶山縣。劉昭繫於汶江道，是，截去前五字，則大謬矣。

（2）"多冰寒，盛夏凝凍不釋"九字，《常志》已載於《汶山郡序》，歷今未軼。《後漢書·冉駹夷傳》作："土氣多寒，在盛夏冰猶不釋，故夷人冬則避寒，入蜀爲傭。"可證今刻本此九字正是《常志》敍述原語原位。劉昭乃移於"湔水、駹水出焉"之下。既非《常志》原文位置，文義更屬難通。夫常氏於《郡序》中爲此語，固謂郡境冰寒山地多，低暖耕地少，故其文爲"土地剛鹵，不宜五穀，惟種麥。而多冰寒，盛夏凝凍不釋。故夷人冬則……"云云，將雪山與耕地配布之實際情況，分別言之，符合實際。若劉昭所竄引，則似汶山全郡或汶江道全境皆"盛夏凝凍不釋"，不復有可耕可牧之地矣。此竄移原文位置之謬也。（3）"延光三年復立之以爲郡"句，乃敍述建置沿革之文，必當屬於《郡序》，且必緊承於地節三年"省郡爲都尉"之後。不當單在分縣文中提出。劉昭蓋以當時郡治在汶江縣，故摘《常志·郡序》文於此。"之以"二字亦非常氏原有。據此判斷，劉昭所引"《華陽國志》曰"二十七字實從《華陽國志·汶山郡序》與其屬縣志文中摘出之三段。確爲《常志》原文者僅二十五字。又復截頭去脚，顛倒紊亂以繫於汶江道下。舊籍引文雖足珍貴，若不細心加以分析，遂謂其爲原文而遵用之，亦一大惑矣。夫輯補闕文工作，惟不難於蒐集資料，尤難在鑒定資料之有識力。有識力而後有膽力，膽力過鋭則難免於主觀武斷。故又需濟以先自反覆詰難，保其符合客觀真實情況，具有與人辯論決勝之保證，然後可能建立信心，敢於落筆。不如此則不可以從事於輯補也。

《常志》於各郡縣，多稱舉其地方傑出人物。漢晉間，汶山、越巂等郡尚甚落後，固無足供常氏稱道之人物。若漢嘉郡則不然。王謀、衛繼、向舉皆季漢名宦，著於《三國志》；樊敏、高頤，皆名二千石，著於各碑目、金石書，今其碑闕具在，文猶可驗；張休與王謀同載《三州士女目録》；近年又發現王暉石棺，皆足稱述。常氏去漢未遠，必當録之。兹補漢嘉郡、縣闕文，除從各舊籍蒐討關於此區建置沿革、風土特產、地方掌故等資料外，於漢嘉縣補"郡建後，人文日起，王元泰州里無繼，樊叔達號爲吏師，向舉一時表率，高頤、張休、王暉皆以俊彦稱也"。於嚴道縣補"劉氏時，衛繼爲車騎將軍、大尚書"等字，以副常著本旨。

宋版闕文之下所接"拜越巂太守，迎者如雲"句，正是《太平御覽》卷六十引《華陽國志》敍張翕父子事文。按《後漢書》卷八十六《邛都夷傳》記張翕父子事，在順桓以前，安帝元初之際。自元封開郡至是，已閲二百二十餘年，中經王莽之世，邛穀王任貴據郡建國一段大事，舊校者"整理"之殘文，亦正有之，而僅寥寥十三字，首尾不具。又將遠在其後百年之張翕父子事敍在其前，而上連汶山郡之駱武。又復因原刻誤"湍"爲"温"，從而妄入蜀都趙温。至於張翕父子先後出守之間，西南夷大叛亂與楊竦平亂事，則全未著録。但以"自建武後數叛"一語徑接至"章武三年"，謬亂殊甚，而曰"整理"，是真有待於今日爲之拆破重行整理者也。惟自《御覽》保存張翕父子事外，更無他書引載常氏越巂郡文者。乃取《後漢書》與《水經注》所記越巂郡事，補成章武以前五百零八字。對於宋槧原刻所有之字皆予保存，嵌載於此次整理文中。

前 言

此次輯補汶山、漢嘉、越巂三郡闕文，雖不能與常氏原作完全符合，要其大體段落、次第、内容、風格不致相差太遠。文字分量，或仍失於稍多。然既屬補綴，則所忌在嗇，稍多應無傷也。

此一輯補，取材於《後漢書·西南夷傳》特多。范曄之書，固多取材於《東觀漢記》與各家《續漢記》，然於西南夷部則多來自常璩之書。常璩關於西南少數民族部分，亦有來自《東觀漢記·外裔列傳》處，但更多來自巴蜀先民之傳説與自少數民族地區還蜀流民之談述。故其所述邊區情俗風土，較爲真實生動，可以徵信，爲世所愛，遠出於官撰之《外裔列傳》以上。《范史·南蠻傳》中"板楯蠻夷"一篇，《西南夷傳》中"夜郎國"、"滇王"、"哀牢夷"三篇，内容及實質與《常志》完全相同，即文字亦沿用《常志》者什八九，其爲來自《常志》甚明。其"邛都夷"、"莋都夷"、"冉駹夷"三篇，應不至别有他書依據。即如《常志》殘存之《汶山郡序》一百五十九字，與《范史》"冉駹夷"篇相較，亦可證范氏採於《常志》，但稍變其文耳。如常云"有六夷、羌胡、羌虜、白蘭、峒、九種之戎"；范作"其山有六夷、七羌、九氐"。常云"土地剛鹵，不宜五穀，惟種麥"；范云"土地剛鹵，不生穀粟麻菽，唯以麥爲資"。常云"而多冰寒，盛夏凝凍不釋，故夷人冬則避寒入蜀庸賃自食，夏則避暑反落，歲以爲常"；范云"土氣多寒，在盛夏冰猶不釋，故夷人冬則避寒入蜀爲傭，夏則違暑反其邑"等等。其所不同，僅在范氏又有追加解釋之句，並調移前後序次，又於建置沿革較《常志》爲略而已。《常志·越巂郡》全脱兩漢之部。然如舊校"整頓"删剔後所保存之三十七字中所曾言及邛穀王、張翕父子與夷人數叛三事，《范史》皆有長文敍述，足見其亦採自常氏也。《范史》後出於《常志》七十餘年，時江左人尚多不曉蜀事，而范之列傳收錄西南人物特多且詳。其皆採錄《常志》爲之明白可驗。今補《常志》，固當以《范史》爲主要綫索也。

又如常璩《序志》固云"述《李特雄期壽勢志》"（以下省稱《李

志》),而元豐舊刻,此篇(《李志》)敍事僅至咸康五年,即李壽奪位後第二年,李壽部分尚有五年未見一字,而李勢部分全闕。宋刻本及鈔本皆然。蓋璩在江左改寫其舊作爲《華陽國志》時,爲避忌諱,即未著錄。但有私藏別本《蜀書》已經續寫完成,其後爲崔氏所得,別行於北方。故崔鴻撰《十六國春秋》與蕭方等之《三十國春秋》皆具壽、勢始末。唐貞觀中撰《晉書》,宋司馬光撰《通鑑》所依據是。前述《魏書·崔鴻傳》載其子子元表稱鴻"正光三年購訪始得"之"李雄《蜀書》"或即此本也。司馬光《通鑑考異》稱今存之《十六國春秋》爲《十六國春秋鈔》,足見其僅屬崔鴻百卷本之節文。崔鴻原本文殊繁重,《晉書·載記》所錄多是也。或謂"今世所傳《十六國春秋》,乃後人採《晉書》、《北史》、《册府元龜》、《太平御覽》等書集成之"(見王謨《漢魏叢書跋》),不知《晉書》、《北史》、《册府》、《御覽》等書所據仍直接依據常氏,或間接取自崔鴻、蕭方等之書,非有他種文籍可據也。《通鑑》於桓溫滅蜀以前,敍蜀事頗詳,且多不依《晉書·帝紀》,而採《常志》之文;迨滅蜀後,所紀蜀事遂少,往往僅録《晉書·本紀》文,更不能有所裒益。《晉書》亦惟永和三年以前載蜀事較多。故知《晉書》與《通鑑》雖博採群籍,於蜀事仍皆以常璩書爲原始資料,但南北流行本有不同耳。(北方流行《蜀漢書》,南方流行《華陽國志》,二本於李氏始末内容不同。)常璩改撰《序志》時所欲敍述之壽、勢二志,雖避忌無文,固亦可補;其文即自《晉書》與《通鑑》取之可也。(《册府元龜》可資參訂。)

然《晉書·載記》與《通鑑》所記關於李壽、李勢之文亦嫌太多,設全收録,則與此卷李雄、李期二紀文字分量不相甝稱;故必當有所剪裁,始符常氏所擬改寫成爲此卷之格局。兹於李壽事即以附晉稱藩與絶晉自強兩種爭議爲中心,庶協常氏原稿旨趣。於李勢事則略循舊補文字,增益《常志》體例所當具與李氏敗亡情勢所宜及者;釐正時次,兼及范賁始末,藉明當時蜀人對李雄遺業之留戀,蓋亦常氏著書之本旨也。其詳細說明，在卷九之四、五兩章。

此外小段補綴，或一行半行，甚或僅一字者，共達一百數十處。

如《後主紀》延熙九年，舊刻"但光好指擿利病。大長秋南陽許慈，普記闕性；光禄來敏，舉措不慎，失勢事者指；當世美名，不及特進"。普記下元豐本空三格乃爲性字。李㽦本原注有闕字。明代諸本或空四格，連闕字爲五格。劉本或空五格，連闕字爲六格（錢本）。明其所闕爲五字或六字。吳、何等叢書本不空，填入"載籍，掌典舊文"六字，並刪去"性"字。蓋張佳胤取《三國志・許慈傳》文所改補。如此改補殊失常氏文旨。常氏此文，志當時諸臣之長短優劣。特指出孟光、許慈、來敏三人雖有當時美名而竟不得"特進"之原因，應偏在指出短處。若如張氏補文則無短可指，於全文即不可通。又平白刪去"性"字，皆屬魯莽粗疏、未審文意之謬舉，決無可採者也。查《三國志・許慈傳》："與孟光、來敏等典掌舊文。值庶事草創，動多疑議，慈、潛（胡潛）更相克伐，謗讟忿爭，形於聲色；書籍有無，不相通借，時尋楚撻，以相震攇。其矜己妒彼，乃至於此。"兹取其意，改補作"普記舊文，矜妒成性"。與上下孟光、來敏褒貶並寓之文旨符合，並保存性字不廢。

又《先賢志・巴郡（合巴、巴東、巴西諸郡言之）士女總讚》與其原注之諸人小傳，宋刻皆脱。惟《巴郡士女目錄》尚存。顧千里校依原書"譔曰：二州人士自漢及魏二百四十八人而已"句，減除蜀、廣漢、犍爲、漢中、梓潼五子卷所讚之一百九十四人，判斷巴郡子卷所闕《士女讚傳》爲士四十七人，女七人，共五十四人。此次校補，於《巴郡士女目錄》之七十八人中，按常氏所讚他五郡士女標準，估定其人姓名與排列次序，蒐集其行事資料與各書引文，覺亦可補。其各人小傳佚文，經顧觀光從《太平御覽》等類書中輯得任文公父子、徐誦、譙隆、陳禪、郝伯都等六條。並用《後漢書》、《北堂書鈔》及《御覽》別條引《華陽國志》文校訂《御覽》所引《張翕傳》文。此次校補，又復從《輿地紀勝・渠州》卷輯得所引《華陽國志》元賀、龐雄、王平、趙姬、趙萬妻五人小傳，較前又多出一倍，皆《常志》原文也。其餘諸史所載文志多可借補。惟讚語未曾輯得一字，又有數人行事全失，不可補。僅將各條輯獲之文與各家關於此子卷之校語列出。至於史傳關於巴郡人物之記載，則別於《目錄》下各繫之小注，治史者如須參考，可以隨手檢得之。故雖不補《巴郡士女讚傳》，就本書之效用言，如已補矣。

（十二）繪圖述例

左圖右史，交互參證，爲古今學人所公認之重要治學方法。凡史地諸書，能條理明晰，鋪序秩然，可以反覆勘合而不亂者，其撰定時大多先有圖籍依據，胸羅全局形勢，乃有可能。此馬、班之史所以能包萬象而無所牴牾也。常璩此書最出色處尤在地志，其必曾得當時完善地圖相印證甚爲明顯。故其《序志》曰："漢晉方隆，官司星列，提封圖簿，歲集司空，故人君學士，蔭高堂，翳帷幕，足綜物土。"極言地圖與版籍之重要，與漢晉官司徵採之鄭重。又斥班氏"《地理志》頗言山水……辨物知方猶未詳備"。足見其得力於圖籍之處爲多。緣璩在蜀久任史官，獲見羅尚、李雄時之圖簿與諸先輩地記，憑藉豐贍，是其優於其他史家之處也。然其書無圖。後之讀者，徒據其文，或有傳鈔訛奪，遂惘然莫知所正。展轉牽訛，而益棼亂者亦頗有之。顧千里校勘之先，必釐訂其郡縣爲表，以表印證當時簡陋之地圖，亦可明瞭於晉代地理輪廓，故其校語多有卓識雋義，爲他人所莫及。

筆者幸生晚近，獲讀實測十萬分一縮尺之四川全省地圖與五十萬分一縮尺之陝西省圖，及其他較爲近出具有縣界之湖北、貴州、雲南、陝西、甘肅等鄰省地圖，參印各種地書、方志、雜誌論文與乎個人實地考察研究之記錄，並在編製《四川歷史沿革圖說》過程中久經洗煉，於大西南地區之地理形勢、建置沿革與歷史發展過程略窺門徑。藉此基礎以考訂《常志》地理之部，今古對勘，若合符契。故用力較前人爲省而鑒識乃或更真。此次校補，於地志四卷考訂尤詳；其他各卷史文有關地理形勢之處，亦皆盡其綿力；期使歷世懸而未定之地名落實入圖，無復再有懸空含混，惝怳迷離之病。秉此信心，努力以赴。雖未能盡償初志，亦已大體開朗明晰，爲未來闢出較爲寬廣之途徑矣。中間頭緒萬端，難以例舉，具體表現，即在插圖。詳細説明，分載入注。閲者取圖驗志，參看注釋，庶於晉代梁、益、寧三州地理形勢無不瞭者。

今繪圖十九幅，插附各卷前和適當篇頁中，計有：

第一卷，《巴志》四幅：

（1）《〈巴志〉形勢總圖》。具有郡、縣界綫與郡、縣治位置及《巴志》篇中重要地名。

（2）《巴族歷史發展圖》。具有巴國歷史發展各階段中之政治經濟中心位置與其民族活動範圍等綫條，與國都位置。

（3）《江州三峽圖》。具有每五十公尺同高綫之地形圖，標有南北府城、龜亭、新市里、塗山、汶江、巴江、後山、陽關、東突峽等古地名，附注今地名。

（4）《巴西、宕渠兩郡圖》。

第二卷，《漢中志》插圖四幅：

（1）《〈漢中志〉形勢總圖》。

（2）《漢沔流變圖》。表達漢、沔合流故道與現今東西漢水分流形勢，並標出陽平、白馬、金牛、五丁、定軍、樂城諸故址。分三幅。

第三卷，《蜀志》插圖七幅：

（1）《〈蜀志〉形勢總圖》。

（2）《李冰治水遺迹圖》。

（3）《都江堰工程略圖》。

（4）《沫水離堆圖》。

（5）《秦漢成都市郊示意圖》、《秦漢成都城址比較圖》。表達秦漢時成都故城位置與大城，少城，十八郭，七橋，五津，萬歲、千秋兩池及郫、檢二江之位置和形勢。

（6）《李冰造七星橋位置圖》。

第四卷，《南中志》插圖四幅：

（1）《〈南中志〉形勢總圖》。大幅。包括南中七郡之郡、縣治位置與境界，河流、道路及其鄰接地區。

（2）《諸葛亮南征路綫圖》。包括蜀漢時南中郡縣位置、境界、道路與諸葛亮進軍、迴軍及馬忠等分道出軍路綫。

（3）《雲南東北部湖迹盆地圖》。

（4）《莊蹻入滇路綫圖》。

以上各圖，不僅徒爲《常志》原文注脚，亦多有超越《常志》文外，更作闡發者。圖與注相須爲用。如：各圖中古今地名沿革之考訂，多有超越一般地書所曾考訂之範圍者，又多有訂正舊籍謬誤之處者，是皆羽翼《常志》而當表之以圖者。圖不自言，待注發之。其例殊多，詳載各注文中，茲不更舉。

（十三）注解與標點述例

常璩於一千七百年前寫成此書，在今日欲使人人能讀，通其旨趣，則必加以注釋。舉如僻字晦義、成語典實及相關之人名地名，皆須徵引群書，方可詮釋疏通。是此次作注任務之一。校勘、輯補工作中，每有疑難問題，或當推翻舊說之處，雖可定案，仍須有以闡明。皆未便夾敍入正文，宜別以注語剖析之。是此次作注任務之二。《常志》多引據《史》、《漢》、《三國》及其他古籍之處，而《水經注》、《後漢書》、《晉書》等又多引用《常志》。文義歧出相異，有當校訂之處，往往溢出校補範圍以外，故於考訂本書文義所當及者，蒐訂徵驗，斟酌釐正，以省覽者考覈之勞，是此次作注任務之三。常璩限於時代，其未能提出之問題，在今日研究其書則必當提出者，諸如巴、蜀民族來源，大西南社會發展歷史階段劃分，各少數民族分布地域與其生活特點、發展過程，以及關於西南古代社會的經濟等其他問題，皆爲研究本書必須涉及之重要問題。提出問題，加以討論，以待來者審覈，是此次作注任務之四。古地名之正確位置，物名之正確含義，每有爭論千百年而不能得其定解者。此次作注，必須使其皆明確可徵，地名並能入圖。如蠶叢、丹犁、夜郎、苴蘭、郁鄢、沈黎、枸醬、邛竹、靈關、丹穴之類，故博考精辨，甄採群言，理其紛歧，勒爲定說，是此次作注任務之五。

凡此五端，動須長文。注語繁，則喧賓奪主；失於簡，則不足以完成全部任務，而有苟且塞責之嫌。且閱者文學修養之程度不同，對注文之分量、深度要求亦即不同；研究部門不同，對其內容各面之輕重、寬窄要求亦將不同；欲盡一人之力以滿足多人之意，必不可能。此作注之所以爲難也。然又不可無注。躊躇累年，兹臨定稿，仍莫知適從。乃始仍原訂初稿計劃程式，除力從意足字省方面統一文格外，先將原書各卷文字劃分爲若干章（原書不分章節，通體連寫，宋刻乃有提行空格，暗別章節）。每章作一按語，其任務在闡明全章旨趣，指出其要點、特點及聯繫他章之關鍵。文內當繫注處，嵌以注碼，注文繕寫在每章按語下。

此次詮注工作，主要在直接查驗經史諸子百家原文，求其義理所當。中間頗有因檢覈經史而校出舊刻謬誤及舊校疏忽之處。例如《巴志》1章之校注，定"貫利"爲常氏原文，駁斥舊刻"寶利"、"貨利"等竄改字。如此之例猶多，不可勝舉。又頗有一字一義久不得解，稽滯旬月，遍檢群籍，始獲典祖，或更因而發現舊書字誤之事。茲舉一例，藉明工作未嘗苟且。

第九卷（《李志》）"譔曰"，有"每惟殷人《丘墟》之歎，賈生《過秦》之論，亡國破家，其監（鑑）不遠矣"句。詮釋之初，必以"殷

59

人《丘墟》之歎"便是用《史記·宋微子世家》"箕子朝周，過故殷虛，感宮室毁壞，生禾黍……乃作《麥秀》之詩以歌詠之"故事。嗣以爲不然。如係用此故事，則箕子《麥秀》之歌與"賈誼《過秦》之論"恰成對偶，何至作"殷人《丘墟》之歎"句？更進而尋求常氏未用"箕子《麥秀》之歌"以對"賈誼《過秦》之論"的原因，則又發覺《史記·宋微子世家》"其後箕子朝周"以下八十字乃後人所竄入，非馬遷原文所固有。常璩所見之《史記》，不可能有此條，更足證常氏此文非用箕子故事，而當另尋其典所自出以爲校注語。

《淮南衡山列傳》記伍被諫淮南王語，有曰："臣聞微子過故國而悲，於是作《麥秀》之歌，是痛紂之不用王子比干也。"《史記》既存伍被之説，則固以爲《麥秀歌》是微子所作矣。何得更於《微子世家》又有此箕子作歌之八十字？自褚先生以下至於裴駰《集解》，皆莫曾指出此歧出處。則其八十字爲魏晉以後人所竄入可知。或者是後人取張晏之説（下詳）注入《史記》行間爲此八十字，遂被宋刻亂入正文耳。裴駰實未見有此歌，常璩固無由見之，又安得而引以入其書乎？

或謂：《漢書·伍被傳》，全用《史記·淮南列傳》，乃其文作"箕子"。顏師古注："張晏曰：箕子將朝周，過殷故都，見麥及禾黍，心悲，乃作歌曰：'麥秀之漸漸兮！黍苗之繩繩兮！彼狡童兮，不與我好兮！'狡童，謂紂也。"其言與《史記·世家》同。然則《世家》不譌，《淮南傳》乃譌箕作微耶？此亦似是而非之説也。《世家》此八十字，全是箕子自悲不用，無弔王子比干之意，則非緣伍被之意可知。顏師古唐代人。所引張晏説，乃張晏別傳之故事，非晏爲《漢書》作校注之語。顏氏固云："《漢書》舊無注解。"則張晏非爲《漢書》作注以證其文當作箕子也。且張晏亦未曾見《史記》世家有此八十字。如其已見，則歌詞必逕引《史記》，何至改"禾黍油油"爲"黍苗之繩繩兮"乎？不惟張晏未見此八十字，即顏師古亦未見也；如其已見，則逕引《史記》世家以證《漢書》此"箕子"二字，不甚直捷明快，而必曲引張晏之説乎？然則《漢書》引伍被説而文作"箕子"者，亦字譌耳。《史記》列傳固未誤，則引用其文者不當改其人名。當是後人妄依竄亂本《史記》世家以改《漢書》字，而顏師古又妄援張晏小説以注《漢書》譌字耳。

更强有力之證據，爲孔穎達撰《詩正義》，所注鄭玄《詩譜》，有句云："《史記》稱微子過殷墟而作雅聲。"亦明是用《史記》伍被之説，未用《世家》説。則其所見之《史記》固無此箕子作歌之八十字。孔氏與顏氏同時。其所見之《史記》本當同。故知《史記·宋世家》無箕子作歌八十字，而《漢書》伍被説本作微子。以此定常璩非用箕子弔殷墟典，爲確切不移矣。或問：《史記·宋世家》"其後箕子朝周"不可謂爲微子之譌乎？曰：斷不可能。今本《世家》文於此八十字下，乃續云，"武王崩，成王少，周公旦代行政當國"及"誅武庚，殺管蔡"，封微子事。微子降周，入居鎬京，誅武庚後始封就國。未封以前，何得有"朝周，過故殷虚"句？以此知其斷不然。

以上，爲筆者不用《史記·宋世家》箕子《麥秀歌》解説"殷人丘墟之歎"的理據。初由懷疑《史記》而細審其文，而參訂他書，遂先發覺《宋世家》中此八十字爲後人竄亂之文。竄亂時間，在唐與五代之世。宋刻遂成正文。同時發覺《漢書·伍被傳》之"箕子"，亦是譌字。從而肯定《常志》"殷人"句非用箕子故事，獲得解決。雖然，"殷人丘墟之歎"究何所指，則未得也。於是盡個人之力遍檢經史諸子，凡與詠歎故國破亡之文，皆細審之。閱月餘時間，終於從劉向《新序》卷四中找到了答案，説在本書九卷六章之注⑪。

似此因考證一字一義而泛檢羣書，從而更正他書文字錯誤者亦多。例如《史記·西南夷傳》："南越食蒙蜀枸醬，蒙問所從來，曰'道西北牂柯'，牂柯江廣數里，出番禺城下。"《漢書·西南夷傳》用其文而改作"道西北牂柯江。江廣數里，出番禺城下"。司馬光《通鑑》依《漢書》

文，清儒亦多盛稱《漢書》所改爲雋允。常璩此書則云："曰'牂柯來'。"不重江字。兹細考審，定《史記》與《常志》不誤，《漢書》妄改，大失原意。《通鑑》與清儒皆盲從附和。説在《南中志》1章之注⑩。如此之類，校訂《史》、《漢》、《三國》、《後漢志》、《晉書》及各史注文，《水經注》、《元和志》、《寰宇記》等地理書之脱衍訛誤。多至數十百處，僅如《三國志》一種，於《公孫劉二牧志》得十一處，《先主》、《後主》二志得二十八處，他如《巴志》、《蜀志》、《南中志》亦有。共四十餘條。

然注文的主要任務，在於考地理，辨名物，訂史實，正訛誤，析章節，詮晦義。而於各地區經濟文化之發展過程尤再三注意。中間亦多有批判《常志》謬誤之處。各條注文，有長達數千字者，或特附專題（如《枸醬考略》、《筰杖考略》、《蜀布考略》及《鹽叢考》等），或就注詳考（如巴國發展與巴東鹽泉之關係，蜀國發展與蠶絲業之關係，李冰勳績在於提倡成都平原種稻等屬於探索地方歷史發展規律性之長文，均散在各注釋中）。對於各少數民族歷史發展與地區産業發展之史料考訂尤爲詳密。其爲事理之必然而前人所未發者，亦各數十百條之多。注文分量蓋已五十萬字，每欲裁割而苦難下筆者，竊謂其深入細密，前後相關，多屬創見確證，爲後來人研討舊籍節約時間，固當如此也。

標點助人瞭解文義，功用同於簡明之注釋。每見整理古籍印行各書中，仍有標點錯誤，蓋古文含義多端，句讀難定，非經細緻咀嚼，推求義旨，即易流於誤解誤斷。故標點之難，并不讓於詮注。世或以標點爲易事而輕率付人爲之，其害能導人於沿誤曲解，逕赴迷途。是不可不慎也。

近見四川省圖書館所藏明刻《華陽國志》三本，有未署名者進行標點兩次，人名用朱標，句讀用藍點，乃其誤標誤點之處十居五六。兹就首卷《巴志》舉例二處，其第四葉原標點有如此一段：

　　於是夷朐忍廖仲藥何射虎秦精等乃作白竹弩、於高樓上射虎、中頭三節。（原標廖仲藥、何射虎、秦精爲人名。）

如此短短二十九字間，即有甚大誤解三點。

（1）原標以廖仲藥、何射虎、秦精爲三人，蓋用近代通常姓氏斷之。按本書《大同志》言，"涪陵民藥伸，杜阿應尙"，則巴東固有藥姓也。章懷太子注《後漢書·板楯夷傳》"射殺白虎"句云："《華陽國志》曰'巴夷廖仲等射殺之'也。"張澍《蜀典》卷十二《藥氏》云："按《華陽國志》：巴夷藥何與廖仲秦精等作白竹弩射白虎者。"是皆以廖仲、藥何與射虎秦精爲三人。秦漢習俗，有複姓，罕複名。此等巴夷方慕漢習，初有姓氏，自不可設想其爲三字姓名。此原標三人之謬也。

（2）原文於秦精上特加"射虎"二字，表示廖、藥皆非能射虎者，僅秦精爲名獵手，以善射虎知名。廖與藥則大姓，有財勢，爲一方領袖；或延秦精爲之設計射虎，以博重賞；或由秦精思得殺虎之術，不能自致，往說大姓廖、藥應募取賞，藉以表現其勞動智慧。故秦精上特加射虎二字，不僅表達此一功勳之實際主人，且足體現當時巴夷社會大姓與勞動人民之政治地位，意義殊屬重大。原標點者乃曲解爲"何射虎"，似元明小說綽號，悖於古義何太遠耶！

（3）白竹，今云白甲竹，爲竹中尤勁強者，縛之爲巨弓，以機發之，則射能遠及。故秦精教藥、廖於高樓上設之以伺虎。得當發機，遂能使箭貫虎，沒其三節。秦時皆用竹箭，節短者尤勁。"三節"約當尺餘，故虎遂死。"於高樓上"者，便於作機弩伺虎，非謂藉樓避虎而手射之也。如是手弩，則達樓下已成弩末，安能中沒入三節乎？原點"於高樓上射虎"爲讀，則所言當是手弩，是體物疏謬，反映於標點，非惟削弱文勢，且能導人於誤解之處也。茲於此二十九字作如下標點，故雖不加注語，而當時殺虎之情勢事實，宛然自現於紙上。

於是，夷朐忍廖仲、藥何、射虎秦精等，乃作白竹弩於高樓上，射虎，中頭三節。

初看前舉標點者，未必遂能覺其有誤。試以後一標點較之，其對文義體會之差距，難以道里計矣。標點之未可輕易爲之，有如此也。

（十四）附録蒐輯述例

常璩於蜀、巴、廣、犍、漢、梓諸郡士女傳讚以外，别輯《益梁寧三州士女目録》，合《序志》爲一卷，是爲本書輯載附録之始。其後張佳胤輯《江原常氏士女目録》，《函海》輯附歷代關於常氏著述評述之文，廖刻本有《三州郡縣目録》，陶潛宣輯張翁事爲附録，《龍谿精舍》本附顧觀光《校勘記》。志古堂本據廖本補《三州郡縣目録》，又據陶本補《華陽國志》佚文張翁一條，仍據《武林山人遺書》附載顧氏《校勘記》，爲附録之較多者，然實皆頗陋，不足盡羽翼常著之能事。兹從此書相關之各方面，蒐輯下列各文記，附載卷末，俾覽者秩然瞭解歷代著述對於此書之看法與其所作貢獻。除關於文字校勘方面已收録於校注外，其收入此附録者有下列各類：

（1）舊刊已具之附録。如《三州郡縣目録》、《江原常氏士女目録》皆略附校注。其常氏自輯之《三州士女目録》，則作正文看待。

（2）舊刊各本之序文、凡例及跋文。自宋刻至近世刻本，凡屬專序《華陽國志》者，并依時代先後録附。其屬叢書總序，不專指《華陽國志》者不録，各本從同者於題下注明之。卷首即不更依成習冠以舊刻原序。

（3）記述常氏著述卷帙、版本及評論常著之文字。例如《晉書·載記》、《十六國春秋鈔》關於常璩身世之文，《隋書·經籍志》、《舊唐書·經籍志》、《新唐書·藝文志》、《宋史·藝文志》等官書記録常璩著述之文；《郡齋讀書志》、《直齋書録解題》、《通志·藝文略》、《通考·經籍考》、《玉海》、《説郛》、《國史經籍志》等私家撰述關於常著之文字（以上均見本書附録十二《函海華陽國志附録》）；清《四庫全書總目提要》、山西耿氏《萬卷精華樓藏書記》、北京傅氏《藏園群書題記》等考訂常著版本與其內容之文字（已收入前言與注釋者不更錄）。

（4）各賞鑑家、校勘家在舊本上之題字與批語之未採入校注者。例如紅豆齋本上之丁小山、程瑶田等跋語，抱經堂本之程魚門跋語，顧千里手稿中之部分文字等是。

總之，這次校注工作僅限於探索常氏原著之精神實質，尋求原文本旨，糾正傳鈔與刻板訛亂舛奪之部，通正其隱晦扞隔之義，并估定大西南地區社會發展之歷史階段，明確其階級分化與階級鬥爭之大體過程而闡述之。僅此要求，亦非綿力所能克致。主要目的，仍在於草創條理，以待海內碩學之修訂補益，使成善本而已。

當前遺憾，主要在於政治理論水平過低，所有分析原著之觀點，不能正確者必多。夫千六百年前之方志，就今日建設社會主義之現實要求言之，其所以仍不當廢者，端在於研習一方古代社會發展過程所必取資而已。固必待有精通唯物史觀之學者博檢群籍，蒐羅資料，精細抉擇其有裨於今用者，纂述闡發之，汰除冗義，精簡詮釋，始得成爲現代學人適用之書。非惟注語文不能多，即正本亦可酌予刪棄，始符整理古籍之義，而於覽者有益。若個人之識力卑弱，率爾操觚，固不足以勝其任也。凡茲所爲，但能初步蒐討資料，以備未來雅識學人之整刷而已。

其他瑣雜謬誤之處，應亦甚多，均盼在取得海內學者指正後釐正。

任乃强
1961 年初稿
1962 年修訂
1982 年再校，微有刪改

卷一
巴　志

一

　　昔在唐堯，洪水滔天。鯀功無成，聖禹嗣興，導江疏河，百川蠲脩；封殖天下，因古九囿以置九州①。仰稟參伐②，俯壤華陽，黑水、江、漢爲梁州③。厥土青黎。厥田惟下上。厥賦惟下中。厥貢璆、鐵、銀、鏤、砮、磬、熊、羆、狐、狸、織皮④。於是四隩劉、錢、《函》、張、吳、何、王等舊本皆作"奧"，《函海》注云："惠校改隩。"廖本作"隩"。既宅，九州攸宋、明刻本作"逌"，清代刻本作"攸"。古今字。同，六府孔脩，元豐本作"脩"。嘉泰本作"修"。庶土交正，底劉、錢、《函》、廖本作"厎"。張、吳、何、王本作"底"。昚古"慎"字。元豐本如此。嘉泰本避孝宗諱缺一筆。惠棟校改"昚"。《函》、廖本同。財賦，成貢中國。蓋時雍之化，東被西漸矣⑤。

　　歷夏、殷、周，廖本注："當作歷虞夏殷，脱虞字，衍周字。"兹不取。九州牧伯率職。周文爲伯，西有九國⑥。及武王克商，并徐合青，省梁合雍，而職方氏猶掌其地，辨其土壤，甄其【寳】貫利。舊各本俱作"寳利"，惠校改作"貨利"。兹按：《周禮·職方氏》："乃辨九州之國，使同貫利。"鄭玄注："貫，事也。謂九穀六畜等財用之事。"常氏用《職方》文，則當是"貫"字。兹改正。迄於秦帝。舊各本皆作"起於秦帝"。惟廖本改"起"作"迄"，無説。兹查《説文》走部："起，能立也。""赹，直行也。"辵部："迄，古文起。""迄，至也。"蓋常氏謂職方之制，行至秦帝時。後人寫譌爲"起"。惠校改作"赹"，故廖本作"迄"也。句斷。漢興，高祖借之成業。武帝開拓疆壤，乃改雍曰涼，革梁曰益。舊刻皆"乃"字上接"高祖"句。當是有脱。按《漢書·地理志》："武帝攘却胡越，開地斥境，南置交阯，北置朔方之州。兼徐、梁、幽、并、夏、周之制，改雍曰涼，改梁曰益，凡十三部。"常氏實用其説，宛然原句，則其脱"武帝"一句明矣。《水經注》卷三十三引《地理風俗記》曰："元朔二年，改梁曰益州。以新啓犍爲、牂柯、越嶲，州之疆壤益廣，故稱益云。"兹據以補六字。故巴、漢、庸、蜀屬益州。至魏咸熙元年平蜀，始分益【州】之舊皆作"州"。按"益州"既爲州名，亦爲州部屬郡名。與巴、漢連稱，甚礙文義。上"益"，亦不連"州"字。此"益"下"州"蓋之字譌。巴、漢七郡置梁州。治漢中。以相國參軍中山耿黼爲刺史。元康六年，廣【漢益】魏梁州，舊各本皆作"廣漢益州"。廖本注云："當作'廣益梁州'。"今按：所廣者魏之梁州。原文當是"廣魏梁州"。傳鈔者因魏改廣漢爲廣魏，每見"廣魏"字即改爲"廣漢"。展轉遂并謂"梁益"字也。廣與益爲一義。廖本所注亦非。茲改二字。更割雍州之武都、陰平，荊州之新城、上庸、魏興以屬焉。凡統郡【一十一】十二，縣五十八。舊本盡作"凡統郡一十一"。顧廣圻校云："當云統郡一十二。巴郡、巴東郡、涪陵郡、巴西郡、宕渠郡、漢中郡、魏興郡、上庸郡、新城郡、梓潼郡、武都郡、陰平郡。縣五十八者，不數省。"廖本據以入注。漢晉人計數，十、百、千、萬上，例不著"一"字。原文當作"郡十二"。縣不數省者，謂如樂城、常安、宣漢，晉世已省併縣，不在五十八縣內。

　　案：以上《梁州總序》。常璩於李壽時撰成《蜀漢書》，依李雄時建置，以巴地五郡與建平郡爲荊州，漢中、梓潼、武都、陰平，及東三郡爲梁州。因其字數比《蜀志》（本爲《益州志》）、《南中志》（本爲《寧州志》）都少一半，故又合荊梁二州爲《巴漢志》，三篇并曾單行。故《水經注》屢引《巴漢志》。降晉後，當遵晉制，乃就《巴漢志》文增《梁州總序》爲《梁州志》。并改稱《蜀漢書》爲《華陽國記》（元豐本《序志》存此名稱），今本係崔鴻以後傳寫者參用南北先後本名稱，抑係常氏最後訂正本，難以判定，要此《梁州總序》一章爲東晉時所加則可肯定，故其文與《巴志》原序每有重複。

　　全章分三小段：周以前，取材於《尚書》，參用《文緯》與《星經》；周、秦、漢世，取材《周禮·職方氏》與《漢書》；魏、晉，取材於譙周《巴記》及自所見聞。（參見圖版1《巴志形勢總圖》）

【注釋】

①人皇九囿之説，出於緯書《河圖》與《三五曆紀》，見於司馬貞《補三皇本紀》。緯書皆秦漢間誇妄之學者所僞造，不當信據。夫原始社會尚無文字時，人類記數至三者爲多，至五而極，安可得至九數？最初之"有"字只作屮，則人皇時安得有"囿"字？若謂人皇是黄帝以前人，則其人與其氏族之活動範圍，不過百餘里而止，安得曰"天下"？即《禹貢》與《職方》九州之説，亦只是周代史官所假想，人皇何世，而能分天下爲九囿哉？

②參星，在二十八宿爲西方七宿之一，三星甚明。其旁有小星群曰伐。《三國志·蜀·秦宓傳》："天帝布治房心，決政參伐。參伐則益州分野。"常氏取其説也。其説與《漢書》星野不同。

③《禹貢》："華陽黑水惟梁州。"華山在秦嶺諸山中最秀美，歷世尊爲西嶽，故《禹貢》作者用以代表秦嶺山脉。"山南曰陽"。秦嶺以南，即今陝南、甘南、四川、雲南、貴州與鄂西山嶽地帶，亦即李雄極盛時佔有之疆域，故常氏用爲書名。

④"厥貢"以下十二字，爲依《禹貢》文所舉梁州十二種土産，實際是周代蜀巴地區行銷中原之商品，關係到一方社會經濟發展的歷史情況，舊釋每有謬誤，兹更爲新詮如次：

"璆"，《孔傳》云"玉名"。《爾雅·釋器》："黄金謂之璗，其美者謂之璆。"徐中舒云："古代的金，只是銅、錫合金青銅的專稱。黄金原名爲璗（音唐），後人改寫作鏶。其美者乃是黄金，原名爲璆（音求），後人改寫作鏐。"按：白石英，古人稱爲真玉，若黄金，原與白石英相抱合而産生者，原始人類亦目爲"玉類"；因其質軟，謂爲"軟玉"。（宋應星《天工開物》云："璞中玉軟如棉絮，推出位時則已硬，入塵見風則愈硬。謂世間琢磨有軟玉，則又非也。"昔人不知金玉伴生實況，信任胡賈傳説，遂至謬誤如此。）因其柔韌，不可以製石器，原始人類視之，實用價值遠低於真玉。後人知其延展性絶高，可以錘使作槃（槃）瑧，乃別制璆字以別之，音虯，字亦作刋，見《玉篇》。凡從丩與翏字，皆具可以曲撓之義。又其稍後，中土乃發現銅，因其音響鏶然，乃造璗字，明其與黄金同屬玉類。又後乃以金、銅及錫三品爲一類，而別於玉，始有"金"字。故金字以玉爲義，今爲聲也。以上皆東周以前之事。東周以後，礦業發展，始有"五金"之説，而儒者已莫知古人金玉混稱之由，孔安國説璆爲"玉類"，而不能直謂爲黄金，或亦只就其字從玉言之耳。《爾雅》亦漢儒摘取説經師儒文義編撰之書，足見先秦儒生固曾稱銅爲鏐，稱金爲璆者。

"鐵"，今川邊巖石中多有含菱形結晶之鐵粒，即菱鐵礦。破石剝取之，即成天然之鐵器，可用於刻劃，鑽鑿，夾縛於矢爲鏃，投擲鋭利如刀劍。原始使用鐵器，疑是此物。迨入周世，人類已能造一千五百度以上高温時，鎔鐵工藝產生，始有冶鑄鐵器。川邊地區之菱鐵，亦只供冶鑄之用，即本書臨邛縣所云"蒜子鐵"也。《禹貢》惟梁州有鐵，説明蜀地產鐵最早。其後中原磁鐵礦採冶盛興，蜀地轉落其後，惟金、銀、銅、鉛轉盛。以此知《禹貢》之鐵，是菱鐵礦。

"銀"，中原古無銀。戰國末期始見銀字。（見《荀子·成相篇》。《公羊春秋》亦有，在昭十一年，但《左傳》字作"憖"。）秦漢間人説五金，銀爲白金。漢武帝以銀錫鑄幣，見《平準書》。其後廢銀幣，徑以生銀作通貨，則朱提銀獨負盛名。《漢書·食貨志》云："朱提銀重八兩爲一流，直一千五百八十。它銀一流直千。"足見梁益產銀最早且佳。《蜀王本紀》言：朱提女子爲蜀王妃。故朱提（今雲南昭通）雖在邊荒，其交通中原則甚早，大抵西周年代已有中原之人逃亡至此發明冶銀，遠銷巴蜀及於中原。至漢代中原工匠亦知冶煉鉛銀，而技術不及朱提，多含雜質，故其市值低於朱提銀也（朱提又爲銀之代稱）。

"鏤"，雕刻工具之稱。石器時代，用硬度甚高之水晶、石英石等碎塊磨製爲之。銅器時代，用銅錫合金煉製爲之。鐵器時代，用煉鋼。古煉鋼，皆先鑄成形，再錘煉之，經百煉淬，即成鏤具（鑄劍亦然）。蜀地冶鐵最早，宜鍊成鏤具亦早。《蜀志》云："流支鐵甚剛。"蓋即謂此法也。

"砮"，謂堅石磨製之石鏃。今四川出土文物多有之。周代雖已有銅鏃，然所值高，消費量大，故仍多參用石製之砮。梁州石鏃仍是流行的商品。

"磬"，頁巖磨製爲之樂器，今四川出土頗多，且有編磬。川東南多青石，川北、陝南多赤石，皆磬材。《蜀志·犍爲郡序》云："綏和五年，又上寶磬十六。"

可知古蜀人先用編磬領樂，其後乃用編鍾。《詩·有瞽》云："依我磬聲。"謂殷樂用編磬領導。《彤弓》云："鍾鼓既設。"《鼓鍾》云："鼓鍾伐鼛。"周樂用編鍾領導也。磬爲商品，周代未廢，故曰："笙磬同音，以雅以南。"

"熊羆狐狸"，爲川邊森林與草原中至今猶盛產之野獸。熊色黑，體小於人。羆色棕黑，體大於牛，性尤兇猛，人不能敵，但可以機罝取之，故字從网。其掌皆珍味，膽入藥。皮毛厚而不濡，宜爲衣裘。肉同野猪。狐產於草原者皮尤美。狸，今云猞猁猻，皮毛柔暖耐磨，市值更高於狐；其形似猫而大，故猫有狸奴之稱。四川盆地亦有狐與白面狸，其皮值低。

"織皮"謂連皮帶毛之羊皮。羌、番民族善養毛用羊，無鐵剪，故其古代售毛連皮。中原人善紡織而毛用羊少，故市此毛皮，剪其毛紡績以製褐。故稱此種毛皮爲織皮。《禹貢》"雍州"云："織皮崑崙、析支、渠搜。"謂青藏高原之崑崙部落，黃河上游之賜支部落，與川甘邊區之氐叟部落皆以織皮與中原人民市易也。

《禹貢》文長至一千一百九十三字，較夏代可靠史料三篇各多出千一百至九百餘字。夏初不可能有此長文。禹時尚屬原始公社，亦不能有此制度。然其記述西北地理方物，多與今世所在吻合。蓋周穆王從游史官，就所見聞，寄其大一統理想之作也。或謂其爲戰國時作者，亦非，古文、今文《尚書》并有，則孔子以前已行於世，孔氏信爲禹作，誤收之入《夏書》耳。《周禮·職方氏》亦周代好事者爲之。其不襲用《禹貢》，蓋造作者居地不同，流行未至，故分歧也。二作者俱當富於地理實踐。《禹貢》尤佳，不當斥爲全無依據之作，知其爲西周年代之地理書，重其資料可矣。

⑤自"黑水"至"成貢中國"亦用《禹貢》，參取《堯典》與《益稷》篇文。改"中邦"爲"中國"，周人謂中原爲"中邦"，魏晉人謂中原爲"中國"也。

⑥此云"九國"，指《牧誓》庸、蜀、羌、髳、微、盧、彭、濮，合巴國爲九也。《泰誓》與《牧誓》俱首稱"友邦冢君"。《史記·周本紀》謂："會盟津者八百諸侯。諸侯皆曰：'紂可伐矣。'"則巴國於《牧誓》當在"友邦冢君"

之列。庸、蜀等八部落，在當時尚未成爲國家，國君未至，亦無司徒、司馬、司空與千、百夫長等名稱者爲統帥，只有原始部落形式之武士從征，故於呼末稱之爲"人"也。（《春秋》書法，國君不至者稱人，是襲用此義。）九國在當時的地理位置，《孔傳》、《孔疏》及後儒考訂諸說，咸有差謬。茲作新解如次："巴"是四川盆地內建成國家最早的民族，周初已有封爵。殷末，其國邑當尚在魚復西近之故陵。"庸"爲巴秦楚三國瓜分，著於《春秋》。漢爲上庸郡，詳《漢中志》。"蜀"即蠶叢、蜀山氏之國，殷末尚未進入成都平原，亦未建成國家。"羌"爲當時黃河上游，賜支、洮、湟間部落名稱。"髳"爲羌之派分部落，殷末住居今之阿壩州地方，後漢時已南移，被稱爲犛牛種，魏晉時爲牦牛王。住今康定木雅鄉。歷世以犛牛尾毛與中原地區市易。"微"，在庸之北，今湖北堵水下游黃龍灘附近。微水與微陽縣俱依以爲名，說詳《上庸郡》。"盧戎"亦見於《左傳》。杜預定爲荆州中盧縣，然本書宕渠有盧城。疑其族分在荆梁間。彭國原在閬中，爲巴所滅。本爲彭道，後改名閬中，說詳《巴西郡》。"濮"即《左傳》之百濮。原散住於大巴山區，後皆臣服於巴，秦漢稱之爲板楯與賨民。其西徙者爲僰人。（參看三章之注⑫）

二

　　《洛書》曰："人皇始出，繼地皇之後，兄弟九人，分理九州，爲九囿。人皇居中州，制八輔。"華陽之壤，梁岷之域，是其一囿；囿中之國，則巴蜀矣①。其分野，輿鬼、東井②。其君，上世未聞。五帝以來，黃帝、高陽之支庶，世爲侯伯③。及禹治水命州，巴、蜀以屬梁州。禹娶於塗山，辛、壬、癸、甲而去。生子啓，呱呱啼，不及視。三過其門而不入室，務在救時。今江州塗山是也，帝禹之廟銘存焉④。禹會諸侯於會稽，執玉帛者萬國，巴、蜀往焉⑤。周武王伐紂，實得巴、蜀之師，著乎《尚書》。巴師勇銳，歌舞以凌殷人，【前徒】殷人倒戈。舊各本不重"殷人"字，即無法句讀。王本以"殷人倒戈"爲句，則上句無賓詞。廖本用《武成》文，補"前徒"二字，亦句無主語，必作"殷前徒"乃可。茲重"殷人"二字，意乃足矣。故世稱之曰，"武王伐紂，前歌後舞"也⑥。武王既克殷，以《函海》注云："或改封。"其宗姬【封】於巴，廖本姬下有"封"字，他各本無。按常氏原意，謂因有宗姬在巴，而予巴以子爵，非謂封宗姬於巴。於，在也。巴既助伐紂有功，則何能更封宗姬奪其君位哉？抑或是巴冒姬姓往，武王以爲宗姬也。爵之以子。古者，遠國雖大，爵不過子。故吳楚及巴皆曰子。此下，舊本或空格，或連。顧廣圻校稿云："當提行另起。"

　　案：以上《巴志總序》之首章，記巴國古史。是《巴漢志》舊文。於巴國本源未詳。（參見圖版2《巴族歷史發展圖》）

【注釋】

　　①"九囿"與"華陽"，已前注。"梁、岷"，二山名。岷山詳具《蜀志》。

梁山，即劍門山。張載《劍閣銘》："巖巖梁山……惟蜀之門，作固是鎮。是曰劍閣，壁立千仞。"地屬晉之梁州。故昔人以爲梁州鎮山。

②《漢書·地理志》論星野云："秦地，於天官東井、輿鬼之分壄也。"又云："自井十度至柳三度，謂之鶉首之次。"《周禮·職方氏》合雍梁爲一州。班固此章，自言出於"潁川朱贛"。其說以"秦地……界自弘農故關以西……南有巴、蜀、廣漢、犍爲、武都……又西南有牂柯、越嶲、益州，皆宜屬焉"，實即合《禹貢》雍梁爲一星野。其地相當於今陝、甘、寧、青、川、滇、黔七省區。其他魏、周、韓、趙、燕、齊、魯、宋、衛、楚、吳、粵（越）凡十三區，皆就周末國界分占。小如周野，祇河南郡之六縣。其分野之謬已如此。又與秦宓之說蜀星野不同，則在後漢世已無定論可知矣。常氏乃於一篇之內兼用之，自不統一。此則又是上之兩章非一次寫成之驗。

③《大戴禮·帝繫姓》云："黃帝居軒轅之丘，娶于西陵氏之子，謂之嫘祖氏。產青陽及昌意。青陽降居泜水（《史記》作"江水"）。昌意降居若水。昌意娶于蜀山氏。蜀山氏之子，謂之昌僕氏，產顓頊。"又《五帝德》云："顓頊，黃帝之孫，昌意之子也，曰高陽。"司馬遷採之，爲《五帝本紀》。常璩又據以爲此文，加"支庶，世爲侯伯"字。夫黃帝時，不可能建成國家。其子女隨其師兵所至，留姓於其他氏族則有可能，然安得能有"世爲侯伯"之事哉？

④"江州塗山"，在今重慶市南岸。相傳老君洞巖間石穴，即塗山氏生啓處。舊有"啓呱呱而泣處"碑。《水經注》云："江水北岸有塗山，南有夏禹廟、塗君祠。廟銘存焉。常璩、仲雍并言禹娶於此。余按，群書咸言禹娶在壽春當塗，不於此也。"按《一統志》引唐蘇鶚《演義》，與宋王楙《野客叢書》，并云塗山有四：一會稽，二渝州，三濠州，四當塗。會稽塗山見《越絕書》，其可信度不能高於《史記》。《史記》稱禹"禹東巡狩，至于會稽而崩。"《漢書·地理志》亦祇云會稽山有禹冢。是禹死于會稽，非其少壯娶妻之處也。濠州塗山，在安徽懷遠縣東南淮水岸，即《水經注》所云"群書咸言禹娶"處。《左傳》哀七年，子服景伯曰："禹合諸侯于塗山，執玉帛者萬國。"杜預注："塗山在壽春東北。"即此。是禹建成國家後會諸侯處，不能即是其少年娶處。禹生於西羌之石紐，在今

成都西汶川縣界，不可能遠娶於淮水流域。至於當塗縣之塗山，始見於《漢書》顏注，引應劭曰："禹所娶塗山侯國也。有禹虛。"劭所指自是壽春之塗山（見《水經注》），非今江南之當塗縣山，顏注亦誤引也。惟江州塗山，與石紐同在梁州。州界通中原路，爲"浮于潛（嘉陵江），踰于沔（漢水），入于渭，亂于河"。江州，正是江潛會處。則禹治水，三過此山爲可能。酈道元未曾入蜀，亦未至壽春、會稽，故不能辨此也。

⑤此徒以"萬國"當有巴、蜀，推其參預，非有典籍明驗。自巴、蜀歷史言之，禹時尚未能有巴與蜀國。

⑥"前歌後舞"，出《白虎通·禮樂篇》所引《尚書》文。譙周明悉《巴渝舞》典實，用以結合於《牧誓》，而常璩取之。參看五章之注⑦。

三

其地，東至魚復，西至僰道，北接漢中，南極黔涪①。土植五穀。牲具六畜②。桑、蠶、麻、苧，舊刻本作"紵"。茲從錢寫本作"苧"。魚、鹽、銅、鐵、丹、漆、茶、蜜、靈龜、巨犀、山雞、白雉、黃潤、鮮粉，皆納貢之③。其果實之珍者，樹有荔支，或本作"芰"。蔓有辛蒟④，園有芳蒻、香茗，給客橙、葵⑤。舊本作"葵"，《函海》作"葵"，注云："原訛'葵'。何本作'葵'。劉、李本亦作'葵'。"廖本未改字，而有注云："'橙'字當衍。葵當作'蔜'。蔜即'橙'字。"今按：給客橙，三字讀。葵即華芝。說詳注⑤。其藥物之異者，有巴戟天、椒⑥。竹木之瑱錢寫作"貴"。者，有桃支、靈壽⑦。其名山有塗、籍、靈臺、石書、刊山⑧。其民質直好義。土風敦厚，有先民之流⑨。原省"韻"字。故其詩曰："川崖錢寫作"厓"。惟平，其稼多黍。旨酒嘉穀，可以養父。野惟阜丘，彼稷多有。嘉穀旨酒，可以養母。"其祭祀之詩曰："惟月孟春，獺祭彼崖。永言孝思，享祀孔嘉。彼黍既潔，彼犧劉、李、廖本作"犧"。他本作"儀"。惟澤，蒸命良辰，祖考來格。"其好古樂道之詩曰："日月明明，亦惟其名。誰能長生，不朽難獲。"又曰："惟德實寶，富貴何常。我思古人，令問令望⑩。"而其失，在於重遲魯鈍。俗素樸，無造次辨麗之氣⑪。其屬有濮、賨、苴、共、奴、獽、夷、蜑之蠻⑫。

案：《巴志總序》第二章，述故巴國界至與其特產和民風。其述民風，時間性頗不明晰，大抵取材於譙周之《巴記》，通巴國地區，秦、漢、魏、晉時代言之。

【注釋】

①魚復、樊道,爲巴與楚、蜀互爭地,故曰至。漢中屬秦,與巴國隔大巴山脉,互不相犯,故曰接。黔水,即烏江。涪水,即下文之"巴涪水",今云赤水河。皆盡其源流所屆,故曰極。二水所屆,包今貴州全省矣。

②"五穀",在上古,爲各種糧食作物之泛稱,猶後世云"百穀"也。《史記》言黄帝"治五氣,蓺五種",《集解》王肅曰:"五行之氣。"《周禮》曰"穀宜五種"。鄭玄曰:"五種,黍、稷、菽、麥、稻也。"《索隱》:"五種即五穀也。"鄭玄《周禮·疾醫》注又以"麻、黍、稷、麥、豆"爲五穀。《職方氏》注又以"黍、稷、菽、麥、稻"爲豫州和并州五種。《汲冢周書》稱麥、黍、稻、粟、菽爲"五方之穀"。《管子·地員篇》則爲黍、秫、麥、稻、菽。《吕氏春秋》與《禮記·月令》則爲麻、菽、麥、黍、稷。其無定指如此。大抵《周書》所云"五方之穀",最得其義。麥,原產地在西羌。黍,原產地在北貉。稻,原產地在南越。菽(豆)原產地在東北。中原則最先育成粟穀。傳說中黄帝研究五方之氣候土宜,咸引種之,然後中原農產成一躍進。故有五穀(五種)之稱。常氏於此,言巴國之地,山高谷深,具五帶氣候,五方之穀,無不能種,亦非確指爲何五種也。

"六畜",《左傳》"六畜不相爲用",杜注"牛、馬、羊、犬、雞、豕"。《周禮》"膳用六牲",鄭注"馬、牛、羊、豕、犬、雞"。在周秦漢世,人家馴養成功之牲畜,唯此六種,非有六方引種之義。

③此所舉"納貢"物十八種,皆謂巴王舊所徵取於其屬民之物品。巴王族以魚鹽業致富强,征服沿江及其商業所至諸民族部落。初不從事農牧工礦生產。王族生活所需,一切向其人民徵取。此十八種納貢品,是譙周《巴記》原所舉列,足以代表巴國未亡以前巴地社會經濟生活情况,故分別加以說明:

"蠶"與"桑"之納貢,即非置郡縣後之徵發制度。置郡縣後,祇能徵絲、絮,不至貢蠶、桑。巴王族徙都閬中後,巴西地區農業已甚發達,巴人亦從杜宇之教,栽桑養蠶。(《蜀志》云:"杜宇教民務農,一號杜主。……巴亦化其教而力農務。")巴王族亦習養蠶,但不自栽桑、育種。桑與蠶皆徵於民間。

"麻"與"苧",謂大麻與苧蔴之皮,是當時主要衣料。巴王族所在,自有"作房"供奴隸紡織。但不種麻,祇徵麻皮於民間。麻織粗布,苧織細布(即蜀布,一曰賨布。另詳附錄《蜀布、邛杖考》)。舊以苧、紵同音,每混"苧"作"紵"字。紵是大麻收籽後漬莖所取之麻,纖維已硬化,所織者爲粗麻布,不中衣料,與苧布價值懸殊,不可混亂使用。《詩·陳風·東門之枌》以漚麻、漚紵、漚菅爲漚製細、粗纖維之三級。麻之細者爲絟,粗者爲紵,亦見《說文》,皆可爲證。巴地古今皆以產苧知名,作"紵"字者謬矣。

"魚"與"鹽",巴族本以漁業與善於舟運興起。因佔有巴東鹽泉,以鹽與地方民族交換而致富強。成爲大國後,即不再自爲生產,但坐享魚鹽之貢。此亦巴族逐漸衰弱的一大原因。

"銅"與"鐵",皆巴地諸背斜軸山地所盛產。華鎣山脈,古有"銅梁山"之稱(《蜀都賦》"外負銅梁")。隋代置銅梁縣,即因山名。冬笋壩巴王族墓中,發現銅兵器甚多,足知古代產銅之盛。近世則川東褶曲山脈中銅礦已空,惟鐵產仍甚豐富。按此文,知在巴國時,礦工、冶工皆屬隸於巴族之賨族人民,可能有中原奴隸工匠逃入此區教導開採。諸部落降附巴族後,即以銅、鐵作爲貢品,供巴王族鑄造之用也。鐵器入地易銹化消滅,今於巴族墓穴中未能發現。按此文,巴王徙都閬中時,已是鐵器時代矣。

"丹"與"漆",皆裝飾器物及宮室用品。巴地丹穴,早著於《史記·貨殖列傳》。漆樹內地諸山多有。割漆、用漆之法,中原地區最先創造。《禹貢》惟兖、豫二州貢漆。雍州有"漆、沮"水名,梁、荆、揚州不言漆。然漆之產於此三區者實多,製器亦絕精,但周人不徵其貢耳。巴王族之以漆與丹同徵,理之易解者也。

"茶"與"蜜"皆山林鬱密地區之天然產品。飲茶能使人興奮不疲。其樹喜陰濕而排水便利之山地。故巴地從來自有之。古人未知烤焙法時,惟煮汁飲之,故曰"苦荼"。(《詩·邶風》:"誰謂荼苦,其甘如薺。")後知烤焙成爲"香茗",音轉爲槚,字亦轉而作茶。巴國時,尚無香茗,人民所採貢爲苦荼也。蜜貢亦非家蜂所釀,祇能是採取林中野蜂巢中之蜜汁。《蜀都賦》云:"蜜房郁毓被其阜。"言古時山阜未墾，蜜蜂營釀之多。巴東諸郡，唐宋世猶以茶、漆、蜜、蠟充貢。蠟即熔化蜂巢所煉，與蜜相伴而得。疑巴國時當同貢，志言未及耳。冶鑄業需有蠟模，巴國兵器之製作需蠟。故疑志文漏蠟字。然亦可并入貢蜜之內。貢蜂巢，不脫蜜，以爲蜜貢，則蜜蠟亦即同貢矣。

"靈龜"，謂龜殼爲卜具，亦可作釵。另詳《涪陵郡》。龜肉，亦具藥效之食品。此或是貢全龜也。

"巨犀"，疑字當作"兕"，即水牛也，兕、犀同音，故易混。《蜀志》李冰所作石兕，字亦譌爲犀。犀爲熱帶沼澤地區之獸，其角輸入中土爲珍藥，其皮亦爲製戰衣珍品。內地實無其獸。今世考古發掘，雖多於上侏羅紀地層中得犀，乃冰期前人類所獵獸，非新生代巴蜀所產也。水牛則《詩經》中已有言及，與虎并稱，（《詩》云："匪兕匪虎，率彼曠野。"）其角取供酒器，稱爲"兕觥"，《詩》亦屢見。是則上古時巴、楚、吳地所已有。巴國時似爲狩獵對象，或已進行馴養工作。巴王族徵爲貢品，似爲食肉用。

"山雞"，即錦雞。其羽毛尤美者作黃金色，一曰金雞，古稱黃鳳。其他雜色者亦多，皆雉類。肉味美，羽亦供裝飾用。"白雉"，今俗呼"馬雞"，產高山森林中。體大於山雞，羽毛灰白色，尾羽黑色，脚與頰赤黃。喜群行，不畏人畜，易獵。巴東諸山應多。似由濫殺，今已少見，惟川西北邊尚多。

"黃潤"，謂生絹之尤細薄者。其精製品能捲一匹入竹筒中爲商品。《蜀都賦》"黃潤比筒"是也。

"鮮粉"另詳"江州縣貢粉"條。

④"果實"一節，皆就巴王族私人園庭育成之異種舉之，非當時農民栽培物，故亦不在常貢之列。巴貴族自有園藝奴隸培育之。巴亡，置郡縣後，則爲地主莊園產品。種類應多，此但舉其尤珍者：

"荔支"，本熱帶果樹。巴東河谷具亞熱帶氣候，故亦能栽培。但必須有防霜凍設備，非平民所能種也。龍眼果（桂圓）與同類，而較耐寒。今世猶多有種之者。

"辛蒟"，即扶留藤。另詳《南中志》附錄《蜀枸醬考》。蒟音苟。

"芳蒻",即蒟蒻。俗云"鬼芋",一曰"魔芋"。劉逵《蜀都賦》注:"蒻,草也(謂草本植物)。其根名蒻頭,大者如斗,其肌正白,可以灰汁煮則凝成,可以苦酒醃食之。蜀人珍焉。"今俗呼其煮凝品爲"黑豆腐",芼雞鴨,絶美。古用苦酒醃以去其灰汁鹹氣。今則用清水漂之。其物惟蜀、巴園庭產之。蓋周秦時州域勞動人民已創製。此蒟音矩。因其味美,常氏稱爲"芳蒻",以對"香茗"。"香茗",即施行烘焙之茶。由此文,知焙茶之法創始於巴地。

⑤"給客橙",三字名。《上林賦》注引郭璞曰:"蜀中有給客橙,似橘而非,若柚而芬香,冬夏華實相繼。或如彈丸,或如拳(一本作"拳指"),通歲食之。一名盧橘。"今按:如彈丸者,今云金橘。如手指(拳)者,今云佛手柑。并如郭璞所説,半年中"花實相繼",但不可食,惟芳香悦目,供賞玩。祇蜜汁久醃後可食,味亦不美。惟其如此,主人常摘以贈客,故曰給客橙也。由郭璞説,可知此物亦巴蜀中柑橘類異種。其原生植物爲枳(枳殼樹,今云藥柑)。果似橘而奇酸且苦,不可入口。遠古人民,用選種法與嫁接法反復培育之,乃得甜美之柑、橙、橘、柚,與香馥之金橘、佛手、香櫞、檸檬。今巴地橙、柚、橘名產地甚多。金橘、佛手亦隨地有,惟檸檬種自外來。

"蔱"音撥(bō),今云蓽蔱者是也。本熱帶原產,早已輸入中土,供藥用,亦爲辛味之首。當是與辛蒟(扶留)同時引種入巴地河谷。蔱與扶留同科,而尤不耐低溫。在巴地種者不能結實,栽培難於扶留,似不久亦失其種。秦漢時固曾有之。常氏猶及見其物,故收入焉。(《西京雜記》記漢武帝時官苑引種殊方異種甚多,多有失敗死絶者。)我國自奴隸社會開始,引種異域珍品,責成園藝奴隸爲專業。巴國盛時商業遍中外,引種異物甚多。荔支、薑、椒、扶留、芭蕉,皆非巴所固有,而以巴蜀出產爲最早。芭蕉即香蕉引種而退化者。扶留栽培至元明時亦絶。其他失敗絶種者尚多。史家所不言,捫索殊難得。惟此等文字可證一二而已,故詳辨之。

⑥"藥物",巴地產品應多。此祇舉其尤異者兩種。常璩時,《本草》出世未久,或尚非常氏所及見(吳普撰《本草》在三國時吳地)。此但言地方上習用以療病之珍藥而已。

"巴戟天"亦三字名。《本草經》列在"上品"。《唐本草》云："俗名三蔓草，經冬不枯。"《植物名實圖考》所繪圖，有歸州、滁州兩種。歸州種葉似茶。而滁州種葉脉并行，有塊根，顯然不同科屬。蓋原產地在巴，因其爲世所珍貴，濫採至於絶種，惟巴東歸州尚有存者。歸州亦將絕種，不敷國人求用，醫家乃以滁州所產另種具同效者代之，亦冒巴戟天名。

"椒"，即今之花椒。今日甚易得，人不重視。秦漢時，則雖巴蜀亦珍視之。本亦熱帶植物，巴地引種最早。原祇供藥用，後爲調味品，乃普遍種之。亦俱成功，惟質味俱退化矣。《政和本草》云："一名巴椒，一名唐莍，生武都川谷及巴郡。"足證其最先引種成功之地在巴。

⑦"桃支"，支用竹名。《蜀都賦》作"桃枝"。劉逵注："竹屬也。出墊江縣（今合川）……可以爲杖。"顧愷之《竹譜》云："桃枝，皮赤。編之，滑勁。可以爲席。"又有扶老竹，云"宜爲杖"。今按："桃支"，棕竹之古稱也。本櫚欄科植物，熱帶原產。巴蜀有之，率矮小，叢生。遠望似竹。節間短，包有棱皮如籜。葉在頂部，如棕櫚。莖實心，宜爲杖。云"皮赤"者，棕皮也。顧氏誤爲竹類。棕竹杖勁直不撓，故又名扶老，非別有扶老竹也。

"靈壽"，杖用木名。《漢書·孔光傳》："賜太師靈壽杖。"顏注："孟康曰：扶老杖也。服虔曰：靈壽，木名。師古曰：木似竹，有枝節，長不過八九尺，圍三四寸，自然有合杖制，不須削治也。"今按：《爾雅·釋木》："椐，樻。"郭璞注："腫節。可以爲杖。"所言椐木，今云黃檀，俗呼"傲檀子"，內質黃色，維管束紐曲不直，甚堅。生山石薄土上，莖直而多按癰。癒合性強。巧工入山，因其瘦節，更撓割挫抑之，使作麟、鳳、龜、龍（四靈）之勢。待其適爲杖時取之，刻飾四靈形象如自然生成，稱"靈壽杖"。世傳"四靈"壽皆千歲，故曰靈壽杖也。《爾雅》"樻"，謂木之雕飾成杖者也，字與瑣通，雕琢之義。陸璣《詩疏》云："椐樻，節中腫，似扶老。今靈壽是也。"後人遂以扶老竹，與靈壽杖相混攪，不別竹、木。甚至有以鼓錘竹爲扶老竹，與桃支竹并亦以冒靈壽之稱，大非。常氏分桃支、靈壽爲竹與木兩類，得之矣。（近世有人向劍閣山中選椐木，磨治爲手杖售之，稱爲劍杖。即用治靈壽杖法。）

⑧"塗山"，見前。"籍山"，疑即今北碚之縉雲山。江州北山，最爲秀逸。切音亦近於籍。相傳黄帝於此三合神丹，則其著名久矣。靈臺山，在閬中縣北。後詳。"石書山"無考。靈臺山之東有書巖，以巖石似書爲名。傳葛洪曾至，讀其書。疑即此山。"刊山"亦無考。南部縣東南三十里有禹迹山，傳爲禹治水所經（并見《一統志》）。疑古稱刊山，取自"隨山刊木"之義。

巴地大山甚多，常氏獨著此四山者，譙周《巴記》祇記如此。周所涉歷巴土不出江州、閬中與西充國界故也。

⑨"先民之流"，謂有中華先民流風餘韻。故下文即舉詩歌。按巴地在巴國時，内地商賈技工已有至者。秦滅巴置郡縣後，内地來者始多。或以政事，或從兵役，主要仍爲商賈、舟運與工礦之民。由於商運之利甚厚，故内地封君、邑君與卸職官吏亦多有來者。或遂留居於墊江（合川）以北之地，招集移民，從事農耕。或留居江州以東，墾地經營園藝，以佐商運之事。然所居悉在諸通航水道之兩側。其山地仍是賨、濮、板楯耕牧。其後内地移民陸續增多，漸向沿岸較遠處推進内地農業生產方式與詩書文士之教。閲兩漢至三國時，土著乃皆與移民融合爲一家。此篇所舉歌詩三章，皆開置郡縣以後甚久乃得有之，與巴國統治時代無關；又皆是漢代川東北方山地區近江諸移民社會之詩，與土著民族無關。常氏用之與巴國時土貢，與兩漢時地主莊園生產混爲一篇。研究古代社會者宜分别之。

⑩此所舉詩四篇，皆摹仿《周詩》格調。是中原文化已經深入此區之證。四詩亦有不同：首篇"川崖惟平"、"野惟阜丘"，皆反映出川東北山區地貌，應是閬中地區的民歌。農作物惟舉黍稷，反映其爲中原型之旱地農業，非如今世之已種稻麥百穀也。詩語質樸，未用儒家文典，當是民間作品，譙周微有加工，未失其真。次祭祀詩兩章，則顯然是擬《雅》之作。"彼犧惟澤"（肥澤之牲），非一般農户所能辦也。其好古樂道二章，則當是中原人宦遊於此，因留居爲大地主者之後裔，或以工商業致巨富者之子孫，因不樂仕宦，而以老莊思想自怡悦者之詩。此類人物，在兩漢爲最多。落下閎、任文公、譙玄等其代表也。皆不出於巴東商業區，而出於巴西農業區。所言"土風敦厚"，亦就巴西區言之。若巴東褶曲山谷區，則非如此（參看但望《分巴疏》及注）。

⑪此所舉巴人缺點，亦祇就後漢年代巴西區一般文化人言之。"重遲"，謂行動不敏感。"魯鈍"，謂學藝不敏感。"造次辨麗"，謂交際靈活，談論敏給。此皆鄉村居民與一般城邑居民風致不同之處。祇足以代表川東北山區住民，與其他交通不便之山區住民。若川東褶曲區，水運便利，工商業發達之河谷居民，則頗與此相反。後文《分巴疏》已分別言之。此兩地區之代表人物如巴西之譙周（西充國人），《三國志》謂其"體貌素樸，性推誠不飾，無造次辨論之才。然潛識內敏"。"誦讀典籍，欣然獨笑，以忘寢食。"裴注引《蜀記》曰："周初見（諸葛）亮，左右皆笑。既出，有司請推（問罪）笑者。亮曰：'孤尚不能忍，況左右乎。'"另如江州以東，臨江嚴顏，為巴郡守，為張飛所擒，欲降之。顏應曰："我州但有斷頭將軍，無有降將軍也。"又嘲飛曰："斫頭便斫頭，何為怒耶？"其臨危授命時應對之敏給閒雅如此，非不"造次辨麗"也。同縣甘寧，"好遊俠，招合輕薄少年，為之渠帥；群聚相隨，挾持弓弩，負毦帶鈴……於長吏界中有所賊害，作其發負。至二十餘年，止不攻劫。頗讀諸子"。（并《三國志》文）其仕吳，與張昭辨難，使孫權心折。陳壽稱其"雖粗猛好殺，然開爽有計略，輕財敬士"，"健兒亦樂為用命"。此豈有遲重、魯鈍之失，無造次辨麗之氣者哉？故知譙周《巴記》所言，實以巴西地區為主，不全適用於江州以東。《常志》援之而未能詳為區別也。

⑫"其屬"，謂巴國所統治的少數民族。置郡縣後，則為漢族以外之少數民族。

"濮"，見《牧誓》，亦即《左傳》文十六年之"百濮"。其分布地甚廣闊，凡今川東、北，鄂西、北，與湘、黔二省間最古之土著民族皆是。在春秋世，尚無建成國家形式之組織，但已有分合無常之部族組織，不相統一。故曰"百濮離居"。《蜀都賦》："左綿巴中，百濮所充。"是晉世猶保存百濮部落在大巴山區。其西即縣雒地方。如古之彭國、苴國、鄾國，與所謂寶王領地，似皆百濮之部落演變成也。其已開始向封建社會過渡者，則為寶、為苴、為鄾、為冀。其仍停留於原始社會者，則常璩所稱之濮也。（三巴太守之朴胡，疑即以濮音為姓。）

"賨"，本爲夷賦名稱。百濮中，已接受郡縣統治，承納口算，任賦役者，漢族官吏以賦名名之，曰賨人。其人最早聚居於閬中之東，最先接受范目招誘、從漢王定三秦。因立賨賦之制（口歲出錢四十）。後遂立爲漢昌縣，即今巴中縣也。其後援之而進受封建賦役者益多，遍及於三巴地面，皆稱曰賨。曹操用三賨王杜濩、朴胡、袁約爲三巴太守，皆封賨邑侯是也。其巴東太守袁約，係胊忍人，所轄土民，本書稱爲"板楯"。是板楯亦賨也。後漢人稱居巴西者爲賨，居巴東者爲板楯。其實皆"百濮"部落之同時進化者。緣所住地區不同，則爲之異稱。其民俗語言、風俗固無區別，故亦通稱爲賨。巴東賨邑侯金印近世在故胊忍縣地出土，可資作證。

"苴"，即苴國舊民。原亦百濮之屬，居於今廣元縣界，因當秦、蜀、巴、漢交通樞紐，發展較速。先秦世，已經形成國家形式之組織。先服於巴，後爲蜀王所奪。蜀王封其弟爲苴王以鎮撫之，住葭萌。而苴仍與巴親。秦遂因巴、蜀爭苴，并滅其國。今廣元保寧院，修鐵路時發現巴王族船葬墓。足爲苴先歸附於巴之證。

"共"，應即龔之省寫。龔爲板楯七姓之一。蓋亦百濮支別，爲接受封建文化較早之氏族。東漢時，墊江大姓有龔揚，官巴郡太守；龔榮，郡文學掾。安漢有龔調，荆州刺史；蜀漢時龔祿，越巂太守，弟皦，鎮軍將軍。并見《士女目錄》。蓋所居地在方山區嘉陵江南段，故發展較早。濮本無姓，隨其氏族組成時因人名立姓，遂爲支族名稱。字則隨音書之共與龔之異，猶濮與卜（《逸周書·王會》："卜人以丹沙。"即濮人）、僰之異也。

"奴"，應即《牧誓》之盧。下文宕渠"有賨城盧城"。盧城應即故盧國邑。春秋時盧戎曾與麇戎聯合伐楚。後漸弱没，故邑在宕渠何地，已不可考。其人分散，魏晉時尚保存其習俗，被稱爲奴人。盧、奴字異，亦猶龔、共字異也。惟奴字義賤，而秦、漢、魏、晉三巴又無盧、奴姓聞人。疑此族人常被人掠賣，而被稱爲奴。然在魏晉世其族并未消滅，故常氏稱之。郭璞謂給客橙，一名盧橘。《群芳譜》則稱爲"橘奴"，亦盧與奴字可通之證。《寰宇記》：合州銅梁縣有奴崙山，遂州小溪縣有奴厥山。普州安居縣有奴雞山，樂至縣有奴南山。利州有干烏奴，而陵井監（今仁壽縣）有奴襄井。疑隋唐世，奴族散居諸地，因得保存此等土著地名。其人社會地位雖卑，而在生產上多所創造（由盧橘與奴襄井推知），故傳說其居地如此。入宋以後，則完全與漢族融合矣。

"獽"，字亦作狼。本書《涪陵郡》"漢髮縣"："北有獽、蜑。"《寰宇記·簡州》云："有獽人，言語與夏不同。嫁娶但鼓笛而已。遭喪，乃以竿懸布置其門庭，殯於別所，至其體骸燥，以木函盛，置于山穴中。《李膺記》云：此四郡獽也。"李膺，與常璩同時人，從桓溫伐蜀，因留宦蜀中甚久，撰《益州記》，今佚。言"四郡獽"，足見其人分布之廣，當有巴、涪陵，與廣漢、犍爲郡（李膺時，簡州爲牛鞞縣，屬犍爲郡）。其函屍置山穴中之葬制，亦見於三峽及五溪地方。巴東巫峽，長百餘里，中間川鄂交界處曰邊邑溪。其東鄂界內有高崖石穴，中置棺，舟行者可以望見，俗稱此段爲棺材峽。在秭歸縣西。《水經注》稱爲"插竈"者是也。宋邵伯溫《聞見後錄》云："三峽中，石壁千萬仞，飛鳥懸崖不可及之處，有洞穴，累棺槨，或大或小，歷歷可數。峽中人謂仙人棺槨云。洞穴在懸絕石壁，望其棺槨，皆完好如新。不知果何物爲之。亦異矣。"湖南五溪地方，亦有如此棺葬崖穴。由是推之，獽族本亦百濮一支。初居巫、歸與五溪地界。後乃西徙涪陵、牂柯，并曾深達巴蜀四郡。其成立氏族之時間甚早，并曾自己創製有文化制度。巴、蜀但曾有之，非其主要住地。竊疑雲貴高原東部，秦漢間已經有具備國家組織之部族，如夜郎、且蘭、頭蘭等國，在《西南夷傳》稱爲"南夷"者，究竟屬何種族，從來無人談及。其地與涪陵、五溪密近。而郎、蘭、狼、獽字，古今同音，疑是同一夷語。今雷波，有馬湖黃螂鄉，本漢郁鄢縣治，疑亦是一古國。《西昌縣志》言河西區地名多有郎字（今章郎鄉以產蠟蟲著名），白蠻語：郎，統治者之義也（原文待查，此係記憶）。西昌，漢之邛國，與夜郎爲兄弟國。疑皆獽人所建國也。故其官長所居皆曰郎（蘭、狼同）。夜郎國古名牂柯，其王姓竹，見《南中志》，而呼爲"夜郎"者，蓋國稱與族稱之別。夜在其本語爲大之義。是耶否耶？由其滅國已兩千年，《西南夷傳》與本書外，更無其他記載可驗。姑提此疑問而已。

"夷"，原爲狩獵民族之泛稱。其字，象人負弓矢也。本書稱板楯爲"白虎復夷"，《後漢書》稱"板楯蠻夷"。審其夷字，皆少數民族之泛稱，不得爲民族專稱，唯《范史·巴郡南郡蠻傳》言廩君"乘土船從夷水至鹽陽"，"於是君乎夷城"之"夷城""夷水"，爲地名，即今鄂西之清江盆地（施南）。是夷爲廩君族之稱。廩君"巴氏子"，出於"赤穴"（即丹穴）。蓋巴之别族，本居涪陵，以治丹砂爲業。後據清江盆地，爲夷。其後裔更東徙入荆襄，則被稱爲"巴郡南郡蠻"。其留居涪陵與巴地者，常氏於此作夷字專稱。於涪陵郡稱"蟾夷"。"廩君"居夷城，當在周世，故《世本》有之，《范史》取焉。"白虎復夷"之名，出於秦漢。其時并稱板楯與賨皆曰夷，與此夷字含義不同（參看五章之注⑤）。

"蜑"字一作誕。《後漢書》注引《世本》云："廩君之先，故出巫誕也。"《寰宇記·峽州》"長陽縣"引，又作"巫蜑"。《山海經》有"载民之國"，稱爲"巫载"。载、蜑、誕、蛋皆夷語異譯。巴族本出於载，今沿海水居之"蛋民"，亦出於此。

四

　　周之仲世，雖奉王職，與秦、楚、鄧爲比。《春秋》魯桓公九年，巴子使韓服告楚，請與鄧爲好。楚子使道朔將巴客聘鄧。鄧南鄙《左傳》此下有"鄾人"字。攻而奪其幣。巴子怒，伐鄧，敗之。其後巴師、楚師伐申。楚子驚巴師。魯莊公十八年，巴伐楚，克之。《左傳》作："巴人叛楚而伐那處。取之。"魯文公十六年，巴與秦、楚共滅庸。魯原脫。按上桓、莊、文例，當補。哀公十八年，巴人伐楚，敗於鄾①。《左傳》作："巴人伐楚，圍鄾。……三月，楚公孫寧、吳由于遠固，敗巴師於鄾。"是後，楚主夏盟，秦擅西土，巴國分遠，故於盟會希②。此下，張、吳、何、王本有"與"字。當衍。戰國時，嘗與楚婚③。"戰國時"，有誤。說在注③。及七國稱王，巴亦稱王④。此下舊本或空格，或連。茲提行。下提行處同。

　　周之季世，巴國有亂。將軍【有】此下廖本多一"有"字。浙本擠刻增。他各本無。蔓子請師於楚，許以三城。楚王救巴。巴國既寧，楚使請城。蔓子曰："藉楚之靈，克弭禍難。誠許楚王城。將吾頭往謝之。城不可得也。"乃自刎，以頭授楚使。楚王歎曰："使吾得臣若巴蔓子，用城何爲！"乃以上卿禮葬其頭。巴國葬其身，亦以上卿禮⑤。

　　周顯王時，【楚】巴國衰弱。舊各本皆作"楚國"。於文不應。且顯王時楚國方強，只巴已衰弱耳。秦惠文王與巴、蜀爲好。蜀王弟苴侯私親於巴。舊脫"侯"字。按下文，當有。廖本有注。茲逕補。巴蜀世戰爭，此下劉本提行。錢、《函》、廖本空格。他各本連。審文意，不當斷句。周慎王五年，蜀王伐苴。【侯】舊各本均衍"侯"字爲句。審文，不當有。苴侯奔巴。巴爲求救於秦，秦惠文王遣張儀、司馬錯救苴、巴。遂伐蜀，滅之⑥。儀貪巴、苴之富，劉、錢、《函》本作"巴道之富"。傅增湘校劉本，以"道"爲佳字。兹不取，依元豐及張、廖本。**因取巴**，湘本依《路史》作"巴丸王"斷句。兹仍舊刻作"執王"，句下屬。**執王**劉本作"玉"。**以歸。置巴、蜀及漢中郡。分其地爲四十一縣**⑦。舊各本，張、吳、何、王、浙本作"爲二縣"，劉、錢、《函》、廖本作"爲一縣"。廖本一下注云"當衍"。皆不成文。查《漢書·高帝紀》"王巴、蜀、漢中四十一縣"。是秦置此三郡時，共有四十一縣。《常志》據之。舊傳鈔者脱上二字也。兹補。顧觀光《校勘記》作三十二縣。其説云："宋本脱去'三十'二字。俗本改'一'爲'二'。廖校遂欲删去此字。皆失考也。今依《路史·太昊紀》注補正。"查《路史》羅苹注，引《華陽國志》云："順王五年，張儀、司馬錯伐蜀。因取巴地。分爲三十二縣。"（未遵原文，又誤'慎'爲'順'。）又查《史記·高帝紀》"王巴蜀漢中"句下無縣數。有《集注》引"徐廣曰：三十二縣"。廣，劉宋人，應曾見《常志》，故所説與羅苹引數合。大抵，宋元豐本，依羅苹所見本，而脱"三十"字。嘉泰本改從《漢書》，作四十一縣，亦復脱"四十"字。故張本衹作"二縣"，劉本衹作"一縣"。《漢書》作"四十一縣"者，秦滅巴、蜀、苴，以其地置三十二縣。漢中爲秦舊郡，時存九縣。高帝爲漢王，王巴、蜀與漢中三郡，固應是四十一縣。若僅言分巴、蜀地置縣，乃當是三十二縣。此文既係統蜀、巴、漢中三郡言之，則當以四十一縣爲正。徐廣、羅苹所據，亦誤本也。**儀城江州**⑧。**司馬錯自巴涪水，取楚商於地，爲黔中郡**⑨。

案：此章敍春秋、戰國時巴國史事。春秋世有《左傳》可據。戰國世，雖有譙周《巴記》，亦未能詳。惟秦滅巴著於《史》、《漢》。

【注釋】

①《左傳》僅因楚事而及巴，未能闡明巴國實際情況。即此數條，亦已可見春秋之世，巴國實力已大於楚。鄧國故地，在今河南省南陽地區。其南鄀之鄾，當在今襄陽北界，與巴江州相去一千餘里，中隔楚境六七百里。巴欲通好於鄧，不過欲將商業通向中原，要楚王爲之介紹。楚王遵即遣使導之以往。迨鄧人劫殺其使臣，楚又與之聯軍伐鄧，"鬭廉衡陳其師於巴師之中，以戰而北。鄧人逐之，背巴師。而夾攻之。鄧師大敗，鄾人宵潰"（《左傳》文）。由於楚師得

力，使巴遠征獲勝（前714）。那處，是權國舊都，楚之要邑。楚文王與巴人伐申，是巴師又一次遠征（申國更在鄧北）。巴人因怒楚王而伐那處，"取之。遂門於楚"。謂巴師已偪郢都門也。"楚子禦之，大敗於津。"回郢都，守城者不敢開城。楚文王死於軍中（前675）。足見巴師有壓倒楚國之勢。滅庸之役（前611），先是戎人、庸人、麋人、百濮、與儵、魚人乘"楚大飢"伐楚。楚勢岌危，"七遇皆北"。由於庸人驕怠，巴與秦師助楚，"群蠻從楚子盟"，遂得滅庸而分有其地。群蠻素服於巴故也。敗於鄾之役（前476），是巴再一次侵楚，遠圍鄾城。由楚吳聯軍，乃被擊敗，爲巴遠征軍僅有之一次敗還。故知整個春秋時代，巴皆强大於楚也。

②戰國年代，巴國已由江州遷都向北，自墊江更進至閬中。與楚國關係如何，史無記載。《戰國策》未有巴事，祇有"楚得枳而國亡"一語。是戰國末年，自枳以東，曾爲楚得，即巴轉弱於楚之驗。至於參預中原會盟與否，則由於巴、蜀皆安於富樂，自尊大，不向周王朝貢，亦不參預諸侯會盟。春秋時已是如此，非自戰國爲秦、楚阻絶乃然。常氏云"故於盟會希"，亦謬語耳。

③此説亦謬。《左傳》昭十三年（前529），楚"共王無冢嗣，有寵子五人，無適立焉。乃……與巴姬密埋璧於大室之庭，使五人齋而長入拜"。（約曰："當璧而拜者，神所立也。"）是共王正妃，即是巴王之女。又《路史·國名記》曰楚靈王妃，巴姬也。是春秋時巴與楚已世婚矣，何待戰國時乃"嘗與楚婚"哉？封建社會，矜尚門閥，國君必與國君通婚。巴與楚國世婚，爲必然，與秦、蜀通婚亦必然，祇無史文資證耳。故曰《常志》此語，於史實爲謬也。

④蜀、楚、吳、越及徐，皆早於春秋前即已稱王。巴國介於其間，又不尊周天子，何能待七國稱王而後自王？此亦常氏謬文。

⑤巴蔓子事，盛傳至今。群書皆據《華陽國志》，不知常氏何據。由其文格，知其出於譙周《巴記》。云"周之季世"，不及年度，蓋亦民間傳説之言也。其事，當出於巴王已都閬中之後。江州以東地面，祇留王族重臣鎮之。蔓子所鎮地近於楚。有叛亂時，爲距巴都已遠，故緣世婚，求助於楚。其許楚三城，仍當請之於巴王。巴王不許，故蔓子以頭謝楚王也。今重慶市夫子池有巴蔓子墓

碑，固是後人妄造。蔓子所治，不當是江州。江州有亂，巴王自能平之，不至求助於楚。《明一統志》謂巴蔓子墓在施州衞都亭山。全引《常志》文而竄亂其末云："楚王以上卿禮葬其頭於荆門山之陽。巴國葬其身於此。"都亭山，《清一統志》云"在（恩施）縣西北二百里。杜佑《通典》定爲夷水所出"。《明一統志》稱其"崇岡深麓，映帶左右，下多良田廣圃"，則當是今利川縣西七岳山麓之名勝處也。其地距萬縣最近。在秦以前爲朐忍鹽行區。疑巴蔓子所鎮即是朐忍，其叛亂區即在施南。所許三城在施南區，故施南人傳有其墓。惟其古爲夷地，開化遲，故民間傳說之可靠性反較巴地爲多。

⑥滅蜀、巴事，參看《蜀志》第四章。

⑦《史記·秦本紀》，惠文王後元十三年（前312），"庶長章擊楚於丹陽，虜其將屈匄，斬首八萬；又攻楚漢中，取地六百里，置漢中郡"。（郡治西城，今安康縣）惠文後元十三年，即周赧王三年。本書《漢中志》亦謂赧王二年置郡。是秦固有漢中郡矣。又《六國表》謂惠文王後元九年（前316），"擊蜀滅之"（本書云周慎王五年，合），是秦置漢中郡在滅巴、蜀後四年也。然漢中郡之南鄭，則是滅庸時已爲秦有。故《秦本紀》躁公二年（前441）"南鄭反"。又惠公"十三年（前387）伐蜀，取南鄭"。是南鄭入秦後，其人曾一度叛而附蜀。經蜀佔有六十四年，秦乃復取得之。更閱七十一年，然後滅蜀。又四年，復置漢中郡。漢中郡廢時，南鄭等九縣同叛附蜀。東部屬縣亦爲楚所有。秦伐蜀取回九縣，由秦直領，未置郡。滅蜀四年後，乃復置漢中郡。其時巴、蜀地置三十二縣，漢中郡祇九縣。合三郡爲四十一縣。

⑧秦巴郡初治閬中，因巴故都，兼領漢中九縣。時自枳以下，爲楚所取，祇江州以上屬秦，故必然如此部署。如此，則閬中適居中位。分置漢中郡後，閬中即嫌偏北，郡治當已南徙於墊江，兼顧巴西、東。由於自枳以下，巴東鹽泉爲楚所得，巴、蜀、漢中食鹽須仰給於楚，勢將爲楚所制。故秦必全力爭奪巴東鹽泉。張儀於水運樞紐之江州築城，以爲伐楚後勤之備。江州城成，司馬錯即傾蜀全力以爭鹽泉，郡治亦必已徙入江州城矣。

⑨《蜀志》周赧王七年（前308）即滅蜀後八年，司馬錯率巴、蜀衆十

萬，大船萬艘，米六百萬斛，浮江伐楚。取商於之地爲黔中郡。與此文合觀，可得此役全局概況。"巴涪水"，今川黔間之赤水河。巴人由此入南中，巴國時設巴符關稽覈商旅，滅巴後置符縣於此水口者是也。符、涪同音，傳者作字不同。司馬錯既傾全力浮江伐楚，不循江東下而轉由巴涪水入取商於之地者，蓋楚人亦傾全力以捍衛其鹽泉，於州江（巴人對長江之別稱）沿岸乘險扼守以拒之，舟師扼於明月、黃草、雞鳴諸峽，不能至枳。故繞巴涪水，取道鱉邑（今遵義）東向黔中。結果僅奪得楚"商於之地"。商於地爲楚鹽商行鹽所至之地，如：鱉與且蘭、毋斂、平夷、朱提、僰道等民族部落之地（今貴州省地）。本非楚王政令所及，但以需鹽故，與楚市易，受其經濟控制。是否已取得涪陵之郁山鹽泉，尚屬問題。但蜀南之僰道、江陽已爲秦有，則淯井鹽泉（今屬長寧縣）已爲秦佔有，軍事遂告結束矣。當時所置"黔中郡"，與三十六郡之黔中郡地面相差甚大，祇爲開置黔中郡之嚆矢而已。

如此大役，似由於效果不大，爲司馬遷所忽。《本紀》、《世家》與《六國表》皆不載。《秦本紀》昭襄王二十七年（前280），"發隴西，因蜀攻楚黔中，拔之"。與此條文類似，時間相差二十八年，不可混爲一事。中間尚有若干曲折，茲并闡述之，藉以說明秦楚爭奪巴東鹽泉實況：

《楚世家》懷王三十年，即周赧王十六年（前299），被欺入秦，"秦因留楚王，要以割巫、黔中之郡"。蓋當時七國皆於寫遠而必要控制之地區立郡置守尉以增捍衛之力。楚於秦置蜀、巴郡時，以所據枳以東之長江河谷鹽泉區置巫郡，以江南之鹽泉及行鹽地區置黔中郡。合稱"巫黔中"，即鹽泉區之代稱也。時距司馬錯前次大舉十九年。蓋從巴、蜀屢攻巫黔中未得，竟行此騙術，因楚王於秦以要挾之。懷王忿怒不許。蓋知楚失此區，亦將以仰食秦鹽而被秦所制也。於是被留，遂不得還，死於秦。楚人失國君，更立頃襄王以拒秦。秦竟不得巫黔中。秦楚絕三年。此三年中，秦取楚先後二十四城，然不能得巫黔中。乃與楚和親，以圖鹽泉。至頃襄王十九年（前280），仍不可得，乃復用軍事威脅。"楚軍敗，割上庸、漢北予秦。"即《秦本紀》"發隴西，因蜀攻楚"之一次大舉，再攻楚黔中郡。云"拔之"者，似此次已拔枳南之郁山鹽泉，即楚黔中郡治；而巫郡仍未拔也。楚既割上庸與漢北地於秦，喪失巫泉之北方屏障。但仍能堅守枳以東之巫泉及朐忍、臨江諸鹽泉。秦不得諸泉，即不能併楚，乃以大將白起率軍，越韓境，兼出漢中與商郿，"拔鄢、西陵"（《六國表》在頃襄王二十年），切斷巫鹽入楚水道。明年，遂"拔我郢，燒夷陵"。楚因巫鹽道絶，失鹽，軍潰，頃襄王東走保陳。故蘇代謂燕王曰，"楚得枳而國亡"，謂犯秦所必爭也。於是，巫郡孤絶。蜀守張若乃克取巫與江南地，爲黔中郡。此時之黔中郡，即三十六郡之黔中郡境也。

但楚人不服，其明年，沿江十五邑民衆潛結頃襄王於陳。乘秦師去後，合十萬衆，起逐秦之令長、守、尉，復爲楚國。頃襄王還都郢，復有巫黔中故地。並遣莊蹻於此時溯江規蜀。雖不成，卒通夜郎，而收滇地。另詳《附錄·莊蹻入滇考》。頃襄王三十六年卒，考烈王立，始漸喪失巴東鹽泉，不能復與秦爭。考烈王十年（前253），東徙鉅陽。二十二年（前241），更東徙壽春，以就海鹽。至王負芻六年（前222）國亡。諸史文無及食鹽者。然食鹽對於此一長期戰爭之關係甚爲明瞭，祇徒讀史文者不能知耳。

五

秦昭襄王時，白虎爲害，自【秦】黔、舊各本皆作"秦"字。按，下言"四郡"，則此字當指黔中郡。《後漢書》作"秦"，緣音譌也。後人不知秦有黔中郡，又援《范書》改譌耳。蜀、巴、漢患之。秦王乃重募國中："有能煞古"殺"字。《函海》注云："應作殺。"虎者邑萬家，金帛稱之①。"於是夷朐忍李本作"䏰"。廖仲、藥何、射虎秦精等乃作白竹弩於高樓上，射虎。中頭三節。李本作"箭"。《太平廣記》引作"矢"。白虎常從群虎，瞋恚，盡搏煞群虎，大呴《太平廣記》引作"吼"。古音義并通。而死②。秦王嘉之【白】曰：錢本作"曰"，據改。"虎歷四郡，害千二百人，一朝患除，功莫大焉。"欲如約，舊本作"要"。《函海》注："當作'約'。"廖本作"約"。義同。【王】舊有"王"字，茲删。嫌其夷人。《太平御覽》引作"以其夷，不欲封"。乃刻石爲盟要：復夷人頃田不租，十妻不算；傷人者，論；《廣記》引作"不論"。煞人雇《函海》注云："劉、吳、何、李本作'顧'。"死，當有"納"字。倓錢《廣記》引作"不死"，無"倓錢"字。盟曰："秦犯夷，輸黄龍當作"瓏"。一雙。《廣記》引作"黄金一兩"。夷犯秦，輸清酒一鍾③。"夷人安之。漢興，亦從高祖定亂，元豐與廖本作"亂"。嘉泰與明清各本作"秦"。當作"亂"。有功。高祖因復之，專以射【白】虎爲事。舊各本虎上有"白"字。疑衍。户歲出賨錢口四十。故世號白虎復夷④。一曰板楯蠻，今所謂弜頭虎子者也⑤。

漢高帝滅秦，爲漢王，王巴、蜀。閬中人范目，有恩信方略，知帝必疑當作"欲"。定天下，說帝，爲募發賨民，《太平御覽》無"說"字，作"爲帝募發賨民"。要與共定秦。秦地既定，封目爲長安建章鄉侯。帝將討關東，賨民皆思歸；帝嘉其功而難傷其意，遂聽還巴。謂目曰："富貴不歸故鄉，如衣繡夜行耳。"徙封閬中慈鄉侯。《蜀都賦注》引《風俗通》作"慈鳧鄉侯"。目固辭。乃封渡沔【縣】侯。舊本侯上皆有"縣"字。古無渡沔縣。且目辭鄉侯，則渡沔爲名號侯也。"縣"字衍。故世謂："三秦亡【秦】，范三侯"也。廖本改作"亡秦范三侯也"。范目功在率賨人助漢滅封於秦地之雍、塞、翟三國，非亡秦。此其鄉人謂目滅三國亦三度封侯耳。三秦非秦，廖改非是。目復請除民羅、朴、昝、鄂、度、夕、龔七姓不供租賦⑥。《蜀都賦》注引《風俗通》作"並復除目所發賨之盧、朴、沓、鄂、度、夕、襲七姓不供租賦"。今按：目無權免除七姓租賦。當脫有"請"字。復與除，義有分別。閬中有渝水。賨民多居水左右，天性勁勇；初爲漢前鋒，陷陣，銳氣喜舞。帝善之，曰："此武王伐紂之歌也。"乃令樂人習學之。今所謂《巴渝舞》也⑦。

天下既定，高帝乃分巴、蜀舊脫"蜀"字。依下文當補。置廣漢郡。孝武帝又兩割置犍爲郡。故世曰"分巴割蜀，以成犍、廣"也。

  案：此章述滅巴置郡縣後，賨夷人民對秦漢政府的功績，與秦漢王朝撫用賨人的民族政策。

【注釋】

①"邑萬家"，謂封爲管理萬戶之邑君。"金帛稱之"，謂若不願得封邑，則酬金帛，與萬戶邑君之收入相當。《後漢書·南蠻西南夷列傳》"板楯蠻夷"條作"賞邑萬家，金百鎰"。則如言賞奴戶萬家之外，更賜金百鎰。失其義。

②此謂朐忍夷民廖仲與藥何二人應募，邀同閬中獵人以善於射虎著名之秦精，縶白竹爲大弩於高樓上，當白虎來徑。俟其來，以機發弩射之。射中虎頭，陷入三節之深，謂毀虎腦也。虎恚怒無可洩，搏殺所從群虎而死。《後漢書》謂："時有巴郡閬中夷人，能作白竹之弩，乃登樓射殺白虎。"合觀之，知秦精是閬中夷人，殺虎在朐忍界也。四川省圖書館藏本，有人點作"廖仲藥、何射虎、秦精"者，大謬。《大同志》有涪陵郡人藥仲、杜阿，是夷民有藥姓也。"白竹"，今云白甲竹，體小而勁，縛縶之成大弩，彈性强。配合此弩，當以堅木取

直爲箭。堅木節間密,故能陷入三節,非謂竹矢能陷三節也。後人不識其制,妄改爲"三箭"、"三矢"。夫射虎,當一發致命。一矢不死,雖不能撲樓上人,亦即逃逸。樓上固定之弩安能連中至三而後死之哉?至於"搏殺群虎",則誇誕之辭耳。

③"頃田不租",謂免從征者每户一頃田租。超過一頃之額乃賦。是其人已是土地私有制矣。"十妻不算",反映其人是多妻制。每户祇納一人口稅,其餘人口皆免算之意。"十妻"極言其多,非謂十一妻以上則當算。大抵,夷俗女奴隸皆得爲妻,而漢法婦女與奴隸皆可不算口賦,故其盟要如此。"傷人者論",謂依其情節輕重論罰。"雇死",謂殺人當償命者,出錢僱人代死。實不僱人代死,但屍家得其錢耳。近世西南各民族尚多保存此習。"僮錢",《後漢書》注引何承天《纂文》曰:"僮,蠻夷贖罪貨也。"字亦作賧,當是譯夷語之音。以今民族習俗推之,其上當有"納"字,納論罪與僱死兩項。謂可以僮錢僱死,亦可以贖傷人之罪。

上四條,不過尊重夷俗,待同齊民,略加惠於立功之賨户而已。素被歧視之夷民,得此已能滿足,非即如何特惠於夷人也。夷人所懼,則在於漢族地主豪強偪處,恃勢凌轢之。故請得秦政府允許,爲之盟約,防遏夷漢糾紛中官吏之偏袒。其時稱漢族爲"秦人",賨民爲"夷人"。犯者,謂向人滋事。夷人先犯秦人,祇輸獻酒一鍾賠罪。秦人先犯夷人,則輸與黃龍一雙賠罪。"黃龍"非可得之物。若以黃蜥蝪當之,則夷人無用。鄧少琴云,字當作"瓏",甚得其義。瓏,刻龍之穀璧,秦漢時爲祭禱之禮器。

④漢高帝自漢中還定三秦,得力於賨民七姓。追東討項羽,平群雄,統一天下,始終賴丞相蕭何自巴、蜀、漢中、隴西及三秦之地供給兵源。范目所邀共定三秦之七姓,即多有朐忍地區之白虎夷人,不盡出於閬中。故上節所有"夷"字,皆賨人之便稱,非上章所舉"濮、賨、苴、共、奴、獽、夷、蜑"之夷。"白虎復夷"之夷字亦然。故"又曰板楯蠻",又曰"歲出賨錢"。以賨、夷、蠻混稱,其實皆百濮之支分派出,別自爲族者也。歲出賨錢者,即被稱爲賨,亦自稱爲賨。"賨錢",户歲出口四十,謂婦女、奴隸不算,祇算男口。户出此口算之

外，不更承擔徭役、貢賦，但責以射虎，如魏晉所謂"東羌獵將"（見《李特載記》）。

"白虎復夷"，就上文言，蓋謂此種祇納賨錢，作獵將，不供他徭役之夷戶，由其先祖在秦時有射殺白虎之功而復之。復者，免除徭役之義。秦世復之。漢初亦復之，但供兵役。初猶曰募，有自願之義。旋即成爲故事，漸變爲徵矣。就後文但望《疏》分析，則後漢時一切賦役與漢民同，負擔又更酷焉。但存其被歧視之名稱而已。制度固無一成不變者也。

《後漢書》言："廩君死，魂魄世爲白虎。"可以設想，秦昭王時爲害四郡之白虎，即廩君之魄所化。又可設想，廩君之裔，即鄂西施南盆地之古"夷族"（説在3章之注⑫夷字注）。自稱其是白虎後裔者，或即以白虎爲圖騰。其人本巴王之支族，於巴國亡後，曾屢圖復國，叛於黔中，侵擾巴、漢、蜀郡。卒爲忠順於秦之賨民合力擊敗，乃遁走入楚，爲"巴郡南郡蠻"。巴人不能詳傳其故事，但喻爲射殺白虎。若其如此，則"白虎復夷"與"白虎夷"恰爲對立之兩種民族。白虎復夷爲板楯，爲賨民。白虎夷，則巴族遺裔之稱也。

今世發現冬笋壩與保寧院巴王族墓，銅兵器上刻有虎形。蜀故地近巴一面，亦多有虎紋銅兵器發現，似皆可定爲巴王族曾有以白虎爲圖騰之事。廩君既爲"巴氏之子"，其"魂魄化爲白虎"，正可説明其亦是白虎圖騰。本文舊刻固云："高祖因復之，專以射白虎爲事。"按上文，白虎爲秦昭王時所特有。則漢高時何得云"專以射白虎爲事"？非傳鈔中衍白字，即當謂爲"專以制禦白虎夷爲任"之借喻。如此設想，亦與古代文字簡陋之諸民族，好以譬喻表達先民史事之例符合。誠如此説，則"白"字非衍文，然究嫌穿鑿，留待考訂。

⑤"板楯蠻"之稱，始於後漢。前漢則但稱賨民而已。楯即盾之別字。捍禦之器，上古用皮製。其後用木製，遂加木旁，《左傳》定六年"獻楊楯六十于簡子"是也。盾形當微突。板楯則但以平板爲之，是工藝猶甚落後之徵。然其人獷勇，善戰鬥，漢代屢徵用之，大得其力，故又有"弜頭虎子"之稱。"弜"字《説文》："弓有力也。"今其字作"犟"，或作"勥"。巴地有以强爲姓者，音亦作jiàng。

⑥此節取《巴記》范目事，爲上文補充也。目蓋中原之人，秦時仕於閬中。此時爲高帝陳募賨民之計，高祖因委以勸募事。目因募得賨民七姓子弟爲兵，率之隨高帝還定三秦。其家在安漢，故安漢大姓有范氏。所募應不僅是閬中人（秦時安漢縣境屬閬中，故目爲閬中人）。

"七姓"，實即當時賨民之七大支族。《風俗通》與《常志》字異者，茲辨訂如下：

"盧"與"羅"，古同音，可通假，賨人尚無文字，亦不能使用漢字，但已能漢語。自知其先號稱盧戎，故以盧爲姓。據語音，可作"羅"字。李雄母羅氏，即巴氏。當以"羅"字爲正。

"朴"，三國時賨王有朴胡。足知"林"字是形譌。蓋亦緣其人自知古爲百濮之一支，故以朴爲姓。猶《逸周書·王會解》稱濮爲"卜人"。字不同，音則一也。

"昝"，音展，如糌粑之糌。《晉書·載記》李壽母爲昝氏，又有前將軍昝堅，勸李勢降。皆巴氏也。作"沓"者譌。《後漢書》作"督"，亦譌。

"鄂"，《楚世家》熊渠以"中子紅爲鄂王"，其國爲"江上楚蠻之地"。江上蠻，謂沿江居住之蠻民，亦百濮之類也。《左傳》文十六年（前611年），"庸人率群蠻以叛楚"，當有江上蠻在內。以此推之，鄂國當在楚西，與庸國近，非武昌鄂城。《水經注》云："《世本》稱熊渠封其中子紅爲鄂王。《晉太康地記》以爲東鄂矣。"言東鄂，必有西鄂。其地當在夷陵附近。疑其國爲楚所併後，其民西徙入巴，後遂爲鄂姓，參與三秦之役。

"度"，音duó。今廣安、岳池尚有此姓，字作"庹"。南宋有庹洪，爲淳祐進士（《蜀典》引《渠縣志》）。

"夕"，《大同志》李特"以略陽夕斌爲參佐"。斌亦巴氏隨賨王遷入略陽者之裔也。

"龔"即共人，已前詳。作"襲"字爲譌。

⑦"渝水"，今云巴河。源出大巴山，經南江、巴中、平昌三縣至三匯（今渠縣治）合渠河。至合川入嘉陵，至重慶入大江。自平昌以上，在秦漢爲閬中縣

地。後漢和帝時乃分置漢昌縣。後隷宕渠郡。此云"閬中有渝水"，謂秦漢間之閬中也，足見此節所傳爲前漢人説。所謂"渝水左右"，實包括宕渠郡境。曹操所封三寶王之杜濩、朴胡二人，所居故地即漢昌之平梁城與宕渠之寶城，皆是渝水左右地。所謂"巴渝舞"，即此區寶民從征三秦時所傳出。漢高帝謂係武王伐紂之歌，蓋曾見《大武樂》中有如此之舞也。

《晉書·樂志》述《巴渝舞》内容云："舞曲有《矛渝本歌曲》、《安弩渝本歌曲》、《安臺本歌曲》、《行辭本歌曲》，總四篇。其辭既古，莫能曉其句度。（謂是渝人本語，非漢語，故不曉其意義與節拍所在。）魏初，乃使軍謀祭酒王粲改創其詞（謂創譯爲漢語，配合其樂舞）。粲問巴渝帥李管、种玉歌曲意，試使歌，聽之，以考校歌曲，而爲之改爲《矛渝新福歌曲》、《弩渝新福歌曲》、《安臺新福歌曲》、《行辭新福歌曲》（謂皆改訂其歌曲爲漢語名稱），《行辭》以述魏德。黄初三年，又改《巴渝舞》曰《昭武舞》。……及晉又改《昭武舞》曰《宣武舞》……"此種樂舞，一直流行至唐代，皆爲中土之人所喜愛。唐太宗採其舞法，製爲《秦王破陣樂》（見《唐書·樂志》）。《秦王破陣樂》，又流行於西域諸國及五天竺（見《大唐西域記》）。其影響至於巴地以外者，可謂"上下數千年，縱横數萬里"矣。

六

　　自時厥後，五教雍和，秀茂挺逸。英偉既多，而風謠旁作①。故朝廷有忠貞盡節之臣，鄉黨有主文歌詠之音。巴郡譙君黃，仕成哀之世，爲諫議大夫。《函海》注云："當去'議'字"。查考《後漢·百官志》光祿勳屬，有光祿大夫、太中大夫、中散大夫、諫議大夫與議郎等官。"諫議大夫"注："武帝元狩五年置諫大夫爲光祿大夫，世祖中興以爲諫議大夫。"《函海》據此爲說也。然本書《目錄》作"太中大夫"，《後漢·獨行傳》作"中散大夫"。數進忠言。後違避王莽，又不仕公孫述。述怒，遣使賫藥酒以懼之。君黃笑曰："吾不省藥乎？"其子瑛，納錢八百萬，得免。國人作詩曰："肅肅清節士，執德寔固貞。違惡以授命，没世遺令聲②。"巴郡陳紀山，爲漢司隸校尉，嚴明正直。西虜獻眩，王庭試之，分公卿以爲嬉。《函海》以"眩王"斷句。謂其人技絶高，號爲眩王也。顧槐三校云："當作'眩人'。"亦是於"王"字斷句。查《後漢書·陳禪傳》作："永寧元年，西南夷撣國王獻樂及幻人，能吐火，自支解，易牛馬頭。明年元會，作之於庭，安帝與群臣共觀，大奇之。"《史記·大宛傳》亦言"黎軒善眩人"，均不稱彼人爲眩王。漢庭自合稱"王庭"，"眩"句斷。紀山獨不視。京師稱之。巴人歌曰："築室載直梁，國人以貞真。邪娛不揚目，枉行不動身。奸張、吳、王本作"姦"。劉、錢、《函》本作"奸"。下同。軌辟舊各本作"僻"。《函海》注云："應作'辟'。"避、辟字通。兹依廖本。乎遠，理義協乎民③。"巴郡嚴王思，劉、李本"嚴"作"莊"。他各本作"嚴"。爲揚《函海》本"揚"字多作"楊"。上"揚"同。州刺史，惠愛在民。每當遷官，吏民塞路攀轅，詔遂留之。居官十八年卒，百姓若喪考妣。義送者賫錢百萬，欲以贍王思家。其子徐州刺史羽據《目錄》補。不受。送吏義崇不忍持還，乃散以爲食，食行客。巴郡太守汝南應季先善而美之，乃作詩曰："乘彼西漢，潭潭其淵。君子愷悌，作民二親。没世遺愛，式鏡後人④。"

漢安帝時，巴郡太守連失道。國人風之曰："明明上天，下土是觀。帝選元后，求定民安。孰不可念，禍福由人。願君奉詔，惟德日親⑤。"永初中，廣漢、漢中羌反，虐及巴郡。《太平御覽》引《益部耆舊》記此事在中平五年。是誤。有馬妙祈妻義，王元憒妻姬，趙蔓君妻華《目録》"蔓"作"雲"。夙喪夫，執共劉、李、《函》、錢作"恭"。姜之節，守一醮之禮，號曰"三貞"。遭亂兵迫匿，懼見拘辱，三人同時自沈於西漢水而没。死，當衍。有黄鳥鳴其亡處，徘徊焉。"亡"字，張、吳、何、王本作"葬"。國人傷之，乃作詩曰："關關黄鳥，爰集於樹。窈窕淑女，是繡是黼。惟彼繡黼，其心匪石。嗟爾臨川，邈不可獲⑥！"永建中，泰山吳資元約爲郡守，舊各本譌"泰"作"秦"。《函海》注："應作'泰'。"廖本作"泰"，是。屢獲豐年。民歌之曰："習習晨風動，澍雨潤乎苗。我后卹時務，我民以優饒。"及資遷去，民人思慕，又曰："望遠忽不見，惆悵嘗徘錢寫作"佽"。張、吳、何、王本作"佽"。劉、李、《函》、廖、浙本作"徘"。徊。恩澤實難忘，悠悠心永懷⑦。"

孝桓帝時，河南李盛仲和爲郡守，貪財重賦。國人刺之曰："狗吠何誼誼，有吏來在門。披衣出門應，府記欲得錢。語窮乞請期，吏怒反見尤。旋步顧家中，家中無可【爲】與。舊本皆作"與"。思往從鄰貸，鄰此下，錢寫衍"步"字。人已舊各本作"以"。疑是"目"字變。廖本作"已"。得《常志》原字。言匱。舊皆譌作"遺"。廖本作"匱"。蓋顧校改之佳字也。上與"思往"文協，下與"悴"字韻協。錢錢何難得，令我獨憔悴⑧！"漢末政衰，牧守自擅，民人思治，作詩曰："混混濁沼魚，習習激清流。溫溫亂國民，業業仰前《函海》作"有"，并注云："劉、吳、何、李本作'前'。"實則他各本俱作"前"。脩⑨。"疑當作"休"。其德操、仁義、文學、政幹，若洛下閎、任文公、馮鴻卿、龐宣孟、玄清代刻本避諱作"元"。文和、玄賀字，《東觀記》作"文宕"。

《輿地廣記》作"文若"。**趙温柔、龔升侯**、《目録》作"叔侯"。李本亦作"叔"。他各本作"升"。隸書"叔"字與"升"易混，名調，則作"升"是。**楊文義等，播名立事，言行表世者，不勝次載【者】**當衍。**也**⑩。

　　案：此章誇述巴區漢代文化。所舉風謡八篇，與八個代表人物，皆祇代表住居巴地之漢族人與其作品，且多屬後漢年代巴西地區之文獻。江州以下地區則無所舉著。足以説明開置郡縣後四百年間，三巴地區文化發展不平衡情形。

【注釋】

①"五教"，出《尚書·舜典》。按《左傳》文十八年季孫行父解説，爲"父義、母慈、兄友、弟恭、子孝"。漢儒從而稱爲"五常之教"。其實舜時各種上層建築，皆加"五"字，以明其包括廣泛。司徒所教，決非限於家庭倫常。舜之家庭，即不合於如此之倫常標準，安可以此教人哉？即常璩此文，亦非指"五常之教"，所指實爲封建社會之一切禮俗道德也。

"風謡"，原指勞動人民對其所愛所憎人物、事情，發抒情感之咏歎。既非自上而下之教令，亦非自下而上之申訴，因爲祇代表部分人思想情感之吟哦，故曰"旁作"。

②譙君黄名玄，閬中人。《後漢書·獨行傳》有傳。未言其任諫議大夫，但云"拜議郎"、"遷中散大夫"。藥酒作"毒藥"，蓋謂砒酒也。子瑛"善説《易》，以授顯宗，爲北宫衛士令"（秩六百石）。能"納錢八百萬"，足知其家之富。父子皆以《易》學顯，非巧宦者比。其富蓋由於先世經營商業於賨夷間也。其詩蓋其没世後，門弟子唁頌之辭，在公孫述敗後，故曰"違惡授命"也。（玄已授藥將飲，由子瑛叩頭於太守獲免。）

③陳禪字紀山，安漢縣人。《後漢書》有傳（在《列傳》第四十一）。以威强作漢中太守。克平郡境羌亂。"遷左馮翊。入拜諫議大夫"，抗言"帝王之庭，不宜設夷狄之技"即在此時。順帝時，遷司隸校尉，卒於官。此詩蓋其生時

鄉人所頌。

④嚴王思名遵，閬中人。正史無傳。《益部耆舊》有，今與《巴郡士女讚》篇俱佚。惟《太平御覽》引《益部耆舊》傳其揚州刺史軼事，與此詩。"義送"，謂州人民推選代表送喪還閬中者。非願送者本人，故稱曰"義送"，猶義髻、義足、義父、義子之義。"義崇"則代表州政府送喪者姓名。《酷吏傳》有義縱、義姁。蓋其人適亦姓義也。應季先蓋汝南應奉之族，和帝時爲巴郡太守。"二親"，父母之謂。漢時稱郡縣守令與刺史，親民之官爲父母也。

⑤此詩質樸，猶具原始宗教氣息，反映我國上古時期人民的思想感情，當是內地來此墾種農民之作。"日親"疑是"日新"之譌。

⑥《弔三貞詩》，充滿封建説教。説明其時（後漢中葉）巴西嘉陵江（西漢水）河谷重視婦女節操，已深深浸染封建文化。而漢族婦女尤深受其病。這也是巴地社會一次重大變化。"永初羌亂"謂永初二年（108）先零羌與武都羌寇益州時。漢廷命尹就平亂。軍無紀律，人民惶亂，閬中人民亦受其害（三女皆閬人，見《目錄》）。至於婦女，匿避中猶懼不免而自沈也。

⑦"永建"，順帝年號（126—131）。吳資，字元約，泰山郡人，爲巴郡太守。時巴郡治江州。儒家教化已經到達。但深究文學者不多，土民出仕，至吏掾而止。此詩兩章，文采不足而情感真摯，或當時掾史之作。

⑧此詩反映東漢末葉桓帝年間（147—167），巴郡鄉僻地區農民經濟生活情況，與但望《分巴疏》所陳，足相印證。表達人民憎惡貪官污吏之態度，至爲深刻，當與巴郡黃巾革命有關係。"府記"，謂郡守府掌簿書之吏。縣吏催徵，托言郡守飾辯，不徵實物，祇許折錢上納。則縣吏可因折價中飽，而郡守亦得取攜之便，陋規所由起也。農村貨幣缺乏，實物猶可措辦，納錢爲難。故其詩連嘆"錢錢"也。

⑨此當是中平元年（184）巴郡黃巾起義，殺太守趙部以後，巴地地主士紳懷想昔年幸福，責望於牧、守、令、長，寄願於捲土重來之詩。文學風韻頗高，而語意含蓄，不敢直言當時動亂也。"牧守自擅"，謂劉焉父子時。劉焉初亦倚仗黃巾。劉璋時乃與決裂。以此種歷史背景與此詩合觀，意味亦甚深長。

⑩八人,洛下與任稱名,皆前漢隱士。常氏於後六人皆稱字,是魏晉人尊重鄉賢慣例。洛下閎事今存者,有《史記·曆書》,作"巴落下閎運算轉曆,然後日辰之度與夏正同。乃改元,更官號,封泰山"云云。即與方士唐都等爲武帝製《太初曆》者,《漢書·律曆志》記其事較詳,蓋方士之肥遯在巴者。任文公,《後漢書·方術傳》傳其前知,亦閬中人。此下六人,爲馮緄、龐雄、玄賀,皆宕渠人;趙宏,閬中人;龔調,安漢人;楊仁,閬中人。由於本書《巴郡士女篇》早佚,惟《士女目錄》存,《後漢書》惟存馮緄一傳,玄賀附見《帝紀》,他四人行事已不可考。

七

孝安帝【元】永初三年，舊作"元初"。兹依《後漢書》改正。涼吴、何、王本譌作"梁"。州羌入漢中，殺太守董炳，擾動巴中。中郎將尹就討之，連年依《後漢書·王堂傳》補二字。不克。益州諸郡皆起兵禦之①。三府舉廣漢王堂爲巴郡太守。下省"堂"字。撥亂致治，進賢達士。貢孝子嚴永，隱士黃錯，名儒陳髦，俊士張璜，元豐本作"璜"。浙本改從。他各本及《目録》皆作"瑞"。廖本注云："以後書訂之，'璜'當作'湍'。"皆至大位。益州刺史張喬，表其尤異。徙右扶風。民爲立祠②。

孝桓帝以并州刺史泰舊各本作"秦"。廖本作"泰"。山但望【字】伯閭爲巴郡太守。舊各本"望"下有"字"字。按本書通例，不當有。懃錢寫作"勤"。卹民隱。郡文學掾宕渠趙芬，掾張、吴、何、王本無此字。劉、李、錢、《函》、廖本有。浙本剜補。弘農馮尤，塾江龔榮、王祈、李温、臨江嚴就、胡良、文愷，安漢陳禧，閬中黃閶，江州【毋】母《函海》作"毋"，注云："何、李本作'母'。"劉本作"毋"。廖作"毋"。成、陽譽、喬就、張紹、牟存、平直等，詣望自訟曰③："郡境廣遠，千里給吏。兼將人從，冬往夏還。夏單冬複。惟踰時之役，懷怨曠之思。其【昏】憂明清舊本作"憂"。惠校改"昏"。《函海》注云："應作'昏'。"廖本與浙本改"昏"。按：憂，謂家人疾病，行役人不得聞見。昏謂婚事，當預定其期，無礙於行役，不當改。喪吉凶，不得相見。解緩補綻，下至薪菜之物，無不躬買於市。富者財得自供，貧者無以自久。劉、李本作"支"。是以清儉，夭枉不聞。加以水陸艱難，山有猛禽；舊本皆作"禽"。廖本作"獸"。《函海》亦注云："當作'獸'。"今按：禽字古義通用於鳥與獸。無庸改。思迫期會，隕身江河，投死虎口。咨嗟之歎，歷世所苦。天之應感，乃遭明府，欲爲更新。童兒匹婦，懽喜相賀：'將去遠就近，釋危蒙安。'縣無數十，人無遠邇，恩加未生，澤及來世。巍巍之功，勒於金石。乞以文書付計掾史。人鬼同符，必獲嘉報。芬等幸甚④。"望深納之。郡戶曹史枳顧廣圻校稿云："枳是縣。下脫史名。"今按：巴郡戶曹掾姓史名枳耳。戶曹，猶功曹、賊曹，"掾"字省。白望曰："芬等前後百餘人，歷政《函海》注云："應作'証'。"今按：歷政猶云歷任太守時耳。訟訴，未蒙感悟。劉、李、錢、《函》、廖本作"寤"。他各本作"悟"。古音義通。明府運機當作"璣"。《尚書》："璿璣玉衡，以齊七政。"布政，稽當皇極。為民庶請命救患，德合天地，澤潤河海。開闢以來，今遇慈父。經曰：'奕奕梁山，惟禹甸之。有倬其道，韓侯受命。'比隆等盛，於斯為美⑤。"

永興二年，三月甲午，望上疏曰："謹按《巴郡圖經》境界南北四千，東西五千，周萬餘里。屬縣十四。鹽鐵五官，各有丞史⑥。戶四十六萬四千七百八十，口百八十七萬五千五百三十五⑦。遠縣去郡千二百至千五百里。鄉亭去縣，或三四百，或及千里⑧。土界遐遠，令尉不能窮詰姦凶。時有賊發，督郵追案，十日乃到。賊已遠逃，蹤跡【滅】絕滅。廖本倒作"滅絕"。罪錄逮捕，吳、何、王本脫"錄"字。他本有。浙本剜補。疑當作"錄罪"。證驗文書，詰訊，即從春至冬，不能究訖。繩憲未加，或遇德令。是以賊盜公行，姦宄不絕⑨。郡掾龔榮等，舊各本省榮姓與職名。記述文，承上可省。此為錄望原《疏》，則不可省。故補三字。及隴西太守馮含、上谷太守陳弘按《士女目錄》，作"上庸太守"。說：往者，至有刼廖本作"劫"。閬中令楊殷、終津侯姜吳、何本謁作"美"。昊、傷尉蘇鴻、彭亭侯孫魯、雍亭侯陳已、殷侯樂普⑩。又有女服賊千有餘人，布散千里，不即發覺，謀成乃誅⑪。其水陸覆害，煞《函海》注云："應作'殺'。"郡掾枳謝盛、【塞】蹇元豐本作"蹇"。他各本作"塞"。《函海》注云："'塞'疑'蹇'。"威、張御，魚復令尹尋，主簿胡直，若此非一⑫。給吏休謁，往還數千⑬。原省"里"字。閉囚須報，或有彈劾，動便歷年。吏坐踰科，恐失冬節，侵疑先死。如當移傳，不能何、王、浙本作"不得"。待報，輒自刑戮⑭。或長吏忿怒，寃枉弱民，欲赴訴郡官，每憚還往⑮。太守行桑農，不到四縣。刺史行部，不到十縣⑯。郡治江州，時有溫風。遥縣客吏，多有疾病。地勢剛險，《水經注》作"側險"。廖本注云："當作'側'。"皆重屋累居，數有火害。又不相容，結舫水居五百餘家。承三江之會，廖本注"三"字下云："當作'二'。見《水經注》。"今按：三江，謂三大河谷。内水、外水與合流後之長江。舟人結幫，各從一水，不相參越。直至近世，猶是三幫。故其人習稱"三江"。此不可緣地理概念說爲二江也。夏水漲盛，壞散顛溺，死者無數⑰。而江州以東，濱江山險，其人半楚，精敏輕疾【姿態敦重】。墊江以西，土地平敞，姿態敦重【精敏輕疾】舊各本誤易二句。《漢書·地理志》論楚俗云"急疾有氣勢"，論吳俗云"輕死易發"。又曰："吳粵與楚接比，數相兼并，故民俗略同。"此楚人輕疾之驗也。蓋操舟之民，無不輕疾。經商之民，無不精敏。而農户儒士，態度無不敦重。上文論巴風俗，以"重遲、魯鈍，素樸無造次辨麗之氣"爲失。所指皆墊江以北之人也（參看3章注⑪）。故知但望《疏》原語，"精敏輕疾"承其人半楚言，"姿態敦重"承墊江以上言也。兹移正。上下殊俗，情性不同。敢欲分爲二郡：一治臨江，一治安漢⑱。各有桑麻丹漆，布帛魚池。鹽鐵足相供給⑲。兩近京師。榮等自欲義出財帛，造立府寺。不費縣官，得百姓懽心⑳。何、李本作"娱"。孝武以來，亦分吳蜀諸郡㉑聖德廣被，民物滋繁。增置郡土，釋民之勞，誠聖主之盛業也。臣吳、何本脱此字。浙本剜補。雖貪大郡以自優【假】暇，廖本作"假"，誤。不忍小民顛顛蔽隔，謹具以聞㉒。"朝議未許。遂不分郡。分郡之議，始於是矣。【哉】舊各本有"哉"字。廖本無。《函海》注云："李本無'哉'字。各本有。或作'漢'。此下吳、何本連。"蓋張佳胤改"哉"作"漢"，下連"順桓"句讀也。李、廖本删之，是。

案：此章述巴郡賢太守王堂、但望事。詳舉分巴初議，涉及東漢中葉巴郡社會情形，甚可珍貴。

【注釋】

①安帝時隴西羌亂爆發。永初元年（107）六月，"斷隴道大爲寇掠"（《安

帝紀》）。二年十一月，"先零羌滇零稱天子於北地。遂寇三輔，東犯趙魏"。漢陽郡（後改天水郡）杜琦、王信叛，稱安漢將軍。結先零羌，兩入漢中殺太守（永初二年與四年）。杜琦爲漢募刺客所害（永初五年十二月）。王信爲侍御史唐喜所破斬（永初六年六月）。時滇零死，子零昌嗣稱天子。杜琦弟季貢走依之。導使南侵益州。元初元年（114）寇武都、漢中。二年三月唐喜以討羌無功賜死。更遣"中郎將尹就將南陽兵，因發益州諸部屯兵"擊羌（《西羌傳》）。四年，"夏，尹就以不能定益州，坐徵抵罪。以益州刺史張喬領尹就軍屯"（《西羌傳》）。是年"九月，護羌校尉任尚，使客刺殺叛羌零昌"。十二月，任尚、馬賢大破羌於富平上河。"隴右平"（《安帝紀》）。蜀中諸郡守皆率屯軍在涪，守葭萌以禦羌（《漢中志》）。杜季貢與其黨呂叔都亦先後被刺死。張喬"招誘叛羌，稍稍降散"（《西羌傳》）。

②王堂，《後漢書》與郭伋、杜詩、張堪、廉范同傳（《列傳》第二十一），以守正見稱。《傳》云：尹就討羌，"連年不剋。三府舉堂治劇（徙穀城令），拜巴郡太守。堂馳兵赴賊，斬虜千餘級。巴、庸清靜。吏民生爲立祠。"未言其進賢事。當是《益部耆舊》有之。

③但望爲巴郡守，在王堂後四十年。中間有吳資見稱而已。賢太守之難得如此。

訟請分郡之十六掾，除馮尤外，皆郡中大姓之入仕於郡職者。漢制，凡理民事之官署，上自三府，下至郡縣皆分曹辦事。户曹，主民户、祠祀、蠶桑。法曹，主郵驛、科程。尉曹，主徒卒、轉運。兵曹，主兵事。金曹，主貨幣、鹽鐵。倉曹，主倉穀。功曹，主功勞、選署。曹各有領其事者一人，稱掾、史，因隨其府地位高低而權、秩之大小不同。由主官邀請稱辟，召用稱選，加禮敦請稱聘，不由朝廷指派。又有五官掾，主工巧。文學掾，主文教。皆或設或否。文學掾，在諸掾中權輕而清高，故十六掾中首列。龔榮後亦至文學掾，見《士女目錄》。此輩本身即當時地方之大地主、大商紳，爲避免例行之政府税徵而仕郡職，雖識字能文而不深究儒家經書，但習刀筆而已。故其自訟文能曲盡事理，條暢動人，而欠典雅。所言又祇給吏之役所苦。蓋其家族鄰里，當參與此種徭役，故能言之深刻如實也。稱"自訟"者，《易·訟卦》象曰："天與水違行，訟。君子以作事謀始。"故凡有政事未洽人心，向上官籲請，改作爲訟。後世乃變爲獄訟專用之字。獄訟，兩家爭執，對訴求斷，有被迫使然之義。此自訟，謂主動建議，爲本身利害謀也。

④"給吏"，爲封建時代邊區郡縣一種差徭制度之名稱。凡政府人員因公行役，居民皆當供應其行旅食宿一切方便。各縣劃分鄉亭，編製户口，應時輪番供備。候於城邑，奉命即行，同於兵役。内地户口稠密，所在多有市場客館。此種供給，大都改爲折價，交納錢帛，由吏員自辦，同於"過更"。負擔雖鉅，出錢即了，無他痛苦。邊郡山區則必須實際供應，其痛苦乃如此文所言。

⑤但望認爲可採，但尚猶疑。户曹史枳又作一次敦勸，望乃決心疏請分郡。史枳未著籍貫。由"歷政訟訴"語，足知其爲久仕於此之外郡人，親見趙芬等屢次作分郡之請，爲之同情。因分郡屬户曹事，故加具意見，爲其代請。此條文字，運用經典甚多，與上篇自訟迥然不同，其人決非上十六掾之比。顧校擬爲枳縣人失名，應必非矣。文中"歷政訟訴"謂芬等每當新太守至即有一次申請。"運機布政"，典出《舜典》，謂觀察天象，部署民政。"皇極"，典出《洪範》，用"皇建其有極，斂時五福，用敷錫厥庶民"之義。"稽當皇極"謂稽考此時適當皇極之運，謂福澤及民也。"經曰"四句，出《大雅·韓奕》，借"梁山"字以喻巴郡。

⑥上舉趙芬、龔榮等訟，徒以給吏之苦爲言。史枳之言，亦徒以士紳持訟已久宜許所請，偏就大姓要求爲說。惟但望《疏》，分析應予分置郡縣理由，最爲全面。兹分段加以闡明：

"永興二年"（154），桓帝即位之第八年也。時梁冀擅權，胡廣爲太尉，政尚因循。故望《疏》雖懇摯，訖未納用。然已膾炙人口，爲世稱誦，故《常志》録其全文。

《巴郡圖經》猶云《巴郡方志》，即郡府掌管之地圖、户籍及其他與行政有關之文書。亦稱"圖籍"，一作"圖書"。《史記·蕭相國世家》："何獨先入收秦丞相、御史律令圖書藏之。……漢王所以具知天下阨塞，户口多少，强弱之處，民所疾苦者，以何具得秦圖書也。"《漢書》傳文同。《高帝紀》作："蕭何盡收秦丞相府圖籍文書。"又《地理志》云："帝王圖籍相踵而可知。"謂自周代已有指南針與土圭測影之法，各國皆有地圖與版籍。秦漢更已精確相踵，每帝新立即必更新調整一次，上計京師，藏於史官，固得見之，據以撰成《地理志》也。此種圖籍，隨時有所修正，閱世既久，愈臻精確，至宋代雕板術興，各州府多付鐫刻，悉以"圖經"爲名，即援此舊稱也（今世稱爲方志）。

"鹽鐵五官"，謂漢制，郡縣綜治民、刑、賦、役之外，更設有管理生產之專官，稱爲"五官"。全稱爲管理五行生產之官。（官爲衙署之義，後世乃轉爲官員之義。）金官治銅鐵礦冶，木官治山林果樹，水官治水利漁罟，火官治陶鑄燒煉，土官主土木繕造。初皆合爲一署，故曰"五行之官"。郡有五官掾，縣有五官丞，其下官署爲史。鹽官、鐵官、橘官、錦官、工官之署，又係因各縣特產，再從五官分出特設之專官，不必每縣皆有。《漢志》各縣對於此種特設之專官則記之，於五官則不記。小縣亦或不設五官。若巴郡十四縣，每縣皆在三萬戶十萬戶左右，則無不有五官丞史矣。鹽鐵五官丞，秩位亞於縣令，等於後世學署與縣署之關係。後世以科舉取士，尊重文學，故設學署與縣署鴈行。漢世重生產，故縣有五官丞與令長鴈行也。

疏特舉此者，説明巴郡不僅地面廣闊，亦且產業興盛，人口衆多。故有分置郡縣之必要。

⑦《前漢書·地理志》巴郡十一縣，户158643，口708148。係平帝元始元年（恰是公曆之元年）户簿。自秦置至此三百十四年矣。其户口數在全國百零三郡國中，僅次於京兆、馮翊、扶風、河東、河内、河南、東郡、陳留、潁川、汝南、南陽、濟陰、沛郡、魏郡、清河、涿郡、渤海、泰山、琅邪、東海、臨淮、會稽、蜀郡等二十三腹郡，而與太原、山陽、鉅鹿、常山、平原、齊郡、廣漢等腹郡相當，在各邊郡中爲最大矣（多數邊郡祗有二三萬户）。在後漢中，巴郡户口增加尤爲急劇。

《後漢書·郡國志》巴郡十四縣，境域與前漢同，户310691，口1086049。係順帝永和三年（138）簿籍。元始以來一百三十八年中，增户152048，增口367901。

平均每年增户1102，增口2738。即平均每年增户0.7%，增口0.38%以上。

自永和三至永興元，僅十五年，又增戶154089，增口789486。平均每年增戶10272，即6.44%以上；增口789486，即6.94%以上。此可説明後漢時巴郡户口增長情形，初葉增長率猶小，中葉增長急劇。此種户口增長直至漢末，入三國後乃得漸減。

巴郡户口激增之原因，可以代表邊郡逐步轉進爲腹地之過程。初因土民習俗語言均與内地不同，生産落後，地利未得開發，地不足以養民，故人口稀少。雖已開置郡縣，斥爲邊郡，中原之人未肯遷住。迨郡縣開置，官吏、員役從職而至，覺其風土不惡，生活廉便，始陸續有就城邑附近住居落户、經營商貿者，皆獲厚利，致富盛。於是逐世益增，次第向沿江水運便利之地墾拓成家，成爲官府依恃之民户。其人亦恃官府保護，逐步向沿江稍遠之山區開發產業。土著民族，受其帶動，亦知採用進步方法進行生産，改變經濟生活。由於長期政局安定，民族融洽，工商業一直發展不替，社會豐樂、人民富裕，又推動工商業發展。腹地狹鄉人民，趨利而至，從而落籍者益多。文教、交通、醫藥、保甲等地方事務，無不自然隨之發展，邊郡即與腹郡一致矣。蜀郡與廣漢、漢中多平原，宜農户，故進爲腹地較早。巴郡盡山地，自然資源在林礦與商運，移民多不好之。其農耕地，屬紫土丘陵之"方山"，移民初不習究，有待於另行摸索經營方法，故其進於腹地較蜀、漢三郡爲遲。然當楚、蜀水運中樞，又饒鹽鐵丹漆，皆當世社會人民所重之商品，故利源不能終閉。工商業盛而人口激增，經濟文化發展而民族融合矣。

户口增盛與"鹽鐵五官"之強大，有聯帶關係。社會發展至此，而仍以秦漢間初郡規模治理之，自屬不合。是爲此疏隱示分郡之第一理由。

⑧按本書所記：枳縣在江州東四百里。臨江在枳東四百里。朐忍在魚復西二百九十里。朐忍臨江間距離無文，當亦是四百里。合計有千五百里左右。今重慶市至奉節，按《一統志》計算爲八百七十里。足見漢魏一里，小於清代之一里。清里曾經丈量，漢里似出於估計，不精，圖經所言，亦是概數。猶上云"千里給吏"，亦非確有千里，但祇便於言語之概念而已。然此所言"遠縣去郡千二百

（指閬中），至千五百里"（指魚復），則頗覈實。所云鄉亭去縣"或及千里"，亦非無據。以今地圖按之，漢宕渠縣治界，東抵大巴山，今城口縣是其轄境，須經過萬源、宣漢，達三縣界，始能至三匯。鳥徑已六百里，加以山道紆迴，合於漢里，則過千里矣。

⑨社會已經發展向前而郡縣轄境仍甚寥闊，則奸宄不可弭止。是為有分郡必要之主要理由。全疏突出此點。"賊發"，謂作奸犯科之事發生。"督郵"，郡守派出辦案之差官。縣距郡遠，案發報郡，郡遣督郵到縣追究審辨時，犯法人已遠逃至他縣。"罪錄"，謂查明踪跡，錄其罪由，行文他縣捕取。他縣查明文書，審實當捕，亦未必即能捕得。連續行文追捕，是為逮捕（今世乃合二字為捕捉之義）。如此拖延，年復一年，遇着大赦（"德令"）便不能行法加罪。漢季每三、五年改元，或國有喜慶，即下詔大赦。奸盜賊殺罪恒在赦中。故人多不畏犯法，作奸犯科之事層出，在如此轄境廣闊郡縣為甚。此下舉其事例。

⑩馮含、陳宏，皆巴人之仕至太守者，不著郡、縣籍貫者，蓋已住居郡城之經營商業者也。與龔榮皆以官紳地位，與經商致富及仕宦致富者相往來，故能詳知此輩被盜賊劫殺傷害之事。其事不詳，所言"終津侯"、"彭亭侯"、"雍亭侯"、"殷侯"皆非巴郡人而為中原貴族之經營商業於巴郡者則可定。蘇鴻稱尉，可能是以捕盜被傷。此諸外郡貴族之被傷，當是被劫時微有抗拒所致。其被殺害者，必由貪暴為盜所惡故也。此輩皆衹能是沿江黑船，自有其秘密組織。所傷害全是剝削致富者。掩護者多，未易捕也。

⑪"女服賊"，謂如桑仲，修飾男子為婦女，詐混入巨家、貴族中進行奸盜者。竟有組織至千餘人，播散千里之廣。此所反映為巨家貴族生活淫靡所引致。受害之家，慚諱不言，故久乃誅除。

⑫此言"水陸覆害"五人，又非因為劫財，而衹屬如《甘寧傳》所云"發負"之類。謂輕俠之徒，結黨游奪，"接待隆厚者乃與交懽。不爾，則放所將奪其資貨。於長吏界中有所賊害"，作為相報。然甘寧非生於此時。當寧出生前，巴地沿江已有如此會黨組織，寧但曾作其首領耳。貧富懸殊，階級壓迫殘酷而法網猶疏之社會，必然產生如此秘密組織也。

⑬"給吏"，上已詳。"休"謂輪值期滿，當還家。"謁"謂輪值初到，猶今云報到進謁之禮。趙芬等訟帖，當與史枳文同作附件在疏末。故祇指出其"千里給吏"一語。

⑭"閉囚"，謂令、尉拘獲禁閉，擬罪處分，已經申詳、尚未批回覈准之囚犯。若有大姓豪門爲之稱寃上訴彈劾令尉，則往返詰辯，歷久不能結案。若令尉員吏判刑"失入"（過重），是爲"踰科"，則員吏主者亦當坐罪，若擬成死罪，則須冬至決囚。因畏死囚上控，遂不待刑期致囚於死，報爲病故。或囚犯自知不免，而先自殺（"侵疑先死"）。或因上級批准其上訴，行將提案而殺之，報爲自殺（"輒自刑戮"）。謂郡縣寫遠，司法諸弊，皆前已經發覺者。

⑮至於人民橫被寃枉之家，雖有寃苦可訴，亦因道遠力微，含忍自罷。

⑯州刺史以六條察吏。本當每歲行部（巡行州部屬，體察民隱）。由於州域遼闊，入巴郡後，所閱不過十縣。太守巡行屬縣（"行農桑"）更不過四縣而罷。因道遠，時間不許。是以官民隔閡，政令不能順應民心，成爲虛應故事。

⑰此舉郡治江州，亦非適當。"溫風"，謂瘴氣。醫家溫、瘟字通用。"客吏"謂外州來此服官職者。"重屋累居"謂江州城築於四圍絕壁之上，而人民生活與江面水運關係密切。故多緣石壁架屋於城下，城内居者反少。故多火災。此種情況，古今亦然。過重慶者無不見之。

"水居五百家"，蓋即今所謂"蜑戶"也。蜑之爲族，本以漁業與水運爲事，不就農工，故皆水居。後受官府歧視，所在驅逐，盡迫入海，居於閩廣。其實原居處地在雲夢盆地與長江水中，故巴族亦被稱爲"巴蜑"也。其人既習水居，即無顛溺之事。巴江濤浪未足以危害之。壞舟沈溺者雖每歲常有，非蜑民也。此則但望失實之誇言矣。

⑱此乃舉擬分爲二郡理據。從墊江分界，與今地文科學劃分爲"川東褶曲區"與"川北方山區"之分劃完全相同。安漢、臨江，取其居兩區最中。

⑲其時山區皆已墾闢爲田疇，農產兩區相當，故曰"各有"。鹽鐵則巴東豐富，巴西缺乏，但水道供給便近，故曰"足相供給"。

⑳"不費縣官"，謂不由國家撥款營建府寺。周亞夫買"工官尚方甲楯"備

殉葬，被人告其"盜買縣官器"。《史記索隱》注云："縣官，謂天子也。"引《周禮·夏官》，謂"王畿內縣即國都也。王者官天下，故曰縣官也"。今按：官字本義為臣吏所居公宅，非指人身。漢人援《周禮》稱國都為縣，國管府寺為官，故工官尚方器為"縣官器"。即此疏之縣官，亦指天子之府庫，猶云"國帑"，非指天子。隋唐詖辭，乃以"縣官"為天子之代稱。

㉑此謂後漢順帝分會稽立吳郡，為近時事。武帝分蜀、巴置犍為郡，為當地事。故曰"孝武以來"。

㉒最後例頌帝德，自明公忠。面面俱到，不愧佳文。雖朝政因循不許，而事理所向，其後三十八年，巴郡終於分而為三。

八

順桓之世，板楯數反。考當作"靈帝之世"，列在下條之後。詳注釋。太守蜀郡趙溫，恩信降服①。於是宕渠出九穗之禾，朐忍有連理之木。

光和二年，板楯復叛，攻害三蜀、漢中，州郡連年苦之。天子欲大出軍。張、吳、何、王本倒作"出大軍"。時征役疲弊。問益州計曹，考以方略②。劉、李、錢、《函》本作"計略"。益州計曹掾當從《范史》作"漢中上計"。程包《先賢志》作"苞"。《士女目錄》同。《范史》同此作"包"。對曰："板楯七姓，以射【白】虎爲業，立功先漢。《後漢書·南蠻西南夷列傳》"板楯蠻夷"條引作"射殺白虎立功，先世復爲義人"。《通鑑》繫在光和五年七月。引作"自秦世立功，復其租賦"。皆不同於此文。按上文，射白虎在秦世。一次而絶，不得云"以射白虎爲業"。當是傳鈔者衍"白"字。本爲義民。復除徭役，但出賨錢，口歲四十。其人勇敢能戰。昔羌數入漢中，郡縣破壞，不絕若綫。後得板楯，來虜彌廖本注云："當作'殄'。"盡。《後漢書》引作"羌死敗殆盡"，《通鑑》同。號爲神兵③。羌人畏忌，傳語種輩，勿復南行。後建【寧】和宋明舊本皆有小注云《後漢書》作"建和"。考當作"和"。茲逕改。二年，劉本"二年"提行。謬。羌復入漢，牧守遑遑。賴板楯破之④。若微板楯，則蜀、漢之民爲左衽矣。前車騎將軍馮緄南征，雖授丹陽吳、何、王本譌作"楊"。精兵，亦倚板楯⑤。近益州之亂，朱龜以并涼勁卒討之，無功；太守李顒以板楯平之⑥。忠功如此，本無惡心。長吏鄉亭，更賦至重；僕役過於奴婢，箠楚【降】隆舊本作"隆"。廖本改作"降"，失其義。隆，多也，猶勝。然疑是"酷"字鈔譌。《後漢書》作"僕役箠楚，過於奴虜"。於囚虜⑦；至乃嫁妻賣子，或自刭割⑧。陳冤州郡，牧守不理。去闕庭遙遠，不能自聞。含怨呼天，叩心窮谷⑨。愁於賦役，困於刑酷，邑域相聚，以致叛戾。非有深謀至計，僭號不軌。但選明能牧守，益其資穀，安便賞募，從其利隙，自然安集，不煩征伐也⑩。昔中郎將尹就伐羌，擾動益部。百姓諺云：'虜來尚可，尹將殺我！'就徵還後，羌自破退⑪。如臣愚見權之，遣軍不如任之州郡。"天子從之，遣太守曹謙，宣詔降赦，一朝清戢。

案：此章，説明巴地封建政權已鞏固後，賨民感受大民族主義之痛苦深重，迫於叛亂。賴漢中人程苞，身經板楯兩度救援漢中之實事，瞭解其被迫叛亂之情，適因上計在洛，得陳讜言，克以避免民族戰爭災難。對照涼州兩度羌族大叛亂，與南中若干次民族大叛亂史事，顯得程苞一對之歷史價值，遠遠高於賈捐之《罷珠崖議》與江充《徙戎論》矣。

【注釋】

①"順桓之世"，當公元126—167年間。時郡國屢有叛亂，邊郡少數民族尤多。詳具《後漢書》之順、桓帝紀及《通鑑》。其"板楯數反"事，則帝紀與《趙溫傳》皆未著，當是別有所據。或是據《巴記》，或據《耆舊傳》。考板楯軍初救漢中，大破羌衆，在安帝元初二年（115）。再援漢中，破白馬羌，安定益州，在桓帝建和二年（148），爲苞所及見。桓帝延熹五年（162），又助馮緄討平武陵蠻亂。靈帝熹平五年（176），又助李顒討平益州郡蠻亂。明桓帝世至靈帝初，板楯皆甚忠順，不至"數反"。蜀郡趙温，在獻帝西遷（190）時爲侍中。至長安，封江南亭侯。初平四年（193），代楊彪爲司空。建安十三年（208）卒，年七十二。是其在順帝末，未滿十歲。至桓帝末，纔踰三十歲。則其作巴郡太守，當在靈帝之世。蓋繼曹謙之後以恩信降服板楯。當在光和末葉，黄巾起義之前。魏晉人誤作"順桓之世"。常氏誤據，遂即列於程苞對前也。當改作"靈帝之世"，移在本章之末。并删"光和二年，板楯"句之複字。然是常氏原誤，故不移改。

②《范史·靈帝紀》光和二年（179）冬十月，"巴郡板楯蠻叛。遣御史中丞

蕭瑗督益州刺史討之，不剋"。五年（182）七月，"巴郡板楯蠻詣太守曹謙降"。《通鑑》程苞對在五年七月。按漢制：歲暮上計。曹謙綏撫，亦當一時能定。程苞之對，當在光和三四年冬。光和五年正月"大赦天下"（《靈帝紀》）。疑苞對在光和四年。史家并於二及五年言之耳。

③事在元初二年，詳《漢中志》。《通鑑》作"羌人號爲神兵"。

④《桓帝紀》建和二年三月，"白馬羌寇廣漢屬國，殺長吏。益州刺史率板楯蠻討破之"。《西羌傳》："桓帝建和二年，白馬羌寇廣漢屬國，殺長吏。是時西羌及湟中胡復畔爲寇。益州刺史率板楯蠻討破之。斬首招降二十萬人。"白馬羌爲武都羌，與漢中、陰平羌同類。廣漢屬國治陰平。白馬羌寇陰平，必亦入漢中。緣板楯至，未陷，故正史未及耳。

⑤馮緄於順帝末年，持節督揚州諸軍事。時揚州諸郡，以丹陽兵爲最精。從緄平亂，及定隴西與遼東，皆著功勳。延熹五年，緄率十餘萬人討長沙、零陵、武陵蠻亂，平之。由此對，知其成功，亦得力於板楯。緄，宕渠人，蓋組織板楯爲親軍（部曲），故能連平劇亂也（參看"朐忍縣扶徐"注）。

⑥李顒事詳《南中志》。

⑦"更賦"，包括"給吏"及其一切徭役言之。賨民（包括賨與板楯）本當免役，祗納口賦"賨錢"而止。但至後漢，已由募兵轉爲徵兵，募役轉爲徵役。與漢民同，而特遭到歧視。上文"千里給吏"，徒言漢民所苦耳。漢民所苦險遠，久不得歸而已。在板楯不以此爲苦，所苦在於遭到歧視，一切對待特苛虐。其與漢民共同應役，則一切困難皆歸於夷民。官吏對漢民有未當意處，猶多寬假。對於夷民，則直視同奴隸囚虜，輒加呵斥鞭扑，無復人理。徭役稱"更"者，其法按籍編應役丁口輪番供役。役期既滿則更換之。故曰"更"。當番上者，因事故疾病可以出錢僱替，則爲"過更"。稱更賦者，以別於軍賦，田賦與口算（算賦）。漢代田賦、口賦皆輕。軍役爲賨、楯所樂爲。其所苦特在更賦。後漢末葉，少數民族起事各郡皆有。大抵皆由徭役繁重，與歧視夷蠻，待遇苛虐所致，不祗板楯如此。

⑧此十字，似謂更賦之弊。到靈帝時，似已許巴人出錢"過更"。此或因桓

帝時緣但望《分郡疏》痛陳給吏之苦，已許巴人過更。吏役因而作弊，強迫弱民過更，而苛無限制地索過更錢。（余曩在西康親見奸吏藉差勒索差户，拒其應役而橫索烏拉折價。）使夷民貧者賣妻鬻子，仍不能填貪吏慾壑，至於自殺。則桓帝以前不許過更，其弊猶小。靈帝以後准許過更，其弊更大矣。

⑨冤忿莫伸，迫於近死，則夷民斷無不作亂矣。此亦與郡縣地面過於遼闊有關。與但望《疏》可相互説明。

⑩結論"愁於賦役，困於刑酷，相聚以叛"，深得情實。故其對策正確易效。

程苞雖深知賨民所苦，代其申訴，獲得良好結果。但所獻策，仍襲安帝時對付叛羌的方法。所謂"明能牧守"，蓋謂如任尚、馬賢、趙博之類，能剿殺招撫與募刺客、間諜破壞其內部組織之成法而已。故須"益其資穀"，以便收買安便其中動搖分子。其堅強勇悍者則以重賞募人刺殺之（"安便賞募"）。詗知其各頭領間之嫌隙，使用機謀離間瓦解之（"從其利隙"）。"利隙"，猶云"利孔"。《管子》："利出于一孔者，其國無敵。出二孔者，其兵不詘。出三孔者，不可以舉兵。出四孔者，其國必亡。"在此，則板楯諸部不可能同心一德，各趨所利，則其間孔隙多也。善於利用其間隙，則皆可使其自然就撫，安於田里，無須用兵征伐矣。

⑪尹就事前已詳（7章注①）。

九

獻帝初平【元】六年，舊本皆作"初平元年"。劉昭《郡國志》注引譙周《巴記》作"初平六年"。茲據改。初平元年劉焉初入蜀。五年，焉卒，子璋爲牧，乃得分郡。初平五年改元興平。淺人以爲初平無六年，妄以爲是"元"字譌而改之也。蓋蜀亂道閉，頒朔不至，蜀人猶奉初平年號。六年，即興平二年也。征東中郎將安漢趙穎卷五作"趙韙"。《三國志》、《後漢書》并同。然舊刻各本於此皆作"穎"。當時人有改名習，後史每并存之。本書多見。建議分巴爲二郡①。穎欲得巴舊名，故白《函海》本小注云："惠校改'曰'，非是。劉本作'曰'。"益州牧劉璋，以墊江以上爲巴郡，江南龐羲爲太守，治安漢。此下有脱。脱江州以東郡名與治所。然亦可省。茲但補兩字。璋更以江州至臨江爲永寧郡，朐忍至魚復爲固陵郡②，巴遂分矣。

建安六年，魚復蹇胤宋本避太祖諱缺筆，明本均作"胤"。清各本又避諱作"允"。或亦缺筆。白璋，爭巴名。璋乃改永寧爲巴郡，以固陵爲巴東，徙當作"改"。羲爲巴西太守③。是爲三巴。於是涪陵謝本白璋，求【以】分置丹興、漢髮二縣，以涪陵爲郡。舊本皆作"求以丹興漢髮二縣爲郡"。查兩漢無此二縣。謝本亦必不願失涪陵爲郡。應是舊有脱亂。茲補四字，移"以"字，以通其意。璋初以爲巴東屬國④。後遂爲涪陵郡。此下，舊本連接《巴郡序》。茲斷章。并補"巴郡"字另起。

案：《巴志總序》之卒章，敍實行分郡經過。但望祇請分爲二郡。趙穎仍遵三十五年前但望主張。結果爲墊江以下，一時分置四郡。此亦説明巴東褶曲區雖在建安劇亂時期人口仍在急劇增長，地方日益開闢，產業日益發達，并已由長江河谷深向黔江河谷推進，故能使原擬作爲分置一郡之地，更又發展爲四郡之多也。

【注釋】

①"趙穎"，即趙韙，安漢縣人。仕京師爲太倉令。隨劉焉入蜀，爲州大吏。焉卒，率州吏上書，請以焉子璋嗣爲州牧。得漢廷遷就。并拜韙征東中郎將，使率州軍討劉表。事具本書《二牧志》與《三國志》、《後漢書》之《劉焉傳》。韙率軍進駐魚復時，承但望《疏》請分巴爲二郡也。韙又名穎者，漢魏間人，每因改變生活環境，改名易姓。李嚴因北伐改名"平"，其子豐又名農，楊戲又名義，馬忠未仕名狐篤，王平在魏曰何平，皆蜀事與巴相關者。他如陸遜又名陸議、韋昭又名韋曜之類不勝舉矣。

②趙韙在二牧時，甚有權勢。爲東州人所忌。既率軍至巴，實不欲與劉表交惡，駐魚復不進。而循地方人請，依但望《疏》請分巴郡。以墊江以上付龐羲，稱巴郡，治安漢。自擁江州以東，稱巴東郡。劉璋欲裁抑之，改以墊江以下，江州至涪陵與臨江爲永寧郡，治江州。朐忍、魚復及巫爲固陵郡，治故陵村，在三巴爲最狹。趙韙以不得專一方，促在邊小郡爲恨，遂反攻璋。而巴人不附，故敗死也。

劉昭《郡國志》注引譙周《巴記》曰："初平六年，趙穎分巴爲二郡，欲得巴舊名，故郡以墊江爲治。安漢以下爲永寧郡。建安六年，劉綽（璋）分巴，以永寧爲巴東郡，以墊江爲巴西郡。"其文一片謬亂，與地理形勢、歷史實際，無一合者。周，巴西人，諳習掌故，何能不知安漢在墊江以上，與固陵、永寧之別？至於劉璋之名亦謬。蓋昭不明一方情實，而所據又是傳鈔誤本，不經意以摘錄，遂至刺謬至此。《四庫全書考證》，與近人《校勘記》皆未明確糾正。茲考譙周舊文，正是《常志》此章所記。故爲詳加疏釋，以證劉注之誤。

③龐羲，河南郡人，以漢議郎附劉焉入蜀，與趙韙相親。璋爲州牧，張魯叛於漢中。三巴民多奉魯。璋以羲爲和德中郎將進駐閬中討魯。故趙韙建議分巴，以羲爲巴郡太守，治安漢。建安五年（200）趙韙叛璋時，羲亦自疑欲叛。因程畿諫，厚陳謝於璋，得解。見《三國志・楊戲傳》。建安六年趙韙敗死。騫

允訟失巴名。璋乃改巴郡爲巴西郡，仍以羲爲太守禦張魯，見《二牧志》。非以他職徙，但改郡名而已。

④巴郡舊有涪陵縣，王莽改曰巴亭。後漢復舊。縣境遼闊，包有烏江流域。東接巴東。此時礦業大興，民户增盛，故謝本請分置二縣合涪陵爲郡。漢制：邊遠夷落地區，雖已置縣，而内地移民猶少，賦税不足以養官者，但置屬國都尉領縣，不置太守。涪陵舊與巫、魚復皆秦黔中郡地。漢時猶徵其夷兵戌守魚復之赤甲城。故劉璋以爲巴東屬國。然中原人避亂來居此僻地者日多，故未幾時即已析置五縣，爲涪陵郡矣。

十

巴郡，舊屬縣十四。郡分後，屬縣七，户二萬。舊各本"分"字誤連上文，顯有脱謬。兹分章，并補八字。去洛三千七百八十五里①。東接朐忍。西接【蔣】符縣。舊各本皆作"蔣縣"。廖本注："當作'符'。"兹改。南接涪陵。北接安漢、德陽②。巴子時雖都江州，或治墊江，或治平都。後治閬中③。其先王陵墓多在枳④。其畜牧在沮，今東突硤下畜沮是也⑤。又立市於龜亭北岸，今新市里是也⑥。其郡東枳，疑原作"東至枳"。有明月硤，廣德嶼，及雞鳴硤。廣德嶼下，顧廣圻校稿批"《水經注》黄葛峽"六字。廖本注云："此有誤也。以《水經注》訂之，當作'黄葛峽'。故下文言巴亦有三硤。《續漢志》注引此作'廣德嶼'，當是傳寫之誤。李㻑又依彼誤改此耳。"今按：《水經注》明白定爲黄葛、明月、雞鳴峽三峽。以今地理考之，黄葛峽即東突峽，今云銅鑼峽。明月峽外有離堆曰尖山子，即廣德嶼。雞鳴峽在枳縣界。應是舊本脱"雞鳴峽"耳。兹補四字。故巴亦有三硤⑦。巴楚數相攻伐，故置扞關、陽關及沔關⑧。漢世，郡治江州巴水北，有甘張、吴、何、王本作"柑"。古今字。橘官，今北府城是也。後乃【遷】還廖本作"遷"。南城⑨。

劉先主初以江夏費瓘《水經注》作"觀"。《三國志》亦屢見費觀。《三國志·楊戲傳》字賓伯。當以"觀"字爲正。爲太守，領江州都督。後都護李嚴更城大城，周迴十六里。欲穿城後山，自汶江通水入巴江，使城爲州。李本作"洲"。古今字。求以五郡舊作"都"。顧廣圻校，依《水經注》改作"郡"。廖本同。置巴州。丞相諸葛亮不許。亮將北征，召嚴漢中。故穿山不逮。然造蒼龍、白虎門。別郡縣倉皆有城⑩。嚴子豐廖本依《三國志》改"豐"。舊各本作"農"。下同。代爲都督。豐解後，梓潼宋本與劉、李、錢、《函》本譌作"漠"。李福爲都督。延熙中，車騎將軍鄧芝劉、錢、《函》本作"艾"。《函海》注云："吳、何本作'文'。《鄧艾碑》作'乂'。李本作'芝'。"廖本同《三國志》作"芝"。爲都督，治陽關。十七年，省平都、樂城、常安。

咸熙元年，但四縣。以鎮西參軍隴西怡思和爲太守，廖本"怡"上有小注云："當有脫。"蓋疑其人名怡字思和，脫姓也。今按：怡自是姓，未見爲脫。下文"二部"句無動詞，乃真脫"領"字也。領二部守軍⑪。

案：此《巴郡序》文，與上《巴郡總序》，當別。舊刻誤連上篇。茲依《常志》三州諸郡文例，別立爲一章，補"巴郡"字。

【注釋】

①《後漢·郡國志》作"三千七百里"。凡言去洛道里，皆就郡治言。"屬縣七"者就初分郡時言。

②朐忍屬巴東，符縣屬江陽，涪陵爲郡。安漢屬巴西，德陽屬廣漢。安漢、德陽二縣并在郡北，分屬嘉涪兩水道，故并舉之。

③巴之民族，原屬雲夢地區之漁民。其都邑曰巴丘，今湖南岳陽北城陵磯是也。約在夏代西入巫峽，依於巫載。其時巫載以鹽產爲各民族所需，商運廣遠。巴族善於操舟溯流，爲之載鹽遠銷深入長江上游諸小支流。從而發現巴東鹽泉多處，次第煮鹽增產。使巫載臻至強盛，巴族亦緣是強大，爲附近各民族所尊重，由是立國。初立國在故陵。擁有羊渠、朐忍、監溪、塗溪鹽泉，斷上游市易之利。國勢浸與巫載相敵。旋復撫有廣大地域，成爲強國，兼併巫載，與楚、蜀接境，時間約在殷代。既參牧野之師，國益強。因其國土不斷向上游發展，故其國都亦次第向上游移進。大抵自故陵西徙後曾經於朐忍、臨江停頓。營國邑於平都較久。再徙枳邑，然後又徙治江州甚久。春秋時，國之強大富樂，過於楚、蜀。王族皆已不事生產，樂於定居，乃向農業地區移近。由江州而墊江，再徙閬中而國亡矣。

④巴王國邑既屢遷，則其王族陵墓不能祇在一地。云"多在枳"，足知其滯

居於平都時間較長。平都去枳近，平原在江岸，位川東最大向斜谷的正中，故爲其最初所營之國都。其魚鹽自枳入涪陵水，行銷甚遠，故其王陵多在枳。其在枳墓群，今尚未見發現。惟巴縣冬筍壩發現巴王族船葬墓早（1963）。其地蓋亦曾稱爲枳（西枳），下詳。昭化寶輪院隨後發現船葬墓，形制與冬筍壩大同小異。應是巴王徙都閬中前後，曾經征服苴地，而王族選葬於此。他處尚當有巴王族群葬墓，未發現耳。近年在巫山大溪溝發現之魚骨墓，其地即巫載區，雖非船葬，而有大量魚骨，亦足知其爲漁業民族，且已擁有鹽泉者之墓。蓋魚體易腐臭，不適殉葬。惟鹽醃之則耐久。石器時代，不能鑿獨木大船爲棺槨，但可多用醃魚慰死者，故巫載無船葬。迨已建成富强國家，如春秋世之巴王，財力雄厚，乃能鑿巨木爲船，載棺與多種明器，作"地下宫殿"。巫載時尚不能也。

胊忍下游數十里之故陵鎮，庾仲雍以爲是楚墓（見《水經注》）。必不然。楚王墓多在夷陵，不可能更穿三峽在千里外之巴國地界作王墓。其稱"故陵"者，應是巴王陵也。巴王族墓葬，恒選於兩水會流之處。如巫載，在大溪溝會口。故陵，在巴鄉溪會口。枳，在黔江會口。冬筍壩，在綦江會口。寶輪院，在清水與白龍江會口。兩水會處多魚，古今人民經驗如此。此其巴族選取葬地之意歟？如有人循此規律以尋巴王墓群，必能多得。

⑤"東突峽"，今音訛爲"銅鑼峽"。在重慶市東。自朝天門，水程十里，陸程二十里。《水經注》謂"黄葛峽"，《寰宇記》謂"石洞峽"是也。"畜沮"，今廣陽壩大洲（飛機場）是也。上距銅鑼峽二十里。在大江中，方廣十餘里。最高處，出水已百餘公尺。其出水面，當在數千年前。《爾雅》："水出其後，沮丘。"此壩有江水分枝繞出洲後，深合其義。此地養牛、羊、馬、雞群，不虞走失。又可壩截内河爲大魚池。巴子時或曾養畜、養魚於此，故曰"畜沮"。晉世其地應已成爲農田，但人民猶能傳其名義也。

⑥"龜亭"，今巴縣銅罐驛、猫兒峽下之"小南海"是也。爲偪近大江北岸之一離堆石阜。冬季出水十餘丈，夏亦不能全没。上有寺，往時朝拜者衆，舟人呼爲"居亭子"。舟人諱龜音，呼烏龜爲"烏居"也。宋王象之《輿地紀勝》謂之"龜亭山"。清王士禎《蜀道驛程記》曰"龜亭子"。其地距冬筍壩十餘公

里，正對僰溪（綦江河）河口之順江場（江口）。僰、獠、夷、苗赴巴市者必出於此。晉世名"新市里"，則秦漢時尚非有城邑，祇爲巴王族墓群所在，有鹽市與僰獠交易也。

⑦"明月硤"，在廣陽壩（畲沮）東二十里。《寰宇記》引李膺《益州記》云："廣陽州東七里水南，有遮要三槌石。石東二里至明月峽。峽首南岸壁高四十丈。其壁有圓孔，形若滿月，因以爲名。"明月硤口爲木洞。又下五十里爲洛磧。今皆大市鎮。又下六十里爲長壽縣城。又二十里爲黃草峽，當長壽、涪陵界。出峽四十里爲藺市，在江南岸，屬涪陵縣。又六十里爲涪陵縣城，即秦漢時枳縣。黃草峽，《水經注》曰"雞鳴峽"。與黃葛（東突）、明月爲巴郡三峽。今長壽縣係巴縣分置。則黃草峽（雞鳴峽）亦當是古江州與枳縣界，亦即魏晉時巴郡與涪陵分界。此言"巴亦有三硤"，不能失雞鳴峽明矣。故補四字，庶還常舊。按，硤同峽。

常云"東枳"，蓋謂今之木洞鎮，在明月峽口外。所謂"廣德嶼"，應爲水中洲島，不當是峽名。今木洞之東，江中復有一丘，人稱尖山子。其下爲河原大洲，與廣陽壩洲面積相當，但非平坦。其岔港之上口已斷，江水猶自下口倒入十餘里，人呼"蘇家濠"。江盛漲時，亦能成島。魏晉時，此丘應在江中，蓋即所謂"廣德嶼"。畲沮、龜亭與此，皆江中洲島，因述郡東三峽，連而及之。

⑧"扞關"，《史記·楚世家》："肅王四年，蜀伐楚，取茲方。於是楚爲扞關以距之。"蜀不能越巴境伐楚。其伐楚，當從漢中、上庸一路（在秦、楚、巴分庸地并蜀奪秦漢中後）。則楚所作之扞關，在漢水流域。又《張儀傳》說："秦西有巴蜀，大船積粟，起於汶山，浮江已下，至楚三千餘里。……下水而浮，一日行三百餘里，里數雖多，然而不費牛馬之力，不至十日而距扞關。"則扞關又當在長江楚西界上。（徐廣說"在魚復"。張守節謂"在硤州巴山縣界"。）《後漢·郡國志》魚復縣云："扞水，有扞關。"《清一統志》遂指湖北之清水（夷水）爲扞水，謂扞關在長陽縣。大抵國境上築關扞敵，皆可稱爲扞關，原不專指一地。張儀所言之扞關，當在巫山縣之大溪口，即瞿唐峽東口。其時楚已據有巫山鹽泉，設此關以備巴國爭奪也。此處所云"扞關"，爲巴人備楚而置，當在瞿唐峽

西口，即白帝城。亦稱"江關"。江與扞古音同也。"陽關"，鄧芝爲江州都督時所治，見下文。其故址今爲江北縣之唐家沱。在朝天門下三十里，當銅鑼峽西口，有平地與江州連接，故芝駐此，以扞江州。大抵巴弱楚強後，巴先失巫，故置扞關於魚復（江關）。迨楚已得枳，巴乃退扼銅鑼、明月、雞鳴三峽，而作陽關。"沔關"，無可考見。漢水，古稱沔水。巴國備楚，從江道外，惟上庸一隅有踰大巴山下達沔水之路。巴、蜀、秦、楚俱曾互爭漢中。疑巴在徙都閬中時，曾奄有苴地，乃因七盤關置守以衛閬中，扞禦沔中（即漢中）之敵，故稱爲沔關耶？

⑨張儀作江州城，應即已爲巴郡治。其城小，當在今重慶城內較低平處。其地便於水運，而不便於理賓民，故漢世郡府在江北嘴。鄧芝且治唐家沱（陽關）。郡治必曾築城，故稱張儀故城爲"南城"。其後商運既盛，税收重於田賦，府治乃還張儀舊城。至晉世，猶稱江北城爲"北府城"。"甘橘官"者，漢世凡地有技巧人、能生產珍貴之貨處，皆設官署，由國家經營之。川東河谷暖，宜柑、橘、柚，故江州至朐忍皆有甘橘官。（朐忍橘官載《漢志》。他縣不載者，後漢所置也。）重慶三面皆磐石，惟江北一面紅土腴厚宜農，故甘橘官在北府城。

⑩李嚴所築江州城，較張儀城大，大抵已大如明清的重慶城。所作青龍門，即今朝天門，在城東北方，水程所始也。其白虎門，即今通遠門，陸程所始。皆有崇麗樓觀，故特稱之。其所欲穿處，在七星岡。山脊狹陡，《水經注》疏謂"欲鑿處斧跡猶存"是也。勞民而無實益，故諸葛亮不許。嚴猶自爲之，故亮調嚴赴漢中，其事乃罷。後卒以狂恣敗廢。"不逮"，謂其子農雖繼任，不敢續爲之。"求以五郡爲巴州"，謂欲以巴與涪陵、江陽五郡置巴州牧。即巴國舊境全部。時蜀土祇益州部，由亮開府治事。李嚴特同受顧命，亦欲開府於巴也。"別郡、縣、倉皆有城"，亦始於嚴。郡、縣後詳。倉，謂州郡儲穀處。如蜀郡之五倉。

⑪咸熙元年（264），魏滅蜀之次年。雖魏帝年號，實權早已屬晉王司馬氏，故一般不加魏字。其明年，司馬炎正晉帝位。"鎮西參軍"，謂鍾會入蜀時之參軍。會爲鎮西將軍，伐蜀。入成都後，開府治事。以叛司馬氏敗。亂平，衛瓘

領鎮西府事。"怡思和"出領巴郡,當在咸熙二年。"二部守軍"者,漢晉皆徵兵於民。視郡大小、繁緊與緩急,定其徵數。役有定期,期滿番代。"二部"、"四部",爲平時編制常備軍番留數量之稱。巴大郡,郡城有守軍二部,領於都督,蜀漢制也。晉廢江州都督,後守軍領於太守。

十一

江州縣　郡治①。塗山，有禹王祠及塗后《水經注》字作"君"。祠。北水有銘書，詞李本作"祠"。云："漢初，犍爲張君爲太守，忽得仙道，從此升度。"錢、吳、何、《函》、王本作"渡"。劉、李、廖本作"度"。今民曰張府君祠②。縣下有清水穴。巴人以此水爲粉，則膏暉鮮芳；貢粉京師，因名粉水。故世謂"江州墮【休】林劉、李、錢、《函》本作"休"。張、吳、何、王、浙本作"林"。廖本亦作"休"，而注云"當作'林'"。粉"也③。有荔支元豐、《函海》本作"支"。他各本作"枝"。廖本作"芰"。園。至熟，二千石常設廚膳，命士大夫共會樹下食之④。縣北有稻田，出御米；《函海》作"朱"。注云："劉、吳、何、李本作'米'。"陂池出蒲蒻藺劉、李本作"蘭"。他各本皆作"藺"。席⑤。其冠族有波、鉽、【毋】母、謝、然、憸李本作"蓋"。楊、白、上官、程、常，世有大官也⑥。

枳縣　郡東四百里，治涪陵水會⑦。土地确瘠。時多人士⑧。有章、常、連、黎、牟、陽，舊各本作"楊"。廖本作"陽"。郡冠首也。

臨江縣　枳東四劉、李、吳、何、錢、《函》、王、浙本作"西"。元豐、張、廖本作"四"。百里。接朐忍⑨。顧廣圻校稿據《水經注》卷三十三引，於"接"上補"東"字。然可省。有鹽官，在監塗何本作"除"。二溪，一郡所仰。其豪門亦家有鹽井⑩。【又】各本有"又"字。當衍。嚴、甘、文、楊、杜爲大姓⑪。晉初，文立實作常伯，納言左右。楊宗符廖本注云"當作有"。稱武【隆】陵。舊各本皆作"隆"。廖本於此注云："當作'陵'。讀以'楊宗有稱武陵'六字爲一句。《後賢志》及《目錄》'宗'作'崇'。"今按：楊宗事在《大同志》。平吳前任武陵太守，有稱。"隆"字應譌。"符"字未譌，不改。甘寧輕俠殺人，在吳爲孫氏虎臣也。舊各刻本皆以"人"字與"武隆"字連。廖本於此注云:"按,此有誤也。考《三國志·甘寧傳》云:'巴郡臨江人也。'當是人上脫'甘寧縣'三字。"今按:常氏先舉臨江五大姓,下乃以文立、楊宗、甘寧爲之疏證。文、楊不贅縣人字,何得獨施於甘寧?查《甘寧傳》,其人蓋巴地大盜也。然爲孫氏虎臣,著於陳壽《贊語》。常氏標榜人物,偏重忠節孝義。故《巴郡士女》不收趙韙。而此疏證亦不舉嚴顏。於甘寧臧否兼及,而列之舉末。所闕,蓋貶寧語。茲用裴注引韋曜《吳書》,補五字。

平都縣 蜀延熙時省⑫。大姓殷、呂、蔡氏。

墊江縣 郡西北【中】內水舊本盡作"中水"。中水,今沱江。從來各書皆以涪江爲內水。墊江在涪入嘉陵處。當是舊誤作"中"。四百里⑬。有桑蠶牛馬⑭。漢時,龔榮以俊才爲荆州刺史。後有龔揚、趙敏,以元豐本有"以"字。廖本亦有。他本無。令德爲巴郡太守⑮。淳于長寧錢寫本無"寧"字。他各本有。雅有美貌⑯。《函海》作"皃"。古今字。黎、夏、杜,皆大姓也⑰。

樂城縣 在西州江三百里⑱。延熙十七年省。此下,宋明各本皆連,不提行。廖本於各縣名皆提行,下空二格。

常安縣⑲ 亦省。

案:以上分述蜀漢世之巴郡七縣。亦即爲上文晉時"但四縣"句注出所省。(參見圖版3《江州三峽圖》)

【注釋】

①"江州"是巴國舊名。州,即古洲字。漁業民族,水處舟行,氏族聚會皆在洲渚上。故其既建國家,都邑必在江岸平渚,不重山城。惟此地當衆水會合處,合爲其民族的經濟中心。故不能不定都於此。然地皆石山,無洲渚(今世已有中壩爲飛機場,兩千年前則不能有)。其最先就此立邑之地,必在冬笋壩、廣陽壩或蘇家濠等處。後乃漸移就水會中心點,亦必祇在江北之唐家沱處,乃得稱爲"江州"。故傳巴國故事者,少言山水隴畝,而特著龜亭、畜沮與廣德嶼之細小地名。鄧芝爲江州都督,亦治陽關。漢太守又先駐北府城,後乃移治南城。疑

江州之名，初祇施於廣德嶼，漸移於畜沮及陽關。張儀築城以前，巴王所治亦祇在江北嘴，雖非洲渚，仍用江州之名。秦漢郡治徙入石城，亦仍稱曰"江州"。則已失州之義，故李嚴欲以人工鑿山，使水環城，以符江州之稱也。地名之與實際不符者，其原委變易，大率如此。

②塗山在今重慶市南岸，綿亙甚遠。東斷於銅鑼峽，西極於僰溪岸。山頂部平闊，是古塗山氏所居，今云南岸區。對磁極方位言，實爲市區之東北岸；就長江整體言，爲南岸也。前云"江州塗山是也，帝禹之廟銘存焉"，及此所言禹王祠及塗后祠，舊傳在純陽觀、老君洞。據此文，則老君洞又當是張府君祠。云"北水"者，謂山背江之一面，即今市府對岸。北讀如背。"得仙道"，飛升度化，顯爲晉世道教徒之妄説。當是張太守不樂吏務，常至禹廟修養，一但亡去，民遂妄謂其升度作仙耳。

③清水穴，在今"後寺坡"下，俗呼"道門口"。即古江州縣署，故云"縣下"。市地本大磐石層重叠合成，故石罅出水甚清，無雜質。周秦漢晉世，婦女傅面之粉，皆以穀粒細研，水淘提匀後，曝乾爲之（鉛粉、脂粉皆晚出）。水潔清，則濯粉佳，匀細，滑澤，光暉，無臭，著體芳豔。此水製粉佳勝。曾以充貢，故專粉水之稱。"墮林"者，市區雖石山，其頂部原有森林。遠從浮圖關外，達於城内最高處之"打鎗壩"，又下延至"後寺坡"清水穴處。張儀建城後，居民漸多，市肆上延，舊林殘毁。而陡坡處仍斷續保存。自清水穴上望，如山頂森林層層下墮，故曰"墮林"。粉水出此林下，故稱"墮林粉"也。凡泉水，皆待林而旺，亦待林而清。

④荔支園，亦應是橘官所理。故太守（二千石）得取用之。荔支與柑橘，皆亞熱帶水果，栽培須技術，擇土宜，故知其必屬橘官。園當在江北，不能在"縣下"。而繫於縣下者，橘官屬縣，縣隸太守，故太守得使用之。此在法制爲"陋規"，"監守自盜"。在封建士大夫視之，則太守"養老尊賢"之盛事，而樂於傳頌之。

⑤縣北，即今江北縣地。（當時江州縣境實包有今巴、江北、長壽、璧山與綦江、南川之地。農業發展，則惟江北一面。）屬向斜地層之部，爲紅黏土，宜

作稻田與陂池。其陂池，當是巴王時已提倡。初爲養魚，農民則因其水利以種稻。巴亡後，農人漸任陂池澱淤，侵爲稻田。水淺，養魚量小。則種蒲蒻、藺草，爲手工業原料。"御米"謂優種稻米堪進御者，今云香米是也。説明此間種稻未久，稻農已經育成佳種。"蒲蒻"與"藺"，皆水生纖維作物。扁者爲蒲，宜編袋；圓者爲藺，宜織席。

⑥"冠族"，謂已服冠冕而棄椎髻的氏族。此所列江州十一姓，多是中原所無之稀姓，説明其中頗多是少數民族。波姓，漢末有黃巾帥波才，在潁川一帶，與朱儁戰鬥甚久，可以肯定是張脩等巴郡黃巾派去的人。鈗姓，《蜀典》引《巴郡太守張納碑》陰有文學史江州鈗遷。《爾雅·釋地》"南至于濮鈗"（四極），可知鈗與濮同位，都是巴楚地區舊民族的稱呼。母姓，《分巴議》發起人中有江州母成。《蜀典》云："蜀之母氏，係父母之母。而姓氏諸書作平音，讀爲毋，誤矣。……晉有母穉，巴郡江州人。學貫四科。貢于朝。除涪陵令，漢平令，爲夜郎太守。殊俗感其惠化。稚，一作雅。"謝姓，前見涪陵謝本。疑是内地商人定居於巴區者。然姓，《士女目録》有桂陽太守然温，江州人。蓋姓，爲中原舊姓。惟此作"慸"，疑亦土著民族。□楊，《士女目録》有楊汰，巴郡人。《揚雄傳》："楊侯逃于楚巫山，因家焉。楚漢之興也，揚氏溯江上，處巴、江州，而揚季官至廬江太守。"雄自謂揚氏出於晉之楊侯，妄傳其姓出於帝胄。祇可信其祖先原在巫山，更徙巴郡，又後徙蜀之郫而已。本是少數民族，故其字作揚也。《分巴議》有江州陽譽，一作楊譽。楊、揚、陽，舊刻紛自歧異，大抵如揚雄所自述，原皆出於巫山（隋唐人小説《白猨傳》猶稱巫山多楊姓），後徙巴及蜀，所在自别其字也。巫山地連巴山。巴氏即多姓楊，六朝時屢見。白姓，楚有白公勝。白爲其封邑。疑亦百濮之邑名，後遂以爲氏。上官，《元和姓纂》云："楚懷王子蘭爲上官邑大夫，因氏焉。秦滅楚，徙隴西之上邽。"疑亦有西徙入巴地者。程姓，《三國志》有程畿父子，閬中人，疑元亦巴郡人。常爲作者本姓。是否蜀江原常氏亦如郫之揚氏，自巴遷徙入蜀，由於常氏《序志》删去，世系無從判斷。要亦必有聯繫，故志文及之。由於人口不多，故敍列在末也。

⑦"涪陵水"，即巴境"南極黔涪"之黔水，今云烏江。上源出自貴州省西

北威寧與畢節地區，古曰延水。經過多次伏流，閱遵義之烏江渡、思南，至沿河縣入四川界。北流爲龔灘河。過彭水縣，至涪陵縣城下入江。今涪陵爲漢枳縣。今彭水，漢爲涪陵縣。《漢·地理志》牂柯郡鐔縣注，誤爲入且蘭縣之沅水。此由於思南以上有數十里伏流，秦漢人遂誤以爲伏出爲沅也。秦黔中郡境，包括此河全域及沅水上游地方。亦爲《漢志》誤以延水入沅之一原因。

⑧"确瘠"，土薄也。縣境當大背斜層之石灰巖地帶，故土瘠薄，乏農産。然當食鹽入黔水道總會，又是丹漆、木材、礦藥輸出門户，故商業發達早，文化先進，與江州略同。

⑨"臨江"，莽曰"監江"。本以製鹽成邑。古鹽字與臨字、監字常混用。如《漢·地理志》越巂郡姑復縣"臨池澤"，《續漢·郡國志》作"鹽池澤"。此縣在巴與秦，本曰鹽江。漢作臨江，非因其臨江岸。凡巴之邑，無不臨江。此邑雖亦在江岸，不得專臨江之稱也。巴國鹽泉，皆去江岸遠，惟此縣二溪鹽泉去江岸近而旺盛，巴人當發現甚早，兼以水旺面闊，利亞於巫泉，故早得"鹽江"之稱。"枳東四百里"，正是今忠縣位置。特言"接朐忍"者，謂朐忍屬巴東郡，地界鄰接，亦産鹽，而朐忍鹽與臨江鹽皆上行，銷巴、黔地區，故連及之。

⑩監溪，源出梁山南界，經黄金灘又二十里至濬井，爲鹽泉所聚。又十里入大江。江口在忠縣城東十里。塗溪口，在忠東八十里，源出蟠龍山，經白廟場、汝溪場至塗井，又三十里入江。《水經注》云："自縣北入鹽井溪（監溪），有鹽井營户，沿溪注井水。"（此據輯《永樂大典》本，他本作"沿注溪水"，或作"注鹽井溪水"或作"溪水沿注江"。）蓋謂居民掘坑爲井，取溪水注入，蓄以熬鹽。此間溪水，有泉自鹽巖層湧出，含鹽濃度高。過此，則泉水與溪水混而淡薄。故必及其初出，急挹取之，轉蓄入坑（井），以待煎取，昔人不解其事，輾轉誤解其文。此當正也。"鹽官"謂官營鹽場於此，徵用民力，挹泉蓄井以煎鹽。《水經注》所言"營户"是也。此云"其豪門亦家有鹽井"者，謂豪勢之族，就二溪旁作坑，挹鹽泉湧水，畜以煎鹽，與官爭利。非謂遍地人家皆可鑿地取鹽。惟二溪中游地段下有鹽層。則就此地段鑿坑深入，亦可能得鹽水。既達鹽層而無水，則注水以取鹽汁，亦是井法。由當時從事此業之人逐步發明之。四川之筒井

取鹽，係唐代發明。始現於川北之遂寧地區。見宋人《鹽井圖說》。時間去《常志》及《酈注》不遠。可以設想：此監、塗井，由於豪門競利，而其從事者創成鑿井之法。事物發明，皆非偶然。如此等寥寥一語，固當爲探討四川鹽井史者所留意也。

⑪"大姓"與"冠姓"同義。嚴顏爲巴西太守，見《張飛傳》，常氏收入《士女目錄》。此衹舉文立、楊宗、甘寧，不及嚴顏，貶其降也。於甘寧亦兼貶語，是謬詡"春秋之義"的陋習所致。杜姓人物無可舉，疑實王杜濩之族也。

⑫"平都"，《郡國志》劉昭注引《巴記》曰："和帝分枳置。"《太平寰宇記》云："永元三年（91），分枳縣地置平都縣。取界内平都山爲名。蜀延熙中（十七年，見上文），省入臨江。隋義寧二年復置，改爲酆都焉。"平都山在城外，舊傳爲漢陰長生、王方平成仙處。本巴子舊都，《水經注》已傳其爲天師所治。唐杜光庭《洞天福地記》指爲七十二福地之一。有仙都觀，後乃更訛爲陰王都府，遠近朝拜。至近世乃廢。

⑬張澍《蜀典》云："墊江，本作褺江。"引《說文》"褺，重衣也。從衣，執聲。巴郡有褺江縣"證。今按：《漢志》"墊江"："孟康曰：音重疊之疊。"亦可知秦漢本作褺江。今合川縣治東北，嘉陵江會渠河後，折向西流數十里；會涪水後，又復折南，轉東十餘里，乃更折南入小三峽，至重慶入江。譙周謂其水曲折成巴（象巴蛇張口之形）字，是褺江之義也。此猶鹽江之訛爲臨江，閬鄉之訛爲閬鄉，既已歷世通用，便是約定俗成，不可改還。知其命名所由足矣。

⑭此五字，說明自此以北爲農業生產區。自此以南無桑蠶牛馬，惟多工礦、魚鹽，重在商業。是昔人已能劃分巴地爲農業區與工商業區。即今言"川北方山區"與"川東褶曲區"之別也。

⑮龔榮見《分巴疏》，時爲郡掾。《目錄》稱"文學掾"。此云"荊州刺史"，可互補。龔揚、趙敏，以本郡人作本郡太守。漢世如朱買臣爲會稽太守，曾有前例。然不常見。故云"以令德"，明其能服郡人，故爲郡守。然亦惟漢末亂世有此耳。

⑯淳于長寧，不見《士女目録》。此稱其"雅有美貌"，謂世人重其儀表風度（讀爲"寧雅有美貌"者非）。《吳志·諸葛恪傳》裴注引虞喜《志林》，有"往聞長寧之甄文偉"句。《通鑑注》謂"長寧，蜀人也"。蓋蜀漢時人，費禕之師友。淳于，中原舊姓。

⑰龔、趙、淳于，與黎、夏、杜，皆墊江大姓。已舉其人，即不更舉其姓。《目録》有日南太守黎景，墊江人。夏、杜二姓無聞人。

⑱樂城廢縣址，《一統志》謂在長壽縣西一百里之洛磧；徒緣字音推測，未考《常志》文義。常云"西州江"者，謂重慶以上之長江。舟人稱長江爲"州江"，自江州以上稱西州江。"三百里"，應在今江津尤溪附近。今璧山、永川、江津，皆當是故樂城縣地。本書《江陽郡》"符縣"："東接巴蜀（郡）樂城。"足爲證。

⑲常安縣位置，無資料可推。"亦省"，謂與樂城同時省。延熙十七年（254）省三縣。平都省還臨江，樂城省還江州，皆已定。常安當在江州與枳縣間，轄境爲今長壽、鄰水兩縣地。故城在今洛磧附近。或即是今長壽縣治。若然，則本是分江州置，仍當省還江州。亦可能遂省入枳縣，當再考。

十二

巴東郡，先主入益州，改爲江關都尉①。建安二十一年，以朐忍、魚復、此下錢寫本有空格，明有脱字。《函海》本與顧廣圻校稿并謂是"漢豐"字，按後文，當是。《函海》注謂"劉、吳、何、李本無空位"，蓋誤以宜都爲縣，成六數也。漢豐、羊渠、此下，張、吳、何、王本有小注云："按《晉志》，巴東郡有宕渠。"何焯過録元豐本泐之，是。宕渠在巴西郡。及宜都之巫、北井六縣爲固陵郡②。武陵康立爲太守，治故陵溪會。何焯校元豐本，此下有五空格。當是原有"郡治固陵邑"，或"治羊渠水會"五字，嘉泰本以治不在縣闕之。太守治不在縣，古曾有之。故補。又，《函海》本"爲"字下注云："似宜加'漢豐'二字。"原在"魚復"字下，重刻時誤寫於此也。章武元年，朐忍徐【惠】慮、據錢本改。魚復蹇機，以失巴名，上表自訟。先主聽復爲巴東。南郡輔匡宋、清并避廟諱缺筆。爲太守。先主征吳，於夷道還，薨斯郡。以尚書令李嚴爲都督，造設圍戍。嚴還江州，征西將軍汝南陳到爲都督③。到卒官，以征北大將軍南陽宗預爲都督④。預還，内領軍襄陽羅獻爲代。蜀平，獻仍其任，拜淩江將軍，領武陵太守。《三國志·吳書》、《晉書》并作"羅憲"。又"淩江"，《晉書》作"陵江"。劉、張、吳、何、《函海》本作"淩江"。

泰始二年，當作"延熙元年"。按《吳書·孫休紀》"永安七年，進兵巴東"。即魏滅蜀年也。《晉書·羅憲傳》"泰始初入朝"，在敗吳師後。《通鑑》不誤。吳大將步闡、《吳書》作"步協"。當是闡受命，以弟代行。唐咨攻獻，獻保城。咨西侵至朐忍。故蜀尚書郎巴郡楊宗告急於洛，未還，獻出擊闡，大破之。闡、廖本無此字，他各本俱有。咨退，獻遷監軍、假節、安南將軍，封西鄂侯。入朝，加錫御蓋朝服⑤。吳武陵太守孫恢寇南浦，安蠻護軍楊宗討之，退走。獻因表以宗爲武陵太守，住南浦；誘岬武陵蠻夷，得三縣初附民⑥。獻卒，以犍爲太守天水楊攸爲監軍。攸遷涼張、吳、何、王本作"梁"。州刺史，朝議以唐彬及宗爲代。【晉】當衍，晉人在晉朝舉晉年號，不當贅"晉"字。惟如是，其在蜀撰《巴漢志》舊文，乃當有。武帝問散騎常侍文立曰："彬、宗孰可用？"立對曰："彬、宗俱立事績，在西不可失者。然宗才誠佳，有酒嗜。彬亦其人，性在財欲。惟陛下裁之。"帝曰："財欲可足，酒嗜難改。"遂用彬爲監軍，加廣武將軍⑦。

迄吳平【巴東】二字舊各本同有。是舊鈔衍。後，省羊渠【置】入南浦。按上下文，晉初已有南浦縣，何待平吳後置？考羊渠是蜀漢舊縣，建興八年曾經改名南浦，見沈約《宋書·州郡志》。本書言孫恢寇南浦，即此羊渠改名之南浦。經楊宗擊退後，乃分爲羊渠、南浦二縣，羊渠仍故治，南浦則徙治長江岸，爲武陵太守楊宗所住，今云武陵鎮是也。既平吳後，晉武陵太守移就吳武陵郡治，南浦還屬巴東郡，故省羊渠入南浦，南浦縣治亦北徙百五十里即今萬縣市處。故萬縣舊名南浦。今長灘井地區即晉羊渠縣地，仍屬萬縣。是定此"入南浦"一"入"字的明證。《水經注》曾稱羊渠爲"南浦故縣"，又云"南浦僑縣"，亦皆是"省羊渠"，其地必入南浦的旁證。【晉】當衍，同上。太康初，將巫、北井還建平⑧，但五縣。顧廣圻校稿改作"四縣"。廖本未改而注云"當作'四'"。今按：巴郡列省縣樂城、常安。則此亦當列羊渠爲五縣也。去洛二千五百里，東接建平，南接武陵⑨，西接錢寫脱此二字。他各本有。巴郡，北接【房陵】上庸。舊各本皆作"房陵"。查《漢志》但有房陵縣，屬漢中郡。本書《漢中志》"漢末以爲房陵郡"。同時仍有上庸郡。魏改房陵爲新城郡。《晉志》新城郡統房陵等四縣，與本書同。考其地皆在建平、上庸兩郡之東，不與巴東郡境相接。此"房陵"字，應是"上庸"乃合。原書已誤作"房陵"。其屬有仿《巴郡總序》增。奴、獽、夷、蜑之蠻【民】⑩。

【注釋】

①江關都尉，前漢已有。治魚復。此云"改"者，承上文"以固陵爲巴東"句，謂降郡爲都尉領也。秦制，郡置守、丞、尉各一人。守治民，丞佐之，尉典

兵，備盜賊。漢景帝中二年，更名守曰太守，尉爲都尉。太守秩二千石，月受俸百二十斛。都尉比二千石，月百斛。前漢腹郡有都尉，多不與太守同城。邊郡每有農都尉、關都尉、屬國都尉。後漢省各郡都尉及關都尉，并其職於太守。"唯邊郡往往置都尉及屬國都尉，稍有分縣，治民比郡"（《後漢書·百官志》）。劉璋以涪陵、丹興、漢髮三縣爲巴東屬國都尉，劉備以巴東爲江關都尉，皆"有分縣，治民比郡"之例也。

②郡治原在故陵，故稱固陵郡。《水經注》："江水又逕魚復縣之故陵。舊郡治故陵溪西二里故陵村。……又東爲落牛灘，逕故陵北。江側有六大墳。庾仲雍曰：'楚都丹陽所葬。'亦猶枳之巴陵矣。"今按：故陵鎮今猶舊名。其六墳，蓋巴王族之墓。楚王墓不當在此。前已辨（在 10 章之注④）。

宜都郡，沈約《宋書·州郡志》云："魏武平荆州，分南郡枝江以西爲臨江郡。建安十五年，劉備改爲宜都。"其郡治即今宜昌市，本秦夷陵縣。吳曰西陵，《吳錄》謂"蜀昭烈皇帝立宜都郡于西陵"是也，原轄有夷陵、巫、秭歸、夷道、佷山等舊縣，分郡時更析置有新縣。北井在今巫山縣大寧鹽場。蓋即此時分巫山置（詳 13 章之注⑰）。劉備置固陵郡時，與巫同劃入固陵郡。時蜀與吳爭荆州，備欲以鹽制荆，故以二縣劃入固陵。二縣之東爲長百餘里之巫峽，俾吳人不易襲奪也。

③陳到字叔至，忠勇與趙雲齊名。《三國·蜀志》無傳。有小傳附見《楊戲傳》之《季漢輔臣贊注》。李嚴代至，在建興四年（見《李嚴傳》）。

④宗預，《三國·蜀志》有傳。唐百川《校箋》，謂陳到卒官在延熙十年。《預傳》"延熙十年爲屯騎校尉"。追再使吳還，"遷後將軍，督永安。就拜征西大將軍"。非以征北大將軍出督。"景曜元年，以疾徵還成都。"再使吳當在延熙十二年姜維出軍雍州時，還乃督永安。應是《常志》與唐《箋》并未凖。又本書《後主紀》景曜元年，"征北大將軍宗預自永安徵，拜鎮南將軍，領兗州刺史"。是征北不誤。《陳志·預傳》云"征西"，乃誤。

⑤羅獻降晉拒吳軍事，載《吳書·孫休紀》、《晉書·羅憲傳》與《通鑑》，字俱作"憲"。《通鑑》記述最允當。茲録其文，附注《吳書》、《晉書》異

文，藉以是正《常志》：

《通鑑》咸熙元年（264）二月："初，劉禪使巴東太守襄陽羅憲將兵二千人守永安，聞成都敗，吏民驚擾。憲斬稱成都亂者一人，百姓乃定。及得禪手敕，乃帥所統臨于都亭三日。吳聞蜀敗，起兵西上。（《吳書》永安七年"二月，鎮軍〔將軍〕陸抗，撫軍〔將軍〕步協，征西將軍留平，建平太守盛曼，率衆圍蜀巴東守將羅憲"。《晉書》作"遣將軍盛憲西上"。）外託救援，內欲襲憲。憲曰：'本朝傾覆，吳爲唇齒，不恤我難而背盟徼利，不義甚矣。且漢已亡，吳何得久，我寧能爲吳降虜乎！'保城繕甲，告誓將士，厲以節義，莫不憤激。吳人聞鍾、鄧敗，百城無主，有兼蜀之志；而巴東固守，兵不得過，乃使撫軍步協率衆而西。（《晉書》作"吳又使步協西征"。）憲力弱不能禦，遣參軍楊宗突圍北出，告急於（魏）安東將軍陳騫，又送文武印綬、任子詣晉公（《晉書》作"乃歸順"，在"及鍾會、鄧艾死"句前）。協攻永安，憲與戰，大破之。吳主怒，復遣鎮軍陸抗等帥衆三萬人增憲之圍。（《晉書》作"孫休怒，又遣陸抗助協"。）……憲被攻凡六月（《晉書》作"拒守經年"）。……五月……救援不到，城中疾病太半。或說憲棄城走，憲曰：'吾爲城主（《晉書》作"夫爲人主"），百姓所仰；危不能安，急而棄之，君子不爲也，畢命於此矣！'陳騫言於晉王，遣荆州刺史胡烈將步騎二萬攻西陵以救憲。（《晉書》不言陳騫，但云"會荆州刺史胡烈等救之"。）秋，七月，吳師退。晉王使憲因仍舊任，加陵江將軍，封萬年亭侯。"（《晉書》云："加陵江將軍、監巴東軍事、使持節，領武陵太守。泰始初入朝……六年卒，贈使持節、安南將軍、武陵太守，追封西鄂侯。"）按魏晉、隋唐人重私諱。著書人恒有因私諱改易文字者。羅獻、羅憲，陵江、淩江，盛曼、盛憲，未能決定孰爲正字，故并仍之。

⑥漢武陵郡治沅陵，所轄爲今湘西北與川、黔、鄂四省交錯的少數民族，即所謂"五溪蠻"夷地。吳、蜀分荆州，郡屬蜀。關羽敗死，郡入於吳。劉備征吳，遣馬良往招撫其人助蜀。備敗還後，其人猶屢叛吳。吳亦屢征討之。其太守恒挾重兵，每北上爭蜀鹽泉。此言"孫恢寇南浦"（謂羊渠故縣），即其一例，羊渠以產鹽故，孫皓時曾被吳佔領。《沈志》引何承天說云"吳立"，蓋謂吳軍佔領

此鹽場，晉軍與南浦縣民退守江岸，吳因舊名復立羊渠縣也。其時或即是此次孫恢入侵時。羅憲爲爭鹽泉，乃以楊宗率軍討之。既逐吳軍，乃分立南浦與羊渠爲二縣，合黔陽、䣕陽爲武陵郡，與吳武陵郡對抗。宗住江岸之南浦。轄地初僅沿江一縣。賴宗能誘致三縣夷蠻附晉，以四縣爲郡也。"三縣初附民"，謂既陷於吳之羊渠縣，復附於晉，爲新附。又吳武陵郡之黔陽、䣕陽二縣民受楊宗招撫，爲初附，合爲三縣。《沈志》"巴東䣕陽縣"云："晉未平吳時，峽中立武陵郡，有䣕陽、黔陽縣。咸寧元年并省。"所謂"峽中立武陵郡"，即治南浦之武陵郡。巴東郡在峽首，故此被稱爲峽中也。

⑦文立，本書《後賢志》及《晉書》有傳。唐彬後預平吳之役，《晉書》有傳。

⑧宜都郡，原領西陵（即夷陵）、夷道、佷山、秭歸、巫、北井六縣。劉備劃巫、北井入巴東後，但四縣。惟亦每有新增。劉備伐吳敗還後，永安以東皆入於吳。吳宜都郡復得巫、北井二縣。巫鹽至關重要，故孫權擊滅關羽後，曾分巫、秭歸二縣爲固陵郡（見《潘璋傳》）。尋省。孫休永安三年（260），再分宜都西部置建平郡（《吳書·孫休紀》），領巫、秭歸、信陵、興山、沙渠、建始七縣，治巫。（吳增僅《三國疆域表》祇收前六縣，不收北井。誤。）二縣本屬建平，而云"還建平"者，蓋滅吳前曾取得此二縣以屬巴東。吳建平太守退住秭歸。平吳後，以二縣仍屬建平郡也。

⑨此武陵，指兩漢及吳之武陵舊郡。治沅陵。轄境在羊渠、南浦二縣之南。晉平吳省羊渠時，南浦之武陵郡亦罷，太守楊宗亦徙治沅陵矣。

⑩四種蠻民已詳三章。巴東無濮、賨、苴、共也。

十三

魚復縣① 郡治。公孫述更名白帝。章武二年，改曰永安②。咸熙初復③。有橘官，鹽泉④。又有澤水神，天旱，鳴鼓於旁即雨也⑤。巴楚相攻，故置江關，舊在赤甲城，後移在江南岸，對白帝城故基⑥。依《後漢書》注引《華陽國志》文補。

朐忍縣⑦ 郡舊本無此字，廖本有。西二百九十里。水道有東陽、下瞿數灘⑧。山有大、小石城勢⑨。張，吳，何本作"并"。故陵郡舊治，有巴鄉名酒、靈壽木，此下廖本注云："當有'橘圃'二字。《水經注》引不誤。"橘圃、鹽井、顧廣圻校稿删此二字。云："《水經注》三三，無鹽井字。"然湯溪鹽井正屬此縣。靈龜。湯溪鹽井，粒大者方寸。并據《水經注》補。咸熙元年，獻靈龜於相府⑩。大姓扶、先、徐氏⑪。漢時有扶徐，功在荆州，著【石】名《楚【訪】記》⑫。宋槧作"扶徐荊州，著石楚訪"八字。有注云："'著石楚訪'四字未詳。"明清各本因之。讀者莫識其義。顧廣圻校稿謂是"著名《楚記》"。廖本從以入注，俱未能詳其說。茲考扶徐即《後漢書·度尚傳》之"抗徐"。《楚記》爲《荊州記》之別稱。"名"、"石"二字形似易混。"扶"、"抗"二字亦易混。此謂縣人扶徐，立功于荊州，爲楚人方志所稱道耳。其屬有弜頭白虎復夷者也⑬。

漢豐縣⑭ 建安二十一年置。在郡西北彭溪【源】原。舊各本作"源"。縣距溪源數百里。皆行山谷，惟縣治處爲小平原。故改作"原"。

南浦縣 郡南三百里⑮。晉初置武陵郡，主夷。各本"置"接"主夷"字。張、吳、何、王本作"主夷郡"。今按：《宋書·州郡志》蜀漢時已有南浦縣，非晉置。此云"晉初置武陵郡主夷"，非縣無漢民也。但郡守楊宗職在撫夷耳。

郡與楚接，人多勁勇，少文學，有將帥材。此郡字亦承"武陵郡"言。劉、廖本提行，錢、《函》本空格，張、吳、何、王本重"郡"字，俱非。楊宗爲武陵太守，初祇寄居南浦。故稱縣爲郡也。

羊渠縣⑯　漢末置。平吳後省入南浦。

巫，北井　還屬建平郡⑰。

案：以上巴東郡屬縣，訛脱最多，舊寫、校、刻者皆忽之。兹補七十八字，改一字，校正數處。

【注釋】

①魚復，秦舊縣。故城在白帝山下瀼溪平原上，今云下關城是也。《水經注》："江水又東，逕魚復縣故城南，故魚國也。《春秋左傳》文公十六年，庸與群蠻叛楚，莊王伐之，'七遇皆北。惟裨、儵、魚人逐之'是也。"按：秦漢謂免徭役爲復。此魚復，與越巂郡之姑復，及涪陵郡之漢復，皆以鹽泉所在置縣而名復。疑是因重鹽工，免其徭戍，專事鹽役，故名。

②魚復故城，東南爲白帝山臨江，對灩澦堆。公孫述築城其上，爲江關都尉治。公孫述自號白帝，故曰白帝城。蜀漢先主征吳敗還，駐此城，扼拒吳師，改名永安。後遂爲巴東郡治。《水經注》："巴東郡治白帝山城，周迴二百八十步。北緣馬嶺接赤岬山。其間平處，南北相去八十五丈，東西七十丈。又東傍東瀼溪，即以爲隍。西南臨大江，闞之眩目。惟馬嶺小差委迤，猶斬山爲路，羊腸數轉，然後得上。"此言白帝城險勢如實。又云："江水又東逕南鄉峽東，逕永安宫南，劉備終於此，諸葛亮受遺處也。其間平地可二十許里，江山迥闊，入峽所無。城周十餘里，背山面江，頹墉四毁，荆棘成林。左右民居多墾其中。"此言魚復故城也。前者蓋取自晉初人庾仲雍《荆州記》，即《楚記》；後者蓋取自齊梁時人盛弘之《荆州記》，或李膺《益州記》。皆走訪親見景象，適爲《常志》注脚。

③此復，謂太守復還魚復舊城。蜀地已定，當就平地，便民事也。縣名亦由永安還名魚復。《寰宇記》云："晉太康中，復永安爲魚復。"謂在平吳後，時間微異。

④魚復橘官已見《漢志》。今尚以產柚著名，世稱"夔府柚子"。柑之小者爲橘，大者爲柚。補"鹽泉"二字者，魚復江南，峽口外有洲，人稱鹽磧，從古產鹽。魚族依之建國。江水夏秋没磧，惟冬春可煎。鹽工候江落磧出時，於泉上搬去石磧爲堆，乃得鹽水。歲歲爲之，泉水與磧堆不變。過舟者不知其故，妄傳爲諸葛亮布置之八陣圖。其事當辨也。《寰宇記》引《荆州圖副》云："永安宮南一里，渚下平磧上，周迴四百十八丈，中有諸葛武侯八陣圖。聚細石爲之，各高五尺，廣十圍。歷然碁布，縱橫相當。中間相去九尺。正中開南北巷，悉廣五尺。凡六十四聚。或爲人所散亂，及爲夏水所没，冬水退，復依然如故。"又"八陣圖下東西三里，有一磧，東西一百步，南北廣四十步。磧上有鹽泉，井五口，以木爲桶。昔常取鹽。即時沙壅。冬出夏没。"續引盛弘之《荆州記》云："壘西聚石爲八行，行八聚。聚間相去二丈許，謂之八陣圖。因曰'八陣既成，自今行師，更不復敗'。八陣及壘，皆圖兵勢，行藏之權，自後深識者所不能瞭。桓温伐蜀經之，以爲常山蛇勢。"世人妄傳諸葛神奇如此。夫江水力能轉運巨石，安得武侯陣圖細石堆遂不可移乎？知磧下鹽泉，足破其妄矣。

⑤《水經注》引作："常璩曰：'縣有山澤水神。旱時鳴鼓請雨，則必應嘉澤。'《蜀都賦》所謂'應鳴鼓而興雨也'。"《寰宇記》謂爲"龍池"，在白鹽山半。

⑥魚復爲"江關都尉治"，亦見《漢志》。《後漢書·公孫述傳》：建武六年、九年，兩度出軍江關。章懷注亦兩引《華陽國志》此二十五字，并謂"故基在今夔州魚復縣南"。赤岬城者，在白帝城東隔溪赤甲山上。《水經注》："江水又東，逕赤岬城西。是公孫述所造。因山據勢，周迴七里一百四十步。東高二百丈，西北高千丈（按，皆謂距江面高），南連基白帝。山甚高大，不生樹木。其石悉赤。土人云：'如人袒胛，故謂之赤胛山。'《淮南子》曰'徬徨于山岬之旁'，注曰：'岬，山脅也。'"今按：夔人呼此山爲"桃子山"，其最高處曰"火焰山"，俱狀其色。相對南岸爲白鹽山，有白色巨崖在瞿唐峽南岸之西端，故杜詩曰"赤胛白鹽相對開"。瞿唐峽，《水經注》曰"廣溪峽"，并云："斯乃三峽之首也。其間三十里，頹巖倚木，厥勢殆交。……中有瞿唐、黄龕二灘，夏水

迴復，沿泝所忌。"瞿唐灘，在峽西口當灩澦堆處（灩澦堆今已炸毀）。亦即南北兩關之間，峽以灘名。宋人又稱之爲"黑石峽"。五代時前蜀萬州刺史張武，請於此灘上作鐵絙爲梁，通兩岸，絶江以備東師，謂之"鎖峽"（見陸游《入蜀記》）。明太祖伐夏，明昇將咎萬壽亦如此鎖峽以拒廖永忠。見《明史·永忠傳》。故世稱"瞿唐天下險"也。

⑦朐忍音義，張澍《蜀典》引列頗多。於音不出蠢閏與朐忍兩讀，於義則主段玉裁説。段注《説文》引《十三洲志》謂："即丘引，今俗云曲蟺也。"今按：蚯蚓隨處多有，不得爲此縣特稱。此縣特點，在溪水中湧起鹽泉。查《漢志》縣名，有齊郡臨朐，東萊郡臨朐，兩縣皆無朐水，而近海。東海郡有朐縣，亦近海，産鹽。東萊臨朐"有海水祠"。東海朐縣有"秦始皇立石海上，以爲東門闕"。凡漢縣稱臨而王莽改稱監者，皆産鹽之地，無例外。則所謂朐者，齊語海水之義，亦即謂煎鹽之水也。忍者，騰突而不外著之意。是謂溪中鹽泉潛湧之狀耳。蓋齊人所命名也。朐忍故城本在雲陽萬户壩，即鹽泉所在處。後乃徙至湯溪口外大江北岸，即今雲陽縣治，去故治（今日雲安鎮）四十餘里。下云"郡西二百九十里"，即就萬户壩故治言。今縣距魚復祇二百四十餘里（《寰宇記》云二百四十三里）。

⑧東陽灘，今舟人猶呼"東洋子"，在雲陽縣東六十里。《水經注》作"東陽灘"，云："江上有破石，故亦通謂之破石灘。苟延光没處也。"東洋子下游十餘里，當故陵鎮西北，復有灘曰"猫磯子"，江中有巨石如蹲虎，亦著名險灘，舟人恒與東陽子連稱；《水經注》曰"落牛灘"。疑即此書之"下瞿灘"也。《水經注》在東陽灘前，已敍述"下瞿灘"，其文云："江水又東巡瞿巫灘，即下瞿灘也。又謂之博望灘。左則湯溪水注之……名曰湯口。"今雲陽縣東郭湯溪口外有灘，不甚險，即所謂"瞿巫"，或"博望灘"。酈氏蓋因瞿字，誤爲"即下瞿灘"，實非常氏所言"下瞿"。下瞿，正對上瞿（瞿巫）爲稱。瞿者，鷹隼怒視貌。疑瞿巫亦因有巨石怒立，故稱上瞿灘。因在雲陽近郊，被人工鑿去，故已非險灘。凡灘，皆出於堅硬巖層横江處，祇從淺漕暴水過舟，暗礁、露石縱横其間，故爲舟人所患。雖因江水刻削，古今夷險或有變化，其所在地位則不能變。

故古地書所記，易與今日實況勘合。《酈注》雜取漢、魏、晉、齊人書以敍江水。其所推斷每有未當者，亦易辨。

⑨漢東人呼山爪爲勢（例如通關勢、興勢、急勢）。蓋濮人古語，故巴地亦有此稱。此云"石城勢"，《一統志》云："石城山，在雲陽縣東二里。"引《方輿勝覽》云："在岷江（指大江）北岸，相去一里。"則所指爲湯口東之向家營山也。又云："天城山在萬縣西五里，四面削立如堵，惟西北一逕可登。一名天生城。相傳漢昭烈曾于此駐兵。即《華陽國志》所云小石城山也。"天生城爲一奇險之山爪，今已包入萬縣市內。在秦漢，其地屬胊忍縣。

⑩舊刻此段脫亂甚大。舉縣特產，已及靈壽木與靈龜，不能無橘官、鹽與巴鄉名酒。《水經注》：江水"又東爲落牛灘，逕故陵北……江之左岸有巴鄉村。村人善釀，故俗稱'巴鄉清'（酒名），郡出（"審"當作"之"）名酒。"故陵即固陵郡治，已詳12章之注②。故陵溪，一曰巴鄉溪，自龍駒壩南山中出，穿南鄉峽入江。《酈注》續云："村（故陵村）側有溪。溪中多靈壽木。中有魚，其頭似羊，豐肉少骨，美於餘魚。溪水伏流，逕平頂山內（謂山峽），通南浦故縣陂湖。其地平曠，有湖澤，中有菱芡鯽雁，不異外江。凡此等物，皆入峽所無。地密惡蠻，不可輕至。"《寰宇記》引盛弘之《荊州記》曰："南鄉峽西八十里有巴鄉村。蓋善釀酒，故俗稱巴鄉酒也。村旁有溪，溪中多靈壽木。"又引《輿地志》曰："永安宮西有南鄉峽。峽西八十里有溪。溪中有靈壽木。"皆謂故陵西南巴鄉村有名酒與靈壽木。

"橘圃、鹽井"并見《漢志》（原云橘官、鹽官），《水經注》於湯口、破石灘下，引常璩曰："水道有東陽、下瞿數灘，山有大小石城勢，靈壽木及橘圃也。"不及鹽井者，鹽井另有專條。其注湯溪（即《漢志》之容毋水）云："水源出縣北六百餘里上庸界（大巴山），南流歷縣。翼帶鹽井一百所，巴川資以自給。粒大者方寸，中央隆起，形如張繖，故因名之曰'繖子鹽'。有不成（繖）者，形亦必方，異於常鹽矣。"又引王隱《晉書·地道記》曰："入湯口四十三里，有石（當作"泉"，下同），煮以爲鹽。石大者如升，小者如拳，煮之，水竭鹽成。"謂雲陽鎮之鹽泉，質純，結晶條件佳，得鹽晶之正，如今世之海鹽粒大，異於他井煎得之細鹽也。

靈龜，即涪陵郡之"山有大龜"。故陵西溪，一名陽溪，即今龍駒壩之陽溪，與長灘井河并行，源出涪陵界。溪產大龜，故一名"龜溪"。《水經注》："江水又東，右得將龜溪口。《華陽記》曰：'朐忍縣出靈龜，咸熙元年，獻龜於相府'，言出自此溪也。"《三國志·魏書四·三少帝紀·陳留王奐》："二年，春二月甲辰，朐䏰縣獲靈龜，以獻。歸之於相國府。"時晉王司馬炎為魏相國，專國政。常氏云"元年"，赴獻時也。《魏書》言二年，獻至時也（參看《涪陵郡》14章之注⑧）。

⑪扶氏，為湯溪鹽泉附近之土著。漢世有扶嘉者，《蜀典》引《西京雜記》云："朐忍人也。初，嘉母於湯溪水側遇龍，後生嘉，巧發奇中。高祖為漢王時，與嘉相遇。嘉勸定三秦，高祖以嘉志在扶翼，賜姓扶氏。為廷尉，食邑朐忍。"朐忍人傳湯溪鹽井是嘉所開，至今祀之。

先氏是中原舊姓。春秋時晉有先軫。漢時，江陽有孝女先絡。疑是中原有先氏營鹽業來朐忍落户。商營所至，有居江陽者也。朐忍徐氏，上文已有徐慮。蕭梁時巴東徐世譜，領鄉人事梁元帝於荊州，以討侯景功，封魚復縣侯。江陵陷，東下依陳霸先。天嘉四年卒。弟世休，以功封枳縣侯。《陳書》有傳。

⑫扶徐，考即《後漢書·度尚傳》之"抗徐"。《范史》字譌也。《傳》云："時（延熹五至七年）抗徐與尚俱為名將，數有功。徐字伯徐，丹陽人。鄉邦稱其膽智。初試守宣城長，悉移深林遠藪椎髻鳥語之人置於縣下。由是境內無復盜賊。後為中郎將宗資別部司馬，擊太山賊公孫舉等，破平之，斬首三千餘級。封烏程東鄉侯，五百户。遷太山都尉。寇盜望風奔亡。及在長沙（長沙太守），宿賊皆平。卒於官。桓帝下詔追增封徐五百户，并前千户。"按同卷《馮緄傳》："時長沙蠻寇益陽，屯聚積久。至延熹五年，眾轉盛。……荊南皆沒。於是拜緄為車騎將軍，將兵十餘萬討之。……軍至長沙，賊聞，悉詣營道乞降。進擊武陵蠻夷。……荊州平定。"是役度尚以荊州刺史率軍從征。"出兵三年，群寇悉定。"（《尚傳》）七年，荊州兵朱蓋、桂陽胡蘭等相結叛亂。尚復"與長沙太守抗徐等發諸郡兵并執討擊，大破之。"（《尚傳》）是徐任長沙太守，適在緄班師後。蓋

緄留徐與尚各將本兵，以牧守辦理善後。因克平七年之亂也。緄，宕渠人，自順帝末，持節督揚州諸軍事，屢立軍功。歷隴西、遼東太守、京兆尹，"所在立威刑"。（《緄傳》）此次南征五溪，平之。上述程苞對云"車騎將軍南征，雖授丹陽精兵，亦倚板楯"。蓋緄之能所在有功者，實賴所率板楯武士。扶徐實以鄉人從征。平揚州時，徐已有功，與度尚分領丹陽精兵。此時從征，官至長沙太守，更平朱蓋、胡蘭，爲楚人所稱頌。故曰"功在荊州，著名《楚記》"。《范史》不意朐忍能有其人，又知緄所領多丹陽兵，而徐是其舊部曲，遂誤以徐爲丹陽人，并譌扶爲"抗"也。程苞云"亦賴板楯"，謂徐是板楯人也。

⑬ "白虎復夷"、"弜頭虎子"，已詳第五章。殺白虎在此縣。曹操所封三寳邑侯，其一亦在此縣（清末農民耕地得"寳邑侯"金印在此縣境）。

⑭ 漢豐故縣治在今開縣城南，清、彭二水會口之河原上。《寰宇記》，"漢豐縣""蜀先主建安二十一年於今縣南二里置"是也。《水經注》云："江水又東，彭水注之。水出巴渠郡獠中，東南流，逕漢豐縣東，清水注之。水源出西北巴渠縣東北巴嶺南獠中，即巴渠水也。西南流至其縣。又西入峽，檀井（當作"湯井"）溪水出焉。又西出峽，至漢豐縣東，而西注彭溪，謂之清水口。彭溪水又南，逕朐忍縣西六十里，南流注於江，謂之彭溪口。"此文與今地理全合。所謂彭溪，源出宣漢、開縣界間之八廟場地界。八廟場，後魏置巴渠郡。時山中皆獠民。故曰："源出獠中。"清水，今曰溫湯井河，在東，亦出獠山中，南流過巴渠縣（故址在今譚家壩），有溫湯井。溫泉水可煮鹽，具硫磺氣，鹽味惡，從來或煮或閉，僅夷獠人食之。此處南北各約十里内，岸山偪促，舊稱溫湯峽。劉宋置巴渠縣於此。隋改萬世縣，入元乃廢。漢代於峽外置縣曰漢豐，蓋亦由有此鹽泉也。自此井至開縣五十餘里。二水會，南經養鹿、渠馬、高陽、黃石諸場鎮，至雙江鎮入江。舟人稱彭溪爲小江，亦有舟運之利。養鹿鎮附近亦是峽江，古漢豐與朐忍，今開縣與雲陽，均分界於此。

⑮ 南浦縣如在武陵鎮，則距魚復當倍於朐忍與魚復之道里，即六百里。如在長灘井，則三百里亦合。如在今萬縣市，則當爲四五百里。晉世省羊渠後，南浦亦已徙治。故當爲"五百里"。然徙縣應在郡治西，唯長灘井得云郡南。或是用

舊檔稱三百里。故亦不改其字。

⑯羊渠縣治，在今萬縣江南八十里龍駒壩。所轄長灘井，亦巴東鹽泉之一也。其地位於大江與七曜山脈兩并行綫間，西距武陵鎮百五十里，東距雲陽鎮百四十里，有兩大溪流并行，俱穿重峽東北流至雲陽東南故陵村附近入江。其西一溪，《水經注》謂之南集渠，又曰陽溪。一曰羊渠，別條又曰陽元河，今云長灘井河是也。注云："江水又東，會南北集渠。南水出涪陵縣界，謂之陽溪。北流逕巴東郡之南浦僑縣西。溪硤側鹽井三口，相去各數十步。以木爲桶，徑五尺（謂以桶縮鹽泉水，使不與溪水混）。脩煮不絕。溪水北流注于江，謂之南集渠口，亦曰于陽溪口。"別條云："江水又東，右合陽元水。水出陽口縣（口當作"井"，謂鹽井）西南高陽山東。東北流逕其縣南。東北流，丙水注之。……又東北流注于江，謂之陽元口。"二者實爲一溪，由得自不同時之兩種資料而并存之。陽井縣，蓋羊渠縣廢後，復置改名。故城在今龍駒壩。在故陵溪與南集渠間，爲一高原平壩。長灘井地勢狹促，不適置縣，故縣治定于此。酈氏所云，"南浦故縣"，"南浦僑縣"，與"陽元縣"，及羊渠縣治，俱當在此。羊渠人相傳：鹽井爲"羊龍於此舐地不去，啓人作井。故曰羊渠"。蜀改羊渠曰南浦。已而復分爲羊渠、南浦二縣。晉初省羊渠入南浦，仍爲一縣。其後蜀亂，南浦人流奔於此，曾置僑縣。後魏得蜀地，以朐忍、羊渠、漢豐故地與南浦縣爲安鄉郡，隋改曰南州。治南浦。時則南浦已徙在今萬縣市矣。羊渠故地，至今仍屬萬縣。《沈志》謂"羊渠縣，吳立"者，謂吳於蜀亡後，孫恢自武陵來爭此鹽泉，復立蜀時省併於南浦之羊泉縣。未知漢末已有此縣矣。

⑰巫、北井二縣，本楚巫郡。秦滅楚，併巫於黔中郡。漢廢黔中郡，以巫以上沿江南北地縣邑屬巴郡，五溪諸縣邑爲武陵郡。後漢以巫屬南郡。漢末，劉備分南郡西部六縣置宜都郡，治夷陵。同時分巫之北境爲北井縣，與巫還屬巴東。備征吳，敗還白帝，巫、北井二縣爲吳所奪，還屬宜都。孫休又分宜都西部爲建平郡，治巫，後徙秭歸，轄巫、北井、秭歸、巴東、興山、沙渠等縣。晉平吳，建平郡如故。李雄時，遣李壽、費黑、任邵取巴東，奪建平郡。於是李雄以三巴故地置荆州，以李恭爲刺史（并見本書卷九）。桓温平蜀，巴地還屬梁

州，建平郡還屬荊州。常氏先撰《蜀漢書》，本有荊州，及建平郡。與梁、益、寧共四州爲四篇。後降晉，乃更名爲巴、漢中、蜀、南中四篇。并從《巴志》剔去建平郡，以協晉制。然其《巴東郡序》，仍述及此二縣。則按常例，志其屬縣時，存、省俱當收列。故更補八字如例，并注二縣如次：

巫縣。古巫㦱之國（《山海經》）。楚置郡。秦爲縣，屬黔中郡（《寰宇記》）。漢廢黔中郡，以巫以上沿江縣邑隸巴郡，五溪縣邑屬武陵郡。縣治巫溪口。巫溪，今云大寧河。古曰鹽溪（《水經注》）。源出上庸界大巴山，迭穿石峽重闉，曲折南入於江。間亦有小平闊處成邑聚。上游山間有鹽泉，從古爲一方人民所仰。巫㦱之興盛，秦楚所爭奪，由此鹽泉也。故城原在縣北之大昌。分置北井後，徙治大江岸，在"立建平郡"時（據《寰宇記》）。巫峽在縣東，長百六十里。巫山十二峰分在巫峽南北岸。北岸神女峰最峭，有神女祠。楚宋玉《高唐賦》所謂天帝之季女，封於巫山之陽，"旦爲朝雲，暮爲行雨，朝朝暮暮，陽臺之下"者也。神女，喻鹽神也。楚襄王失巫郡，夢寐欲復得之。故玉爲此賦以祝願。其明年，襄王自陳傾全力奪回巫郡，如此賦也。隋代改縣名巫山。巫山之東有丹山近秭歸，古曾出丹。故秭歸亦曰丹陽。《水經注》引郭景純云："丹山，在丹陽，屬巴。丹山西即巫山者也。"㦱溪一曰黛溪，今云大溪溝，在縣西九十里，當瞿唐峽口。《水經注》爲"烏飛溪"，云："水出天門郡漊中縣（今利川縣）界，北流，逕建平郡沙渠縣南。又北流逕巫縣南。西北歷山道三百七十里，注于江。"北魏沙渠縣，今大溪上游之大廟壩是也。大溪口，《春秋左傳》所謂儵人之國也。近年發現新石器時代古墓，殉葬以魚，魚骨存者甚多。

北井縣。漢末分巫北境置。治鹽泉處，今云大寧場是也。《水經注》云："水南有鹽井。井在（巫）縣北，故縣名北井。"巴地鹽泉，皆湧現於溪河底部，恒混淡水，發現與取煎不易。惟此泉自寶源山崖間出，從古迄今，恒盛無減。《寰宇記》"大寧監"云："前鎮，煎鹽之所也。在（大昌）縣西六十九里。溪南山嶺峭壁之中，有鹽泉湧出。土人以竹引泉，置鑊煎鹽。皇朝（宋）開寶六年置監。"《乾隆一統志》云："在大寧縣北寶源山下。相傳有袁氏（猿）逐白鹿於此，得鹽泉，故名（白鹿鹽井）。有鹽井二眼，設鍋一百一。"昔楚與巴、秦爭此鹽泉，戰爭數十年。三國時，吳人與蜀爭此鹽泉，既得而後罷兵。其後每值喪亂，據荆湖者莫不爭之。自蜀開筒井，其鹽供應西南有餘；此泉相形見絀，地位不似唐、宋以前；然由於附近山區開發，山民需鹽故，此泉興盛不減，使二巫在川、陝、楚、湘間，成爲一特殊之經濟中心，交通與文化皆甚先進。一九四二年，舊中國地理研究所組派"大巴山地理考察隊"勘察此區。其《簡報》云："礦產中最重要者，當推巫溪縣大寧廠之鹽。產自三疊紀石灰岩中，成一泉水。每年產約二十萬石，銷川東、陝南、鄂西（包括長江南北）各地。因此，遂使大寧廠成一萬四千餘人口之市鎮，爲四方商旅薈萃之地，《大寧志》所謂'一泉之利，四方趨之'，蓋寫實也。不獨此也，因鹽廠煮鹽需要燃料，使其附近之煤礦得以開發。因煤與鹽運輸之需要，使大寧河得以航行，若干'鹽大路'得以開闢，對於大巴山之交通影響極大。自歷史言之，則大寧廠唐時已置鹽官，爲天下'十監'之一。其後歷代皆置官于此。"今按：此巫溪小河谷間，漢末已有巫、北井二縣。魏、晉、南北朝時，巴蜀曾絕人烟，或長期虛耗，惟此建平一郡與其附近山區，人口最密，新置郡縣最多。使夔州成爲川楚巨鎮，周、隋、唐、宋置總管府。唐宋世，此一溪之地有巫山、大昌二縣與太寧一監。雖在今日，此溪仍爲巴東人口最密與文化先進區也。

十四

涪陵郡，巴之南鄙。從枳南入，【析】折《寰宇記》引作"泝"。廖本作"析"。他本多作"折"。丹涪水，劉昭《後漢書·郡國志》注引"涪"下有"陵"字。本與楚商於之地接。秦將司馬錯【由之】取楚商於地爲黔中郡也①。丹涪水與巴涪水異，參看3章之注①。漢劉、李、錢、《函》、浙本有。張、吳、何、王本無。【後】興《寰宇記》引作"漢興"。考當從。恒有都尉何、王、浙本作"郡尉"。他各本作"都尉"。守之②。舊屬縣五。去洛五千一百七十里。東接巴東，南接武陵，西接牂柯，張、吳、何、王、浙本作"牂牁"。《漢志》作"牂柯"。北接巴郡，土地山險、水灘。人多戇勇，廖本無"多"字。他各本有。據補。多獽蜑之民。縣邑阿黨，鬭訟必死③。【無蠶桑】少文學。無蠶桑，此三字，舊本在"少文學"上。茲倒在下。惟出茶、丹、漆、蜜、蠟宋本與劉本作"蛦"。漢時，赤甲軍常取其民。蜀丞相亮亦發其勁卒三千人爲連弩士，遂移家漢中④。延熙十三年，大姓徐巨反。車騎將軍鄧芝討平之⑤。《三國志·鄧芝傳》作"延熙十一年"。見玄清刻各本避諱作"元"。猨緣其山，《三國志》注引無"其"字。《北堂書鈔》引同。宋、明、清寫、刻本并有。於文當有。芝性好弩，手自射猨，中之。猨子拔其箭，裴注引此句無"子"字。《水經注》卷三十三作"自拔矢"。裴注又引別本作"芝見猨抱子在樹上，引弩射之，中猿母。其子爲拔箭"。《藝文類聚》、《太平御覽》引并同。卷木葉塞其創。"其"字，裴注引前種有，後種無。《類聚》、《御覽》引亦無。芝嘆曰："嘻！吾傷《裴注》引作"違"。物之性，其將死矣。"裴注引另本作"芝乃嘆息。投弩水中，自知當死"。《類聚》、《御覽》引同，無後四字。乃移其豪徐、藺、謝、范五千家於蜀，爲獵射官。分羸弱配督將韓、蔣等，名爲助郡軍；遂世掌部曲，爲大姓⑥。"蔣"字下，元豐本空三格。嘉泰空二格（據錢本），劉、《函》本空一格。似原有姓氏漫滅。然不可補。只補一"等"字。晉初，移弩士於馮翊蓮勺。其人性質直，雖徙他所，風俗不變。故迄今【有】在蜀、漢、關中、涪陵，有，當作"在"。下貫至"猶存"爲句。今改。其當作"及"。爲軍在南方當作"南中"。者猶存⑦。山有大龜，其甲可卜；其緣可作乂，古"釵"字。《書鈔》、《類聚》、《御覽》引并作"釵"。下同。世號靈乂⑧。

案：以上《涪陵郡序》。

【注釋】

①丹涪水，今彭水縣之郁江（郁山河）也。發源於湖北利川縣，經黔江縣、彭水縣入烏江（黔江）。黔江縣有古丹穴，周秦世産丹甚旺。其丹循此水，轉烏江至枳，運銷全華，《貨殖傳》言"巴蜀寡婦清，其先得丹穴"者是也。涪與浮通，謂水之激急多泡沫。巴蜀水稱涪者多。蜀有涪江、沫水，巴有巴涪水、丹涪水，并是此義。郁山有鹽泉，亦在此水側。"折丹涪水"者，謂由烏江轉溯丹涪水，至郁山鹽泉，是蜀漢涪陵郡治。其鹽行銷於荊南、五溪（漢武陵郡）與烏江中上游，皆故楚之商於地（參着4章之注⑨）。司馬錯滅蜀、巴後，與楚爭巴東鹽泉，曾先取楚商於地爲黔中郡。常氏意：當時秦黔中郡治，即蜀漢涪陵郡治，其道由枳入也。然前已明言錯初伐楚置黔中郡，係自巴涪水入，實未得枳，錯軍不能從枳折入丹涪水，但能自鱉邑（今遵義）橫取郁山鹽泉耳。常氏未曾至涪陵，但據文獻推斷，不能無誤。"由之"二字與前文牴牾。當删。

②《寰宇記》引此文作"漢興，恒爲都尉理"。上文亦已言漢末爲屬國都尉，則舊刻"漢後"二字非也。後漢巴郡都尉治此，江關都尉治白帝城。

③此謂其人於宗族、鄉亭及邑聚間，團結甚固。無論詞訟、鬥毆，一人興事，其族黨鄰里，各以死力助之。此爲氏族社會進入奴隸社會時期常有事象。

④"赤甲軍"，謂戍守赤甲（胛）城之民兵。郡未分時，多取自涪陵。郡分後，涪陵去巴東遠，又不相屬，仍舊徵其民兵戍之。謝本求分郡。劉璋雖以爲屬國都尉，仍徵其民兵戍於江關，利其戀勇也。涪陵民戍赤胛，可迴由羊渠出故

陵，不繞由枳。七八日至，番代不難。諸葛亮北伐駐漢中，亦徵用此郡兵，則不番代，而舉家徙焉。

⑤凡言"大姓"，皆有氏族集團同生死、共患難的意味。在民族雜居地區，非如此，即難於生存。上言"阿黨，鬥訟必死"，正謂此也。徐巨，當是大姓首領之有才能者，因憎兵役苛煩而反。全郡大姓俱曾響應。故蜀漢以重兵鎮壓之。《三國志·鄧芝傳》云："（延熙）十一年，涪陵國人殺都尉反叛。芝率軍征討。即梟其渠帥，百姓安堵。十四年卒。"涪陵稱"國"者，明當時尚爲屬國都尉。《巴志總序》（第九章）謂"後遂爲涪陵郡"，明此役後乃升涪陵爲郡也。徐巨蓋反於延熙十一年。鄧芝出征平叛，在十三年。故兩書所記年度不同，事則可以互參。

⑥此言徐、藺、謝、范五千家，顯然皆從叛歸罪之降民。徐氏，上已見徐慮。徐巨爲此役叛首，必已與其他叛首梟首矣。謝氏，上已見謝本，氏族當與徐氏同盛，此次從叛失敗後，首領已誅；餘衆降服，不當誅，爲慮其復叛，故徙之。范氏，後有范長生，亦是此次叛服中被徙入蜀者。其後聚涪陵人千餘家保青城，見《大同志》太安二年（303）。永興元年（304），李雄迎入成都，尊爲天地太師，封西山侯。見《李雄志》。李雄玉衡八年（318）卒。見《李雄載記》。上距延熙十三年（250）六十八年。而范長生死時年九十餘，則徙時已二十餘歲，可以爲射獵官矣。如此，丁壯則徙於蜀。其羸瘠、老弱，則分配於"督將韓、蔣"諸姓爲奴隸。稱"助郡軍"，則已改屬國爲郡矣。羸弱不可爲軍。此助郡軍云者，蓋韓、蔣（尚有二三姓原闕）等小族人未從叛，且助討擊，有功，故得拔爲郡督將，世掌部曲，更爲"大姓"。稱"助郡軍"，實即大姓部曲之別稱，非謂所分之三姓羸弱。羸弱滋生長育，亦爲受分主人之部曲也。

"部曲"含義，歷世亦有變化。《漢·百官志》，謂凡"領軍，皆有部曲"。謂如近世所稱之"親兵"，各自選用其忠勇者組成之，不受別將調用。依軍級，各有定額。至漢末，邊郡多有世官，世掌其部曲，數額則無限制。浸至腹地郡縣豪强亦賄假武秩，自擁部曲，實同奴軍。本書鄡縣有"高馬家世掌部曲"即其例也。若邊郡社會，在進入封建社會之初，力能制一邑、一鄉者，鄉邑人家皆當爲其服兵役，亦以"部曲"爲稱；南中甚多，如《南中志》"高定元部曲殺雍闓"，及所謂"四姓五子"與"夷漢部曲"，亦皆是奴隸性質之軍隊也。

　　⑦此段述涪陵人擴散所在，皆自保持其風俗習慣，自言是涪陵人，故易識別。在蜀者，鄧芝所徙，范長生之屬是也。在漢中者，諸葛亮所選連弩士，三千家是也。在關中者，晉徙連弩士於蓮勺是也。蓮勺，馮翊屬縣。晉馮翊郡治爲今陝西省大荔縣。蓮勺爲今蒲城縣地。除留居涪陵者外，又有隨諸葛亮、馬忠等南征留戍者，皆保存其舊俗不變。

　　⑧《禮記·禮運篇》："麟鳳龜龍，謂之四靈。"龜爲常見物，而亦列四靈者，謂其能卜。是靈龜，亦龜之通稱耳。秦漢以後，卜主用蓍，不用龜。蜀人猶有能龜卜者，則用此郡之大龜。义，叉的古字。《説文》"叉"字云："手指相錯也。"段注云："譙周《異物志》曰：'涪陵多大龜，其甲可以卜，其緣中叉。似玳瑁，俗名曰"靈叉"。'劉逵注《蜀都賦》，常璩述《華陽國志》，郭璞注《爾雅》，皆用其語。緣中叉，謂緣可爲釵也。"參看13章之注⑩。

十五

涪陵縣^① 郡治。宋本"涪"字不提行，祇於"叉"字下空一格。張、吳、何、王本遂於空格補一"出"字連下。大謬。

丹興縣舊本脱"縣"字。廖本有。 蜀時省。山出名丹^②。

漢平縣^③ 延熙十三年置。

萬寧縣^④ 孝靈帝時置，舊本脱"置"字。廖本有。本名永寧。

漢髮《晉志》作"漢復"。縣 有鹽井^⑤。【諸】縣北有獽、蜑，又有蟾夷也^⑥。十一字，舊本皆上連。廖本提行。皆衍諸字。

漢葭縣^⑦ 省入涪陵。

案：涪陵郡屬縣，常氏得資料少，文最省略。

【注釋】

①涪陵，秦舊縣也。原轄地廣，包括此全郡，原治伏牛山鹽泉。王莽改曰"巴亭"，廢縣爲亭也。後漢復徙治丹涪水會，今彭水縣是也。黔水，發源於貴州省西北烏蒙山中，至思南界，伏流數十里重出。至沿河縣，即已可以行船。《漢志》謂之延水。歷冀灘至涪陵縣下，故又稱涪陵水。又北三百里入大江。今云烏江。自冀灘以下，有木梭、上新、鹿角、石蛇諸灘，最險。以丹、鹽、蜜蠟等商運需要故，自秦漢已通舟運。

②丹興，建安六年，劉璋從謝本議置。今黔江縣地是也。山有丹穴，周秦時，巴寡婦清據之數世，富可敵國。漢末，丹漸空，故爲祝願之名曰"丹興"。旋以不復獲利而罷也。《寰宇記》引張孟陽云："丹興、漢葭二縣并出丹砂。"孟陽，張載字。晉初入蜀。所言蜀漢時事也。又引《晉太康地記》云："省丹興

89

縣，郡移理漢復。"則是晉平吳後省。常云"蜀時省"，微誤。

③漢平縣故治，舊説者都緣《水經注》文，向今涪陵縣東北求之，不知《水經注》涪陵爲今彭水縣也。考其城在今武隆縣之白馬場。東距涪陵百餘里，西距枳二百餘里。延熙十三年，鄧艾平定涪陵民變，此間大姓首先迎降、助軍，因置此縣也。

④萬寧縣，故治在今貴州沿河縣。《寰宇記》云"在郡南，水道九百里"是也。又述其建置沿革云："（劉）璋乃分涪陵立永寧，兼丹興、漢葭，合四縣置屬國都尉，理涪陵。蜀先主改爲涪陵郡。改永寧曰'萬寧'。又增立漢復縣。後主又立漢平縣。"謂永寧是劉璋立，與丹興、漢髮同時。查：沿河縣爲烏江水運終點（更上數十里江水爲地下伏流，不通舟楫）。郁山鹽運，及枳與溪峒商品聚散於此，早於秦漢時已爲内地商人集居之地。距漢涪陵縣遠，靈帝時置縣，可能。"謝本分理丹興、漢髮二縣以爲郡"，是常璩所及見之案卷文，不及涪陵與永寧，由其已是縣也，非謂祇丹興、漢髮即以爲郡。此靈帝時置之確據。樂史之書因舊資料省併其文，致混於劉璋時耳。

⑤漢髮縣，《函海》注云："惠作'葭'。"謂惠棟校作"葭"也。《寰宇記》述郡沿革，亦作"漢葭"（見上條）。

《晉書·地理志》"漢髮"作"漢復"，爲郡治。又別有漢葭縣。《寰宇記》引《太康地志》與《晉志》同，而誤"漢髮"爲"漢葭"。考漢髮縣在今彭水縣郁山鎮，由本書"有鹽井"三字可定。髮與復，古同音。《晉書》作"漢復"，是正字。謂漢許其人從事煮鹽者，免其徭役。猶魚復之復。本書作"漢髮"者，用其音爲字。漢魏時文，重在字音，固多同音通假也。

郁山（伏牛山下）鹽泉，本爲涪陵故縣治所在。縣徙至丹涪水會後，地仍屬之。然縣轄地寬，至漢末，内地商賈工匠增盛，故既分置萬寧，劉璋又分置丹興、漢葭二縣爲屬國。劉備更分置漢復縣。鄧芝平徐巨，更增置漢平縣。是當時涪陵郡有六縣矣。《太康地記》云"省丹興縣，郡移理漢復"者，謂郡治自涪陵徙還鹽泉（漢復），嫌丹興縣小而丹空，併之於漢復以廣首縣。於是郡祇五縣，漢葭固未曾省。故《晉志》漢復、漢葭並存。

⑥獽、蜑，已前詳。蟾夷，他無所見。疑即《貴州通志》所謂"冉家蠻"。冉家生活特點爲：（一）具有傳統的冶煉丹砂技術。（二）政治上、經濟上一貫依怙漢民，從未自建獨立部落。（三）能漁，善獵，質直戇勇，不易與他族融合，亦鮮與他族戰鬥，故在黔江流域保存甚久。（四）信巫鬼。以十月爲歲首，多保存周秦時社會遺俗。此民族分布地域，俱是古今出産硃砂地區。其人最早在郁山之北，大江之南與蜑、獽雜居。其後以冉爲姓。隋、唐間有冉仁才者，以討賊功爲澭州刺史，封巫山公。終於永州刺史。墓在南浦之萬輔山，有龍朔間（661—663）所鎸碑銘（見《酉陽州志》）。此今石砫與黔江縣之冉氏也。唐武德四年（621），從婺川招慰使（土司）冉安昌請，立婺州（見《寰宇記》）。此居黔東北之冉氏也。宋紹興初（1131），冉守忠以平亂功授酉陽司。遂立酉陽州。冉氏世爲土官，直至清雍正改流，事具《冉氏族譜》。此四川酉秀區之冉氏也。丹、蟾、冉，音近，冉、丹形近。疑是殷、周間善於煉汞之工巧奴隸逃居南中製丹者，與當地夷蠻通婚，子孫世以丹業自立，漢族人以其夷俗，呼作蟾夷，後遂以冉爲姓也。廖本以"諸縣"以下十字提行者，以爲是綜上五縣言之。宋、明及清初本皆連寫在"鹽井"句下，足知古本祇是指漢髮縣北境言。"諸"字，乃傳鈔者妄衍。獽與蜑不入武陵郡溪洞，惟漢復以北，江水與夷水流域有之。"又有蟾夷"云者，蟾夷倚丹爲業，秦漢時縣北多丹穴，故其人聚居者多。丹空後，子孫留居者亦衆。其逐丹者南向酉陽（漢、晉屬武陵郡）。其丹自辰州輸出，故丹砂一曰辰砂。殆酉陽丹空，其人遂西至婺川、思南等處。其丹自沿河輸出，至今未衰。《炎徼紀聞》云："今酉陽烏羅部落之長，多冉姓者，一曰冉家蠻。詎之曰'南客子'。其俗散處于沿河、佑溪、婺川之間，跋扈不譓，尚武而善獵。得獸，必祭而後啗之。地有（丹）沙坑……碎者，取以燒汞。爲硃，謂之新紅。民間貿易用之，比錢楮。"他書記"冉家蠻"者，皆必并言採水銀燒丹事。可知冉與丹，及縣北蟾夷與丹興之關係。

⑦《晉書·地志》，漢髮與漢葭二縣并存，可知從來言漢葭即漢髮者皆謬。常氏上文言"舊屬縣五"。此舉五縣，又謂"丹興，蜀時省"。則入晉即祇四縣，不得云舊屬五縣矣。故依《晉志》補漢葭爲五縣，又補"省入涪陵"四字

者，按地理形勢，漢涪陵縣境，爲今彭水、黔江與貴州之沿河三縣地。所重在於烏江水運與郁山（伏牛山）鹽泉。烏江航運終點在沿河（漢永寧）縣。入江之水，自東來者，丹涪水爲大（今云郁江）。源出鄂西利川縣界，流經黔江縣北（漢丹興縣）、郁山鎮南（漢復縣），至彭水（魏晉涪陵縣治）入烏江。以鹽丹運道故，通舟楫亦早。其次爲唐崖河，發源於鄂西恩施縣界，西南流至龔灘入江。歷爲蠻夷溪峒土官轄區。其地土人市易皆就龔灘。唐世爲"洪杜縣"。疑漢末已爲漢葭縣矣。自西來支流，洋水（今云芙蓉江）爲大。源出黔北大婁山，流經正安、道真二縣（皆唐宋真州之地），至武隆白馬場入江。蜀漢置漢平縣。烏江自此穿武隆峽入平地，至枳（今之涪陵縣治）入大江。唐崖河以南，爲石灰巖構成之大山脉，橫亙於鄂西與黔東之間，爲一大分水嶺。其南別屬酉水流域，東南流，爲入沅五溪之一。今酉陽、秀山二縣地，在漢爲酉陽與充縣，并屬武陵郡。今雖屬川，在隋唐前，與涪陵無交涉。秦漢涪陵縣本治郁山鹽泉。丹涪水通航後，徙治烏、郁江會，以其爲全縣水運中樞地故也。劉先主分其東境爲漢復縣，治鹽泉側舊涪陵城。後主時丹興省入漢復（漢髮），由郁江上游地丹空而鹽泉未衰故也。唐崖河流域原屬丹興與漢葭二縣地。丹興併入漢復後，其下游漢葭屬地距涪陵亦窵遠，有龔灘之阻。此時必仍於龔灘置漢葭縣，以理丹興南境唐岩河下游之地，與涪陵、漢復、萬寧及漢平仍爲五縣也。李雄時，涪陵郡治丹涪水會之涪陵縣。嫌故涪陵分出四縣後，本境過狹，不稱其爲郡治，故復省漢葭還涪陵。《常志》緣是失之。入晉後，仍置漢葭縣，故《晉志》復見也。龔灘爲烏江水運最險處。舟運過此者，皆屬"歪尾船"。昔船渡此灘，雖善於運舵者，尾亦觸礁。故烏江水運限於此灘。此間舟人創爲偏尾船以適之，乃得通航達貴州境。故世稱龔灘爲"川鹽入黔要隘"。此灘上至沿河，下至縣治，各百餘里，又當唐崖河會口，故知其置縣當早。所謂漢葭故治，非此莫屬。

十六

巴西郡，屬縣七。去洛二千八百一十五里。東接巴郡。南接此下舊各本俱連"梓潼"字。脱"西接"。廖本注云："當有脱。"蓋脱"廣漢"二字。漢廣漢郡轄地包涪江全流。在巴西之西南。廣漢。西接舊本并脱此二字，廖本有。梓潼。北接【涼】張、吳、何、王本作"梁"，他各本作"涼"。并是"漢"字譌。又脱"中"字。漢中、西城。土地山原多平，有牛馬桑蠶。其元豐與廖本有"其"字，他各本無。人，自先漢以來，傀偉俶儻，冠冕三巴。及郡分後，叔布、《函海》注："周舒，子群，孫巨。"榮始、《函海》注："譙岍，子周。"周羣父子、程公弘等，或學兼三才，或精李本作"清"。秀奇逸。其次，馬盛衡《函海》注："勳。"承伯，《函》注："參。"才藻清李本作"精"。妙；龔德緒兄弟，《函海》注："禄、皦。"英氣曄然；黃公衡《函》注："權。"應權通變；馬德信、《函》注："忠。"王子均、《函》注："平。"勾孝興、《函》注："扶。"張伯岐《函》注："嶷。"建功立事；劉二主之世，稱美荆楚。若乃先漢以來，范三侯、舊本無，按《巴總序》當有范目。馮車騎、《函》注："緄。"【范】馬鎮南，《函海》不注。與他各本俱作"范鎮南"。查《士女目錄》巴西無范姓官鎮南將軍者。惟馬忠有是銜。范姓惟范目是名將。應是舊寫脱亂。皆植斯鄉，故曰"巴有將，蜀有相"也。及晉，譙侯《函》注："周。"脩文於前，陳君《函》注："壽。"煥劉、李、《函》本作"渙"。炳於後，並遷雙固，倬羣穎世。甄在傳記，縉紳之徒，不勝次載焉。

案：《巴西郡序》，盛誇其人物。蓋巴地惟此區農業發展較速，多大地主，封建文化推行爲早，故多文學之士。寶民進化亦較板楯爲速。王平、句扶，皆不識字。至大將，其識字者如陳禪、馮緄、黃權、馬忠、龔禄、張嶷，則皆將材之尤倬異者也。其名貫官秩，并著於《後漢書》、《三國志》各傳與本書《士女目録》，不更爲注釋。周羣、馬忠，皆重複言之，（叔布即周群父。馬鎮南即馬忠，字德信。）又脱落下閬、范目與任文公等，失"先漢以來"之義。但文字可喜，非史筆矣。（參見圖版4《巴西、宕渠二郡圖》）

十七

閬中縣　郡治①。有彭池大澤②。名山靈臺，見文緯書讖。廖本注云："當作'孔子內讖'。見《續漢志注》③。"大姓有三狐、五馬，蒲、趙、任、黃、嚴也④。

【南】西充國縣　故充國，和帝時置⑤。有鹽井⑥。大姓侯、譙氏⑦。漢末分置南充國時改名。兩漢有充國縣，無西充國。《後漢志》謂充國"永元二年置"，和帝即位之第三年也。又謂南充國"初平四年置"，漢末獻帝年號也。《三國志》，譙周"巴西西充國人"。周生於建安六年，上距初平祇六年。是其時已有西充國，而《後漢志》無之者，足知其是充國分後改名。譙周、陳壽皆生於巴西，所傳應不誤。二縣惟西充國有鹽井。譙亦西充國大姓。常氏崇用《漢志》與譙、陳之書，不當誤屬於南充國。而自宋槧至於廖刻，皆誤此爲"南充國縣"，莫能訂正。又脫西充國，而以平州足成七縣之數。茲考訂釐補，庶復常氏之真。

南充國縣　漢末置。大姓張氏⑧。

安漢縣⑨　號出人士。大姓陳、范、閻、趙⑩。

平州縣　太康元年置。用《宋書·州郡志》文補。刪其"以野人歸化"五字。

其二縣爲郡。舊本皆與"平州縣"三字連。廖本提行。二縣，謂宕渠與漢昌爲宕渠郡也。

案：巴西郡屬縣。原有文字并少，遺存問題則甚多。

【注釋】

①閬中縣，今仍舊名。巴王故都也。漢以來，歷爲一方重鎮。舊城原在今城東北蟠龍山尾清真寺附近，故曰"高城"。《通典》"閬中城名曰高城，前臨閬

水，却據連崗"是也。閬水，即嘉陵江，所經皆紫土軟頁岩地，侵削力強，河床下陷速度大，河身屢變。巴子時，江水盤繞蟠龍山尾，故曰"閬中"。其後江身逐漸向錦屏山方向移進，構成舌狀臺地於高城下。至唐貞觀十一年（637），改築新城於臺地東部。咸亨元年（670），又徙向西。載初元年（689），再徙就下。均見《輿地紀勝》。至明洪武四年（1371），始作磚城，即今縣治，去高城已五里餘矣。凡嘉陵沿江城邑，大都如此隨河床下陷，城市亦向下漸移，以就舟楫。

②《漢書·地理志》閬中縣，本注云："彭道將池在南，彭道魚池在西南。"《寰宇記》引《四夷述》云："州東（有）南池，東西二里，南北約五里。州城西南十里有郭池，周約五十畝。"二池與《漢志》注相符。是此所謂彭池大澤，即《漢志》彭道將池，《四夷述》之南池也。其地當在今梁家壩大洲內，於巴、秦故城為東南方。蓋古河道遺跡，漢時為大澤，今則為良田矣。《漢志》所謂"彭道魚池"，即《寰宇記》所謂"郭池"，遺址今已無考，疑已埋為陸，或為江水所奪，在今河床內。《一統志》云："舊志：'自漢以來堰大斗、小斗水溉田，里人賴之。'唐時堰壞，漸成平陸。"大小斗，當是緣江岸為斗門引水溉田處。數遭江漲，漫沙入渠，壞斗門，埋為平陸。二池皆由是滅也。"彭道"者，秦漢稱夷區新開道路之縣邑曰"道"（說詳《蜀志》僰道注）。彭為《尚書·牧誓》八國之一。疑是巴人滅彭而有其地。秦滅巴後，開鑿山道於此附近，初稱此縣為彭道，後乃改曰閬中。《漢志》注連稱二池以彭道，存其朔也。"將池"者，猶云"最大池"或"主池"，是彭地所固有。巴族以漁業興，其人所至多作魚池（已具說在江州條注）。彭地多魚池，故巴王樂居之。《牧誓》之彭，古今說者莫能確指為何地。由此"彭道"、"彭池"字，似可以落實。

③靈臺山，在今閬中與蒼溪縣界上。係一龐大之"方山"（粗砂岩與紫軟頁岩間互疊裂所成之階梯狀山）。為輿馬官道所經，未見有何奇峭，而從來好事者恒侈言之。《寰宇記》於閬中縣云："仙穴山，在縣東北十里。《周地圖》云，靈山峰多雜樹，昔蜀王鱉靈帝登此，因名靈山。山東南隅有五女擣練石。山頂有池，常清。有洞穴懸絕，微有一小逕通，名靈山（洞）。天寶六年，敕改為仙穴山。"其"蒼溪縣"又云："靈臺山，一名天柱山，在縣東南三十五里。高四百

丈。上方百里，有魚池，宜五穀，無惡毒，可度灾（原譌作"穴"）。《周地圖》云，漢末，張道陵在此學道。使弟子王長、趙昇投身絶壑以取仙桃。長等七試已訖，九丹遂成，隨陵白日昇天。"（按：此説出於葛洪《神仙傳》。）《明一統志》更誇言："山峯峻峭插天。有峯曰麻姑、芙蓉、平仙、峻仙；洞曰玉丹、玉魚；巖曰松根、蟠桃。有九轉亭，丹竈尚存。其東又有書巖，乃葛穉川讀書之所。"皆緣《神仙傳》妄傳。

劉昭《續漢志》注云："名山靈臺，見《孔子内讖》。"今按：孔丘知界，不能達閩中。其書爲兩漢間妄人僞造無疑。然漢魏人以爲"文緯"。文，謂"詩書六藝之文"；緯，言與經交織以成文。迷信讖緯愚儒，尊之比於《六經》。常氏信緯，故亦爲此言也。

④"三狐、五馬"，謂狐姓有三支，馬姓有五支，雖共一姓，而各自爲大族，如異姓。其可知者，如：馬忠"少養外家，姓狐名篤"（《三國志·馬忠傳》）。是一狐。巴西令狐衷，爲南廣太守，見《南中志》，又是一狐。其一狐未詳。五馬當亦如此。或云五是一姓，本書犍爲郡有五方、五梁。然巴西未聞姓五者。對"三狐"言，五當爲數。在氏族社會，每一著名人物之子孫，恒即別爲一支。支族子孫復有名人崛起者，其子孫又復自別爲支。"五馬"之所自來，宜即如此。其餘五大姓人物，可知者：有趙玶、趙毅、趙宏（見《士女目録》），任文孫、任文公（見《後漢書》），黄權、黄崇（見《三國志》），嚴遵、嚴羽（見前文），并巴西人也。惟蒲姓無見。然蒲與苻，古姓通。前秦苻堅，本即姓蒲，見《晉書·載記》。本書《大同志》有"巴氏苻成"。凡史稱巴氏者，皆曹操降張魯後所徙三巴氏人"萬餘家，散居隴右諸郡，及三輔、弘農"者之子孫（見《李特載記》），苻秦亦是其一家。未遷徙者固爲蒲姓也。

⑤《漢書·地理志》："訖于孝平，凡郡國一百三，縣邑千三百一十四，道三十二，侯國二百四十一。"所載"趙國"以下，稱國者十三，皆宗親封地或豫訂爲封國，不置太守而置内史以治之者。比於郡，故郡國連稱。侯國，則以備封異姓功臣之地，比於縣。班氏但注"侯國"字，無稱國者。其千三百十四縣名中，稱國者，祇"充國"一縣，乃非侯國。蓋舊黔中郡有充縣，此加國字以示

別。後分南、西充國，遂成三字縣名。（國字，古祇作囗，倉廩之義。後通於域，又轉爲國家之義。疑充國初命名時其字作充囗。）

由於南北朝時郡縣建置混亂，沿革難理，加以本書巴西屬縣之傳鈔剌謬，後之談沿革者，惘然迷惑，不敢究論。茲既據兩漢與晉宋《志》訂正《常志》本文，并考訂西、南兩充國與兩充縣之建置沿革如下：

前漢充國縣，故城當在今南部新政壩附近嘉陵江岸（唐新政縣）。舊無此說，而敢作如此判斷者，《前漢志》巴郡十七縣，有注可定者十六縣，皆在江河水運節點上。此縣雖無注可訂，應亦不能例外。蓋前漢時巴郡惟沿水運縣有漢民，可置郡縣。水運不到處，皆爲賨民氏族部落，各有小酋長領之，政治上隸屬於縣而已，租賦徭役甚輕，民不足以養官，故不可能置縣也。閬中與安漢間，水道七百里，皆紫土丘陵宜農地區，又於中原最近，開化較其他巴地爲早。漢民留居墾種及工商者多，固宜最先增置一縣。新政距閬中與安漢各三百餘里。地形開闊，多古迹，故知其必爲前漢充國縣。武陵郡先有充縣（今秀山縣），此縣可能先名西充，後改稱"充國"。《通典》"充國"云："後漢初省入閬中。"蓋光武時省。和帝時復置。前漢縣名惟此縣稱國，而又不在"侯國百四十一"之內。則可知名"充國"爲祝願語以別於充縣也。疑前漢充國縣，是元、成時置。光武時因民賦不足養官而省。至和帝時，漢民定耕者益多，賨民慕化者益深，乃復置縣。其時縣治已移在今南部縣城處。知其然者，嘉陵江自此處折向東南流，至蓬安周口（今縣治），乃復折向西南，至安漢（南充），再南向。往時賨民未馴，閬中、安漢交通皆恃水路。迨賨民漸已漢化，近於融合，則往來商旅，嫌水道紆遠者，皆自此處就陸，從三角弦上直往直來。故縣治必就繁緊，自舊治移徙至此。其後沿江漢民開拓益廣，故復分充國置南充國。故城當在周口附近（今蓬安縣治），《後漢書‧郡國志》注云"初平四年，復分爲南充國縣"者是也。漢末，改"充國"爲"西充國"，對南充國言在西也。《譙周傳》云"巴西西充國人"，周卒於晉泰始六年（270），年七十一，則當生於建安五年（200）。上距初平四年（193）祇六年，已爲西充國縣。《晉志》、《宋志》巴西郡又皆有西充國與南充國，無充國縣。故知是分置南充國時，已改充國爲西充國，與南充國字相應也。

《張嶷傳》云："巴郡南充國人。"是三國時，南充國已與西充國並存，如《晉志》矣。

太安（302—303）以後，隴西巴氐流離還蜀者組成農民革命軍，逐晉益州刺史羅尚至巴東。尚自巴得晉荊州兵援，與李雄互爭巴西十餘年。民不附羅尚者，紛自宕渠、安漢等縣向西北山區移徙。西充國縣治似已西徙。其縣境一時人滿。但多流離轉徙者，定居不久又復他去，以求更安全處。嘉陵江沿岸，由於交通較便，兵燹頻仍，反轉成爲空無煙户地區。西充國縣曾徙治今南部縣之定水寺、大橋鎮等處，最後遠徙至晉安壩、木蘭寺等處。南充國縣亦曾向東移徙入山，若今營山、儀隴地界。安漢縣亦徙入今西充縣境。凡今鹽亭、蓬溪諸縣，俱曾成爲流民趨向地。然流民終亦飢困自斃。李雄得全蜀後，人煙極稀。雄曾省併郡縣，勞徠安輯，次第恢復耕種，亦賴有此諸山區猶有遺民也。桓溫滅蜀後，全蜀仍爲南北互爭之地。加以地方軍變、民變，閲南北朝至隋唐統一，全蜀紛亂；記載斷絶，建置變革，無可資訂。總其大概，則距江較遠之山田地區，在劇亂時，置縣多於沿江地區。例如唐代，嘉陵江兩側山區，已有晉城縣（舊木蘭寺之西充國）、西水縣（今定水寺）、新井縣（今大橋鎮）及普安、永歸、普成、臨津、黃安、武連、劍門（皆舊閬中江西側山區）、永泰、安居、蓬溪、崇龕（皆舊安漢江水西側山地）、西充（皆舊安漢縣山地）等，漢初非沿江縣。嘉陵江水東側山區，又有始安、賨城、新明、安固、咸安、大寅、儀隴、伏虞、相如（皆舊安漢江水東側山區）、蒼溪、奉國、歧坪、嘉川、裔山、通平（皆舊閬中地界江水東側山區）等鄉。山地之墾闢，皆此時期避難農民所開發也。其時之南充、西充二縣轄地，已與漢晉時之南充國、西充國轄地完全無關，但名稱相襲而已。

⑥此"鹽井"與朐忍、漢髮等縣所云鹽井不同。川東界內所謂鹽井，全是鹽泉湧出，但就泉加木井隔開淡水，汲以煮鹽。充國鹽井，則係依李冰遺法，掘深坑，下達鹽泉，汲水煮鹽（宋以來改爲竹筒井）。今南部縣西界大橋鎮附近，自蜀漢已師其法，唐置新井縣也。

⑦《後漢·郡國志》云："充國（縣），永元二年分閬中置。"劉昭注："初平四年，復分爲南充國縣。"南充國故境，爲今蓬安與營山、儀隴三縣地，已詳

注⑤。

《三國志·張嶷傳》："巴（西）郡南充國人也。"官越嶲太守，甚著績稱。其長子瑛，西鄉侯。次子護雄，襲爵關内侯。孫奕，晉梁州刺史。見裴注引《蜀世譜》。則其爲南充國大姓可知。

⑧安漢縣故城，在今南充市北五里店黄土岡上。明代徙築河原上新城。今新舊城址俱包入市區内矣。

⑨《寰宇記》果州人物云："紀信，安漢人，誑楚脱高祖，爲項羽所殺。"查紀信事，《史記》、《漢書》、《通鑑》并載，皆未言爲何處人，未知樂史所據。然惟其《史》、《漢》無傳，《通鑑》與諸注史家皆不能舉其縣郡，即可知其非中原人也。縣名安漢，明是漢世分閬中縣置，以紀寶民之立功者。謂紀信爲安漢人，應可信。此亦足見縣境寶民接受封建文化較早。其人物之見於本書者，則有陳禪、陳澄、龔調、趙晏、張翕、張璊（均見《士女目録》）、陳禧、趙穎（均見《分巴議》），皆明著安漢人。此云"大姓陳、范、閻、趙"，則凡史傳但稱"巴西人"之可定爲此縣人者，自陳禪父子《後漢書》有傳外，尚可得數人。范目，史稱"閬中人"，在漢高祖未統一前，安漢固是閬中縣地，常氏舉閬中大姓無范氏，而安漢有之，則范目之族固當在分置安漢縣界内，而非閬中附近人，又可知矣。閻氏，《三國志·張魯傳》有"功曹巴西閻圃"，降魏後，圃與魯五子皆封列侯。趙氏，有"巴郡趙韙"，"巴西趙祚"，均見《劉二牧志》，韙雖以叛璋覆亡，其族固未衰也。除上所舉外，加以晉世之陳壽、陳符、陳蕆、陳階（并見《後賢志》），尚有遯世被遺者。蓋縣在巴西地區，進入農業社會甚早且速，故其毓成之封建人物較多也。1973年，南充中和公社發現漢寶王崖墓，就其石刻人物田宅形象與殉葬物推之，是西漢時受募討胡虜立功受賞之一寶王，蓋亦高帝時從龍七姓之子孫也。

⑩平州，爲《晉書·地理志》巴西九縣之一。《宋書·州郡志》云："晉武帝太康元年，以野民歸化立。"今蒼溪縣東北，近旺蒼縣界之東河岸，有地名平州，應即此縣故治。其下游歧愜，與蒼溪亦同爲巴西九縣之名。晉初置縣不能如此之密。《宋志》亦俱無之。疑二縣是唐修《晉書》誤入。若平州，則分閬中東

河中上游地置。李雄時在，劉宋亦在也。

　　《史記·高祖功臣侯表》有平州侯昭涉掉尾。《漢書·功臣表》同有，不注郡縣。元狩五年國除。《建元以來侯者表》又有平州侯唊。《漢書》同，注梁父縣。則其前平州侯非梁父之平州鄉，而爲巴西閬中之一州矣（參看《漢中志》1章之注⑪）。

十八

宕渠郡，【延熙中】蜀先主置。以廣漢王士爲太守①。郡建九年省。延熙中復置。尋又省。舊刻脫誤。兹依《隋志》與《寰宇記》改補。永興元年，李雄復置。今遂爲郡②。長老言："宕渠蓋爲故賨國。今有賨城、盧城③。"秦始皇時，有長人二十五丈見宕渠。秦史胡母敬曰："是後五百年外，《十六國春秋》引無"外"字。《太平御覽》引有。必有異人爲大人者。"及雄之王，祖世出自宕渠，有識者皆以爲應之④。先漢以來，士女賢貞。縣民、車騎將軍馮緄、大司農玄賀、大鴻臚龐雄、桂陽太守李溫《函海》注云："《目錄》作'然'。"等，皆建功立事，有補於世。緄、溫各葬所在。廖本注云："當作'任'。"常以三月，二子之靈還鄉里，水暴漲。郡縣吏民，莫不於水上祭之⑤。其列女節義在《先賢志》。《巴郡先賢》，宋槧已闕，今無可考。

宕渠縣⑥　郡治。有鐵官⑦。石蜜，山圖所採也⑧。

漢昌縣⑨　和帝時置。大姓勾氏。

宣漢縣⑩　今省⑪。

　　案：宕渠郡與其屬縣，在巴地郡縣中爲最輕。然爲李雄祖先興起地。常璩舊撰《蜀漢書》不能不諛頌之，稱其符命。迨降晉，徙居江左，仍未刪剟。但改用晉年號，稱李雄名而已。

【注釋】

①王士，字義彊，廣漢郪人。從劉備取成都。"後舉孝廉，爲符節長。遷牙門將。出爲宕渠太守。徙在犍爲。會丞相亮南征，轉爲益州太守。將南行，爲蠻

夷所害。"(《三國志·楊戲傳·輔臣贊注》) 是王士死於南征役中，不得於延熙中爲宕渠太守。《寰宇記》卷百三十八云："漢建安二十三年，蜀先主分巴郡（當作"巴西"）置宕渠縣（當作"郡"）。尋省。後主延熙中又置。尋又省。晉惠帝（時）又置。"與《隋志》合。蓋皆用常氏文，故能詳緻如此。今本緣宋槧謬亂。當正。

② "今遂爲郡"，謂自惠帝永興元年，李雄復置宕渠郡後，旋置旋廢之局結束。入晉以後未廢。

③ 賨城，今廣安縣有賨城山，在渠縣、營山界上，爲一山城，傳古賨王城也。考魏武帝取漢中，撫用三賨王杜濩、朴胡、袁約爲三巴太守。見《三國志》。其巴西太守朴胡，駐平梁城，在今巴中縣西二十五里平梁山上。巴東太守杜濩，駐天子城，在今雲陽、開縣界上。其巴郡太守袁約，即駐此山。皆就其所在撫綏賨民，實不至本郡城也。盧城，未詳。盧奴字通。參看3章之注⑫。

④ 此徒託爲長老之說以欺世耳。秦時宕渠尚無漢民，何得傳此胡母敬說？《十六國春秋》亦載，故知其爲《蜀漢書》已有之符命。

⑤ 馮緄，《後漢書》卷三十八有傳。玄賀，附見卷四十一《第五倫傳》。龐雄，附見卷三十八《法雄傳》。李温惟見本書《士女目錄》。《分巴議》有墊江李温，疑即《目錄》之桂陽太守。本宕渠人，跨墊江籍。《目錄》又有"度遼將軍、桂陽太守然温"。《函海》於此"李温"下注云"《目錄》作然"。蓋謂此處李温是然温之譌亦誤。《水經注》引此文作"馮李"。《巴郡先賢贊注》，自宋槧闕之。《益部耆舊》亦久佚。二温事迹無可考訂。

⑥ 宕渠，漢舊縣。宕，《說文》："洞屋。"渠，羌氏語水與江河之義。蓋巴氏謂山崖爲 dang，漢人造宕字以適之。故"宕渠"，係用土人語爲縣名，亦如蘇示、郁鄢之類也。其縣舊境包括今巴河（《漢志》潛水）、渠河（《漢志》徐曹水）流域全部。其故治爲今渠縣之三匯，即巴、渠二水會流處。李雄、羅尚爭巴西時，縣治西徙入山七十里，乃爲今渠縣舊城（西魏置流江縣）。其三匯故城，稱"車騎城"。《寰宇記》云："今即流江縣東北七十里宕渠故城是也。其城後漢車騎將軍馮緄增修，俗名車騎城。東晉末，爲蠻獠所侵，因而荒廢"是也

（現渠縣已徙還三匯）。

⑦《前漢志》未言宕渠有鐵。《後漢志》云"有鐵"，本書云"有鐵官"。合觀之，可知自有漢民入縣後，鐵業發展甚速。縣東南境之華鎣山脈，露出侏羅紀地層之煤鐵礦甚多。巴氐（賨民）初不知取，待漢人而後開發。迄今猶未衰減。

⑧此云"石蜜"，爲山岩間黑蜂所釀之蜜。《本草》稱云"石蜜"（後世謂冰糖爲石蜜是宋元以後語）。《政和證類本草》上品云："石蜜，味甘平……一名石飴，生武都山谷、河源山谷及諸山石中，色白如膏者良。"引陶隱居云："石蜜即崖蜜也。高山巖石間作之，色青赤，味小酸，食之心煩。其蜂黑色，似蝱。"又引陳藏器云："尋常蜜，亦有木中作者（木蜜），亦有土中作者（土蜜）。北方地燥，多在土中。南方地濕，多在木中。……崖蜜別是一蜂，如陶所説，出南方巖嶺間，生懸崖上。蜂大如蝱。房著巖窟，以長竿刺令蜜出，承取之。多者至三四石，味鹼，色緑，入藥用勝於凡蜜。……今云石蜜，正是巖蜜也。"又引張司空（指張華《博物志》）云："遠方山郡幽僻處出蜜。所著絶巖石壁，非攀緣所及。惟于山頂籃轝，自垂掛下，遂得採取。蜂去，餘蠟著石，有鳥如雀，群飛來啄之殆盡。至春蜂歸，如舊。人亦占護其處。"是木蜜、土蜜皆蜜蜂所釀，昔人造巢招之，藉取蜜。石蜜，則是另一種黑蜂所釀，其巢衹在崖間石上，故有是稱。"山圖"，相傳漢隴西郡人，善採藥。成仙去。故陶弘景（隱居）云："木蜜添雜最多，不可爲藥用。道家九餌莫不須之。仙方亦單煉服之，致長生不老也。"今按：蜂類所釀皆蜜也。所取花不同，性味微異而已。方技家特重石蜜，未必即有科學意義。惟所記古人探求蜜與蠟之方法，值治史者留意。

⑨漢昌故城，即今巴中縣治。其轄境，包括今巴中、南江、通江、平昌四縣全境。《後漢·郡國志》云："永元中置。"與常氏合。漢末，三巴賨民奉太平道，尊事張魯。曹操取漢中，魯"奔南山入巴中"，即就平梁城依"朴胡"（并《三國志·張魯傳》）。後魏於此置巴州，民國年間廢州爲縣。改名巴中，因《魯傳》文也。巴河水運，此爲終點。

⑩宜漢縣，劉昭《郡國志》注引《巴漢記》曰："和帝分宕渠之東置。"蓋永元時，與漢昌同時分宕渠置。

⑪常云"今省",未詳何時省。《晉志》已無宣漢。可疑爲太康初省,然或當更早。本書上文"其二縣爲郡",則蜀置宕渠郡時已省矣。考漢靈帝中平元年,天下黄巾起。巴郡,則張脩攻没城邑,陷宕渠郡,史有明文。其後郡境與漢中合,爲張魯地。曹操取漢中,置三巴太守,無宕渠太守。緣其縣已併入漢中郡也。劉備命張飛進軍宕渠,張郃駐軍瓦口以禦之。瓦口,今渠縣北之大蓬山。張飛破走張郃,始復置宕渠郡,則其時已省宣漢縣矣。縱使其時仍是三縣,至延熙置郡時,必已省也。宣漢故城,《寰宇記》與清《一統志》并云是今達縣。謂在後魏爲石城縣,隋開皇十八年改縣曰通川,宋爲通州通川縣,元改曰達州,明洪武九年省通川縣入州。今按:魏石城縣治,在今達縣西北十五里之石城山。《寰宇記》所云"四面懸崖,惟西有一路上山頂"者是也。每值離亂,恒徙州治於此。承平,乃徙就江岸縣城。其地去三匯祇百餘里(漢昌去三匯四百餘里),故易併省也。

十九

　　右巴國，凡張、吳、何、王本無此字。他各本有。**分爲五郡，二十三縣。**二十三縣者，按上文，巴郡七縣，其三省。巴東五縣。涪陵五縣，省一縣。巴西五縣。宕渠三縣，省一縣。應共爲二十七縣。不數省，則當爲二十二縣。而云二十三縣者，脱西充國故也。此十二字，張、吳、何、王、浙本，直承宣漢縣行，但空格。

　　譔曰①：元豐、《函海》與浙剜改本作"讚曰"。他篇仍皆"譔"。**巴國，遠世則黃【炎】帝**《巴志總序》言"黃帝、高陽之支庶，世爲侯伯"。無炎帝支封之意。且炎帝在黃帝前，使常氏本意爲炎、黃，亦不當倒"炎"在下。其"炎"爲"帝"字之譌甚明。**之支封，在周則宗姬之戚親。故於春秋，班侔秦楚，示甸衛也。若蔓子之忠烈，范目之果毅；風淳俗厚，世挺名將；斯乃江漢之含靈，山岳之精爽乎？觀其俗**，劉、錢本空格，注一小"闕"字。《函海》夾注云："原闕。惠校李本改'俗'字。"張、吳、何、王本皆不空，徑填爲"俗"字。廖本無"俗"字，注云："舊校云闕。"**足以知其敦壹矣。昔沙麓崩，卜偃言："其後當有聖女興。"元城郭**廖本注云："當作'建'。見《漢書》。"**公謂王翁孺屬當其時。故有政君**②。**李雄，宕渠之【斯】廝**廖、湘本作"斯"。**伍**③，**略陽之黔首耳。起自流隸，君獲**廖本注云："當作'獲君'。誤倒。"兹不取。**士民。其長人之魄，良有以也？**也讀如耶。疑似語。

　　案：《巴志》結語一條，論贊一章，爲全篇總結。特用重筆煊染李雄承巴國之餘烈，有長人之瑞應，當王蜀土。以自明其忠事非謬也。

【注釋】

　　①自漢以來，史官撰述，每篇之末，皆有總結語，表達其編撰旨趣。《史記》

稱"太史公曰"。《漢書》作"贊曰"。范曄作"論曰"。陳壽作"評曰"。常璩作"譔曰"，用《禮記·祭統》"論譔其先祖之美"爲義。《説文》："譔，專教也。"段注："專壹而教之也。"字又與撰通。《論語》"異乎三子者之撰"，鄭玄注："撰，讀曰譔。譔之言善也。"有撰陳善言之義。

②《春秋》僖十四年書"秋八月辛卯，沙麓崩"。《左傳》："沙麓崩。晉卜偃曰：'期年將有大咎，幾亡國。'"《漢書·元后傳》託爲元城建公，反其說，以爲元后當其祥。常璩藉以誇張李雄符命。皆漢儒迷信讖緯之陋習也。《元后傳》云："（王）賀字翁孺。爲武帝繡衣御史。……與東平陵終氏爲怨。乃徙魏郡元城委粟里，爲三老，魏郡人德之。元城建公曰：'昔春秋沙麓崩，晉史卜之，曰："陰爲陽雄，土火相乘，故有沙麓崩。後六百四十五年，宜有聖女興。"其齊田乎（指王氏出自齊田氏）？今王翁孺徙，正直其地，日月當之。元城郭東有五鹿之墟，即沙鹿地也。後八十年，當有貴女興天下'云。翁孺生禁……本始三年生女政君，即元后也。"常氏改建爲郭，或是舊説建公姓郭氏。

③廝、斯，音義通。"廝養"，謂析薪炊食之役。"廝徒"，謂持斧斤從軍役之人，《史記》蘇秦説魏襄王"奮擊二十萬，廝徒十萬"是也。"廝伍"，猶廝徒也。李雄咸和九年（334）卒，年六十一。上距建安二十一年（216）曹操徙巴氏入隴時，已百餘年，是雄生於蜀，非"宕渠廝伍"，亦非"略陽黔首"。文人率意，誇誕失實，非史法也。"長人之魄"，爲説尤謬。

附

説　鹽

　　食鹽（氯化鈉），爲化學鹽類的一種。人類自來就很重視食鹽的消費。由於食鹽的産地不普遍，它在原始社會裏，能起推動社會組成和發展前進的作用。這表現在下面幾個方面：

　　1. 産鹽的地區，或食鹽供應方便的地區，便是人類樂於聚居的地區。相反，取得食鹽不便的地區，必然是人口稀少，甚至無人居住的地區。

　　2. 人類最早的商品交換，雖以農牧生産品、獵獲品與手工藝品的數量爲多，但具有商場控制的主要力量還是食鹽。可以說，食鹽是最早推動商業發展的商品。因爲糧食、皮革日用必需品隨地自有，食鹽消費數量雖小却不盡是自己地區能取給的，而又是日常生活所必需的。所以食鹽過剩的地方，其他生活用品縱很貧乏，也會有人自己給搬運來供應，以換取食鹽。商業便是這樣開始的。

　　3. 人類文化，總是從産鹽地方首先發展起來，并隨着食鹽的生産和運銷，擴展其文化領域。文化領域擴展的速度，殆與其地理條件和社會條件是否有利於食鹽運銷的程度成正比例。起碼，在十七世紀以前，整個世界歷史，都不能擺脫這三條基本規律。十八世紀以後，情形不同了，人們大都已經不感覺到食鹽的貴重了。其實也祇是由於交通便利，商品流通方便而無須注意到它。若還圍城十年，斷其鹽源，而不斷其水源、糧源，其城也會不攻自下的。除非他自己發明了食鹽的代用品，或新的製鹽方法（歐洲就曾發生過這樣的事例）。

　　我國的歷史，可以舉出這樣的事例也不少。祇緣過去的史學家從未注意到它，一般人也就無緣感覺到它。以下舉幾個一說便明的例：

例一：我國文化，孕育於中原地區。一般已見到的重要因素是黃土（盧斯）地面，適合於農業社會的文化發展。但，黃土分布地面很寬，又都是一樣平坦腴沃的，而文化發展的時間却很不一致。河東解池地區，大河繞於前，群山阻於後，山谷盤錯，沮洳瀉鹵，甚不利於農業文化的發展，而乃偏偏最先成爲孕育中華文化的核心地區。堯都平陽，舜都蒲阪，禹都安邑，都是圍繞解池立國。由解池這個核心向四方推進，又纔有河南的伊洛文化，河內的殷墟文化，渭水平原的周秦文化，和汾水盆地的晉文化發展起來。《左傳》成六年："晉人謀去故絳。諸大夫皆曰：'必居郇瑕氏之地，沃饒而近鹽。國利君樂，不可失也。'"這個鹽字，便是指的解池的食鹽之利（許氏《説文》詳），説他能使國强君樂。後來晉侯以問韓獻子。韓獻子力排衆議，主張徙邑於新田。他的理由是："郇瑕氏土薄水淺，其惡易覯。易覯則民愁。民愁則墊隘，於是乎有沈溺重腿之疾（謂民趨商業之利，則侈靡偷惰，使國家削弱）。不如新田，土厚水深，居之不疾。"這乃是農本主義的理論，也是中華文化隨食鹽之利發展到一定程度時，要轉而提倡農本這一時代思潮的反映。他還説："夫山澤林鹽，國之寶也。國饒則民驕佚。近寶，公室乃貧，不可謂樂。"這就把鹽的商品含義，表達得非常清楚了。晉侯聽從了他，徙邑新田，使晉國繼續强盛。但并不就是放棄了解池鹽利，而是更加强了用食鹽控制列國的條件。所以晉能獨霸中原幾百年之久。三家分晉後，解池爲魏所有。趙國，因那時沿海鹽田與河套鹽池已經出世，能食鹽自給。秦、燕、齊、楚皆已自擁鹽源，能夠保持强大。惟獨韓國分地無鹽，政治、經濟不能擺脱外國的操縱。故雖地豐樂，人慧巧，兵甲犀利，文化優越，一切高過了其他六國，而不能免於漸次削弱，最先滅亡。這乃是我國前代史論家所未涉想到的一條立國理論，而是社會發展規律所當依據的不易之理。離開這條理論，就無法説明韓最先亡的道理了。魏國失去西河，解池入秦後，亦即一蹶不振，浸至於亡，與韓相差不遠，其理正同。

例二，是爲更鮮明的一個例。那就是川鄂接界的巫溪河流域，是與湖北神農架極其相似的一個山險水惡、農牧都有困難的貧瘠地區。祇緣大寧的寶源山，有兩眼鹽泉湧出鹹水來，經原始社會的獵人發現了。（相傳是追神鹿至此。鹿舐土不去，被殺。因而發覺其水能曬鹽。）進入煮鹽運銷之後，這個偏僻荒涼的山區，曾經發展成爲長江中上游的文化中心（巴楚文化的核心）。即《山海經》説的"载民之國"，又叫"巫载"，又叫"巫山"。（今人稱巴峽南北岸山爲"巫山十二峰"，以北岸神女峰爲主峰，乃是唐宋人因宋玉《高唐》、《神女》兩賦傅會成的。其實宋玉所賦的"神女"是指的巫鹽。巫溪沿岸諸山，纔是巫山。）《大荒南經》説："有载民之國，爲人黄色。帝舜生無淫，降载處。是謂巫载。巫载民盼姓，食穀。不績不經，服也。不稼不穡，食也。（郭璞注："謂自然有布帛、穀物。"）爰有歌舞之鳥。鸞鳥自歌，鳳鳥自舞。爰有百獸，相群爰處。百穀所聚。"此書描寫極樂世界，都用鸞鳳自歌舞來形容，如"丹穴之山"、"軒轅之國"與"嬴民封豕"皆然。此言载民不耕不織，衣食之資自然豐足，豈非因爲他擁有食鹽，各地農牧人，都應其所需求，運其土產前來兑鹽，遂成"百穀所聚"之富國乎？

其《大荒西經》還説：成湯伐夏桀，斬其衛士耕。"耕既立，無首。走厥咎，乃降于巫山。"又把他叫作"夏耕之尸"。分析這章神話所表達的史事，應是夏桀這個大奴隸主，糾集爲他耕種的奴隸群，抵抗成湯。這批奴隸的首領，被成湯殺了。奴隸們逃到巫山，投效於载國。所以説他無首，而稱爲"夏耕之尸"。等於説：夏桀的耕種奴隸們早已知道巫载這個地方也產鹽，不祇解池纔有。還可能他們原是耕的三苗地區的土地。每當解鹽接濟不到，也兑過巫载的鹽。所以當夏桀命令他們抵禦成湯，兵敗國亡之後，他們便直跑來投附巫载了。

同篇還説："大荒之中，有山名曰豐沮玉門。日月所入。有靈山，巫咸、巫即、巫朌、巫彭、巫姑、巫真、巫禮、巫抵、巫謝、巫羅，十巫從此升降。百藥咸在。"豐沮，顯然指的鹽泉。玉、巫兩字，篆書常易相混。玉門有可能原是指的巫山河峽。靈山，也可能就是巫山字變。由於鹽泉之利，聚人既多，農牧發展不利，獵業大興，山中百藥也被發現了。所以方士（巫）來採藥者亦多。巫咸之名，見於《尚書》，爲殷商宰相。巫彭即世傳爲殷太史的彭祖。"咸彭"聯稱，又屢見於《楚辭》，都可證是實有其人。這可說明：整個殷代，這裏仍是一個獨立而文化很高的小國。巫朌的"朌"，郭璞注："音頒。"頒與巴音近，可能就是巴族的一個祖先。巴族，原是定居於洞庭、彭蠡間，巴丘、巴水部位的漁業民，稱爲"巴誕"（《後漢書》注）。大概是因爲有窮后羿所滅，一部分誕民東流，而爲今世的蜑族；一部分人西流，依附巫载，爲他行鹽經商，從而被稱爲巫誕了。這與巫頒游巫或許有些關係。巴人善於架獨木舟，溯水而上，銷鹽至溪河上游部分。整個四川盆地，都有他行鹽的脚迹。後遂建成了巴國。其鹽循江下行，供給荆楚人民，又促進了楚國的文化發展。近世考古學家就地下發掘材料證明，巴楚兩國文化有其共同特點。這恰是先有巫载文化，再衍爲巴楚文化這一歷史發展過程的明證。

巴東這個地層駢褶帶，還有頗多的鹽泉湧出。例如奉節南岸的鹽磧壩，雲陽西北的萬軍壩，開縣東的溫湯井，萬縣東南的長湯井，忠縣的沺溪和塗溪二井，彭水的郁山鹽泉，與長寧縣的安寧鹽井。除郁山鹽泉與大寧鹽泉同樣是從山地湧出，能很早就被原始人類發現利用，克以形成一個原始文化區外，其他七處鹽泉都是從河水底下湧出的，不易爲原始人類發現和利用。唯獨習於行水的巴人能首先發現它，并在巫载文化的基礎上設法圈隔鹹淡水，汲以煮鹽，從而擴大了行鹽的效果，建成了巴國。并且至於强大到合併巫载，壓倒楚、蜀的大國。祇因巴族成爲富强的大奴隸主後，偷惰腐化，習氣衰老，纔被新興的秦楚所分割了。

秦滅巴蜀時，楚國亦已奪取巴國東部地盤至枳（今涪陵縣），幾於完全佔領了巴東南骿褶地區的所有鹽泉。在秦楚對立之下，楚人扼制向秦地行鹽。僅纔這樣對立了九年（公元前316—前308年，秦國的巴、蜀、漢中三郡人民克服不了缺乏食鹽的痛苦，迫使秦不得不大舉十萬遠征軍浮船伐楚。直到奪得安寧鹽泉與郁山鹽泉，建立黔中郡（《六國表》與《楚世家》有明文）後，初步解決了鹽荒問題，纔得安靜二十餘年。但在二十餘年中，楚國又因大江水運之便從枳奪去了郁山鹽泉，使秦人再感鹽荒的壓力，於是秦國開展了再一次爭奪巴東鹽泉的大舉。從公元前279年（秦昭王二十八年，楚頃襄王二十年），一面命白起繞由東方的韓國地界，突襲楚的國都，拔鄢郢，燒夷陵，截斷楚國援救巫黔中的道路；一面助蜀守張若再次大發兵，浮江取楚巫黔中。這次兩路大舉相配合，克以全部佔有巴東鹽泉地區（《楚世家》與《六國表》亦有明文），反使楚國斷了食鹽來源。於是頃襄王率其衆奔陳，去仰給淮海食鹽。是故蘇代説，"楚得枳而國亡"（在《燕策》），謂枳爲巴東鹽泉樞紐之地，當秦人所必爭，爭之不得，則不能不出於滅楚也。

秦國這次先滅楚社稷，以其地爲南郡。大概因爲巫黔中的楚人拚死抵抗，第二年（楚頃襄王二十二年）張若纔取得了枳與巫山，再一次復立黔中郡。但是，楚人不能甘心喪失了巫黔鹽源，促成了上下一心的新團結，如大盜莊蹻，也率其衆擁楚仇秦。祇不過一年時間，頃襄王二十三年，因"秦江旁人民反秦"（《六國表》），"乃收東地兵，得十餘萬，復取秦所拔我江旁十五邑以爲郡，距秦"（《楚世家》）。這説明，頃襄王亡失鄢、郢、巫、黔祇一年，又復國於郢，仍自據有巴東鹽泉。起碼也復佔有巫山鹽泉，建立巫郡，楚人不再鬧鹽荒了。宋玉的《高唐》、《神女》兩賦，便作於此時。那是歌頌巫鹽入楚的詩賦。把食鹽比爲神女，猶廩君故事（在《後漢書》）説的"鹽水女神"是一樣，并非真有一個神女來自薦枕蓆（另有分析文字從略）。大約在考烈王之世，楚仍失去了巫黔中，迫於東徙鉅陽（考烈王十二年），秦乃第三次佔有巫黔中，仍爲黔中郡，并爲秦始皇三十六郡之一。

在頃襄王奪回巫黔中後，秦國正全力對付東方，無力從巴蜀出兵奪取巴東鹽泉的一段時間，有四十多年（前300—前257）。秦國的蜀郡太守李冰，爲了食鹽自給，纔創造地想出坑井取鹽的辦法。這種創舉的科學論據，古無傳者。用今天的地質學識推，是可以充分説明的。那就是四川盆地原就是幾千萬年前海底沉積的地層，土壤裏原就含有鹽分。表層經幾千萬年雨水及江河的洗滌，喪失了鹽分，下層土內必然還保存得有，人工挖個深坑，汲取含鹽較多的水煎煮，會能得鹽。李冰是個具有科學頭腦的人，他祇須看見鹽泉是從地下冒出的，從溪河深陷處冒出的更多，他就相信地層下部有鹽，挖深坑就可能遇着鹽泉。依他設想做去，果然在廣都縣的龍泉山脈部分取得食鹽了。後來陸續在總岡山脈北側（蒲江鹽井）、火井槽山谷（火井）和龍門山脈南側（什邡鹽井）等處取得了同樣的效果。并且坑愈深的鹽愈多。著名的陵井（今仁壽縣）、牛鞞井（簡陽縣）、富世井（富順縣），有發展到三十多丈深的，產鹽量也與巴東鹽井相當，蜀地食鹽從而可以自給。再發展到唐末宋初發明了竹筒井，汲取百丈以下的鹽層溶水，蜀地產鹽量遂遠遠超過巴東各鹽泉，於是湖湘、黔沅、陝南、甘南行鹽之利，皆爲井鹽所奪。巴東泉鹽退至全國產鹽的末位，巫載文化與巴楚文化亦即成爲博物館裏的陳列品了。

任何事物，都各自有其發生、發展、壯盛、衰老與息滅之時。食鹽在人類社會發展各階段裏的重要性，不能例外。當其在人類初生階段，尚未知有食鹽這一物品時，祇能向獸肉、魚介、草木等食品中取得鹽分。但一經發現食鹽以後，便會使它成爲人類生活不可一日離開的商品。產鹽之地，便會成爲最繁榮、最富裕和文化最高的核心地位。在原始社會階段，這是衡量社會程度的重要條件。離開這個條件去研究原始社會，那就會如盲人捫象一樣，無法認識原始社會的真面目。也祇如沿海步行考察，沒有舟楫幫助之不可能認識海洋的真貌是一樣徒勞無功的。

然而，食鹽是遇水就溶化的。積年水氣也能使它解化消失，研究上古人類生活的歷史學者，不可能從人類遺址中發現鹽的作用。因而直至今天，從事地下發掘的考古學者，除在封建社會遺址中發覺有鹽字殉葬品外，沒有在原始社會遺址中找到鹽來，從而輕易地抹煞了這一重要因素。這乃是考古學史上最大的遺憾！

使我開始注意這一問題的啓發者，是近年在巫山縣大溪溝考古發掘中，發現舊、新石器時代的墓葬裏，每有大量的魚骨。我想：魚是易腐之物，鮮魚死去兩三天便會發臭腐爛，非用鹽醃製，不可用於殉葬。大量魚骨，等於葬時大量使用了食鹽。解放前，許多邊遠地區，鹽價高得難於想象。例如寶興縣堯磧區楊文成同志談："解放前，三斗糧兌一斤鹽。"（現在一斗糧兌十幾斤鹽）。我又曾見漢中子午谷地區，幾於人人都長有喉瘰。據說："唯食四川井鹽可治，但無力購得。"可知用大量食鹽醃魚殉葬，是祇有巫载之民纔能做到的。大溪溝在瞿唐峽口，東循江一百里至巫山峽口。巫溪在此合江。我與四川博物館王家祐同志商討，認爲大溪溝是"载溪溝"音變。從至之音，皆具岱音。此地是與巫溪鹽泉區同在一個峽江內的自然區，正是巫载文化的核心地區。他們是食鹽有餘的。所以稍有地位的人，都能用大量的鹽醃魚殉葬。

瞿唐峽直長三十里，在巫载上游。巫峽直長百餘里，在巫载下游。兩座絶峽封鎖着巫载地區。其北是大巴山，其南七岳，幫助了封鎖。祇緣下水行鹽較易，故兩湖盆地自夏代的巴族，到周代的荊楚，都祇能吃巫鹽。行船，非巫载人的長技，故他必須使用善於行水的巴族爲之行鹽。巴族亦藉行鹽行之便，籠絡得四川盆地的農牧民族，從而建成巴國。巴國日強，逐步吞併了巫载，專有巴東鹽泉之利，在春秋初年楚國也是聽命於巴的。但其時沿海鹽業漸興，東楚的人不吃巫鹽。所以楚襄王與考烈王在喪失巫黔中後，都向東楚奔遷。但巴、蜀、漢中與南郡的人却不能不食巴鹽，所以秦楚都拚命爭奪這一產鹽地區。這是巴東泉鹽的壯盛時代。它與河東解池是一樣，從發生到壯盛，大約經過了一萬年的時間。由於四周多種新興產鹽區的發展競爭，使盛極一時的解池和巴東鹽利，顯得日就衰老了。解池受到了海鹽，內陸池鹽如河套的花馬池、寧夏的吉蘭泰鹽池、西海的茶卡鹽池和冀北的多倫等池鹽的競爭，喪失了統治地位。巴東泉鹽，則大大受到了蜀地井鹽的影響，退到從屬地位來。但他們還不至於消滅，因為至少還有一部分人需要他。

若還到了社會進化到交通便利、運費接近於零時，可以肯定他們都會要消滅。因為成本愈顯得太大了，應該讓位給不費大力就掃起來的海鹽，和西北高原中鹽湖遺迹的岩鹽。縱使他們存在，也祇能作為化學工廠的原料，而不是以食鹽作為商品出售。這也是經濟規律決定了的。

鹽這個字，就文字發展的歷史說來，是最晚出的。可能是周代纔有，殷商年代都還沒有。

那末，周代以前已經有食鹽了麼？有，又怎樣稱呼，怎樣寫法呢？我還不能解答這一問題，祇可能提出幾條研究綫索。

第一個，考慮到鹵字。這個字，殷墟甲骨已經有了。我請教過川大伍仕謙先生，他說："像∴盛🝔中。🝔，盛器也。∴，鹽屑也。"我相信此解正確。因為原始人類是祇有皮袋盛屑物。不過仍懷疑最古鹽字作※，不作∴。因為米粟的米，作正十字加∴，表示分享農業勞動成果的穀物。故把得鹽之勞動成果分享，作斜十加屑物。二字的產生約略同在很原始的年代，群體分享勞動成果的年代，初有文字創造年代。用個交×刀劃，來表示平分。或許鹽字還要早些，米字還會晚點。因為原始的人畫個斜×比作正十容易些。而且它的發音就是×。因為食鹽最早成為商品的地區在青藏高原（另詳《羌族源流探索》，已發表在《民族問題》期刊），至今羌番人民還把它叫"擦"。（青海的茶卡鹽池，即《漢書·地理志》隴西臨羌縣的"西海鹽池"。今作茶卡字，就是擦的譯音。）《說文》解釋鹵字說："西方鹹地也。從西省。像鹽形。安定有鹵縣。東方謂之斥，西方謂之鹵。"這樣把鹵字專用爲斥鹵一義，是文字音義變化了幾千年以後的看法。因爲已通行鹽字，便把鹵的本義失掉了，反讓引申借用之義奪去了原來含義。"從西省"的説法，不見就是的解。西字，小篆作🙰，象鳥歸巢，日落時。字亦作卤，作🙰與🙰相似，漢儒遂有如此猜測。試想：初造字時，鳥巢與鹽袋相似，亦有可能。亦可説西字就是鹽袋商品的象形字，因中原食鹽，最先就是從西方青藏高原輸入的，解池煮鹽的發明的時間，大有可能在羌鹽輸銷之後。因爲相傳最古的伏羲氏，就有可能是古羌族行鹽入中原定居的部落。并且直至漢代，隴西地區都還是吃的"西海鹽池"的羌鹽（并下詳）。中華古史，吸收有羌族文化的因素很多，解池曬鹽的方法，有可能受羌族取鹽方法的啓迪（即是説，鹹水蒸發後可以得鹽的經驗）。那末上古造字時以鹽包商品代表西方，也是可能的。

第二，可以考慮到宓字。《易·繫辭》的包羲氏，《帝王世紀》與漢代金石文刻多作宓羲氏。或伏羲氏。一作虙羲氏。還有説從他開始養犧牲以充庖廚，而作庖犧氏的。我考，《易·繫》是最先提出這個人物的書，其餘都是晚出。庖犧一説更晚，無取。袛宓字與包字義近。可以設想：他是因販運羌鹽入中原的民族部落。包，是指的從西海鹽池包裝鹽屑運華的鹽包（借用懷孕的包字）。宓，是從他購得開包後兑出的鹽屑，歸來蓋藏自享的含義。從必，不是借音，而是※形之省變。故其本音爲伏，不是必聲。虙字，又是改借虍字代伏音，而以※存宓之義，決不能是必字的音義。《説文》指出：必字，小篆作州，"分極也。從八、弋。弋亦聲"，是説的原始社會集體獵獲物進行分配已獲完畢之義。因其大小數量不同，難於平分，處理分配甚難。但已有共訂標準，分配得妥善無爭了，有必之義，如畢之聲以成字。這種分配，與鹽粟等屑物的分有根本不同，造字時亦先後不同，因而必字是最後出的，不可與※相亂。袛緣隸變時形近而混，音亦非古耳。宓字，是伏羲氏的本字，是鹽入私人持有之義。義是頌贊之音，不能説爲犧牲。

第三，考慮到一個鹹字。古原祇作咸。從戈，與人、口。示鹽之味具刺激性。加心，爲感覺之感。加水，則味減，故爲減退之減。箴、鍼皆取鹽味刺激之義爲字。故可設想：咸字即古用以表示食鹽之字。《尚書·洪範》五行"水曰潤下。潤下作鹹"的鹹字，纔是表示水雖潤土，但若溶鹽入土，則成瀉鹵，反能妨害生産之義。後世乃轉爲斥潟之義（鹽鹹土）。鹹味爲人人同嗜，鹽溶於水，集體易得平享，故又引伸爲普遍之義。星名有咸。《漢書·天文志》："咸漢，星出西北。"這亦具有遠古的華夏食鹽來自西北之義，與宓羲氏含義相通。卦名有咸，"亨利貞。取女吉"。挾有鹽者人樂依就之，故亨利貞，取女吉也。凡此皆可説明咸字在我國文化史上，産生很早，皆依食鹽爲義。即必有一個地區曾呼食鹽爲"咸"。

第四，可以肯定臨字是古代食鹽的代稱。《漢書·地理志》"金城郡臨羌縣"，"莽曰鹽羌"，即是前代習稱食鹽爲臨之證。由於西海鹽池（今都蘭縣的茶卡池）是稠濃的鹽水，羌人汲入皮袋，駄行幾天，水分失去，便自成鹽了。其旁縱橫三十餘里的地殼，全是岩鹽，挖出打碎，便成商品鹽。古代羌人用牛皮包裝，駄到隴西地區來兌換內地農産和工藝品，從黄河岸的臨羌縣城進口（今爲興海縣處），故秦漢置縣其地，取名臨羌。王莽時漢人已不呼鹽爲臨了，故改稱鹽羌，存古名之義。這個臨字，顯然不是面臨之義。因爲金城、武威、張掖、酒泉、隴西、陰平等郡幾十縣無不臨接西羌，不當許此一縣獨有臨羌之名。唯因羌鹽運入內地必由此處，纔把他叫作"臨羌（鹽羌）"。《漢志》地名具臨字的，還有很多，也都具食鹽之義。例如：越嶲郡姑復縣云"臨池澤，在南"。《後漢志》注引《地道記》云："鹽池澤，在南。"明是臨、鹽二字可以通用之證。巴郡臨江縣，是因監、塗二溪鹽利特大而有名的，決不能是因縣城臨江而得名的。當時巴蜀與荊湘的郡縣，没一個不是置於江岸上，何得祇此縣有臨江之稱呢？此外之例還多，無須瑣瑣列舉了。

臨字最原始的寫法作𦣞，象人目注視三口鍋，察其火候。竊謂是人類最先煮鹽時所造字。其先或祇作𦣝。發展爲注視三鍋，是煎鹽術已有進步時的新字了。因爲初創煎鹽泉、鹽池與海水爲鹽時，祇有一鍋。其後利用餘熱，纔有二鍋、三鍋與尾鍋。頭鍋熱量大，蒸發快，成鹽早。二鍋、三鍋次之。當頭鍋成鹽時，二鍋祇是濃汁，三鍋更是水淡，尾鍋無論設置多少，祇能藉火尾熱力，微微蒸發一部分水，待頭二鍋成鹽後移入煎鹽。近世煎鹽之法如此，也祇是承用的古法。臨字與鹽的關係，當如此解。面臨、臨近的臨，祇是引申之義。鹽字既行，臨字本義反無人知了。

第五當考慮到監字。這是緣臨字產生的。竊認爲是皿盛臨（鹽）之省文，表示鹽已煎成了。入皿，以人守之。甲文作𥁕，金文作𥂉，都可認爲是臨與皿的合體字。省去三鍋而代以一點。點，表示鹽。故監、臨兩字同義，人類語複化以後，恒連爲一詞使用。《漢書·地理志》裏記有王莽所改產鹽諸縣的地名，用監字代替臨字的特多。例如上舉巴郡的臨江，"莽曰監江"。蜀郡臨邛，是因有火井鹽泉而著名的，"莽曰監邛"。西河郡臨水縣，在吉蘭泰池附近，"莽曰監水"。朔方郡臨河縣，有河套鹽池之利，"莽曰監河"。他如鬱林郡臨塵縣，"莽曰監塵"。潁川郡臨潁縣，"莽曰監潁"。齊郡臨朐縣，"莽曰監朐"。東萊郡臨朐縣同。或爲產鹽之縣，或爲當時鹽商集中之地。總之與鹽有關。可以說臨與監是當時習用的同義語和古今字。改臨作監，是爲了當時習便。正如改彤爲銅，改鐵爲鐵，改鼇爲僖，改衜爲道一樣。字改而含義不變。不過因爲盆盎盛冰或盛水，可以反映人的面貌，後來人把照形的銅鏡，也寫作鑑，是使用了監字的音義。那是因爲鹽字通行以後，人們便把監字祇作爲鑑字解釋，以至於失去鹽的含義了。據上舉王莽改地名諸字推，其時的監字，并無鏡形之義。并有可能不作鑑音，而是讀如臨音，或鹽音。可以設想：鹽字，是爲與鑑義區別而製造的。有個時期，監字就是鹽字。

第六個是鹽字。《左傳》成六年，"晉人謀去故絳。諸大夫皆曰：'必居郇瑕氏之地，沃饒而近盬。'……"這明明指解池鹽利爲盬。孔穎達《正義》謂："唯此地之鹽獨名爲盬。餘鹽不名盬。"但《詩・小雅》中《四牡》、《杕杜》、《北山》等篇，都有許多"王事靡盬"的語句，也都是西周王臣嘆息王室危難之詩。作於秦隴西北地區，表示爲鹽晶溶解之義。則當西周年代，秦隴皆呼鹽爲盬。至唐代，則已稱各地所產之食鹽皆爲鹽，祇河東地區人民尚保守其盬字舊稱，孔穎達乃有此解也。食鹽過濃則味苦，是漢儒解釋盬字的音義（見《説文》）。但這恐不是的解。可能是沽（兑換）估（商業）的音義，還有可能祇是臨字的形變和聲變。因爲臨字的古文，有作𰽎的（見《康熙字典》），伍先生寫成篆文給我看，作𰽏。象三個人各掌一個鹽鍋，另一人高梃注視之形。這與臨字造形取義完全一樣，祇三圓鍋改爲古字；加三個人，表示一個老師，帶三個徒弟做煎鹽工作，其音已變爲古了。這也是煎鹽工業發展到較高階段時纔有的，西周至春秋時人已經把它簡化作鹽了。

第七，纔考慮到鹽這個字的。它首見于《周禮・天官》的"鹽人，掌鹽之政令"。《易經》有臨卦無鹽字。都可説殷代還無鹽字，祇有臨字。由臨發展演變爲監，由監衍變爲鹽，由鹽再變爲塩。秦漢以後中原人直用鹽字至今。

第八，還當考慮到一些表示食鹽名稱的別字。如鹺，最早見於《小戴禮》"鹽曰鹹鹺"。其實就是羌蕃語稱鹽爲擦的譯音字。這説明羌鹽在秦、漢間還是行銷入中原的，并且受到内地人的尊重，用爲祭品。閲唐宋迄清，内地人還把鹽商稱爲"鹺賈"。

《廣雅》又有䰞字，䴛字，䴖字，皆云"鹽也"。䰞爲鹺的別字，可定。䴛、䴖不知又是何地人的稱呼。這還是六朝時人的語言。到了唐宋，造出鹽的同義字更多。《廣韻》有齡、䴖、䵹、䰞、鹻、鹺等字。鹻又或作䴛，作䴖。要皆録存各地語言所造字，不可盡考。由這些地區語言的分歧變化，來看各地古今語言的歷史變化，則食鹽字音義之變動不居，可以不待繁瑣考證了。

第九，還得分析這個䴏字。《廣韻》、《集韻》皆有，"音靈"。與《漢志》臨邛、臨羌、臨江、臨池、澤之臨同音義。可以說是直至唐宋仍還有許多民族或地區語言呼鹽作臨。由於臨字在當時一般人不知爲鹽，設想不到古之臨字，便祇好別造一個䴏字來使用了。上舉《山海經》說巫咸等十巫所升的"靈山"，即上古產鹽的巫山。由此䴏字音靈聯想，亦可以說呼鹽爲䴏是巫䍧地區人民保持下來的。巫䍧人就呼鹽爲䴏（靈），故《山海經》把巫山叫作"靈山"。秦漢人把鹽江叫作"臨江"，表示因其地近巫䍧，保存臨字最久。王莽再改它作監江，是一般人已不知臨就是鹽，祇有讀書好古的王莽還知此義之證。

再聯想到蜀王"以襃斜爲前門，靈關爲後户"的靈關，爲甚麽要叫靈關？可能是臨邛火井槽的鹽（那是蜀國最古的食鹽給源，產量不大），是從靈關（在今蘆山與寶興界上）運致的，與臨邛之臨同是一義。又當蜀地鹽不足給時，亦有邛民運鹽入蜀。邛滇之人呼鹽爲零（有"臨池澤"地名作證）。故司馬相如有"鏤零山"之文。即是因爲今之小相嶺，爲古時邛鹽入銷於蜀地之路。這些臨、靈、零字音，保存到唐宋，便被䍧字代替了。

第十，漢益州郡有連然縣，"有鹽官"。其地即滇池西之安寧鹽井，歷來爲滇東、黔西諸部民食所仰。"連然"是何取義，不可得解，應祇是譯用民族本語，有可能即是"鹽泉"之義。臨、靈、零、䴏、廉、連同部，音近。最初譯人任取一字，譯定後遂多分歧耳。

又如《前漢·西南夷傳》與《華陽國志》并謂昭帝始元元年，"益州廉頭、姑繒等二十四縣民反"。姑繒，爲羌族居入雲南高原者的古稱。舊曾被稱爲"昆明"。今世作"古宗"字。《地理志》越嶲郡姑復縣，"臨池澤在南"。其地應在今鹽源與渡口市之間。與青蛉、連然皆產鹽之縣，分在金沙江南北。縣名姑復者，蓋亦如魚復，因土民服煎鹽之務，免除其他傜役之義。"廉頭"二字，則既非郡縣地名，又非民族名稱。而乃冒於姑繒之上，稱"益州廉頭"。益州與越巂兩郡鹽利，皆昆明夷人所開。此廉頭字，可以聯想即製鹽的頭人，他們是連然縣承辦製鹽的工人，因不勝剝削與歧視，發動反抗，於是越巂郡鹽工（姑繒）亦響應同叛。素來仰食其鹽的二十四縣人民也一同反叛了。即是說：這是一次反抗鹽稅過重的鬥爭。由益州郡連然縣鹽工頭目倡議，各地鹽工（包括越巂郡的姑復、青蛉等縣）和仰食於兩郡給鹽的人民同時響應，牽涉到牂柯郡的鉤町、漏卧、夜郎等部，禍亂達數年之久。人畜傷亡至數十萬，纔得平息。還當注意的，這次大亂并非民族部落的國王、邑君倡導，而祇是鹽工。正因爲食鹽供求是當時南中人民生活中的第一大事，所以纔會有這樣大的叛亂局面。

連然、廉頭與臨池澤三字聯繫起來看，最能說明都是一個鹽字的別譯。雖夜郎語或昆明語久已滅迹，無法取證，亦是可以決定下來的。這乃是歷史地理學的考訂方法。用此方法，可以在文字資料業已窮盡後，解決民族古史裏一些無法解決的問題。

卷二

漢中志

卷二 漢中志

一

漢中郡①，本【附】舊本并衍此字，兹删。庸國地。周匡王二年，巴、秦、楚滅庸，其地分屬秦、巴②。舊本此葉脱亂，不成文理。蓋元豐本所據首葉爛脱，殘字零亂，吕刻黏接失考所致。兹依《左傳》補滅庸事。又殘存"屬"字下補"秦巴"二字。説詳注。六國時，楚强盛，略有其地。後爲蜀。"蜀"字元豐本接在首句"庸國"下。考當在此。嘉泰本以下，皆作"後爲秦"，非也。恒成爭地③。此上十七字，宋刻誤接在"略侔三蜀"句下。夫秦惠文王滅蜀巴後乃置漢中郡。豈能以六國時楚得漢中敘列置郡之後？云"恒成爭地"者，謂秦、巴、楚、蜀互爭漢中，歷三百年而後秦終定之以爲郡也。舊刻爲脱簡誤接甚明。兹移正，并詳注釋。周赧王【二】三年舊各本皆作"二年"。按《秦本紀》、《六國表》，皆當作"三"。當是舊刻脱一畫耳。秦惠文王置郡。因水名也。

漢有二源：東源出武都氏道漾山，因名漾。《水經注》卷二十引此作"爲漾水"三字。古時引文不必全遵原字也。《禹貢》"流漾爲漢"是也。《水經注》引作"導漾東流爲漢是也"。西源出隴西西縣舊本脱此二字。《水經注》引，趙本、官本、王氏合校本并有。朱本亦脱。當有。嶓冢山，會白水，經葭萌，入漢。始源曰沔，《水經注》引至此止。"經"作"逕"。故曰"漢沔"④。常氏此上四十九字，幾於無句不謬，又非如上文脱亂可比。按之《水經注》引，則是常氏原誤也，另於注釋辨訂之。在《詩》曰："滔滔江漢，南國之紀⑤。"其應上【照】昭廖本作"照"。於天。又曰："惟天有漢⑥。"其分野，與巴、蜀同占⑦。其地東接南郡，南接【廣漢】於巴，舊本四至被傳鈔誤改者甚多。如此"南接廣漢"，以本書校，廣漢郡不言接漢中，而《巴志》云"北接漢中"。實際亦是巴西郡北接漢中，廣漢郡祗葭萌驛道一綫通聯漢中而已。兹仿《蜀志》"南接於越"文，作"接於巴"，庶還常氏原語。西接【隴西、陰

125

平】武都，隴西、陰平二郡，從未與漢中接。就秦世言，無陰平郡。就漢初言，漢中西界爲廣漢西部都尉治。就武帝以後言，則已置武都郡矣。本書武都東接下脱文，是脱"漢中"二字可定。故推常氏此文爲"西接武都"亦可定。北接秦川⑧。此指渭水平原，即所謂"三輔"郡縣，與上"漢沔"皆用《隆中對》文。厥壤沃美。賦貢所出，略侔三蜀。【六國時楚强盛，略有其地。後爲秦。恒成爭地】十七字，舊刻全皆誤綴在此。時敘謬亂，義無可通。夫秦滅巴蜀而後置此郡，時楚削弱，已瀕於亡，則誰更與秦爭此地乎（參看注）？其爲秦惠文王置郡前脱簡誤綴甚明。茲上移，并改"秦"爲"蜀"字。

漢高帝既克秦，獲子嬰，當王關中。舊本脱此四字，於史法，文意皆有未合。應是寫本首葉蠹蝕。茲用《史記》文補。項羽封高帝爲漢王。王巴、蜀、漢中【三】四十一縣。舊脱"漢中"二字，又作"三十一縣"。茲依《漢書·高帝紀》文改補。常氏所據正是《漢書》。後人因《巴志》有"三十二縣"文誤改之也。帝不悦。丞相蕭何謀曰："雖王漢【中】之惡，《漢書》"漢"下有"中"字。廖本據補，舊各本無。常氏奪之也。於文義稱"王漢"實勝"王漢中"。不猶愈於死乎？《漢書》下文云："漢王曰：'何爲乃死也？'何曰：'今衆弗如，百戰百敗，不死何爲？《周書》曰："天予不取，反受其咎。"'"下接"語曰天漢"。常氏删之。且語曰'天漢'，其稱甚美。夫能屈《漢書》作"詘"。於一人之下，則《漢書》作"而"。伸《漢書》作"信"。亦讀如伸。古二字通。於萬乘之上者，湯、武是也。願大王王漢中，撫《漢書》作"養"。其民以致賢人。收用巴蜀，還定三秦，天下可圖也。"帝從之。都南鄭⑨。及【項籍弑義帝】高帝東伐，漢高東伐，在羽弑義帝前。且上文稱羽，此乃稱籍，明是後人贅入五字，於文亦當删。蕭何【常】當衍。居守漢中，足食足兵。既定三秦，蕭何鎮關中。資其衆，卒平天下。高帝九年，以田叔爲漢中守。治西城⑩。屬縣十二。元豐本作"十弍"。他各本作"十一"。廖本作"十二"。今按：《前漢志》漢中郡十二縣，治西城。後分西城、錫、安陽、旬陽、長利爲西城郡，上庸、武陵二縣爲上庸郡，房陵縣地立房陵郡，漢中郡衹四舊縣。蜀漢時置西鄉縣。晉置蒲池縣。合成爲本書漢中六縣。元豐本作"十二縣"，是《班志》舊文。郡治西城，亦班氏舊文也。又考《班志》十二縣中，武陵、上庸、長利三縣，皆漢代新置，故後列。秦代漢中郡衹九縣。迨滅巴、蜀，新置三十二縣，合漢中九縣爲四十一縣，與《高帝紀》合。【去洛一千九十一里】。舊衍此句。上下文皆田叔事。其時洛陽非國都，何得插敍去洛道里？若如《前漢志》郡治西城，則西城"去洛千七百里"明著於魏興郡，何得於此又云"千九十一里"？若如《後漢志》郡治南鄭，則在"洛陽西千九百里"亦有明文。再如本書所記上庸、房陵去洛道里，皆在千六百里以上，則不能更有漢中屬縣近至千一百里以內者可知。然則所指郡治究何在乎？此必後之淺人嫌此郡屬縣數下獨無去洛道里，妄以其時圖籍所傳橫竄之入，遂致腰斷常文，而與魏興郡復出立異。故删除之。**叔既饋以軍饟，又致名材，立宮室。帝嘉之。**【後爲魯相】。此四字亦後人旁注被寫入正文，非常文固有。田叔事多，無關漢中者例不當收。漢中守轉魯相非優遷，亦與"帝嘉之"之義無所補，又礙下文氣勢。**然以帝業所興，不封藩王**⑪。此承上文"立宮室"言之。謂南鄭城內雖立宮室，不建藩封。非謂蜀巴漢無封國也。

　　案：李雄以巴國故地立荆州，而以漢中、梓潼、武都、陰平爲梁州。晉平蜀，以巴地併入梁州，還太康之舊。常璩原撰《蜀漢書》，以荆、梁二州文少，合稱《巴漢志》爲一篇，俾與《蜀志》、《南中志》字量相當。先已行於北方，崔鴻所據，《酈注》所引皆是也。後歸江左，遵晉制，因削《漢志總序》，以《郡序》徑接《巴志》，加梁州首尾，爲《梁州志》。似因衰齡慵放，姑以塞責，不欲多費筆墨以適時人也。所删《漢志總序》，大抵爲山川、土産、民俗與古史之部。仍移大部史料入《郡序》中。故漢中一郡序文，竟與《巴志總序》字量相當也。

　　此爲其第一章，敍漢高開國事，删約《總序》古史與地理之部，著其前。復因首葉敝敗，殘字脱亂，元豐開雕時，黏接調理，謬誤尤多。嘉泰以來因之，歷世傳刻皆失於校訂。兹審殘字，求文理，驗於《史》、《漢》與《常志》本身，略爲補訂。更以注詳其考正依據，補充其可知者，以存常氏之意，救宋槧之失也。（參見圖版5《〈漢中志〉形勢總圖》）

【注釋】

①釋郡名。今世地理學家稱陝西南部地方爲"漢中盆地"。其核心地區爲一

狹長平原，東西長約三百里，南北狹數里至數十里。橫貫之水，古稱沔水。故此平原，一稱"沔中"。在西周此爲襃國地，故又云"襃中"。平原之東，群山橫亘，谿谷盤錯，有黃金、子午之險。沔水穿此山谷地區，行七百餘里，奔騰而入雲夢盆地。楚人喻爲自天河（銀漢）來，稱爲漢水，而謂此山谷地區爲"漢中"。戰國時，秦楚强盛，爭奪此地區。楚於西城（今安康縣，爲沔東山谷區之中心，即《漢書·高帝紀》之"蝕中"。）置漢中郡以禦秦。常氏云"因水名"是也。秦之於沔中，城南鄭以禦楚與蜀、巴。常氏云"恒成爭地"是也。迨秦惠文王滅蜀，苴與巴，以爲二郡。又奪楚漢中地，合沔中爲郡，仍治西城。故仍舊稱漢中郡也。後漢徙治南鄭，從而漢中之名轉入沔中。於是歷世皆以南鄭爲漢中首邑，沔中之名漸廢，蝕中之名亦廢，漢中成此區專稱矣。

②襃國與庸國。秦嶺，《詩經》稱爲"南山"，屢見於二《雅》。其南江漢之間諸民族部落，稱爲"南國"。以生産落後，經濟相需故，服從周室最早。巴與蜀，襃與庸，及微、盧、彭、濮之人，皆參與伐紂之師。其時，巴與襃皆託同姓與婚姻關係，國君親赴，《牧誓》列在"友邦冢君"，不同於"庸、蜀之人"也。《小雅》"南有嘉魚"，"南山有臺"，皆周王燕勞南國使臣之詩。"嘉魚"即謂襃之丙穴魚也。"臺"即夫須，亦即氐人所育成之"圓根"，後世稱爲蕪菁者是。皆南國特産也。《大雅》"瞻彼旱麓"，爲周王祀旱山，會南國諸侯之詩。旱山者，米倉山之北峰，世傳靈異，有祭壇在其麓（後詳），爲南國鎮山。故周王會諸侯於此。《詩》紀其事曰："清酒既載，騂牡既備。以享以祀，以介景福。"又勉諸侯興教作人曰："瑟彼柞棫，民所燎矣。豈弟君子，神所勞矣。"又勉諸侯事周曰："莫莫葛藟，施于條枚。豈弟君子，求福不回。"《小雅》："沔彼流水。"詩題（樂章之名）逕作《沔水》，亦明沔中與周室文化之關係。《周南·漢廣》之詩曰："漢有游女，不可求思！漢之廣矣，不可泳思。"則江漢間之民間詩歌，早在周初已經流行岐地，譯爲周都之語而歌以南樂者也。（凡《周南》諸篇，皆周公旦採譯南國樂歌仍以南樂歌之者，説在《周詩新詮》。）

襃國姒姓，雄於此區，實主旱山之祀，爲南國領袖。其與周王婚姻，自太姒至於襃姒，可云世婚。幽王寵襃姒，黜申后，廢太子宜臼，以襃姒爲后，其子伯服爲太子。宜臼奔申。申侯結鄫與犬戎攻周，殺幽王及伯服於酈山下。申侯立宜臼爲天子，是爲平王。晉、衛、齊、魯及秦人迎平王都洛邑。委宗周（關中）地於犬戎。宗周舊臣虢石父，結犬戎與褒人立王子餘臣於攜，是爲攜王。（事具《竹書紀年》，亦見《左傳》王子朝《告諸侯檄》。）至平王二十一年，晉文侯滅攜，殺餘臣。時秦亦積世力戰，逐犬戎，得宗周故地。褒人勢孤，遂爲庸國所滅。故常氏曰"本庸國地"，謂庸在東周之初已得其地矣。

庸國興於房、竹山中，與巴、楚、申、麇爲鄰，爲殷周世强暴之山居民族，文化較其他山民爲高。百濮、微、麇、夔、儵、魚諸戎皆與相結，受其役屬。其滅褒也，蓋亦由秦與申國結之。事成，以形便而得其地。巴、蜀或亦曾與其役。限於巴山、劍門，初未佔有其地。詳情無史文可稽，以理度之如此。入春秋後，楚國强大，爲庸近患。《春秋》魯文公十六年（前611），庸君乘楚大饑，結百濮與諸戎分途侵楚。楚國危殆，"申息之北門不啓"。"楚人謀徙於高阪"以避之。楚莊王出師禦敵，"七遇皆北"。庸人驕怠，而楚聯秦、巴襲其後。庸禦秦、巴，"唯裨、儵、魚人逐楚師"，楚得不亡。時巴擅鹽泉之利，庸與百濮、諸戎咸仰給焉。故巴助楚而"百濮各還其邑公"，"群蠻從楚子盟"，反而攻庸，庸國以亡（并引《左傳》文十六年文）。

巴、秦、楚分割庸地，巴以功望特高，得地最多。大抵自房、竹迤西北，至於黃金、子午、祥川、旱麓，沔水以南，大巴山區與沔東山谷群蠻、百濮之地，皆附於巴。沔水以北大平原區，爲秦所有。故曰漢中之地"分屬秦巴"。楚國則得方城以南之地而已。《春秋傳》曰，楚"使廬戢黎侵庸，及庸方城"。楚軍所至，固當得之，過此則不能矣。

知巴得庸之國邑房、竹者，《春秋》哀十八年（前477），"巴人伐楚，圍鄾"，鄾本鄧國附庸，在鄧"南鄙"（見桓九年《左傳》）。其地在今襄陽之北。楚滅鄧，故有鄾邑。其時巴國都在墊江（今合川），故溯渠水，踰巴山，至房、竹，直指鄾邑，甚近便。設巴未得房、竹，則亦不能越楚境數百里以至鄾地。時距分庸一百三十五年，庸地仍爲巴有。其證之確如此。惟此役爲楚吳聯軍所敗。是否已失房、竹之地，史無可徵。此後入於戰國，楚益强而巴益弱，漢中竟爲楚地,則房、竹必亦入楚矣。

③漢、沔成楚、秦、蜀、巴互爭之地,其史事之可考見者如下:

《史記·六國表》周定王十八年(前451),秦"左庶長城南鄭",此可説明:時沔中平原在秦管中。然外來爭奪者衆,故築此城以備之。時距滅庸一百五十七年,中間爭奪情事無考。

又定王二十八年(前441),即秦躁公二年,"南鄭反"(《本紀》同)。是城南鄭十年,沔中已不屬秦。其人叛歸何國,無可考。以理度之,當叛歸巴。時巴已都閬中,必爭漢沔以固北門。漢沔最缺者惟鹽(直至解放前仍爲餓鹽最深、全國喉癭最多之地)。而巴最饒於鹽,水運直至陽平與沮,供應全沔最便。以鹽誘其人叛秦歸巴,勢易成也。蜀與楚,則但可以武力侵佔此區,無如此經濟條件,即不可能使其民自叛。

又周安王十五年(前387),即秦惠公十三年,《表》云:"蜀取我南鄭。"足見在南鄭反後五十四年中,秦曾奪回南鄭,但又爲蜀國奪去。此可設想爲巴國雖誘得其人叛秦來附,而武力不足以守之。故秦復佔有南鄭。然人心不附,徒仗武力亦不能守。巴雖武力不足,可以結蜀以挫秦。雖不結蜀,蜀亦必因南鄭民叛而往取之。此後,漢沔遂爲蜀有。

同年,《秦本紀》云:"伐蜀,取南鄭。"文與《表》正相反。舊未有説。兹推斷不出兩點:一,在蜀得南鄭之當年,秦即以軍伐蜀,取還南鄭。然卒復爲蜀取去。《紀》志其勝,不志其失。《表》則志其結果爲蜀。另一推測:《紀》之伐字,爲"我"字形譌,又被傳寫誤倒在蜀字上,致五字相同而譌義相反。總之,此年蜀得南鄭之地。

又,《表》周安王二十五年(前377),即秦獻公八年、楚肅王四年,楚欄云:"蜀伐我,取兹方。"蜀與楚間,隔有巴國。非蜀得漢中,即不可能與楚境相接,安能伐楚。"兹方",舊説爲今松滋縣,此必無之理也。其時,楚已有房、竹、隕西之地,置漢中郡,則所謂兹方者,蓋即《張儀傳》所謂"商於之地",謂楚郡縣以外之民族地區,但爲楚商人往來,發揮其經濟勢力之地。"兹"字古文象兩繅成紐定之絲把,懸以招市者,故引伸爲"此"字之義,實是商業標識之義，與"商於之地"含義正合。大抵凡今黃金、子午、柞水、商洛與寧陝、西鄉諸縣，楚所未置縣尹之地，皆楚之"兹方"。蜀取楚兹方，時距南鄭叛秦二十二年。足見此二十二年中，沔中皆爲蜀有，并更向楚境侵入。時則秦已退出秦嶺以外，蜀無後顧之虞，故敢東進也。本書《蜀志》，謂蜀王杜宇當七國稱王時，"以褒斜爲前門"。又云"周顯王之世，蜀有褒漢之地"。然則此後直至周慎王五年（前316）秦惠文王滅蜀，七十二年中，褒漢之地皆爲蜀有。形勢穩定，故蜀王劃漢中與葭萌地爲苴國，建宗藩焉。

秦滅蜀、苴與巴後四年，即周赧王三年（前312）、秦惠文王後元十三年、楚懷王十七年，《秦本紀》云："庶長章擊楚于丹陽，虜其將屈匄。又攻楚漢中，取地六百里。"於是始以沔中、漢中爲一郡，仍"漢中"舊名，結束四國互爭之局，上距瓜分庸地凡三百年。此常氏"恒成爭地"之義也。

④我國古地理書籍，混淆東西兩漢水源流，自《禹貢》至《禹貢錐指》，説漢、沔者數百家，爭持聚訟閲數千年，文籍充棟，莫能結之。今世地理、水道，纖毫畢明。深入地史，數百萬年河山變化之迹，亦不能隱。前世紛紜，孰非孰正，不待辨而自剖矣。常氏此篇，於漢沔二水，名實俱謬。蓋李雄屢棄漢中，無正確圖籍可據，但依舊文，參以傳説所致。兹用現實地理知見，訂正其謬及致誤所由，爲《東、西漢水辨》。分述如下：

東西漢水辨　漢字，在西周以前祇作天上銀河專稱。《周詩》曰"倬彼雲漢"，"維天有漢"，皆此義也。沔水衝萬山奔騰入楚。楚人以爲自天上來，借用漢字以名之。漾水出武都，亦奔騰衝萬山入苴，苴人亦借漢字以名之。若其沿岸土著語音，則逐段不同；就上源部分言之，爲沔，爲漾。

沔水，自今陝南東流入楚，至漢口入江，古有漢水、滄浪之水、夏水等段落特稱。故漢口古代又有"沔口"、"夏口"之名。是爲東漢水，《周南·漢廣》所詠是也。漾水自今甘南南流入川，至重慶入江，古有嘉陵水、武都水、羌水、閬水、巴水、渝水等異名。今世曰嘉陵江，漢魏時通稱西漢水。本書《巴志》應季先之詩曰"乘彼西漢"，又三貞"自沈于西漢水而没"是也。桑欽《水經》志二水源流，悉與今合。他書鮮有能全合者，地理實踐深淺之程度不同故也。

漢、沔通津辨　陝南與甘南爲秦嶺山脉與大巴山脉之間一大向斜槽。當此兩大山脉形成後，槽中之水，俱當東流，成一巨川，姑名之爲"古漢水"（就古地中海此部上升成陸時言之）。但經若干萬年後，又有斜斷此大向斜槽之造山力徐徐升起，阻礙此一巨川東進。其中，縱亘於陝南、甘南間之白馬山背斜部漸漸升起，而其西側漸漸下降，遂將原來一系之巨川，斷爲兩部水系：白馬背斜綫以東之水歸於沔，爲東漢水，入於雲夢盆地；背斜以西之水統歸於漾，爲西漢水，入於四川盆地。其時間約在侏羅紀末期、白堊紀初期。

此縱斷陝南、甘南大向斜槽之白馬山脉，係自秦嶺大散關附近，向南徐徐上升，發展甚爲緩慢。其上升速度，與河水侵削河牀速度約略平衡。沔東諸山亦然。故"古漢水"仍能向東流出，并逐年刻削其上升之部，使成峽谷。閱若干萬年後，侵削度漸小於上升速度，峽中水流斷絕。西部水溢流向南，爲川陝界上大巴山脉餘勢所阻，仍折向東北，復入於沔。是爲"古漢水"第一次改道。時間當在侏羅紀時代，去今約五百萬年。

今沔水平原西端，北側沮水河谷開闊，河原平抵白馬關下。入"沮峽"，西出接官亭，循"西沮"之河岸，二十公里至略陽，道路均甚平坦。略陽，古沮縣。漢虞詡爲武都守，轉漢中粟至下辨（今成縣），蜀漢諸葛亮屢出祁山，作木牛，車運漢中粟濟軍，皆從此道。峽水雖絕，人猶稱其分流之水爲東西沮。西沮雖甚短促，沮縣必依以爲名者，地理自然與沮、沔連如一區，緣有此河牀舊峽故也。沮峽南北，白馬山高峻，扼險作關，即古陽平關、白馬塞。張衛與漢中民兵據此以抗曹操之師者也（後詳）。

沔中平原西端，沮口上下，爲沔水正流。自沮口偏南西進，閱寬川鋪、大安驛，至戴家壩，四十餘公里即至水源。自源以下，河谷寬淺平闊，故號寬川，顯然爲古代大河遺迹。自戴家壩踰低淺之分水綫，亦是循一短小河谷下達陽平關（此爲"水陽平"，本蜀漢時陽安關，後世奪陽平之名）。此小河谷，兩岸高處有沙礫層，證古河迹。蓋即西漢改道入沔舊迹也。

大約四川盆地由侏羅海轉爲白堊海時，白馬山背斜綫南延上升，遏絕漾、沔。漾水與其所匯支流，別流入四川海。後白堊海向巫山洩水成陸，是爲四川盆地。漾水陸續南流，是爲今之嘉陵江，亦即古之西漢水也。

《禹貢》"流漾爲漢"辨　《禹貢》，西周時史官寄託其理想之書也。所記水道，明於西、北而昧於東、南。於梁、益與荆、揚地區所據資料較少，敍次遠不如雍、冀、豫之明確。然秦漢以前之地理書，無出其右者。自經孔子選入《尚書》，儒生奉爲經典，莫敢違之。雖有明知其爲不然者，亦强爲會通以實之。我國數千年言地理者之大病即在於此。是不可不察也。

《禹貢》云："嶓冢導漾，東流爲漢。又東爲滄浪之水。過三澨，至於大別。南入于江。"所言漢水二十六字，可議者甚多。如嶓冢山，《漢志》在隴西郡西縣。《後漢志》漢陽郡西縣云："故屬隴西，有嶓冢山、西漢水。"則漾水即西漢水，自有人類，即已爲嘉陵江源矣。遠在地質年代雖曾經"東流爲漢"，《禹貢》何能如此言之？當是先有人言古時水道遺跡如此，作《禹貢》者採之，以爲其時至禹，約兩千年，足以爲古矣，遂逕言之，不曾涉想至百萬年前也。又上古人地名，率祇一字；譯夷言，每有兩字。若"滄浪之水"四字地名，決不能有。蓋南人古歌有"滄浪之水"濯纓濯足語，流傳廣遍，見稱於孔子（《楚辭》亦著之），故收著之。原實泛指流水，非水名也。"三澨"亦不成地名專稱。"大別"山在荆豫界，非漢水所流近，而曰過之。皆足見其謬採舊聞，雜拾逗凑，與《水經》相去逕庭。而言地理者必分寸遵之，詎非惑乎！

《班志》誤於《禹貢》　班固《漢書·地理志》，全依秦漢地圖、版籍舖敍。其地圖皆經郡縣實踐繪製，山水委宛，殆無不可驗於今世。惟每有竄入《禹貢》之處，成爲蛇足。如隴西郡西縣云，"《禹貢》嶓冢山，西漢所出，南入廣漢（會）白水，東南，至江州入江。過郡四，行二千七百六十里"，與實際全合。四郡，隴西、武都、廣漢、巴郡也。惟"廣漢"下脱"會"字（廣漢之葭萌會白水），可用廣漢甸氐道文校出（甸氐道云"白水出徼外，東至葭萌入漢"。即今之白龍江）。又《武都郡》沮縣云："沮水出東狼谷，南至沙羡南，入江。過郡五，行四千里。荆州川。"荆州郡縣不著漢水，每著其支流云"入沔"。時荆州人謂東漢水爲沔水也。《武都郡》沮縣乃著之。故加注云"荆州川"，言其大段在荆州也。無論其稱沮、稱沔，要皆指東漢水。故過五郡，長達四千里。東狼谷者，即沮東白馬關之"沮峽",在沮縣界內(自沮口以上皆屬沮縣)。五郡者,武都、漢中、南陽、南郡、江夏也。(沙羡,今漢陽,時屬江夏郡。南陽之築陽、武當,皆漢水沿岸縣。沮縣屬武都郡。)然"武都郡武都縣"又云:"東漢水,受氐道水,一名沔,過江夏謂之夏水,入江。"不言道里,亦不言"荆州川",而所指明爲東漢水,則謬亂甚矣。所言武都,即西縣南仇池山下洛谷集之武都故縣。(仇池山本名武都山,有天池澤。縣因山爲名。)所言"東漢水",正是隴西西縣之西漢水。一水而兩著之,訛用"東"字,一謬也。所云"氐道水",當是大散關下之故道水,爲西漢水上游最大之支流,今人稱爲嘉陵江之東源者也。古時褒斜棧道未通,秦川與漢川間往來,皆由寶雞出散關,循此水出沮縣,路較平緩而微紆。棧道通後,行旅取捷出褒斜,故稱此舊路爲故道(散關亦曰故關),置故道縣(今鳳縣)。故其水曰故道水。誤故道爲氐道,二謬也。無論故道、氐道,總當是武都郡水,無不入西漢水。當自江州入江,與沔水及東漢水無通津,而云"一名沔",又"爲夏水"。混東西漢水爲一江,與沮水文重疊。三謬也。其"隴西郡氐道縣"又云:"《禹貢》養水所出至武都爲漢。"亦無過郡與行里,明非郡縣圖籍所著,而爲班氏對《禹貢》所作傅會。氐道在武都西北,隔有上邽與西縣及渭水河谷,不可能有氐道水或養水流入武都。四謬也。既云"《禹貢》養水",則即"嶓冢導瀁"之瀁水。與西縣文重疊而別爲兩地。五謬也。言"爲漢",亦即《禹貢》原語。《禹貢》所言爲沔水下游之東漢水。此言至"武都爲漢",不言入沔(班氏固以東漢水爲沔),則又當指西漢水。兩水混淆,古今重疊,以就《禹貢》,而失《禹貢》之義。六謬也。此皆畫蛇添足之失。後人不察,以爲《班志》言地最精,而字字遵之。則所導致之謬,又將大於《禹貢》爲必然矣。

桑欽《水經》,調整《班志》文字,祇取隴西西縣與武都沮縣兩條,棄其氐道縣與武都縣之謬説。又更補充二水所經郡縣,符合地理真實,可救班氏之弊。其言曰:

瀁水,出隴西氐道縣嶓冢山。東至武都沮縣爲漢水。又東南至廣漢白水縣西(當作"東")。又東南至葭萌縣東北,與羌水合(羌水入白水,納通稱)。又東南過巴郡閬中縣。又東南過江州縣東,東南入於江。

沔水，出武都沮縣東狼谷中。東過南鄭縣南。又東過成固縣南。又東過魏興安陽縣南。……又東過西城縣南……又南至江夏沙羨縣北，南入於江。此則郡縣圖籍之全文爲班氏所刪節者也。惟以西縣作"氐道縣"不合，或是傳鈔者用班氏文誤改之。

《常志》之誤　《常志》於此一節，完全脱離實際。蓋一誤於《禹貢》，再誤於《班志》，三誤於道路傳言。兹因其文以訂正如下：

云"漢有二源"，誤故道水爲自沮縣入漢，爲漢之東源。又誤嶓冢所出水爲漢之西源，自葭萌逆流入漢。以爲二水皆會於沔，故稱"二源"。實則皆西漢水之二源也。云"東源出武都氐道縣"者，所據傳言本爲"故道"；常據《班志》謬文，改作氐道也。云"漾山"者，又因《班志》氐道縣"《禹貢》養水所出"文而假造山名，以别於西縣嶓冢之水。是分割《禹貢》"嶓冢導漾"一句爲二山二水以適《班志》之謬也。云"《禹貢》流漾爲漢"者，其意以爲故道自沮縣穿白馬山之沮峽入沔。以道路傳言之行旅途徑爲水道宜然也。云"西源出自嶓冢山"者，常氏於武都水原委無所知，姑用《班志》西縣文，而改"西漢"爲"西源"也。云"會白水"者，由於不知"西漢"亦是經過沮縣南流，徒爲割開《班志》西縣"《禹貢》嶓冢"與氐道"《禹貢》養水"作爲兩源；亦由武都水道非當時商旅所循徑，而其支流平洛河爲自徽成盆地通白水武街之大道，遂妄以爲武都西漢循之南入白水（白龍江），未經沮縣。又是以行旅途經爲水道所宜然之大謬也。云"經葭萌入漢"者，從來蜀人漕粟入漢中，皆自葭萌挽舟，至陽平關（古陽安關），搬載入沔，祇運數十里，勞費省易。自漢中漕轉入蜀亦是如此。常氏未知其水流逆、順，又以爲舟運如此，水道宜然。固不知葭萌海拔纔四百餘公尺，沔水海拔五百餘公尺。水不可以逆流如此。云"始源曰沔"者，亦用《班志》武都縣"氐道水一名沔"之謬文。云"故曰漢沔"者，諸葛亮《隆中對》曰："荆州北據漢沔。"謂漢中兼二水。常氏借引之也。

常氏於地理言論矜慎，唯獨於此集謬誤之大成。而後之言東西漢者，恒謂其"以蜀人言蜀地"爲必可信。是以不可不辨。

《水經注》所引諸家　酈道元撰《水經注》，亦是明於西、北而昧於東、南。其梁、荆、揚、廣、交部分，蒐討故籍甚備。依於《水經》本文分條割綴，體會有誤之處不少。其卷二十注漢水首句，即遇諸書牴牾無法會通之難。亦由於足迹未入漢中，惟恃書本參訂，故易困惑。然主文在依《水經》，先已明分東、西漢爲二水，條理不混。祇於《禹貢》導漾爲漢之説，猶不敢棄。宛轉牽附，既定爲東、西漢水，出東、西嶓冢之説，又創爲"潛流通津"之論，則由《常志》誤之矣。

其注首引《常志》，文雖微異，義無不同。不更論（引至"始源曰沔"句止）。酈氏意頗肯定常説，未加議論。

其次段云："按沔水出東狼谷，逕沮縣入漢。"未言所據何書。大抵是當時最有勢力之説，酈氏初已信之。蓋因《班志》沮縣言："沮水出東狼谷。"以沮沔在沮谷之東，而沮縣在谷之西，遂誤解源出之出爲流出之出，以爲沮沔是向西流出此谷，至沮縣入漢水。故隨復引《漢中記》曰："嶓冢以東，水皆東流。嶓冢以西，水皆西流。即其地勢源流所歸。故俗以嶓冢爲分水嶺。"而判之曰："即此推，沔水無西入之理。"

《漢中記》撰人未著。常氏《東三都小結》已引其書，應不出於祝龜、譙周、庾仲雍三家。常璩未取此書。其《先賢志》讚祝龜曰"元靈斐斐"，謂其"通博蕩達，能屬文"，"以著述終"。又於《序志》貶之曰："元靈性滑稽，用州牧劉焉談調之末，與蜀士燕胥，聊著翰墨，當時以爲極歡，後人有以爲惑。"故鮮取之。然龜長於漢中，所言山水，得自實踐。故敢於創爲東、西兩嶓冢山以適東、西兩漢水之説，則亦卓識也。所言"嶓冢山"，實指白馬山背斜軸之一分水綫。不遵《班志》西縣嶓冢之説，亦具膽識，"狂者進取"，其是人之謂歟？夫"嶓冢"字義，爲淺圓無奇峰巉崖之山彙，西縣漾源之山如此，大安沔源之山亦如此，《禹貢》嶓冢，豈得唯西縣專之哉？常氏不用，故成自謬。酈氏據之，遂成千年不易之論，亦卓識也。

《酈注》再引劉澄之云："有水從阿陽縣南至梓潼漢壽，入大穴，暗通岡山。"并云："郭景純亦言，是矣。"又自爲之斷云："岡山穴小，本不容水。水成大澤，而流與漢合。"酈氏之意，蓋以此爲《常志》西源"經葭萌入漢"作解。則如"從阱救人"，亦自陷於荒謬之淵矣。此所言岡山即今神宣驛南之"龍洞背"，在川陝界七盤山之南，有水穿山復出，稱爲龍洞，深廣十餘丈。官道經其上，正見出口與入口。中通一小水曰龍溪，即《禹貢》"浮于潛，踰于沔"之潛水也。出口外爲朝天驛。水隨驛道入嘉陵江處爲朝天關。從來秦蜀驛路所經，故其水雖小而聲名則大。中原諸水，潛流復出，未有如此之顯著者也（貴州與川東南諸石灰岩山區，潛流極多，人舊鮮知者，故此小水獨獲潛水之名）。阿陽，爲北魏天水郡屬縣名。則劉澄之爲北魏人也。當是其人曾入蜀，見此潛流，而爲善長言之如此。因被收入注，以爲《常志》漢沔通津謬説作證。劉澄之本無識人耳。輿馬暫過，初不辨上下流向，妄以常氏之説誤酈。《酈注》既行，又復誤後人一千餘年，猶不能捨"潛流或一"之説焉。

酈氏再次又舉庾仲雍曰："漢水自武遂川以南入蔓葛谷，越野牛徑，至關城合西漢水。故諸言漢者多言西漢水，至葭萌入漢。"以證《常志》"經葭萌入漢"句爲不誤。其地名今無考，由末句與《常志》同，知所云武遂是漢武都縣（今西和縣）。關城在武都郡和梓潼郡交界處之西漢水邊。所謂西漢水，即今之白水（白龍江）。所謂野牛徑，即平樂水、望子關橫通西漢與白水兩河谷間之大道。庾仲庸南朝人，所記荆、梁地理文字甚多。其書已佚，唯《水經》多引之。然其足迹未入武都。若此條，恐亦祇録自傳聞，以傅會《常志》耳。

酈氏於此，又列舉班固《地理志》，司馬彪、袁山松《郡國志》及闞駰《十三州志》、許慎《説文》、呂忱《字林》及《山海經》、《穆天子傳》以鑒定常氏此文，而爲之結論曰："雖津流派別，枝渠勢懸，原始要終，潛流或一，故俱受漢漾之名，納方土之稱。是其（以）有漢川、漢陽、廣漢、漢壽之號，或因其始，或據其終，縱異名互見，猶爲漢漾矣。川共目殊，或亦在斯。"其説《常志》，費力如此，究不能得正確判斷，仍以不了了之。甚矣哉，地理之難説也！

《水經注》以後諸家　由於《水經注》未能了結《禹貢》、《班志》、《常志》轉相牽誤的漢沔通津問題。閲隋、唐、宋、元、明、清千餘年來言地理者，關於漢、沔、沮、漾糾纏問題，各有"望洋興嘆"，無以加於酈氏之感，遂未更有所前進。大都已知東、西漢水爲二巨川而已，未有顯斥潛流相通之説者也。雖若《寰宇記》

之博徵，《一統志》之詳備，《方輿紀要》之精審，《禹貢錐指》之專深，亦皆惑於此，或避而不辨，或辨於依違之間，模棱而不結，或仍結於枝津潛通。楊守敬在近世地學家中，稱絕精矣，亦重浮潛踰沔關係而不能斷，地理實踐不足故也。

舊北平地質調查所，派黃汲清、譚錫疇等考察秦嶺巴山間地質，撰成報告，附有《測製地質圖》，精印發行。黃氏在滇去世。譚氏1930年再入川，指圖示余曰："《禹貢》'流漾爲漢'，不爲無因。"余曾録存其圖，以考訂《班志》下至胡渭之文，覺如快刀亂麻，一決而理。（參見圖版6—1、6—2、6—3）

⑤出《詩·小雅·四月篇》。爲王子朝之徒流亡入楚後，向東周執政乞還之詩。

⑥出《小雅·大東篇》。爲舟人苦於漕役者發憤籲天之詩。其漢，指銀河。

⑦此依《漢書·地理志》星野之説。戰國時方士之謬説也。

⑧古稱渭水平原爲秦川。《隆中對》"率益州之衆以出秦川"是也。

⑨"都南鄭"三字，《高帝紀》在"四十一縣"句下，謂項羽指定如此。常氏移於此處，表是高帝自選定之，當非。范增爲羽謀曰："漢中亦秦地也。"南鄭城爲秦所築，故用以表秦地。時漢中郡治西城，而南鄭居沔水平原正中，故高帝亦樂居之。其時，國都不佔郡治，三秦與其他同時封國皆然，極少例外。

⑩田叔，《史記》卷百零四、《漢書》卷三十七并有傳。其拜漢中守，在高帝九年十二月。蕭何於漢二年定三秦後，即以丞相鎮關中。田叔前漢中守爲誰無考。前漢漢中郡至元始時仍治西城。故知田叔所治仍爲西城，非南鄭。惟其天下已定，帝都已徙，而猶營治南鄭宮室以待藩封，更可知其非郡治也。

⑪"帝業所興，不封藩王"，亦謂南鄭雖建宮室不建藩封耳。後世遂謂漢王故國（包括蜀、巴、漢中）不封諸侯，則非矣。《漢書·高惠高后文功臣表》有汁防肅侯雍齒。《史記》作"什邡"。如淳曰："縣屬廣漢。"亦曾爲王莽封國。又有"平州共侯昭涉掉尾"。平州，巴西郡地也。全祖望《漢書地理志稽疑》云："漢人不以巴、蜀分封，而昭涉掉尾（爲平州侯），疑是巴人，故建國焉。本表其玄孫尚爲涪不更。是可證也。"（參看《巴西郡》"平州縣"注）非漢制巴、蜀、漢中無封國也。

二

自叔之後，此句原連①章末句，誤。茲提作此章首句。世脩文教，有俶儻之士，異人并挺。鄧公抗言於孝景之朝，以明忠枉之情①。張騫特以蒙險遠，爲孝武帝"帝"字當衍。開緣邊之地，賓沙越之國，致大宛之馬，入南海之象，而車渠、瑪瑙、珊瑚、琳《函海》作"林"。碧、㻞寶、明珠、玳瑁、虎魄、劉本作"號"。張、吳、何、王本作"琥珀"。浙本剜改作"魄"。水晶、劉、李、錢、《函》本作"水精"。琉璃、火浣之布、蒲桃之酒、筇竹、蒟醬，殊方奇玩，盈於市朝。振揚威靈，被於幽裔。遂登九列，杖節、繡衣，剖符博望②。谷口子真，秉箕潁之操，湛然岳立，不營不求，德聲錢寫作"望"。邁流③。楊王孫應至人之概④。自建武以後，群儒脩業。開按圖緯，漢之宰相，當出坤鄉。於是司徒李公，屢登七政。太傅子堅，弈世論道⑤。其珪璋、瑚璉之器，則陳伯臺、此下廖本注云："當有脫。"李季子、陳申伯廖本注云："當脫'陳'字。"之徒，文秀瑋劉、錢、《函》本作"暐"。他本作"瑋"。曄⑥。其州牧、郡守，冠蓋相繼，於西州爲盛。蓋濟濟焉⑦。

案：此章誇頌兩漢郡人。蓋取自祝龜《漢中耆舊傳》。龜文誇誕滑稽，每失史實。

【注釋】

①鄧公事，附見《鼂錯傳》(《史記》卷一百一、《漢書》卷四十九)與本書《先賢志》。《漢書》作"鄧先"。成固人，抗言誅錯之非。建元中官九卿。子章，修黃老言，亦顯名於公卿間。

②張騫，成固人。《漢書》卷六十一有傳。《史記》在《大宛傳》。武帝建元中應募，踰匈奴使大月氏。閱十二年，得還。遂通大宛、大夏、康居、月氏諸國。又建言從身毒通西域。雖卒未通，西南商道由之大啓。再建議通烏孫以制匈奴，以博望侯再使西域。所將副使數十人，分遣赴葱嶺內外諸國。諸國皆遣人與使俱來。對前漢開邊事業功最多，誠民族一偉人也。"開緣邊之地"，謂因通西域遂開河西四郡（張掖、武威、酒泉、敦煌），因通身毒，又開西南夷，置越巂、沈黎、汶山、益州、牂柯五郡。"賓沙越之國"，謂屬沙漠地區之西域諸國皆來朝貢。"致大宛之馬"，即所謂天馬，張騫初攜之歸，武帝更求於大宛，至於派軍遠征大宛以得之。皆騫當預其功矣。若"入南海之象"，則與騫無關，徒爲行文綺麗之飾詞也。此下所舉珍物十四種，多爲中原地區所無，由西域商賈轉致者。"車渠"，海蚌殼琢成之。"珊瑚"，海中植物形態之腔腸動物骨骼，形色多種，赤朱砂色者最爲世人所珍。"明珠"，合浦縣海貝産之，非因張騫招致賈胡輸入。"玳瑁"，一種海龜之甲，色彩明美。"琳碧"，即翡翠石。"罽寶"，爲罽賓國工匠所琢成之一種天然具黑斑圖案紋之石珠，其石砂粗，色彩不艷，所重在琢工善巧，能使黑紋成相當整齊之圖案，猶解大理石者能得山水人物之畫面，石以工貴也，今藏族人民尚珍視此物。"瑪瑙"，蛋白石與石英等層層傳集於岩穴中所形成。"琥珀"，相傳松脂吸結礦質所成。色蠟黃者爲多，具電磁性，能拾芥，古人奇之。性脆易琢。"水晶"，石英之結晶體，清泠透明。昔人妄謂雪山堅冰所化，故或作"水精子"。此諸種礦物，得之難，雕琢成紋理形象尤難。漢武帝時，王侯貴家與富商嗜之，遂成珍貴商品。以前中原無其物，亦無其字。漢世乃因胡賈言稱，錄音爲字，故字形每無定也。"琉璃"，《漢書‧西域傳》作"流離"。《罽賓國傳》云："其民巧，雕文刻鏤，治宮室，織罽，刺文綉，好治食。有金、銀、銅、錫以爲器。……出封牛、水牛、象、大狗、沐猴、孔爵、珠璣、珊瑚、虎魄、璧流離。"注云："孟康曰：'流離青色如玉。'師古曰：《魏略》云，大秦國出赤、白、黑、黃、青、綠、縹、紺、紅、紫十種流離。孟言青色，不博通也。此蓋自然之物，彩澤光潤，踰於衆玉。其色不恒。今俗所用，皆銷冶石汁，加以衆藥，灌而爲之，尤虛脆不貞，實非真物。"今按：顏師古所言

"虛脆不貞"者，蓋玻璃也。《魏略》所言，亦是有色玻璃，銷冶石英石，加各種染色礦石爲之。六朝以來，内地亦能仿製。石英玻璃以外，又有膠質製成之不碎琉璃。未知創自何時，《古詩》"移我瑠璃榻，出置前窗下"，蓋漢魏時已能自製不碎琉璃。其法"煎化羊角爲之"（見《天工開物》）。透明，能爲宫燈，瓶袋。不能染色。西域轉入者爲玻璃，更透明，多種色。雖易碎，人尤重之。玻璃盛用，琉璃漸廢。清末尤見其工。海禁開，玻璃盛至，膠質琉璃遂絕。此所言"琉璃"皆玻璃製品也，古人自製琉璃瓦與陶器，亦有諸種色：黄色用鈷，綠色用銅，赤色用鐵。其陶，六朝乃有，漢世無之。蓋亦仿西域玻璃爲釉。似由於得白石英難，仿製玻璃甚晚。無論礦質之玻璃，角質之琉璃，皆由西域商品所啓導。"火浣布"，即石棉所編布。葛洪《西京雜記》與張華《博物志》并著之，亦漢武以來中原始有。"蒲萄"與"苜蓿"是張騫自西域輸入其種。蒲桃即葡萄，其實捏碎貯之，自然成酒，窖藏愈久愈佳，原是中亞沙漠田特産。詳《大宛傳》。漢以來，内地亦知自製矣。"笻竹"，實即熱帶所産之"省藤"，棕櫚科植物也。實心而疏節，琢去毛皮，質色光潤。外形似竹，顧愷之收入《竹譜》，實非竹類。盈握者作杖最佳。古自邛國轉入，行銷國内，被稱爲邛杖。張騫在大夏國見此物，以爲自蜀中經身毒來，因說武帝發使求身毒道。遂開西南郡縣。其實大夏與身毒之邛杖，亦熱帶海國之商品也。"蒟醬"，本自蜀地輸銷於嶺外之食物，非自外輸入者（說詳《南中志》）。此所云"蒟醬"，是魏晉人加於扶留藤之別稱。六朝人盛行用扶留與蠣灰嚼食檳榔之嗜好，由長江流域浸漸遍於全國。扶留本語爲 gou，遂被呼爲蒟醬。是晉以來人語，非唐蒙在番禺所食之"蜀蒟醬"，更與張騫無關。

　　張騫初使西域，拜大中大夫。還後，以校尉從衛青擊匈奴，知水草處，軍得不乏。元朔六年，封博望侯。後二年，以出軍後期，當斬，贖爲庶人。再使西域還，拜大行人，列於九卿。未更封。

　　③鄭子真，見揚雄《法言·問神篇》、《漢書·王貢兩龔傳》序及本書《漢中士女讚》。襃中人也，居襃谷南口石門附近，故稱"谷口子真"。箕山、潁水，傳爲古高士巢父、許由所居。

④楊王孫，《漢書》卷六十七有傳云："學黃老之術，家業千金，厚自奉養生，亡所不致。"及將死，乃令其子裸葬之，"以身親土"。道家稱"至人"，猶儒家稱"聖人"也。

⑤建武，東漢光武皇帝年號（25—55）。"圖緯"，即讖緯，皆漢儒妖妄之言。"坤鄉"，謂中原之西南方。以八卦配四方四隅，亦緯書之説。然誰謂圖緯有"漢宰相當出於梁益"，未詳，本書以李郃、李固父子當之，《後漢書》并有傳（卷八十二上與六十三）。

李郃，字孟節，元初四年（117）爲司空，延光末（125）復爲司徒，踰年免。"七政"，用《舜典》"璿璣玉衡以齊七政"之義，謂宰相當察天文以理民事。漢制，太尉、司徒、司空爲三公，分掌兵、民、財政，即宰相也。

李固，字子堅，郃子。冲帝即位（144），爲太尉。桓帝立，免官。歲餘，下獄死（148）。三公"論道經邦"，《尚書·周官》文。郃、固父子三公，故云"弈世"。

⑥"珪璋"，貴族執以朝覲天子之禮器，喻人品之端正高貴。"瑚璉"，祭祀盛黍稷之禮器，喻人品之清潔、素雅。陳伯臺，成固人，巴郡太守。李季子，名歷，固從弟，官奉車都尉。并見《士女目録》。

陳申伯，名術，《三國志·蜀》十二附《李譔傳》，云"歷三郡太守"。《士女目録》云"撰《益部耆舊傳》者"。

⑦"州牧、郡守"，參看《士女目録》。"濟濟"，謂得士之盛，出《詩·大雅》之《文王篇》與《樸棫篇》。

三

莽時，公孫述據蜀，跨有漢中。當秦隴之徑，每罹於元豐、劉、李、錢、《函》、廖本有"於"字。浙本剜補。他本無。其害^①。安帝永初二年，陰平武都羌反，入元豐本作"於"。漢中，煞張、吳、何、王本作"殺"。他本作"煞"。太守董炳，沒略吏民^②。四年，羌復來。太守鄭廑《後漢書·安帝紀》作"勤"。出屯褒中，欲與羌戰。主簿段崇陳諫，舊各本皆譌作"禪"。廖本改作"諫"。是。以爲："但可堅守。來虜乘勝，其鋒不可當。"廑不從。戰，敗績。崇與門下史張、吳、何、王本改作"吏"。非。王宗、原展，及崇子勃、兄子伯生，力戰捍廑，并命^③。功曹程信素居守，馳來赴難，冒寇殯殮廑^④。虜遂大劉、張、吳本作"太"。盛。天子乃拜巴郡陳禪爲漢中太守。虜素憚禪，更來盤結。禪知攻守未可卒【下】平，舊各本作"下"。兹改作"平"。而年荒民困，乃矯詔赦之。大小咸服。既，誅其亂首。天子善之，徙禪左馮翊太守^⑤。程信怨恥，乃結故吏、冠蓋子弟嚴孳、李容、姜濟、陳巴、吳、何、王本作"已"。他各本作"巴"。曹廉、勾矩、劉旌等二十五人，誓志報羌；各募壯士，豫結同死以待寇。太守鄧成，命信爲五官掾，孳等門下官屬^⑥。元【和】初廖本注云："當作'初'。"查《西羌傳》正作"元初"。二年《陰平郡》作"五年"。羌復來，巴郡板楯捄之。張、吳、何本作"救"。信等將其士卒，力奮討，大破之。信被八創，二十五人戰死。自是後，羌不敢南向。五年，天子下詔，褒嘆信、崇等，賜其家穀各千斛，宗、展、孳等家穀各五百斛，列畫東觀。每新太守到，必先存問其家。以羌畏服陳禪，拜禪子澄劉本作"登"。漢中太守。

案：此章述後漢世郡境兵燹。於羌亂事突出郡吏段崇、程信等忠勇事迹。

【注釋】

①新莽時，延岑據漢中，後歸附公孫述，述以女妻之，漢中遂爲述有。時隗囂據隴西，關中初爲赤眉據地，後屬光武。漢中爲諸方互爭之地，故多兵燹。詳《公孫述志》。

②《後漢書·安帝紀》永初元年（107）六月，"先零種羌叛，斷隴道，大爲寇掠"。二年十一月，"先零羌滇零稱天子於北地，遂寇三輔。東犯趙、魏。南入益州，殺漢中太守董炳"。"没略吏民"，謂没收官吏財物，劫掠人民從軍。

③漢制，州、郡設主簿，理文書版籍，録門下衆事。大多辟用地方名士任之。"門下"，謂官署下，"門下史"，爲其屬員，分司文書者。"陳諫"，謂陳説利害，諫阻廑。"并命"，謂同死，取"見危授命"之意。

④功曹，主選署功勞。在郡國爲掾，在縣爲史。"冒寇殯殮"，謂奪還廑屍，於圍城中殮之。羌俗，殺敵即棄之。其羌戰死者，乃收而焚之。故程信得廑屍還。

⑤《後漢書·陳禪傳》云："夷賊素聞其聲，即時降服。"言之太易。本書略具委曲。兹略爲説明，以闡歷史實際。漢中本羌氏與漢民雜居之郡。其西界之武都、陰平，則羌多於漢。自隴西羌叛，滇零稱天子，武都、陰平羌皆附之，并導羌軍寇掠益州。尹就討之，數年不能定。則漢中羌民平時受官紳踐蹋者，亦必相結而起，導外羌軍來奪郡。内外勾結，故鋒不可當。鄭廑敗死，羌勢熾盛。程信等但能守城而已。外羌攻城不下，飽掠而去。陳禪素以威强著稱，受命來守，本郡羌民，畏其慘殺，故益自團結，更聯外援以抗。所謂"更來盤結"，謂外羌再來，與本郡羌合，據境不去也。陳禪自度無力克之，乃於初到時即矯詔赦本郡羌民從亂之罪，瓦解其内外勾結之勢。自己僞作齋詔行赦，與民更始，以欺本郡羌民。本郡羌民耕居已久，戀其室家，信爲實然，故其技獲售。外羌既去，乃以次捕誅叛亂首惡，以懾餘羌。禪因是功，遷官三輔，其子亦得爲漢中太守。

⑥郡中羌叛，漢民遭没略者必多，咸欲陳禪痛殲之，而禪乃頒赦詔。故程信等怨而恥之，亦結受害之家，圖報仇。所結二十五人，號爲"故吏、冠蓋子弟"者，謂其父祖曾爲大吏致富，子弟亦衣冠張蓋，享其先人餘蔭也。其家在羌亂時必遭没略，故程信得説動之。此輩紈絝，非能事者，但多貲，能募壯士爲死黨。鄧成繼陳禪爲太守，因而倚重之。五官掾，主工巧，治兵械者也。此輩平時是否報復本郡羌民，史無可徵。審其結黨動機，則可必其有。報復不已，羌民痛恨，亦必再結外羌。故永初四年（110），鄭廑死，陳禪來。元初二年（115），陳禪去。不久，外羌復來。此役非賴板楯，郡不能免。雖得板楯，二十五人猶皆死於戰爭。程信亦彼八創。此非外羌能戰，亦只由郡中羌民之集怨而甘心之也（羌俗戰爭重在虜掠，不重殺人）。

四

　　漢末，沛國張陵，學道於蜀鶴鳴山，造作道書，自稱太清玄元，以惑百姓①。陵死，子衡傳其業。衡死，子魯傳其業②。魯字公祺，以鬼道見信於益州牧劉焉③。魯母有少容，往來焉家④。初平中，以魯爲督義司馬，住_{張、吳、何本作"往"。}漢中，斷谷道⑤。魯既至，行寬惠，以鬼道教。立義舍，置義米、義肉其中。行者取之，量腹而已，不得過；_{廖本刪一"過"字。以"多"爲句，他各本有。當斷句。}過多，云鬼病之⑥。其市肆賈_{張、吳、何、王本作"價"。古今字。}平，亦然⑦。犯法者，三原而後行刑⑧。學道【未】永_{劉、李本作"永"。}信者，謂之鬼卒。後乃爲祭酒⑨。巴、漢夷民_{當倒作"民、夷"。謂漢民與賨、夷、羌、氐人。}多便之。其供，【道】通_{舊各本作"通"。廖本改作"道"。無取。}限出五斗米。故世謂之"米道"⑩。扶風蘇固爲漢中太守。魯遣其黨張脩攻固⑪_{成張、吳、何、王本作"城"。}。固人陳調，素游俠，學兵法，固以爲門下掾，說固守捍禦寇之術。固不能用。寇至，踰墻走，投南鄭趙嵩。嵩將攜取也。俱逃。賊盛。固遣嵩求隱避處。嵩未還，固又令【鈴】鈴_{舊各本作"鈴"。兹改。}下偵賊。賊得鈴下，_{錢寫本此字作"鈴"，足知宋本作"鈴下"。真書"鈴"易寫作"鈴"。各本上"鈴"字俱譌。鈴下，謂家僕親隨者。}遂得煞_{張本作"殺"，通俗。他各本作"煞"，義同。}固⑫。嵩痛憤，杖_{張、吳、何、王本作"仗"。他各本作"杖"。}劍直入，死之。_{舊脱此二字。就事理言，如此必死。就文理言，下文陳調戰死，有"亦"字。嵩爲蘇固死。故補二字。}調亦聚其賓客百餘人攻脩，戰死。_{舊各本此下連"魯遂有漢中"句，大謬。張魯之有漢中，不因此二人之死。上文已言"魯既至，行寬惠"矣。此不過帶述郡中封建人物，表揚忠義，至"戰死"結束。下文敍魯叛劉焉，當另起矣。}

魯【遂】既有漢中，舊作"遂有漢中"，係舊鈔本誤連上文成句所妄改。當另起，作"既有"。數害漢使。焉上書言"米賊斷道⑬"。此下，舊本空格。《函海》注云："李本無空位。"至劉焉子璋爲牧時，魯益驕恣。璋怒，廖本無"璋怒"二字，他各本有。又皆於其下空格，示分段、斷句。兹不空，亦不斷句，以協文理。建安五年殺魯母、弟。魯【說】率舊各本作"率"，廖本不知三夷王附屬於魯也。巴夷王依《三國志·魏武紀》文補"王"字。杜濩、朴胡、袁約等叛，爲讎敵⑭。魯時使使漢朝，亦慢【驕】憍。廖本改作"驕"。帝室以亂，不能征，就拜【鎮民】中郎將、漢寧太守。舊各本無"鎮民"二字，廖本有。係依《三國志·魯傳》文補入，非常文所固有。"鎮民"成何語？縱補，亦當依《范史》作"鎮夷"。不置長吏，皆以祭酒【爲】治民⑮。舊本皆有"爲"字。廖本刪"民"字。兹刪"爲"字，存"民"字。璋數遣龐羲、李思疑是"異"字譌。李異與龐樂等叛殺趙韙，降璋，見裴注。等討之，不能克，而巴夷日叛；乃以羲爲巴西太守禦魯⑯。依《二牧志》文補。又遣楊懷、高沛守關頭⑰。請劉先主討魯。先主此下，元豐本與浙本有"討魯"二字。劉、李本并脱上"先主討魯"四字。兹依錢、《函》、廖與張、吳本。更襲取璋⑱。此下舊張、吳、何本連。錢、《函》、廖本空格。兹提行另起。并補年上"建安"字。

建安二十年，魏武帝西征魯。魯走巴中⑲。先主將迎之。而魯功曹巴西閻圃吳、何、王本譌作"團"。說魯北降，歸魏武，贊以大事。宜附託杜濩、朴胡委質。依《三國志·張魯傳》補六字。說詳注。不然，西結劉備以歸之。魯勃然曰："寧爲曹公作奴，不爲劉備上客。"遂委質魏武。武帝拜魯鎮南將軍，封襄平侯。又封其五子，皆列侯⑳。時先主東【下】取江【安】州，漢無江安地名。兹依《張飛傳》、《趙雲傳》改"江州"。巴、漢當作"巴人"。稽服㉑。魏武以巴夷王杜濩、朴胡、袁《通鑑》卷六十七作"任"。約爲三巴太守。留征西將軍夏侯淵，及張郃、原脱銜。當時郃是將軍，見《郃傳》。益州刺史趙顒等守漢中。遷其民於關隴㉒。

案：此章述張魯據漢中始末。取材僅限於陳壽《三國志》，未能闡明魯教與黃巾之關係。陳壽安漢人，去漢中近，又親近譙周，得其所説當時史事爲多。然其述張魯事，行文多所歪曲，有當詳辨者。

【注釋】

①陵，即道教所奉祖師張道陵，正史無傳，晉葛洪《神仙傳》有之，云："沛國人也。本太學書生，博通《五經》。晚乃嘆曰：'此無益於年命。'遂學長生之道。得黄帝九鼎丹法，欲合之，用藥皆糜費錢帛。陵家素貧，欲治生，營田牧畜非己所長，乃不就。聞蜀人多淳厚，易可教化，且多名山，乃與弟子入蜀，住鶴鳴山（《後漢書·張魯傳》云"順帝時客於蜀，學道鶴鳴山中"）。著作《道書》二十四篇。乃精思鍊志，忽有天人下⋯⋯授陵以新出正一明威之道。陵受之，能治病。于是百姓翕然奉事之，以爲師。弟子户至數萬。即立祭酒，分領其户，有如官長。并立條制，使諸弟子隨事輸出米絹、器物、紙筆、樵薪、什物等，領人修復道路，不修復者皆使疾病。縣（音懸）有應治橋道。於是百姓斬草除溷，無所不爲，皆出其意。而愚者不知是陵所造，〔將〕（以）爲此文（按：謂所懸示之文）從天上下也。陵又欲以廉恥治人，不喜施刑罰。乃立條制，使有疾病者皆疏記生身以來所犯之罪。乃手書投水中，與神明共盟約，不得復犯。法當以身死爲約。於是百姓計念，邂逅疾病，輒當首過，一則得愈，二使羞慚，不敢重犯，且畏天地而改。從此之後，所違犯者，皆改爲善矣。陵乃多得財物，以市其藥合丹。丹成，服半劑，不願即昇天也；乃能分形作數十人。⋯⋯其治病事，皆採取《玄素》（按：謂《玄女素書》）。但改易其大較，轉其首尾，而大途猶同歸也。行氣服食，故用仙法，亦無以易。"葛洪，西、東晉間江南句容人。時間去陵未遠，居地則相去萬里，而知其事詳實如此者，洪素慕道，諏訪於其道徒甚多故也。陵之教，實爲漢末黄巾之本源。黄巾組織遍十三州，如冀兖張角，青州昌霸，豫州波才，雍州王國、宋建，益州張脩、馬相，幽州張純等均是。他若馬騰、韓遂、張燕、張牛角、韓暹、楊奉等，亦依民衆以武力據地自擅，實皆黄巾之遺也。荆州則有所謂"宗賊"，漫入揚州。揚州則爲于吉布道之區。揚

州漢民富樂厭亂，未有叛者。惟山越奉之，叛亂數十年。其後孫恩、盧循，亦黃巾之遺也。其教徒或稱"太平道"，或稱"五斗米道"，或稱"魔法"，或作其他稱，其實皆張陵所傳之道教。故漢中張魯爲十三州道徒所共奉之"天師"。《三國志》、《後漢書》與本書，雖俱略言其教制，而被視同恢詭奇聞。葛洪《神仙傳》所記亦衹以神仙服食煉氣，欺人自欺，微及其導化人民與組織人民之方法而已。張陵是太學生，不得志於時，退求長生之道，原非有領導農民革命之志。迨其習煉丹而入蜀，爲買藥而求富，欲追卓氏程鄭之迹，求富於臨邛地區，救飢而耕，與邊鄙農民相習，積以歲月，因通醫藥，擅技能，漸受農民信仰，爲一方蚩蚩者師。此事理之自然，非有神授仙術也。鶴鳴山，在今大邑西界，大山之麓，當川西大沖積平原盡頭，兩溪河合流處，即林牧與農田接界處。漢時，爲臨邛縣邊隅。農民重醫而尊儒，既遠官府，轉親於陵，亦是自然之理。於是陵漸成爲一隅所依怙之師長，同於"素王"。漢之官府令尉，不覺其有"爭民"之損，以爲善行而聽之。其教遂大昌盛，浸至於世傳三代，遍十三州，固非陵初願所及。一隅農民悅之，一州農民皆悅之，一國農民皆悅之，則其道雖欲自晦亦不可得矣。其結果必然促成封建社會的農民革命。至張魯世，天下黃巾大起。漢朝雖能勉强平定之，終不免於亡國。張魯本無革命之志，故初亦令其巴漢教徒幫助劉焉，志在藉政府力推行其教，使能成爲代替儒教之國家宗教。後與劉璋交惡，乃乘天下方亂，建立農民自治之國，數遣使漢朝。然曹操兵至即降，封府庫以待。故不得稱爲農民革命政權也。張魯事迹及其與黃巾革命的關係值得細緻分析考訂，此不贅。

又杜光庭《洞天福地記》，依託葛洪所傳張陵"分形作數十人"行化各地之説，造作八十一"玄化"，皆暗示爲張天師分身行化之地。其中絶大部分皆在今四川省與其鄰近地方。就此，略可窺見張陵生平活動的範圍。葛洪謂其在閬中靈臺山"飛昇"，可能他即死於此山崖下，故後世道家誇頌此山靈異。（後世有人在鶴鳴山刻石，説張道陵"爲蝮蛇所吞"，不足信。）

②張衡的布道處，已經自蜀巴移至漢中。大概關隴羌漢人民已多信奉其道。《水經注・沔水》："又東逕白馬戍南，濜水入焉。……濜水又南逕張魯治東。水

西、山上有張天師堂。於今民事之。"《寰宇記》卷一百三十三《興元府》西縣引《郡國縣道記》云:"西,本名白馬城,因山以名縣。又曰瀘口城。"又:"白馬山,《漢水記》云:'西縣有白馬山。'又《張衡家傳》云:'衡於瀘口升仙時乘白馬。後人遙望山上往往有白馬,因以爲(山)名。'亦神仙十化之一也。"(《洞天福地記》八十一玄化有"瀘口化"。)

③按劉焉拜益州牧時,蜀、巴已爲黃巾馬相與張脩所據。焉住荊州界不得入境。州中大姓賈龍等結青羌攻破馬相,收復成都,乃使人迎焉。焉得入蜀,實畏龍逼,不敢入成都,但居綿竹。其得自荊州穿巴境張脩據地入綿竹者,蓋先已奉張魯之道,藉張魯以制張脩,故得從容入蜀也。其時焉所畏者爲賈龍,故駐綿竹(今德陽),倚魯與脩。"以魯爲督義司馬,脩爲別部司馬。"魯與脩亦俱受之,爲其出力。焉"撫納離叛,務行寬惠"。并徇民意,"殺州中豪强王咸、李權等十餘人"。於是"犍爲太守任岐及賈龍,由此反攻焉",而焉亦能"擊殺岐、龍"(引《三國志·二牧傳》)。"督義司馬"謂督率義民之軍政官,明劉焉實得奉道民軍之力。由劉焉自己承認其爲教徒,故教徒能擁護之也。張魯以教主承受州牧官屬司馬頭銜,亦由其本無政治高位之欲望,但欲藉州牧信道以鞏固其教主之地位而已。

馬相與張脩同是黃巾,由《後漢書·靈帝紀》、《劉焉傳》與《通鑑》可知。但馬相入成都便稱天子。張脩則雖已兼巴漢,仍祇稱"大祭酒",與馬相異趣。故地主軍攻馬相,張脩不救,反從張魯助劉焉。馬相據成蜀五年(詳《二牧志》),賈龍能以五百兵起與相抗,并能終討平之者,蜀中大姓如樊敏、王咸等咸應賈龍,青羌(氐傻)之奉道者(此輩與鶴鳴山近,奉道早)亦惡馬相叛教自帝,起而助之。張魯亦不救。其後青羌轉而助劉焉,賈龍、王咸等亦遂敗死。此皆與魯之向背有關(參看《二牧志》)。

④魯母,即《神仙傳》之"華陽夫人"也。傳文空虛,但明爲張衡妻。"有少容"者,謂其有道能駐顏,《神仙傳·序》所謂"女幾七十以增容"是也。當是劉焉家婦女奉天師道。迎此婦,焉從而師事之。故常往來焉家,非以色進之義。

⑤劉焉目的在於乘亂割據,故先奉道以曲順張魯,既得蜀土,則惡漢廷之干

涉蜀事，又不能不安置張魯。漢中太守蘇固之死，實由劉焉惡其忠於漢廷，説使張脩取之。張脩又死，乃請張魯往鎮漢中。利用制度不同，"數殺漢使"，使漢廷使節不能入蜀。故云"斷谷道"。既以安置張魯，又可揚言"米賊斷道"以欺漢廷。張魯亦利其如此，得據漢中。

⑥ "鬼道"、"米道"、"五斗米道"、"天師道"，皆道外人所加之名。其自稱爲"太清玄元道"，亦自省稱爲"太平道"。《三國志》裴松之注引劉艾《典略》曰："熹平中，妖賊大起。三輔有駱曜。光和中，東方有張角，漢中有張脩。駱曜教民緬匿法。（按：即緬述隱惡以求神，明悔必改之法。）角爲太平道，脩爲五斗米道。太平道者，師持九節杖爲符咒，教病人叩頭思過，因以符水飲之。得病或日淺而愈者，則云此人信道。其或不愈，則云不信道。脩法略與角同，加施靜室，使病者處其中思過。又使人爲姦令祭酒。祭酒主以《老子》五千文，使都習，號〔爲〕姦令。爲鬼吏，主爲病者請禱。請禱之法，書病人姓名，説服罪之意。作三通，其一上之天，著山上，其一埋之地，其一沉之水，謂之三官手書。使病者家出米五斗，以爲常，故號曰五斗米師。實無益於治病，但爲淫妄。然小人昏愚，競共事之。後角被誅，脩亦亡。及魯在漢中，因其民信行脩業，遂增飾之。教使作義舍，以米肉置其中，以止行人。又教使自隱有小過者，當治道百步，則罪除。又依《月令》，春夏禁殺。又禁酒。流移寄在其地者，不敢不奉。"

李賢《後漢書》注引《典略》此文，有小異。兹舉其異文（文同者省）："漢中有張脩，爲太平道。張角爲五斗米道。"與裴引恰相易。"靜室"作"淨室"，當譌。靜在無人攪擾可也，非必淨也。"姓名"作"姓字"，義通。"及魯在漢中"句，在上有"自"字。亦可省。"以米肉置其中"，少"肉"字，較佳（米可久而肉不可久）。"當脩道百步"，"脩"字作"循"。魏晉時書，二字每互譌。當以"脩"爲正。又"大起"下無"三輔有駱曜"至"緬匿法"二十五字。惟"自至漢中"之一"自"字，足以證明漢中原祇張脩，魯是脩死後至，且足説明魯、脩爲一家人的關係。《後漢書》謂"魯殺脩"，謬。

張角與張魯祖孫間之關係。舊史家咸認爲魯與張角無關。兹判張角祇是陵之徒孫。不過失敗速，從者罪重，莫能詳傳其事以資勘合，祇從官書得其鱗爪耳。

《後漢書·皇甫嵩傳》："張角自稱大賢良師，奉事黃老道，畜養弟子，跪拜首過，符水呪說以療病。……遣弟子八人使於四方，以善道教化天下。"所云跪拜首過、符水療病，俱與葛洪所傳張陵、劉艾所傳張脩與魯治民方法相同。葛洪所傳，陵七試趙昇，稱陵曰"神師"、曰"聖師"、曰"師"。劉艾傳張脩云，"師持九節杖"。而張衡在漢中住處稱"天師堂"。張魯稱"師君"。是此教徒稱各級教首爲師矣。張角之稱"大賢良師"，蓋以別於最上級之"師君"或"天師"，亦示不同於祭酒以上一般持九節杖之教首。要之皆稱師也。《三國志·張魯傳》："教以誠信不欺詐，有病者自首其過，大都與黃巾相似。"又《後漢書·楊賜傳》云："先是黃巾帥張角等執左道，稱大賢（良師）以誑燿百姓，天下繦負歸之。（楊）賜時在司徒，召掾劉陶告曰：'……且欲切勅刺史、二千石，簡別流人，各護歸本郡，以孤弱其黨，然後誅其渠帥，可不勞而定……'遂上書言之。會去位，事留中。"又《皇甫嵩傳》亦云"畜養弟子"。設無義舍、義米，則將何以養之？是雖不言張角治區亦有義舍、義米，其實際必亦有矣。

"義舍"，謂安頓外來流民之住所。"義米"，謂供給外來流民之食糧。皆須經道友介紹，師長許可，乃得享之耳。本書云"行者取之"，他書亦云"同之亭傳"，謂如置於道上亭驛，任人取用者，必不然也。各祭酒屬區，自應有治病所入之公積米，劉艾記云"教使置義舍義米"，是勸導祭酒與信徒量力設置之義。願者爲之，亦必非強制規定。又曰"以止行人"，實指安插入道之戶，非泛泛行人。是故雖魏晉人傳米道事，由於思想意識不同，行文體會亦不一。且即同一篇文，由於簡略，讀者體會又不一。非細心熟究，不易得其真實。

⑦此謂管理市場價格，亦是用鬼祟威懼，以防射利者。此教所流行地，以僻遠落後之山區、邊區爲主，亦由其人信鬼神篤故也。

⑧謂於法當死者，許其乞神，用悔過"三官書"原之。不改，再犯，猶可原之。至三原猶犯，乃殺之。他罪當笞者亦然。即所謂以"善道教"，"務爲寬惠"。限於"三原"，則亦必有刑罰制度。

⑨"永信"，猶言不變。"鬼卒"，謂已得道者，與初入道志猶未堅者不同。古以鬼神并稱。謂精靈之在天者爲神，在地者爲鬼，謂先祖亦曰鬼，初無嗤鄙之

義。六朝以來，"鬼"字含義乃變。"祭酒"，秦漢間爲羣體主祭者之稱。張陵藉以爲教習《老氏五千言》，與悔禱治病者之稱，後遂爲低級教首。再高者稱大祭酒，再高者稱師。師又有多級，最高者稱"師君"或"天師"。皆後來教徒大發展後，隨緣創造。故張角稱"大賢良師"。

⑩斜，魏晉人定斗字音之通俗字。古讀斗音不作 dǒu，而近於斛（hú）與科（kē），故科、斛字皆從斗。漢制，十升爲斗，十斗爲斛，始變 dǒu 音。故魏晉人造爲"斜"以便於讀。其後舉國音定，乃復去豆旁作"斗"字。漢之一斗僅略多於今之一升。五斗，約爲今一畝平常產量六分之一。故貧民不難入道。入道時納五斗米。治病一次，亦納五斗米，意謂首過後，如再入道也。其他獻納，如義米，似亦限於一次五斗，不許或多或少，故曰"通限五斗米"。此種制度，隨道徒發展，竟使農民普遍習慣於以五斗爲單位。故魏晉以後全國俱以五斗爲斛。

⑪關於張脩史事，各書記述，分歧錯亂，使人愈考愈覺迷惘。茲舉數條，以資分析：

《後漢書·靈帝紀》：中平元年"秋七月，巴郡妖巫張脩反，寇郡縣"。（李賢注引劉艾《漢紀》曰："時巴郡巫人張脩療病，愈者雇以米五斗，號爲五斗米師。"）

又中平五年六月，"益州黃巾馬相攻殺刺史郤儉，自稱天子。又寇巴郡，殺郡守趙部。"（又《劉焉傳》作：相"遣兵破巴郡，殺太守趙部"）。

本書《二牧志》："中平元年，涼州黃巾逆賊馬相、趙祇等聚眾綿竹……殺刺史儉；並下蜀郡、犍爲。旬月之間，破壞三郡。相自稱天子，衆以萬數。又別破巴郡，殺太守趙〔韙〕部。"

《三國志·張魯傳》："劉焉以魯爲督義司馬，與別部司馬張脩，將兵擊漢中太守蘇固。魯遂襲脩，殺之，奪其衆。"（裴注："張魯當是張衡。非《典略》之失，即傳寫之誤。"）

《通鑑考異》中平元年云："《范書·靈帝紀》有此張脩。陳壽《魏書·張魯傳》有劉焉司馬張脩。劉艾《典略》有漢中張脩。裴松之以爲張脩應是張衡。……按《魯傳》云：'祖父陵，父衡，皆爲五斗米道。衡死，魯復行之。劉焉司馬張脩與魯同擊漢中。魯襲殺脩。'（則）非其父也。今此據《范書》。"

今按：中平元年（184）實爲光和七年，即黃巾張角發難之年。二月發難，十二月敗死。漢廷乃改元志慶。可知馬相與張脩皆黃巾"三十六方"之一，應角同時起兵者。張脩破巴郡，殺趙部，在七月。其時荆州劉表猶能傳致巴地漢官之驛報於京師，故漢廷史官得如時書之。馬相同時亦殺郗儉，據有蜀、犍、廣漢三郡，稱天子。州從事賈龍起兵討之，五年而平。時劉焉不得入蜀，駐荆州界上。巴漢道絕。賈龍既滅馬相，遣人迎劉焉，具述五年中事。漢廷史官乃得從劉焉奏報著錄之。述者既非翔實，又值李傕、郭汜之亂，記事不審，以五年事併於一年，不知相亦起自中平元年也。《通鑑》誤從《後漢書·靈帝紀》作"中平五年"，惟本書定於元年爲正，所據爲蜀人記録故也。張脩與馬相皆黃巾。脩在巴，相在蜀，爲兩個化區（方），同時發難，各破郡縣。馬相不當"又寇巴郡"。且三巴夷王皆奉道，張脩無内外患。馬相則自稱天子，即與賈龍等戰爭，浸弱至亡，亦不可能有餘力遠攻巴郡。本書《二牧志》固云，相所據爲廣漢、蜀、犍爲三郡，未當有巴。云"别破巴郡"者，亦明非相本軍。殺趙部者是張脩。《靈帝紀》以相稱天子，脩未稱天子，遂誤爲馬相之屬軍。而《通鑑》誤從《靈帝紀》也。至於裴注誤揣，《考異》已駁之。而所據以駁之者，爲張魯殺張脩。夫張魯之道，重殺人。對道侶三原而後刑，豈得有襲脩奪軍之事？蓋當時諸史官，不知米道内容，而以封建攘奪情致揣測之妄語。《考異》雖已反復考覈之，未能得諸書歧亂之理，固不可得史事之真實也。五斗米道與太平道皆張陵道之異稱，其治病術同巫師，故脩被稱爲"妖巫"。舊史以其與張角遠絕，遂不知其亦是黃巾，更未能涉想其同奉張陵之道。故當時記事者昏亂歧互，後之體會者迷惘不能會通。

⑫張脩攻殺蘇固之時間，《通鑑》定在初平二年（191），亦未合。初平二年，董卓方擁漢帝在長安，勢甚強大。劉焉何敢於此時攻殺漢廷所置太守蘇固？且初平四年，劉焉子範在長安，與馬騰結謀襲奪長安，劉焉實與其謀，則何爲須斷北道以自閉絕。其斷北道，當在劉範敗死後。是知劉範敗死，乃命魯遣張脩殺固以斷北道，則當爲興平元年（194），即初平五年春。劉焉尋亦死矣。

漢中本張魯父子之根據地。劉艾《典略》謂"熹平中（172—177）妖賊四起"，漢中已有張脩。則中平元年（184）攻破巴郡之張脩，已實際擁有漢中教徒十二年，乃來奪取巴郡。奪巴郡後又十年（194），乃殺蘇固。其前之不殺太守者，張陵之教，本以農民爲基礎，根據地在農村，初不與守令相犯。脩能恪遵之。故馬相稱天子時，張脩雖破巴郡、殺太守，亦不據其城，反與張魯結劉焉爲道侶，幷助之，使得益州。蘇固未曾鎮壓其道，則亦不殺固；趙部與其道爲敵，乃攻殺之。此時天下大亂，漢帝已自長安遷還洛陽，零落不能自救飢寒。劉焉方圖割據蜀地，而程信等與固方有陰謀，故脩乃因隨劉焉使命殺固，遂據漢中也。此時蘇固既無民衆支持，又無外援可資。張脩宣布其死，即無逃匿之處。至於相從之鈐下一人，但得脱其羈絆，即亦投奔脩軍，告以所在。忠事固者，僅僅程、趙二人，足見郡民多已奉道。

程調、趙嵩，自必是不奉衡、魯之道者。其所説"禦寇之術"，傳者未詳。要必是勾結豪强誘誅教首，保境自擅之計。蘇固若不願聽，何得"以爲門下掾"而倚仗之。衹是署内外更無他可倚仗者，當民衆撲入時，不能不踰牆逃走。而求一可隱蔽處，亦不可得矣。《常志》曲傳二人死事，以"表彰忠義"，遂使當時社會情勢，朗然宣露。

⑬"米賊斷道"亦衹是搪塞荆州劉表及其他責焉不朝貢者之語。既已斷道，則"上書"何以能達？既能上書，則何得諉於斷道？此理之易曉，不足以欺童穉，而可以遂欺朝廷乎？趙韙等請以劉璋繼益州牧，即曾得朝命許可。蓋其時未與魯交惡，故能許其通使漢廷。惟自璋與魯爲仇後，乃得上書云"米賊斷道"，後世乃誤爲焉上書語也。

⑭杜濩、朴胡、袁約，是信奉米道之三夷王，中平元年即從張脩攻破江州城，殺太守趙部。杜濩名最大，所居在墊江界，今廣安與渠縣界間之"賨王城"是也（杜爲墊江大姓，已前見）。朴胡所居在閬中界，今巴中縣之平梁城是也。朴胡名雖次於杜濩，居地與漢中最近。故其後張魯奔就之。且使胡先試降於操，得許封號後，乃送魯出。范目所率以助漢王定三秦之七姓，即有朴氏。閬中大姓無朴氏（《常志》於漢昌大姓著勾氏，無朴氏），朴胡之族已隨曹操徙入關

隴，晉世漢昌無朴姓也。袁約所居，疑在朐忍縣界，故近年農民於開縣耕地中得"漢賨邑侯"金印（曹操所頒給三賨王印）。

⑮張魯數遣使至漢朝廷，祇能是以"教主"承認"人主"的性質，故漢臣子嫌其驕慢。漢廷不能討，亦不承認其爲國教。乃改漢中與魯所統治地區爲漢寧郡，以魯爲太守，并許其以祭酒治民，不依漢制置長吏。張魯亦未行用太守符印，祇漢史記其有此安排而已。（即劉焉所假之督義司馬，與張脩之別部司馬，二人亦必不使用，但作爲一種贈送之稱號而已。）

⑯《三國志·二牧傳》作："璋累遣龐羲等攻魯。所破魯部曲多在巴西，故以羲爲巴西太守，領兵禦魯"。《范書·劉焉傳》作："遣其將龐羲等攻魯，數爲所破。魯部曲多在巴土，故以羲爲郡太守。魯因襲取之，遂雄於巴、漢。"本書《二牧志》云："遣和德中郎將龐羲討魯。不克。巴人日叛，乃以羲爲巴郡太守，屯閬中，禦魯。"

綜合此三種資料分析，當是賈龍敗死後，"東州人"得志。其人自中原來，憎惡黃巾與米道，故使璋殺魯母、弟。龐羲，河南郡人，劉範敗死後，將範家屬送至成都，以此得爲巴西太守。雖亦東州人，原與趙韙同仕京師，相得。時韙爲征東中郎將討劉表於巴東。韙，安漢人，親族多奉米道。劉焉之能撫用二張者，韙蓋與有力焉。及茲璋與魯交惡，韙頗不以爲然，故叛而攻璋，敗死。龐羲初亦爲璋所疑，究以東州人獲解。似曾使與李異等督三巴涪陵兵討魯，因數爲道衆所敗，故轉爲巴西太守，取守勢。巴人本皆爲魯用，但未顯然背璋。茲既屢用兵相攻，顯然叛璋就魯者日衆。故璋不更進攻，移羲駐閬中，以自捍禦。目的在使嘉陵江以西長江以南之民不更背叛，維持水運關稅而已。此言"魯部曲"，指三巴地區賨夷之爲魯出死力者，皆宕渠與巴西郡人（皆舊巴西郡）。其地與廣漢境接，最能威脅成都。故璋以羲駐閬中，楊懷、高沛駐關頭以備之。

⑰自漢末至梁魏間，隴、蜀接壤地區軍事頻繁，每於郡縣城以外，更置關戍。其屬將領所駐之兵防重地，皆築城屯糧，稱爲"關城"，一曰"關頭"。如陽平、白馬、白水、陽安、黃金、興勢、劍閣、馬閣與陰平橋頭皆是。此"關頭"，所指爲白龍江岸之白水關與嘉陵江岸之陽平關，二處皆所以備張魯者。陽

平關直拒漢中，白水關防備武都叛羌之助漢中入侵也（參看11章之注⑱）

⑱劉璋請劉備引軍入蜀，助討張魯，遂爲所襲。事具《先主志》。

⑲曹操自征張魯，志在遂取蜀地，所將部衆甚盛，遭漢中民軍拒阻於秦嶺諸谷道，乃自陳倉繞進。又遭武都氐民抗拒，勉强得至沮縣之陽平關。久攻不能克，糧盡望絶，不得已旋軍。偶因漢中張衛營壘夜驚，軍亂自潰，乃得至漢中。其事，操與魏史皆不諱言。兹列舉其資料如次：

《三國志·魏武紀》：建安二十年（215）"三月，公西征張魯，至陳倉，將自武都入氐。氐人塞道，先遣張郃、朱靈等攻破之。夏四月，公自陳倉以出散關，至河池。氐王竇茂衆萬餘人，恃險不服。五月，公攻屠之。"（此言氐王與其人信魯道篤，不畏死以捍衛漢中也。）"秋七月，公至陽平。張魯使弟衛與將楊昂等據陽平關，橫山築城十餘里，攻之不能拔，乃引軍還。賊見大軍退，其守備解（音懈）散。公乃密遣解㤺、高祚等乘險夜襲，大破之，斬其將楊任。進攻衛，衛等夜遁。魯潰，奔巴中。"（此說明漢中民軍抵抗之堅强，祇由守將無能、營制不謹而潰。）

又《張魯傳》云："建安二十年，太祖乃自散關出武都征之，至陽平關。魯欲舉漢中降。其弟衛不肯，率衆數萬人拒關堅守。太祖攻破之，遂入蜀（漢中）。"裴注："《魏名臣奏》載董昭表曰：'武皇帝承涼州從事及武都降人之辭，説張魯易攻，陽平城下南北山相遠，不可守也，信以爲然。及往臨履，不如所聞，乃嘆曰："他人商度，少如人意。"攻陽平山上諸屯，既不時拔，士卒傷夷者多。武皇帝意沮，便欲拔軍截山而還。遣故大將軍夏侯惇、將軍許褚呼山上兵還。會前軍未還（"未"當是"來"字譌），夜迷惑，誤入賊營，賊便退散。侍中辛毗、劉曄等在兵後，語惇、褚，言官兵已據得賊要屯，賊已散走。（二將）猶不信之。惇前自見，乃還白武皇帝，進兵定之。幸而克獲。此近事，吏士所知。'又楊暨表曰：'武皇帝始征張魯，以十萬之衆，身親臨履，指授方略，因就民麥以爲軍糧。張衛之守，蓋不足言。地險守易，雖有精兵虎將，勢不能施。對兵三日（當作"三月"，謂五至七月），欲抽軍還，言："作軍三十年，一朝持與人，如何！"（此錄操語，如何猶云奈何。）此計已定。天祚大魏，魯守自壞，因以定之。'《世語》曰：'魯遣五官掾降，弟衛橫山築陽平城以拒，王師不得進。魯走巴中，軍糧盡，太祖將還。西曹掾東郡郭諶曰："不可。魯已降，留使（謂操遣使在漢中）既未反。衛雖不同，偏攜可攻（謂偏將攜貳於魯者，無妨攻之）。縣軍深入，以進必克，退必不免。"太祖疑之。夜有野麋數千突壞衛營，軍大驚。夜，高祚等誤與衛衆遇，祚等多鳴鼓角會衆。衛懼，以爲大軍見掩，遂降。'

　　據此，足知張魯實聞軍入武都，即遣使降。表示其承認漢朝廷統治，又不欲漢軍入據其教區，故遣弟衛率民軍固守陽平。迨聞操軍攻急，遂欲竟降。因閻圃説以先赴巴中依杜濩、朴胡，率之同降，功乃多。故自先入巴中，仍留弟衛捍陽平以待機變。實由民衆必欲拒守，故擁衛堅拒曹軍。操雖已屠武都，漢中人亦不畏，憑險堅守三月之久，迫操退軍。操已退，乃因守軍懈亂，得有機會還得漢中，亦只緣魯決心在降，乃獲得之而已。

　　⑳閻圃，安漢縣人，蓋繼張脩爲魯之大祭酒，有識略者也。因張魯執意欲降，故説以先依杜濩、朴胡，率與同降，"功必多"，且以觀變。實意在：設張衛雖敗，尚可結劉備拒大巴山以禦曹軍。魯竟必降操者，由曾數遣使漢廷皆獲優報，以爲教主地位不變。而以劉備襲取劉璋，局勢未定，且懲於劉焉父子之事而不就之也。"寧爲曹公奴"語，亦祇是其使者之飾辭。魯雖怯懦，自當以久受徒衆奉事，不至於竟有此語。

　　㉑此謂劉備、諸葛亮已攻下涪城，降劉璋。張飛、趙雲已自巴郡江州分道佔據沿江諸縣，三巴人民咸已稽首歸服。故閻圃有結附之意。祇張魯爲操所誘，決降於操也。

　　㉒張魯本意在於保存其祖遺的教主地位於封建王朝。但曹操志在統一，固不仍如建安初年，許其宗教與治民制度存在。結果是得魯來降之後，將所有教徒家口，不分夷漢，强迫徙入關隴，分編户籍，以解散之。此種特殊之政教合一制度，由是消滅。惟張魯與其五子及閻圃等皆得封侯以爲羈縻，俱得壽終，亦云幸矣！

五

　　二十四年春，先主進軍攻漢中。至定軍，淵、郃、顒來戰，大爲先主所破。將軍黄忠斬淵、顒首。魏武帝復西征先主。先主曰："孟德雖來，無能爲也。我必有漢川矣。"乃歛衆拒險，終不交鋒。魏武積月不能拔，果引軍還。原脱一行，依《陳志·先主紀》與《魏武紀》補二十字，還足一行之數。先主遂爲漢中王。將還成都，當得重將以鎮漢中。衆皆以必張飛。張飛心亦自許。先主乃以牙門延本傳下有"將軍"字。義陽魏延爲鎮遠將軍、漢中太守。先主大會羣臣，問延曰："今委卿以漢中。卿居之若何？"延本傳作"欲云何"。對曰："若曹操舉天下而來，請爲大王拒之。若偏將十萬而來，請爲大王吞之。"衆壯其言。初，魏武之留淵、郃也，以雞肋示外。外人莫察。惟主簿楊脩知之，故曰："夫雞肋，棄之如可惜，食之無所得，以比漢中也。"裴注引《九州春秋》，爲建安二十四年，將棄漢中時事。此以爲征張魯年事，當是常氏誤筆。是後，處蜀、魏界，固險重守。自丞相亮、大司馬琬、大將軍禕，皆鎮漢中。蜀大將軍姜維即不鎮漢中。按常氏行文規律，補三字。

　　案：述蜀漢據有漢中事。與上四章反復説明漢中地位之重要。蓋常撰《巴漢志》於李雄時，有諷李雄勿棄漢中之意。文皆出自《三國志》。

六

蜀平，梁州治沔陽①。太康中，【晉】武帝【子】孫依《晉書·武十三王傳》改。漢王迪受封，更曰漢國②。舊各本皆下連"郡"字。茲斷句。李雄時郡但六縣③。《晉志》"漢國領八縣"。李雄得漢中，失黃金、興道，乃爲六縣。

南鄭縣④　郡治。周貞王十【六】八年，原作"十六年"。《史記·六國表》秦"左庶長城南鄭"在"定王十八年"。凡複謚可單用一字，皆謂貞定王也。秦厲公《六國表》作"厲共公"。《秦本紀》作"厲公"。城之。有池水，從旱山來入沔⑤。大姓李、鄭、元豐本作"鄭"。他舊本皆作"程"。《函海》注云："應作'鄭'。"廖本逕改作"鄭"。趙氏⑥。錢、《函》二本"氏"作"公"。《函海》注云："劉、吳、何、李本并作'氏'。"

沔陽縣　州治。有鐵官⑦。【又】有度水，水有二源：一曰清檢，二曰濁檢，并有魚穴。清水出鱥，李本作"鱥"。濁水出鮒，常以二月八月錢寫本譌作"日"。取⑧。蜀丞相諸葛亮葬定軍山⑨。

襃中縣　孝昭帝元鳳六年置⑩。本都尉治也。山名扶木⑪。何本誤作"水"。有唐公房祠也⑫。

成固縣⑬各舊本皆作"城固"。下同。《函海》注云："前後《漢》、《晉書》并作'成'。"廖本作"成"。　蜀時，以沔陽爲漢城，成固爲樂城⑭。張、吳、何、王、浙本下連"蒲池縣"。他本下二縣提行或空格。

蒲池縣⑮

西鄉縣⑯

案：記晉平蜀後漢中事與諸縣文最略，且多誤。蓋李雄棄漢中，失其版籍，僅據傳聞故也。茲略爲考訂。

【注釋】

①魏景元四年（263）平蜀，咸熙元年（264）乃定。其明年，晉受禪，改元泰始。實則自景元元年（260）已是晉王司馬氏專政，故平蜀後皆爲晉事。

本書《巴志》已言："咸熙元年平蜀，始分益州巴、漢七郡置梁州。治漢中。"此又云"治沔陽"。自不統一者，漢中郡爲蜀與江左及北朝互爭地，州治屢變不居，傳者各從所知，著者先後取據不同也。《寰宇記》卷一三三引王隱《晉書》云："魏末克蜀，分廣漢、巴、涪陵以北七郡爲梁州，理漢中之沔賜縣，今州西八十四里沔陽故城是也。歷晉太康中，州又移理漢中郡，領郡八。後李特據蜀，漢中又陷焉。桓玄子平蜀，梁州刺史復理漢中郡。譙縱時，又失漢中，刺史寄理魏興郡，今金州也。譙縱滅，復理漢中之苞中縣，今褒城縣也。東晉末，又移理城固。"（凡云"今"句，蓋樂史所加。）大抵泰康時治南鄭。《沈志》與《晉志》依之。初平蜀置州時，州治在沔陽縣。

②《晉書·武十三王傳》："始平哀王裕……無子，以淮南王允子迪爲嗣。太康十年（289），改封漢王。爲趙王倫所害。"是迪爲武帝炎之孫。淮南王允以元康九年（299）入朝，討趙王倫不克死，時年二十九。則迪封漢王時祇在襁褓中，其未就國可知。既爲趙王倫所害，則國除還爲漢中郡又可知。晉制：國以内史理民，郡則有太守。王不就國，則内史與太守無異。

③《晉書·地理志》漢中郡八縣。其黃金、興道二縣，皆就蜀之關戍改置，即黃金谷與興勢城，皆在今陝西洋縣東界、石泉西界之間。李雄克漢中，徙其民入蜀，梁州刺史駐晉壽（今廣元），惟漢中平原農民戀土，不能盡徙，故猶存六縣，祇棄黃金、興道二縣而已。

④南鄭之名甚古，屢見於《秦本紀》，蓋周世舊名也。《水經注》引《耆舊傳》云："南鄭之號，始於鄭桓公。桓公死於犬戎，其民南奔，故以南鄭爲稱。"此說難信。鄭桓公死難前，已寄孥賄於虢鄶，營新鄭。其時南鄭爲申與犬戎轄區，與周、鄭爲敵國。則其民何能不東走新鄭而趨敵境？周王畿有鄭，有西

鄭，《漢書》注："臣瓚曰：周自穆王以下所都。"竊謂：鄭之爲字，奠邑也。《説文》："奠，置祭也。……禮有奠祭。"段玉裁注："薦饌酌之奠而已，無迎尸以下之事。"蓋最原始之祭法，隨地置祭品酌酒而已。周王畿有鄭在華陰，是原祭華山之處。又有西鄭，是祭祁山之處。後因以爲邑。南國染周俗最早者爲褒。褒有奠祭旱山之所，周人稱曰南鄭。《詩·大雅·旱麓》："瞻彼旱麓，榛楛濟濟，豈弟君子，干禄豈弟。""清酒既載，騂牡既備，以享以祀，以介景福。"故知其時褒人祀旱山，有南鄭也。

⑤池水，今云新集渠。源出旱山，著於《漢志》。入平原後，支派分灑，流灌南鄭、褒城兩縣，爲漢中水利之首。其流至褒城縣境入漢者曰廉水，見《水經注》。其至南鄭入漢者曰讓水，《寰宇記》引《梁州記》范柏年對宋明帝"臣漢中惟有文川、武鄉、廉泉、讓水足以表名"是也。

旱山，爲南國從古著名之神山，即米倉山之北峰。漢中平原可以望見。《水經注》云："（池）水出旱山，山下有祠，列石十二，不辨其由。蓋社主之流。百姓四時祈禱焉。"《寰宇記》南鄭縣引《周地圖記》云："山上有雲則雨。故諺云：'牛頭戴，旱山晦，家中乾穀莫相貸。'旁有石牛十二頭，一云五頭，蓋秦惠王所造以紿蜀者。山下有石池，水多蓴菜。"又褒城縣云："牛頭山，山形如牛頭，高百仞。雲覆如笠即雨。故彼人一號爲戴笠山。"蓋旱山有旁峰在褒城界，即民謠所云"牛頭戴"也。

⑥李氏奕世宰輔，已見《郡序》。程氏則有南郡太守程基、計曹史程苞、功曹程信。趙氏則有犍爲太守趙宜、廣漢太守趙瑶、尚書趙琰與州主簿趙嵩。并在本書。

⑦漢沔陽縣境包括黃沙河以西整個漢沔平原，即今勉縣與寧强縣地。其北、西、南三面有廣闊之侏羅紀地層，富有煤、鐵。故自漢以來，常置鐵官。諸葛亮北伐，恒駐此。晉爲梁州治。

⑧"度水"，今曰舊州河。《水經注》云："出陽平北山。水有二源，一曰清檢，出佳鱸。一曰濁檢，出好鮒。常以二月八月取之，美珍常味。度水南涇陽平縣故城東。又南逕沔陽縣故城東，西南流注於漢水。"孫星衍校云："水在今沔縣

東二十五里，俗謂之舊州河。"今按：度水口，爲後魏所徙之沔陽縣治，元曰沔州，故明清人呼爲舊州河。後魏時，分沔陽置陽平、嶓冢等縣。嶓冢縣治濜口，陽平縣在嶓冢北，白馬塞附近，轄度水上游地。

《酈注》引常氏清檢、濁檢文，不言"魚穴"，但謂水中出佳鱯、好鮒。而於褒水云："又東南得丙水口，上承丙穴。穴出嘉魚，常以三月出，十月入地。穴口廣五六尺，去平地七八尺，有泉懸注，魚自穴下透入水。穴口向丙，故曰丙穴。下注褒水。"《常志》未言丙穴，蓋酈氏疑《常志》誤而改之。實則皆是魚穴，各依山行者所見記之。《寰宇記》褒城縣云："丙水源出縣西北牛頭山。《輿地志》云：'按河南及巴陵、昆陽并有丙穴出嘉魚。'即此類也。"

今按：凡石灰岩地層，每多伏穴潛流，或數十百里，紆曲潛出，使人難辨源委。上游河或湖中有魚者，則下口往往隨水出魚。其魚流出有時：上游水淺不及穴口，則魚不能入穴；漫過穴口時，則魚雖入穴，頓感光與空氣不足，易於泳還；惟水適漫穴口，存有半穴空氣時，魚游最遠，遂不得還，隨水自下口流出。故魚盛出時恒在春、秋季節。曾見寶興縣魚泉，魚隨水出時，皆憯然如失知覺，經入淺草灘昏眠久之，乃復活潑，由失陽光與空氣久也。魚泉，四川雲陽、梁平、開縣皆有之，湘黔間尤多，固不必丙水丙穴也。

《宋書》："楊世安守魚孔隘，後知大安軍。"此魚孔隘即舊州河上游之魚穴，魏屬陽平縣，宋隸大安軍也。鱯，《爾雅·釋魚》："鮏，大鱯。"郭璞注："鱯，似鮎而大，白色。"鮒即鯽魚。皆硬鱗魚也。（鯝，軟鱗魚，前鰭能傷人，俗呼"黃刺股"。非丙穴魚。）

⑨定軍山在漢水南，是南山突出之一山爪，往來行人皆可望見。《水經注》："沔水又東逕沔陽縣故城南。城，舊言漢祖在漢中，蕭何所築也。……南對定軍山。曹公南征漢中，張魯降，乃命夏侯淵等守之。劉備自陽平關南渡沔水，遂斬淵首，保有漢中。諸葛亮之死也，遺令葬于其山，因即地勢，不起墳壠。（《亮傳》云："因山爲墳，斂以時服，不須器物。"）惟深松茂柏，攢蔚川阜，莫知墓塋所在。山東名高平，是亮宿營處，有亮廟。亮薨，百姓野祭。步兵校尉習隆、中書郎向充共表云：'……宜近其墓，立之沔陽。斷其私祀，以崇正禮。'始聽立

祀。斯廟蓋所啓置也。鍾士季征蜀，枉駕設祠。壂東即八陣圖也。遺基略在，崩褫難識。"今按：諸葛亮治術平易，不尚奇詭，而世人謬以神仙視之。本是薄葬於山穴，酈氏驚爲"莫知所在"。又言"八陣圖"，皆當時人謬説已盛之驗。

⑩《史記·留侯世家》："良送至褒中。"則秦已置褒中縣矣，此云"元鳳六年置"，當是漢初省，昭帝復置。

褒中故城，即周褒國都城，位褒谷口外平原上。曾屢徙。《水經注》謂城在褒水口東，今則遠在石門之南。要不離平原中褒水左右。去南鄭僅三十餘里，故易省并。地當谷口，極爲衝要，故亦常復置。土城立平原上，又臨兵衝，故易壞易徙。每因徙而更名，故東晉作"苞中"，劉宋作"苞縣"（見《宋書·州郡志》）。隋開皇初作"褒内"，仁壽初改"褒城"。唐城在興元府西三十三里（均見《元和志》）。宋城在府西北四十五里（見《九域志》）。"唐褒城在縣東一十里。宋嘉祐中徙治山河堰北。今移堰南。"（《清一統志》）

⑪"山名扶木"之"名"，解同《鄧通傳》"不名一錢"之"名"，即"有"。褒谷兩側群山，皆堅頑之石灰岩，土薄而瘠，所產樹木，質堅宜杖。扶木，即扶老木，猶扶老竹之稱扶竹也。

⑫唐公房，相傳爲王莽時成固縣人，得異人術，合丹於雲臺山，成，舉家服之，同雞犬昇天。有壻遠出未還。房遺言縣北有智鄉，地最吉。壻就居之，是爲壻鄉。"百姓爲之立廟于其處也，刊石立碑。"（《水經注》）其水即湑水，至成固入漢。其上源通於黛駱者是也。《隸釋》有"仙人唐公房碑"，作"聟鄉"，謂"使其聟鄉春夏無蚊蚋，秋冬解繁霜，厲蟲系遐，去其螟蜮。百穀收入，天下莫知"。

今按：湑水在漢中諸支流中，最爲紆迴。中游平曲，不當要道。今小河口，即壻鄉也。漢魏南北朝時，漢中兵燹頻仍。農民苦之，思得安居如桃花源者。實有人避居此處，得遁世若干年，遂有人造此謠諑，好事者造碑以實之。其地本屬成固縣，而《志》云褒中者，疑壻鄉西側偪近褒谷大山，其祠山上，屬褒中界。

⑬成固縣城亦屢徙。漢故城在今縣南，臨漢水。後曰"小成固"，《水經注》：

"漢水又東逕小成固南。州治大成固，移縣北。故曰小成固。"《寰宇記》云："有南北二城相對。按《四夷縣道記》云：'成固，今縣東六里故北城是。'以有南城，故謂此爲北城。《周地圖記》云，'後魏宣武帝正始中，城固縣移居壻鄉川'，即今理。"是周隋時成固縣城已與漢水相離，北徙至湑水側之通關勢附近。即所謂"大成固"。唐又徙至漢水附近。《元和志》"城固縣西至府七十二里"，"通關山在縣西北九里，漢水南去縣二里"是也。至宋崇寧二年，再東徙至今縣位置。《一統志》引《漢中府舊志》云"舊縣城在今縣西四十八里"是也。

漢成固縣境，包有今洋縣地，東盡黃金、興勢。漢中冲積平原東部全所奄有。平原東境爲興勢阪。《水經注》云："（小成固）城北百二十里，有興勢阪。諸葛亮出洛（駱）谷，戍興勢，置烽火樓處。……自白馬迄此，則平川夾勢（謂山爪），水豐壤沃，利方三蜀矣。"（言漢中平原之富比於三蜀。）

⑭漢沔陽、成固城皆在漢水北。漢城、樂城皆在漢水南岸。雖分在二縣境內，城亦相近，非即同城，常氏誤矣。《水經注》三十二："湑水即黃水也，東北流，逕成固南城北，城在山上，或言韓信始立，或言張良創築。……城周七里。衿澗帶谷，絕壁百尋。北（背）谷口造城，東門傍山。尋澗五里有餘，盤道登陟，方得城治。城北舊有桁（謂浮梁），北渡湑水。水北有趙軍城。（其）城北又有桁渡沔，取（趣）北城。（北）城即大城固，縣治也。"今按：此所謂南城即樂城，險固不可攻。建興七年，諸葛亮所築也。姜維時，監軍王含以五千人守樂城，護軍蔣斌以五千人守漢城。鍾會大軍攻樂城久不能下，乃留護軍荀愷統萬人圍漢城，前將軍李輔統萬人圍樂城，自率大軍逕從陽安關口入蜀（參看《後主志》）。蜀降，二城乃下也。

蜀漢之漢城，在定軍山下，魏滅蜀，不欲稱漢城，改稱西樂城。《水經注》："沔水又東，逕西樂城北。城在山上，周三十里，甚險固。城側有谷，謂之容裘谷，道通益州。……水左有故城，憑山即險，四面阻絕。昔先主遣黃忠據之，以拒曹公。"蓋當時夏侯淵佔定軍山，劉備使黃忠從谷上據故城，而自擊張郃於東圍。淵輕敵，自率輕軍護南圍（二圍皆山下戍守處），遂爲忠所襲破（參看《魏書·淵傳》）。諸葛亮北伐，因谷爲池以築新城，名漢城，幷自駐其處，故又稱"諸葛城"。

⑮楊守敬《西晉地理圖·漢中郡》下注云："郡有蒲池縣，無考。"今以地理形勢推斷，晉蒲池縣當在今寧强縣界。蓋蜀漢時分沔陽立，隨李雄棄漢中廢，故僅見於《晉志》。本書能舉其名，不能言其地理沿革也。今寧强縣，本後魏三泉縣地。《寰宇記》卷百三十三云："本漢葭萌縣地。後魏正始中分置三泉縣，以界內三泉山爲名。唐天寶元年，自今縣西南一百二十里故縣，移理于嘉陵江東一里關城倉陌沙水西置。"所謂三泉故城，在利州（今廣元）"東北一百五十里"（同書），即今寧强之黃壩驛。所謂"關城倉"，即今之陽平關，爲嘉陵江舟運終點，故置倉城。所謂"陌沙水"，即今之寧羌河也。蜀漢常駐大軍於漢沔，兵員糧食皆仰於蜀地。此路運輸頻繁，宜有一縣，以理民運。雖因亂廢，唐宋之三泉實因之而立（宋三泉縣，不屬於州而直隸於朝廷）。

⑯漢西鄉縣今仍存，所轄爲西鄉河全域。河出大巴山，東北流穿縣境入漢。《水經注》稱爲"洋水"，又曰"祥川"，又曰"城陽水"。謂西鄉爲平陽城。引《漢中記》曰："本西鄉縣治也。自成固南入三百八十里。距南鄭四百八十里。洋川者，漢戚夫人之所生處也。高祖得而寵之。夫人思慕本鄉，追求洋川米，帝爲驛致長安，蠲復其鄉，更名曰縣。故又目其地爲祥川。用表夫人載誕之休祥也。城即定遠矣。漢順帝永光七年，封班超以漢中郡南鄭縣之西鄉爲定遠侯，即此也。"（據孫星衍校本）今按：戚夫人爲定陶人，不生於漢中。漢中不封王侯，何得爲班超食邑。洋、祥古同音，非因夫人改字。其説取於祝龜之《漢中耆舊傳》。龜滑稽無史識，常氏所非，不當取。

七

魏興郡，本漢中西城縣。哀平之世，縣民錫李、錢、《函》本作"錫"。光，字長冲，爲交州刺史。徙交阯張、吳、何、王、浙本作"趾"。太守。王莽篡位，【據】拒依舊本作"拒"。郡不附。莽方有事海内，未以爲意。尋值所在兵起，遂自守。張、吳本"起"、"遂"二字倒。更始即位，舊本作"祚"。《函海》注云："應作'位'。"廖本改作"位"。正其本官。世祖嘉其忠節，徵拜爲大將軍朝侯祭酒，封鹽水侯①。後漢中數寇亂，縣土獨存，漢季世別爲郡②。建安二十四年，劉先主命宜都太守孟達從【姊】秭依舊本作"秭"。歸北伐房陵、上庸③。自漢中，又遣副軍中郎將劉封錢寫本脫"封"字。乘沔水會達上庸。以申耽弟儀爲建信將軍、西城太守。達、耽降魏。黄初二年，魏文帝舊本但"文帝"二字，非例。兹仿下文補。轉儀爲魏興太守，封郇鄉侯。住洵口。依《劉封傳》補三字。蜀平，【遂】還治西城④。舊失"洵口"句，故謂"還"爲"遂"。兹補正。説在注。屬縣六。户萬。去洛一千七百里。元豐本有"里"字，李本、廖本亦有，劉本有小"里"字與小字擠刻，錢、張、吳、《函》本無。土地險隘。其人半楚。風俗略與荆州、沔中【郡】同⑤。

西城縣⑥　郡治。元康元年，封越騎校尉蜀郡何攀爲公國也⑦。

錫錢、《函》作"錫"。他本作"錫"。縣⑧　有錫穴⑨。依《後漢志》補。

安康縣⑩　本安陽縣，太康中改。説在注。

興晉縣⑪　晉置。當云"魏置平陽縣，晉改名"。

鄖劉、李、錢作"員"。下同。鄉縣　本名長利縣⑫。縣有鄖【鄉】關⑬。廖本注云："當作'鄖關'。見《漢書·地理志》"。

洵陽縣⑭　北山洵水所出。依《漢書》補"北山"字。

案：魏興郡與其屬縣，略依晉《太康地志》而微有不同。蓋王如敗後，東三郡曾附李雄，而雄不能有。常氏見其版籍，據以入志也。

【注釋】

①錫光事，《後漢書》附《循吏·任延傳》，作"王莽末，閉郡拒守"。"朝侯祭酒"是大將軍官屬，大朝會時爲列侯領首，司進退之儀，不常設。光武初以吳漢爲大將軍，旋進大司馬，更以杜茂爲大將軍。徵錫光還，當在茂時。

②兩漢漢中郡屬縣，惟南鄭、褒中、沔陽、成固四縣在漢沔平原，餘縣皆在平原東部之山區。爭漢中者皆重在平原，故其東部山區諸縣較寧靜，人户浸多，地漸墾闢，以至於發展成爲新郡。《寰宇記》卷百四十一《金州》引《三國志》云："建安二十年，分漢中之安陽西城（此下當有"以東"二字）爲西城郡。後地入蜀，蜀以申儀爲西城太守。後申儀降魏，魏文帝使復守之，因改爲魏興郡，移理洵口。晉太康二年，移理錫縣，今豐利界東魏興故城是也。三年，又改理平陽縣，今廢黃土縣東平陽故城是也。至元康中，又移理錫縣，今均州鄖（原譌"鄭"）鄉縣也。其封何曾（依本志，當作"攀"）爲西城侯，亦此地也。永嘉後，復移理西城故城。宋末，分魏興之永康縣置安康郡。齊不改。梁於魏興郡置北梁州，尋改爲南梁州。"今按：此所引《三國志》，指周、齊、陳三國，是第六世紀書。敍此郡沿革，翔實可信。頗用《常志》之説，而有所參竄，可互參訂。

③孟達事詳具《三國志·劉封傳》與《魏明帝紀》及裴注所引《魏略》、《三輔決録》等篇。申耽、申儀事同見。達扶風人，仕劉璋，與法正同時降於劉備。建安二十四年（219），北攻房陵，斬太守蒯祺。與劉封會攻上庸，降申耽。關羽敗，不肯救。又忿劉封侵奪，建安二十五年降魏。魏合西城、房陵、上庸爲新城郡，以達爲太守，遣軍助之襲劉封。黃初二年（221）申儀以西城叛封，封破走。達後叛魏，欲還蜀，爲司馬懿所襲，敗死。申耽，上庸土豪，漢末中原大亂，耽聚衆數千自保，附於張魯。魯敗，遣使詣漢中降曹操。操使領上庸太守。後降劉備。備使仍領上庸，更以其弟儀爲西城太守。孟達襲劉封，耽、儀并降魏。

魏方以上庸、房陵爲新城郡，改儀爲魏興太守，屯洵口。領漢中遺民。徙就居南陽。孟達敗死，儀被執入洛。時魏黃初二年、蜀章武元年（221）也。

④"蜀平，還治西城"，謂魏改新城郡，徙魏興太守屯洵口，滅蜀後，太守還治西城。舊刻"還"字作"遂"，字譌也。洵口，又稱"東魏興"，在西城東百里。今爲旬陽縣。

⑤郡境本古庸國地，庸亡，分入楚。秦惠文王十三年，"攻楚漢中，取地六百里"（《秦本紀》），即此郡地也。地屬楚久，故其民"半楚"。三國時郡屬荆州。然沔中人民徙住者亦多，風俗與土著糅合。沔中，沔、褒、鄭、成四縣之別稱，今云漢中平原。

⑥漢西城故縣，故址在今陝西省安康縣漢水北西城山下，當谷口路。後魏置金州，移治漢水南岸（據《寰宇記》）。明萬曆十一年，大水，城壞，又移回漢水北，當故城南三里許。改州名興安。明、清爲興安府治。清康熙四十五年城又圮，改築新城於舊城南三里趙臺山下，即今之安康縣治。漢水自黃金谷以下至於鄖關之間，紆迴近千里，惟此部有小河原，故歷爲漢東重鎮。沙原築城，基不堅實，故屢圮屢徙。

⑦何攀，《晉書》有傳。本書《後賢志》載其策文，有"今以魏興之西城爲攀封國"句。

⑧《漢書·地理志》"漢中郡錫縣"下云："莽曰錫治。"應劭注："音陽。"師古曰："即《春秋》所謂錫穴。"按《左傳》文十一年："潘崇復伐麇，至於錫穴。"杜預注："錫音羊。或作鍚，星歷反。"是晉時《左傳》注已有作"錫穴"者。但漢石經作"鍚"，唐、宋人遵不敢改。宋刻《漢書》用應劭與顔注，從譌耳。按《詩·韓奕》："鉤膺鏤鍚。"鄭箋："眉上曰鍚，刻金飾之。今當盧也。"許慎《說文》："鍚，馬頭飾也。"《禮·郊特牲》"朱干設鍚"，俱當説爲懸繫之銅製裝飾物。至若地名"錫穴"，則當解爲取錫礦後遺存之空穴，或仍在採錫之礦穴，如《貨殖傳》所云丹穴之義。春秋時，麇人尚在原始社會階段，可能已知採錫，不可能已經有製錫之工藝，則安能有"錫穴"之地名乎？《後漢·郡國志》漢中郡作"錫縣"，并云："有錫。春秋時曰錫穴。"《晉志》、《宋志》亦皆作

"錫縣"。足知今本《漢·地理志》與《左傳》"錫"字，皆"鍚"之譌文矣。

漢鍚縣故城在今陝西白河縣（臨湖北界）。《水經注》於"甲水（今云夾河）入漢"下云："漢水又東爲龍淵……又東逕魏興郡之鍚縣故城北，爲白石灘。縣，故《春秋》之鍚穴地也。故屬漢中，王莽之鍚治"是也。漢魏以來隷書，每訛"鍚"、"錫"二字。今本《水經注》字亦作"錫"，是鈔刻沿譌。

⑨古鍚穴，疑即《水經注》承上文所言之"鍚義山"。其文云："縣有鍚義山，方圓百里形如城。四面有門。上有石壇，長數十丈。世傳列仙所居。今有道士被髮餌术，恒數十人。山高谷深，多生薇蘅草。其草有風不偃，無風獨搖。"其山即《寰宇記》所言之"心山"也，《記》云："漢宣帝時，北平陽厥爲漢中守，經此山，有栖遯意，遂不之郡。學道感瑞，見金羊，因易爲姓。今縣界有羊氏，即厥之族也。山下多殊草，有風不偃，無風獨搖。上有石壇。"（卷百四十一"洵陽縣"。又卷百四十三《均州》引《福地志》作"天心山"。文略同。）比覈兩文，俱是一山。"鍚義"，蓋莽改"鍚治"（字譌"錫治"）之別字。"心山"，則鍚山之別音也。春秋世，其鍚已空，僅存礦穴，故曰鍚穴。漢宣帝時陽厥隱居此山，居其穴，世傳仙去。後人呼作陽厥山，或羊山，其字隨音譌作"錫"也。

⑩安康縣在兩漢爲安陽縣。《寰宇記·金州》漢陰縣云："本漢安陽縣，屬漢中郡。有安陽故城在今縣西二十四里。即今敖口東十里漢江之北故城是也。晉太康元年更名安康縣。《太康地記》及《太康志》、臧榮緒《晉書·地理志》並屬魏興郡。宇文周始從舊縣移於今所。唐至德二年改安康爲漢陰。"

按所言形勢，唐宋漢陰城在今陝西石泉縣東南之池河。漢安陽故城在今石泉縣東十里，去池河二十四里，爲漢水折南處。入楚者，自此踰山入西城谷道行也。敖口，即今石泉縣治。《水經注》"洋水入漢"下云："漢水又東歷敖頭，舊立倉儲之所。傍山通道，水陸險湊。魏興安康縣治。有戍，統領流雜。""敖"、"廒"字古通用。今石泉縣爲漢東水陸通道總匯，故古置倉官儲糧，稱爲敖頭。爲漢水糧運節點，故漢已置縣也。石泉縣，梁武帝立，舊治在今紫陽縣界之王水口。唐大曆六年併入漢陰。山郡屢亂，徙治改名，混淆錯亂。清世石泉縣，非隋唐石泉也。

⑪興晉縣治，楊守敬《晉地理圖》定在甲水中游之上津鎮（今屬湖北鄖西縣）。當是。上津河，古稱甲水。《水經注》："漢水又東，左得育溪。興晉、旬陽二縣分界於是谷。"此谷今亦爲陝西旬陽與湖北鄖西縣界，亦即省界也。又續云："漢水又東，合甲水口。水出秦嶺山，東南流……甲水又東南逕魏興郡之興晉縣南。晉武帝太康中立。"《宋書·州郡志》云："興晉令，魏立曰平陽。晉武帝太康元年更名。"應是置魏興郡時立，本曰平陽縣。晉初改名興晉。常氏以其名晉，測爲"晉置"耳。

⑫漢長利縣故城，即今鄖西縣治。《水經注》謂漢水受甲水後，又過錫縣故城北，"又東逕長利谷南。入谷有長利故城，（漢）舊縣也"。長利谷，即今之鄖西河，一曰"天河"之河谷也。《宋·州郡志·魏興郡》錫縣云："前漢長利縣屬漢中。後漢省。晉武帝太康四年復立，屬魏興。五年改長利爲錫。"又鄖鄉縣云："本錫縣，兩漢舊縣，屬漢中。後屬魏興。魏、晉世爲郡，後省。武帝太康五年，改爲鄖鄉。"蓋漢長利縣本在今鄖西，而錫縣在白河。晉改錫爲鄖鄉，而以長利爲錫。其鄖鄉縣即亦徙治長利之鄖關（今湖北鄖縣地）。鄖關，以稅關名。鄖鄉，爲鄉亭名。縣境包舉二地，故徙治而仍其稱也。其縣境內諸山饒礦產，故縣名長利。後魏立豐利郡（見《元和志》），又有錫縣。唐宋有豐利縣。皆足知此部山區之一時繁盛，爲有豐厚之礦產。其最先採冶者，則爲錫也。

⑬長利河谷雖富於礦產，而皆山地，乏於糧食。故漢世長利縣包有鄖關。鄖關，漢水入平原處，舟運之一重要節點。附近土腴多穀，足以濟礦民也。舊本作"鄖鄉"者，城爲關，地爲鄉。

⑭洵陽縣，《漢志》作旬陽云："北山，旬水所出，南入沔。"《續陝西通志稿》謂其"遺址在今兩關上之水田坪"，當是。不能是今旬口之旬陽縣。《水經注》言："旬水又東南逕旬陽縣，與柞水合。……又東南逕旬陽縣南……東南注漢，謂之旬口。"楊守敬《晉地理圖》定旬陽於旬口，誤也。《漢志》之"北山"，指旬水源之秦嶺。後世以旬陽縣北之懸書巖爲北山，亦與《漢志》不合。懸書巖在旬水中游，是故縣邑北之山非旬水所出。

八

上庸郡，故庸國，楚與巴秦所共滅者也①。秦時屬蜀②，元豐本作"屬縣"。後屬漢中③。漢末爲上庸郡④。建安二十四年，孟達、劉封征上庸。上庸太守申躭《三國志》作"耽"。稽服，遣子弟及宗族詣成都。先主拜躭征北將軍，封鄖鄉侯，仍當作"領"。郡如故⑤。黄初中，降魏。文帝拜躭懷集將軍，徙居南陽。錢寫本此下有一"帝"字。省上庸，并新城。孟達誅後，復爲郡⑥。屬縣五。户七千。去洛一千七百里。

上庸縣⑦　郡治。

北巫縣⑧　安樂鄉，劉、李本作"鄉"。他各本皆作"縣"，并作郡屬縣款式，提行或空格。成六縣。當非。咸熙元年爲公國，封劉後主也⑨。廖本此下注云："按：當有誤也。上文言屬縣五，而今有六縣，或不數公國耳。但考《晉書·地理志》幽州燕國有'安樂（國相。蜀主劉禪封此縣公）'，明不得屬上庸。此之云然，所未詳矣。"廖刻不考版本，未見劉本與《函海》注，自迷惘。

武陵縣⑩

安富縣⑪

微陽縣⑫

案：上庸郡與其屬縣，常璩未得其地理與民物情俗。兹略考訂、補充。

【注釋】

①《左傳》文十六年事，已詳《巴志》4章之注①。

②蜀於周安王十五年取秦南鄭。其後十年，蜀伐楚，"取茲方"。謂取沔東地，已近上庸不遠矣。又後六十一年，秦伐蜀滅之（并詳本卷1章之注③）。故

蜀之佔領兹方在公元前387—前316年，大約半個世紀以上。《呂氏春秋》言"晉文公西伐巴蜀"，又言"吳闔閭選多力者五百人，利趾者三千，東征至于庳廬，西伐至于巴蜀"。似春秋世蜀國略地亦曾至此。否則晉文與吳軍雖能越人之國遠征，亦不可能深達蜀境。此或文士信口之言，史無實證。

③秦定天下，置三十六郡。漢中郡九縣爲西城、旬陽、南鄭、襃中、房陵、安陽、成固、沔陽、錫縣，無上庸。知其然者，《漢志》例以舊縣先列，武陵、上庸、長利三縣列最後，故知是漢新置也。未置縣前，其地當屬房陵。秦罪人多流放房陵。秦滅趙，徙其王族於房陵，嫪毐、呂不韋舍人輕罪者亦皆徙家房陵。其時房陵爲漢中郡人口最稀之一縣，轄地廣而貧瘠故也。

④建安二十年，曹操取漢中，張魯降。時申耽據上庸，遣使至漢中降。操因其據地爲上庸郡，以耽爲太守（即今堵水流域之地）。又於錫縣置都尉，領西城郡諸縣。《三國志》卷四十裴注引《魏略》云："申儀兄名耽，字義舉。初在西平（當是"西城"字譌）上庸間，聚衆數千家，後與張魯通，又遣使詣曹公，曹公加其號爲將軍，因使領上庸都尉。"似曹操雖分西城置上庸郡，二郡皆衹置都尉，不置太守。

⑤建安二十四年（219），劉備取漢中，申耽降。《三國志·劉封傳》云："命達從秭歸北攻房陵，房陵太守蒯祺爲達兵所害。達將進攻上庸，先主陰恐達難獨任，乃遣封乘沔水下，統達軍，與達會上庸。上庸太守申耽舉衆降，遣妻子及宗族詣成都。先主加耽征北將軍，領上庸太守，員（鄖）鄉侯如故。以耽弟儀爲建信將軍、西城太守。"

⑥建安二十五年，孟達與劉封忿爭不和，率所領降魏。時魏文帝丕方受禪，改元黃初，以達爲散騎常侍、建武將軍，封平陽亭侯。合房陵、上庸、西城三郡爲新城郡，以達爲太守。使與征南將軍夏侯尚、右將軍徐晃，擊劉封於上庸。申儀以西城降魏，封敗還成都。魏復以錫縣都尉爲魏興郡，以儀爲太守。僅合上庸、房陵爲新城郡。至魏明帝太和二年（228），孟達叛平，乃復爲上庸郡，領五縣也。

⑦漢上庸縣故城，在今湖北竹山縣東南方城山下。其後屢遷，要不離竹水左

右。《元和志》云："後魏改置竹山縣。"

方城山，《元和志》云："在（竹山）縣東南三十里。頂上平坦，四面險固。山南有城，周十餘里。"（《括地志》作"長十餘里"。）按《左傳》僖四年，楚屈完對齊桓公："君若以力，楚國方城以爲城，漢水以爲池，雖衆無所用之。"《秦本紀》昭王八年："使將軍芈戎攻楚，取新市。齊使章子、魏使公孫喜、韓使暴鳶共攻楚方城，取唐眛。"皆即此方城山也。

⑧《三國志·魏明帝紀》太和二年："分新城之上庸、武陵、巫縣爲上庸郡。"本書與《晉志》、《宋志》、《齊志》皆作"北巫縣"。應是魏原立巫縣於上庸郡，以招巫之流民，晉統一後遂爲縣，改名北巫也。

北巫故城，楊守敬《晉地理圖》定在竹山縣西南之渚水上游，未確指今地名。按渚水上游有洪坪河，發源於巫縣北界。有地名洪坪堡，《一統志》云："在竹山縣南九十里，歧路四通。明弘治中建堡。"又洪坪北二十里有地曰"白河口"，距今竹山城約百里，古北巫縣治疑不出此二地。其縣僅六朝時存，隋以後即不復見。足知因其山地可墾，六朝亂離，避地之民居之，一時爲賦稅較多之區，從而設縣。世道平，則棄去者多，地復荒曠也。

⑨此常璩採祝龜之妄説也。劉禪舉國降，晉武帝待之甚厚，其封國在幽州，《晉志》甚明，何能在房庸山邑前世流放罪人之處？且此郡五縣，《晉志》、《宋志》、《齊志》并見，絶無安樂之縣，晉之公國，必以縣封，何能以屬鄉之名加於公國？其爲龜之妄説，與西鄉爲戚夫人家同也。

⑩《寰宇記》卷百四十三《房州》竹山縣云："廢上庸縣，在（房）州西二百五十里，本漢上庸縣。古上庸城，在縣東四十里，武陵故城是也。後漢省，曹魏更立，屬新城郡。明帝改屬上庸郡。"（敍建置沿革至隋開皇三年，未言所據何書，疑是《周地圖記》，即武則天時之圖經也。）據此，則漢武陵縣故城在今竹山縣内，與今縣治相去祇四十里。蕭齊改名武陽，梁改新豐，又改武陵，後魏改名京川，又改名孔陽，唐以來皆併入竹山縣。楊守敬《晉地理圖》定於今竹谿縣東，則當是指今之水坪。

⑪安富縣，《晉志》、《宋志》并有，他地理書無所見。楊守敬圖定在竹山縣

東北陡河（堵水）東側，相當于今化口、桃坪、岳州關之間。就地理形勢言，宜在桃坪附近。

⑫微陽縣，《楊圖》定於上庸（竹山）東北，錫縣（白河）之南，堵水岸。應即指今之黃龍鎮。黃龍鎮位虎尾河會口之東北，爲堵河水運之節點。虎尾河即古之微水。微與尾同音，古亦義通。蓋即《牧誓》之微國，水因以爲名。

九

　　新城郡，本漢中房陵縣也。秦始皇徙呂不韋舍人萬家於房陵，以其隘地也。漢時宗族、大臣有罪，亦多徙此縣①。漢末，以爲房陵郡。建安二十四年，孟達征房陵，煞錢、《函》本作"煞"，他本作"殺"。太守蒯祺②，進平三郡。與劉封不和，封奪達鼓吹。關羽圍樊城，求助於封、達。封、達以新據山郡，未可擾動爲辭。羽爲吳所破殺。達既忿封，又懼先主見責，遂拜書先主告叛，降魏。魏文帝善達姿才容觀，以爲散騎常侍、建武將軍，使襲劉封。封敗走，達據房陵。文帝合三郡爲新城郡，以達爲太守。【後】蜀丞相諸葛亮將北伐，招達爲外援，故貽書曰："嗟乎，孟子度！邇者，劉封侵凌足下，以傷先帝待士之望。慨然永嘆，每存足下吳、何、王本皆誤作"天下"。平素之志，豈虛託名載策者哉③！"都護李嚴亦與書曰："吾與孔明，并受遺詔，思得良伴④。"吳王孫權亦招之。達遂背魏，通吳、蜀。表請馬、弩於文帝，撫軍司馬宣王以爲不可許。帝曰："吾爲天下主，義不先負人。當使吳、蜀知吾心。"乃多與之，過其所求。明帝太和初，達叛魏歸蜀。時宣王屯宛，知其情，乃以書喻之曰："將軍昔棄劉備，託身國家。國家委將軍以疆埸音邑。錢、《函》本從易。他各本作"場"，從易。之任，任將軍以廖本刪此"以"字。圖蜀之事，可謂心貫白日。蜀人愚智莫不切齒於將軍。諸葛亮欲相破，惟苦劉、錢本作"恐"。無路耳。模之所言，宋槧舊注云："郭模，亮遣詐降洩孟達謀者。"非小事也，亮豈輕之而令宣露，此殆易知耳。"達【乃】以書與亮曰："宛去洛八百，去此千二百里，聞吾舉事，當表上天子。比相反覆，一月間也；則吾城已固，諸軍廖本誤作"將軍"。足辨。【則】李本無。吾所在深險，司馬公必不自來。諸將來，吾無患矣。"及兵到，達又告亮曰："吾起事八日，而兵至城下，何其神速也！"亮以其數反覆，亦不捄。遂爲宣王所誅滅⑤。宣王分爲三郡。新城屬縣四，户二萬。去洛一千六百里。

房陵縣⑥ 郡治。舊各本無此二字。廖本有。有維山，維水所出，東入【瀘】沔。此下，宋槧已有小注云："'瀘'字疑誤。當作'漢'。"張、吴、何、王本又有加注云："又按《巴漢志》新城郡有維水所出，亦云入瀘。"蓋張佳胤所注。廖本于舊校下云："今按：當依《漢書·地理志》，作'東至中廬入沔'。又《水經·沔水篇》云：'又東過中廬縣東，維水自房陵縣維山東流注之。'亦其明證。舊校非也。"今按：常氏亦用《漢志》爲文，非有他據，則依《漢志》正爲入沔可也。固不當取"中廬"字。筑水，北入沔⑦。依《漢志》補。

沶鄉縣⑧ 劉李本作"沴鄉"。錢、《函》本作"沂鄉"。他各本作"沶"。

昌魏縣⑨

綏陽縣⑩ 劉、李、錢、《函》本作"綏陽"。張、吴、何、王、浙本作"緩陽"。廖本作"綏陽"。兹依《晉志》、《宋志》、《齊志》定。

案：房陵郡爲東三郡之最接近於襄樊平原者，屬穀城南河之上中游地區。雖仍山地，山不甚高，河谷較爲寬敞，故置縣獨早。顧對蜀言，則最偏遠。常氏所得資料尤少，但依《三國志》與晉人記載，以孟達事填實之。對其屬縣無所論述，亦如上庸。

【注釋】

①"隘地"，謂貧瘠險塞，經濟文化并皆落後之地。《説文》："隘，陋也。"《論語》："子欲居九夷。或曰陋，如之何。"故文士謂少數民族居住之落後地區爲"隘地"。秦漢房陵縣，包有今之房、竹山、竹谿三縣地區。在周爲庸國。秦漢號爲"半楚"，六朝時爲"巴郡南郡蠻"屢叛亂地，足知中原人居留此地者少。故曰"隘地"。秦滅趙，徙其王族於此。後徙嫪、韋輊罪舍人之家，均見《史記》。徙罪人，即流刑之義也。

②《劉封傳》："房陵太守蒯祺爲達兵所害。"謂非劉備意，亦非戰鬥中死，但爲亂兵所殺。蒯祺何如人，他無所見。按《魏略》，知申躭在上庸，即是聚衆自擅於一縣之地，遣使降曹操於漢中，操因假以太守。疑蒯祺亦是聚衆自擅，與申躭同降操作太守者，又同降於孟達，實未抵抗，祇以觸怒達之將士被殺。

③亮與達書全文載陳壽所輯《諸葛氏集》第十六篇（見《三國志》），此僅其節句。"每存"之"存"，作存想、存念解。"豈虛託名載册"，謂必圖以實際行動立功勳。

④李嚴與達書，出《陳志·李嚴傳》。

⑤以上述孟達覆敗事，雜取《魏略》、《晉紀》、《三輔決錄》、《漢晉春秋》等書爲之。其稱司馬懿爲宣王者，陳壽、干寶、魚豢、習鑿齒等皆晉人故也。

《晉書·宣帝紀》："上庸城三面阻水，達於城外爲木柵以自固。帝渡水，破其柵，直造城下。八面攻之，旬有六日，達甥鄧賢、將李輔等開門出降。斬達，傳首京師。"是新城郡治不在房陵而在上庸，故爲達所守也。常氏此文當繫在上庸郡，其繫於房陵亦誤也。

⑥房陵故城，即今湖北省房縣治。縣西南有房山。《元和志》云："在縣西南四十三里（《寰宇記》作"縣西南四十里"）。其山西南，有石室似房，因以爲名。"又《房州》云："古麋國之地，《左傳》（文十一年）曰：'楚子伐麋，成大心敗麋師于防渚。'闞駰以爲房陵即春秋之防渚，州之得名自此也。"《寰宇記》并謂"初爲防字，《後漢》改爲房"。今按：房與防，音義本通。但《漢志》已作"房陵"，非《後漢》改也。

⑦《漢志》房陵縣云："淮山，淮水所出，東至中盧入沔。又有筑水東至筑陽，亦入沔。東山，沮水所出，東至郢入江，行七百里。"今按：《漢志》淮山淮水，字皆當作"維"。《後漢·郡國志》、《水經注》、《漢中記》與本書并作"維"。維水，即今南漳、宜城兩縣間之"蠻河"，源出於保康縣之康郎山，即維山也。保康東界連山三十六峰，俗稱三十六榜，康狼爲其一榜。列峰相維，故曰"維山"也。本曰"夷水"。《水經注》云："桓溫父名彝，改曰蠻水。"今云清源河。至武安堰西，與南漳河會。南漳河，即《水經注》之沶水。沶口以下乃稱蠻

河,流經"蠻城"又三十里至宜城入沔。《水經注》以爲,"《春秋》莫敖自羅敗退,及鄢,亂次以濟其水",即此河也。此帶平衍,農田資其灌溉,楚故都鄢邑即在其所。故《漢志》首稱之。

《漢志》所云筑水,即今穀城縣之"南河"。《水經注》云:"出梁州新城郡魏昌縣界(當作"昌魏縣")。……東南流逕筑陽縣。"筑陽即今穀城縣也。此乃房陵縣之主流,《常志》未錄,而舉維水,維水在魏晉應是沶鄉縣内之河,漢房陵縣當包有之。晉房陵縣或仍有其上游之一段,不得爲主要河。故當補"筑水"等五字。

《漢志》沮水,即安遠河,今猶有沮水之稱,亦當不在晉房陵縣界内。

⑧《晉志》新城郡有沶鄉縣。《宋志》、《齊志》皆作"祁鄉"。《宋志》云:"祁鄉令,《何志》魏立。晉《太康地志》作沶,音祁。"示字,古音原同於神祇之祇。越巂郡蘇祇縣,一作蘇示。《周禮·大宗伯》"掌天神、人鬼、地示",即地祇之別寫也。沶鄉縣治,當在沶水上游,爲今南漳縣地。《楊守敬圖》定在今南漳縣治西,然則是今黃潭洲或長坪處也。

⑨昌魏,《晉志》、《宋志》、《齊志》俱有。《宋志》云"魏立"。《水經注》倒作"魏昌"。其筑水云:"出梁州新城郡魏昌縣界,縣以黄初中分房陵立。"《楊圖》定在今房縣南漳河與大黄溝之間。疑即今苦水河入筑水處之籔箕街(博濟街)處。自此以下,保康縣西境之筑水流域,皆晉昌魏縣地也。

⑩綏陽縣,《晉志》、《宋志》、《齊志》俱有。《宋志》云:"綏陽令,魏立,後改爲秭歸,晉武帝太康二年復改爲綏陽。"今按:曹魏時,秭歸縣屬吳建平郡,與房陵隔大山(大神農架與康狼山十三榜接成大分水嶺)。魏改綏陽爲秭歸者,蓋亦如北巫稱巫縣,因二縣民流至,即用其縣名以招續來者,爲其後僑縣之嚆矢。即此,亦可知綏陽故治在秭歸縣北不遠。《楊圖》定在今興山縣西北香溪西源上。疑即是"小當陽"處。興山,在漢爲當陽縣,屬南郡。在秭歸縣北,轄地東包長坂,西竟香溪上游,南與秭歸以建陽峽爲界。凡地名對稱大小者,皆緣舊曾同名,出於縣治轉徙者爲多。故疑小當陽舊曾爲縣治,或即爲"綏陽"轉譌。《一統志》卷二七三:"南陽河,在興山縣西北,發源於當陽村(即小

當陽），東流，會深渡河，繞（興山）縣城，南流入香溪。"今云香溪，魏晉或作"綏溪"。由其西源在晉世有綏陽縣，足知其水名綏矣。

劉、李、錢、《函》四本，皆用李至嘉泰刻本，其字作"綏陽"者，蓋亦有所據。《舊唐書·地埋志》房州有受陽縣。武德元年置，七年廢。《一統志》謂其故城"在保康縣西南一百五十里，接房縣界，今名受陽坪"。方位道里，俱與小當陽無大出入。蓋隋唐人傳此縣爲"綏陽"字，曾復立縣。由傳鈔本書者字作"綏陽"，即宋槧所據本。然是譌字，究當依《晉志》、《宋志》作"綏陽"。

十

右三郡，漢中所所分也。在漢【中】"中"字各本無。之東，故蜀漢謂之"東三郡"①。蜀時爲魏，屬荆州。晉元康六年，始還梁州②。山水艱阻，有黄金、子午，馬【聰】駿李本與《函海》本作"駿"。他各本作"聰"。顧祖禹引《元和志》亦作"駿"。今本《元和志》、《寰宇記》并作"鬣"。益足知舊本"聰"字是音訛。建鼓之阻③。又有作道，九君搏土作人處④。而其記及，《漢中記》不載⑤。又不爲李雄所據。璩識其大梗概，未能詳其小委曲也。

案：上九十一字，爲東三郡作一小結，爲梁、益、寧三州其他各郡所無。此而特有者，似由其入晉後，有人詰問何爲收入楚地？故既删削《巴志》之建平郡，又加此文於東三郡後，以明此是晉梁州地，非荆州，當收入也。（若建平郡，則晉屬荆州，故削之。）故言稱"李雄"，而重言"元康六年還梁州"，又補述晉人所稱險阻也。

【注釋】

①此"蜀、漢"謂蜀人與漢中人。三郡在其極東，深達荆州，故特稱東三郡。下"蜀時"字，乃指蜀漢時。

②三國時，蜀、魏、吴皆分有荆州。蜀先主伐吴敗還，其荆州地轉入於吴。魏則於曹操南征降劉琮時，立荆州於襄陽，《水經注》"建安十三年（208）魏武平荆州，分南郡立襄陽郡，荆州刺史治"是也。關羽奪襄陽（219），魏荆州徙治南陽之宛，司馬懿爲荆州刺史治宛是也。東三郡當關羽敗没時仍爲蜀守，旋爲魏得，故屬魏之荆州，與吴屬之荆州南北并立。晉武帝平吴（265）後，合南北荆州爲一。其時已置梁州，此三郡仍屬荆州。至惠帝元康六年（296），關中爲齊萬

年所據，流民大入漢川與此三郡，乃以此三郡併入梁州，以便管理。李雄據蜀，棄漢中。此三郡在王如之亂時，流民更東入荆州。僑州僑郡紛起，荆、梁之界亦淆亂矣。

　　③黃金谷，在今陝西洋縣東八十五里，漢水北岸。有黃金水，自秦嶺山中佛坪故縣（舊佛坪縣治，在太白山南，屬湑水上游，爲儻駱道中權）南來。北連儻駱道，東扼子午道，故爲漢東鎖鑰。晉時置黃金縣於谷口，今云金水鎮是也。《水經注》："漢水又東逕小大黃金南。山有黃金峭，水北對黃金谷。有黃金戍，傍山依峭，險折七里。氐（羌）掠漢中，（晉人）阻此爲戍，與鐵城相對。一城在山上，容百餘人。一城在山下，可置百許人。言其險峻，故以金鐵製名矣。"又謂："《漢中記》曰：'自西城涉黃金峭、寒泉嶺、陽都坂，峻崿百重，絶壁萬尋。既造其峰，謂已踰嵩岱。復瞻前嶺，又倍過之。'言陟羊腸，超煙雲之際，顧看向途，杳然有不測之險。'山豐野牛野羊，騰巖越嶺，馳走若飛。觸突樹木，十圍皆倒。'山殫艮阻，地窮坎勢矣。"今按：漢中之核心爲南鄭。其與長安交通之路，秦以前皆西出沮峽（陽平白馬），依故道水，踰大散關，至寶雞入渭水平原。秦、楚、蜀、巴爭漢中時，新開取捷山道。自褒中入連雲棧，溯褒水源（今太白縣），踰秦嶺，循斜谷至郿縣，爲褒斜道，一曰北棧道。其後，又自洋縣之儻水谷入山，層層緣嶺，經華陽鎮、舊佛坪，踰秦嶺，由厚畛子循駱谷下至周至（盩厔），爲儻駱道。又後自黃金戍而東，入長安河（子午河）過寧陝縣，由火地塘踰山入旬陽灞、東江口（并屬旬水河上游），乃踰秦嶺，循子午河直至長安，爲子午道。南北皆有子午河與子午鎮，王莽所開也（見《王莽傳》）。是爲南鄭入關中之三道。其自西城入長安者，惟東沿漢中至襄陽，轉南陽入洛陽，再入關中，爲最平易，然最紆遠。亦有三捷道赴長安：東自旬陽溯乾佑河經鎮安、柞水踰秦嶺，至藍田關入，爲東路；北閱溪陰、石泉、寧陝，依子午谷直抵長安，爲中路；西自黃金戍入谷，經佛坪（本袁家莊）出駱谷，爲西路（西路與中路今皆已築成公路）。《酈注》所引《漢中記》云"自西城涉黃金峭"，則是東三郡人赴隴西者語。

　　蜀漢備魏之險要，首稱黃金、興勢。東晉備北敵之險要，首稱黃金、子午。

《常志》於此始補言黃金、子午，故知其爲人東晉後補記矣。

　　黃金、子午，喻道之險。馬騣、建鼓，言山之高。建鼓、馬騣相連，爲大巴山脉入楚界之最高處，海拔皆三千公尺左右，上庸、房陵皆可望見，俗稱"大神農架"。其尾結於荆山，盡於武當，爲鄂西一大分水綫。《元和志》房陵縣云："建彭山，在縣南百一十三里，與馬鬣山連接。二山并高峻，冬夏積雪。"《寰宇記》房陵縣云："建鼓山，袁山松《（宜都）記》云：'登句將山，見馬鬣、建鼓，巍然半天。'《華陽國志》言此即山水之艱，'有馬鬣、建鼓之險'。"今按：馬騣謂自大神農架至康郎山，山峰駢列同偏如馬鬣也。

　　④"作道九君搏土爲人"，古籍未見有此神話，當是楚中民間有此傳説。今蜀人之先世從湖廣來者，亦傳有"伏羲姊妹捏土成人"之説，不知所自始。

　　⑤如前西鄉縣所引《水經注》引《漢中記》文，謂漢高帝戚夫人生於此鄉，誕妄似祝龜之説。然本書言龜撰《漢中耆舊》未言有《漢中記》。祝龜後，有巴西譙周撰有《巴記》、《蜀記》、《南中記》，其居與漢中接，疑亦當有《漢中記》，即常璩所稱之《漢中記》也。周自必採用祝龜之言。又其後庾仲雍亦有《漢中記》，多爲《酈注》所採，未知常氏見之否。按所記黃金道文，應是庾之文也。

　　常氏此云"其記"，似《漢中記》外尚有專記東三郡之書，抑或是《楚記》或《荆州記》。《楚記》疑亦譙周所撰，《荆州記》庾仲雍、盛弘之并有。東三郡原是楚地，《禹貢》爲荆州，兩書並當載此三郡，亦皆未有"作道九君"故事，故常璩如此言之耶（扶徐著名《楚記》，説在《巴志》）？

十一

梓【橦】潼廖本作"橦"。下同。郡，本廣漢屬縣也①。建安十八年，劉先主自葭萌南攻州牧劉璋，留中郎將南郡霍峻守葭萌城。張魯遣將楊帛誘峻，求共城守。峻曰："小人頭可得，城不可得也。"帛退，劉璋將向存、扶禁由巴閬水攻峻。歲餘，不能克。峻衆才八百人。存衆萬計，更爲峻所破敗，退走。成都既定，先主嘉峻功，此下，劉本提行，錢、《函》、廖本空格，句猶未結。茲連寫。二十二張、吳、何、王本作"二十三"。應譌。年，分廣漢置梓潼郡，以峻爲太守②。屬縣六。廖本注云："當作'五'。"戶萬。去洛二千八百三十八里。東接巴西，南接廣漢，西接陰平，北接漢中。土地出金、銀、丹、漆、藥、蜜也。世有雋劉、錢本作"儁"。彥，人侔於巴蜀。

梓【橦】潼縣③ 郡治。有五婦山，故蜀五丁士所拽虵崩山處也④。有善板祠，一曰惡子。民歲上雷杼錢寫作"杵"。十枚。元豐本作"枝"。錢寫作"牧"。歲盡，不復見，云雷取去⑤。四姓，文、景、雍、鄧者也⑥。此下錢寫本有單行小字云："一本作'梓'"。劉、李本同有，字作"涬"。應是李㴾注。錢寫誤。《函海》注云："梓潼，一本作'梓'，劉、李本作'涬'。"廖本注："舊校云，一本作'梓橦'。按當作'潼'。"張、吳、何、王、浙本無注。

涪縣 去成都三百五十里。水通於巴，劉、李本此下衍"蜀"字。【於】爲錢、《函》、廖本作"於"。劉、張、吳、何、王本作"爲"。蜀【爲】廖本此下有"爲"字。東北之要。蜀時，大將軍鎮之⑦。有【岩】宕田、【本】平稻田⑧。廖本作"岩田本稻田"大謬，據錢本等改。屖水，出屖山。其源【出】有據錢本等改。金、銀鑛，洗取，火融合之，爲金銀⑨。陽泉，出石丹，大司馬蔣琬葬此⑩。大姓楊、杜、李。人士多見《耆舊傳》也⑪。元豐本、廖本有

"傳"字。他各本無。當有。"也"字當衍。

晉壽縣 本葭萌城。劉氏更曰漢壽⑫。水通於巴西，又入漢川⑬。有金銀鑛，民今此下錢寫本有一空位，如有闕字。他各本連。歲歲取洗原倒作"洗取"。之⑭。蜀亦大將軍鎮之。漆、藥、蜜所出也⑮。大將軍費禕葬【此】北山。舊各本皆作"此山"。兹改正。大姓葬此者多⑯。

白水縣⑰ 有關尉，故州牧劉錢、廖、劉本有"劉"字。他各本無。璋將楊懷、高沛守也⑱。

昭歡縣⑲ 舊各本作"廣漢縣"。查本書《蜀志》自有廣漢郡與廣漢縣。本郡序亦云"分廣漢置"與"南接廣漢"，則不得自有廣漢縣明矣。廖本徑行删去作五縣，亦不合。今考《晉志》、《宋志》晉壽郡皆有邵歡縣。沈云："疑是蜀立，曰昭歡，晉改也。"兹依吳增僅《三國郡縣表》改爲昭歡縣。（説詳注⑲。）

漢德縣⑳ 舊各本皆作"德陽縣"。顧廣圻校稿云："必漢德一縣誤分。"廖本徑改作"漢德縣"，并注云："舊作'廣漢縣，德陽縣'。今删正。漢德縣，沈約以爲'疑劉氏所立'。廣漢郡之廣漢縣、德陽縣，自在《蜀志》中，不得屬梓潼也。"查《晉書·地理志》明言"劉備據蜀，又分廣漢之葭萌、涪城、梓潼、白水四縣，改葭萌曰'漢壽'，又立漢德縣，以爲梓潼郡"。則此爲漢德縣明矣。 有劍閣道三十里，至險㉑。有閣尉㉒，領桑下兵民也。廖本此下注云："當有誤。"今按：非有誤。閣尉所領衹桑下兵民也。又，張、吳、何、王本，各縣文皆連繕，惟縣名上空格。獨此"德陽縣"與"有劍閣"間有空位，蓋作爲一縣名也。顧廣圻校稿云："依《晉志》，有劍閣縣，桓温所置。此不得有。"廖本所注"有誤"，似即指此。

案：梓潼郡與其屬縣，舊刻遺留問題特多。蓋亦緣常氏所得實地調查之資料少，言之未免惝恍，須待闡釋之處多矣。

【注釋】

①《漢書·地理志》廣漢郡十三縣，首梓潼，次什方、涪、雒、緜竹、廣漢、葭萌、郪、新都，皆秦舊縣。又次甸氏道、白水、剛氏道、陰平道。其中五

185

縣在成都平原。涪、𨚲、廣漢、梓潼四縣屬涪江平流部分，有沿河平原與淺丘陵農耕地。葭萌、白水二縣，則屬於西漢水上游山谷地區，但以扼交通要道見重，風俗、產業均與漢中及巴西相似。三道，則屬隴南氐羌民族地區，皆漢武帝時新開。地理既頗複雜，郡守駐地亦屢變。大抵最初駐梓潼，後漢徙治涪。漢末，曾治雒。魏晉間，亦曾治廣漢與葭萌。劉備分廣漢置梓潼郡，太守初治梓潼，後亦徙治葭萌。皆由地形分散，無所爲重心故也。

②此節全據《三國志·霍峻傳》，微變其文，可互參。《水經注·梓潼水》云："故廣漢郡，公孫述改爲梓潼郡。劉備嘉霍峻守葭萌之功，又分廣漢以北別爲梓潼郡。"謂公孫述改此郡名，未知何據。

③梓潼縣城，古今位置未變。有梓潼河，源出江油之馬閣壩，經梓潼、鹽亭二縣至射洪縣入涪江。《漢志》謂之"馳水"（虵水），應劭曰"潼水"。後世遂謂涪江爲梓水，以爲郡縣并因二水爲名。茲考爲不然。"梓潼"蓋蜀人土語，爲一民族部落名稱，亦如苴、𨚲、丹犁之類。秦因其國爲縣，作字無定。故歷世地理書作"梓"、"浑"、"子"不一，作"橦"、"潼"、"同"亦不一。"王莽曰子同"（《漢志》），足知其爲錄音字。浑水、潼水，皆緣音爲字所傅會也。其水不大，無舟楫之利，亦無大平原腴土，沿流皆紅土丘陵，與𨚲王之國同。雖當劍閣大道，亦非重要節點，無奇險關隘，而從來著名，至成郡名郡治。故雖無文獻依據，亦可推斷如此。

④五婦山，《蜀志》云"五婦冢"。《漢志》云："五婦山，馳水所出，南入涪，行五百五十里。"足知五婦故事製造甚早，別詳《蜀志》3 章之注⑬。其山，在今馬閣壩附近。"馳水"，當作"虵水"。"虵"今"蛇"字，"也"字古文作"它"，即蛇之義，隸變作"也"，故"虵"、"蛇"爲一字異書。其水宛曲流行於紫土丘陵間，酷似蛇行，故稱"蛇水"。《漢志》雖作"馳"，仍當讀如它（tā）。虵喻其行狀，馳喻其疾速，要之取蛇之義。蓋梓潼人傳說山蛇出走而成此水也。

⑤善板祠，即今梓潼縣北十八里七曲山之文昌帝君廟。今俗傳其神名張亞子，晉越嶲郡人，爲司祿命之神。科舉時代，儒士皆尊奉之，爲蜀地若干迷信中

心之一。按常氏説，蓋上古蜀人相傳之雷神，其廟不始於晉世。疑梓潼，即蜀人古語雷電之義。或周秦時此間民族以雷電自喻，後世因之有此雷神之廟也。惡與亞古同音。故造文昌説者，諱"惡"爲"亞"。文昌神像，一般塑爲緑袍烏紗文雅相，亦有塑作青臉紅髯兇惡相者，謂爲文昌之"法身"，蓋猶存"惡子"遺義。（造文昌説者，亦言其爲母報仇，殺人亡命，來於此。）

雷杼者，俗傳雷神殛人之武器，兩端尖滑如織具之杼，一云雷公石斧。蓋原始人類之石器遺存於今者。昔人見其工緻而不識其用，以爲雷杼也。《舊唐書・高宗紀》云，荆楚刺史崔侁，獻定國寶玉十三枚。其十二曰："雷公石斧，長四寸，闊二寸，無孔。細緻如青玉。"宋沈括《夢溪筆談》："世人有得雷斧、雷楔者，云雷神所墜。多於雷震之下得之。"此云雷杼，故知其爲雷神也。"民歲上十枚"者，其仿製品。歲歲獻之，樵牧信手抛失，故"歲盡不復見"爾。（青玉即碧石，蜀地多有，仿製石器不難。）

雷神祠而曰"善板"者，板，籍也。謂奉祀者著善籍，雷神所護，故俗祠之。後人遂因善籍轉爲司禄命之神也。

⑥"四姓"，與大姓微有區别。封建政權初建，西南郡縣官皆倚氏族領袖人物推行政令，稱爲"大姓"。大姓有由原始社會的氏族組織發展成者，如上篇之巴夷七姓是也；有由仕宦至大官，得其族戚依附，從而組織成地方勢力之宗族集團者，如安漢之范氏、陳氏，漢昌句氏，朐忍扶氏是也。大姓亦有興滅與盛衰。其首領或泄沓無能，不爲官府所倚任。封建政權既穩定後，官府每樂於利用小姓首領之有才能者，任以鄉、亭徵調之事，比於曩之大姓首領。每縣例分東、西、南、北四里，任用如此者四人，稱爲"四姓"。四姓固以大姓人物爲多，而不必皆爲大姓。縣境或寬廣有五六鄉，或狹窄衹二三鄉，其親近官府，世掌一方實權之族姓，亦皆稱爲"四姓"。此魏晉蜀地之俗稱，亦本書之通例也。迨封建政權成熟，官吏不須假手於氏族首領以推行政務時，大姓、四姓之稱亦俱消滅。唐宋以來，姓氏、譜牒之風雖亦存在，官府所重衹在於個體之紳耆，不重姓氏之集體矣。

按《士女目録》梓潼縣人有文姓四，李、景各二，楊、寇各一人。雍、鄧無見。而此四姓惟"文、景、雍、鄧"，足知大姓與四姓之所爲不同矣。

⑦秦漢涪縣故城，即今之綿陽縣治。涪江至此形成一大沖積平原，農田之美，比於成都。東阻涪水，西阻鹿頭關，爲成都東北一奧區。陸路踰涪水，經梓潼、劍閣，入陝，爲從古蜀通中原之大道。沿涪水，舟運通於三巴荆楚。往時自江嶺入蜀者，必自巴郡轉涪（内水），至此，陸行向成都。故曰"蜀東、北之要"。蜀漢時，丞相諸葛亮長駐漢中，大將軍蔣琬常駐此城，皆以便於圖魏也。

⑧宕田，謂紫土丘陵中之農田。平稻田，謂沖積平原上之水稻田。宕田有水者能種水稻，一般祇種旱糧，生產遜於平稻田而費力多。然地面廣闊，足以容納多量農民。涪地具此兩種田，言其農業發展已經深入山地矣。其稱云"宕田"者，寶人謂崖間石穴爲宕，故其郡縣稱宕渠。宕渠諸山皆作重疊臺階狀，能層層建成梯田，寶人在此基礎上發展成爲巴西之特殊耕作方式，以利用山原之紫土（軟頁岩風化之紅色黏土），提高土地生產力。蜀地農民惟善利用水力，經營沖積平原，初不能利用山地，悉以委爲森林。惟廣漢郡與巴西接，地質相同，人口既密後，亦學寶民利用山地。故稱此種山田爲"宕田"也。魏晉間，成都平原士人初知宕田，而異之，故於此與平稻田比提也。

⑨《漢志》涪縣"有潺亭"。謂縣西北有亭長轄區，在潺水旁，以富庶著稱，故特舉之。漢之鄉與亭，有如宋明之場與鎮。後人乃於鹿頭山大道側造亭，指爲潺亭古迹，是大謬矣。漢潺亭轄區，即今安縣地。平原與涪城平原略銜接。潺水，即今安昌河。潺山，即安縣西北界之大山，富有金礦，故所流出之潺水產金。後周置金山縣，唐、宋爲龍安縣，元爲安州，明清迄今爲安縣。在漢世則涪縣地也。《水經注·涪水》涪縣下云："縣有潺水，出潺山。水源有金銀鑛。洗取，火合之以成金銀。潺水歷潺亭而下注涪水。"《元和志·綿州》龍安縣云："金山在縣東五十步。每夏雨奔注，崩頹之所，則金粟散出，大者如碁子。"此以潺水之岸丘爲金山也。《寰宇記》龍安縣云："本漢涪縣地。後周爲金山縣。唐武德元年改爲龍安縣，因界內龍安山爲名。"所云龍安山，即潺山也。今按：周、隋、唐時潺亭地區金礦最旺，一時人户密接，增置爲三縣（龍安、益昌、神泉），皆由六朝亂離時避世者多來於此，礦冶業大興，亦足以養其民人故也。入

宋礦衰，縣亦漸併。《寰宇記》已不言產金矣。

凡產金之山，岩石風化崩解，金塊金屑隨水流積沉於平流處之河砂中。人掘砂沖洗，土砂流去，金重沉留，故曰洗取。川西北諸山竟康藏高原，凡有白石英處，無不產金，金屑即包在白石英中。故凡漂有白石英礫之河沙中，亦無不可以淘金。近世如漳臘，如二楷，如色耳巴，如窪里，如理塘，金粒大者每重數兩。細如麪粉者，人不屑取矣。潺水之淘金，徒以近蜀，人得早發現耳。潺，弱不勝物之義也。金重，水不能運，故稱潺（"潺"同）水。由其命名，已示產金之義也。後世凡可淘金之河道，亦皆稱爲潺水。故地書用《常志》此文而稱潺水、金山者不一。《寰宇記·綿州》"巴西縣"引《益州記》云："金山在涪縣東五十步。東臨潤水，光照映川。"又引李膺《記》云："金山，長七八里，每夏淹雨，有崩處，即金粟散出。"又魏城縣引《郡國志》云："魏城縣有甚岡，東枕水。每夏，洪水朝觸，金粟散出。"此皆指綿陽東河之水爲潺水也。《寰宇記·綿州》"羅江縣"，又謂羅江水爲"潺水"，并言"有潺亭廟，有碑磨滅，潺亭之字存"，皆謬緣《漢志》傅會，無足取矣。

⑩蔣琬墓在涪縣，鍾會入蜀時，曾詢其子降將蔣斌，往來書札，載《三國志·蔣琬傳》。世傳其墓在綿陽西北八里之西山觀外山阿里許。清咸豐時，鹽茶道廣東全州人蔣琦淳，自稱琬裔，爲之修建一新（見《綿陽縣志》）。綿陽西山，即陽泉山也。"石丹"今曰土紅，爲氧化鐵構成之純淨紅土。舊曾壓製方塊爲商品，供朱漆木器墊底之用（中江西山亦曰陽泉山）。

⑪涪縣人《先賢志》有讚者，李姓有李餘、李仁、李譔、李福四人；杜姓有杜微、杜慈（女）二人；楊姓祇列女敬楊一人。他如尹默、張壽、王晏，皆以賢稱，載入陳壽《耆舊傳》。此則未著，蓋有闕文。

⑫漢葭萌縣地，本周秦時苴國。秦滅巴蜀，置葭萌縣。蜀漢改名漢壽。因關羽曾封"漢壽亭侯"，其縣在中原，此借其名以紀羽功也。入晉，又改名晉壽。

葭萌故城，當在今廣元縣寶輪院附近（原爲昭化縣地，近年併入廣元縣）。周秦時，秦蜀往來，不經劍門，而是自此循清水河谷出馬閣壩至涪城，即今寶成鐵路所經綫。故葭萌爲扼江要地。其後劍門橋閣成，秦蜀往來取劍閣道爲捷。嘉陵江渡移至桔柏津，縣城亦南徙至舊昭化城附近以扼津口。蓋蜀漢時徙也，徙城時即已改名漢壽，故《費禕傳》已稱"漢壽"。

⑬漢壽故城（今云老昭化），當嘉陵江與白龍江會口。舟運暢通於江州（今重慶市），連於荊楚。其上游，溯航可達略陽（故沮縣）之陽平關。自彼平行入漢中平原，通於關洛。支流溯白龍江，舟運可至甘肅之碧口。故漢壽爲川、陜、甘三省古今交通樞紐地。蜀漢時爲進規秦川、退固巴蜀之要地，大將軍費禕所駐也。

⑭此言縣境之嘉陵江沙洲可淘金，非謂山中有金銀礦。白龍江源出於康藏高原東側，其地多有金礦。故其水中泥沙夾帶金塊金屑。上游水急，搬運力強，金屑不易沉澱。自碧口以下，漸平緩，金屑易與砂石沉積。縣城附近水勢甚平，故沉積金沙特多。冬季水落洲出，即可淘取金屑。夏水沒洲，即不可淘。洲中金屑雖冬日淘盡，經夏漲後，又復新澱，故曰"歲歲取洗"。若山中金銀礦，則終歲取煉，與沙金不同。此所言者爲沙金，"銀"字當衍。

⑮此言縣境遼闊，富於山林，爲漆、藥、蜜三品所產之地，非指某山某鄉有此特產。梓潼郡"土地出金、銀、丹、漆、藥、蜜"，見上文。金、銀，各縣多有。漆、藥、蜜，則惟此縣盛產也。

⑯《函海》本有李調元注云："上當有'某山'字。或在'漆、藥、蜜所出'之上。"意謂原文是"×山，漆、藥、蜜所出也。大將軍費禕葬此山"。就舊鐫本皆作"葬此山"字言，固當如此設想。然考"此山"乃"北山"字譌。就故昭化縣地理言，自縣西入山，赴劍閣道，稱爲"西山"；沿江向北，赴保寧院道，稱爲"北山"。古今無異。費禕死於漢壽（詳《後主志》），其墓在北山曲回壩，石人石馬猶存。《昭化縣志》指爲"秦公子通墓"，非也。翁仲、石馬是漢末流行之葬制，非秦制。公子通封於蜀，叛秦，爲其相陳壯所殺。若封邑在成都，則其葬地不當在此。設秦人歸其喪，亦當墓在關中，不能葬在中途之葭萌。然通之封邑亦可能在此（說在《蜀志》5章之注①）。但墓不可能有石馬。蜀侯惲葬成都北郭，今其墓已發現（羊子山戰國墓），無石人馬，通與惲同時同位，何能葬制有異耶？故知曲回壩石馬坪墓乃費禕墓也。《昭化縣志》又載其處

有"鮑三娘墓",其説無根據,適足證明本書"大姓葬此者多"一語。曲回壩,隔清水河與寶輪院相對。近年修建寶成鐵路,發現戰國時巴王葬式之船葬墓群,則漢壽北山之爲大姓墓葬集中處,自戰國時已然矣。《同治昭化縣志》指費禕墓爲西門外社稷壇之過街樓下大墳,必誤。

⑰白水縣故城,即今廣元縣西北之白水壩,在白龍江西岸。漢故縣也。白龍江,古稱白水。《水經注》:"羌水,出羌中參狼谷。彼俗謂之天池白水矣。……又東南流,至橋頭合白水。東南去白水縣故城九十里。又東南至廣魏白水縣,與漢水合。"酈氏時改稱廣漢郡爲廣魏。所言橋頭即《姜維傳》之"陰平橋頭",距後魏白水縣故城,水道祇九十里。後魏白水縣城,又在今白水壩北之三磊壩。故酈氏所云白水壩或爲"廣漢白水縣"。

⑱"楊懷、高沛,璋之名將,各仗強兵,據守關頭",語出《三國志·龐統傳》。所云"關頭",分指陽平關與白水關二地,故言各仗強兵據守。本皆以備張魯,璋撥歸劉備調遣,而數"有牋諫璋,使發遣備還荆州"。故龐統策勸備取成都,中策先除二將。備從之,殺懷、沛而併其軍。常氏於《漢中志總序》與此及《二牧志》言二將所守,俱混爲白水關一地,是誤。他書亦莫不沿以從誤。當辨(參看4章之注⑰)。

⑲《晉書·地理志》"梁州":"(晉)孝武分梓潼北界立晉壽郡,統晉壽、白水、邵歡、興安四縣。"《宋書·州郡志》:"晉壽太守,《晉地記》云,孝武太元十五年,梁州刺史周瓊表立……領縣四……邵歡令《永初郡國》,何、徐並有,不注置立。疑是蜀立曰昭歡,晉改也。"洪亮吉《補三國疆域志》,梓潼郡五縣爲梓潼、涪、漢壽、白水、昭歡。

楊守敬之《考證》曰:"《洪志》,郡屬有昭歡縣。《晉志》作'邵歡'。今考《沈志》邵陵郡之昭陽縣,建安郡之昭武縣,晉武帝皆改曰'邵'。蓋因避'昭'字而改。沈曰'蜀立',得之。"

蜀立昭歡縣,治今何地,各書不道。李兆洛《地理韻篇》云:"地缺,當在今保寧府北境。"今按:《晉志》晉壽郡四縣皆在今昭化縣以東北。白水爲今白水街,興安爲今廣元縣。就地理形勢推斷,則昭歡當更在今廣元東北朝天驛,沙河場至陽平關一帶。當時蜀與漢中主要通道，係沿嘉陵江至陽平關登陸。陽平關以北，爲漢中、武都兩郡地。白水關爲白水縣，陽平關亦可能即爲昭歡縣。置縣當在建興五年丞相亮進駐漢中時，此路轉運繁，增縣以濟其事也。稱"昭歡"，蓋取昭烈皇帝所喜之義。亮之北伐，固云"以奉先帝之遺意"也。

⑳《晉志·梁州總序》，謂劉備"改葭萌曰漢壽，又立漢德縣，以爲梓潼郡"。又云："（晉）孝武分梓潼北界立晉壽郡，統晉壽、白水、邵歡、興安四縣。"乃其梓潼郡仍領縣八，爲梓潼、涪城、武連、黃安、漢德、晉壽、劍閣、白水，如郡未分。且武連、黃安、漢德、劍閣皆祇可能是今劍閣一縣之地，當時置縣又何能如此之密？既皆未詳其沿革，説其地望，後世考訂者，亦莫能確判其各爲何所。蓋六朝時，郡縣名稱屢更，治所屢徙。流民僑居，皆置郡、縣，冒其舊稱；又復經過土斷，轉爲實縣。傳者新舊混舉，不詳年月，先後混淆。沈約《宋書》雖已蒐羅繁富，加以考訂，亦不能悉得定案。唐人撰《晉書》，固不可能盡其委曲，通爲一是也。

茲就前人所言，覈以地理形勢，從而鑒別資料，爲之論斷，則蜀漢誠已置漢德縣矣。故治即今之劍閣縣城，去劍門關三十餘里。其劍閣縣，則本蜀置關尉，至桓溫平蜀，始置縣。武連、黃安，亦皆後世所置，約略與劍閣同時。皆非西晉與李雄時所已有，故《常志》不曾言之，今略考如次：

武連縣。《寰宇記》云："漢爲梓潼縣地。宋置武都郡于此，並置下辨縣。又改下辨爲武功縣。後魏廢帝二年改名武連縣。"是武連雖爲周、隋、唐、宋舊縣，蜀漢與晉則未有，《晉志》誤收也。其故城爲今劍閣縣之武連驛。

黃安縣。《隋志》"黃安縣"："舊曰華陽，西魏改焉。"《寰宇記·劍州》普成縣云："廢華陽縣城在縣南四十里。《益州記》云，宋大明年置，隸南安郡，後魏元帝廢。"齊《永元志》，亦有華陽縣名，屬南安郡，寄治漢德縣。入西魏，乃爲實縣，改名黃安，故城在今劍閣縣南之雙河場。《寰宇記》引《周地圖》云："梁置梁安縣，屬南梁州。（周）武帝天和（566—571）中，改爲黃安縣。"并云："唐末改爲普成縣。"是黃安亦非《晉志》所當有矣。

㉑劍閣道者，漢德縣北有大礫岩，綿亘二百餘里。中間裂爲兩峽，峭壁直如

刀劈，溪水隨之北出，入於清水河。北望兩山對立如劍，故曰大小劍門，相去約三十里。舊不可通行人，于是仿褒斜法，鑿峽壁，橫插木爲梁，上架閣道，稱爲橋閣，一曰棧道。於是褒谷爲北棧道，此爲南棧道。北棧道秦世所開，南棧道傳爲諸葛亮所建。此閣道成，秦蜀通路，乃改取桔柏津（老昭化城外），穿劍門，與馬鳴閣舊道會於涪城矣。（大劍山閣道開較早，今廢。小劍門更捷也。）

楊守敬《三國郡縣表考證》云："《晉志》有劍閣縣，《常志》無之。《方輿紀要》引《輿地記》云：'蜀先主以霍峻爲梓潼太守，始置劍閣縣。'《通鑑》胡注：'蜀分廣漢置梓潼郡，劍閣屬焉。'竊疑劍閣縣如爲蜀立，《常志》豈得不載？《沈志》云：'漢壽，晉改曰晉壽。'《輿地廣記》云：'桓溫平蜀，分晉壽置劍閣縣。'殆爲近實。"今按：歐陽忞之説，亦難爲定論。《元和志》卷三十三云："聖曆二年（699）分普安（即黄安縣）、永歸（齊梁之白水縣，見《隋志》，故城在今劍閣縣東南之三岔河）陰平（故縣城在今馬閣壩）三縣置劍門縣。"《寰宇記》卷八十四同，"永歸"作"臨漢"。然則唐武則天時始有劍閣縣。舊時諸説，皆誤以閣尉爲縣治也。

㉒閣尉，與關尉微別。關尉皆領兵捍衛地方。閣尉祇領民兵保衛閣道。"桑下民兵"，謂不脱產遠戍之民兵。蓋取《詩·小雅》"惟桑與梓，必恭敬止"與《孟子》"五畝之宅，樹之以桑"之意，謂居家耕種，兼應閣尉徵遣之民軍。梵典謂"浮屠不三宿桑下"，亦謂"不居留家門踰三宿"也。閣道防火甚嚴，且須隨時修補。木材、人力，宜取近便，故蜀漢免除閣下民户他種徭役，專護閣道，稱爲"桑下民兵"。或乃疑"有誤"，誤也。

十二

　　武都郡，本廣漢西部都尉治也①。元鼎六年，别爲郡。屬縣九。户五萬餘。今户萬②。去洛一千八百七十八里。東接廖本注云："當有脱。"漢中，顧廣圻校批云："脱'南至'。"南接梓潼，西接天水，北接始平。李本譌作"陰平"。土地險阻，錢本等作"嶮岨"。有麻田氐傁③，多羌戎之民④。其人半秦，多勇慜。出名馬、牛、羊、漆、蜜⑤。廖本此下有注云："《水經注·漾水篇》引常璩云'郡居河池，一名仇池，池方百頃'，疑此有脱文。"今按：是范曄引常氏語變其文。非本語。有瞿堆百頃險勢⑥，氐傁常依之爲叛。漢世數征討之。分徙其羌，遠至酒泉、敦煌⑦。其攻戰壘、戍處所亦多⑧。建安二十【四】二年，依《三國志·魏武帝紀》當作"二十二年"。《通鑑》同。先主遣將軍雷同、吳蘭平之，爲魏將曹洪所破殺⑨。魏益州刺史、天水楊阜治此郡。阜以濱蜀境，移其氐傁於汧、雍及天水、略陽⑩。建興七年，丞相諸葛亮遣護軍陳戒《三國志》作"式"。伐之，遂平武都、陰平二郡，還屬益州⑪。魏將夏侯淵、張郃、徐晃征伐，常由此郡⑫；而蜀丞相亮及魏延、姜維等多從此出秦川⑬，遂荒無留民。舊各本作"晉民"，是緣下文"晉民"譌。此漢世，不得云"晉民"。兹從廖本，作"留民"。其氐傁、楊濮屬魏，魏遥置其郡，此下廖本注云："當重有'郡'字。"兹補作下二字。惟地屬蜀⑭。蜀平，屬雍州，此下各本有空位，示分節。兹連。太康六年還梁州。元康六【八】年，氐傁齊萬年反。舊本脱年號，承上爲太康八年，大誤。兹依《晉書》與《通鑑》改正。郡罹其寇，晉民流徙入蜀及梁州⑮。

　　永嘉初，天水氐傁楊茂搜率種人爲寇，保據其郡，貢獻長安。愍帝以胡寇方盛，欲懷來戎翟，拜茂搜驃騎將軍、此下舊各本皆空格，斷"左賢王"字連"劉曜"，大謬。兹據《宋書·氐胡傳》正。左賢王⑯。劉曜破長安，丞相平昌公上隴，據天水⑰。茂搜數饋獻▲。舊各本脫"獻"字，作"饋平昌公"斷句。兹用《晉書》補。平昌公拜茂搜長子難敵征南將軍，少子堅頭龍驤將軍。種衆彊劉、李、錢、《函》本均誤爲"疆"。《函海》有注云："劉、李本亦誤'疆'。"未改。兹依廖本。盛，東破梁州⑱，南連李雄，威服羌戎。此下舊各本衍"時"字，句連。兹刪正。【時】平昌公爲劉曜所破，陳安作賊。于時，并氐傁如一國⑲。此下，舊各本連。劉、錢、《函》本於"數歲"下空格。兹正。茂搜死，敵、堅代爲主⑳。數歲，劉曜自攻武都。敵、堅南奔雄，至晉壽，遣子爲質。又厚賂雄兄晉壽守將稚。曜不獲敵、堅，引還㉑。舊各本此下逕連"武都"字。廖本於"引還"上注云："當重有'敵、堅'字。"兹另補三字。敵、堅還武都，恃險驕慢，攻走雄陰平太守羅演。演，稚舅也。稚忿恚，白兄含與雄，求征之。雄使含、稚將宋明舊本作"含將稚"。數千人攻之。時敵妻死，葬於陰平。含、稚徑張、吳、何、王本誤作"征"。至下辨，入武街城。以深入無繼，盡爲氐傁所破煞㉒。《函海》云："李本作'殺'。"敵、堅死，子【盤】磐、廖本作"盤"。毅復代爲王。此下，張、吳、何、王本有小注云："按下辨縣名有赤亭。"他本無。又，劉本此下提行，張、吳、何、王、廖本連。咸康四年，敵、錢寫本此下有"堅"字。從弟此下錢、《函》本有一空位，示宋槧原闕一字。初，煞磐、一作"殺盤"。音義同。毅兄弟，代爲主，迄今㉓。自茂搜父子之結據也，通晉李本作"貢"。家，及李雄、劉曜、石勒、石虎、張駿，皆稱臣奉貢，受其官號，所向用其官及其年號。

案：武都爲前漢舊郡。永初以後，歷經兵燹，文物摧毀，人民亡散，至三國時，幾成荒地。六朝時氐楊氏建國於仇池，地方暫獲寧定。隋唐爲成州，領二、三縣，戶口數千而已。後復没於吐蕃。下迄明清，始漸恢復繁盛。常氏以楊氏嘗附李雄，著之而地不能詳，但於氐楊之艱難締造述記翔實，亦可貴也。

【注釋】

①《漢志》廣漢郡有"北部都尉"，治陰平道。後爲廣漢屬國，升陰平郡。此"廣漢西部都尉"句有可疑。武都在廣漢正北，非"西部"。初疑常氏此語誤也。然《後漢書·西南夷傳》云："白馬氐者，武帝元鼎六年開，分廣漢西部，合以爲武都。"與本書合。雖然，仍可疑《范史》誤從《常志》。再查《史記》、《漢書》，并云武帝以"廣漢西白馬爲武都郡"。此"西"字，亦與武都對廣漢之方位不合。就文理言，逕云廣漢之白馬氐可也，不當贅"西"字。細審，蓋宋鐫本均脱西部之"部"字耳，正可用《常志》與《范書》校訂也。蓋白馬氐原分布於此地區。開郡前，有都尉駐白馬關領之。白馬關，即沮縣峽口白馬下之關城（見《漢中志》4章之注②）。故稱此部氐民爲白馬氐。其地在漢中西，故曰"西部都尉"。置廣漢郡後，以其地屬西漢水上游，改其都尉屬廣漢郡，故曰"廣漢西部白馬氐"。未幾已進爲郡，故諸地理書未及詳也。未置廣漢郡前，漢中有西部都尉，蜀郡有北部都尉。置廣漢郡後，兩都尉轄地并割隸之。故劉昭廣漢屬國注云："故北部都尉，屬蜀郡。"此亦足明漢世都尉轄地屢移情形。否則無以解釋陰平爲廣漢北部，而東北之武都反爲廣漢西部之説矣。

②《前漢志》：武都郡九縣，"户五萬一千三百七十六（舉成數則爲五萬），口二十三萬五千五百六十"。《後漢志》七縣，"户二萬一百二，口八萬一千七百二十八"。本書屬縣九，與《班志》全同，而連於"户萬"。謂爲前漢，則少四萬餘户；謂爲晉世，則不當與漢世郡混爲一體。應是常氏原有古今户數對比，藉與下文慨嘆之語印證，歷世傳寫奪之耳。故補五字。

③"麻田氐叟"有多種解說：一説"有麻田"當斷句，引《後漢書·西南夷傳》，作"土地險阻，有麻田，出名馬、牛、羊、漆、蜜"爲證。"氐叟"與下文"羌戎之民"爲句。其可疑在《范史》引《常志》皆竄改原文就己意，與此有，多二字文義不合。一説麻、田、氐、叟四字俱係民族名稱，但無證驗。一説此四字是一種民族稱號。此説最可取。審本篇文，凡八言"氐叟"，皆連稱不分。陰平郡云，"人民剛勇，多氐叟，有黑、白水羌、紫羌、胡虜"，亦氐叟連合爲一詞。又亦以"多"與"有"分别，則氐叟爲白馬氐之别稱可定。其省稱則爲叟

("傁"同），《劉焉傳》與《董卓傳》并言"叟兵"者是也。其人屬於氐類，故常文作"氐傁"，以別於其他諸氐。《史記·西南夷列傳》："自嶲以東北，君長以什數，徙、筰都最大；自筰以東北，君長以什數，冄駹最大。其俗或土著，或移徙，在蜀之西。自冄駹以東北，君長以什數，白馬最大，皆氐類也。"（《漢書》同）故本書之稱白馬氐爲"氐傁"，猶《西南夷列傳》與《張騫傳》之稱"氐筰"，與陰平羌之稱"黑水羌"、"白水羌"、"紫羌"，巴東夷之稱"白虎復夷"，皆中原人爲細別同一民族分支，所加之區別稱謂。氐傁即叟，又因其居地依近白馬山，而稱爲"白馬氐"，非其自稱也。據《魏略》言，則其人"自稱爲盍稚"。"麻田"字，又爲再加於其中一支善於經營農業者之稱呼，猶《巴志》云"射虎秦精"與"白虎復夷"也。羌、氐民族衣尚麻布，從古迄今皆然。故其人農業之首務在於種麻（食品則重在乳肉，不重在穀類）。此支氐傁特善於種麻，故爲人稱之如此。按種麻（指大麻）須平沃土，不宜於山地。武都郡界內，惟徽成盆地土最平腴，爲漢下辨縣所在。楊茂搜據仇池後，歷世以仇池與下辨分爲兩個統治中心。疑所謂"麻田氐傁"即下辨與其附近所居氐傁之特稱也（參看《三國志·魏書·西戎傳》裴注引魚豢《魏略》文）。

④"麻田氐傁"言"有"，謂此地區所特有也。"羌戎之民"言"多"，謂一般居民皆羌戎也（他郡言有言"多"者同）。"羌"，如"隴西諸羌"與陰平"黑、白水羌、紫羌"之類，爲自析支（賜支）地區流來，保存羌俗，偏重牧業，與氐類不同而願接受漢官統治之人民。"戎"，本爲西方民族之總稱（見漢儒所撰之《王制》與《爾雅》），但在漢魏晉世，一般專用於隴西地區之胡人。此郡所言戎民，蓋指《范書·西羌傳》之"盧水胡"，《靈帝紀》之"休屠各胡"，本書《陰平郡》之"胡虜"，《大同志》之"黃石、北地、盧水胡"之類，爲羌族之漢化較早者（非自東北來之胡人）。故此合稱爲"羌戎之民"，以別於生羌也。

⑤《南史》卷七十九《夷貊下·武興》，專紀仇池楊氏據武都郡史事。所言土地特産，社會風俗，與本書相爲表裏而較詳，足相補。茲摘附："其國東連秦嶺，西接宕昌。其大姓有苻氏、姜氏、梁氏（《梁書》卷五十四文同，無梁

氏），言語與中國同。著烏皂突騎帽，長身小袖袍，小口袴，皮鞾。地植九穀。婚姻備六禮。知書疏，種桑麻。出紬、絹、布（《梁書》作"精布"）、漆、蠟、椒等。山出銅鐵。"所言爲仇池楊氏之俗，蓋氐傁之尤進入封建社會者，與漢民已不甚相遠矣。

⑥瞿堆百頃，即仇池山，在今甘肅禮縣與西和縣南，屬祁山西南一大山爪（勢）。西漢水環流於其北、西、南三面。洛谷水削其東側，皆崖岸壁立。上有土田池水，耕土百頃。最南端曰"瞿堆"。《水經注》卷二十述其險狀云："漢水又東南逕瞿堆西，又屈逕瞿堆南。絕壁峭峙，孤險雲高，望之形若覆唾壺。高二十餘里，羊腸盤道三十六迴。《開山圖》謂之'仇夷'所謂'積石嵯峨、嶔岑隱阿'者也。上有平田百頃，煮土成鹽，因以百頃爲號。山上豐水泉，所謂'清泉湧沸、潤氣上流'者也。"

《後漢書》李賢注引辛氏《三秦記》曰："仇池縣界（《一統志》引作"仇池山"），本名仇維，山上有池，故曰仇池。山在倉、洛二谷之間，常爲水所衝激，故下石而上土，形似覆壺。"又引《仇池記》曰："仇池百頃，周回九千四十步，天形四方，壁立千仞。……凡二十一道，可攀緣而上。東西二門。盤道下至上，凡有七里。上則崗阜低昂，泉流交灌。"（《南齊書·氐楊氏傳》文略同）所謂"倉谷"，即禮縣以下西漢水河谷。所謂洛谷，即西和縣以南之洛水河谷。所謂瞿堆，今俗呼爲"坪頭"，即百頃山之南端盡頭，爲全山最險固處。全山坪長百餘丈，足住數萬人家。楊氏據此二百餘年，與東晉、南北朝相終始，由依此險也。唐宋以前，傳其險勢如此。元明以來，鮮論述者。蓋林敗池竭，人難留耕，而武器日新，險勢亦不足恃故也。

⑦楊氏未據仇池以前，歷世羌氐恃險叛亂，事見於正史者甚多。《漢書·武帝紀》元封三年（前108），"武都氐人反，分徙酒泉郡"。又《昭帝紀》元鳳元年（前80），"武都氐人反，遣執金吾馬適建、龍領侯韓增、大鴻臚（田）廣明將三輔太常徒，皆免刑擊之"（《後漢書·白馬氐傳》云"討破之"）。《後漢書·白馬氐傳》，"王莽篡亂，氐人亦叛"。《後漢書·西羌傳》言安帝世羌亂，"十餘年間，兵連師老，不暫寧息。軍旅之費，轉運委輸，用二百四十餘億，府

帑空竭，延及內郡。邊民死者不可勝數"（未特提武都，武都應在叛中）。至順帝永和元年（136）前後，"武都塞上白馬羌攻破屯官，反叛連年"。此次羌亂，"十餘年間，費用八十餘億"。此後，桓帝建和二年（148），"白馬羌寇廣漢屬國，殺長吏"。靈帝中平元年（184），"北地降羌先零種因黃巾大亂，乃與湟中羌、義從胡北宮伯玉等反，寇隴右"。此次武都羌亦在叛中。旋復隨韓遂、張魯反抗漢朝廷。見《董卓傳》與《魏武帝紀》。大抵其人皆奉張陵之教，樂其制度。故武都氐王竇茂，能與其黨以死力抵抗曹操大軍。楊氏能據武都至二百餘年之久者，不僅仇池地險使然；其時去張魯、宋建之敗未遠，竊疑楊氏亦能行其制度，故氐民肯為之死以禦外寇，數遭大敵而不滅也。漢武帝徙武都氐於酒泉，史有明文；徙於敦煌，別無明文。然河西四郡本匈奴地，而後漢與魏世河西羌亂數十年，則漢世徙羌入河西四郡者，應不祇武帝一次，亦不祇酒泉一縣可知。

⑧此所言攻戰壘戍，又非為羌亂說。主要在於蜀、魏爭奪隴右，雙方所敷設之圍守、城戍。《後主志》詳著。

⑨《三國志・魏武帝紀》：建安二十二年（217），"劉備遣張飛、馬超、吳蘭等屯下辨。遣曹洪拒之"。二十三年，"曹洪破吳蘭，斬其將任夔等。三月，張飛、馬超走漢中。陰平氐強端斬吳蘭，傳其首"。又《曹休傳》："劉備遣將吳蘭屯下辨，太祖遣曹洪征之。……備遣張飛屯固山（疑即故道之山），欲斷軍後。眾議狐疑。休曰：'賊實斷道者，當伏兵潛行，今乃先張聲勢，此其不能也。宜及其未集，促擊蘭。蘭破，則飛自走矣。'洪從之。進兵擊蘭，大破之。飛果走。"其時劉備尚未得漢中，故軍敗也。

⑩《三國志・魏・楊阜傳》："太祖征漢中，以阜為益州刺史，還，拜金城太守。未發，轉武都太守。郡濱蜀漢，阜請依龔遂故事，安之而已。會劉備遣張飛、馬超等從沮道趣下辨。而氐雷定等七部萬餘落反，應之。太祖遣都護曹洪等禦超等。超等退還。……及劉備取漢中以逼下辨，太祖以武都孤遠，欲移之，恐吏民戀土。阜威信素著，前後徙民、氐（漢民與氐人）使居京兆、扶風、天水界者萬餘戶。徙郡小槐里，百姓襁負而隨之。"時則劉備已得漢中，則武都不可能為魏守也。（"汧"、"雍"二縣名，在魏世屬始平郡。京兆、扶風、天水皆漢舊郡也。

小槐里,京兆郡地名,在今西安市區。)武都盆地,與漢中盆地平道相通,并在秦嶺山脉之南。祇如漢中之一副盆地,故未得漢中,則雷同、吳蘭不能佔有武都。既得漢中,則楊阜雖彊勇多智、深得民心,亦不能不撤退。

⑪陳戒,《三國志·後主傳》、《諸葛亮傳》及《徐晃傳》并作"式"。《通鑑》同《常志》作"戒",云:"亮遣其將陳戒攻武都、陰平二郡。魏雍州刺史郭淮引兵救之。亮自出建威。淮退。"《亮傳》文也。應是《陳志》本亦作"戒",後鐫譌。建威,圍戍名,在祁山。

⑫《三國志·夏侯淵傳》,建安二十一年(216)平宋建,"還擊武都氐羌下辨,收氐穀十餘萬斛"。是役,有張郃從,見《郃傳》。其後曹操討張魯,自散關入武都,遣郃督步卒五千於前開路。建興九年(231),諸葛亮復出祁山,糧盡退軍,郃自略陽(郡在隴西)追亮至青鋒(武都郡地)中伏死。《魏志·徐晃傳》:"從征張魯,別遣晃討攻櫝(山名)、仇夷(仇池)諸山氐,皆降之。遷平寇將軍。解將軍張順圍,擊賊陳福等三十餘屯,皆破之。太祖還鄴,留晃與夏侯淵拒劉備於陽平。備遣陳式等十餘營絶馬鳴閣道。晃別征破之。"(陳福等三十餘屯,蓋武都民軍助張魯,於氐王竇茂敗死後,猶聚衆圍攻操所派郡守張順者。晃攻仇池諸山還,擊破之也。)馬鳴閣今云馬閣壩。蓋備遣雷同、吳蘭爭武都時,遣陳戒屯馬閣爲之聲援,又遣張飛、馬超等出固山拒曹洪。雷、吳敗死,晃又破馬鳴閣,飛、超亦退走也。

⑬諸葛亮北伐,世謂六出祁山,其前五次皆是由武都過軍,惟末次是從褒斜直取扶風(渭水平原)。姜維九次出軍取隴右,或自岷江河谷迤出洮岷,或自武都、陰平向天水、略陽。天水、略陽、始平、扶風,皆渭水中游河谷與下游平原地帶秦國故地,故曰"秦川"。《魏延傳》:建興"八年(230)使延西入羌中,魏後將軍費瑶、雍州刺史郭淮,與延戰於陽谿。延大破淮等"。此常氏言魏延出秦川所據也。蜀與魏爭凉州數十年,合後漢以來羌亂,武都皆當兵衝,故至於土荒民散。

⑭"楊僕",謂楊茂搜祖先之族落,本出於巴東巫山地區。巴東巫山地區,楊姓爲大族,見揚雄《自傳》(《漢書》全用之)。唐人小説《白猿傳》謂巴

巫諸楊爲猿裔，雖諧談，亦足見該地區楊氏之盛。巫山本古"百濮"之地，足知楊氏爲百濮之一支。曹操徙巴漢人民之附張魯者於關、隴，有此族在，故稱"楊濮"。後據仇池，領武都氐傁，建國傳世。故此云"氐傁、楊濮屬魏"。蜀僅"得其地，不得其民"（周群語。見《三國·蜀志·群傳》）。

⑮齊萬年事，《通鑑》考訂最詳（卷八十二）。元康四年（294）"夏五月，匈奴郝散反，攻上黨，殺長吏。秋八月，郝散帥眾降，馮翊都尉殺之"。六年"夏，郝散弟度元，與馮翊、北地馬蘭羌、盧水胡俱反。殺北地太守張損，敗馮翊太守歐陽建。……八月，解系爲郝度元所敗，秦雍氐、羌悉反，立氐帥齊萬年爲帝"。七年（297）"七月秦雍二州大旱、疾疫，米斛萬錢"。八年，"關中荐飢（仍飢爲薦），略陽、天水六郡民流移就穀，入漢川者數萬家"。元康九年（299），"春正月，孟觀大破氐衆於中亭（扶風美陽縣地），獲齊萬年"。

⑯《宋書·氐胡傳》"楊茂搜"作"戊搜"。述其家史云："略陽清水氐楊氏，秦漢以來世居隴右爲豪族。漢獻帝建安中，有楊騰者爲部落大帥。騰子駒，勇健多計略，始徙仇池。仇池地方百頃，因以百頃爲號……駒後有名千萬者，魏拜爲百頃氐王。千萬子孫（《通鑑》删"子"字）名飛龍，漸强盛。晉武假征西將軍，還居略陽。無子，養外甥令狐氏子爲子，名戊搜（《南齊書》作"茂狻"）。晉惠帝元康六年，避齊萬年之亂，率部落四千家還保百頃。"（《梁書》、《齊書》與《魏書》略同。）此説甚可疑。氐楊氏人物之入史既自建安中之楊騰始，則其上文"秦漢以來世居隴右爲豪族"語難信。果使如此，則《常志》不當有"楊濮"之稱。又楊騰子駒，徙居仇池，即不可能是清水縣世居之豪族。建安末，武都方亂，人民外流，至於荒曠。仇池近祁山，正是兵衝，楊駒何能捨其世居之清水而反就此燹區？以歷史形勢推之，當是建安中楊騰與巴氐同徙入隴。楊駒逃居於仇池，墾山結隖，阻險自固。楊飛龍實附郝散、齊萬年，助軍還略陽清水。至萬年敗死，乃率其族類還保仇池。既復貢獻於晉，諱其先代逃叛事，説其如此。史官從而信言之。經沈約作傳後，史遂不敢易耳。"貢獻長安"謂洛陽破，懷帝已被擄，愍帝即位於長安，稱建興元年時（313）。時長安"户不盈百，公車祗四乘"。至四年（316）降於劉曜。

⑰丞相平昌公，即《晉書》卷三十六之南陽王保，南陽王模之世子也。永嘉五年（311），劉曜入長安，模被害。時保鎮上邽。賈疋、鞠允等共攻長安，逐劉曜，擁立秦王鄴，是爲愍帝。賈疋死，裴苞爲張軌所殺，保得全據秦州之地。愍帝以保與瑯琊王睿爲左右丞相，分理關中與江淮。隴右氏羌與張軌并從保。《晉書》與《通鑑》俱未言其稱平昌公，惟本書稱平昌公，又失其名。考則是一人也。

⑱楊難敵襲漢中，敗張光，在晉愍帝建興元年。事在本書卷九《李雄志》。

⑲"陳安作賊"，謂其降劉曜。其事詳《晉書・南陽王模傳》。安原是模帳下都尉。模表以世子保爲西中郎將，東羌校尉，鎮上邽。秦州刺史裴苞拒保。模使安率衆攻苞，苞奔安定。保入上邽，寵遇安甚厚。保將張春等疾之，嘗使人刺安。由是結怨，相攻。春挾保處上邽。安攻上邽，非叛保也。劉曜再入長安，擄愍帝。保欲稱帝，先稱晉王。後爲張春、楊次所殺。陳安亦敗，降劉曜，請討春、次。曜以安爲大將軍，將兵擊走春，執楊次，斬於保柩前。劉曜攻仇池還，安叛曜，還上邽，拔汧城。隴上諸羌皆附之。有衆十餘萬。自稱大都督、假黃鉞、大將軍、雍涼秦梁四州刺史、涼王。太寧元年（323），劉曜平隴右，安敗死。

《劉曜載記》言："安善于撫接，吉兇夷險與衆同之。及其死，隴上歌之曰：'隴上將士有陳安，軀幹雖小腹中寬，愛養將士同心肝。驄驄父馬鐵瑕鞍，七尺大刀奮如湍，丈八蛇矛左右盤，十盪十決無當前。戰始三交失蛇矛，棄我驄驄竄巖幽，爲我（無）外援而懸頭。西流之水東流河，一去不還奈子何！'"其人能得隴上人心如此。此云"作賊"，謂降劉曜。

⑳"敵、堅"謂茂搜子難敵與堅頭。《宋書・氐胡傳》："建興五年（317），戊（茂）搜卒，難敵襲位，與堅頭分部曲：難敵號左賢王，屯下辯；堅頭號右賢王，屯河池。"今按：敵、堅分治，和好仍同一家。此非封建制度，但史家以封建制度擬之耳。蓋其所行，近於張魯，但史無明文證之。

㉑《通鑑》繫劉曜自攻武都於晉元帝永昌元年（322），云："趙主曜自將擊楊難敵，難敵逆戰不勝，退保仇池。仇池諸氐、羌及故晉王保將楊韜、隴西太守梁勛皆降於曜。曜遷隴西萬餘户於長安，進攻仇池。會軍中大疫，曜亦得疾，將

引兵還；恐難敵躡其後，乃遣光國中郎將王獷説難敵，諭以禍福。難敵遣使稱藩。……秦州刺史陳安求朝於曜，曜辭以疾。安怒，以爲曜已卒，大掠而歸。"繫敵、堅降李雄於太寧元年（323），云："楊難敵聞陳安死，大懼，與弟堅頭南奔漢中（當作"漢壽"），趙鎮西將軍劉厚追擊之，大獲而還。趙主曜以大鴻臚田崧爲鎮南大將軍、益州刺史，鎮仇池。難敵送任請降於成。"今按：劉曜於楊氏稱藩後，以疾先歸，其軍未撤，以討陳安。迨難敵聞安敗死，乃與堅頭等奔晉壽請降於李雄。雖事屬兩年，實爲一役。迨敵、堅已走，曜軍乃還。楊氏兄弟得李雄助，克還仇池，逐田崧等，仍據有武都也。

㉒李雄既助楊氏還仇池，取武都郡，委任太守羅演。楊氏兄弟與氐傁又攻殺演。李含、李稚來討，難敵弟兄皆不在，而氐傁已自起撲滅含、稚。

㉓《宋書·氐胡傳》："成帝咸和九年（334），難敵卒，子毅立，自號使持節、龍驤將軍、左賢王、下辯公。以堅頭子槃爲使持節、冠軍將軍、右賢王、河池公。咸康元年（335），遣使稱藩於晉，以毅爲征南，槃征東將軍。三年，毅族兄初襲殺毅，并有其衆，自立爲仇池公，臣於石虎。後遣使稱藩於穆帝。"此云"迄今"，謂穆帝永和三年，桓温滅蜀時也。

十三

下辨縣　郡治①。一曰武街②。何、王本此行上連郡序。

武都縣③　【東】漢水所出④。"東漢水"係常氏沿《前漢志》誤文。《水經注》祇稱漢水或漾水。有天池澤⑤。張、吳、何、王本作"天地澤"，并注云："一本作'天池澤'。"劉、李、錢、《函》、廖本作"池"，無注。《後漢·郡國志》注引《華陽國志》作"大池澤"，《三秦記》云"百頃池"是也。

上禄縣⑥舊各本脱"縣"字，與"故道縣"連。廖本另行，并補"縣"字。當從。

故道縣⑦

河池縣⑧　泉街此下，各舊本衍"縣"字。《函海》注云："《漢志》注無'縣'字。"謂顔師古引《華陽國志》文也。廖本删去并注云："舊衍'縣'字。兹删正。"水，入沮，合漢也。錢寫本以此上三縣爲一行。

沮縣　河池水《函海》注云："《漢志》作'沮水'。《後漢志》作'沔水'。"廖本亦有注，意同。所出東狼谷也⑨。

平樂縣⑩

脩城縣⑪元豐本作"脩武縣"。張、吳、何、王、浙本同。嘉泰本作"脩成縣"。廖本同。劉、錢、《函》本作"脩城縣"。《函海》注云："《漢志》作'循城'。"今按：隸書脩、循二字常互譌。

嘉陵縣⑫《漢志》下辨、嘉陵、循城三縣皆作道。

案：以上武都郡屬九縣，皆同《前漢志》。鮮有注文，又頗譌誤。查《後漢志》，武都郡已無平樂、嘉陵、循城三縣，有羌道（前漢屬隴西郡），爲七縣。《晉志》亦無上禄、平樂、嘉陵。魏晉時，郡境人口極稀，何能仍是前漢舊縣？應是常璩未見其版籍，謬用《漢志》九縣搪塞，略從郡人口中得一二語著於縣下而已。

【注釋】

①下辨，前漢爲道。王莽改揚德。後漢爲縣，爲武都郡治。故城在今甘肅成縣西南拋沙鎮。有小川河，在《水經注》爲濁水，"濁水又東，逕武街城南，故下辨縣治也。……又東，宏休水注之。水出北溪，南逕武街城東而南流入于濁水"。宏休水，今云黑谷河是也。今成縣治在此河西岸，即後漢以來之下辨城也。

甘肅南部自成縣小門鎮迤東北，歷徽縣，至兩當縣東，爲黃土沉積之一狹長盆地。有諸小水自祁山（秦嶺山脉之西部）駢出，縱貫割破之，入於故道水（嘉陵江東源之別稱）。是爲徽成盆地，爲甘南農產之核心地帶。秦漢開祁山道，下辨最當衝要，故自後漢迄今，俱爲甘南重地。唐宋之成州是也。

②"武街"即今成縣舊稱。魏晉南北朝時最興盛，屢見於《水經注》及當時史地文籍，亦或省稱爲街。非馬謖敗軍之街亭也，亦非甸氏道之"武階"。

③武都縣，前漢郡治，後漢曰武都道。故城在今甘肅西和縣南之洛谷集，即仇池百頃山東洛谷水上游高平處，倚仇池山險之居民點，白馬氐聚居中心區也。仇池山舊名武都山，緣爲郡名。

④《前漢志》武都縣下云："東漢水受氐道水，一名沔，過江夏，謂之夏水，入江。"所言蓋誤以嘉陵江西源之武都河爲漢沔之上源，此《漢志》一誤也。又以西漢水爲東漢水，二誤也。前者誤於《禹貢》"嶓冢導漾東流爲漢"之文，以爲漾是漢沔之源。或《漢地圖》即已繪誤（如延水亦誤爲入沅，已前於涪陵郡辨之），《水經》與《酈注》并已訂正。《水經》以漢水與沔水分別，自武都郡南經巴西至江州入大江者爲漢水，即今稱嘉陵江者是也。其自漢中東過西城、襄樊至夏口入大江者爲沔水，今稱漢水者是也。其武都河，即嘉陵江之西源，《水經》援《禹貢》稱爲漾水，今稱西漢水者是也。（《酈注》尚未加"西"字，但云"漾水至關城入漢"。宋、齊、梁以來，通稱沔爲漢水，乃有嘉陵江爲西漢水之新稱。）若嘉陵江之東源，即自徽成盆地地區匯流之水，在《水經注》曰故道水。其源在散關山下，唐以來乃以爲嘉陵江。（岑參詩"借問嘉陵江水

湄，百川東去爾西之"，謂故道水也。）《漢志》"東漢水"之"東"字，疑是宋鐫時誤據衍字本增，後世傳鈔《常志》者亦依《漢志》誤本衍之。

⑤武都山名仇池，謂其上原有二大池也。凡山上多森林者，山頂部必有大池，一般稱爲"天池"，其例不可勝舉。迨焚墾漸盡，林木漸荒，則乏根葉涵濡雨水，池亦爲之漸涸。魏晉世，此山區住民萬家，林木當被摧敗，故天池漸涸爲澤。此《常志》天池澤之實義。唐宋以後，林盡水竭，住民漸稀，記其地者不復見池，其山亦不爲世所稱矣。

⑥上禄，兩漢有，《晉太康志》無。《宋書·氐胡傳》言仇池爲苻堅所破，徙其民，空百頃。"太元八年（383），苻堅敗於淮南，關中擾亂，（楊）定盡力奉堅。堅死，乃將家奔隴右，徙治歷城，城在西縣界，去仇池百二十里。置倉儲於百頃。招合夷、晉，得千餘家，自號龍驤將軍、平羌校尉、仇池公，稱藩於晉孝武帝，孝武帝即以其自號假之。求割天水之西縣、武都之上禄爲仇池郡，見許。"此述仇池在劉曜之後，再度爲苻堅所摧毀，及楊定復興之經過。於時重見上禄縣名，則是晉初省併，苻秦又復置之也。故城在今成縣西南之常家營，《水經注》"漢水又東，合洛谷水……又東合洛溪水。水北發洛谷，南逕威武戍南，又西南與龍門水合。……又東南逕上禄縣故城西。修源濬道，逕引北溪，總兩川，單流納漢"是也。

⑦故道，漢舊縣，晉存。故城在今陝西鳳縣西，故道水西岸，雙石鋪附近。故道水，即今寶成鐵路所循之嘉陵江東源也，《水經注》"濁水又東南，兩當水注之。水出陳倉縣之大散嶺，西南流入故道川，謂之故道水。西南逕故道城東，魏征仇池，築以置戍。與馬鞍山水合"是也。褒斜閣道未通以前，秦川赴漢中者，由大散關下，循此水至沮縣，轉陽平關，入漢沔平原。褒斜既通，此道漸廢，故曰故道。然建安二十年，曹操取漢中，建興六年冬諸葛亮攻陳倉，俱仍取此道。雖較迂遠，究較橋閣寬緩，宜行大軍故也。

⑧河池，漢舊縣，晉存。故城在今甘肅徽縣東十五里。《漢志》河池縣："泉街水，南至沮入漢。行五百二十里。莽曰樂平亭。"謂王莽廢其縣爲亭也。《後漢·郡國志》注引《地道記》曰："有泉街水。"《水經注》"濁水又東南，與河

池水合。水出河池北谷，南逕河池戍東，西南入濁水"是也。

⑨沮，漢舊縣。晉存。故城即今陝西嘉陵江右岸之略陽縣。《漢志》云："沮水出東狼谷。南至沙縣南入江。過郡五，行四千里。荆州川。"此謂西漢水入沔，至漢口入江也。五郡，武都、漢中、南陽、南郡、江夏也。今沔水上游仍有地名沮口，其水出於沮縣之峽口，有路循另一小河曰西沮，平通於沮縣。二水分流，同是遠古時之一河道遺迹。自有人類，其水已絶，下流爲嘉陵江（西漢水）所奪故也。漢魏世人猶傳其古時通爲一河，故皆曰"沮水"也。

常氏不遵《漢志》稱沮水，而稱之爲河池水者，蓋用當時武都人語，以自東狼谷入河池水之小支流爲沮水。東狼谷即沮口峽。自峽東西出水皆曰沮。"水隨所入而納通稱"，爲漢魏人著書之通例。故嘉陵江東源，《漢志》曰沮水，《常志》曰河池水，《水經注》曰濁水，唐宋曰嘉陵水。本流支流，水不自定，由人定之也。

⑩《前漢志》武都郡有平樂道，《後漢志》無。晉、宋、齊、梁并無。《水經注》有平樂水與平樂戍。《魏書·地形志》脩武郡有平洛縣，太和四平（480）置。疑皆因漢故縣爲名。故城當在今康縣之平洛鎮，爲今成縣至武都公路所經。《水經注》："漢水又東南逕濁水城南，又東南會平樂（一本作"洛"）水。水出武街（當是"武階"字譌，今武都縣之古稱）東北四十五里。更馳南溪導源（謂分流爲南溪），東北流，山側有甘泉涌波，飛清下注。平樂水又逕甘泉戍南，又東逕平樂戍南。又東入漢，謂之會口。"所謂"會口"，今爲大川鎮。所謂"濁水城"，今爲小川鎮。所謂"甘泉戍"，當在今望子關。所謂平樂戍，當今之平洛鎮，應可無疑。古今地名、形勢，全可勘合，非他書凌空之文可比也。

⑪脩城縣，即《漢志》"循城道"。《漢書補注》引王念孫云，"循"當作"脩"。《魏書·地形志》、《隋書·地理志》、《水經·漾水注》，并作"脩城"。周壽昌《漢書注校補》云："《漢志》各本俱作'循成'。錢氏坫逕改作'脩城'，固非。即《魏書》、《隋書》、《水經注》作'脩城'亦非也。脩、循雙聲，城、成音同，漢時多通用。觀本書《諸侯王表》中山王脩，《傳》作'循'；《功臣表》深澤侯趙脩，《史記》作'循'；《功臣表》湘成侯監居翁，《傳》作

'湘城'；東成侯居股，《傳》作'城'；博成侯張章褚，《表》作'城'；《漢北海相景君碑陰題名》'循行'作'脩行'，可證。"今按：古書傳寫千年，乃有刻本，傳寫者緣音而譌與緣形而譌者，雖屢校，猶難盡正。隸、草形似而義不可通者尤多。本是別字白字，説者稱爲"通假"。若竟通"循"爲"脩"，通"城"爲"成"，則亦惑也。凡漢縣稱道者，皆緣其境内有新開險道，足資扼控。此縣應以脩成爲義，"循"與"城"皆字譌耳。若隔世後縣地名，則成定名新字，約定俗成，既不可以字譌論，亦不可爲通假説矣。

漢脩成道故城，當在今成縣南鐔家河鎮附近。上條引《水經注》"平洛水會口"下云："東南逕脩城道南，與脩水合。水總二源，東北合漢。漢水又東南於盤頭郡南，與濁水合。"《酈注》稱嘉陵江東源爲濁水。是脩水爲西漢水與嘉陵江會口以上左岸之最後一大支流，今康縣自大堡子流向鐔家河鎮之水是也。楊守敬《北魏地形圖》定槃頭郡在西漢水與洔陽河（濁水）會口之北，即據《酈注》。顧當時地圖未精，而此部地形知者甚少，固不可能盡得諸縣確址也。

⑫《漢志》"嘉陵道"，後漢、晉、宋、齊、魏諸志并無；故城莫能言者。今按：唐以來地理書皆稱西漢水爲嘉陵江。《一統志》謂其上源爲陜西之嘉陵谷。談者恒謂是在散關故道附近，於"道"字含義合。然漢已有故道縣，不可能更有嘉陵道。查《水經注》敍漾水（西漢水）上源，經塞峽、祁山、南岈、北岈、武植戍、平夷戍、蘭倉城（并在今禮縣北部）後云："漢水又南入嘉陵道而爲嘉陵水。世俗名之爲階陵水者，非也。"此下乃敍北谷水、武街水、倉谷水而至瞿堆（皆在今禮縣南）。是嘉陵道當在今禮縣地位。嘉陵谷即禮縣之河谷，非陜西地。嘉陵水之名，漢魏已有，爲西漢水之西源，非故道散關下之東源也。

十四

　　陰平郡，本廣漢北部都尉治。依武都郡文例當有"治"字。永平後，羌虜數反，遂置爲郡①。《太平御覽》引作"遂立爲郡以遏之"。屬縣四。户萬。去洛二千三百四十四里。東接【漢中】武都，南接梓潼，西接【隴西】汶山，北接【酒泉】隴西②。舊本四至不合，尤在酒泉去武都殆千里，中隔張掖、武威、金城、隴西四郡。武都爲最密邇而脱之。汶山爲武都同時開郡，亦脱之。漢中間隔一郡而接之。茲改正。土地山險，人民剛勇。多氐傁。有黑、白水羌，紫羌，胡虜③。風俗、所出，與武都略同④。

　　漢安帝永初二年，羌反，燒郡城。郡人退住白水⑤。會漢陽諸羌反，溢入漢，煞太守⑥。漢陽杜琦，自稱將軍，叛亂。廣漢郡屯葭萌。漢使御史大夫唐喜討琦，進討羌，經年不下。詔賜死。更遣中郎將尹就討羌，亦無功。諸郡太守皆屯涪⑦。元初五年，巴郡板楯軍救漢中。漢中《函海》注云："李本二字不重出。"大破羌。羌乃退。郡復治。置助郡都尉⑧。

　　劉先主之入漢中也，爭二郡不得。建興七年，諸葛亮始命陳戒平之。魏亦遥置其郡，屬雍州。自景谷有步道，徑江油舊各本皆作"由"。廖本改作"油"。左儋行出涪。鄧艾從之伐蜀⑨。元康六年，還屬梁州。永嘉末，太守王鑒粗暴，郡民毛深、左騰等逐出之，相率降李雄。晉民盡出蜀，氐羌爲楊茂搜所占有⑩。

　　陰平縣⑪　郡治。漢曰陰平道也⑫。有白水出徼外，入羌水。依《水經注》補正此九字。

　　甸氐縣⑬　有【白】羌水出徼外，入漢⑭。依《水經注》與《漢書》顔注改"白水"爲"羌水"。

平武縣⑮錢、《函》本作"武平縣"。　有關尉⑯。【自景谷有步道，徑江油左儋出涪，鄧艾伐蜀道也。】劉主時置義守。【號關尉】以上二十八字有昔人批注語，被傳鈔成正文。宋明以來各本皆有。與上文重疊者十九字，謬解者四字，並當刪。惟六字是常氏原有，當存。

剛氐縣⑰　涪水所出。有金銀礦。

案：陰平郡與其屬縣，地理特點與武都同，而更近於蜀。就蜀地外圍言，其地位重於武都。故其人民，恒得與蜀地視同一體，歷史變化，相與關戚。常璩所知亦較多。然對中原更僻遠，國史所著則甚少矣。

【注釋】

①"永平"，後漢明帝年號（58—75），於時全國最安靜，無羌亂。明帝崩，章帝立，改元建初。建初二年（77）羌迷吾反。章和元年（88），張紆誘殺迷吾，眾羌皆叛。至和帝永元元年（89）暫平。置郡當在此時。永元四年（92），羌迷唐復叛，十餘年隴西未寧。至安帝永初元年（107），羌遂大叛，蔓延及河東、漢中與巴蜀。朝議欲棄涼州。雖用武力屢屠殺，兼募刺客殺其首領，終不能定。用兵數十年，至冲帝永嘉（145），朝廷與諸羌俱憊，始漸招降暫息。桓帝延熹四年（161），東羌反，寇三輔。又復以段熲、皇甫規等名將率大軍進行鎮壓。單祇段熲一軍，"凡百八十戰，斬三萬八千餘級"。靈帝建寧二年（169），纔將"東羌"殄滅。西部羌氐仍是叛亂未止。於時有駱曜、王國等人，用宗教形式組織羌、胡、氐、漢人民，潛伏農村，漢朝官吏麻痹自欺，史官無叛亂記載，實際則關隴全面反叛基礎已奠定矣。中平元年（184），北宮伯玉及邊章、韓遂等與黃巾俱起，關隴、巴蜀全面陷沒，漢朝隨之覆亡。延熹以後，中原多事，史官所記隴蜀事，皆祇寥寥殘文，未能表達隴蜀社會真實。陰平郡是否永元初設置，文獻無徵。常氏雖知其由於羌亂而立，亦不能具其年月，但總括為"永平後"三字，明永平時未有羌亂而已。由下文"永初二年羌反，燒郡城"句，知安帝時已有陰平郡。

②常氏説陰平郡四至謬亂，是由其未知當時郡境地理位置，祇用耳聞之説。隴西本在陰平西北，遂説爲西。漢中雖非接境，但時人重漢中而忽武都，遂言東接漢中，非鐫誤也。其謂北接酒泉者，蓋三國時隴西羌亂，經常牽涉酒泉羌人（參看《魏書》張既、徐邈、夏侯淵、郭淮等傳），故誤爲郡境北接酒泉。或許常氏原爲"西接酒泉羌落，北接隴西"，傳寫者以酒泉在北最遠而更易之，又脱"羌落"字。要當訂正者也。

③"氐傁"，已詳武都郡注。"黑、白水羌"，隨所聚居河谷爲稱。黑水、白水，皆白龍江上源支流，《水經注》卷二十"白水，西北出於臨洮縣西南西傾山，水色白濁。東南流與黑水合"是也。此兩種羌，皆賜支川（今俄洛）生羌内移猶未久者。白水羌，其後爲鄧至羌落。《北史》卷九十六"鄧至者，白水羌也。世爲羌豪，因地名號"可證。其黑水羌，疑即後之宕昌羌也。"紫羌"，他書無所見，疑即"貲虜"，蓋雜胡之與羌氏融合者。《南齊書》卷五十九："虜名奴婢爲貲。一謂之貲虜。"貲、紫同音，晉人寫作紫羌耳。本書《大同志》汶山郡有"紫利羌"，疑即"貲虜"之別稱。"胡虜"，指匈奴種與雜胡，如"黃石、北地、盧水胡"（《大同志》與《後漢·西南夷傳》），"湟中羌、義從胡"（《後漢書·鄭太傳》與《西羌傳》），"涼州休屠胡"（《三國·郭淮傳》）之類。晉時呼北方民族爲虜。貲虜、胡虜，皆民族稱謂之複語，猶云"氐傁"與"氐種"也。

④"風俗"，謂衣著與習俗。"所出"，謂其土地所產，人民生計所資。

⑤此事不見他書。查《後漢書·安帝紀》永初二年十二月，"廣漢塞外參狼羌降，分廣漢北部爲屬國都尉"，是此前陰平郡已廢爲廣漢北部都尉，至此年，又改北部都尉爲屬國都尉，領縣如太守也。則此所謂"燒郡城"，非廣漢郡城，謂燒北部都尉治，本是故陰平郡治，緣故稱曰郡也。"郡人退住白水"之郡人，謂陰平郡之漢民。參狼羌反，既燒郡城，則當時北部都尉所管各縣必皆爲羌所據。氐羌與之同反，雖其所怒在官吏，但漢民畏懼，故退居白水縣。陰平循江至白水縣甚易，故其人退居於此。至是年十二月參狼叛羌降，乃隨都尉還本縣也。永初二年，是關隴地區羌胡大動亂的一年，益、梁兩州羌氏必然響應，故廣漢北部與武都羌同叛，禍延益州，廣漢與漢中均當其衝。"參狼羌"，武都參狼谷

（《水經注》稱"滄浪水"）住居之熟羌也，先受撫降，從而廣漢北部與武都皆得暫定。故升北部都尉爲屬國，以捍禦關中隴右叛羌也（時羌滇零已稱天子，朝廷議棄涼州）。

⑥漢陽郡，即前漢之天水郡。永平十七年改名。其羌人於永初二年叛應滇零，侵入武都、漢中，殺漢中太守董炳。四年，又入漢中，殺太守鄭廑。并見《漢中郡序》。

⑦杜琦、唐喜、尹就事，《後漢·西羌傳》并曾敍及，惟皆詳於隴事，未及其在蜀部分，參合本書，乃得見其全面。《西羌傳》云："漢陽人杜琦及弟季貢、同郡王信等與羌通謀，聚衆入上邽城，琦自稱安漢將軍。於是詔購募得琦首者，封列侯，賜錢百萬，羌胡斬琦者賜金百斤，銀二百斤。漢陽太守趙博遣刺客杜習刺殺琦，封習討姦侯，賜錢百萬。而杜季貢、王信等將其衆據樗泉營。侍御史唐喜領諸郡兵討破之，斬王信等六百餘級，没入妻子五百餘人，收金、銀、綵帛一億已上（《安帝紀》在永初六年九月）。杜季貢亡從滇零。"

本書言"廣漢郡屯葭萌"者，謂武都、漢中羌氐與部分漢民皆已叛漢，響應杜琦，益州諸郡皆全力備禦，廣漢郡軍民則屯戍葭萌縣捍禦白水、陽平，以防其南入巴蜀也。唐喜軍破樗泉營，所斬不過六百級，而得收金、帛一億以上之多者，非杜琦、王信等所能自有，蓋誅滅豪室、大户，所聚之珍寶於此大本營。此所反映爲琦、信等所反者爲漢官與豪强剥削之家，故羌漢俱擁護之也。

《西羌傳》續云："六年（112）……滇零死，子零昌代立，年尚幼少，同種狼莫爲其計策，以杜季貢爲將軍，別居丁奚城。……元初元年（114）……零昌遣兵寇雍城，又號多與當煎、勒姐（并羌種支名）大豪共脅諸種，分兵鈔掠武都、漢中。巴郡板楯蠻將兵救之……號多退走，還斷隴道……二年……零昌種衆復分寇益州，遣中郎將尹就將南陽兵，因發益部諸郡屯兵擊零昌黨吕叔都等。"

本書云"諸郡太守皆屯涪"，謂羌亂已入益州，且自涪城以東梓潼、葭萌、白水等縣皆已失陷，故益州諸郡太守皆率其屯兵聚守涪城以捍衛成都平原。《巴郡總序》謂"永（元）初中，廣漢、漢中羌反，虐及巴郡"，即此役也。明其時廣漢屬國與武都漢中羌皆已響應零昌，深入巴蜀矣。零昌所遣之統帥名吕叔都，蓋漢人，杜季貢之黨也。

《西羌傳》又續云："至秋，蜀人陳省、羅橫應募，刺殺叔都，皆封侯賜錢。……四年（117）春，（任）尚遣當闐種羌榆鬼等五人，刺殺杜季貢。封榆鬼爲破羌侯。其夏，尹就以不能定益州坐徵抵罪。以益州刺史張喬領尹就軍屯，招誘叛羌，稍稍降散。"呂叔都是杜季貢之黨，受羌酋零昌命來奪益州。叔都與季貢雖相繼被刺死，其衆并未因而潰散，更有人領導繼續戰鬥，圖據益州。故尹就不能定，徵還抵罪，而以張喬代之。喬改剿爲撫，"招誘叛羌"，又積以年月，始漸降散。

綜合分析上文：羌亂是因當時封建政府殘酷壓迫羌民所致，并不仇視漢族勞動人民，實質是農民起義，故有不少漢族農民參加。

⑧板楯救援漢中，在元初二年。漢朝褒獎程信等在元初五年，已見《漢中郡序》第二章。此言"元初五年"是就陰平郡恢復郡治言之，追敍其原因在於漢中羌退，非其年漢中始退也。漢中羌退，蜀中之羌必亦退走。此并與虞詡爲武都太守添竈以疑羌從而討破武都羌之事有關（詳在《後漢書·詡傳》）。武都羌定，則漢中與蜀中羌不能不退，乃復置陰平郡矣。陰平都尉轄境，原是廣漢郡界之羌族住區。茲雖叛羌退走，地方恢復，仍不能不加强武備，鎮禦羌氏。故郡城於郡守外，又置都尉，率軍同駐，不理民事，但助鎮壓叛民，安輯地方，故曰助郡都尉。此亦足見其時羌亂并未平定。

⑨"景谷"，關名，即今青川縣通往甘肅碧口之河谷。蜀漢時自陰平入蜀者，一般自陰平橋頭循白龍江下白水、葭萌，轉陸從劍閣至涪城，道平易而甚迂遠。其捷徑爲由橋頭南踰摩天嶺大山口，入景谷，至涪江岸之舊州，循江岸出江油，至涪城。劉先主時，曾於險崖絶壁閣架橋閣，通道取捷，即所謂左儋道。謂行者惟許用左肩，乃不至觸犯危崖也。其後橋閣敗壞不修，路斷。蜀未設備，故鄧艾從之入蜀。《鄧艾傳》："自陰平道，行無人之地七百餘里。鑿山通道，造作橋閣。山高谷深，至爲艱險。又糧運將匱，頻於危殆。艾以氈自裹，推轉而下。將士皆攀木緣崖，魚貫而進。"

⑩此事《元和志》、《寰宇記》并載，云："晉永嘉之末（313），太守王鑒以

郡降李雄，郡人因是悉流移入蜀漢。其氐羌并屬楊茂搜。"（兩書謂文出顧野王《輿地記》）當是刪省常氏此文而失其義也。王鑒是洛陽晉廷任命之太守。爲郡民毛深、左騰等所逐，必北還請兵。郡民畏禍，故凡漢民皆隨毛、左南走，降於李雄。氐羌非毛、左黨，故留。而晉室方亂，不能爲王鑒出兵。適楊茂搜率族至，遂得撫用氐羌，佔有陰平一郡，兼得武都地也。

⑪漢陰平道城，在今甘肅文縣，由《水經注》白水可定："白水西北出於臨洮縣西南西傾山。……又東南逕鄧至城南。……又東南入陰平（郡）得東維水。……又東南逕陰平道故城南，王莽更名摧虜矣，即廣漢之北部（都尉治）也。……又東逕陰平大城北，蓋其渠帥自故城徙居也。……又東逕偃城北。又東北逕橋頭。……與羌水合。自下，羌水又得其通稱矣。"《水經注》所謂羌水，即今之白龍江。其所云白水，即今發源於松潘縣東北境諸山之南平河（古鄧至城今爲南坪縣治），入甘肅文縣境，東南至碧口西數十里入白龍江，古今地埋形勢全合。

白水河谷，惟文縣附近地形最開展，多耕地。故歷世置縣未廢。在前漢稱道者，漢武帝開置武都郡，欲由之逕通於蜀。因氐羌舊徑開路，達於白龍江流域，置郵，曰甸氐道。近人所謂階州，《水經注》云"武街"（武階）者是也。再由武街開路通於白水河谷，置郵，是爲陰平道。唐宋曰曲水縣，明清曰文縣是也。又自陰平開路踰大山入於涪江之谷，置郵，曰剛氐道。今四川平武縣是也。再由剛氐道循涪水出江由關，至涪。尋以此三道皆爲縣，屬廣漢郡，爲北部都尉管地。後漢永初三年，爲廣漢屬國，旋置陰平郡，治陰平，去"道"字，以其位郡最中也。凡漢縣稱道者，初皆爲通郵。故嚴道亦稱"嚴郵"。

⑫齊召南《漢志考證》曰："按《百官公卿表》，邑有蠻夷曰道。（按："邑"字當屬上句，合爲國、邑。五字上承縣，非承邑。）《志》中縣邑之以道名者得二十九。南郡一，夷道也。零陵二，營道、泠道也。廣漢三，甸氐、剛氐、陰平道也。蜀郡二，嚴道、湔氐道也。犍爲一，僰道也。越巂一，靈關道也。武都五，故道、平樂、嘉陵、循成、下辨道也。隴西四，狄道、氐道、羌道、予道也。天水四，戎邑、緜諸、略陽、豲道也。安定一，月氏道也。北地三，除道、略畔、

義渠道也。上郡一，雕陰道也。長沙國一，連道也。尚缺其三，以《後漢·郡國志》證之，則蜀郡之汶江道、緜虒道，武都之武都道，恰與三十二之數合。此《漢志》於汶江、緜虒、武都三縣不言道，蓋亦闕文耳。"今按：齊氏舉兩漢縣名之稱道者，得其數矣，未得其義也。夫漢縣之有蠻夷者過半，則何得獨此三十二道哉？《百官表》所云，非班固本語，祇班昭或其後校注者謬以稱道之縣皆有蠻夷而注入之，遂繕成正文。後人不察，皆誤從之，竟沿爲定説，皆由不明地理，徒據書本之失也。《前漢志》二十六道皆秦世開通郵驛名稱，漢因以爲縣者。今此二十六縣，秦所開山道皆有文獻可資按驗。前漢緜虒（今茂縣）、汶江（今汶川），不稱道者，皆武帝時開，當時係自郫縣關口山道徑至緜虒，聯繫岷江上游三縣，非開龍溪、娘子嶺路故也。後漢乃別開新路，加"道"字也。前漢武都不稱道者，郡治皆不稱道。正如陰平，後漢爲郡治，即亦不稱道也。

⑬前漢甸氏道，南北朝時稱爲"武街"（武階），地在羌水（今云白龍江）流域。即隋唐之階州武都郡。明清爲階州，今爲甘肅武都縣。顏注："李奇曰：'甸音媵。'師古曰：音食證反。"按《經典釋文》，於《詩·小雅·信南山》"維禹甸之"，鄭玄讀"繩證反"。是漢魏南北朝世，"甸"讀音近於"陣"，蓋從田聲之古音也。義則仍是墾田與甸服之義。李奇特以"媵"字音之者，蓋取奴虜之義（媵之本義爲奴隸），恐非也。徐中舒先生曰："甸氏，平疇種田之氏。剛氏，山居行獵之氏也。"從生計爲説，頗符實際。然似莫如以近於京畿爲甸之義説之。此區在秦漢西南夷中，去長安最近，故曰甸氏，明其向化較深也。剛氏又在其西南甚遠，因西方金剛之義爲稱。皆漢族所加之稱，非其本語，亦非因地爲稱（與"湔氏"命名不同）。

⑭《前漢·地理志》隴西郡羌道縣云："羌水出塞外，南至陰平入白水，過郡三，行六百里。"顏師古注引《水經》曰："羌水出羌中參（狼）谷。"《水經注》卷三十二："羌水，出羌中參狼谷，彼俗謂之天池白水矣。《地理志》曰：'出隴西羌道。'……又東南逕武街城西南。又東南逕葭蘆城西……又逕葭蘆城南。……又東南流，至橋頭，合白水。東南去白水縣故城九十里。又東南至廣魏（即廣漢郡）白水縣，與漢水合。又東南過巴郡閬中縣……入於江。"所謂"葭蘆

城",在今武都東之臨江鎮。"橋頭",即"陰平橋頭",在今碧口西。當白水會口下,白龍江上之一大橋也。"白水故城"即今碧口。"漢水",謂嘉陵江,《水經》曰漢水也。羌水導源於"天池",世稱白龍池,在臨洮縣宕昌寨。故古謂天池白水,今云白龍江,與陰平之白水區別。古今地理名稱沿革,皆可勘合。然則在陰平縣者爲白水,在甸氐道者爲羌水。《水經》與《酈注》所據之漢地圖皆是如此。而今本《漢書・地理志》甸氐道云:"白水出徼外,東至葭萌入漢。過郡一,行九百五十里。"其爲羌水之誤甚明矣。羌道云羌水"過郡三"者,隴西發源,甸氐、白水、葭萌屬廣漢郡,閬中以下屬巴郡。云"行六百里"者,蓋行下脱"千"字。甸氐道下之白水,"過郡一千九百里"者,謂自西傾導源至入漢,祇過廣漢一郡,行九百里,則應是陰平道文,傳寫誤入甸氐道。常氏所見《漢志》應與桑欽、酈道元所見同,不當從宋鐫誤本。而元豐以來《常志》刻本,以白水繫甸氐道下者,亦緣傳寫者依誤本《漢書》移之,非《常志》之舊也。夫今本《史》、《漢》,訛誤亦頗多矣,前人校勘未能盡得,轉而遺誤後人者不少。此其一例耳。《水經注》於西北諸水,多得地理實踐者資料,故能正確也。

⑮兩漢無平武縣。洪亮吉《十六國疆域志》云:"考蜀漢陰平郡有廣武。《沈志》云:'蜀立。太康元年改曰平武。'按《晉・武帝紀》咸平四年,'陰平、廣武地震','甲子又震'。是太康以前尚名廣武,《沈志》之言,信也。《元和志》皆稱'陰平郡平武縣'。《晉志》作'平廣',殊誤。"

蜀漢廣武及晉平武縣故城,在今江油縣北之平由鋪(《江油縣志》)。

⑯"有關尉"者蓋即江由關,其關城即今平武縣舊州是也。《鄧艾傳》:"先登至江由,蜀守將馬邈降。"《鍾會傳》:"鄧艾追姜維到陰平,簡選精鋭,欲從漢德〔陽〕入江由、左儋道詣綿竹,趣成都。……會遣將軍田章等從劍閣西徑出江由。未至百里,章先破蜀伏兵三校。艾使章先登,遂長驅而前。"是江由關守將之降,爲田章軍自劍閣出馬鳴閣,據有江由縣,出左儋道關城之後。馬邈遂不守而降艾,艾乃得與田章合力長驅直入也。世冤鄧艾之死,矜其行險之勞,憎鍾會之奸,遂以滅蜀全功歸之一艾,掩田章之功,皆失之於歪曲。舊本誤入昔人注語二十八字,中云:"劉主時置義守,號關尉。"亦非。其關尉,蓋後漢元初中羌亂

侵入蜀中時已置。上文云"諸郡太守皆屯涪",江由關在劉先主未置廣武縣前,地本屬於涪縣,故蜀地諸郡太守之屯涪,即重在扼守此關也,時當已有關尉矣。蜀先主於未取得漢中前,已遣雷銅、吳蘭先入武都,又以張飛、馬超屯固山(12章之注⑨),則其取道必自陰平三道。於時江由關當與白水關同重,因而分涪置廣武縣(顧名思義,是進佔武都時置)。其時江由關尉已置可知,不待後主時也。云"劉主時置義守"者,謂自建興以來,魏人衹求保有雍涼,無力圖蜀,故後主裁去此關尉領軍,但以廣武民兵守之,稱爲義守。因其非正規軍,故易被魏軍摧破,非置義守乃稱爲關尉也(常氏稱劉主者皆指後主)。此二十八字中,衹此六字是常氏原文,直承上關尉字,嘆後主信巫言,廢守備也。

⑰漢剛氏道,爲今四川平武與青川縣地,爲兩千餘年來金屬礦產始終興旺之地區。最先取礦者蓋氏民也。《前漢志》云:"涪水,出徼外,南至墊江入漢(嘉陵江)。過郡二(廣漢與巴郡),行千六十九里。"本書云:"涪水所出。有金、銀礦。"俱得其實。緣近蜀,常氏知之較悉故也。

自永嘉亂後,縣境叛羌未平,晉人退入江由關內。雖存平武縣,衹轄關南平地,關外委不置吏。故圖籍無存,各代地理莫能詳其沿革,剛氏舊城位置遂無可考。大抵是今平武縣東之古城鎮。《寰宇記》卷八十四龍州云:"至梁,有楊李二姓各自稱藩于梁(《明一統志》云楊傑、李龍遷也)。至後魏武帝得其地,置江油郡。西魏廢帝二年定蜀,于此立龍州。"下歷唐宋,龍州州治皆在今江油縣境,或涪峽內之舊州,今平武縣境無建置。元代始招撫土酋爲宣慰司(出《龍安府舊志》,《元史》不見)。明洪武二十二年,改軍民千戶所。嘉靖四十五年改置龍安土府。萬曆十九年,始置平武縣(據《一統志》)。清代置龍安府,乃改流官。古地理書每以江油、平武、龍州、龍安混爲一地,莫能定剛氏縣所在也。

十五

右梁州①。

譔曰：漢沔彪炳，靈光上照。在天鑒爲雲漢，於地畫爲梁州。而皇劉應之，洪祚悠長。蕭公之云，不亦宜乎②。

案：右《梁州讚》一章。益州、寧州（南中）皆有讚，此獨簡短。蓋以其爲李氏與晉所爭地。蜀臣降晉，難於措詞也。

【注釋】

①《常志》梁州，所轄郡縣與晉不同，足知其非依晉制。又與兩漢不同，則又非依《漢志》立說。若謂其依蜀漢，則蜀漢無梁州，且武都郡屬縣亦不可能全同前漢。若謂其是李雄、李壽時建制，則李雄已置荊州，且武都郡僅曾遙附，未置官吏，當時屬縣，亦不可能與前漢同也。然則究何所據耶？經全面分析，知其是李雄時建置之制。李氏兵力所未到之暫附地區，如武都，則用《漢志》補列其縣也。李氏曾以巴地置荊州，故以《巴志》表其荊州郡縣，而又不能不遵晉制併於梁州。晉梁州治漢中，領八郡四十四縣，爲漢中郡八縣，梓潼郡八縣，廣漢郡三縣，新都郡四縣，涪陵郡五縣，巴郡四縣，巴西郡九縣，巴東郡三縣。巫、北井二縣隸建平郡，與東三郡皆屬荊州，武都、陰平二郡屬秦州。兩漢與蜀漢，則全屬於益州。以是，知常氏所記爲李成世建置，而不明白言之者。降晉後，已合巴漢爲一州，不敢違晉制，乃加梁州首尾以適晉制故也（參看附錄）。

②"蕭公"，謂蕭何。其言已在《漢中郡序》。

附

《常志》梁州郡縣與兩《漢志》及《晉志》對照表

（縣名前的數碼表示該縣在原書中的敍次）

《前漢·地理志》	《後漢·郡國志》	《華陽國志》	《晉書·地理志》
益州 漢中郡	益州 漢中郡	梁州 漢中郡	梁州 漢中郡
3 南鄭縣	1 南鄭縣	1 南鄭縣	1 南鄭縣
8 沔陽	5 沔陽	2 沔陽	4 沔陽
4 褒中	4 褒中	3 褒中	3 褒中
7 成固	2 成固	4 成固	5 成固
		5 蒲池	2 蒲池
		6 西鄉	6 西鄉
			7 黃金
			8 興道
		梁州 魏興郡	荊州 魏興郡
1 西城	3 西城	1 西城縣	3 西城縣
9 錫	7 錫	2 錫	4 錫
6 安陽	6 安陽	3 安康	2 安康
		4 興晉	1 興晉
12 長利		5 鄖鄉	5 長利
9 旬陽		6 洵陽	6 洵陽
		梁州 上庸郡	荊州 上庸縣
11 上庸	8 上庸	1 上庸縣	1 上庸縣
10 武陵		2 北巫	3 北巫
		3 武陵	4 武陵
		4 安富	2 安富
		5 微陽	6 微陽
			5 上廉

续表

《前漢‧地理志》	《後漢‧郡國志》	《華陽國志》	《晉書‧地理志》
5 房陵	9 房陵	梁州 新城郡 1 房陵縣 2 沔鄉 3 昌魏 4 綏陽	荆州 新城郡 1 房陵 4 沔鄉 3 昌魏 2 綏陽
益州 廣漢郡 1 梓潼縣 3 涪 7 葭萌 11 白水	益州 廣漢郡 6 梓潼縣 5 涪 8 葭萌 7 白水	梁州 梓潼郡 1 梓潼縣 2 涪 3 晉壽 4 白水 5 昭歡 6 漢德	梁州 梓潼郡 1 梓潼縣 2 涪城 6 晉壽 8 白水 5 漢德 3 武連 4 黃安 7 劍閣
6 廣漢 8 郪	10 廣漢 11 德陽 9 郪		梁州 廣漢郡 1 廣漢縣 2 德陽 3 五城
4 雒 2 汁方 5 緜竹 9 新都	1 雒 4 什邡 3 緜竹 2 新都		梁州 新都郡 1 雒縣 2 什方 3 緜竹 4 新都
13 陰平道 10 甸氐道 12 剛氐道	益州 廣漢屬國 1 陰平道 2 甸氐道 3 剛氐道	梁州 陰平郡 1 陰平縣 2 甸氐 3 平武 4 剛氐	秦州 陰平郡 1 陰平縣 2 平廣 —

续表

《前漢·地理志》	《後漢·郡國志》	《華陽國志》	《晉書·地理志》
益州 武都郡	涼州 武都郡	梁州 武都郡	秦州 武都郡
9 下辨道	1 下辨縣	1 下辨縣	1 下辨縣
1 武都	2 武都道	2 武都	4 武都
2 上禄	3 上禄	3 上禄	—
3 故道	4 故道	4 故道	5 故道
4 河池	5 河池	5 河池	2 河池
6 沮	6 沮	6 沮	3 沮
5 平樂道		7 平樂	
8 循成道		8 脩城	
7 嘉陵道		9 嘉陵道	—
	7 羌道《前漢》屬隴西郡		
益州 巴郡	益州 巴郡	梁州 巴郡	梁州 巴郡
1 江州縣	1 江州縣	1 江州縣	1 江州縣
3 枳	7 枳	2 枳	4 枳
2 臨江	6 臨江	3 臨江	3 臨江
	11 平都	4 平都	—
5 墊江	9 墊江	5 墊江	2 墊江
		6 樂城	—
		7 常安	
		梁州 巴東郡	梁州 巴東郡
9 魚復	5 魚復	1 魚復縣	1 魚復縣
6 朐忍	3 朐忍	2 朐忍	2 朐胊
		3 漢豐	—
		4 南浦	3 南浦
		5 羊渠	—

221

續表

《前漢・地理志》	《後漢・郡國志》	《華陽國志》	《晉書・地理志》
11 涪陵	8 涪陵	梁州 涪陵郡 1 涪陵縣 2 丹興 3 漢平 4 萬寧 5 漢髮 6 漢葭	梁州 涪陵郡 2 涪陵縣 — 3 漢平 5 萬寧 1 漢復 4 漢葭
4 閬中 10 充國 7 安漢	4 閬中 12 充國 10 安漢	梁州 巴西郡 1 閬中縣 2 西充國 3 南充國 4 安漢 5 平州	梁州 巴西郡 1 閬中縣 2 西充國 5 南充國 8 安漢 9 平州 3 蒼溪 4 岐愜
8 宕渠	2 宕渠 14 漢昌 13 宣漢	梁州 宕渠郡 1 宕渠 2 漢昌 3 宣漢	7 宕渠 6 漢昌 —
荆州 南郡 17 巫縣		（巫） （北井）	荆州 建平郡 1 巫縣 2 北井 3 秦昌 4 信陵 5 興山
14 夷道 13 秭歸			6 建始 7 秭歸 8 沙渠

晉梁州統漢中、梓潼、廣漢、新都、涪陵、巴郡、巴西、巴東八郡。州治漢中。係太康元年建置。太康六年，併新都入廣漢。惠帝時又分巴西立宕渠郡。又以新城、魏興、上庸自荊州度入梁州。合爲十一郡。李雄時全有梁州。

卷三

蜀志

卷三 蜀志

一

蜀之爲國，肇於人皇，與巴同囿①。至黃帝，爲其子昌意娶蜀山氏之女，生子高陽，是爲帝嚳。封其支庶於蜀，世爲侯伯②。歷廖本注："當脫'唐虞'二字。"無取。夏、商、周。武王伐紂，蜀與焉③。其地東接於巴，南接於越④，北與秦分，西奄峨《太平御覽》卷四十引作"岷"字。嶓⑤。地稱天府⑥，原曰華陽⑦。故其精靈，則井【絡】狼舊皆作"井絡"。《蜀典》引《括地象》云："嶓冢之精，上爲狼星。岷山之精，上爲井絡。"常氏於此，以井、狼與江、漢對應，其非單言井絡甚明。垂耀，江漢遵流。《河圖括地象》曰："岷山之精，上爲井絡，帝以會昌，神以建福⑧。"舊本作"岷山之下爲井絡"，合下爲十五字。廖本依《水經注》引補"精"字，改"下"字，合下爲十六字，得之。《夏書》曰："岷山導江，東別爲沱。"泉源深盛，爲四瀆之首，而分爲九江⑨。其寶，則有璧玉，金、銀、珠、碧、銅、鐵、鉛、錫、赭、堊、錦、繡、罽、氂、犀、象、氈、毦，舊誤作"眊"，從目。廖本從耳，正。丹、黃、空青【桑、漆、麻、紵】之饒⑩，滇、獠、賨、僰，僮僕六百之富⑪。

其卦值坤，故多班張、吳、何、王本作"斑"，錢、《函》、廖本作"班"。綵文章⑫。其辰值未，故尚滋味⑬。德在少昊，故好辛香⑭。星應輿鬼，故君子精敏，小人鬼黠⑮。與秦同分，故多悍勇⑯。在《詩》，文王之化，被乎江漢之域，秦豳同詠，故有夏聲也⑰。顧觀光校云："《長短經》注引作'秦豳同詩，秦蜀同分'。"其山林澤漁，園囿瓜果，百穀蕃廡，借張衡《南都賦》文補此四字，爲"代熟"主語。"代熟"本是用其賦"四時代熟"文也。四節宋刻元豐本作"時"。張、吳、何、王本同。嘉泰本作"節"。劉、李、錢、《函》、廖本同。代熟。桑、漆、麻、紵，靡不有焉⑱。此句舊刻亦脫主語。審上文"其寶"，皆記工、礦、商品之難得者，惟"桑、漆、麻、紵"是農產品，當在山林、田圃產物之列。應是常氏原文在此，後人傳鈔，豔羨其文氣勢，猶嫌二十餘種爲少，妄移此四字以助之。以其亦得爲商品也。茲刪移還原。

案：李雄時，以"三蜀"與其西南三邊郡爲益州，"三巴"與其分置之郡爲荆州，漢中、梓潼與其近郡爲梁州，而南中諸郡爲寧州。故常璩《蜀漢書》分四篇志其地理。益州爲其國都所在，故所造《州部總序》特爲詳贍精練。而列於卷三者，原是首篇，入晉後爲尊梁州，改在其下也。

此爲《蜀志總序》之首章，極力誇述地理特點。更析爲五節。先言歷史悠久，地位卓越。中舉物資之富，人物之盛。最後結於農產之饒，明蜀所由興在於農田水利，以啓杜宇、鱉令、李冰、文翁諸人功績所從來也。（參見圖版7《〈蜀志〉形勢總圖》）

【注釋】

① "人皇九囿"說，已具《巴志》2 章之注①。

②此非原始社會所能有。已詳《巴志》注。

③此據《尚書·牧誓》。可信。

④《春秋》定公五年，"於越入吳"，謂越王允裳乘吳王伐楚在郢，乘虛入姑蘇也。是勾踐之國本號"於越"，史家省稱爲越也。然蜀國不可能與接境。此"於"字，當與上文"於巴"同解。此越字所指，蓋爲"百越"，統南方民族所居之地言之。司馬遷《始皇本紀》引賈誼文，"南取百越之地以爲桂林、象郡。百越之君，俛首係頸，委命下吏"是也。秦漢時，中原人稱在嶺南者爲"南越"、"駱越"，在福建者爲"閩越"，在浙西者爲"東甌"，在浙東者爲"越國"，《史記》皆有列傳。其自平原進入山區者，稱爲"山越"，屢見於《三國志》，亦稱"揚越"（《南越王尉佗列傳》），謂古揚州之越族也。

此"越"字，在周、秦間，讀音與奧同，故《漢書》盡改寫作"粵"（"奧"之變體）。粵，又與甌音近，甌越、東甌，皆奧音，越族自稱之本語也。《史記·

南越列傳》：尉佗"以兵威邊，財物賂遺閩越、西甌（即甌越，對東甌爲稱）、駱，役屬焉"，以閩、甌、駱并稱是也。周末蜀國滅亡，有蜀王子安陽王者，率軍南走，征服甌、駱，建國仍號爲蜀（另詳 4 章之注⑥）。蓋蜀國南界，固曾與甌越、駱越與南越、滇越相接，故蜀王子雖國滅於北而復興於南也。此常氏言蜀境"南接於越"之義也。

秦滅蜀，尋即轉爭巴鹽。其於"南中"地區，雖亦通道置吏，僅及邛、笮、僰、鱉而止。故楚莊蹻仍自王滇，夜郎仍自立國，而蜀王子更興於甌、駱地區，閱五十年乃爲尉佗所併。常氏云蜀王"以南中爲苑囿"，蓋謂蜀之國境曾經包有南中，與諸越相銜接也。

秦、漢人所謂"百越"，不衹上舉甌、駱、南越、閩越、東甌、吳越、山越諸部，實又包舉南中諸越部落，如夜郎、同師、句町、卧漏、勞深、靡莫、巂、昆明、哀牢與滇越等言之。諸越部落，大多與蜀王有商品交易關係和藩屬關係，故曰"以爲苑囿"也。

駱與僚、勞、牢、老，古音相近，蓋駱越活動於湄公河流域，留於甌越西方者爲寮，西入雲南高原者被稱爲勞或牢，東入湘黔之間者被稱爲"老"或"狑老"，北入於四川盆地者被稱爲僚，最西者稱之爲"滇越"。邛人之國亦被稱爲"越巂"。《漢書》字作"粵巂"。則應劭說爲取"越巂水以彰休盛"之義亦非。《史記正義》釋"滇越"云："昆、郎等州皆滇國也。其西有滇越、越巂，則通號越，細分而有巂、滇等名也。"是唐世人猶知南中對越族之稱謂如此。《大越史記》稱其最早建國之鴻龐氏"國號文郎"，傳國二千六百二十一年，至周赧王五十七年乃亡。《後漢書·交阯傳》云："安帝永初元年，九真徼外夜郎蠻夷舉土內屬，開境千八百四十里。"是夜郎亦曾被作爲越族之別稱也。同傳又有"建武十二年，九真徼外蠻里張游，率種人慕化內屬，封爲歸漢里君"，里，即俚人，居於兩廣湘黔間者頗多，唐宋以來史籍、方志頻見，蓋亦百越之屬也。同書又屢見烏滸，"靈帝建寧三年，鬱林太守谷永以恩信招降烏滸人十餘萬內屬"，"光和元年，交阯、合浦烏滸蠻反叛"，則烏滸亦"百越"之一種也。大抵凡黑膚、短髮（斷髮）文身、涅齒、裸、跣之民族，周、秦、漢人皆以"越"稱之，故云"百越"。是故古人所謂"越"者，亦有廣狹二義：就廣義言，則百越也；就狹義言，則周秦間人用以專指越王勾踐之國。漢魏以來，則用以專指甌駱之國，本書云"南接於越"者是也。

⑤峨，峨眉山。漢以前史地書志無稱，本書"南安縣"始著。嶓，嶓冢山，始著於《禹貢》，漢水源也（秦漢以來之西漢水），在武都郡西北。

⑥"天府"，謂天帝之府庫，無所不有。最初見於《戰國策》，蘇秦說秦惠王曰："大王之國，西有巴、蜀、漢中之利，北有胡貉、代馬之用，南有巫山、黔中之限，東有崤、函之固，田肥美，民殷富，戰車萬乘，奮擊百萬，沃野千里，蓄積饒多，地勢形便。此所謂天府，天下之雄國也。"《史記》採之入《蘇秦傳》。然其說出於秦併巴、蜀之前，故或疑是後人偽造。所言"沃野千里"，亦是指渭水平原，非謂蜀地。其以天府專用於蜀地者，始於諸葛亮《隆中對》，所謂"益州險塞，沃野千里，天府之土"是也。

⑦此原，指高山平原與河谷平原，包括整個四川盆地與漢中盆地內可耕之土。在華山之南，《禹貢》稱爲"華陽"，常氏用爲書名者也。劉宋時，於漢中立華陽郡，理流徙之蜀民，領華陽、興宋、宕渠、嘉昌四縣，爲僑郡縣稱"華陽"之始。南齊存。又後僑民有南還居南安郡界（今劍閣縣地）者，更立華陽僑縣。今劍閣雙龍場，其故址也。西魏改名黃安，唐末改名普成。元廢。川西平原之華陽縣，初名蜀縣，唐貞觀十七年，分成都立。乾元初，改名華陽。爲用大西南區域地名加於西川一縣之始，非有沿革相因之義。

⑧井星，二十八宿之一，《星經》云："朱雀七宿之首，號爲天井。"《史記·天官書》："東井爲水事。"井絡者，謂井上汲綆。漢代方士，好以人事喻星象。緯書《河圖括地象》設爲岷山爲天上井絡之說，以神化江源。意謂天井水隨絡汲取，注於下地，以潤梁、荊、揚州，爲民建福利，帝運能會昌期也。此疑出於蜀人如洛下閎、唐都等所造，經揚雄、譙周、秦宓、左思等爲之煊染，後之言蜀地理者無不用之。揚雄《蜀都賦》："蜀都之地，禹治其江。渟皋彌望，鬱乎青葱，沃野千里。上稽乾度，則井絡儲精；下按地紀，則川宮奠位。"陳壽《秦宓傳》曰："蜀有汶阜之山，江出其腹，帝以會昌，神以建福。"謂出《蜀王本

紀》，則是揚雄用《括地象》文也。譙周與常璩皆遵用之。左思《蜀都賦》："遠則岷山之精，上爲井絡，天帝運期而會昌建福。"自《水經注》以下引《括地象》以頌蜀土者不勝枚舉。

⑨《禹貢》言江水"過九江，至於東陵"。九江是地名明矣。孔安國傳："江分爲九道。在荊州。"又荊州九江孔殷《傳》云："江水於此州界分爲九道。"意謂江過雲夢大澤，多岔港，尚符實際。常璩遂謂分爲九江溉田，則失之鑿矣。

⑩"璧玉"，謂大塊白石英可製爲璧者，蜀西北江水本支流，上游高原上隨地有之。"金"，凡產白石英之地，與自此流出江河沖積臺地，土砂中咸有之。金沙江、岷江、涪江、白龍江諸水沿岸，歲歲淘取不絕。"銀"，以朱提產爲最著名。蜀王杜宇時，朱提與蜀交往已密（見《蜀王本紀》）。其地秦時即已置縣，礦冶業發展甚早。"珠"，大蚌殼內竄入有砂者，分泌鈣、鉀、矽質，包圍成珠。舊時一般取於合浦海中，江湖淡水中大蚌亦能產之，是謂"江珠"。《山海經》："鳥鼠同穴之山……濫水（今之白龍江）出於其西，西流注於漢水。多鰥魮之魚，其狀如覆銚……是生珠玉。"郭璞注"珠母，蚌類"是也。揚雄、左思兩《蜀都賦》皆言"江珠"。自合浦珠大行，江珠遂無人重。解放後，淡水養珠業始再出現。"碧"，氧化銅滲入石質所成。石質細潤者爲綠寶石，古稱碧玉，次者爲碧石，皆伴銅礦生。會無產碧，見《漢志》及本書《越巂郡》。"銅"，堂狼、會無兩縣產最豐、質最美，從古未衰。與朱提皆由礦業發達，在邊徼中置縣最早。本書言鄧通銅山，皆蜀地也。"鐵"，蜀西南邊區多產之。《漢志》臨邛、南安、武陽皆有鐵官。本書述臨邛"流支鐵"，臺登"笮石"。近世發現攀枝花大鐵山，渡口市由是興，皆蜀地也。"鉛"，產地舊在大渡河谷諸山。清代尤屢開採，與銀礦伴生。錫產地在涪江上游。響水山者最良，稱爲"響錫"。清末未衰。"響水"在今青川縣涪江岸，清《一統志》不載。"赭、堊"皆黏土之極純極細者。赭石爲繪畫良品。堊之純白者稱粉丹，用於去垢，皆蜀地商品。"錦"，染色絲織成文彩者。"繡"，色絲刺加於帛上者。漢以前，貴人所衣文繡，皆繪畫成，惟蜀錦是織成。《前漢志》成都有工官，無錦官。本書有錦官城，未詳始於何時。《先主志》言："先主克蜀……賜諸葛亮、法正、關羽、張飛金五百斤，銀

千斤，錢五千萬，錦萬匹。其餘各有差。"合他將士計賜錦當在十萬匹以上。此或非市場所購，疑爲錦官所儲。其金銀，蓋亦工官所儲，故得大量散賜也。然則錦官蓋後漢中葉置也。其時民間作坊已盛，故能因其工巧，爲錦官也。"罽"，毛織品之有文彩者。《漢書·高帝紀》八年詔："賈人毋得衣錦繡綺縠絺紵罽，操兵，乘騎馬。"顔師古注："罽，織毛，若今毾及氍毹之類也。"氍毹，今云氍毹，俗呼栽絨毯。《異物志》："大秦國以繭絲織成氍毯，以群獸五色毛雜之，爲鳥獸、人物、草木、雲氣，千奇萬變，惟意所作。"謂以絲爲經緯，而編五色毛於其間也。顔注罽字音"居例反"。後人皆讀如 jì。竊謂此字從罒、厂、剡，三字皆無 jì 聲。《説文》："罽，魚網也，從网，剡聲。籀文鋭。"又："剡，鋭利也，从刀，炎聲。"段玉裁釋"从厂剡"云："从剡，厂聲。繭、罽字從此。"古今字音屢變，或漢人讀如鋭，唐人讀如技，清地方音如厂：皆未必是胡商本音。《詩·大田》："以我覃耜。"張衡《東京賦》作"剡耜"，是《毛詩》作"覃"，《三家詩》作"剡"。《易·繫》："剡木爲矢。"皆讀 tán 音。今世從炎聲字如談、痰、剡、郯皆 tán 音，炎、毯字皆 tǎn 音。則罽字溯聲源，當爲炎聲，讀覃、毯。從网者，織罽當有經緯，其疏似網也。從厂者，編於室，不似網之織於野也。從刀者，凡編氍耗，皆以毛繫於經綫，以緯壓固之。編一列成，乃割齊其毛，全匹成，更用長剪修整之，故從刀也。然則其字固當讀如毯，今云栽絨毯，音義并洽矣。毯字，不見於《説文》。宋代韻書始有之，字亦作毿。《正韻》云："他感切。毛席也。"正足知其爲栽絨地毯。其物漢武帝時已自西域輸入内地，而《説文》有罽字，無毯字，則罽即後世之毯字。許聲、顔注、段説并非矣。

"氂"，羌地旄牛，毛長，從古輸入，供刀、矛、旌、旗裝飾。"犀、象"皆熱帶動物。犀角、象牙，中土所重。皮堅韌，爲甲。上古并由商賈自蜀道輸入。秦以後番禺道暢通。三國以後，海道乃通，而蜀道轉寂。此所言，魏晉以前時也。近年四川盆地内頻數發現古犀象化石，皆人類初生時代之遺迹，未可用以解釋此文。"氈"，用牛羊亂毛揉撼黏合而成之墊具。"毦"，字從毛，耳聲。音同弭。《説文》："羽毛飾也。《詩·有聲》："崇牙樹羽。"《陳風》："值其鷺羽。"皆殷、周人尚羽飾之證。《後漢書·單超傳》："金銀關耗，施於犬馬。"章懷注"耗，以毛羽爲飾"是也。馬、犛尾毛供結蠅拂者亦曰耗，裴注《諸葛亮傳》引《魏略》："備性好結耗，時適有人以髦牛尾與備者，備因手自結之。""丹"，謂朱砂。"黄"，謂石黄。"空青"，銅礦之結核者，研細則爲石綠。皆繪事珍品，優點在永不變色。空青又入藥。《政和本草》云："空青，生益州山谷及越嶲山有銅處。銅精熏則生空青。其腹中空。三月中旬採，亦無時。陶隱居（即陶弘景）云：'越嶲屬益州。今出銅官（指會理）者，色最鮮深；出始興者，弗如。益州（此指昆明）諸郡無復有，恐久不採之故也。涼州西平郡有空青山，亦甚多。今空青但圓實如鐵珠，無空腹者，皆鑿土石中取之。又以合丹，成則化鉛爲金矣（按：煉朱砂爲黄金之法如此）。諸石藥中惟此最貴。醫方乃稀用之，而多充畫色，殊爲可惜。'"空青中有含水者，尤名貴，舊傳其能愈盲目，實祇緣其含銅毒能殺菌，非有他能。今眼藥水同有此效，所在廉便，人不復知空青爲何物矣。

⑪此言秦漢世蜀地奴隸販賣之盛。《漢書·地理志》："巴、蜀、廣漢……南賈滇、僰僮，西近邛，莋馬旄牛。"足見當時蜀中商賈以奴隸、旄牛、莋馬爲主要商品。僮謂奴隸，當時的主要市場在滇國與僰侯的都邑。莋馬，今云西昌馬，軀幹較蒙古馬、西寧馬爲小，而善走山地，巴、蜀、漢中人樂購之，當時的主要市場在邛都（越嶲郡治）。旄牛即羌地特產之氂牛，不能生活於内地，而皮、肉、毛并爲内地所重，當時主要市場在莋都（沈黎郡治），内地商賈恒生購并於此剥製其毛皮銷於内地。此班固爲文之意也。

《常志》此文，"滇獠賨僰"四字所表爲當時掠賣奴隸之族籍。滇，即益州郡治滇池之省稱。此處所買奴隸，包括勞浸、靡莫、嶲、昆明、哀牢、姑繒、同師、夜郎、烏滸諸民族，皆不諳内地語言風俗，須奴隸商購入施行調教後乃可售供使用者，統稱之爲"滇僮"。獠，今字作"僚"，爲秦漢時已大量入住於貴州高原之民族。賨即巴國土著。僰即僰國土著，與賨同出於"百濮"，因西徙時早，而形成爲新族落也。獠、賨、僰頗習漢語漢俗，奴隸商購入即可轉售，故稱之曰"僰僮"，以别於"滇僮"。漢世奴隸商之分類如此。入魏晉世，蜀人皆樂購僰僮，賨與僚、僰之淪爲奴隸者特多。賓僰最易使用，僚則遜之，滇僅爲最下，故《常志》更作區類爲"滇、獠、賓、僰"。

奴隸商購入後，恒先分別其年貌、性能，施行調伏訓練，教以語言、藝事，俾其適合各種奴隸主選購，以獲高價；或留供自己使用，使得展其才藝而後售之。《史記》、《漢書》之《貨殖列傳》中之刁間、姓偉、羅裒等，實即此種奴隸商人。故曰，"黠奴人之所患，惟刁間收取"，"裒賈京師，隨身數十百萬"。讀者每以爲是挾多金，誤矣。其時游俠椎剽者多，平民不可能以數十百萬金隨身，蓋其隨身者皆已調伏之奴隸（固亦持有商品以行），至京則賣之，共值數十百萬金，非專言貲貨也。裒"爲平陵石氏持錢"能使其"貲次如苴"者，亦非身自經營之，蓋亦如刁間之"能使豪奴自饒而盡其力"以"往來於巴蜀"故也。臨邛卓氏、程鄭之使用奴隸亦正如此。故奴隸愈多，產業愈發展，商道愈遠達，則家人享受"田池射獵之樂"，愈可"比於人君"。調教成各種藝能之奴隸愈多，則其享用愈侈也。是故，秦漢之世，內地雖已進入封建社會，而王侯貴族、地主豪勢之家仍各擁大量奴隸，用於享樂、生產、商營和戰鬥（魏晉間所謂"家部曲"實即奴軍）。由於徼外多已進入奴隸社會，公開奴隸買賣，而內地復有此輩奴隸商人爲其調教適用之奴隸故也。

此處"僮僕六百"四字所表達者爲奴隸市價之等級。調教慧黠有才藝、能受主人嬖愛者，爲上等，當時稱之爲"僮"（《漢書》作"童"，《説文》亦作"童"），謂其可愛如童幼兒也。此級奴隸，大都善歌舞、射獵、工技，《漢書·張安世傳》"家童七百人，皆有手技"是也。其馴順謹厚、堪任使者爲"僕"，大都爲年齡已大，歷世已深者。其在奴隸中之地位與市場之價格，一般較低於僮。此周代已然之奴隸等級也。《左傳》昭七年芋尹無宇言，"人有十等"，僕列隸僚下，爲第九等。《詩·卷耳》爲貴族寵奴送嫁者作，而云"我僕痛矣"。周秦漢文，恒臣僕連稱。臣者，古之奴字，僕又在奴下也。"六百"二字，舊無解者。按此文，當爲奴隸市場第三級之代稱。凡購奴隸，皆有文契以規定其日常勞動事項，以訂價格。王褒《僮約》，即其明例。一般必不如其苛細，要亦必保證其所可能之量（規格），驗之不及者，可斥還也。此"六百"字，疑是當時謂一般粗笨勞動奴隸之售價，或是保證全年生產之價值。知其然者：漢世例稱郡守爲"二千石"，用於詔書。石奮與其四子皆二千石，遂被稱爲"萬石君"。禄食最低之例，則稱"斗食"。明載官書，著於正史。此以數字代表人身之例也。本書《汶山郡》稱羌氏冬入内地受僱傭者爲"作五百石子"（或云"作氏百石子"），亦是以數字代表人身。足見漢魏蜀俗，習慣如此。近世民間，猶見此俗存者：京師舊俗，技藝工日酬四百錢，老技工每乘工緊時以學徒充數，實酬二百五（師工得百五）。於是人皆譏呼一切濫竽工匠與淺薄藝人爲"二百五"。家鄉川北祇用制錢時代，農家僱用零工，日酬三十二文。於是人皆呼售僱零工者爲"三十二"。又俗稱瘧疾痁戰爲"做零工"，於是又稱病瘧者爲"做三十二"。其後通行銅元銀元，工價日變，而民間猶用三十二爲其代稱。皆余所經見。則魏晉人之稱低級奴隸爲"六百"，可理解矣。（一説六百即樓薄種奴隸，參看《汶山郡》"六夷"注。）

⑫《易·坤卦》："西南得朋，東北喪朋。"正義曰："坤位在西南。"魏晉人創"指南羅經"，以八卦配八方如此。又《坤卦·象》曰："黄裳元吉，文在中也。上六，龍戰于野，其血玄黄。"常璩"斑綵、文章"之説依此，與上文錦綉、丹、黄、空青相應。

⑬古稱十二地支爲十二辰，配合十二月、十二方、十二神、十二味……以至十二星野，詳著《吕氏春秋》與漢儒《月令》。《淮南·時則訓》、《史記·天官書》、許慎《説文》并遵之。《説文》："未，味也。六月有滋味也。"

⑭《月令》"三秋之月同"云："其帝少皞，其神蓐收……其味辛，其臭腥。"常璩據以説蜀人嗜辛香之味。"辛香"謂薑、椒、扶留之屬也。

⑮"輿鬼"，即鬼宿四星，已見《巴志》注。揚雄《方言》："虔，儇慧也……自關而東，趙魏之間謂之黠，或謂之鬼。"常璩取爲鬼宿之應。"精敏"，亦儇慧之義也。

⑯巴蜀與秦同分，與秦俗悍勇，皆班固《地理志》説。

⑰《詩·周南·召南》二十五篇皆民間之作。漢儒因周召字，妄謂"文王之道，被於南國"（《毛詩·廣漢篇序》），常氏用之。其實是周初多購用南國奴

隸，因而介入南國詩歌。《豳風》七篇，皆周公旦時輯録之詩。《秦風》十篇，皆春秋初年産生，與《豳詩》相去時間約五百年，雖同屬關中之詩，不得云"同詠"。"夏聲"，初見《左傳》襄二十九年，季札觀樂贊秦風語。然其文疑是後人竄入。可靠之解釋，當如《吕覽·古樂篇》，謂周秦承夏后氏之樂，爲西方之音，以别於殷商也。常氏此用《左傳》季札之説。

⑱此叙蜀地農業，不及百穀與桑麻，顯係前人奪亂。

二

有周之世，限以秦巴，雖奉王職，不得與春秋盟會，君長莫同書軌①。

周失紀綱，蜀先稱王。有蜀侯蠶叢，其目縱，始稱王②。死，作石棺、石椁。劉、李、張、吳、何、王本作"槨"。國人從之。故俗以石棺椁爲縱目人冢也③。吳、何、王本無"也"字。浙本擠補。次按：當作"後"。王曰柏灌。次王曰魚鳧。魚鳧廖本無此二字。王田於湔山，忽得仙道。蜀人思之，爲立祠於湔④。據《御覽》引《蜀王本紀》文補。

後有王曰杜宇，教民務農。一號杜主⑤。時朱提有梁氏女利，游江源。宇悅之，納以爲妃⑥。移治郫邑。或治瞿上⑦。【七】巴國稱王，杜宇稱帝。七國稱王，在周顯王世，距滅蜀衹數十年，杜宇死已四百餘年矣。"七"字，應是"巴"之譌。形近，時間亦合。號曰望帝，更名蒲卑。元豐本作"郫"。他各本作"卑"。自以功德高諸王⑧。此句釋"稱帝"，當斷。乃指杜宇時。以褒斜爲前門⑨，熊耳、靈關爲後戶⑩，玉壘、峨眉爲城郭⑪，江、潛、綿、洛爲池澤⑫；以於文當衍。各本有，宋姚寬《西溪叢語》卷下引無。汶山爲畜牧，南中爲園苑⑬。會有水災，錢寫本作"火災"。其相開明，決玉壘山以除水害。帝遂委以政事，法堯舜禪授之義，【遂】舊本皆有，當衍。《西溪叢語》卷下引無。禪位於開明。帝升西山隱焉。時適二月，子鵑鳥鳴。故蜀人悲子鵑鳥鳴也⑭。《西溪叢語》引此句作："蜀人悲之，故聞子鵑之鳴，即曰望帝也。"較長。巴亦化其教而力農務。迄今巴蜀民，農時先祀杜主君⑮。廖本此下注云"當作'若'"，意謂當連下"開明"讀。又重"開明"字。無取。

案：以上，序蠶叢開國至禪位開明氏，大抵取材於《蜀王本紀》（一稱

《蜀本紀》或《蜀紀》）。本書《序志》，省稱《本紀》，謂自司馬相如至任熙八家"各集傳記以作《本紀》"，可知其書係經多人相繼增修所成，大抵揚雄、譙周二人所輯者較多。今有揚雄《蜀王本紀》輯本，殘闕已甚，又多異文，不足以驗其是否原書本語。常璩既克見八家之書，取材又頗謹慎，應爲現存最可靠之纂輯文字，然其觀點與見地尚有當辨訂者。

【注釋】

①蜀國本是羌氏民族在岷江上游河谷所建成之部落。踰九頂山口，循湔水入成都平原，以農業興，自成大國，在當時有其獨特的文化，僅以經濟交流與岐周發生關係。參與牧野之師，《牧誓》但稱曰人，明非君長自至，但有其人而已。其君素自高貴，不願遠出盟會，以自厠於諸侯，固不得云"同書軌"也。《中庸》："今天下車同軌、書同文、行同倫，雖有其位，苟無其德，不敢作禮樂焉。"昔人傳爲春秋末年孔伋所作，實係漢儒僞撰以頌揚統一之局。常氏藉以説明古蜀國自有其文字與制度。

②此説蠶叢稱王在周失紀綱時，時間性與歷史真實性皆謬。一般言周失紀綱，皆指平王東遷以後。縱上推，亦不過幽、厲世。蜀王蠶叢之時間，除常氏外，傳者皆不謂在周世。《蜀都賦》注引《蜀王本紀》："從開明上到蠶叢，積三萬四千歲。"《太平御覽》引云："從開明以上至蠶叢，凡四千歲。"李白《蜀道難》云："蠶叢及魚鳧，開國何茫然。爾來四萬八千歲。"以今推之，蠶叢氏原在今茂縣之叠溪，尚未進入成都平原，當時不可能脱離原始社會，也不可能建成蜀地之王國（詳附録《蠶叢考》）。自蠶叢至魚鳧居湔，約一千年。再至杜宇乃得爲周世王國。若然，則蠶叢在夏、殷世矣。至於謂"始稱王"，亦是誤解。任何民族，在未有文字以前，皆能以口授相傳，誦其先祖世代。凡我國先秦書籍所傳古史世代皆屬此類。《蜀王本紀》爲漢代人所記蜀人傳説，祇得如此三四著名之酋長，非能列舉其世系。《御覽》卷八八八，謂蠶叢、柏灌、魚鳧，"此三代各數百歲"。此亦猶古代相傳，伏羲、神農各數百歲，皆就其氏族旺盛年代言之，非一人能活數百歲。住何民族皆有施用於酋長之特稱。若皇、帝、王、單于、贊普、

凱撒與薩爾之類，古籍中知其本語則譯其音，不知本語，則用當時語稱以王、侯、君、長之字。《史記·楚世家》載熊通稱王説，是楚已受華夏文化，實用侯王字。巴之稱王，亦是如此。蠶叢世，無有王侯概念，則安得云"蜀侯""先稱王"與"周失紀綱"哉？查近年發現巴蜀古銅劍、器物，多刻有✿或✾字，乃蜀國表示首領之字。文字尚且不同，則安得謂其鑿然與周并稱王乎？揚雄之稱以"蜀王"，亦如今人之稱英王、荷蘭王、丹麥王，譯擬之字而已，未可以七國稱王比矣。

③石棺槨，今川西邊地多有發現。見於冕寧者最早。石皆巨重難動，無文刻，蓋石器時代苴王墓也。見於理縣者，顯爲銅器時代氐族之墓叢。蠶叢之邑，漢爲蠶陵縣（《後漢志》作"八陵縣"）。蓋漢代已發現其墓群，故稱以"蠶叢"也。瀘定沈村有白馬王墓，磚砌大隧穴，其内亦係石棺。蘆山縣發現建安年上計史王暉墓，亦是大石棺，有銘刻。則漢世蜀人不能爲崖墓者，亦作石棺矣。川邊地區多叢林大木，而時人偏好石棺者，蓋出於民俗之偏嗜，其理尚當詳究。常氏謂蠶叢墓制如此，是否正確，亦待詳考。

近世人種學者，檢驗氐族體格，眼角多向上斜。馬長壽先生以爲即舊傳"縱目人"之驗。凡上所舉石棺，皆出現於氐區。則謂石棺槨爲縱目人冢，即氐人冢，謂此是蠶叢遺俗，則蠶叢爲氐族古代之名酋矣。

④柏灌事迹無聞，傳者悉僅以與蠶叢、魚鳧并稱。"魚鳧田於湔山"，則已進入成都平原矣。湔水，今彭縣北海窝子河是也，出"關口"注於沱江（郫河），古稱"湔水"。《前漢·地理志》蜀郡緜虒縣云："玉壘山，湔水所出，東南至江陽（今瀘縣）入江。"緜虒，舊茂縣（1958年改置爲今茂汶羌族自治縣）。玉壘，今云九頂山，在縣東南。湔水出其南麓。玉壘海拔五千公尺，但湔源近處山有淺嶺低至一千公尺以下者。往時龍溪山道未通，緜虒與成都平原交通皆取道於湔水山谷。下行一日可達緜雒，上行二日可達緜虒，路緩斜，無險阻。海窝子，古稱瞿上，有農村、場市。漸上入森林。最上爲草地。淺嶺稍下不遠，已達緜虒。秦以前，岷江上游與成都平原之通道如此。故蜀人稱緜虒地區之氐爲"湔氐"。都江龍溪至汶川山道，係秦末所開。漢代始於都江堰附近置湔氐道。《漢

志》序在縣廐、旄牛、徙縣後者,徙縣以上爲秦舊縣,湔氐道非秦舊縣故也。古湔氐民族地區,西抵龍溪。故自龍溪踰娘子嶺所開之新道稱湔氐道,行政上相當於縣一級。湔氐道設置後,內地移居岷江河谷者驟多,乃得續置汶江、廣柔、蠶陵三縣。故《漢志》更敍在蜀郡十五縣之末,不得同於縣廐也。由於漢在都江置縣云"湔氐道",後遂改稱湔縣,又後遂混稱都江堰爲"湔堰"。本書所言湔山,亦謂湔縣之山。《蜀王本記》所言"立祠於湔",蓋任熙文。湔縣,蜀後主時置,惟譙周與任熙得言之也。

或曰,魚鳧,鳥名也。色黑,善捕魚,漁家養之,今俗呼"魚老鴉",杜甫《夔州》詩所云"家家養烏鬼"者是也。王族以此爲名,可疑爲漁業民族之王,實則不然。夫蜀人既已遷徙入成都平原,則亦當已知漁業,見魚鳧。人取鳥名,杜宇即是,不必即是民族標志。或因此王進入湔區後,嗜漁獵,故爲此稱。亦如蠶叢,由其聚族養蠶,因以爲稱。此部族,自岷江河谷踰土門入山南之草原至瞿上,逗留甚久。即所謂柏灌氏時數百年也。至魚鳧時,當已下入成都平原,漁獵墾牧於湔水湔山之間。至杜宇乃進入農業社會。

⑤社,古與土同音。解放前四川各縣城鄉皆有土主廟,人莫知其何神也。大都爲農民所敬奉,由巫師傳其爲保護農牧之神。蓋即杜宇。

杜宇,鳥名也。食林木上蟲類,羽色與林木混,人不易辨。春暖,發情則鳴,一曰布穀。適當割麥插禾時,鳴聲近之,從來以爲農候之鳥。此王教民務農,故有此稱。後人乃倒言之,謂此王死魂化爲此鳥。蜀族至此王乃強大,由其能開墾成都平原,至富庶也。其執政時間,大約在春秋之世,或西周之末。

⑥《史記·三代世表》索隱引《蜀王本紀》云:"朱提有男子杜宇,從天而下,自稱望帝。"《太平御覽》卷八百八十八引《蜀王本紀》云:"後有一男子名曰杜宇,從天墮止("止"下可能有脫)。朱提有一女子名利,從江源地井中出,爲杜宇妻。自立爲蜀王,號曰望帝。治汶山下邑郫。"《水經注》卷三十三引來敏《本蜀論》曰:"望帝者,杜宇也,從天下。女子朱利自江源出,爲宇妻。遂王於蜀,號曰望帝。"與《常志》合勘,知八家《本紀》文雖不同,杜宇之強盛由得朱提之名利者爲內助則一。蓋先民傳說如此。或且有蜀族文物,記錄有朱

提、江源、女子利與杜宇字，故漢儒傳志能一致如此，以神化之。實祇是先民之寓言影射，意謂杜宇本非成都平原所生，爲"天降"。能開闢朱提銀礦，資其利而富强。"女子"喻其可愛。云從"江源地井中出"者，固喻其源流之盛，有如天井；亦由當時棧道未開，蜀與中原交通，主由瞿上循湔至緜虒，再溯江源以出隴右。江源爲草地牧區，亦蜀族所由來處。意謂杜宇以銀與中原市易，大興汶山牧業，與朱提礦業、成都農業，三者結合發展，故能驟致富强也。下文"以汶山爲畜牧"，明蜀雖以農業興，其本基仍在畜牧也（氐族原出於羌，羌氐并重牧業）。

⑦蜀王所治郫邑，在今彭縣西北二十餘里，屬九隴黃土丘陵部分。在唐爲九隴縣治，《元和志》："九隴縣，本漢繁縣地，舊曰小郫。"蓋杜宇時，成都平原尚屬大澤，卑濕不宜營邑。營邑必在較高之黃土丘陵地帶（廣都、新都、成都三邑之原址亦正如此，後詳），故郫本在九隴。漢時成都平原已全爲陸土田疇，乃徙郫縣治沱江之南（今郫縣治），稱舊邑爲"小郫"。又後調整縣境，沱江以北入繁縣。《隋書・地理志・蜀郡》：舊曰晉壽，梁置東益州。後周州廢，置九龍郡，并改曰九隴。唐宋乃因九隴、濛陽立彭州（明爲彭縣），故九隴、小郫今屬彭縣也。

"瞿上"，今彭縣北，海窩子之"關口"是也。湔水兩側，山爪本相抱合，構成一山間盆地，曾瀦成湖海，後穿洩成陸，故俗云海窩子。洩水之缺口，成短峽，左右岸逼近，相對望，如闕，《元和志》謂之天彭門（一稱天彭闕），自闕下瞰成都平原，有如鷹隼翔視，故古稱海窩子爲"瞿上"。

由此文，可知杜宇雖已都郫，猶不忘瞿上，蓋原自瞿上來。故又傳其自天而下。此皆蜀族來自江源之明驗也。

⑧巴緣楚國稱王而亦稱王，説在《巴志》之4章。蜀緣巴國稱王而稱帝，是蜀亦已進入華夏文化領域矣。"帝"字，原指天帝（俗云玉皇大帝），爲夏殷元首所自喻之稱。蜀王用之以自大，故有天降之傳説也。

"蒲卑"當是蜀語譯字。其時蜀族之語言文字，似已漸向中原靠近、轉變，故史事漸得明確。蒲卑與郫邑，似皆有徙就下濕，發展禾稼義。今世所得巴蜀古銅器每有❀字圖案，竊疑即蒲卑，或苗之原字也（《蜀都賦》注作"蒲澤")。

⑨"褒、斜",二谷名,爲自漢中褒城通陝西鄠縣之要道。有鑿絕壁、植木架橋閣以度行旅之道四十里,世稱北棧道,秦時所開也。漢中平原,周代爲褒國(從武都、故關通於寶雞,爲周代褒國往來舊道),爲南國最早進入農業社會者。褒國姒姓,與周婚匹,幽王后"褒姒"當即褒人。褒滅於庸。楚與秦、巴滅庸,褒舊地入秦。秦躁公時,南鄭反,蜀王取漢中(前442),此云"以褒斜爲前門",謂杜宇已得漢中之地也。然則杜宇爲公元前五世紀人矣。《秦本紀》言,惠公十三年(前387),"伐蜀,取南鄭"。《常志》言:"周顯王之世(前368至前321)蜀有褒漢之地。"又云:"周顯王二十二年,蜀侯使朝秦。"則是秦曾再取漢中之地,蜀亦再爭之。時則已是開明氏,非杜宇時矣。

⑩熊耳山,見於《禹貢》。在華山與外方、桐柏之間,非蜀國地。此所云蜀國"後户",應在與前門相反方向,即蜀之西南方。《元和志》謂熊耳山在"平羌縣東北十一里",蓋指今青神縣漢陽峽之岸山。《水經注》謂南安縣西"有熊耳峽,連山競險,接嶺爭高",則惟今洪雅西界竹箐關之青衣江峽足以當之。即此所云熊耳也。常氏以之與靈關連稱,二地相去不遠。

靈關,亦峽名,在今蘆山、寶興界上,係一礫岩層之大裂口。長數里,兩岸壁立,中爲通道。出峽爲靈關鎮(今寶興縣治),在漢代爲青衣夷王國邑。下逮唐、宋、明、清,此峽皆爲漢民與土著間天然界限。與熊耳峽分屬青衣水上下游地區之要道,故蜀王時以二峽爲"後户"也。越巂郡有零關道,乃漢武帝時司馬相如所開。兩《漢志》今本譌作"靈關道"。後世言地理者,每以與此靈關相混亂。彼零關是邛國北界,時蜀未得以爲後户也(參看《越巂郡》"零關道"注)。

⑪玉壘山,即九頂山,在茂縣南、汶川縣東,四時積雪飛雲,杜甫詩"玉壘浮雲貫古今"是也。峨眉山,今爲成昆鐵路側過之名山,道家所謂"虛靈太妙洞天"也。與玉壘皆高於平地三千餘公尺,具寒溫熱三帶氣候與其生物。其內皆蜀國繁榮富庶之地,故喻之爲城郭。

⑫岷江,下合金沙江東流出三峽入海,得江之專稱。潛者,廣元東北神宣驛有龍洞十餘里,有水流出,入嘉陵江,古稱潛水。故嘉陵江納其通稱。《禹貢》

"沱潛既導","浮于潛,踰于沔",皆指此水。廣元,漢葭萌縣地,在周秦世與漢中皆屬蜀,故常氏舉之。綿水,《漢志》綿竹縣云:"紫巖山,緜水所出,東至新都北入雒。"然此水有支津東流至涪縣(今綿陽)入於涪水,故涪水亦得納緜水通稱。但以涪城當要津名大,緜名遂爲涪名所掩。《常志》此云"綿",實指涪水(後文"緜雒"同)。若《漢志》之綿水,明言是雒水支流,不得爲蜀國大河。洛,即雒水。《漢志》雒縣云:"章山,雒水所出,南至新都谷入湔。"所指爲今廣漢縣城外河也。"新都谷",今云金堂峽,在漢爲新都縣地。雒水與綿竹河(德陽河)合流後,至趙家渡(今金堂縣)入此峽。出峽爲簡陽縣,更經資中、内江至瀘縣入江,是爲沱江。《漢志》云"入湔"者,班固稱沱江爲湔水(見上引"緜虒縣"文)。常氏此所云"洛",亦指沱江。皆所謂"水隨決入而納通稱"也。江、沱、涪、潛,爲蜀國四大河,湔水、雒水與入雒之緜水,皆沱江支流。故知此所云"綿",是指涪水。"池",謂有養殖魚蒲之利。"澤",謂有浸溉田疇之功。

⑬此"汶山"指江源地區,今云松潘草原。松潘城北羊膞嶺,江水所出也(參看注⑥)。"南中"後有專篇。"園",謂專其收取之利。"苑",謂享其獵獲之樂。皆以喻南中諸部族并臣屬於蜀,蜀專其林、礦、工、商之利也。

⑭開明,即鼈靈。《水經注》卷三十三,引來敏《本蜀論》曰:"荆人鼈令死,其尸隨水上。荆人求之,不得。令至汶山下復生。起見望帝。望帝者,杜宇也。……望帝立以爲相。時巫山(壅)峽而蜀水不流。帝使令鑿巫峽通水,蜀得陸處。望帝自以德不若,遂以國禪,號曰'開明'"(原脱"壅"字)。《太平御覽》卷八百八十八,載《蜀王本紀》云:"荆有一人名鼈靈,其尸亡去。荆人求之不得。鼈靈尸至蜀,復生。蜀王以爲相。時玉山出水,若堯之洪水。望帝不能治水,使鼈靈決玉山,民得陸處。鼈靈治水去後,望帝與其妻通。帝自以薄德,不如鼈靈,委國援鼈靈而去,如堯之禪舜。"又引《十三州志》曰:"荆地有一死者名鼈泠,其尸亡至汶山,卻更生,見望帝。帝以爲相。時巫山壅江,蜀地洪水。望帝使鼈泠鑿巫山治水。有功。望帝自以德薄,乃委國禪鼈泠,號曰開明。遂自亡去,化爲子規。"(泠,當作"泠",音同靈。)《後漢書》卷五十九,張衡

《思玄賦》："鼈令殪而尸亡兮，取蜀禪而引世。"章懷注云："鼈令，蜀王名也。令音靈。……揚雄《蜀王本紀》曰：'荊人鼈令死，其尸流亡，隨江水上至成都（《文選》注引作"至郫"），見蜀王杜宇，杜宇立以爲相。杜宇號望帝，自以德不如鼈令，以其國禪之，號開明帝。'"《太平寰宇記》卷七十二《益州序》云："按《世本》、《山海經》、揚雄《蜀王本紀》、來敏《本蜀論》、《華陽國志》、《十三州志》諸言蜀事者，雖不悉同，參伍其說，皆言蜀之先肇于人皇之際……後有王曰杜宇。……時有荊人鼈泠死，其尸隨水上，荊人求之不得。鼈泠至汶山下，忽復生。見望帝。帝立以爲相。時巫山壅江，蜀地洪水。望帝使鼈泠鑿巫山，蜀得陸處……遂自亡去，化爲子鵑鳥。故蜀人聞子鵑鳴，曰'是我望帝也'。鼈泠，或爲鼈靈。子鵑爲子嶲。或云'杜宇死，子規鳴'。……"（羅泌《路史》引《風俗通》亦記此事。）

綜上諸說，知各家皆出於揚雄之書，而頗變其文字，體會亦各不同。揚雄生長於郫，去周世亦不甚遠，所得於故老之傳說，足資依據。以今言之，則所謂"荊人鼈令"者，蓋楚國鼈邑之縣令。《漢志·牂柯郡》十七縣，鼈縣敍列第三，明是楚、秦黔中郡之舊縣也。班氏自注云，"不狼山，鼈水所出，東入延"（今本譌"沅"），則今貴州遵義是也。雄本文實作"鼈令"。令古音同"靈"。傳述者以其神異，寫作"靈"耳。唐宋人謂妻與人淫者爲鼈，傳述者又改其字作鼈靈也。云尸化者，鼈令犯罪當死，乃僞稱投水而潛走投蜀。故楚人求其尸不得，而謂在蜀復生也。鼈邑距巴，較蜀尤近，乃不投巴而遠投於蜀者，疑其人生於楚而仕於巴，爲鼈邑令（鼈邑，先屬於巴，後屬於楚，詳《南中志》注）。巴與蜀世相攻伐，而其人私通於蜀，罪當死，因投水潛亡就蜀。蜀王因以爲相也。言除水害者，成都平原本爲四川白堊紀內海之最後遺迹。由龍泉山脈橫阻江、湔、雒、綿諸水，蓄積爲內湖。大約在地質史新生代開始，浸蝕山脈，成兩缺口。西端由於江水浩大，使今新津天社山與牧馬山之間成大缺口，以洩外江之水。而華陽牧馬山與龍泉山間之缺口，與金堂之龍泉山與雲頂山間之缺口（即金堂峽）猶未暢通，故成都平原東部內江地區，每當江、湔、雒、綿水大至時，即成水災。鼈令"荊人"，即雲夢大澤地區生長之人，習知作隄扞水與鑿溝洩水之法，能率蜀人治水，得使內江地區免於水害，農業生產臻於鞏固。云"巫山壅水"者，來敏以下之譌文。巫山在巴國之東，蜀王何能使人鑿通之？揚雄書本作："玉山出水，若堯之洪水。"所指爲玉壘山（九頂山），謂四時積雪凝結如玉也。江、沱、雒、綿諸水皆自九頂山來。暖年，九山雪融，則成都大水。由於水之浸削力驟强大，沉積作用與破壞作用皆足以改變地文。於是原來龍泉山脉東西二缺口，刻削亦深，洪水洩而原陸出。鱉令從而治理之，爲之隄防溝洫，以決滯水而已，非謂其能鑿山決水也。"堯舜禪讓"者，原始公社，有才德者受人擁戴，原首領讓位於他，即爲"禪讓"。奴隸社會之統治者，皆死力自固其既得之地位，安得有所謂堯舜？開明氏鱉令，身與蜀人同勞，以成"陸處"之功，受蜀人愛戴。時則杜宇已漸衰老，遂禪讓於鱉令而自入西山森林。"西山"，岷江西岸諸山之統稱，羌氏民族所居，杜宇先世亦出於此。今既讓位，故往依其本族耶？杜宇少壯時，固是名王，提倡耕、牧、工、商。蜀人原甚尊敬之，故自入西山後，蜀人傳其化爲催耕之鳥，仍於農時祀之。

⑮此言巴國進入農業社會後（即定都於墊江及閬中時），農民亦奉杜主爲農神，即所謂"土主"也。蜀、巴農業技術，皆與周文化的發展有關。周文化即自渭水平原發育成功，以農業爲本，輔翼以礦冶、行商。杜宇的成就，顯然與之相似。其時巴族亦已强大，但其經濟基礎在於礦冶行商，不在農業。巴族雖不注意農耕，其所征服之人民，或皆私向蜀民習其農事，隨之尊奉杜主。結果巴王族或亦因其基礎而重農業，遂自墊江向閬中徙其國都。但巴蜀農業尚停滯於周初奴隸主小私有階段，而秦已進爲耕戰合一之封建社會，故巴蜀輕易爲秦所併滅也。

三

　　開明位號曰叢帝①。廖本注上文"君當作若",注此句云"當重有'開明'二字"。謂當以"先祀杜主若開明"斷句,"開明位號"句另起。顧觀光校云:"'位'即'立'字。廖校非。"茲從錢、《函》本,並提行另起。**叢帝生盧帝。盧帝攻秦,至雍**②。**生保子帝。**舊本此下有空格,而上文"盧帝"二字重,亦未空。茲仍例不空,並補"保子"二字。**保子帝攻青衣,雄張**廖本注:"當作'長'。"按常氏意謂國威擴張。**獠、僰**③。**九世有開明帝,**《後漢書》注引作"開明尚"。**始立宗廟。以酒曰醴,樂曰荆。人尚赤。帝稱王**④。**時蜀有五丁力士,能移山,舉萬鈞。每王薨,輒立大石,長三丈,重千鈞,為墓志。今石笋**一作"笋",下同。**是也。號曰笋里**⑤。此四字是插注句。下文仍承"時"字。**未有謚列,但以五色為主。故其廟稱青赤【黑】黃白黑帝也**⑥。錢、廖本"黑"字在中。《函海》脫"黃"字,"黑"在"白"前。茲依《月令》改正。**開明王自夢廓移,**元豐本"王自"二字黑疤。嘉泰本著字。舊各本皆作"廓移"。廖本改作"郭移"。**乃徙治成都**⑦。

　　周顯王之世,蜀王有褒漢之地⑧。**因獵谷中,與秦惠王遇。惠王以金一笥遺蜀王。王報珍玩之物,物化為土。惠王怒。群臣賀曰:"天承我矣!王將得蜀土地。"惠王喜。乃作石牛五頭,朝瀉金其後,曰"牛便金"。有養卒百人。蜀人**當作"王"。**悦之,使使請石牛,惠王許之。乃**當作"蜀"。**遣五丁迎石牛。既不便金,怒遣還之。乃嘲秦人曰:"東方牧犢兒。"秦人笑之,曰:"吾雖牧犢,當得蜀**元豐本作"厲"。**也**⑨**。"**

　　武都有一丈夫,化為女子,美而豔,蓋山精也。蜀王納為妃。不習水土,欲去。王必留之,乃為《東平》之歌以樂之。無幾,物故。蜀王哀之。《西溪叢語》卷上引作"王哀念之"。**乃遣五丁之武都擔土,為妃作冢,蓋地數畝，高七丈。《西溪叢語》卷上引此下尚有"其石今俗名爲石筍"一句。上有石鏡。今成都北角武擔錢寫本此字作"檐"。《函海》"擔"字皆作"檐"。是也⑩。後，王悲悼，更作《臾邪歌》、《隴元豐與廖本作"隴"。錢、《函》、張、吳、何、王本作"龍"。《函海》注云："應作'隴'。"歸之曲》。其親埋作冢者，皆立方石以志其墓。成都縣內有一方折石，圍可六尺，長三丈許。去城北六十里曰毗橋，亦有一折石，亦此字衍。如之。長老傳言：五舊本脫此字，廖本有。丁士擔土擔也⑪。公孫述時，武擔石折。故治中從事任文公歎曰："噫！西方智士死。吾其應之。"歲中卒⑫。

周顯王二當作"三"。十二年，蜀侯使朝秦。秦惠王數以美張、吳、何本作"姜"。女進，蜀王應之，故朝焉。惠王知蜀王好色，許嫁五女於蜀。蜀遣五丁迎之。還到梓潼，見一大蛇劉、李、錢、《函》本作"虵"。入穴中。一人攬張、吳、何、王本作"覽"。其尾，掣之，不禁。至五人相助，大呼拽元豐本作黑疤。嘉泰以下本作"拙"，同"拽"。蛇。山崩，同據《御覽》卷五五八引文補。時壓殺五人及秦五女，并將從；而山分爲五嶺。直當作"值"。謂當蛇穴處。頂上有平石。蜀王痛傷，乃登之。因命曰五婦冢山。川廖本注云："當作'穿'。屬下讀。"顧觀光引《太平廣記》作"於"。平石上爲望婦堠，作思妻臺。今其山，或名五丁冢。

案：以上述開明王朝史事，已由荒遠恍惚的傳說進入時間性與地域性皆已相當準確的階段。自仍不免有傳說傅會之處。

【注釋】

①上章以開明爲鱉令之名，此章言"開明位號叢帝"，均未用"鱉令"字，足知鱉令非其人名，開明乃其名。下文，其九世孫又有"開明帝"，足知開明子孫稱"開明氏"。得帝位者，有位號則稱其位號，失位號者，則但稱開明帝。其人似有無名姓之氏族習慣，抑或修撰者全失其名歟？抑或因其文字不可識，但

247

祇得傳説語言如此也？開明爲其氏族之名號，則必然矣。

查"開明"二字，又見於《山海經》，爲鎮守崑崙之神獸。《海内西經》："崑崙之墟……面有九門，門有開明獸守之。""開明獸，身大類虎而九首，皆人面，東嚮立崑崙上。"郭璞注："天獸也。"又爲銘曰："開明爲獸，稟資乾精，瞪視崑崙，威振百靈。"我對於《山海經》此種傳述的推斷，是秦時方士求方，遠入西域者，看見婆羅門教徒所供之圖畫，歸而據以爲文（書中此類材料甚多，凡言持蛇之神皆是）。婆羅門教與原始的佛教，遠在周代，已經流行於西域與中南半島，前人已有論證，在秦漢世并已由民間漸傳入於我大西南地區。近於南充、中和、梅埡場天宮山，發現漢寶王墓。其石壁浮雕，有印度式靈塔與飛天夜叉，即其明證。馬王堆銅器，亦有雙翼羽人，亦爲秦漢工匠已經採用梵書飛人之證。（我國秦漢祇有飛龍、飛虎造像，乘雲駕霧傳説，無翼人飛行之證件。）疑鱉令氏族以開明獸爲圖騰，自叢帝開始。是用崑崙神獸之義，以示威靈也。

②叢、盧、保子，是蜀人流傳開明氏開國三代名王的位號。"攻秦至雍"，足見當時蜀國已佔有漢中，并曾過秦嶺山脉，達渭水平原之寶雞。

③"青衣"，《漢志》縣名。敍在《蜀郡》十五縣第六，蓋秦舊縣也。其地爲今蘆山、寶興、瀘定與金川縣。所居土著衣尚青黑，與岷江上游羌氏易別。舊稱青羌（《樊敏碑》）或青氏（《魏略》），他書恒稱"青衣羌"。其人今尚保存於堯磧、魚通地方，仍自用其語言習俗，但皆兼通漢語，習與漢民融洽。此民族在上古時，似曾分布至天全、雅安、滎經、洪雅、名山、夾江地界，青衣江由之得名。周秦之丹犁國，即其支族所建。秦滅丹犁，并開青衣羌地爲青衣縣，而保存其邑君。青衣邑君居靈關峽外，其後世爲土司，即穆坪土司，在明代甚强大。清代柔順，與康定明正、魚通兩大土司號爲一家。至1928年乃改流爲寶興縣。《漢志》所云"蒙山谿大度水"，即今之青衣江也。此云保子帝"攻青衣"，明杜宇、鱉令時尚未征服青羌。族系不同，不相役屬。至此帝始攻之，亦祇服之而已。故雖秦漢置縣，仍存其邑君。

獠，越族之別支，周、秦世已入居貴州高原，已詳1章之注④。晉世大量入居蜀地。參看《李勢志》。

僰，百濮之西徙者，曾建僰侯國，附於蜀。今宜賓專區與貴州西北地區、雲南東北地區皆是其境。秦服僰侯，置僰道縣。漢置犍爲郡，治僰道。南廣、漢陽、䣕䣖、朱提、堂狼五縣隸之，皆僰侯故地也。夜郎國究係僰族或獠族建，尚待考定，要不能出此二族。大抵保子帝時征服之民族，殆已接近越境。

④《後漢·張衡傳》注引揚雄《蜀王本紀》謂"號開明帝。下至五代，有開明尚，始去帝號，復稱王"。似此帝，爲鱉令下第五代，名尚也。本書云"九世"，但稱開明帝，不云尚。"尚"與"帝"字易混。唐人所見不能更確於晉常璩，故不改。云"始立宗廟"，"去帝號復稱王"，顯然已接受中原文化，採用周王制度所致。然非臣屬於周，但承認周爲先進大國。重王之稱，亦如楚、巴之稱王也。今巴蜀出土古銅器中，所謂"花蒂文"者譯義當爲王字。又更有王字者，此帝以後，參用漢文也。謂"酒曰醴"，亦是改從漢語。我國古稱祭祀用酒爲醴。故醴、禮兩字音同義通。《釋名》："醴，禮也。"《內則》宰醴，鄭玄注："醴當爲禮。"《說文》醴："酒一宿孰也。"凡釀酒，初味甜，漸至芬烈。故醴又爲甜酒之通稱。古無蒸餾法，但挹糟汁飲，經釃濾者爲清酒，未釃濾者爲醴。今氐羌人酒亦不濾，不蒸，祇連糟貯釀器中，以藁管插入吸而飲之，曰"潼"，俗呼"咂酒"。蜀人古代釀法當同。語作何音，不可知，要不當與中原同。至此帝，乃用漢語稱之爲醴也。謂樂曰荆，似非用古漢語。中原古無稱樂曲爲荆者。但春秋以前稱楚國爲荆，稱楚與巴、楚人樂爲"南"，一曰"任"。凡音樂歌舞，隨時代與地區變化甚大。在周末世，蜀與楚之音樂應已不同。此帝改稱蜀樂爲荆，蓋亦如先秦稱楚、巴之樂爲南，名其所自來也。蓋開明氏本出自"荆人"，雖閲九世，仍嗜荆楚之樂。蜀、楚之間，雖隔巴國，然蜀曾取楚"兹方"，則北道固曾相接。此蜀王時，楚奪巴地至枳，置巫、黔中郡，則南道又復相接。即必輸入楚樂，故稱樂爲荆也。"人尚赤"，亦緣荆楚在南方，五色屬赤。是習用五行哲學之驗。

總而言之，蜀王大改制度，取法於周，是蜀地文化接近中土之一突變。其先固必有若干漸變，乃能成爲如此大改革。

⑤"五丁力士"，丁與个字古文無區别，猶云五大力士也。可能是此蜀王有

忠勇奴隸，編爲五軍。王墓"立大石長三丈"，斷爲"石筍"，是秦漢時人所見。時人不能知其何以能此，遂造爲五力士所致之說。其實，古人遠在數千年前，即已創爲滾轉巨木移運重石之法，從而發明車輪。遠在青銅器時代初期，勞動人民已能楔截岩石。族屬衆盛者，每集合人力鑿成巨石，運致於衆所矚目之地，作爲權威之標識，藉以懾伏他小部族。考古學者所謂"大石文化"是也。此蜀王時，已屬戰國之世，蜀地已經進入鐵器時代，有五大軍之力士，取運如此千鈞重石置王墓上，所費較漢世墓葬之作石闕，羊、馬、翁仲、碑刻接近。此又蜀王時，尚無雕刻工藝之證。然其重葬禮，作墓表，亦係摹擬中土制度之驗。衹墓表猶自循舊俗立石，而特碩大耳。"筍里"，蜀王族墓群所在，墓各一石筍，叢立如林。故稱爲"筍里"。其地在今廣漢、新都間之彌牟鎮，俗謂是諸葛亮演兵之"八陣圖"（詳具《寰宇記》卷七十二新都縣。今已毀過半）。其時蜀王都邑似已徙在新都，故其墓群在此（《寰宇記》又言新都麗元山石鏡，今亦滅）。

⑥"謚法"，相傳周公旦創。秦皇廢之。漢儒復推行。"謚列"，謂忠廟之制，正中爲大廟，左列爲昭廟，右列爲穆廟，皆用王謚，依世次敍列之。是謂"謚列"。蜀王雖慕行周制，而未有名謚，故但用五方之色表諸帝廟次，即以鱉令爲白帝，雖荊人，王於西土也。盧帝爲黑帝。盧爲黑色別稱。保子爲青帝，春回，萬物萌興，故爲保子帝也。其次爲赤帝，南方之色，時人所尚也。其後再五世復爲赤帝，適爲鱉令之九世，即此蜀王。故令其人"尚赤"，死亦即爲赤帝。更閱三世爲第十二世，蜀亡矣。

⑦此"開明王"，即爲上文之"開明帝"（開明尚），改稱王後，乃徙治成都。本書《廣漢郡》云："蜀以成都、廣都、新都爲三都。"謂皆蜀王都邑也。前世，杜宇居郫，鱉令奪國，蓋已徙治新都。故其先王墓在彌牟鎮與麗元山。此帝改稱王後，湔、毗、雒、綿已無水害，乃因"夢廓移"，越毗河（沱江）而南營邑於成都與廣都，以便於疆理湔南田疇。或是先有此願而成夢，或是託言夢其當移邑以推動其臣民。（如殷高宗託言"夢得"以任傅說，及盤庚爲三篇文教以督其民遷徙，皆是古時馭民故技。）要必先居成都，次乃得營廣都。

⑧《史記·六國表》，周顯王三十二年，爲秦惠文王元年（前337），則此蜀

王已非上文之開明王，而爲最末之蜀王矣。

⑨珍玩化土，尚可言使臣竊易之。若石牛便金，則非惟蜀人不至如此之愚而信之；即秦人，亦不至如此之愚而作之。雕刻石牛五頭，所費不貲。牛不便金，則一二日便可覺察，秦蜀相隔千里，運牛經年，而可以便金欺耶？此蓋蜀人憫王之貪愚，委五軍力士於開路之事，故造此説以寄嘲謔之意也。

《藝文類聚》卷九十四，引《蜀王本紀》云："秦惠王欲伐蜀，乃刻五石牛，置金其後。……牛下有養卒。以爲此天牛也，能便金。蜀王以爲然。即發卒千人，使五丁力士拖牛成道，致三枚於成都。秦道得通，石牛力也。後遣丞相張儀等隨石牛道伐蜀。"由"致三枚於成都"句，足知此故事乃因李冰所作之"石犀"傅會以成，其編造當在秦楚之際。

又《太平御覽》卷八百八十八引《蜀王本紀》，於秦王與蜀王會後，云："秦王恐亡（忘）相見處，乃刻五石牛，置金其後。蜀王以爲金便，令五丁拖牛成道，致三枚於成都。秦道乃得通。"此蓋八家《本紀》異文。合而觀之，則揚雄原語，謂秦作石牛，在褒谷兩王會晤處國界間。又因李冰所作石牛在成都（後詳），而謂蜀王運取秦石牛三於成都，非有遣使請牛事。歷世增益傅會，乃如常文，則荒唐益甚矣。

⑩此武都，舊説爲武都郡山。武都郡，漢武帝元鼎六年所置也，惠文王時無此郡縣名。則此説之爲漢世人所編造可知。《北堂書鈔》卷一百零六引《蜀王本紀》云："武都有人，將其妻子女適蜀。不安水土，欲歸。蜀王心愛其女，留之。乃作《東平》之歌以樂之。"《初學記》卷五引云："武都丈夫化爲女子，顔色美好，蓋山之精也。蜀王娶以爲妻，無幾物故，於成都郭中葬之。（表）以石鏡一枚，徑二丈，高五尺。"《後漢書·方術傳》注引略同。《太平御覽》引，前段同《北堂書鈔》，"留之"下云："乃作伊鳴之聲六曲以樂之。或曰：'前是武都丈夫化爲女子……物故，蜀王發卒於武都擔土，於成都郭中葬之。蓋地數畝，高七丈，號曰武擔。以石作鏡一枚表其墓。'"則揚雄所傳已有兩説，常璩所取爲或曰一説也。

《寰宇記》卷七十二華陽縣云："武擔山，在府西北一百二十步。一名武都山。《蜀記》云：'武都山精化爲女子，美而豔，蜀王納爲妃。不習水土欲去，王必留之，作《東平》之歌以悦之。無幾物故，蜀王乃遣五丁于武都山擔土爲冢。'蓋地數畝，高七丈。上有一石，厚五寸，徑五尺，瑩澈，號曰石鏡。……"與本書同而多石鏡形制。審此，則所謂石鏡者，蓋石英鐘乳之傅於砂岩裂隙所成。蜀王截作圓鏡，譙周猶及見之，常璩已未及見矣。

武都山，本仇池山之古稱，已詳《漢中志》13 章。蜀人不可能取土於此。五丁雖大力，亦不可能以石爲擔。《三國志》，劉備"即帝位于成都武擔之南"，所指爲今之鳳皇山。今成都城西北之"武擔山"土堆，是唐宋開西北城外河所積土，後人妄傳爲蜀王妃冢。又指綿竹縣北山伏虎坪爲武都山。伏虎坪因劉宋時武都流民在此墾種，因置武都僑郡，而後得武都之名，揚雄、譙周諸人安得預知此山之稱武都哉？江油縣北亦有武都山，同是後人偽託。

⑪此所云"方折石"，歷世保存。民國初年發現於城西，俗稱"支機石"，曾植於支機石公園内。解放後園廢，移植於青羊宮之文化公園，現存。審其石質，是上侏羅紀微含銅質之硬砂岩。川西山地多可鑿得之。方長過於巨人，無銘刻（近有人鐫支機石三大字），有凹穴未穿。蓋蜀王族墓群上之石表。常云"其親埋作冢者皆立方石"，明其所立方石尚多，皆有如此巨重。應是開明氏徙治成都後之新墓群，本在鳳皇山地區。漢世曾運一枚入成都，其一枚棄在毗橋，形制同。人誤爲五丁擔折棄也。毗橋去新都近，所移棄者，疑是麗元山冢石。

世人妄傳，張騫泛天河，得織女支機石，囑寄嚴君平。君平識之，石遂暴長爲今狀。則又不同於武丁擔説。人遂莫能知其爲石筍。又有妄指張儀城西門遺石爲石筍者，另詳 5 章。

⑫任文公，《後漢書》卷八十二上有傳。公孫述時人。相傳武丁擔折於其時。蓋石筍原埋半於土中，地上部分因歲久而折。即今支機石也。

四

蜀王別封弟葭萌於漢中，號此處顧觀光依《史記正義》及《御覽》卷一百六十七引補"曰"字。苴侯。命其邑曰葭萌焉①。苴侯與巴王爲好。巴與蜀仇，元豐與廖本作"仇"。他各本作"讎"。故蜀王怒，伐苴。【侯】舊各本有"侯"字，爲句。當衍。《史記正義》引此文無"侯"字。苴侯奔巴。巴爲依《巴志》補。按《張儀傳》："苴蜀相攻，各來告急。"則求救於秦者非巴，惟苴侯。當於"奔巴"用讀點。然與《巴志》牴牾，非常瓊意。疑傳鈔者奪。求救於秦。秦惠王方欲謀楚，按《張儀傳》當作"謀韓"。此云"謀楚"，蓋常氏用譙周《古史考》文。與按《國策》、《史記》與本書文意，均當補"與"字。群臣議曰："夫蜀，西僻之國，戎狄爲鄰，不如伐楚。"司馬錯、中尉田真黃曰："蜀有桀紂之亂。其國富饒，得其布帛金銀，足給軍用。水通於楚。有巴之勁卒，巴上疑脫"蜀"字。浮大舶舩《函海》作"舡"。以東向楚，楚地可得。得蜀則得楚。楚亡，則天下幷矣。"惠王曰："善②！"

周慎王五年秋，秦大夫張儀、司馬錯、都尉墨等從石牛道伐蜀③。蜀王自於葭萌拒之，敗績。王遯走至武陽，爲秦軍所害④。其【相】傅相廖本倒作"相傅"。及太子退至逢當作"逄"，音彭。傳寫譌從丰。鄉，死於白鹿山⑤。開明氏遂亡⑥。凡王蜀十二世⑦。冬十月，蜀平。司馬錯等因取苴與巴焉。錢寫本無此十四字。張本脫"焉"字。廖本無"焉"字。

案：此章敍蜀國滅亡事，用譙周《蜀紀》説，頗與《史記》不同。亦俱未知安陽王別建蜀國事。

【注釋】

①苴字，有多種音，分入魚、語、虞、麻、馬韻。一般讀同疽，音 jū。《史記集解》引徐廣說："譙周曰益州'天苴'讀爲'包'黎之'包'，音與'巴'相近，以爲今之巴郡。"《索隱》亦云："苴音巴。"今按：本書言："封於漢中，號苴侯。"則因漢中本褒國，用褒之音。褒、苞同音。此譙周之意，常氏所取也。周之褒國，原封域固當是沔水平原（東漢水上游大河原，今云漢中平原），是否擴展至西漢水上游地區（武都至葭萌部分），無明文可徵。若蜀王所建苴侯之國，按《常志》此文，則包括沔水平原與西漢水上游。故封於漢中而邑於葭萌。其命名爲苴，實用褒之舊名。周人作"褒"，蜀人作"苴"也。

葭萌，故昭化縣治（今云老昭化）。當西漢水與白水會處，去沔水平原三百餘里。初封之王，不營邑沔、褒而營邑於此者，人情不樂就遠，取其控制沔中較蜀便近而已。始營此邑者爲葭萌，故遂以人名爲邑名也。此苴侯始封之時間，當在周安王十五年（前387），故安王二十五年（前377）蜀由此區伐楚，取茲方（說詳《漢中志》1章之注①）。遞至滅亡（前316），傳國已七十二年矣。七十餘年中，苴與蜀王已閱世代，親誼漸疏，乃可能有轉親於巴之事。其時巴國已定都於閬中，與葭萌水道暢通，近在三百里以內，苴侯國家經濟，殆已密切關聯於巴。其漸轉親於巴，亦事理自然。葭萌北保寧院之船葬墓群，似可說明巴國先曾佔有此地，或是巴國先於周定王二十八年（前441），南鄭反秦時（另詳《漢中志》），巴已取得褒國舊地，或是苴侯已附於巴。故蜀王伐苴，無異於從北道伐巴。因而苴侯奔巴。巴時已衰弱，未足抗蜀，故與苴侯同請援於秦也。

②《戰國策》卷三，《史記》卷七十，皆記張儀與司馬錯爭論伐韓與伐蜀利害事，無"謀楚"語。譙周撰《古史考》與《史記》立異。常璩多採其說，故與《史記》不同。此文謂苴侯封於漢中，已可由徐廣注文知是從譙周說。易"謀韓"爲"謀楚"之係從周說無疑。《古史考》已佚，無從取證而已。按《秦本紀》與《楚世家》，楚懷王初年，國強盛。秦滅蜀之前二年，即楚爲從約長，率六國軍以擊秦之年（楚懷王十一年），此後秦亟謀楚，爲其強也。謀韓，爲其近也。謀韓亦即所以謀楚。故馬遷與譙周雖俱取材於《國策》，而各體會不同。《古

史考》實有勝處，宜常氏取之。

③周秦世，多有起於平民之人而無姓者。故秦代官文書官吏例衹稱名。此章之"大夫張儀、司馬錯、都尉墨"，與上文之"中尉田真黄"，惟張與田可定爲姓，知其出生於舊族。若錯與墨，皆衹具名。司馬與都尉皆官名，非其姓氏也。

《史記正義》引作"從子午道伐蜀"，當是張守節據誤本。宋刻"從石牛道"，與上文相應。石牛道，謂自漢入蜀之西道。其路綫，自漢中入陽平關，循水道至葭萌，自葭萌溯清水河谷，踰馬鳴閣（今馬角壩）至江油（今彰明），歷涪、雒，至成都。與今寶成鐵路綫同。馬鳴閣，秦漢梓潼縣地。五婦冢山在其側，爲梓潼水源。梓潼水蜿蜒似蛇行，《漢志》稱爲"虵水"。故蜀人有五丁拽蛇（同"虵"）之説也。

④蜀王遯走，謂微服輕行，欲入南中圖再起。甫行至武陽（今彭山），遂爲秦兵追及，被殺也。然有王子，克脱入南中，再起兵，是爲安陽王（後詳）。

⑤逢鄉，舊籍無考。"白鹿山"，《元和志》九隴縣云："在縣西北六十一里。"《寰宇記》九隴縣云："在縣北五十里。"九隴，今彭縣也。唐武后垂拱二年置彭州，"取古天彭闕爲名"（《寰宇記》）。彭與"逢蒙學射於羿"（孟子）之"逢"，古同音相通。則今彭縣之"海窩子"，即蜀史之"逢鄉"也。其東有白鹿山，與白鹿場正足相應。其水口稱"天彭門"（"天彭闕"同）。與彭州、彭縣，皆"逢鄉"字變也。

蜀王輕裝舟行，欲赴南中。其太子、傅相及族屬戀土，不能從；則北奔逢鄉，圖乘險禦秦，且向縣虒退却。未料秦軍驃疾，追破之。被殺。

⑥秦伐蜀時，西南形勢：江州以上今渝、合、川北、内、瀘地區爲巴國；枳以下，巴東地區已屬楚；秦嶺以北屬秦；其餘地方皆屬蜀。蜀國本部爲成都平原。其東有鄨國，東北爲苴國，俱蜀藩封，而似曾附於巴者。蜀西南有丹犁國，又南有僰侯國，則皆蜀之藩國，忠事於蜀者。僰之南，有夜郎、且蘭等國，蜀之西有青衣與筰國。又其南有邛國、滇國、同師、哀牢、昆明、句町、卧漏、烏滸等部族。皆似役屬於蜀，比於外藩。又其南乃爲南越、甌越、駱越、滇越之屬。

秦滅蜀、巴、苴，追殺蜀王於武陽。仍有一王子，得入南中，欲聚軍士圖恢復，因僰、邛、丹犁俱已附秦，不可能復國，乃南入甌、駱；取其地，建國於交趾，仍稱蜀國。後爲南越王尉陀所併。茲輯附其史料如下：

《水經注》卷三十七引《交州外域記》曰："交趾昔未有郡縣之時，土地有雒田。其田從潮水上下。民墾食其田，因名爲雒民。設雒王、雒侯，主諸郡縣。縣多爲（有）雒將。雒將銅印、青綬。後，蜀王子將兵三萬來討雒王雒侯，服諸雒將。蜀王子因稱爲安陽王。後南越王尉佗舉衆攻安陽王。安陽王有神人名皋通，下輔佐，爲安陽王治神弩一張，一發殺三百人。南越王知不可戰，却軍住武寧縣。按晉《太康記》，縣屬交阯。越遣太子名始，降服安陽王，稱臣事之。安陽王不知（皋）通神人，遇之無道。通便去，語王曰：'能持此弩王天下，不能持此弩者亡天下。'通去。安陽王有女名曰媚珠，見始端正，珠與始交通。始問珠，令取父弩視之。始見弩，便盜以鋸截弩。託便逃歸，報南越王。南越進兵攻之。安陽王發弩，弩折，遂敗。安陽王下船，逕出於海。今平道縣後王宮城，見有故處。"

《史記》卷一一三《南越王尉佗列傳》："以兵威邊，財物賂遺閩越、西甌、駱，役屬焉。"《索隱》："姚氏案：《廣州記》云'交趾有駱田，仰潮水上下，人食其田，名爲駱人。有駱王、駱侯。諸縣自名爲駱將，銅印青綬，即今之令長也。後蜀王子將兵討駱侯，自稱爲安陽王，治封溪縣。後南越王尉他攻破安陽王，令二使典主交阯、九真二郡人'。尋此駱即甌駱也。"（封豀縣，馬援平交阯增置，屬交阯郡。）

⑦周慎王五年，爲公元前316年，蜀亡。以平均三十年爲一世逆推，則十二世當有三百五十年左右。是開明氏奪國在公元前666年左右，即周惠王與齊桓公、楚成王之世。前蜀王杜宇，則春秋初年人也。

五

周赧王元年，秦惠王封子通國爲蜀侯，以陳壯《史記·張儀傳》作"陳莊"。《六國表》作"壯"。《索隱》引常文亦作"莊"。爲相。置巴、蜀原無"蜀"字。按《巴志》文當有。郡，以張若爲蜀【國】舊本皆有"國"字。當衍。守①。戎伯尚强，乃移秦民萬家實之②。三年，分巴、蜀置漢中郡③。六年，陳壯反，殺蜀侯通國。《秦本紀》在赧王四年。秦遣庶長甘茂、張儀、司馬錯復伐蜀。誅陳壯④。《秦本紀》在赧王五年。七年，封公子惲《史記》作"煇"。爲蜀侯。司馬錯率巴、蜀衆十萬，大舶舩張本作"舡"。萬艘，米六百萬斛，浮江伐楚，取商於李本作"淤"。之地，爲黔中郡⑤。

赧王五年，上已敍至赧王七年，此乃回述五年，明是分章另起矣。當補王名。【惠王二十七年】此六字，是傳寫者用下文旁注，宋槧誤入正文。當删。廖本此下有長注云："按，此有誤也。考《史記》，赧王二年，公子繇通封蜀。四年，蜀相殺蜀侯。五年，誅蜀相。秦惠王立十三年，明年更元。又十二年，凡二十五年而爲赧之二年。是赧三年當惠二十六年也。赧四年，當惠二十七年也。是年惠王卒。赧五年當秦武王元年也。必經宋人改竄，遂不可通耳。"今按：廖注謂《常志》與《史記》每差謬一年耳。秦漢世曆法未精，各家推算方法不同，紀用年度每異。譙周、常璩之書與《史記》所紀年度固恒差異一年。《通鑑》於始皇元年，始具干支，確定年度之標識。始皇元年以前各書紀年皆紛歧不一，與干支不合，難定孰是故也。儀與若城成都，周迴十二里，高七丈。郫城，周迴七里，高六丈。臨邛城，周迴六里，高五丈⑥。造作下倉，上皆有屋⑦。而當作"門"。置觀樓，劉本倒作"樓觀"。射蘭⑧。當作"蘭"。張、吳、何、王本作"射圃"。成都縣本治赤里街⑨。若徙置少城。内城營廣府舍，置鹽鐵市官並長、丞。修整里闠，市張列肆，與咸陽同制⑩。其築城取土，去城十里，因以養魚，今萬歲池《水經注》卷三十三作"萬頃池"。廖本云：

"當作'傾'。"是也⑪。惠王二十七年也。劉本此句作雙行夾注，無"也"字。此下元豐本空四格，劉本提行，錢、《函》、廖本空格，他本連。當連。城北又有龍壩池，元豐、張、吳、何、王本作"壩"。嘉泰、劉、錢、《函》本作"壩"。《水經注》作"堤"。廖本作"壩"，注云："當作'堤'。"城東有千秋池，城西有柳池，西北有天井池，津流徑通，冬夏不竭。此四字以上至"城北"，文與《水經注》卷三十三全同。而本書少"西北"至"徑通"十字，應是宋刻已脫。茲補。其園囿因之⑫。平陽山亦有池澤，蜀【之】王漁廖本作"魚"。畋之地也⑬。

赧王十四年，蜀侯惲祭山川，獻饋於秦【孝文】昭襄王，當是昭襄王。赧王十四年，秦昭襄王之六年。又五十年乃卒。子孝文王立，赧王已死矣。惲後母害其寵，加毒以進王。王將嘗之。後母曰："饋從二千里來，當試之。"王與近臣，近臣即斃。【文】王大怒，遣司馬錯賜惲劍，使自裁。惲懼，夫婦自殺。秦誅其臣郎中令嬰等二十七人。蜀人葬惲郭外⑭。十五年，王封其子綰為蜀侯。十七年，聞惲無罪冤吳、何、王本此下有"枉"字。死，使使迎喪入葬【之】郭內。舊本並有"之"字，於文當衍。初則炎旱三月，後又霖雨七月，車溺不得行。喪車至城北門，忽陷入地中。此下當有"因葬焉"字。蜀人因名北門曰咸陽門。為蜀侯惲立祠⑮。其神有靈，能興雲致雨。水旱禱之。三十年，疑蜀侯綰反，王復誅之。但置蜀守⑯。張若因取笮劉、李、錢、《函》本作"筰"。他各本作"笮"。及【其】楚江南地【也】焉⑰。"其"字無因。考《秦本紀》昭王三十年："蜀守若伐取巫郡及江南，為黔中郡。"謂取楚地也。是其乃"楚"字譌（參看《巴志》4章）。"焉"字廖本作"也"。

案：此章述秦取蜀後建置，為既封蜀國，又置蜀郡。後人拘於漢制，每以守相同城為迷惑。不知秦滅蜀時，七國皆已各有郡、縣。秦之蜀侯，領蜀、巴、漢中三郡四十一縣，為秦王負監察守令之責；非如漢之藩國，但有一郡；亦非如六國之君之獨立，僅似漢武以後之刺史而已。

【注釋】

①舊刻《常志》此句，皆脱"蜀"字，衍"國"字，使校勘時大爲困惑。初校再校迄今，曾有三次不同推斷。（一）初以爲既封蜀侯，置相，即非置郡。故上祇言"置巴郡"，不言蜀郡。下云"張若爲蜀國守"，不云蜀守。後復云"但置蜀守"。又《史記·秦本紀》，昭襄王三十年言"蜀守若"。其前，則《六國表》昭襄六年，稱公子惲爲"蜀守惲"。遂擬爲誅綰以前，蜀祇稱國，置相。"置巴郡"以下十字爲衍文，當删。然《巴志》固已言"置巴、蜀及漢中郡"。且此下屢言張若城成都，徙縣治，固當是蜀郡守職權内事。是此設想爲非矣。（二）於是又擬爲封蜀侯，於其下設相與守，分掌軍、民事。於此譌文則吻合矣。然不能説明下文"陳壯反，殺蜀侯"時，張若何在？設其爲"蜀國守"，則不從亂，必討賊。何得秦"再伐蜀誅陳壯"而張若得超然事外，無所牽涉乎？是此設想亦非矣。（三）再查《張儀列傳》，"起兵伐蜀。十月，取之。遂定蜀，貶蜀王更號爲侯，而使陳莊相蜀"。因疑秦雖征服蜀國，害其王於武陽，殺其太子與傅相，仍因"戎伯尚强"，欲利用蜀王地位爲鈐束，故仍封蜀王子爲蜀侯，置相以監護之。所居爲廣都或新都。而蜀郡太守則居成都。守相不同城，事權亦不相制。故張若不預陳壯之亂。疑所謂"子通國"，蓋蜀王之子，故《秦本紀》作"公子通"，《六國表》又作"公子繇通"，本書則云通國。史無定字者，非秦公子耶？又《秦本紀》言惠王後元十四年（前311）："丹犂臣蜀。相壯殺蜀侯來降。"是年，惠王卒，子武王立。明年，乃"誅蜀相壯"，"伐義渠、丹犂"。設蜀侯爲秦公子，則何得云"陳壯殺蜀侯來降"？此必蜀侯叛秦，相壯乃殺之，歸國於秦，故曰"來降"。陳壯既殺蜀侯，又復自擅，思據蜀土，故秦再伐蜀，誅陳壯。乃更以子惲爲蜀侯。遂廢蜀相，但置"郎中令"等官屬而已。此説可能性甚大。秦"縣義渠"，亦不廢其君（《秦本紀》惠文王十一年）。又如上章蜀王遯走至武陽。不曰擒斬，誅殺，而曰"害"。追其太子、傅相於白鹿山，不曰追斬，而曰"死"。又蜀王子尚能立國南中，至於王於甌駱。皆是"戎伯尚强"，非秦所能全面控制，不能不存蜀宗廟如周封武庚、微子故事。陳壯之降而復叛以至誅死，亦猶鍾會與郭崇韜，貪在蜀之險固富饒，欲因故國謀割據。所恃在"丹犂

臣蜀",足制蜀守張若。故張若請秦軍再伐蜀,誅陳壯而討丹犂也。疑祇在本書云"子通國"。《秦本紀》亦云惠王九年滅蜀。十一年"公子通封於蜀",俱明謂秦公子,非蜀王子。

　　上三種推測皆有難通處。惟滅蜀後守相并置則可定。然則蜀侯何爲而設?又何爲屢以反叛誅而不廢其國耶?蓋當時郡縣制度初創,如何治理,尚在摸索。屬地廣遠,求制度能與相適應,不能免於紛更。《左傳》:"上大夫受縣,下大夫受郡。"是周制縣大於郡也。《秦本紀》厲共公二十一年,"初縣頻陽"。頻陽漢仍爲縣,屬馮翊,則其縣小,亦尚無郡也。惠文王十二年"併諸小鄉聚爲大縣",則所謂大縣,已相當於郡矣。又其十二年,"縣義渠"。義渠爲當時西戎大國,地廣千里。雖置縣未廢其君,故曰:"義渠君爲臣。"後元之十年云:"伐取義渠二十五城。"則所置義渠縣境大於郡也。秦之置郡,在滅蜀巴後。蜀、巴、漢中三郡共轄四十一縣。漢中郡祇九縣。是爲以郡統縣之始。郡既險遠,難遥制,故分地區爲侯國,置相,以監之。秦用商鞅之法,集權中央,群公子非有軍功不得貴顯。惠文王以前,無封公子爲侯國之例。故疑所封之"子通國",可能是蜀王子。惟無論其是秦公子或蜀王子,其權皆祇重在蜀相,不重在蜀侯。其職在於監察三郡四十一縣,與漢文景世之王侯國君不同。荀悦《漢紀》卷五,惠帝六年,述秦漢官制云:"諸侯王,高帝初置之。金印、紫綬,治其監官。掌監郡縣,秩比六百石。後爲刺史。"漢高帝時官制,全部因襲秦舊。則秦之宗藩,亦祇監郡縣而已。

　　然則,蜀之守相同置,可得解矣。問題轉入守相是否同城?竊謂當時蜀侯與其相壯,必不與張若同住成都。故陳壯之亂,張若無所牽涉。一也。志述張儀與若建設成都市,盛稱"廣府舍"及諸官舍、市肆、樓觀,不及蜀侯宫府。二也。漢制益州刺史治雒,亦不與蜀守同城。三也。蜀侯所監爲蜀、漢中與巴三郡,則按形勢,以治涪或葭萌,爲最適中。若爲秦公子,則葭萌尤近秦川,聯繫便。人情戀故土,所治在葭萌可能性較大(《昭化縣志》謂北山有"秦公子通墓")。若爲蜀王子,即必在新都或郫,皆沱江北,蜀之舊都。均不是成都。四也。(後文迎蜀侯惲喪,"入葬之郭内"亦係"至城北門"而葬。皆非封在成都之證。)

　　②戰國時,各國皆輕易遷徙其民。秦爲尤甚,動輒徙民數萬家於遠地。蓋其

時農民實爲農奴，産輕而役重，轉徙無所畏。此次所徙秦民萬家，亦非皆徙成都。疑其大部在葭萌附近。故其後嘉陵與涪水沿岸多中原人，巴西之文化提高甚早，爲葭萌秦人多故耶？

③參看《巴志》4章。

④赧王六年（前309），秦武王之二年也。《秦本紀》惠文王後元十四年（前311），"丹犁臣蜀。相壯殺蜀侯來降"。是年，"惠王卒，子武王立"。武王元年，"誅蜀相壯"，"伐義渠、丹犁"。

分析此文，明爲蜀侯勾結丹犁，撫用其人，藉以制張若，圖據蜀土。相壯與張若謀殺蜀侯，仍以其國還秦。秦亦仍以相壯監三郡，或即封蜀侯。壯得自擅，亦似鍾會，思乘喪據蜀。所恃爲丹犁之衆。又可能聯結郪王、楚侯、竇苴與義渠諸國以叛秦，其勢頗熾。故秦再以甘茂、張儀、司馬錯大舉伐蜀，誅陳壯。丹犁與郪王之滅，似在此時。"儀城江州"亦當是此時。

⑤說詳《巴志》4章。

⑥秦之成都城，在今城北郭下。今城，明代修築，號"九里三分"，謂縱橫各達此度。秦城"周迴十二里"，則縱橫徑三里，僅當今城面積九分之一而已。然在周秦間，已爲大城，可比咸陽矣。

秦築之郫城，蓋即唐人所稱之"小郫"，在沱江（毗河）之北，蜀王故邑，非今郫縣。其時"二江"未開，沃野未啓。今郫縣祇如成都近郊，非二張築城處。惟舊郫爲蜀王舊都，宜築城。周迴僅七里，在當時已爲大城矣。

秦臨邛城，爲蜀與西南邛、莋、夜郎市易中樞，奴隸商之最大市場。故先築城。周迴六里，徑一里半而已，在當時亦非小城。

⑦"下倉"，謂各縣倉。古謂國都以外之邑曰"下邑"。下邑之倉則曰"下倉"。秦時，各縣不盡有城。惟縣邑所在皆有倉，以儲民賦之穀。倉皆繞垣墻似城，故曰"倉城"（見《公孫述傳》）。此謂自成都、郫、臨邛三縣有城者，固皆有倉在城內；其他縣邑無城者，亦皆先有倉城。秦地乏雨，倉囷多露立。蜀中多雨，故倉上皆"有屋"，謂椽蓋也。

⑧此謂各城門上亦皆作屋。特稱"觀樓"，今云城樓是也。樓以望敵，兼駐

守衞者，設有砲機、弩具，以制禦寇賊。射闌，以屏蔽射者。

⑨赤里街，《寰宇記》引《蜀都記》云："成都之南街名赤里。"今按：此非秦時"赤里街"也。秦赤里街當在秦城之北，如今昭覺寺與磨床廠間赤土埂，或平陽山附近紅土淺丘間，故名赤里。蜀王世，成都平原之冲積土部分猶洳濕，故營邑皆在赤土淺丘上，郫、新都、廣都、成都皆然。平陽山今爲鳳皇山與獅子山間之淺丘黃土岡，就農地言爲瘠土，然遺存古迹多。在成都平原中心最高平，疑是蜀王故邑所在。秦初蜀郡治，當去此不遠。至張儀張若築蜀郡城於其南之冲積土上，徙其官府市肆。故稱舊邑爲"赤里街"也。

⑩秦成都城，有大城與少城。少城，《寰宇記》引李膺《益州記》云："與大城俱築，惟西南北三壁，東即大城之西墉。"今考"大城"，張儀在滅蜀初所築，"少城"，張若在作蜀守後所築，非秦惠王二十七年同時築也。《張儀傳》："武王自爲太子時不悅張儀。及即位，群臣多讒張儀……懼誅……張儀相魏一歲，卒于魏。"《秦本紀》武王二年，"張儀死於魏"（《六國表》作武王元年），武王二年即周赧王六年（前309）。是儀甫討誅陳壯，即返咸陽，未更入蜀。其築成都城，在滅蜀之初，非周赧王五年。又少城如亦同時作，即不至與大城隔爲二城。又王羲之帖，向周益州詢張儀城樓遺址，即大城西北之宣明門。故知大城爲張儀所築，即所謂龜城也。張儀所築大城，門可考者：北曰咸陽門，南曰江橋門；西墉與少城間二門，南曰陽城門，北曰宣明門；東墉相當二門失名。城蓋微狹長，六門如龜之有首、尾、四脚，故有"龜城"之稱。後人因傅會爲儀依神龜行迹築之之説。《寰宇記》引《周地圖記》云："儀築城，城屢壞不能立。忽有大龜周行旋走，巫言依龜行處築之。城乃得立。"《周地圖》隋人所作，漢魏六朝時無此説也。

本書記少城內有成都縣署。郡府舍與鹽官、鐵官、市官、長、丞廨署皆在內城（大城）。少城唯民居，而以商業繁盛見稱。晉張載《登成都白菟樓詩》："鬱鬱少城中，岌岌百族居。街術紛綺錯，高甍夾長衢。"左思《蜀都賦》云："亞以少城，接於其西，市廛所會，萬商之淵。列隧百重，羅市巨千。賄貨山積，纖麗星繁。"蓋張儀初築大城，僅以捍衞官寺。商賈集市於西墉之外。民户緣之繁興。張若乃遷成都縣府而築少城以衞商户。其時間當在陳壯亂後，非與儀築大城同時，常氏文混合言之也。

⑪萬歲池，《寰宇記》云："在府北八里。昔張儀築都城，於此取土，因成池。"《方輿紀要》卷六十七云："萬歲池在府北十里。張儀築城，取土於此，因以成池，廣袤數十里（"畝"字譌）。唐天寶中，刺史章仇兼瓊築隄，積水溉田。歲久澱淤。宋紹興中，置制使王剛中復疏之。"與《唐書·地理志》及《宋史·王剛中傳》合。《唐志》作"成都縣北十八里"。《清一統志》已不能詳其處，但云"在成都縣北"。今按：昭覺寺北有白蓮池，廣數十頃，當獅子山側黃土丘陵之阿，今其附近皆平田，蓋即古萬歲池。其地土質赤黃細黏，宜築城。因掘土地凹，遂以爲池也。原廣數十畝，故《水經注》曰"萬頃池"。

⑫龍壩池，《水經注》作"龍隄池"。堤與壩同義，捍水之土埂也。考其地，即今城西北之"九里堤"。《成都府志》云："其地窪下。諸葛武侯築隄九里以防衝齧。"近人於隄下掘得《蜀丞相亮護隄諭碑》，確是漢刻。證明其地原爲池澤。有隄捍水，故曰"龍壩"也。

千秋池，今東門外沙河舖外大觀堰是也。黃土丘間大池，舊多有巨室園庭繞其宅，風景略似西湖。今猶饒灌溉養魚之利。《方輿紀要》云："在華陽縣治東（十）五里，相傳亦張儀所鑿。諺曰：'東千秋，北萬歲'，謂此。"

柳池，舊籍無考。按成都附近地勢，當在今城西羅家碾、道士堰。今其地特卑下，稻田每有水患。舊有青羊宮道士作高隄障浣花溪水引灌，於此開水門，成巨瀑以冲水碾。蓋本柳池，涸爲窪地稻田也。

天井池，無考，疑是今城西北之"洞子口"。此等池旁，皆舊家園囿所依，因成名勝。積久涸廢，猶存市街志其遺迹。

⑬平陽山，即今城北將軍碑與天迴鎮間之大黃土岡陵。一般倒稱"陽平山"。今其上有金魚池、鴨子池及小池澤頗多。與萬歲、千秋池皆在不滲水之黃土地帶，故不易湮廢。若龍壩、柳池、天井，則皆在冲積土上，易涸爲農田也。

⑭《秦本紀》昭襄王六年（前301），"蜀侯煇反，司馬錯定蜀"。在周，爲赧王十四年。蓋即本書之"蜀侯惲"。惲與煇形近，古亦同音，易混。上文志其封蜀在赧王七年，則秦武王之三年也（前308）。武王在位四年死，無子，異母弟

昭襄王立。其母楚女，號宣太后。蜀侯惲以在遠，未得立，遂有據蜀之意，《史記》稱"反"，有可能。惟其勢未能成，不若陳壯遠甚。故司馬錯輕易三定蜀地。本書與《史記》異，亦當是從譙周說，仿驪姬害申生故事爲之。然其說殊爲難通。夫秦蜀棧道千里，安可以獻饋於王。應是蜀人憐其反迹未著，造此說耳。秦王使司馬錯賜劍，則或然也。

《昭化縣志》謂北山石馬壩有蜀侯惲墓（已詳《漢中志》11 章之注⑯）。可爲當時蜀侯都邑在葭萌之一證。

⑮此蜀侯綰，亦當是昭襄王之異母弟。或且是惲之同母兄弟，所居已在成都。故憐惲之死而欲迎其喪入，葬於成都郭内。今成都北郭外羊子山戰國墓發掘遺址，蓋即惲改葬墓也。志云"聞惲無罪者"，蜀侯綰聞於蜀人也，非秦王使迎喪也。"使迎喪入葬郭内"，謂自其原所在處迎葬於成都郭内，非謂迎入咸陽。設其是迎向咸陽，則當北行，不能止葬於"羊子山"。羊子山戰國墓，雖土磚墓基與砌槨，而以高貴之銅器殉葬，非貴族王侯不可能有。結合《常志》傳說，可能即爲惲墓也。"喪車至城北門忽陷入地中"，漢魏人之妄言耳。羊子山正是秦成都城之北門外。本無山，由此墓葬成墳冢。其土磚砌基整齊有法，非倉卒霖雨所爲。其戰國墓上，累積有漢、魏、隋、唐至宋、明、清近代墓，因以成山。此必漢以來人傳其祠神靈，從而依傍以葬。晉世猶稱"其神有靈"，從而積累成山。今惠陵與關張衣冠冢在南門郊外，王建墓在西郊外，皆土冢爲陵，無人傅葬，而此戰國墓傅葬者累二千餘年，豈非以傳"其神有靈"故耶？

⑯綰如何反，別無可考。即如公子惲以反罪誅，而迎葬其喪，明是不滿於昭襄王。其欲據蜀叛秦，可理解矣。其時蜀守政權已固，天下行就統一，故遂但置蜀守也。

⑰張若取楚江南地在昭襄王三十年，已詳《巴志》4 章。其"取笮"之"笮"字，可能是"巫"字之譌。然蜀西南固有笮國，頗强大，與邛國齊名。故史恒邛笮并稱。其族分布甚廣，故又與氐并稱。《司馬相如傳》固云："邛、笮、冉、駹……秦時嘗通，爲郡縣。"則此張若取笮爲可能。其時間，當在昭襄王二十七年（前 280）秦大發隴西巴、蜀兵攻楚黔中前後。

六

周滅後，秦孝文王以李冰爲蜀守①。秦滅周移九鼎，在昭襄王五十二年（前255）。又四年，王卒，孝文王即位。《秦本紀》謂其"十月己亥即位，三日辛丑卒"。秦以十月爲歲首，故史表有孝文王一年。然據《史記》、《索隱》孝文王即位時已五十三歲。則昭襄王晚年，孝文王實際已主秦政。以此推之，冰爲蜀守在公元前256—前250年間。冰能知天文、地理，謂汶山爲天彭門；乃至湔氐宋刻與劉、張、錢、吳、何、《函》、王、浙本皆作"湔及"。《函海》注云："當作'氐'。"廖本徑改作"氐"，是。湔氐道治今灌縣白沙。縣，當作"道"。見兩山對如闕，因號天彭闕；髣髴若見神。遂從水上立祀李本作"祠"。三所。錢寫本重"所"字。祭用三牲，珪璧沈濆。漢興，數使使者祭之②。

冰乃壅江作堋。穿郫江、【檢】撿錢、《函》二本作"撿"。他各本作"檢"。江，別支流，雙過郡下，以行舟【舩】船③。宋、明各刻本作"舡"。錢寫本作"船"。廖作"舩"。《函海》亦作"舡"，注云"應作'船'"。岷山多梓、柏、大竹，頹隨水流，坐致《函海》作"敢"，并注云："劉、吳、何、李本作'致'。"材李本作"林"。木，功省用饒④。又溉灌三郡，開稻田。於是蜀沃野千里，號爲陸海。旱則引水浸潤，雨則杜塞水門，故記曰："水旱從人，不知【飢】饑廖本作"飢"。按，"飢"當作"饑"，兹改正。饉。""時無荒年，天下謂之天府"也⑤。皆引譙周《蜀記》文。外作石犀當作"兕"。下同。五頭以厭水精⑥。穿石犀【溪】渠舊刻皆作"溪"。蜀語山谷水爲溪，平原人工河爲渠。溪、渠音近易混，傳寫者緣音譌。兹逕改。於【江】南江⑦，舊刻皆倒作"江南"。李冰穿二江於成都，郫江在北，檢江在南。又穿檢江爲石犀渠，即今犀浦河，故曰穿"於南江"。命曰犀牛里。命，當作"今"。謂里因置石犀得名。是李冰開石犀渠之證。犀牛里唐置犀浦縣也。後轉【置犀】爲耕牛此從錢、劉、《函》、浙四本。他各本作"後轉置犀牛"字。二頭，一在府市市橋門，《函海》刪一"市"字。今所謂石牛門是也。一錢、《函》本作"二"。《函海》并有注云："劉、吳、何、李本并作'一'。"在淵中⑧。謂在石犀淵中。乃自湔堰上分穿羊、摩江灌江西⑨。於玉女房下白沙、郵宋明清舊刻作"自涉郵"。《函海》注云："自涉，《水經注》作'白沙'。"廖本逕改。作三石人，立【三】水中。舊本皆衍"三"字。顧廣圻校稿刪，批："《水經注》無此字。"與江神要：水竭疑本作"渴"，水乏也。不至《北堂書鈔》引作"見"。足，盛不沒肩⑩。時青衣有沫水，出蒙山下，伏行地中，會江南安⑪；觸山脇溷崖，水脉同"脈"。漂疾，破害舟舩，歷清代避諱作"歷"。代患之。冰發卒鑿平溷崖，元豐本作"岩"。下同。通正水道⑫。或曰：冰鑿崖時，水神怒，《函海》"水神"下有"鼂"字。顧廣圻校稿同。神名。冰乃操刀入水中，與神鬭。迄張、吳、何、王、浙本作"至"。今蒙福⑬。僰道有故蜀王兵【蘭】闌，廖本作"蘭"。亦元豐本無此字。有神，作大灘江中。其崖嶄峻，不可鑿，乃積薪燒之。故其處懸崖有赤白五色⑭。冰又【通】作笮通廖本有注云："當作'道'。"【文】汶廖本改從《水經注》作"文"。井江，徑臨邛。句斷。徑猶云通往。與"與"字上省"汶井江"三字。蒙溪【分】水、白木江劉、李本作"白水江"。會，至武陽天社山下合江⑮。此段與《水經注》文大同小異。比而細審，知同取材於漢魏某書，均自以意改其文。故《志》"汶井"，《注》作"文井"。《志》"蒙溪"，《注》作"濛溪"。後文《志》"布濮"，《注》作"布僕"。《志》"朱邑、小亭"，《注》作"朱亭"。《志》云"白木江"（布濮水）會天社山下，《注》則謂布僕水入文井江後"又東迳江原縣"，甚至謂"其一水南迳越嶲邛都縣西，東南至雲南之青蛉縣入濮"，地文舛謬以極。常璩生長於江原，應習詳此諸水源流形勢，以衡舊說，得其真實。而後之寫刻者，乃妄以《水經注》文改竄之。然初猶僅衍、奪一二字。積久益謬，遂至不通。至於廖刻，尚欲全用《酈注》改易，曾不考察山水形勢。茲依覆勘所及改訂，俾復常文之舊。此其渠皆可行舟，用《河渠書》、《溝洫志》文補此七字，以明常氏本旨。又導洛通山洛水，【或】出瀑口，《水經注》卷三十三："常璩云：李冰導洛通山水，流發瀑口逕什邡縣。"知"或"字當衍，或"發"字譌。經什邡、【郫】雒，別江會新都大渡⑯。又有緜水，出紫巖山，經緜竹入洛⑰。東當作"合"。流過資中，會江江陽。緜、洛二水合沱江（毗河）南流經資中，至江陽入江。故東當作"合"，并重"江"字。皆溉灌稻田，膏潤稼穡。是以蜀【川】舊本皆有此"川"字。應是唐宋人緣習俗衍。人稱郫、繁曰膏腴，緜、洛爲浸沃也⑱。又識齊音濟，古"劑"字。謂鹽水。《水經注》引作"察"。非。水脉，穿廣都鹽井，諸陂池⑲。蜀於是盛有養生之饒焉。

案：此章述李冰開發蜀郡經濟諸偉績。《史》、《漢》傳李冰事，寥寥數語。至漢末，民間傳說已多。由於崇拜李冰視同神靈，揚雄、譙周諸書，當已收集整理，然其文久佚。常璩纂輯舊聞，爲最詳矣。其所剔除《風俗通》與《蜀記》諸怪妄已多。唐宋以後，關於李冰，傳說益濫，茲略作分析訂正如下。（參見圖版8《李冰治水遺迹圖》）

【注釋】

①李冰，最早見於《史記·河渠書》："蜀守冰鑿離碓（晉灼曰："古'堆'字也。"），辟沫水之害，穿二江成都之中。"而總其功用云："此渠皆可行舟，有餘則用溉浸，百姓饗其利。"司馬遷曾入蜀，亦周行天下，各渠皆所親見。於蜀特稱"蜀守冰"，知之最確也。《漢書·溝洫志》全依《史記》文，而著其姓曰"蜀守李冰"。蓋揚雄以來蜀人傳其故事者始多，皆言姓李。莫能言其爲何處人。《道藏·洞天福地記》謂其墓在"陽平化"。陽平化在漢州西山，雒水上游，秦以前，爲縣厬氏族分布地（蜀王最先建國地區）。至秦世，皆已接受中原文化。李冰很可能是此間居住之氏族人。唐宋以來地書雜史，皆謂李冰子二郎，佐冰治水，號爲"川主"。其神塑像皆三目。一目縱，在額上，與"蠶叢其目縱"，其家爲"縱目人家"之說（在2章之注③）契合。益足知其人本屬氏族蠶叢種（即蜀族），非自秦、楚或中原來者。

關於李冰墓，四川省博物館王嘉祐同志補充云：

由彭縣關口出發，至海窩子（新興場）十里，再至太平寺五里。太平寺即古之陽平化，寺前左望白鹿頂。太平寺又名蜀王祠，祠右側大墳包叫"娘娘墳"或"王妃墓"。自太平寺瓦窰上山，經湧華寺，下山插上公路前行八里至草壩（下坡）。草壩即古湔（音煎）氐村，河中產玉而又名玉村。過河壩，至通濟場五里。

由什邡縣北門出發，經興隆場十二里，靈傑場又廿里，至永興場又廿里，共五十二里。永興場一名李家碾，永興一材傳爲"雒水古城"，鄉人指三聖寺爲雒水城大堂（縣衙）。由此（街子場）前行十里即高景關（章洛山）。永興五里山下即公墓治（李冰葬衣冠處），道教廿四治之一，當地亦名湔氐村。

按年度推算，張若於秦昭襄王三十年猶以蜀守伐楚取巫及江南地。後二十一年（前256），周亡。周滅後，冰爲蜀郡守，則可能是接替張若。或許其人先以才智爲張若所信任，積功。受若推薦，得爲蜀守。秦自惠文王滅蜀，任張若爲蜀守，至昭襄王三十年（前316—前277），凡四十年，未易蜀守，史有明文。則李冰之爲蜀守，亦甚長久，故能建成許多業績。估計至始皇統一時（前221）或猶在任也。

李冰之才能，著於此志者，有二大端：一爲已能掌握自然規律，善於利用當時當地之自然條件，改造自然環境，使其發展社會經濟，造福於蜀人。二爲能順應群衆心理，利用神權，團結人民，發揮其改造自然之威力。

我國自然科學之研究，在東周迄秦統一，即所謂"先秦"年代，已有一大飛躍。無論天文地理、工巧農牧、礦冶醫藥、建築紡織以及藝術等等，皆有程度已高之發明創造。治此諸術者，恒被稱爲"方士"。《漢書·藝文志》所載"方技三十六家"，"數術百九十家"，"兵書五十三家"，皆方士術之爲統治者所重視者。其爲儒生所排斥而泯滅不傳者尚多。世僅以爲與秦皇、漢武說神仙者爲方士，亦昧矣。方士之術發展於春秋世，極盛在戰國時。秦統一後，始偏重於神仙不死之說。統治者但傳其妖妄而抹煞其科學技巧。李冰蓋先秦方士之優於人事實踐者，然史雖傳李冰事，亦多飾爲神話，莫能闡明其科學意義。

②此節，言冰欲興都江堰水利，先託爲神祀，以自取重於人民。"汶山"泛指岷江上游之山。"天彭門"者，李冰所給之名稱，言天水之門也。彭字，《說

文》云："鼓聲也。從鼓省，從彡。"蓋原爲形容大水之字。《周詩》屢有"彭彭"狀鼓聲與車馬奔馳之聲。單用，則人、地、國、族外無他義。古蜀語彭，蓋與"澎湃"之字同義。李冰自稱"知天文、地理"，謂汶山爲"天井絡"，江水爲天水激流之門。因自言見江神，能祠祀以得神力，建福利於人（會昌、建福，詳 1 章之注⑧）。既先爲此說，又自赴其地，選定立祠地點。

"湔氐道"者，秦始開今灌縣龍溪、娘子嶺通汶川之路。置郵驛，設縣。縣治原在今灌縣附近。開通新道，故曰道。漢初仍稱"湔氐道縣"。其後省作"湔縣"，蜀《後主紀》"至湔，登觀阪觀汶水之流"是也。又其後改名都安縣。文士仍存"湔氐"之名。蜀國時，成都與縣厓往來皆從瞿上（海窩子）。秦始沿江水開此新路。開路大約在張若時。李冰宜預其功，故云"乃至湔氐"選定祠址於天彭闕下江水上。其地，蓋在龍溪外之白沙。就文字言：連垣壁者爲門。門外相對兀立者爲闕。故李冰所說之"天彭門"，是泛指岷江上游地區。其所說之"天彭闕"，則專指白沙外之岷江峽口（營坪鋪至白沙之峽）。後人或混爲玉女房（龍溪峽），或混爲離堆石（寶瓶口），或指爲瞿上（海窩子關口），不值深考。要其所指建神祠處，與興建都江堰水利有關也。其祀，爲江瀆神廟之始。故漢世，"數遣使者祭之"（唐宋以來乃建江瀆廟於成都郭內，其神銅像今保存於人民公園）。祀一江神而立祠"三所"者，道家以天、地、水府爲"三官"（說詳《漢中志》4 章），冰所創也。"珪璧沈濆"，謂以圭璧沉於江波濆湧之處。

③"壅江作堋"，謂作堤壅江，提高水位，以便興工。其作堋處，當在今鹽井溪外"大中壩"尾部。內外江馬槎自此開架（參看圖版 9《都江堰工程略圖》）。由有此堋，使堋上水緩，沉澱積沙。長期壅墊，提高水位。今猶爲"大中壩"及附山沙壩。每年歲修，於白沙外大中壩上端加固石籠，以防冲毀搬移，使內外江水量相當固定。大中壩沙洲出水後，乃移舊堋至白沙外大洲上方，則是後世變通之法，非冰舊制也。冰舊制當是用竹籠礫石自鹽井溪向南岸疊隄（堋），開兩口爲內外江，更以縱橫兩馬槎堤，控制內江水量。水大至，則斫外江馬槎洩水。水乏，則封外江，酌斫內江馬槎以益內江之水。以斫馬槎多少爲放水多少準則。兩列馬槎，皆東接於飛沙堰之金剛隄。此隄爲分內外江定形別流

的開始。外江非冰所重，所重祇在内江。内江自竹索橋下入伏龍觀之寶瓶口，流灌郫、繁及成都平原東部地區，爲李冰及身完成之功。

伏龍觀之寶瓶口，上侏羅紀礫岩之裂縫也。天然自生，非人力所鑿。冰以前，江水已從此口分流，東向經成都北，是爲沱江。《禹貢》所謂"東別爲沱"也。大約鱉令時，曾於伏龍觀之離堆石爲隄壩以別内外江水，使成都北區減少水患。李冰，乃自離堆石疊竹籠隄，上延至索橋之金剛隄端，與兩列馬槎接，使内江上延二里餘定型，以接聯湔堋大堰之水量控縱。此李冰創制之意也。

其固隄之法，祇用蜀地盛産之竹篾，編爲長籠，用岷江逐年搬運之石礫盛於其中，叠累爲隄。集微小之重量爲碩大不可移動之重量，激水湍流不能動之。工甚簡易捷速，固於金鑄石甃，此其創造之妙一也。後漢時，黄河隄決成災，積年莫能治，蜀人王延世持此法塞之，三十六日而定。延世封侯，漢帝爲之改元河平。李冰之功澤下延，如是之遠也。

馬槎之法，用樹木縛爲三脚叉，放入江中，上掛石礫籃，使三脚鼎立於河床。編組成列。水雖激，不能動移。於其水來一面先縛簹梁，再鋪篾子、花欄、篾巴、竹席以阻水，水不能越流。物之廉便，工之簡易，效果之好，皆前所未有。水内竹篾之用，不能踰年。則每歲爲之，所費亦甚微。以如此簡陋物資，控制岷江滔天之水，使之婉轉隨人意，以興千里陸海之利，可謂巧於征服自然，爲三千年前人類之極智矣。

郫江，即今之毗河。李冰所導者，自寶瓶口外，循古沱江水，至今郫縣北三道堰處，分流向南，過成都少城市橋、江橋下，東南至合江亭與檢江合。今之柏條河（油子河）是也。檢江，今云走馬河，亦自寶瓶口外，分水東南流，至成都東南，與郫江合。兩江皆可行舟。"别支流雙過郡下"，謂分檢江爲石犀渠，與分郫江爲城北濠渠之類，皆過郡城下也。

④此"岷山"，亦謂岷江上游諸山，與"汶山"同，漢魏世兩字通用。梓、柏，統言木類。大竹，統言各種竹類。頽，委頓下墜也。謂人伐取，頽落江水，隨流漂致，不須搬運，故曰"坐致"。

⑤此言溉灌之利。"三郡"，謂蜀郡之三都、郫、繁諸縣，廣漢郡之雒、緜、

什邡諸縣，與犍爲郡之武陽縣。"記曰"八字，引譙周《蜀記》成言。"陸海"，亦是《蜀記》語，謂農田生產之饒，比於海產珍奇之值也。"天府"，已詳1章之注⑥。

⑥石犀厭水之說當辨。《爾雅》、《說文》皆有"犀"字，不言能厭水精。葛洪《抱朴子》引鄭君言："但習閉氣至千息久，久則能居水中一日許。得真通天犀角三寸以上者，刻爲魚，銜之入水，水常爲開方三寸，可得氣息水中。"洪又云："通天犀（角）赤理如綖，自本徹末。以角盛米，着地，群雞不敢啄而輒驚，故南人名爲駭雞犀。"《埤雅》引《異物志》云："犀之通天者，惡影，常飲濁水。佳霧厚露之夜不濡。其角白星徹端。世云：犀望星而入角，可以破水、駭雞。"蜀地古無犀牛。胡越商人從熱帶地區，轉售犀角（入藥）、犀皮（作甲）來我國。口傳其形狀與生態，往往誇大其事，遂有"破水、駭雞"，"露夜不濡"之說。皆始於三國海道甫通時，漢以前無此說也。《常志》採以傅會李冰石牛。

今蜀中各縣當水處，每有作石牛以厭水者，其牛皆作水牛形。舊江瀆廟，亦有仿李冰遺制之銅牛一頭（現亦保存於公園內），亦是水牛形。本書下文亦云"轉爲耕牛二頭"。然則常璩所親見之李冰石牛，是耕牛，非犀牛也。

李冰所作石牛，既是"耕牛"，作水牛形矣，何以昔人又傳其爲犀？考水牛亦我國南方原產之巨形獸類。最先種稻之我國南方民族，已馴擾之成水田之耕牛。殷周之際，中原人民已見其物，稱之爲兕。駭其形體之大，比於虎類。《九經》中每見其字。《詩》曰："匪兕匪虎，率彼曠野。"其雙角巨大而空，古人雕以盛酒，稱爲"兕觥"，見於《南詩》。志其形體者，始於《爾雅》，僅"兕似牛"三字。謂其形體似中國北方之黃牛也（古"牛"字衹謂黃牛）。兕字造形爲雙巨角，明是古人初見水牛時製。其音近犀（在蜀且同音）。緣是秦漢蜀人呼之"石兕"，魏晉人轉誤爲犀，遂并誤會李冰造作之意爲厭水也。犀非牛類，而蜀人恒呼"犀牛"，正緣與兕混也。

中原牛耕，惟用黃牛。吳楚稻作，皆用水牛。李冰"穿二江於成都"，別支流"溉灌三郡，開稻田"，大力提倡種稻（穀物中稻之產量最高），從而提倡引種水牛，師法吳楚稻農。故刻此石牛五頭，分置二江灌溉地區，宣傳物宜，以爲勸導。當時呼之爲兕，後被妄傳爲作犀厭水也。

⑦石犀渠，今云犀浦河，爲今郫縣、崇寧、灌縣、溫江與成都縣區農田之主要幹渠。李冰時衹爲郫、成二縣地。所經皆成都平原中心最肥美地帶。故李冰所作石牛五頭，原皆分置於此渠沿綫新開稻田地區，稱曰"犀牛里"（兕牛里）。秦漢云"里"，表示縣轄之一方地區。此兕牛里，所表爲當時郫縣南界新開稻田地帶。其里正住地爲犀浦。唐垂拱二年置犀浦縣。《元和志》云："昔蜀守李冰造五石犀，沈之於水，以厭怪。因取其事以爲名。"則唐時已不見石牛，又誤用下文"在淵中"句，以爲冰悉沉之於淵也。其犀字，并隨《常志》訛。

⑧此又常璩親見市橋門（即石牛門）有石牛一頭作耕牛狀，而故老相傳其是從犀牛里移來之李冰之石犀，故其爲説如此。"一在淵中"，蜀郡首章所云"石牛門外石橋下石犀所潛淵"是也。故老謂自犀里移來者爲二頭，而存可見者衹一頭，市橋下淵又名石犀淵，故以爲是"石犀所潛淵"，皆常氏意測語。惟所見是耕牛，則可定矣。

⑨以上皆述李冰經營內江水利事。此乃述其外江水利。"羊摩江"，今云羊馬河。爲自外江分水灌溉縣西、崇慶、新津之一大幹渠。此帶地方，皆在外江之西。外江從來被認爲是江水之正流，故蜀人稱此帶爲"江西"也。

⑩"玉女房"，《寰宇記》卷七十三"導江縣"，引李膺《益州記》云："其房鑿山爲穴，深數十丈，中有廊廡堂室，屈曲似若神功，非人力矣。"按此，則其地當在白沙附近。疑是漢代崖墓，晉人作此稱呼。"白沙郵"，今仍名白沙，爲龍溪水口。秦開湔氐道，通縣虒，置郵傳於此也。

三石人，今已發現其二，倒臥在金剛隄下河床沙土中。最大者爲李冰像，銘刻清楚。乃公元168年（後漢靈帝初）所造。其小者持臿，無銘刻，應是象徵從冰治水者。原爲左右各一具，今僅得其一耳。世或擬爲即是冰子二郎，必不然。漢魏世無冰子二郎之説，其像亦與傳説之二郎神不類。其刻字云："建寧元年，閏月戊申朔廿五日，都水掾尹龍、長陳壹造三神石人，珎水萬世焉。"凡三十字，各方四公分，隸書，鐫於李冰立像帶下。（珎當讀如鎮，厭水之義。）建寧，靈帝之初元也。似此則《常志》言三石人爲冰所作者，亦誤也。大抵湔堰雖歲修，從事之人未對石人作迫近之觀察。故雖實物具在，竟謂三石人爲冰所作，以要神之水則。由此可知，云石犀厭冰者，亦必妄測也。

云"與江神要"者，正可說明魏晉時人所見江水，經李冰創堰控制後，水雖盛漲，亦"不没肩"；雖大乏，亦"不至足"。人徒見其然而不知其所以然，但有直覺爲李冰之功，遂説爲李冰要神如此。

⑪"青衣"，縣名，前漢屬蜀郡，後漢爲漢嘉郡治。治城在今四川蘆山縣，轄境爲今蘆山、天全、寶興三縣。境内有青衣羌。其夷邑，在寶興縣。自蜀王保子帝時征服，蜀亡轉附於秦。雖歷世皆爲郡縣，均不廢其邑君。至元、明、清代，則爲穆坪土司。民國八年始改流爲寶興縣也。

"沫水"，《水經》云："青衣水出青衣縣西蒙山。東與沫水合也。至犍爲南安縣入於江。"此所言今青衣池也。又"沫水，出廣柔徼外，東南過旄牛縣北，又東至越嶲靈道縣。出蒙山南（蒙山有誤。當作"峨山"），東北與青衣水合，東入於江"。此所言沫水，謂今大渡河也。由於班固《地理志》稱青衣江爲"大渡水"、沫水爲"溢水"，酈道元《水經注》又以今天全銅頭峽之岸山爲蒙山（引書混亂），後世地志展轉攀誣，一片淆惑。《蘆山縣志》以蘆山河爲沫水，其縣東鄉稱"沫東鄉"。《雅安縣志》以縣東北上里、中里、下里之小溪爲青衣水，而稱青衣江幹流爲沫水，以別於溢水。宋人以來地書，以都江之伏龍觀爲離堆。又或以雅安飛仙關爲離堆，或以名山䶗都石爲離堆。誤説多端，皆緣不能定沫水位置，錯援《酈注》之文，肆爲傅會。遂莫能定李冰鑿崖之所在。此當辨矣。

《水經》所言沫水，與今大渡河源委全合。蓋據地理實踐者之言也。其云"出廣柔徼外"者，漢廣柔縣爲今之理縣，其西徼在鷓鴣山與夾金山，其"徼外"正是今壤塘與金川縣地，爲大渡河上源地區也。"過旄牛縣北"者，今漢源、瀘定、大渡河曲以上至康定縣境，皆漢沈黎郡地。其後郡省，爲旄牛一縣。縣治初在瀘定之沈村（原郡治，遺迹猶多可見），後徙至今石棉，故云"縣北"也。又後就近孔道，乃徙治今之漢源，則水在其南。後人不知旄牛縣治遷徙者，遂執"縣北"字，誤爲是青衣江。"又東至越嶲靈道縣"者，今越西縣爲《漢志》越嶲郡之靈關道縣，其縣境抵此河岸者數百里，閲二千年皆然（近年始劃大樹堡區北屬漢源縣）。不知此者，誤以爲越巂郡治邛都，爲今西昌縣。靈關道爲小相嶺，在越巂縣南，不爲此河所流經，遂更緣《酈注》以青衣縣之"靈官廟"（今寶興縣治靈關鎭之俗稱）爲沫水所經之"靈道縣"矣。云"出蒙山南"者，《禹貢》梁州"蔡蒙旅平"，謂峨眉爲蔡山，瓦屋爲蒙山也。兩山爲四川盆地西南最高之山，故特著之。大渡河，正過瓦屋山下之金口，至沙灣乃入平地，與青衣江會，至樂山（漢南安縣）入岷江。後世以青衣江爲沫，乃緣傅《水經》與《酈注》謬文，於青衣水域求蒙山，以合《班志》青衣縣之"蒙山谿"。從而指雅安周公山爲蔡山，蒙頂茶之蒙頂爲蒙山。沿習至今，莫知峨眉、瓦屋之爲《禹貢》蔡、蒙矣。

　　指青衣江爲沫水，自《常志》始，而《水經注》傅益之。在古代言地理水道者，原有"隨決入而納通稱"（《酈注》語）之例。故嘉陵江可稱爲渝水、羌水、白水、涪水與西漢水。青衣水本與沫水合，乃入岷江。魏晉人取近流，冒青衣江爲沫水，可以理解。《常志》與《酈注》遂并移蒙山於青衣縣，則製造此區地名謬亂之源泉也。《班志》青衣縣云"蒙山谿，大渡水東南至南安入渽"者，蓋以榮經河爲蒙山谿，其所入之天全河爲大渡水。榮經河發源於西瓦山，是古蒙山，故曰蒙山谿。此水與天全河會口處，爲秦漢至隋唐間蜀郡與邛筰往來要道。水激無橋，但爲舟渡。舟渡亦艱，故有大渡之名，從而稱爲大渡水。其水稍下至飛仙關，與蘆山河合。《常志》所言"沫水出蒙山下"指穆坪河。穆坪河自靈關鎭入礫岩裂隙四十里，出銅頭場乃得陽光，故《常志》以爲"伏行地中"。其實與石灰岩穴之伏流不同，但在銅頭與靈官鎭間行絕峽中耳。此礫岩絕峽之岸山，《常志》以爲"蒙山"。後人乃以雅安、名山縣界間之蒙頂爲"蒙山"，而稱此礫岩大山爲"靈山"也。山水不能自名，隨人更呼，異世而名異。唯能因地文實際以考古今流變者，得辨訂之。若竟膠執一書，則亦"刻舟求劍"也。《水經注‧沫水》章謂："沫水出岷山西，東流過漢嘉郡，南流，衝一高山。山上合下開，水逕其間。山即蒙山也。"此其所指，明明是靈關鎭至銅頭場間之礫岩大峽，與《常志》伏行說合，而非取材於《常志》。疑是常氏後更有人履勘其地，採用常氏言，爲另一書，如李膺《益州記》之類，《酈注》取之，故可互勘合也。此水出銅頭場後，與蘆山河合，南流至飛仙關合大渡水。以下，至今稱爲青衣江（唐代稱平羌江，一曰羌江），與溰合流入岷江。

⑫"溷崖"，今樂山縣岷江東岸之"大佛崖"是也。大渡河水對之衝來，激洄騰突，爲舟行害。故李冰鑿崖開峽，斜對沫水，以殺來水怒勢，即引其水過離堆（烏尤寺）峽，出箋子街，灌牛華溪、五通橋一帶平原。開稻田，使與成都二江同利，爲溉灌與行舟之幹渠。今牛華溪五通橋平疇水利，始於此也。《史》、《漢》以"鑿離堆避沫水之害"與"穿二江成都"爲二事而連言之，謂其皆改造自然之大役。後之讀者，乃併爲一事體會之，以爲灌縣之伏龍觀，礫岩離堆之寶瓶口爲冰所開鑿。夫礫岩堅硬，雖在今日，尚未易鑿，況二千餘年前耶？四川盆地以内山爪，因江河侵割而成離堆者，約近百所，在嘉陵江沿岸者即有三十餘處（據解放前地理研究所考查報告）。在長江沿綫者如《巴志》所言之"龜亭"、"廣德嶼"、"灧澦堆"、"黃華城"與"石堡寨"之類，亦多至數十處。青衣江之草壩龜都寺，飛仙關之二郎廟，兩處已經前人指爲離堆。并與烏尤山、伏龍觀及南部縣之離堆室，稱爲"蜀有五離堆"（《四川通志》）。如此之類，通全省言之，去百所不甚遠矣。率皆以砂岩或石灰岩易受水流侵割，自然生成。若灌縣之寶瓶口，則爲礫岩在造山運動中自然裂成，與江油之寶圌山、漢嘉之靈關峽、青城之軒皇臺同，豈可以人功開鑿擬之哉？

如上所述四川近百所離堆中，其顯然爲人工鑿成者祇樂山烏尤寺一處。烏尤寺離堆，原與大佛崖連成一片，由其岩石之密度、紋理、顏色、地形察之，無可否定。赤砂岩與礫岩性質相反，質軟而韌，雖可震裂，裂罅亦犬牙相錯，契留微隙，斷無裂開成峽江者。人類在青銅器時代，已能以錘、鑽截割砂岩爲巨石，如本書所記之石鏡、五丁擔，及近世發現諸氏人石墓，與漢代諸崖墓，皆可證明秦李冰時已充分具備開鑿如此砂岩爲石峽，以"通正水道"之能力。其所以能爲此功者，蓋先見都江寶瓶口之天然裂口過水，最能控制內江水量，優於作壩制水。故冰因烏尤與凌雲兩山間之細腰，鑿爲人工之離堆，以過水也。今斧鑿痕雖已風化無迹，其峽爲人工鑿開，非由地裂及江水侵蝕而成則顯然可辨（見圖版10《沫水離堆示意圖》）。

⑬此人工石峽之外口，有市邑，名"篦子街"，亦是李冰鑿此石峽之一證。篦字本作"鸁"，水神名也。《水經注》卷三十六云："昔沫水自蒙山至南安西（"脇"字音譌）溷崖，水脉漂疾，破害舟船，歷代爲患。蜀郡太守李冰，發卒鑿平溷崖。河神鸁怒。冰乃操刀入水，與神鬥。遂平溷崖，通正水路。開處即冰所穿也。"《文選》張衡《西京賦》"巨靈鸁屓"注云："巨靈，河神也。二華本一山，河神用力，手劈足蹋，分山爲二，以通河流。"是後漢世已有水神鸁屓之說。《水經注》卷三十三又引《風俗通》曰："秦昭王使李冰爲蜀守，開成都兩江，溉田萬頃。江神歲取童女二人爲婦。冰以其女與神爲婚。迳至神祠勸神酒。酒杯恒澹澹。冰厲聲以責之，因忽不見。良久，有兩牛鬥於江岸旁。有間，冰還，流汗謂官屬曰：'吾鬥大，亟當相助也。南向腰中正白者，我綬也。'主簿刺殺北面者，江神遂死。蜀人慕其氣決，凡健壯者因名冰兒也。"則應劭時已傳冰能與水神鬥，與《常志》及《酈注》引據之說相爲表裏。要皆漢魏間人傳冰事者之神話，謂水神名鸁，爲冰所殺，故能"鑿平溷崖，通正水道"。開渠成，故稱此渠首之邑爲"鸁死里"，轉訛爲"篦子街"也。

此峽渠水在冰時與灌縣内江之寶瓶口同功，可供行舟、灌溉。其本質不同處，在於一是礫岩天成之裂隙，深不見底，故數千年無湮塞之變。烏尤鸁峽，由人工開鑿，石底一成，不可歲歲鑿深。大江之水，則侵蝕力强，能歲歲刻削河床，使之下降。故自冰後若干年，江水逐漸難於入峽。大約在明清世，此渠已涸，縣人更從烏尤離堆之下游作堋，引江水溉牛華溪、五通橋一帶平田。篦子街水道遂廢，今竟成爲陸地石峽。然去江水面尚衹數尺，秦漢時其渠當能暢行舟楫也。

離堆字，《史記》作"碓"，《漢書》作"崖"。《顏注》亦引晉灼釋爲"古堆字"。楊守敬《水經注疏》謂"崖"字依錢大昭說作"崕"，即"崖"字，定離堆即溷崖。張澍《蜀典》、趙熙《離崕考》，皆以烏尤爲《史》、《漢》之離堆。凡此種種，皆足證溷崖即李冰所鑿之離堆。本文則尤重在於地質、水文之辨訂，固無取於神話也。

《風俗通》"凡壯健者，因名冰兒"之說，爲唐宋以來李二郎神話導源。冰字古篆作"𠂇",隷書作"二"。或是李冰本有李二之號。加以"誓水三石人",其左右二石人較小,後人因指爲"冰兒"。故截至隋唐,尚無冰子二郎神之説,宋元以來,乃有川主二郎神話產生。其產生也,亦衹緣趙昱斬蛟之説而起。柳宗元《龍城録》云:

赵昱,字仲明,與兄冕俱隱青城山,從事道士李珏。隋末,煬帝知其賢,徵召……至京師……乞爲蜀太守。帝從之,拜嘉州〔太守〕。時犍爲潭中有老蛟,爲害日久。截没舟船,蜀江人患之。昱涖政五月,有小吏告之。會使人往青城山置藥,渡江溺死。没舟船七百艘。昱大怒,率甲士千人,及舟屬男一萬人,夾江岸鼓吹,聲振天地;昱乃持刀没水。有頃,江水盡赤,岸石半崩,吼聲如雷。昱左手執蛟首,右手持刀,奮波而出。州人頂戴,事爲神明。隋末大亂,潜以隱去,不知所終。時嘉陵(當作"江")漲溢,水勢洶然。蜀人思昱。頃之,見昱青霧中,騎白馬,從數獵者,見於波面,揚鞭而過。州人爭呼之。太祖文皇帝賜封神勇太將軍,廟食灌(江)口。……昱斬蛟時,年二十六。珏傳仙去,亦封佑應保慈先生。

此故事與《風俗通》所傳李冰戰江神事,如蟲蜕之變。云"求爲蜀太守",而得"嘉州",明嘉州(樂山)與"蜀守冰"有聯繫。云"青城山"與"廟食灌口",明趙昱與二郎神之關係。謂昱字"仲明",有"兄冕",俱"事李珏",明三石人與此神話之關係。珏字從雙玉,蓋亦明潤如冰之造意也。其神話遞變之迹,居然可以尋究。蓋因嘉州人傳李冰事,結合灌口有三石人與李冰祠廟所編造。化李冰與二郎神爲二人之始也。今青城後山名"趙公山",傳即趙昱弟兄所住。傳者謂其學於青城,廟在灌口,而斬蛟在嘉州。故可知是《常志》"操刀入水中與神鬥"之蜕變矣。

⑭此所謂"蜀王兵蘭",今曰"赤崖山",在宜賓縣西北岷江右岸。《一統志》引《舊志》云:"亦名朝陽崖,在縣西北二十里。"《方輿紀要》卷七十一《叙州府》云:"仙侣山在府治西北。……其北曰翠屏山。……又西北曰赤崖山。崖岸壁立,下瞰大江,色若綺霞。"是也。

《後漢·郡國志》僰道縣注引《華陽國志》,謂"蜀王兵蘭"爲"王岳蘭"。

王先謙《合校水經注》云："案：兵闌，天子之門禁也。《漢書·汲黯傳》：'上嘗坐武帳，黯前奏事。'孟康曰：'今御武帳，置兵闌五兵於帳中也。'《史記索隱》曰：'天子門有兵闌，曰司馬門也。'庾子山作《吳明徹墓誌》曰：'長沙楚鐵，更入兵闌。'正使此事。闌、欄、蘭三字通用。"據此，則兵闌者，喻爲禁地。謂此崖爲蜀王地界之不容侵入者，如宮門之置兵闌，犯之當死，非蜀王實有刀槍架在此崖也。大抵巴蜀互爭僰道時，蜀王扼此險，未容巴、楚侵入，故有此稱。

燒石使熱而驟沃以水，利用其膨脹率之驟變，以摧破崖石，爲古人摧毀巨石障礙之一種方法。《後漢書·虞詡傳》："自沮至下辯，數十里中，皆燒石翦木，開漕船道。"注引《續漢書》作："詡乃使人燒石，以水灌之，石皆坼裂，因鐫去石，遂無氾溺之患。"用此理也。

《水經注》"江水過僰道縣"云："縣有蜀王兵闌，其神作大灘江中，崖峻阻險，不可穿鑿，李冰乃積薪燒之。故其處懸巖猶有五色焉。赤白照水，玄黃（一作"猶有玄黃赤白五色焉"）。魚從僰來，至此而止。言畏崖嶼，不更上也。"其所據爲《地理風俗記》，乃應劭所撰。《常志》蓋亦用應劭之說，而異其文，刪"魚畏崖嶼"等語也。今其地仍爲岷江險灘，有道士觀漩流作害。

⑮ "汶井江"，《水經注》作"文井江"，即今崇慶縣之西河，源在金川、穆坪界上大山之東，經懷遠鎮（分州）至元通場會於外江支渠之沙溝河。南至新津，與蒲江河合而入江。"白木江"（白水江）即邛崍縣之南河。上源爲蘆山、雅安界上之火井槽。其西北有與火井槽水并行之一支流，即《常志》所云之蒙溪。二水合流後，爲布濮水。從火井槽至正西山（蘆山縣界山），爲古布濮民族住區，故曰布濮水（後文"臨邛縣"詳），流經邛崍城南橋下，故稱邛州南河也。布僕水與文井江，爲邛崍、大邑、崇慶、新津四縣平原中原始的兩大幹流，在新津與蒲江（一曰新津南河）會合後入岷江。歷代開鑿支渠，交錯其間，用於灌溉，未曾改變主流。

《水經注》於布僕水，誤分爲二支，一支會天社山下，一支經邛國、滇國入海：是爲其述西南水道最謬誤處。往時傳寫《華陽國志》者，恆引《水經注》回改。遂有人妄於蒙溪下加一分字，至失地理之真。宋刻沿謬，必須刪去。

云"又作笮通文井江"者，言成都與臨邛間，昔時陸道，迂由江原。須橫渡檢江、外江、羊摩江與文井江四大渡，耽延未便。至冰乃作竹索爲橋，架諸江上，使行旅迳過，無待渡之煩。古稱竹索渡橋爲笮。字亦作"筰"，作"莋"，作"簇"。成都南外有地名"簇橋"，即李冰最早建成之檢江笮橋（久已轉爲石橋，今并石橋亦蔽於馬路下矣）。其外江笮橋，當在今溫江、崇慶界間之插耳崖。羊摩江笮橋，在金馬隄。文井江笮橋，在今大邑界。其道徑達臨邛，不似今日之繞渡新津也。

笮橋惟便於步行，不能度車運。故諸縣物資之運成都者，則必用舟運至新津（常云"天社山下"，時未置縣也）轉陸。故常氏因通笮橋，并及諸水，明李冰時之人物轉徙道路如此也。天社山，即今新津之寶子山。

⑯"洛水"，即雒水，今云石亭江。張華《博物志》："舊洛陽字作水邊各。（漢）火行也，忌水，故去水而加隹。魏於行次爲土……故復（去）隹，加水。"此水發源處，在今什邡縣極北茂縣界上。《漢志》廣漢郡雒縣云："章山，雒水所出，南至新都谷入綿水"（此依宋板。殿板作"入湔"）。"新都谷"即今之金堂峽。金堂縣，宋分新都東境置，其地在漢屬新都。雒綿合後，尋即於趙家渡入於沱江（沱江先納湔水，故亦納湔之通稱）。

"洛通山"，今什邡縣北之高景關，地形頗似彭縣海窩子之關口。左有獅子山，右爲大包頂，夾洛水如雙闕。祇後山乏平疇邑落不同。其水奔瀉如瀑，故曰"瀑口"。《方輿勝覽》謂章山即洛通山，亦誤也。章山，志其發源處。洛通山爲瀑口，今之獅子山也。

古雒縣城在石亭江畔之"繩鄉"，雒水緣以定名。其後縣城屢徙。唐爲漢州治。元省縣入州。今爲廣漢縣。其城在什邡河畔。世遂以什邡河爲雒水，鮮能知漢雒縣故治與石亭江爲雒水者也。

⑰緜水，今云德陽河。發源於故茂州土門附近之觀音梁子，曰深溝。從大山老林奔流向南，至綿竹縣漢王場入平地。入平之初，冲破紫巖山關口，地形亦微似高景關。入平後，分兩幹渠：一至繩鄉南入雒，今云綿竹河。一經黃滸、德陽

至趙家渡（新都大渡）北入雒，同會於金堂峽口（新都谷）。"黃滸"，古綿竹縣治也。

⑱都江水利，分內江、外江兩系。外江爲江水正流，秦時已分出羊摩江（羊馬河）。更收聚文井江（分州河）、布濮水（邛州河）、南河（蒲江河），至天社山（寶子山）下會合，出成都平原。內江自開明氏前已從寶瓶口裂穴分出，爲《禹貢》之沱江（毗河）。東行會湔水、雒水、綿水，於金堂峽口（新都大渡）會合，穿峽出成都平原，經資中至江陽（今瀘縣）入江。李冰既治都江大堰（湔堋），爲控制內江水量，乃於寶瓶口外分穿南北二江，雙過蜀郡下，合流爲府河（今名）。會他支渠，出成都平原，至犍爲之武陽（今彭山縣）會合。穿眉山平原，經南安、僰道至江陽與沱合流。

常氏敍述此三組水利之出於李冰者，先都江大堰與郡下二江（屬內江南側），次外江水利與交通建設，又次爲內江北側湔、洛、綿三部分水利。李冰未暇著力於湔，特重綿、雒。其導綿、洛，皆作分渠，所灌爲秦之什邡、雒、綿竹三縣稻田。此敍其水至江陽入江，結束水道原委。湔江水利，常氏歸功文翁。其所引灌爲郫、繁兩縣。故於此以"郫、繁"與"綿、雒"對稱。當時成都平原灌溉水利區分如此。歷唐、宋、明、清迄今，陸續開鑿新渠，幹支紛龐，通聯遠及，各灌區間，已經混成一片，跨入眉山青神，遠及夾江、峨眉、綿陽、三台、安縣、中江。今則已穿龍泉溉灌簡陽。無非李冰創其規，後世廣其利也。

近世都江堰水利局所直接管理者，凡十四縣，稻田五百二十餘萬畝（1938年四川水利局《都江堰水利述要》的統計）。解放後又復有所發展，而控制水量方法仍不能不恪遵李冰之舊。冰之功利，可云偉矣。

⑲"齊水脈"，謂地下鹽水所在也。秦漢世，醫方家謂藥物配方爲齊（劑），燒鍊家謂鉛、汞方藥爲齊，煮鹽者謂滷水爲齊，并屢見於方技之書，讀音同劑，初不從刀。後世與整齊字異音，乃從醫方刀圭之意加刀。音濟則無變也。《周禮·食醫》："掌和王之六食、六飲、六膳、百羞、百醬、八珍之齊。"則廚饎作料，鹽、梅、薑、醋之物亦爲劑也。

四川盆地，數百萬年前爲大海，地下蘊有鹽岩，地表土中亦多含氯化鈉（食鹽），不過因地表被雨水洗滌，溶流以去。其地層之微凹部分，亦皆積有鹽水。至於透過深層岩鹽後湧出之水泉，則爲鹽泉，大都湧現於巴國地區，地層褶曲度大，罅裂複雜地方，巴國援之爲利而致强大。蜀國地區無此鹽泉。李冰前，蜀人食鹽仰給於巴。秦滅巴時，巴東鹽泉爲楚所據，張若等爭之，久乃克有。當尚未得巴東鹽泉時，李冰創爲鹽井之法，圖鹽自給。其最先開創之鹽井在廣都，故曰："穿廣都鹽井。"

秦廣都縣境，包括今雙流與仁壽縣廣大地面。自仁壽縣治以北，至籍田舖、秦皇寺、貴平寺一帶，地層上部積有鹽水。李冰識之，故最先掘井於此。其最旺一井，後世稱爲"陵井"。自漢迄唐，屢經深鑿，至達數十丈。唐末乃廢竭。連言"諸陂池"者，李冰所創鹽井，固非如今世之筒井，亦非如成都市内飲用水井之法。冰祇鑿地爲陂池，得地下滷水煮之。其汲水，用木架桔橰。或祇用人負桶循盤道或梯道下陂汲取之。今博物館保存有刻畫漢磚，證明其法如此。滷水既竭，則廢爲陂池以養魚，種菱芡。廣都龍泉山脉以南，自冰多穿鹽陂，其後惟陵井存，他皆廢爲陂池。產業緣之而興。其後遂發展爲陵井、貴平、始建、籍縣，成爲蜀中新興之富庶地區，自廣都鹽井始也。《元和志》謂陵井爲張道陵所開，先無如此言者，徒因陵字，未足取。秦廣都縣平原無鹽井，惟此丘陵地帶有之，是陵井之義歟？陵井最大時，縱橫三十丈，深八十餘丈，用大牛皮囊架桔橰引水（見《通志》）。

今簡陽，《漢志》爲牛鞞縣，以牛鞞鹽井得名。其井漢世已有。常氏不言李冰開，要亦承冰遺法爲之。（李冰時只能有淺坑之井，陵井、牛鞞皆深坑之井。）

七

　　漢祖自漢中出三秦伐楚，蕭何發蜀、漢米萬舩，南，舊各本作"西"，廖本改作"南"。給助軍糧，收其精銳，以補傷疾①。雖王有巴蜀，南中不賓也②。高祖六年，始分置廣漢郡。高后六年，城僰道，開青衣③。

　　孝文帝末年，以廬江文翁爲蜀守。翁穿湔江口，溉灌郫繁田千七百頃④。是時，世平道治，民物阜康。承秦之後，學校陵夷，俗好文刻。廖注云："當作'刺'。"翁乃立學，選吏子弟就學。遣雋士張叔等十八人東詣博士，受七經，還以教授。劉本脫"教"字，存空格。李本脫，不空。學徒鱗萃，蜀學比於齊魯。巴、漢亦立文學。孝景帝嘉之，令天下郡、國皆立文學。因翁倡其教，蜀爲之始也⑤。孝武帝皆徵入叔等爲博士。叔明天文灾張、吳本作"災"。同。異，始作《春秋章句》。官至侍中，揚州刺史⑥。此下，錢寫本有四空格。劉本提行。張本"章句"與下八字提爲一行，而注云"十字當接'春秋'下書"。蓋所據元豐本提行，李氏嘉泰本已改正。

　　元光四年，置蜀【四】西部都尉。舊各本皆作"四部都尉"。查《班志》各郡多有都尉治，蜀郡無，廣漢郡有陰平道爲北部都尉治。劉昭《郡國志》廣漢屬國注："故北部都尉，屬蜀郡。"蜀郡屬國："故蜀西部都尉。"犍爲屬國："故郡南部都尉。"（謂前漢犍爲郡之漢陽都尉。）是蜀郡原有北、西、南部都尉，無所謂"四部都尉"也。其北部都尉後屬廣漢郡，南部都尉後屬犍爲郡，皆當於分郡時割。則武帝元光四年安得置四部都尉？其西部都尉，治漢嘉，"故青衣"。青衣"高后六年"開。則武帝因開邛筰，乃置西部都尉於青衣，非元光四年置四部都尉明矣。茲改正。元鼎二年，立成都十八郭。廖本注云："當作'門'，見《蜀都賦》及劉淵林注。"於是郡縣多城觀矣⑦。

　　建元六年，舊各本俱脫"建元"字。查《班志·犍爲郡》云"建元六年開"。則此云"六年"是建元六年也。上文敍蜀郡建設，已至元鼎二年。此下敍分郡建置，爲另一分節，故自建元另起。舊傳鈔者誤連寫之，礙"建元"字，妄刪，作爲元鼎之六年，大謬。兹補正。**分蜀、廣漢置犍爲郡。**《巴志》已云："高帝分巴、蜀置廣漢郡。武帝又兩割置犍爲郡。"謂牛䩅、資中初屬廣漢，後與蜀郡之武陽、南安、僰道爲犍爲郡也。故補"蜀"字。**元封元年，分犍爲置牂柯郡。**張、吳、何、王、浙本作"牂牁"，李本作"牂柯"。廖本注云："按《地理志》，元鼎六年開。"今按：《武帝紀》"定西南夷，以爲武都、牂柯、越巂、沈黎、文山郡"在元鼎六年。其明年十月改稱元封元年。開地置郡，首尾跨年，史家合併言之，非錯謬也。**二年，分牂柯置益州郡⑧**。此下，廖本又注："按《地理志》元封二年開。"既非有異，不當注。**【六年】以廣漢西部白馬爲武都郡，蜀南部邛爲越巂郡，北部冉、駹爲汶山郡，西部【邛】筰爲沈黎郡⑨，合置二十餘縣⑩**。此段舊刻謬亂特甚。兹按《史記》、《漢書·西南夷傳》與兩《漢志》訂正常氏原語，説詳本注。刪"六年"者，武帝開此諸郡在元鼎六年開始，經用兵，置縣，升報，定案，於元封二年全部完成。常氏縷置益州郡敍入，皆承上文元封二年事訖爲言，與《西南夷傳》稱元鼎六年開置此諸郡縣爲一事，祇所舉始事、訖事之年度異耳。舊傳鈔者妄依《西南夷傳》竄入"元鼎六年"字。再轉鈔者，又以元鼎在元封前，刪"元封"字，以適二年之文。下文諸脫字、衍文，率因傳寫訛亂。宋刻昧於地理，忽於校勘，混於年度，從其謬文。清代校勘諸家，率皆迷惑不解。顧廣圻最先提出疑問於校稿中，廖刻緣之注"越巂郡"下曰："按《地理志》，元鼎六年開。考《漢書·西南夷傳》武帝建元六年，置犍爲郡。又二十四年爲元鼎六年，置牂柯郡及越巂郡、沈黎郡、文山郡、武都郡。又二年爲元封二年，置益州郡，《地理志》同。以訂此文，先後舛駁特甚，必經宋人改竄，遂不可通耳。"又注"廣漢西部"下云"當有脱"，注"汶山郡"下云"當有'西部'二字"，皆不能得常氏本旨。顧觀光改"西部邛筰"句爲"西部筰都"，而不能於"蜀南部"下補"邛都"字，"廣漢西"下補"白馬爲武都郡"字。亦由昧於地理實際，不敢肯定史文，然已得其意矣。其校勘記云："原脱'西部'二字。'筰都'誤'邛筰'。按《漢書·西南夷傳》……然則越巂治邛都，沈黎治筰都，不得連言邛、筰也。今改正。又上文廣漢西部，下脱'白馬爲武都郡'六字。'蜀南部'，'部'誤'郡'。又脱'邛都'二字。'冉駹'，'駹'誤'龐'（謂張、吳、何、李本），並當依《漢書》改補。"此可取者。**天漢四年，罷沈黎⑪，置兩部都尉：一治旄牛，主外羌；**廖本注云："當有'徼'字。"無取。**一治青衣，主漢民。**

孝宣帝地節三年，罷汶山郡⑫，置北部都尉。時又穿臨邛蒲江鹽井二十所⑬，增置鹽鐵官⑭。

案：以上列述西漢年代蜀郡大事，適足反映公元前二世紀時蜀地社會發展之實際情況。承秦興水利之後，蜀、巴農業生產突飛猛進，工商業亦緣之勃興。漢高得巴蜀人力、物力支持，克以北定三秦，東滅項楚，完成統一之局。文翁因其富庶，大興文教，於是平原地區之蜀人，率先進入封建社會。沿江水利地區繼之。邊遠郡縣與山區人民亦蒙影響，由奴隸社會次第向封建社會過渡。至武帝時，遂得開地千里，增置六郡，深入南中。皆三蜀、巴漢物資豐贍，經濟基礎已臻穩固之所致也。至武帝晚年，蜀民頗感疲困。新啓疆宇之薄弱環節，頗以官吏剝削爲怨，動亂頻數，郡縣每復廢棄（如沈黎、汶山兩郡）。其邊腹經濟聯繫已密，文化浸潤較深之部，則日益發展前進。如牂柯、益州諸郡，已多有封建文士產生，至魏晉時，更增置至七郡以上，足知其進步之速矣。宣帝時蜀中"增置鹽鐵官"，足見腹縣工商業仍在陸續前進。下章賡述文化之高，與前各章因果相承，多少符合歷史發展規律，此《常志》卓越處也。舊刻謬亂，衍脱不一，既於校注勘訂，仍略徵引舊文，闡明其必然。

【注釋】

①《漢中志》言漢高祖還定三秦，蕭何"居守漢中，足食足兵。既定三秦，蕭何鎮關中。資其衆卒平定天下"。是據《蕭何傳》。此言"發蜀、漢米萬舩"，亦是據《蕭何傳》鄂秋語："上與楚相距五歲，失軍亡衆……與楚相守滎陽數年，軍無見糧，蕭何轉漕關中，給食不乏。"然蜀郡與漢中米，皆不可能運至關中，轉漕以給滎陽。然則此"舩"字誤耶？不惟未誤，又適足以補《蕭何傳》所未盡。蓋滎陽、成皋間拉鋸戰數年中，蕭何供給之人力，可由棧道入秦川，以舟運補給。若糧食，則三秦所給者殊有限。其仰給於蜀、巴、漢中者，則必先舟運入楚，再由楚自南陽車輓入洛。楚漢戰爭時，漢必先得黥布、彭越據有楚地

者，即在於衞此漕運，否則項羽不能被阻於滎陽也。此爲馬遷、班固所未注意，鄂秋所不及知。惟蜀人能知其然，故譙周、常璩獨能傳此"萬船"之文也。"伐楚"軍事在蜀、漢東，廖本改舊刻"西"字，不改作"東"而改作"南"者，蓋元豐本字原作"南"，李㮅疑南非嚮，誤改作"西"，由不知水道必先轉南故也。

②史言漢王但王巴蜀，不及南中。而此贅入"南中不賓"句者，所以説明當蜀王與秦世，及楚漢相爭時，對南中諸酋皆不暇撫用，迨至漢武乃復開之。是華陽地區社會發展不平衡之一大關鍵。

③蜀王與張若皆已開青衣。此又云"開青衣"，明其民族不易接受封建制度。名雖臣服，每每乘隙畔離。蓋羌氏民族原較中原夏、商、周族古老。後雖停滯、落後，民族特性頑强，故開郡縣後屢叛。故沈黎、汶山兩郡早廢。後土司統治之時間特久。

僰族自蜀至秦漢相承與中土文化交流，融合日深，吕后六年已城僰道。遂發展爲牂柯、南廣諸郡也。

④"湔江"，即從彭縣海窩子關口流出之水，原係直入沱江。經文翁自關口下引渠分灑，故曰"穿湔江口"，所灌不祇繁縣田（今新繁縣地，秦、漢爲繁縣）。郫縣正當關口下，必在分灌之內。故秦漢蜀人謂"郫繁曰膏腴"也。其橫截之幹渠，今云清白江，與沱水（毗河）并行。今世清白江西段，亦自灌縣之內江分出，繞蒲村、九隴，橫受湔、雒之分渠。蓋後世所鑿，文翁時似未上通灌口，古世但稱此幹渠爲湔水也。

⑤文翁興學事，《漢書·循吏傳》已詳。其道在於因民之富樂求得貴顯，即以貴顯誘導之。《常志》所言不出《漢書》。而舊刻作"孝景帝嘉之，令天下郡國皆立文學"，則與《漢書》立異。《漢書》云："至武帝時，乃令天下郡國皆立學校官。"景帝不任儒術。即武帝初，亦尚未立郡國學官，僅京師有太學與五經博士，王國或自立學官而已。元朔四年，丞相公孫弘議："爲博士官置弟子五十人……郡縣道邑有好文學、敬長上、肅政教、順鄉里、出入不悖所聞者，令縣長、丞上所屬二千石，二千石謹察可者，令與計偕，詣太常，得受業如弟子。"明當

時郡國亦尚無學官也。《儒林傳》言"公孫弘爲學官"者，亦謂弘先議於京師太常置博士弟子員，謂其住所爲學官。迨元光五年，往視西南夷道，知文翁事，還，乃推行其制於天下。故曰："天下郡國皆立學校官，自文翁始。"安得景帝時已"令天下郡國皆立文學"哉！（漢世語言，"文學"即儒學，"學官"即學校。公房爲"官"。）

⑥張叔事，本書卷十《蜀郡士女》有讚與傳。

⑦元鼎二年（前115），武帝即位之二十六年也。城門外更作護垣爲郭。劉熙《釋名》："郭，廓也，廓落在城外也。"亦稱爲郭。《左傳》隱五年："伐宋，入其郛。"《説文》："郛，郭也。"

張儀築成都城，周十二里，微縱長，南北各一門，東西各二門，似龜，故曰龜城。城內全是官府，張若作少城住商民，南北亦各一門，合內城使全面微橫長。晉世，二張城已全毀，祇宣明門界內外城間猶保存，見王羲之帖。蓋漢世已廓建爲每方各三門。即內、外城皆南北橫增二門，東西各縱增一門，中間相通亦三門。城周當有十八里，相當於今城九分之四。合少城，面積約爲今城九分之六至九分之八矣。"十八郭"者，大城北、東、南各三門；少城北、西、南各三門。皆通郊外，有郭。中間共通三門在市內，無郭。故云十八郭，謂漢城已廓大有十八門出郊，皆有郛郭也。

"城觀"，謂城門皆有觀樓（城樓）。於是郡縣亦多仿爲之。

《方輿紀要》卷六十七曰："《周地圖記》云：'漢元鼎二年，武帝立九門。'少城亦九門，故有十八郭門之稱。後漢初討公孫述，臧宮軍咸門，又入小雒郭門。咸門，北面東頭門也。其北面西頭門曰朔門，或以爲即小雒門。皆秦時舊門，漢列於十八門者也。其東有陽城門。左思《蜀都賦》云：'結陽城之延閣，飛觀榭乎雲中。'又西有宣明門，《益州記》云'宣明樓即故張儀樓，重岡（當是"閣"字譌）複道，跨（連）陽城門'是也。南曰江橋門，大江水所經也。稍西曰市橋門。漢舊州市，在市橋南。橋下即石犀所潛淵，亦曰石牛門也。其北曰咸陽門，謂道出咸陽。或曰：'陽城諸門，蜀漢時所更名也。'"

《寰宇記》引《益州記》則云："少城有九門，南面三門，最東曰陽城門。次西曰宣明門。蜀（此指李冰時期）時張儀樓，即宣明門樓也。重閣複道……"

今按：漢成都十八門，晉世已不全知，大抵衝繁者不過數門，冷僻者即無傳也。顧祖禹足不出戶，文籍考訂頗精，仍不能不因書本譌脫，有所沿誤。樂史所引，方位字殆全謬。宣明門必是大、少二城共通之門，在城市中，故有重閣複道，延及陽城門。十八郭觀樓，何能如此？咸門固應是咸陽門，在漢應是大城北門正中，與正南江橋門對。朔門應是少城北門正中，與正南石牛門對。小雒門，應與咸門近，不當是朔門，則顧氏説所當參訂者也（參見圖版11《秦漢成都二城比較示意圖》）。

⑧元鼎六年（前111）武帝平南越，其所遣五路軍，水行者四路皆已入番禺，惟"越馳義侯遣別將巴蜀罪人，發夜郎兵，下牂牁江"者未達，"聞南越破……馳義侯遣兵未及下，上便令征西南夷，平之。遂定越地，以爲南海、蒼梧、鬱林、合浦、交阯、九真、日南、珠厓、儋耳郡。定西南夷，以爲武都、牂柯、越嶲、沈黎、文山郡。"此《漢書·武帝紀》文也。如此大役，豈能一年完成。帝紀祇能省併其事，繫於發動之一年。其實則閲時三年，郡縣建置乃定。故《地理志》越嶲、牂柯、武都三郡皆曰"元鼎六年開"，益州郡"元封二年開"（沈黎、汶山因廢併，無文）。明開西南夷置郡縣一役，首尾三年（前111—前109）乃竟。

⑨《史記·西南夷傳》："乃以邛都爲越嶲郡，筰都爲沈犂郡，冄駹爲汶山郡，廣漢西白馬爲武都郡。"（《漢書》字有異，文同。）凡《史》、《漢》言部，惟"刺史部"與"部都尉"之省稱，武都郡不言廣漢西部。劉昭《郡國志》注謂廣漢屬國爲"故北部都尉，屬蜀郡"。足見廣漢都尉，本蜀郡北部都尉。分置廣漢郡後，乃改爲廣漢郡西部都尉。《常志》作"西部"者，史實也。《史》、《漢》只作"西"者，奪"部"字也。武都郡在廣漢北，不在西。且循上文，則言"白馬氐爲武都郡"足矣，無庸贅"廣漢西"字。惟以廣漢西部都尉爲郡，乃不能不及"廣漢"字。此可以《常志》校正《史》、《漢》之一字也。舊鈔及刻本，乃存"西部"而奪其下六字，地理不明故也。

蜀郡本有南部都尉，治僰道之漢陽。分置犍爲郡後，改爲犍爲都尉，見《漢志》。於是蜀郡更置南部都尉於邛都，故常氏云"蜀南部爲越巂郡"。沈黎初亦是蜀郡南部。元光四年（前131）置西部都尉，祇以邛都爲"蜀南部"。越巂郡境祇邛國，故云"南部邛爲越巂郡。"

承上"蜀"言，"北部冉、駹爲汶山郡"者，蜀故北部都尉既已度入廣漢，又更於岷江上游置北部都尉主冉駹夷，因置爲郡也。"北部冉駹"與"南部邛"、"西部筰"爲對語，可就本身文互校正。

武帝元光四年（前131）置西部都尉，所主爲青衣與筰都夷。閱二十年而筰都爲沈黎郡，故承上蜀字曰"西部筰爲沈黎郡"。《史》、《漢》但言邛都、筰都，就郡治言，亦表示因其國族舊域。《常志》并舉各都尉與所主國族，文例不同。後人不能會通，以致謬亂訛脱，故特詳爲訂正。或問：誠如此說，則蜀自有南、北、西三都尉矣。上云"元光四年置四部都尉"，詎不可乎？曰：不可。漢世，郡都尉皆設於邊裔不安定地區，故《班志》郡國一百三十，置都尉者不到二十。蜀郡東接廣漢、犍爲，皆於川西平原內劃界。距郡治遠不踰百里，固不可能有東部都尉與郡都尉。徒北、西、南三都尉而已，不得爲"四都尉"。且北、南兩部都尉，均應於分郡時設置，惟西部都尉是武帝元光四年置耳。

⑩《漢書·地理志》越巂郡十五縣，武都郡九縣，不計汶山、沈黎，已二十四縣矣。顏注引《茂陵書》，沈黎郡有二十一縣。再查蜀郡十五縣中，第九縣緜虒，必係併汶山郡地，祇緣是秦漢舊縣而前列耳。次旄牛、徙，皆當是沈黎郡地。又次湔氐道、汶江、廣柔、蠶陵，均應是汶山郡故縣併入。然則蜀郡祇九縣，汶山郡有五縣，可定矣。又越巂郡十五縣，如第五縣定筰，第六、七縣筰秦、大筰，俱以筰爲稱，可能是沈黎故縣併入。姑復、青蛉，皆在鹽池（臨池澤）南北，屬定筰西界白狼種地，與旄牛夷民族習近，亦當是故沈黎郡地，徒因沈黎郡置十三年（前110—前97）而廢，故縣有併入越巂者，迨無新舊縣之別，故與邛都舊縣紕次亂耳。然則越巂郡初置時，本亦不過邛都、遂久、零官、台登、會無等五縣。其三絳、蘇示、闌、卑水、灊街五縣亦當是開郡後陸續分置。他五縣當屬沈黎。則合越巂、沈黎、汶山、武都四郡初縣，亦不過二十餘縣，《常志》無誤。顏師古引《茂陵書》乃誤新開"二十四縣"爲沈黎一郡之縣也。

⑪《後漢書·莋都夷傳》："元鼎六年，以爲沈黎郡。至天漢四年，并蜀爲西部，置兩都尉，一居旄牛，主徼外夷，一居青衣，主漢人。"無論所據爲東觀史志，抑是《常志》，要可互勘合，相發明。其時已置汶山與越巂郡，廢蜀郡南、北兩都尉，惟西部都尉存，沈黎郡罷，屬夷自應主於西部都尉。又因分在邛崍大山脈內外，故西部都尉有二員，居旄牛者，主徼外夷。其夷本旄牛羌之本支群落，固可稱爲"外羌"，亦可稱爲"徼外夷"。居青衣者，主青衣羌，即邛崍大山脈內，青衣江流域之氐族人民，已接受漢文化，與漢族雜居，亦可稱爲漢民矣。至後漢時，即已爲漢嘉郡也。

⑫宣帝罷汶山郡事，後詳。《本紀》地節三年十二月云："省汶山郡，并蜀。"本北部都尉，改郡。罷郡，仍置都尉。

⑬臨邛縣自秦世已有鹽井，故《班志》云："有鐵官、鹽官。其鹽井在火井槽，鐵礦在孤石山。"并見後文。宣帝時，蓋曾增開鹽井至其東界之蒲江。

"蒲江"本水名，即今之新津南河。源出名山界上之總岡山，全流爲一凹陷之狹長盆地，故地下儲有鹽水。地本山僻，以產鹽故興盛，西魏置"臨溪縣"。臨、監、鹽字古恒混用（説在《巴志》）。臨溪，猶鹽溪也。隋又增置蒲江縣。臨溪井，爲李冰式陂井，北宋時廢，蒲江筒井代興。臨溪縣廢，併入焉，近世蒲江鹽井猶存。宣帝時所穿臨邛鹽井二十所，合火井與蒲江兩地區言之也。

⑭此云"增置鹽鐵官"，係統全國言之，非單言蜀或臨邛。兩《漢志》各縣注有鹽鐵官及礦產，試比列之，《前志》無而《後志》有者，多可認爲宣帝時增。例如：《郡國志》越巂郡"臺登出鐵"，"會無出鐵"，益州郡"滇池出鐵"，"俞元裝山出銅"，"雙柏出銀"，巴郡"宕渠有鐵"，"涪陵出丹"，牂柯郡"談指出丹"，"夜郎出雄黃、雌黃"，皆《前志》所不言。又永昌郡雖後漢置，其"不韋出鐵"，"博南南界出金"，亦必先有漢民前往開發，因而置縣。疑其開採皆始於漢宣帝時。

《漢書·食貨志》言："建元以來，用少，縣官往往即多銅山而鑄錢，民亦盜鑄，不可勝數。""使（孔）僅、（東郭）咸陽乘傳舉行天下鹽鐵。"郡縣之置鹽鐵官，自此始。其時礦冶大興，稱金者，已有黃金（即真金）、白金（銅銀鎳之合金，今云白銅）、赤金（精銅）三品，他金屬有銀、鉛、連（鉛之未煉者）、錫、汞等。山海之利，於以大興。班固雖深譏武帝及桑弘羊等，若就發展社會經濟實效言之，當時實爲一大躍進。工商技藝隨之發皇，其勢奔騰自進，不待扶掖。宣帝承之，不能自已。《本紀》言：地節三年，"賜廣陵王黃金千斤，諸侯王五十人黃金各百斤。列侯在國者八十七人黃金各二十斤"。合計一次所賜已七千七百四十斤，其後尚多次以黃金賞賜。其時民間礦冶之盛，國家儲備之富，工商技巧之高，皆可從而推知。班固《宣紀》贊語，稱其："政事、文學、法理之士，咸精其能。至于技巧工匠、器械，自元成間，鮮能及之。"蓋親見其然也，非僅增置鹽鐵官而已。

八

蜀自漢興，至乎張、吳本作"于"。何、王、浙本作"於"。哀平，皇德隆熙，牧守仁明。宣德立教，風雅英偉之士，命世挺生，感於帝思①。於是璽書交馳於斜谷之南，玉帛踐劉、李本作"戔戔"二字。乎梁、益之鄉。而西秀彥盛②，或龍飛紫闥，允陟璿璣③；或盤桓利居，經綸皓素④。故司馬相如耀文上京⑤，楊劉、李本作"揚"。他各本作"楊"。子雲齊聖廣淵⑥，嚴劉、李本作"莊"。君平經德秉哲⑦，王子淵此上十字錢本寫脱。才高名廖本作"明"。雋，劉、《函》本作"儁"。李仲元湛然岳立，林翁廖本作"公"。孺張、吳、何、王、浙本作"儒"。訓詁《函》、廖本作"詁"。玄元豐本作"立"。錢、《函》本作"互"。明刻本作"玄"，清刻本作"元"。遠⑧，何君公謨明弼諧⑨，王延世著勳河平⑩。其次，楊壯、《司馬相如傳》作"莊"。何顯、得元豐本作"德"。意之徒，恂恂焉⑪。斯蓋華岷之靈標，江漢之精華也。元豐本作"者"。故益州刺史王襄悦之，命王褒作《中和頌》，令胄子作《鹿鳴》聲歌之，以上孝宣帝。帝曰："此盛德之事，朕何以堪之。"即拜爲郎⑫。降及建武以後，爰迄靈獻，文化彌純，道德彌臻⑬，趙志伯三遷台衡，子柔兄弟相繼元輔⑭，司空張公宣融皇極⑮，太常仲經爲天下材英⑯，廣陵太守張文紀，號天下整理⑰，武陵太守杜伯持，能決天下所疑⑱，王稚子震名華夏⑲，常茂尼流芳京尹⑳。其次，張俊、秦宓，英辯廖本作"辨"。博通㉑，董扶、楊厚，字當作"序"。究知天文㉒，任定祖訓徒，同風洙泗㉓。其孝悌，則有姜詩感物瘠靈，禽堅精動殊俗，隗通《先賢志》云："隗相字叔通。"石横中流，吳順赤烏來巢㉔。其忠貞，則王皓隕身不傾，朱遵絆馬必死，王累懸頸州門，張任守節故主㉕。其淑媛，則有元常、紀常、程珙元豐及廖本作

"玦"，他各本作"玦"。及吳几張、吳、何、浙本作"幾"。《函海》注："應作'幾'。"先絡，郫之二姚，殷氏兩字當作"貞"。女，趙公夫人㉖。自時厥後，龍宗有鱗，鳳集有翼，搢紳邵右之疇，比肩而進，世載其美。是以四方述作有志者，莫不仰其高風，範其遺則，擅名八區，爲世師表矣。其忠臣孝子，烈士貞女，不勝詠述。雖魯之詠洙泗，齊之禮稷下，未足尚也。故"漢徵八士，獨有四焉㉗"。

　　案：此章誇述蜀中人物，文格擬於漢賦，纂組典實，盡緻極妍。究所稱述，對於蜀中封建文化之發展，亦與歷史實際符合，非徒藻麗取寵，以文勝質者比也。綜其所舉人物反映於社會發展方面者，有四方面：（1）代表中原文化之經、史、諸子，漸已成爲蜀人通習之書，且多有較中原學人鑽研深透之文學巨儒，爲全國人所宗仰。（2）已多有仕宦京師，位至宰相、三公，及州郡刺史太守，著績稱者。（3）封建道德，廣泛灌注人心。忠孝節義士女，所在多有。上下稱揚，蔚爲風氣。（4）仍多績學高名之士，肥遯不仕，以素王自娛，不諧於俗者，其所反應，則爲富樂傲世，襟懷褊狹所使然也。常璩即爲如此封建文化已入成熟階段中長育之人物，具有如此四方面的賦性與本能，故所描繪各色人物，格外親切而深刻。其於前漢，極力蒐輯，至於狗監、族豪，亦不過十餘人，足見其文化發展面猶局限於成都一隅。迨入後漢，則已濟濟衆盛。魏晉之際，益覺不勝次載，爲避"時人"，則惟籠統言之而已。不舉哀章時程、卓、羅哀之徒，則囿於一偏之見，非史家之傑也。凡所稱舉，并見其卷十《先賢士女讚傳》。又有卷十一所輯《士女目錄》。兹惟提供其所據資料，略釋詞義，以備查考。

【注釋】

　　①"感於帝思"，謂司馬相如、揚雄初皆不爲朝廷所識，由其文賦傳頌至漢帝，嘆不得晤其人，而著聲名。并見二人本傳。

　　②"西秀"謂蜀地秀出之士。"彥盛"謂既美且多。故徵詔、聘帛紛紛入蜀。

③"紫闥"謂帝居。"璿璣"謂相位,用《尚書》典。

④"利居"謂隱居,用《易·遯卦》"肥遯無不利"典。"皓素"謂不仕之學,"素封"之業,用司馬遷《貨殖列傳》典。

⑤《司馬相如傳》,在《史記》卷一一七,《漢書》卷五十七。

⑥《揚雄傳》,在《漢書》卷八十七。

⑦嚴君平事,見揚雄《法言》及《漢書》卷六十四。成都人。

⑧李宏,字仲元,成都人。林閭字公孺,臨邛人。并見《法言》。

⑨何武,字君公,郫人。《漢書》卷五十六有傳。

⑩王延世,資中人,事見《漢書》卷二十九。

⑪楊莊,附見《揚雄傳》。何顯,附見《何武傳》。楊得意,爲武帝狗監,見《司馬相如傳》。"恂恂",嚴謹貌。

⑫《中和頌》,見《王褒傳》。"拜爲郎"出《何武傳》。武時年十四五,爲此頌之歌童也。

⑬純,謂不雜。《易·乾卦》:"剛健中正,純粹精也。"臻,至也,有造極之義。以下爲後漢世蜀郡人物。

⑭趙戒,字志伯,成都人。趙溫,字子柔,戒孫。其兄謙,字彥盛。《東觀記》各有傳,今佚。《後漢書》卷二十七附《趙典傳》。均至三公。

⑮張晧,武陽人,《後漢書》卷五十六有傳。

⑯趙典,字仲卿,戒子,《後漢書》同傳。

⑰張綱,字文紀,晧子,同傳。

⑱杜伯持,正史無見,《耆舊傳》久佚,亦未見本書《士女目錄》,其事無考。疑是資中人杜撫之兄,尚未得書證。

⑲王渙,字稚子,廣漢郪人,《後漢書》卷七十六有傳。

⑳常洽,字茂尼,江原人。獻帝時京兆尹,爲李傕所殺。惟見本書。原當在《耆舊傳》,今佚矣。

㉑張俊事,《後漢書》列傳三十五附《袁敞傳》。秦宓,《三國志》卷三十八有傳。

㉒董扶，綿竹人，《後漢書》入《方術傳》。楊厚，新都人，《後漢書》有傳（列傳第二十上）。本書《先賢》及《目録》并作序，字仲桓，當以名序爲合。

㉓任安，字定祖，綿竹人，《後漢書》入《儒林傳》。

㉔姜詩，雒人，《後漢書·列女傳》有姜詩妻傳。禽堅，成都人。隗相、吴順，并僰道人。均唯見本書。《先賢志》有讚。

㉕王皓，《後漢書》附見《獨行·李業傳》。朱遵，武陽人，唯見本書。王累，新都人，《後漢書》附見《劉璋傳》。張任，見《三國志》注引《益部耆舊雜記》。

㉖常氏二女，江原人，程玦牛鞞人，唯見本書《士女讚》。先絡，亦見《水經注》卷三十三。二姚，郫人。殷氏女名紀配，廣漢人。趙公夫人，謂趙温妻紀常，江原人。均唯見《先賢讚》。吴几事未詳。

㉗"自時厥後"，謂後漢以下，包括蜀漢與晉世人物，如《蜀志》有傳之彭羕、張裔、楊洪、費詩、杜微、周群、張裕、杜瓊、尹默、李譔、張翼、楊戲、張表、王嗣、常播、衛繼，及《季漢輔臣贊》中之王元泰（謀）、何彥英（宗）、王國山（甫）、李永南（邵）、李孫德（福）、李偉南（朝）與本書《後賢志》之柳隱、杜禎、柳伸；司馬勝之、常勗、常忌；何隨、何觀、張崇；王堂、王化、王振、王崇、李宓、李賜、高玩、杜軫、杜烈、杜意、杜良；任元、任熙、任蕃、楊彭、楊迯；王顯、王長文、柳綽、任興、壽良、張徵、費緝；何攀、李毅、李苾、李釗及毅女秀、張峻；楊邠；費揖、費立、吕毅；常騫、唐定、常寬、杜冀、侯馥等，皆三蜀人也。父子、弟兄與祖孫連發，朋友齊名者尤多，故曰："龍宗有鱗，鳳集有翼。"又曰："漢徵八士，蜀有其四。"皆就漢末以來言之。

九

　　然秦惠文、始皇，克定六國，輒徙其豪俠於蜀。資我豐土，家有鹽銅之利，户專山川之材，居給人足，以富相尚①。故工商錢寫作"賈"。致結駟連騎②，豪族服王侯美衣③，娶嫁疑當作"婦"。設太牢之廚膳，歸《函海》作"婦"。女有百兩之徒車④，送葬必高墳錢寫作"壠"。瓦槨，當作"棺"，即陶棺。祭奠而羊豕夕牲，贈襚兼加，賵賻過禮，此其所失。原其由來，染秦化故也⑤。若卓王孫家僮千數，程、鄭各八百人⑥；而郈公從禽，巷無行人⑦；簫、鼓歌吹，擊【鍾】鐘廖本作"鍾"。肆懸；富侔公室，豪過田文；漢家食貨⑧，以爲稱首。蓋亦地元豐、張、吳、何王本作"池"。沃土豐，奢侈不期而至也⑨。此下蜀郡文，舊皆誤連。而廖本原作分章另起，兹分篇。

　　案：此章專論蜀中風俗，緊承上章人物爲文，有如一賦之兩章。前頌人物之盛，此譏風俗奢靡。義旨相反，故以然字起。

　　所言風俗侈靡之原因，如其結論"地沃土豐，奢侈不期而至"，則誠然矣。若所舉政治上之原因與對各事態之評判，則與班固同。此當辨也。

　　班固《食貨志》，全用司馬遷原傳材料，而異其義旨。固所執者爲"欲寡而事節，財足而不爭"，反對"嗜欲不制，僭差無節"。蜀地自秦迄漢五百年中，由落後社會突然發展爲與中原文化比肩雁行之社會，中間包括有若干之發展階段，而各地區間發展又非平衡一致。

【注釋】

　　①秦漢有大量徙民之制。其徙入京師諸陵者，皆遠郡之豪族富民。其自內郡徙邊區者，多犯罪之人，先没收其固定貲產而以暴力押致之，如後世之軍流，與

徙豪京師不同。如始皇之徙卓氏、程、鄭，與徙嫪毐、呂不韋等舍人之家於蜀，號爲"遷虜"。固亦有募徙之民家，如惠文王所徙萬者，非"徙豪"比。此謂"徙其豪俠"。俠當有之（韓非子云"俠以武犯禁"），豪則亦罪家耳。《貨殖傳》言："蜀卓氏之先，趙人也。以鐵冶富。秦破趙，遷卓氏。卓氏見虜略，獨夫妻推輦行詣遷處。"則非挾貲入蜀，至即"擁鹽銅之利，擅山川之材"者可知。他遷虜當亦如此耳。自秦滅趙（前228）至卓王孫（前110前後）一百餘年，應已閱世三四矣，由其人素饒工商才藝，既得至蜀，見此落後社會利棄於地者多，以其智慧勞力攄擷其間，累三四世而至"有僮千人，田池射獵之樂比於人君"。中間亦多委曲，豈得如常氏所云之易哉。近世流寓康、青川邊之漢民，亦多有赤手致富者，豈亦得謂"資我豐土"？夫蜀民之富，在於產業勃興，利源開發而已，遷虜誠預其功，而非能獨專其利以致富也。楚漢相爭時，蕭何曾屢漕巴蜀物資以濟軍，而不聞蜀民爲之愁嘆。至漢武帝時，屢詔腹地飢民轉移就食於蜀，蜀地不患不給，則蜀地餘粟之多可知矣。民食有餘，以資工巧，工商業興而民間益富，乃能"以富相尚"而侈靡之風興。有侈靡之富而後可以興大役。《漢書·食貨志》侈言武帝開西南夷之糜費，而蜀人初無以此役怨叛者，知其利在能更益其富，故不患供此當前之役也（詳審相如《難蜀父老文》自知）。

自平準、均輸、口算、佔田之法行，卓、程大賈之家即當中落。其後未更聞臨邛巨富。成都則官吏之以財雄，佔田踰制、奴婢溢限者多。商賈亦猶有羅裒之輩新生。侈靡之風，繼有發展。要必與政府所在有關。他小邑與農村，皆得感染侈靡者，明富力俱增，緣耕田足給而各有副業以自濟，所謂"家有鹽銅之利，戶專山川之材"者，地無棄利，人各有所資取之謂也。所謂"居給人足，以富相尚"，乃工商業普遍發展之初，農產物價格提高時之社會現象。入後漢世，則官僚大地主兼併益甚。較之前漢，後漢之貧富益懸殊矣。後漢、魏晉，蜀地人物之多，父子、兄弟、祖孫聯榮者，其故正在此。

②"駟"，謂四馬駕駛之車。周制：服官者不徒行，官高者得駕四馬，天子六馬，庶民不得用車馬。漢初仍尚其制。高帝八年，命"賈人毋得衣錦繡、綺縠、絺紵，操兵，乘馬"。其時，"民無蓋藏，自天子不能具醇駟，而將相或乘牛

車"，故有此禁也。"至武帝之初，七十年間，國家亡事，非遇水旱則民人給家足。……衆庶街巷有馬，仟伯之間成群。乘牸牝者，擯而不得會聚。"（并引《食貨志》文）則雖欲仍施此禁，豈可得哉？社會經濟有發展，官府乃得肆所誅求。於是"宗室有土，公卿大夫以下，爭於奢侈，室廬車服，僭上亡限"，事物發展之自然也。"天子爲伐胡，故盛養馬。馬之往來食長安者數萬匹。"軍用既繁，官養不足給，則徵於民間。桑弘羊、東郭咸陽、孔僅等應時而出，陳整理國家財政之道。"於是除千夫、五大夫爲吏不欲者，出馬。"明民間馬已漸徵用。"其明年，大將軍、票騎大出擊胡，賞賜五十萬金，軍馬死者十餘萬匹。"耗費如此之鉅而國不貧、馬不乏者，緣竭力徵用民間物資故也。漢軍屢伐匈奴，動輒十萬騎。至元狩五年（前118），"天下馬少，平牡馬匹二十萬"（《武帝紀》）。方是時，工商又安得"結駟聯騎"招搖過市哉？自均輸法行，官吏兼商賈事，"賤末"之法自廢。東漢之世，工商之家，以財富相高，與仕宦家競侈，"結駟連騎"，自傲於仕宦家人者乃復有之。凡《蜀都賦》所稱奢靡之事，大抵皆後漢末葉之社會現象。其時貧富懸殊已甚，導致階級矛盾激化，黄巾起義所以必發也。

③王侯地位，周代表以各所執玉，秦漢表之以璽綬，行則表之於輿馬，居則表之於鼓吹。至於衣食資料，富有者得顯其侈，拮据者自安於嗇，非可以法令限制。儒生雖屢欲以法令抑制富人，不可得也。《曹風》有《蜉游》之刺，漢儒有賤末之法，徒發嫉心，迄無效應。"美衣"，非章服之謂也，綺、紈、錦、縠之衣，苟非亂於章制，法所不禁。大工商者，固得享之，豈王侯貴族所得專哉？常璩生於李雄之世，蜀中豪族勢家多已被迫外流。李雄與其徒衆，自奮於顛沛困頓之中，咸持節儉以自振奮。璩言"豪族服王侯美服"者，當非目見，徒用前儒陳言耳。是何時代現象，常氏不自知也。按《漢書·成帝紀》永始四年（前13）六月詔云：

　　聖王明禮制以序尊卑，異車服以章有德。雖有其財而無其尊，不得踰制。……方今世俗，奢侈罔極，靡有厭足。公卿列侯，親屬近臣，四方所則……或乃奢侈逸豫，務廣第宅，治園池，多畜奴婢，被服綺縠，設鍾鼓，備女樂，車服、嫁娶、葬埋過制。吏民慕效，寖以成俗……其申敕有司，以漸禁之。青緑，民所常服，且勿止（禁止）。

於此可見：生產發達以後，向被輕賤之工商平民，反對階級歧視之服色制度。至元成時，已經大大突破。統治者雖欲強爲禁制，已感困難。但能責公卿近臣，儉以率下而已。往時平民號爲"白衣"，不得著色服。至前漢末，平民之服青緑已習爲常，勢不可禁，故但禁其服朱紫而已。此前漢末葉社會情致，劉向、王莽之徒所爲限制也。入後漢世，又當不同。而常璩尚持前漢時儒生之見，以責平民"美衣"。

④"娶嫁"謂娶婦，與"歸女"爲對句。《毛詩傳》："婦人謂嫁曰歸。""太牢"，在周爲天子祭享之牲，秦漢以來，農户皆得養牛，故嫁娶祭饗亦得用之。"百兩"謂嫁女之家，奩贈護送之車從人徒至百輛之多。卓王孫之贈文君也，"僮百人，錢百萬，及其嫁時衣被財物"（《司馬相如傳》），則當不止百輛矣。此亦富室分財於子女之自然也。

⑤常氏此節，大抵依據《董和傳》文（下詳）。養親送死，爲古代最重之禮，亦爲中華文化之積弊。今世所發現戰國前後貴族墓葬，已很奢侈。入漢以後，王侯貴族之富有者恒侈爲之。武帝以後，皇帝陵寢廟祀固勿論，即封君、大吏之剥削殘酷，致富隆溢者，亦極窮奢極欲之能事。然前漢高、惠文帝崇儉，朝廷大臣每以"祖法"制爲法令，限制送死踰制之事。故前漢墓葬之踰制者，恒潛爲之，至文、景晚期漸公開，今世所發現之中山靖王墓，長沙、荆州漢墓即爲明證。西漢一代，自長安諸陵外，地面無巨墓。常氏此言"高墳瓦棺"，東漢時蜀中葬制也。蜀中西漢時墓葬之侈者，概爲崖墓。近年四川發現崖墓甚多，上言"玉女房"（6章之注⑩）即是一例。漢靈帝時作三石人於其下而不知其爲墓，稱爲"玉女房"。新津寶子山崖墓群，近世發現，中無銘刻，亦皆可判爲西漢之民墓。若東漢墓，則必有銘刻矣。1973年南充天宫山發現之崖墓群，十餘墓已外露毁滅。惟新開三室鐫刻圖象一穴完整，亦無墓志，而有三塌、五尸，骨皆觸手粉碎。二戰刀鐵已銹斷，惟三銅鏡完好，其一精銅製文作秦隸，已漸漫難辨，蓋秦鏡也。其二白銅鏡如新，皆有"黄羊作"字。審銘文，係武帝時作，故有詛"胡虜滅"句（插圖），以此知亦前漢時墓也。

地面高墳、石碑，與石羊、石虎，雙闕對立之墓道，在四川發現者最多，皆東漢官吏之墓（後分縣詳）。其特點爲，卑官小吏雖不得肆爲碑闕，亦必有銘刻宣揚，不更隱秘。其巨製，如樊敏、高頤皆僅郡守，而墓闕，所費值必甚巨。蓋東漢對送死不加制約，而蜀地富樂亦盛，故能如此。蜀漢諸葛丞相躬倡節儉，此風乃克息滅。故知常氏此語，就僅適用於東漢末葉，非可通於秦漢之數百年也。

瓦棺，1926 年前後成都少城公園陳列數具，皆自成都平原出土，屬漢代者爲黑陶，無文畫，蓋已毀。其一有琉璃釉，係小兒棺，則蜀王家冢也。蘆山縣有建安年造之王暉石棺，亦瓦棺之變制也。木棺易朽，陶、石棺不朽，故漢人尚之。

"夕牲"，祭之前夕，舉行預祭儀式。古於郊天禮乃用之。魏晉迄近世，蜀人治喪皆重夕牲。餽人錢財爲贈，衣物爲襚。餽致治喪器物爲賵，助喪幣物爲賻。凡此餽遺，皆原始社會同輩相卹之遺意，而封建社會沿襲未廢之禮。稱各家之有無，主動爲之，初未曾有法度、禮度之規定者也。常氏歸其咎爲"染秦化"。夫巴蜀無秦化，則仍爲蜀王之故民耳。促進蜀人之進化者，秦化也，常氏謬矣。

⑥卓王孫，漢景武時人也。郗公，後漢末年人也。相去三百餘年，蜀中風俗已數變矣。而常氏通爲一時言之，此其全章通病。

《史記·貨殖傳》："蜀卓氏……即鐵山鼓鑄，運籌策，傾滇蜀之民，富至僮千人。田池射獵之樂，擬於人君。程鄭，山東遷虜也，亦冶鑄，賈椎髻之民，富埒卓氏，俱居臨邛。"又《司馬相如傳》："臨邛中多富人，而卓王孫家僮八百人，程鄭亦數百人，二人乃相謂曰……"與司馬遷言僮千人者一樣，亦略舉成數而已。謂程鄭與卓王孫爲同時之二人，則頗難說通。《漢書·貨殖傳》則依《相如傳》改爲卓氏僮八百人，而以程鄭爲一人，故曰："程卓既衰，至成哀間，成都羅裒訾至鉅萬。"《常志》作"卓王孫家僮千數，程鄭各八百人"，與《史》、《漢·相如傳》不同。"程鄭"下一"各"字甚可貴。可貴在蜀人所傳，程與鄭爲二姓，非一人，足證《史記》衍"二"字也。

⑦漢靈帝時，河南偃師人郗儉，爲益州刺史（據《元和姓纂》），"賦斂煩擾，謠言遠聞"（《三國志·二牧傳》）。益州黃巾馬相、趙祇等起兵綿竹，攻破雒縣（刺史治），殺儉，遂破全蜀。儉子揖留蜀，爲孟達營都督，隨達降魏。妻

改嫁，有子名纂，孤苦奮學，能文章，仕蜀，至秘書令，隨後主入魏。《三國志》有傳，作"郤正"。左思《蜀都賦》："若夫王孫之屬，郄公之倫，從禽於外，巷無居人。"謂出觀者衆。所言"郄公"，即郤儉也。郤、郄古字通用。（或謂揚雄《蜀都賦》已有"郄公之徒"，則非郤儉。查揚雄此賦不見於本傳及《法言自序》，《文選》亦未收，通篇唯用奇字堆砌，無義旨可稱，與雄其他賦體不類。應是後人僞造，不足以易此。）

⑧班固曰："《洪範》八政，一曰食，二曰貨。食謂農殖嘉穀、可食之物。貨謂布帛可衣，及金刀龜貝，所以分財布利通有無者也。"用今人語言，即凡農牧、林礦、工商，生産、厚生利用之物資，古皆稱爲"食貨"。此言天下生産之富，無有更過於蜀者。

⑨"不期而至"，説明其爲自然之理。又與"染秦化"説不倫類。蓋璩身所見者，李雄時之蜀俗；而其所言者，兩漢人所記之書本也。

兹摘録漢魏晉史家論風俗者數條以資参驗：

司馬遷《貨殖列傳》："《詩》、《書》所述，虞夏以來，耳目欲極聲色之好，口欲窮芻豢之味，身安逸樂，而心誇矜埶能之榮。使俗之漸民久矣。雖户説以眇論，終不能化。故善者因之，其次利道之，其次教誨之，其次整齊之，最下者與之爭。……皆中國人民所喜好，謠俗被服飲食奉生送死之具也。故待農而食之，虞而出之，工而成之，商而通之。此甯有政教發徵期會哉？人各任其能、竭其力，以得所欲。……此四者，民所衣食之原也。原大則饒，原小則鮮。上則富國，下則富家。貧富之道，莫之奪予。而巧者有餘，拙者不足。……故曰：'倉廩實而知禮節，衣食足而知榮辱。'禮生於有，而廢於無。……"遷雖崇儒，然亦治黄、老、申、韓之書，因周行國中，且身受武帝迫害，故能識四民利弊，抒此巨識。常氏論風俗雖多書本之謬，其末結語兩句則與遷之此論符合（《漢書》全删此段）。

遷又論巴蜀情俗云："巴蜀亦沃野，地饒巵、薑、丹、沙石（案：此謂琢玉用之鋼砂）、銅、鐵、竹木之器。南御滇僰，僰僮。西近邛、笮，笮馬、旄牛。然四塞。栈道千里，無所不通。（案：謂雖四塞，由供需要求，即有栈道産生以通於各地。）唯褒斜綰轂其口，以所多易所鮮。"（案：此謂漢中地位之重要，故褒國開化最早。）

《漢書·地理志》論巴蜀風俗云："巴、蜀、廣漢本南夷，秦并以爲郡，土地肥美，有江水沃野，山林竹木疏食果實之饒。南賈滇、僰僮，西近邛、笮馬旄牛。民食稻魚，亡凶年憂，俗不愁苦，而輕易淫泆，柔弱褊阨。景、武間，文翁爲蜀守，教民讀書法令，未能篤信道德，反以好文刺譏，貴慕權勢。及司馬相如游宦京師諸侯，以文辭顯於世，鄉黨慕循其迹，後有王褒、嚴遵、揚雄之徒，文章冠天下。繇文翁倡其教，相如爲之師。"

陳壽《三國志·董和傳》："益州牧劉璋，以爲牛鞞、江原長，成都令。蜀土富實，時俗奢侈。貨殖之家，侯服、玉食。婚姻、葬送，傾家竭產。和躬率以儉，惡衣、蔬食，防遏踰僭，爲之軌制，所在皆移風變善，畏而不犯。然縣界豪強，憚和嚴法，説璋轉和爲巴東屬國都尉。吏民老弱相攜乞留和者數千人。璋聽留二年。還，遷益州太守，其清約如前。與蠻夷從事，務推誠心。南土愛而信。"此文表達當時蜀中風俗甚真實。時當後漢之末，蜀地貧富極爲懸殊，而豪勢奢靡之風益張。平民困於奢風，得和以法繩之，故所在愛戴，能屹然自立於劉璋闇弱罷軟之世，以致其功。蓋非衹以儉率人而已，所重尤在持法，故曰"豪強憚和嚴法"也。其後諸葛亮治蜀，有仿於和。故亮之文教，屢稱道之。移風易俗，固有道哉。

左思《蜀都賦》較《常志》早成約五十年，其賦風俗云："侈侈隆富，卓、鄭埒名。公擅山川，貨殖私庭。藏鏹鉅萬，鈒鍨兼呈。亦以財雄，翕習邊城。（案：此言臨邛俗，均輸法行以前事也。）三蜀之豪，時來時往。養交都邑，結儔附黨。劇談、細論，扼腕抵掌。出則聯騎，歸從百兩。若其舊俗：終冬始春，吉日良辰。置酒高堂，以御嘉賓。金罍中坐，肴槅四陳。觴以清醥，鮮以紫鱗。羽爵既競，絲竹乃發。巴姬彈弦，漢女擊節。……"

此外本書蜀、廣漢兩郡序中，第五倫、廉范、陳寵等注文中，亦頗引錄蜀中風俗文記，可互參正。

十

蜀郡，州治①。屬縣五。舊各本皆作"五"。廖本注云："當作'六'。"今按：後文成都、郫、繁、江原、臨邛、廣都，明六縣，而云五者，常氏原不計成都。李氏京邑，比於長安、洛陽令，不同於他縣故也。國亡後重寫，偶未改耳。當作"六"。戶，漢廿七萬，晉六萬五千②。去洛三千一百二十里。東接廣漢，北接汶山，西接漢嘉，南接二字原脫。犍爲。此下，舊本或連，或空格。敘郡治城市，當另起。

州治【太】大廖本作"太"。城。郡治少城③。西南兩江有七橋：直西門郫江【中】上"上"字，元豐本黑巴，嘉泰本作"中"。茲依《水經注》引改作"上"。曰舊各本脫"曰"字，下各橋并有。茲依《水經注》、《初學記》引文補。冲【治】里橋。"里"字，劉本作"治"。他各舊本皆作"治"。《水經注》、《初學記》、《後漢書》注引并作"里"。趙一清《水經注釋》曰："是唐人寫本避高宗諱耳。"今按：下固云"蜀立里多以橋名"，"冲里"不誤，"冲治"無義。茲改正。下同。西南石牛門曰市橋。其下，石犀所潛淵【中】也。舊各本省"其"字，衍"中"字。《水經注》云："橋下謂之石犀淵。"茲據補刪。大城南門依《水經注》補二字。曰江橋。南渡流江《括地志》："大江，一名汶江，一名流江，一名笮橋水。"《元和志》："大江經成都縣南七里，蜀中又謂爲笮橋水。此水濯錦鮮于他水。"據此知流下原脫"江"字。曰萬里橋。西上曰夷里橋。《水經注》官本作"夷星橋"。趙本作"夷里橋"。朱本作"夷橋"。上曰笮橋。"上"字，《水經注》作"下"。廖本注云："當作'亦'。"緣《寰宇記》誤也。今按：此四字，常氏因夷里橋所加自注語也。謂夷里橋更上檢江有笮橋，不在七星橋之列。【橋】又各本舊作"橋"字。廖本注云"當作'又'"，是。蓋傳寫"又"字小偏致誤。從冲【治】里橋西【出】北廖本注云："當作'北'。"《初學記》正作"北"。折曰長昇橋。郫江上，西有永平橋。長老傳言：李冰造七橋，上應七星。故世祖謂吳漢曰："安軍宜劉、李、錢、《函》本作"置"。他本同《水經注》作"宜"。在七星橋間④。"星下當有"橋"字。《水經注》引作"七橋連星間"，"橋"字不可少。城北十里有《水經注》作"曰"。昇仙橋，有送客觀。司馬相如初《水經注》引作"將"。入長安，題市門曰"不乘赤《水經注》引作"高"。車駟馬，不過汝下"也⑤。市門，《水經注》引作"其門"。廖本注："當作'其'。"無取。【其郫西上有永平橋】此八字與上文重複，當衍。參看附二《成都七橋考》。於是江衆多作橋，故蜀立里多以橋爲名⑥。其大江，自湔堰下至犍爲有五津：始曰白華津；二曰里津；楊慎《丹鉛錄》，作"萬里津"。三曰江首津；四曰涉頭津，"涉"字，劉、李本作"步"，錢、《函》、廖本作"涉"，元豐與張、吳、何、王本作"沙"。顧廣圻校稿云："《李志》云，自沙頭津濟，即此。"今按：西南夷語，渡頭曰步。或加水作"涉"。仍讀如步。"涉頭"，猶今云渡口。本書《李志》"沙頭津"，字譌也。劉璋時，召東州民居此，改曰東州頭；五曰江南津⑦。入犍爲"爲"字，吳本作黑巴，何本空脱。他本作"爲"。有漢安橋，玉津、東沮津⑧。【津亦七】橋、二津皆在犍爲郡界，因述蜀郡津梁并及之。其時蜀地橋少，故列舉殆盡。津渡甚多，常氏舉其尤當衝著名者耳，何能有此三字？顧廣圻校稿，此上有眉批云："此按語，誤入正文。"又有顧秋碧泐去，批云"不然"。廖刻仍存此三字。茲刪。

始文翁立文學精舍，講堂作石室，【一作玉室】元豐本作"一曰玉室"，小字雙行，蓋前人所加按語。嘉泰本亂入正文。廖本作字下注云："當作'名'。"顧觀光改作"曰"，注云："曰，原誤作。廖謂當作'名'。今依《藝文類聚》六十三、《太平御覽》百七十六改。"在城南。永初後，堂遇火。太守陳留高朕元豐本作"瞬"。音舜，用目示意也。春秋文七年《公羊傳》："朕晉大夫使與公盟。"更脩立，又增造二石室⑨。州奪郡文學爲州學，郡更於夷里橋南岸道東邊起文學，有女墻⑩。其道西城，故錦官也。錦【工】江廖本改作"錦工"。非。織錦濯其中《初學記》引作"流江中"。則鮮明，濯他江則不好。《初學記》、《事類賦注》引，并作"不如"。故命曰錦里《初學記》引作"錦城"。也⑪。西又有車官城⑫。元豐本車作"軍"。緣下文譌。其城東、西、南、北，皆有軍營壘城⑬。此句，舊皆誤連上文。茲分。謂郡城四方各有駐軍營壘城。其郡四出大道，道實二十里有衢。今言

303

十八里者，昔蜀王女未嫁，年二十亡，王哀悼，不忍言二十，故言十八也。王女墓在城北，今王女陌是也⑭。

　　案：以上蜀郡地理，重在城郭交通。皆述其所親見，當爲考據者所重。歷世傳寫，頗有竄奪譌亂。故詳爲訂正。（參看圖版12《秦漢成都市郊示意圖》）

【注釋】

①此謂州牧治。漢益州刺史治雒。劉焉爲州牧，初治綿竹，後徙成都。其後州牧劉璋、劉備、諸葛亮、蔣琬、費禕，皆開府於成都。雖出軍外駐，仍設留府。其後牧廢。鍾會據成復稱牧，敗死，晉世乃稱刺史。

②《前漢·地理志》：蜀郡十五縣，户二十六萬八千二百七十九，口一百二十四萬五千九百二十九，係元始年簿。其六縣與晉同，餘九縣皆邊區併入，户口不能及半。《後漢·郡國志》：蜀郡十一城，較前漢少青衣、嚴道、徙、旄牛四縣（已分置漢嘉郡），户三十萬零四百五十二，口一百三十五萬零四百七十六，係永和中簿。上距元始百七十年，户口增長四倍有餘，雖經王莽之亂，由公孫述保據蜀土，户口無甚減耗故也。本書於此云"漢户二十七萬"，雖僅就六縣言，亦與前後二《志》户口不相當。疑是劉二牧時户籍，或劉璋出降時送呈賬，譙周、常璩等見之。實較前漢六縣有增，較永和簿則驟減（六十年間户減三萬），蓋經馬相、賈龍與趙韙之亂故也。《册府元龜》載蜀章武元年有户二十萬，男女口九十萬，係合巴蜀、漢中言之。去漢末纔數年間，户口鋭減至此，令人難信。張澍《蜀典》引王隱《蜀記》云："後主遣尚書李虎送士民簿，領户二十八萬，男女九十四萬，帶甲戰士十萬二千，吏四萬人。"此所云"後主"指李勢，非指劉禪。王隱亦從桓温伐蜀者，所見應實。據此可知，李勢時蜀地士民簿分三部立，賦役籍、軍籍與吏籍。編軍籍、吏籍者皆不供賦役。仕宦之家，亦不入編籍。邊郡縣民賦役入郡，不在州府編籍。故李勢所獻士民籍如此。否則合巴、漢、三蜀及十餘邊郡言之，户口數斷不能少至如此（與本書所記各郡户口總數亦相差太遠）。

劉禪降送簿，當因鍾會之亂毀滅。《册府元龜》所載章武户口，亦當祇是對州府供賦役者數耳。

本書此言蜀郡"晉六萬五千"者，蓋用《太康簿》。《晉書·地理志》蜀郡六縣"户五萬"（係用《太康簿》），以萬成數言則合矣。經永嘉以後，蜀地大亂數十年，故家巨室悉率其徒外流向荆、湘、南中，曾經"野無煙火"，"燕巢于林"。經李雄下至李壽，招徠安輯，乃次第復盛。故至李勢降時，合軍、民、吏三籍計之，亦不過一百零八萬口。蜀郡縱得其四分一亦不過五萬餘户、二十萬口而已，又減於太康世矣。

③大城、少城已詳前。秦世郡治大城，縣治少城。此所言是蜀漢以下制。

④"兩江"，謂郫江、檢江，李冰所鑿以"雙過郡下"者。皆在郡城西南側。如附圖。

"七橋"，其四在城南，分跨兩江，如北斗之勺；其三在西北，俱跨郫江，如斗柄。故蜀人謂其"上應七星"。凡李冰時所建橋，皆木橋也。諸書言七橋者，《水經注》與《初學記》最詳。雖皆引自《常志》而文各不同。蓋引書時既非直録原文，傳鈔者又復多所訛脱。故雖資料同出一胎，而異文有如三種。參互考證，可得常氏原語真詣。參見附録《成都七橋考》。

⑤昇仙橋，今云駟馬橋，在咸陽門外。大城北面三門，惟此門最繁盛。郭外有市，往來京師者，賓客送迎所止也。有接官廳與送客觀。送北客者恒祖餞於此觀。市之盡頭復有門。相如題字處在市門，非送客觀門也。觀在道側，自北還者不入其門，唯市門則所必經耳。《水經注》引用常氏文，謂"市門"爲"其門"，指送客觀門。昧於實際，當辨。

今駟馬橋北羊子山，舊名昇仙山（《一統志》）。爲自戰國至清代歷世墓葬累積所成之土山。其最下之戰國時墓，祇土磚，有銅鼎殉，應即蜀侯惲墓（已詳5章之注⑭）。蓋舊俗傳惲神靈，稱其仙去，故曰昇仙山。漢世立里，爲昇仙里。其南，當市門外橋，因名爲昇仙橋。六朝後，傳相如故事，稱駟馬橋。（解放前尚爲木橋，有閣。故俗又訛傳爲"題橋柱"也。）今橋去城十里。漢世則橋在市門外。足知漢城咸陽門去此橋尤近。秦時，蜀王惲葬於北郭，即此橋外之羊子山。然則秦城又在漢城偏北,偪近昇仙橋矣。

⑥"於是",通作"於時"或"是時"解。謂李冰初跨二江所作七橋和咸陽門外昇仙橋,皆木橋。蜀民深感其利便,故紛起造橋以代津渡(船渡)。至漢劃分鄉、亭、里時,多因所在橋名以爲里名,如冲橋附近爲冲里,夷橋爲夷里,及笮里、萬里、昇仙里、長昇里、永平里之類。而冲里、夷里又復轉爲橋名也。

⑦"五津",他無文籍可訂。僅就本文推詳,亦可得其部位:此所云"大江"指郫江幹流與外江。水大江闊,不可建橋,故仍爲船渡。江首津,謂李冰所開郫江分水口之上方,估爲今郫縣北三道堰西,赴舊郫邑之要津也。自此上至都江堰祇兩津最繁紧。白華津當在今灌縣界内。里津當在崇寧舊縣下。江首津下有"涉頭津",蓋即今成都、新津間之毗河渡,秦漢時北道要衝也。劉二牧時,自中原來之移民(東州民)與蜀地人不睦,故聚居於此處,以其爲蜀與廣漢兩郡分界處,便其應變進退也。以是被稱爲"東州頭"。若其分出之郫江、檢江,則水小江面窄,易於架橋,無用津渡。唯沱江與外江本流,則不易架橋,惟有津渡。至"新都大渡",則入犍爲郡之牛鞞縣界矣。

最後之"江南津",蓋謂天社山下之新津渡口。李冰於外江作笮通臨邛。惟新津(秦漢屬江原縣)當外江、羊摩江、文井江、布僕水與蒲江水五水會流處,不能作笮,故祇爲津渡。地在蜀郡最南,接犍爲界,水陸交通衝繁,直至解放前,俱號爲天下名渡,故曰"江南津"。今新津之蒲江猶別稱"南河"也。下文并及犍爲津梁,明其已與犍爲郡接。故"自湔堰下至犍爲"之五津,爲内江四渡,外江一渡。

⑧此因江南津接犍爲郡界而連及犍爲津梁,實已越出蜀郡以外。漢安橋,在犍爲郡治下,另詳《犍爲郡序》。

"玉津",犍爲郡大江名津也,《蜀都賦》所云"西踰金隄(都江堰隄),東越玉津"者也。《水經注》作"璧玉津",云在南安縣。蓋指今眉山縣東之蟆頤渡。蟆頤山舊傳出白玉(參看16章之注③)。隋代有玉津縣,大業十一年置。《元和志》謂:"西至嘉州三十九里,本漢南安縣地。"《寰宇記》云在嘉州"東南三十里","導江水,在縣西五里"。或當是今牛華溪。疑是獠亂後,誤用其名。

東沮津，《寰宇記》玉津縣有"石羊津，在縣東十里，渡導江水"。蓋即五通橋大江渡。牛華溪五通橋一帶平原，古有東沮之稱也。

⑨文翁石室，傳在今城南門內錦江書院。近世改爲石室中學。舊石已無存者。自本書與《益州記》、《水經注》外，唐宋以來地理書金石書記錄益多，大抵謂文翁初作文學，其講堂用石柱，鐫刻古名人像，皆頗粗陋，各有題字，如武梁刻石耳。遭火後，高朕重建。其講堂石室增爲三間，石柱鐫刻益精，梁壁亦各有繪畫。此如今世之直觀教材耳。其後畫家、書家與好事官吏多所增益。唐《元和志》、宋《寰宇記》，皆曾加以輯述。歐陽脩《集古錄》，開始蒐集圖片，今存有其《後漢文翁石柱記跋》及《後漢文翁學生題名記》兩篇。趙明誠《金石錄》有《唐益州學館廟堂記跋》及《漢周公禮殿記跋》各一篇。席益有《府學石經堂圖籍記》一篇。元費著有《周公禮殿聖賢圖考》一篇。元時石刻已無存者。明時改建成都城，石室遺迹已全毀滅。今云錦江書院因其故址，亦想當然耳。

⑩此言"州奪郡文學爲州學"，乃漢代事。"郡更於夷里橋南"起文學，則當在今鹽道街附近。其時錦江（檢江）循今金河東流也。"女牆"今云城垛。"有女牆"，則城亦高大，佔地應不小矣。

⑪"錦官"，官營織錦之工場，有城護之，亦如郡文學（學官），故曰錦官城也。城在夷里橋南岸道西，則當是今城南門橋附近，去武侯祠不遠。杜甫詩："丞相祠堂何處尋，錦官城外柏森森。"漢唐時，錦江去大城猶遠。今成都自王家塘至洗馬池一帶，皆爲郫江舊迹。其南至夷里橋約八里。橋南北皆農田村野，故州、郡新舊兩學官，皆在夷里橋南北，不欲其近市也。錦官城與之鼎立，便於濯錦也。凡濯錦，宜清潔無污垢，不含鹽類雜質之水。郫江當時近市，污染大，故不宜用。檢江去市遠數里，水最潔，故濯錦特好。宋元明清世，城南移，益近錦官城，錦官城亦廢。民間錦工，皆遠漂其織品於萬里橋東，合江亭附近（近世漂絲織品綿織品者亦赴望江樓下）。

今成都城內之金河，是古檢江（錦江）故道。古夷里橋在今鹽市口南。明洪武時作成都城，乃包金河入於城內，而更開護城河於南城外。明代，城內金河尚通舟楫。據李劼人言，岸有康熙年石碣云："禁止繫纜磨刀。"清代乾隆以後，乃夾岸成爲市街，而南城濠變大河矣。冲積平原，河道隨時隨人意改。城市亦異代而徙，世或有執今地以求古迹者，不達此理，即難免於扣槃捫燭之謬也。

由於成都市逐世南移，錦官城漸偏於市。五代時織錦業屬民營。錦官遂廢。宋元豐中，成都府尹呂大防請復錦官，"乃度府治之東，治室以爲織所"（呂撰有《錦官樓記》，見《全蜀藝文志》）。於是世莫知錦官城所在，而混爲成都城之別稱矣。

⑫ "車官"，兩《漢志》無。惟成都有工官，或兼造車。然成都平原多津渡與筏，少橋梁，不便於行車。故蜀地在秦漢似無車運。後漢世始有鹿車推行，即今世所謂"雞公車"（推行之小獨輪車）。大約至蜀漢時諸葛亮提倡車運，始置車官。其"木牛，流馬"即車制之演變者也，故至《常志》乃言之，惜其未能詳也。

今武侯祠西北有古城門遺址，曰"五塊石"。疑即蜀漢車官城遺址，在錦官城西，與本文"西"字，承錦官言合。然去市遠，似非推行之所便。又舊本"西"字上有空格，又似"西"字不承錦官言。五塊石又可能是唐高駢所築"羅城"故址，尚有待於發掘訂證。要之車官城必在漢城之西南側。蓋江、沱二水之間適於行車之地，在城之西南面也。

⑬ 此"其城"，指州、郡治城，非指車官城。平原備戰，須四方俱有駐軍。故成都四方各有駐軍之營壘，亦皆築城。

⑭《爾雅》："四達謂之衢。"謂十字大道也。成都雖十八郭，仍祇四門爲大道。大道距城二十里即有十字邑街，縱橫相通聯，爲郊區道路網之節點。歷代里度不同，秦漢二十里，晉人量之爲十八里，遂有結合"王女陌"傳説爲蜀王諱言十八之説者，未必然也。

十一

其太守著德垂績者，前漢莫聞。文翁，已前述。建武以來，有【弟】第廖本作"弟"。五倫①，廉范叔度，特垂惠愛。百姓歌之曰："廉叔度，來何暮。來時我單衣，去時重當作"有"。五袴②。"其後，漢中趙瑤，自扶風太守來之郡，司空張溫謂曰："【弟】第五伯魚從蜀郡爲司空。今掃吾第以待足下。"瑤換張、吴、何、王本作"與"。廣漢③陳留高眹亦播文教。太尉趙公，初爲九卿，適子甯還蜀，眹命爲文學，撰《鄉俗記》。【亦】其各舊本作"亦"。兹改。能屈士如此④。廣漢王商，犍爲楊洪，皆見詠懷⑤。及晉建西夷府，太守多遷爲西夷校尉。亦遷益州刺史⑥。

案：此章專述蜀郡太守。蜀郡，按《前漢志》，郡國一百零三，其户口數當在汝南、潁川、沛郡、東郡、南陽、東海、陳留、河南、臨淮九郡之下，位第十（係元始二年簿）。然郡治成都，則在長安之次（又其次爲茂陵、傿陵、宛、陽翟四縣），與潁川、南陽爲全國四大都市。其去京師較遠，選官者仍不樂就。故前漢自文翁外，太守無可稱者。公孫述亦庸才，乘亂據蜀，稱帝十二年而亡。《後漢志》：郡國一百零五，户口數，蜀郡僅次於南陽、豫章、汝南、巴郡，位第五（係據永和五年簿）。選官者利在大郡繁邑，宜樂就矣。而常璩竭力蒐集名太守，亦僅得此數人。自第五倫、廉范外實皆無值稱道。蜀土之富樂，乃蜀地人民勤勞開發之結果。惜其史迹不爲史官所注意，無可舉實例也。

【注釋】

①第五倫字伯魚，京兆長陵人。《後漢書》卷四十一有傳。在封建士大夫中，行誼足比賢者。起自平民，耿介行義，所在見稱。洞悉民間情譌，明於政事。由小吏至二千石，不廢勞動。袓率無私，言皆足訓。凡與接者殆無不稱道之。雖欲加誣毀，無可措其伎。由宕渠令遷蜀太守。"蜀地肥饒，人吏富實。掾史家貲多至千萬，皆鮮車怒馬，以財貨自達。倫悉簡其豐贍者遣還之，更選孤貧志行之人以處曹任。於是爭賕抑絕，文職修理（文職，謂文法吏職）。所舉吏多至九卿、二千石。時以爲知人。視事七歲，肅宗（章帝）初立，擢自遠郡，代牟融爲司空。"（《東觀漢記》卷十八有殘傳輯文）

②廉范字叔度，京兆杜陵人。隨父宦生於蜀。以氣俠立名，《後漢書》卷三十一有傳（《東觀漢記》與第五倫同卷）。"歷武威、武都二太守，隨俗化導，各得治宜。建初中遷蜀郡太守。其俗尚文辯，好相持短長。范每厲以淳厚，不受偷薄之説。成都民物豐盛，邑宇偪側；舊制禁民夜作，以防火災。而更相隱蔽，燒者日屬（《東觀》作"日日相屬"）。范乃毁削前令，但嚴使儲水而已。百姓以爲便，乃歌之曰：'廉叔度，來何暮。不禁火，民安作。平生無襦今五袴。'在蜀數年，坐法，免歸鄉里。"《東觀記》歌同，作"民安堵"，不如"安作"佳。作，蜀人讀如做，協於韻。記又續有"百姓皆喜，家得其願。時生子，皆以廉名者千數"兩句。

③趙瑶，父宣，字子雅，本書《漢中士女》有讚。瑶見《士女目録》。

④高朕修文翁石室，已前注。"趙公"謂趙謙。謙初平元年代黄琬爲太尉，其前已至九卿。然則朕爲蜀守，在初平前也。

⑤王商，王堂曾孫，《後漢書》附《王堂傳》，劉焉時爲蜀郡太守。楊洪，犍爲武陽人，劉備北取漢中時爲蜀郡太守，《三國志》有傳。

⑥《晉書·職官志》：武帝時，置南蠻、西戎、南夷、護羌四校尉。"元康中，護羌校尉爲涼州刺史，西戎校尉爲雍州刺史，南蠻校尉爲荆州刺史。"此四校尉，原皆主領一州夷落，權位亞於刺史。夷落進於縣道者多，則改刺史。惟西夷校尉不改。"西夷府"即西夷校尉府。太康三年（282）置，治蜀郡，管羌夷。

校尉持節、統兵。屬官有長史、司馬，與刺史同。張牧爲首任校尉，見本書《大同志》。牧字或作收。張載父見《晉書》卷五十五，其入從王濬平吳，以功爲蜀郡太守（太康元年），轉西夷校尉（太康三年），更轉益州刺史（太康六年，據吳廷燮《晉方鎮年表》）。張牧後，益州刺史爲粟凱、趙廞、羅尚。羅尚兼三府，其全銜爲"平西將軍、益州刺史、西夷校尉"（《晉書》卷五十七譌爲"西戎校尉"）。皮素繼之，亦兼三府，詳《大同志》。然則太守遷校尉又轉刺史者，張牧一人而已。

十二

　　成都縣　郡治。有十二鄉，五部尉①。漢戶七萬，《前漢志》："戶七萬六千二百五十六。"晉三萬七千②。名難治。順帝時，原脫"時"上字。據《後漢書‧邛都夷傳》"順桓間爲越巂太守"，則作成都令當在遷太守前。順帝在位十九年，則作成都令在順帝初，據補二字。廣漢馮顥爲令。【而】當衍。太守京兆劉宣不奉法，顥奏免之。劉、錢、《函》本有"免"字，在句首。張、吳、何、王、浙本字作"令"。廖本移"免"至"奏"下。茲從廖本。立文學，學徒八百人。實戶口萬八千。開稻田百頃。治【有】績劉、錢、《函》、廖本作"有"。張、吳、何、王、浙本作"蹟"。茲作"績"，謂考績語也。尤異③。後有廣漢劉寵劉、錢、《函》本作"庞"，下亦作"龐"，《先賢志》譌作"寵"。爲令，大姓恣縱，諸趙倚公，故多犯法。濮陽太守趙子真，父子強橫，龐治其罪，莫不震肅。承上"大姓"爲句。郫民楊張、吳、何、王、浙本作"楊"，劉、錢、《函》、廖本作"陽"。伯侯奢侈，大起冢塋。因龐爲郫令，伯侯遂徙占成都。龐復爲成都，此下當有脫文，疑脫"召伯侯教而宥之"七字。不召，無以稱其明。不教，無以稱其職。不宥，無以稱其德。豪右敬服④。有蜀侯祠⑤。【大】四姓宋刻與劉、錢、《函》本作"四姓"。張、吳、何、王、廖本作"大姓"。浙本剜改作"四"。有柳、杜、張、趙、郭、楊氏⑥。此下錢、《函》本有空位。《函海》注云："吳、何本空作'豪'字。"蓋元豐本黑巴，張本補。富，先有【程、鄭】羅裒、程、鄭在臨邛。羅裒乃在成都。均見《貨殖傳》。郄公，後有郭子平⑦。奢豪，楊伯侯兄弟。劉、錢、《函》、廖本此亦作"楊"字。

　　郫縣　郡西北六十里。冠冕大姓何、羅、郭氏⑧。

　　繁縣　郡北九十里⑨。有泉水，稻田⑩。三張爲甲族⑪。

江原縣 郡西,渡大江,濱文井江,去郡一百二十里⑫。有青城山,稱江祠⑬。此下,錢寫本有空位,劉、《函》二本直空至行末,疑有脫文。張、吳、何、王、廖、浙諸本連繕。安漢,上、下朱邑出好麻,黄潤細布,有羌筒李本作"銅"。盛⑭。小亭,有好稻田。此下,劉、錢、《函》本有空位。他各本連。東方,常氏爲大姓。文井江舊脫"江"字。廖本注云:"當有'江'字。"兹依《水經注》補。上有【守捉】常堤元豐本作"守堤"。嘉泰改"守捉"。按唐制,邊徼有守捉,爲兵站,以防蕃夷混入與漢族人奸出。江原腹縣,不當有。《水經注》云:"文井江又東,逕江原縣。縣濱文井江。江上有常氏堤,跨四十里。"明是引用《常志》。節引,故常下增"氏"字。常氏本文承上"常氏"爲言,固可省云"常堤"二字。傳寫者譌"常"爲"守"。李㟲誤緣《唐書》文改作"守捉"耳。兹改還。三十里,上劉、錢、《函》本作"土"。他各本作"上"。應是"土"字爲譌。有天馬祠⑮。

臨邛舊各本作"卭",廖本作"邛"。縣 郡西南二百里。本有邛民⑯。秦始皇徙此字,錢寫本作空格。張、吳、何、王、浙本作"從"。《函海》同,而注云:"劉、李本作'徙'。"上郡民原脫"民"字。實之⑰。有布濮水,從布濮來合【文】火井江。廖本譌作"文井江"。有火井,夜時光映上昭。民欲其火【先】光,元豐本與廖本作"先",屬下句。非。他各本作"光"。以家火投之,頃許,如雷聲,火焰出,通耀數十錢寫作"千"。里。以竹筒盛其光當作"氣"。藏當作"然"。之,可拽行終日不滅也。井有二水,廖本注"二"下云:"當有誤。"今按:二水,當作"齊水"。謂鹽水也。已詳6章之注⑲。蓋火井之民,習於省寫"齊"字,但用字頭,常氏用之,傳譌爲"二"也。取井火煑之,一斛水得五斗鹽。家火煑之,得無幾也⑱。有古石山,有石鑛,大如蒜子。火燒合之,成流支鐵,元豐本作"鉄"。下同。甚剛。因置鐵官。有鐵祖廟祠⑲。漢文帝時,以鐵、銅當有"山"字。賜侍郎鄧通。通假民卓王孫,歲取千匹。故王孫貨當作"貲"。累巨萬億,鄧通錢亦盡按《佞倖傳》當作"布"。天下⑳。王孫女文君,能鼓琴。時有司馬長卿者,臨邛令王吉與之游王孫家,文君因奔長卿㉑。漢世,縣民陳立,歷巴郡、牂柯、天水太守,有異政㉒。陳氏、劉當是"鄭"字譌。**氏爲大姓冠蓋也**。按《士女目錄》，臨邛仕宦，唯陳立、鄭廑。劉氏無聞。故疑"劉"字譌。

廣都縣　郡西三十里㉓。**元朔二年置**。疑原是"本治樊鄉。元朔二年徙"九字，傳鈔中脫譌。《蜀王本紀》云："蜀王本治廣都之樊鄉。後徙成都。"本書亦謂成都、新都、廣都爲蜀之三都。又李冰穿廣都鹽井諸陂池，則秦時應已置廣都縣矣。或緣漢初曾廢併，武帝復置而徙其城，世遂傳爲新置。常氏誤援之耶？**有鹽井、漁田之饒。大豪馮氏，有魚池、鹽井**㉔。【**縣凡有小井十數所及漁田之饒**】《函海》注：漁，何本作"魚"；田，應作"井"。按：此十三字是後人批注語，宋槧誤入正文。大井、小井之名，出於五代之世，晉無有也。**江有魚錢**、《函》本作"魯"。劉、李、張、吳、廖本皆作"魚"。魚、魯，古文每混。**漕梁**㉕。**山有鐵鑛**㉖。**江西有安**廖本注云："當有誤。"審不誤。**稻田，穿山崖過水二十里**㉗。**漢時，縣民**當作"人"。**朱辰，字元燕，爲巴郡太守，甚著德惠。辰卒官，郡獽民北送及墓。獽蜑鼓刀辟踊，感動路人。於是葬所草木頃許皆倣之曲折。迄今蜀人，莫不歎辰之德靈，爲之感應**㉘。**今朱氏爲首族也**。

成都市官，本有長，建武元豐本作"建安"。**十八年省**㉙。

蜀郡，太康初按《晉書·武帝紀》及《成都王穎傳》，"初"當作"末"。**屬王國，改號曰成都內史。王改封，乃復舊**㉚。

案：以上志蜀郡六縣特點。大抵：成都爲巨室豪門所萃。郫、繁、江原皆沃野良田。臨邛、廣都爲多種經濟發達地區。附有郡官名號演變二條。地方小事，舊史所忽。加以傳鈔訛亂，含義未明，茲略加考訂。

【注釋】

① 《晉書·職官志》云："縣五百（戶）以上皆置鄉，三千以上置二鄉，五千以上置三鄉，萬以上置四鄉。"成都戶三萬七千，故"有十二鄉"。又云："縣皆置方略吏四人。洛陽縣（當時首都）置六部尉。江左以後，建康亦置六部尉，餘大縣置二人，次縣、小縣各一人。"成都爲比於京邑之大縣，故有五部尉。

又云"鄉置嗇夫"。蓋漢制已是如此。《第五倫傳》："後爲鄉嗇夫，平徭賦，理怨結，得人歡心。"是嗇夫之職爲主一鄉之徭賦與爭訟也。部尉，則主兵刑、治奸盜，懲抗逆者。鄉村之治，重在嗇夫；城市治安，倚於部尉；而皆統於縣令。部尉統佃兵，居市郊軍營壘，受令調遣。故成都令有力懲治豪猾。

②《漢書·地理志》中，縣著户口者，京兆長安，户八萬零八百，口二十四萬六千二百。左馮翊長陵，户五萬零五十七，口十七萬九千四百六十九。右扶風茂陵，户六萬一千零三十七，口二十七萬七千二百七十七。潁川陽翟，户四萬一千六百五十，口十萬九千。傿陵，户四萬九千一百零一，口二十六萬一千四百十八。南陽宛，户四萬七千五百四十七。蜀成都，户七萬六千二百五十六，無口數，要亦當僅次於長安。所據元始二年（2）簿也。《後漢·郡國志》所載户口，北方郡國較前漢銳減。南方皆有激增。爲永和五年（140）簿。蜀郡户三十萬四百五十二，較前漢增三萬二千一百七十三。較京邑所在之河南猶多九萬一千九百六十六户。口數當在百二十萬以上，爲全國第一矣。本書言"晉户三萬七千"，蓋就晉永和四年（348）李勢降時所送簿。太康元年（280）簿爲五萬（《晉書·地理志》）。計自元始至永和百三十九年，增三萬二千以上，王莽之亂，北方困甚，蜀地安寧，至漢末無大兵燹故也。自永和至太康百四十年，減户二十五萬，三國時蜀有馬相、賈龍之亂，又屢用兵於外故也。太康至李勢降六十八年，又減户一萬三千者，永嘉之亂蜀地民户幾盡，雖經李雄撫綏招徠，猶難恢復也。然在晉世，仍不失爲全國一大都會，則擁有沃野千里故也。

③"難治"，選官缺者術語。斥指貴家巨室多，奸猾集聚之郡縣。馮顥，廣漢郪人，見《三州士女目録》。"順桓間爲越巂太守，政化尤多異迹。"見《後漢書·邛都夷傳》。

④劉寵，《士女目録》譌作"劉寵"。字世信，綿竹人。後至牂柯太守。"諸趙倚公"，謂趙戒爲司空，趙謙爲太尉，趙温爲司徒，祖孫三世至三公，族人倚其勢，橫豪於縣。

楊伯侯弟兄奢豪，後再言之。當爲蜀人盛傳之事。"大起冢營"，謂大興工營造塋墓。蓋徒爲巨富，與奸宄犯法者不同。後漢末葉，蜀地有厚葬陋習，小官亦造坊造闕，小吏亦侈爲壙殉。楊氏兄弟蓋因踰制侈泰，爲衆所斥。其致富似非因吏職貪污，或亦如卓氏與羅裒，善賈而已。《後漢》無《貨殖傳》，與郭子平事皆失傳。此祇得其鱗爪，足證蜀民之富而已。

⑤"蜀侯祠"謂蜀侯惲祠。已見5章之注⑭。

⑥"四姓"與大姓不同，已解在《巴志》11章之注⑥。此後新都、德陽、南安、江陽、漢安共七縣，皆云"四姓"，江陽、漢安，皆於"四姓"外又有"八族"。此於成都云"四姓有柳、杜、張、趙、郭、楊氏"，又爲六姓。且云"有"，則尚未全舉，但舉其著名者耳。他諸大縣皆四鄉，故全舉四姓。德陽三鄉，故舉三姓。成都縣十二鄉，舉著稱者六姓。然則"四姓"者，謂世任嗇夫之氏族。故德陽云："康、古、袁氏爲四姓，大族之甲者也。"南安於"四姓"下又云"大族楊費"。明大族不必爲四姓，四姓亦不必皆大族也。

⑦羅裒見《漢書·貨殖傳》。郄公蓋謂益州刺史郄儉，已見9章之注⑦。郭子平又在其後，應是蜀漢時富人。

⑧秦郫城在郫河北今彭縣西界，已前注。漢已徙於郫河南，即今縣城。《清一統志》云："在府西四十五里。"此云"郡西北六十里"，由古今丈尺微異，亦由清城、晉城位置不同。

郫縣何氏自何武作三公，兄弟顯貴，直至蜀漢時何宗、何祇皆大官，見《士女目錄》。羅氏與郭氏不以仕宦見稱。揚雄之族不著，徙籍成都故也。代興者爲羅、郭兩姓，蓋皆以工商興盛，購田宅於郫以長子孫。羅裒與郭子平爲其代表人物，本人亦皆以事業移籍於成都市。族屬固皆在郫。上言楊伯侯"徙占成都"即其例也。

⑨秦漢繁縣故城在今新繁縣北彭縣界上，約當青白江（場名）稍北之位置，故云"郡北九十里"。蜀漢時安插涼州降胡於縣南界。宇文周時稱爲"新繁"，徙縣就之，隸彭州。元代以彭州隸成都路。明遂改彭州爲縣，與繁同屬成都府。《元和志》新繁云："本漢繁縣地。……周改爲新繁。隋開皇三年省。武德三年分廣都（當是"新都"譌）縣地置，因周舊名也。"劉昫《舊唐書·地理志》謂"劉禪加新字"。《寰宇記》："劉禪延熙十年涼州胡率衆降。禪居之繁縣。

以繁縣移户於此，俗謂之新繁。"并微誤。今新繁縣在成都北六十里（《一統志》云五十六里），有白虎胡王墓遺迹足證。唐復置新繁，祇劃入新都縣地，非完全脱離繁縣故境，《元和志》亦微誤。

⑩ "泉水稻田"謂自流溉灌之稻田，文翁所穿渠也。《甘氏星經》："天泉，十星在鼈東，一曰天海，主溉灌溝渠之事。"故稱自流溉灌水爲泉水也。

⑪ "三張"猶閬中之"三狐五馬"，犍爲之"七陽、五李"，此例恒見於少數民族使用漢姓初期，冒其姓而實不同源。疑此三張，是涼州胡改張姓與本縣舊族張姓及六朝時他處僑民張姓爲三族也。

⑫ 江原縣，漢分秦臨邛縣東境置。故《漢志》敍在青衣下。大抵凡今金馬河以西，崇慶縣境南至新津，西至大邑，北至灌縣外江之南，皆其故境。縣治故城在今崇慶縣北不遠。今崇慶州城，明成化中徙築者也。《一統志》云："在府西南九十里。"晉時城較遠，故云"一百二十里"。里度古今亦微異。

⑬ 青城山，今在灌縣西南三十里。山由礫岩斷裂所成，風景奇峭。道書定爲十八洞天第五，稱"寶仙九室之天"，謂是"神仙都會之府"，又號"五嶽丈人"。杜光庭《青城山記》，謂有"七十二小洞應七十二候。八大洞應八節"。今於青城山惟見天師洞與朝陽洞，皆僅石壁微凹，無所謂洞府。山亦不高，僅出平地五百餘尺，但峭秀幽奇耳。

山距江原縣百二十里。蕭齊時分置齊基縣。後周改清城縣。其縣治在山之東面平原中約百里（今爲石羊場）。唐改青城縣。元代併入灌州。故今山與石羊場故治皆屬灌縣。

"稱江祠"，三字難解。錢寫本下有空位。《函海》本下空至行末，相當七字。蓋舊有脱文。或是李㽦曾有校注，發鋟後又復削去。兹設三解：（一）謂山有祠祀江瀆，故曰稱江祠。李冰作江祠在湔堰上，唐以來江瀆神祠在成都郭外。或是李雄時曾祠江神於青城上，以崇范長生。常不以爲然而云稱耶？（二）抑稱當讀chèn，謂李雄時祠青城山爲五嶽丈人，祀典與江祠等稱耶？（三）抑"稱"字爲"稻"字譌。"稱"字，舊寫作稱，冉與曰形近易譌。李冰穿羊摩江開江西稻田，或曾有稻江之名，後人爲之立祠曰"稻江祠"耶？若然，則祠與山爲江原之兩名勝也。

⑭安漢、上朱邑、下朱邑，皆江原縣轄之鄉名。今崇慶縣江原場、羊馬場一帶與溫江、雙流聯界，俱為產大麻之名區。"黃潤細布"，謂細麻布，本用葛纖維製，巴、蜀人以苧麻為之，輕細如紗縠，每匹可納於竹筒中。《蜀都賦》所謂"筒中黃潤"是也（《巴志》三章亦見）。"羌筒"謂羌中竹管，尤細長，如笛（作樂器則稱"羌笛"）。一匹能納於羌筒中，明其極細。《張騫傳》所云"蜀布"，蓋即此布。

⑮小亭亦鄉名，即常璩故鄉，故言之特詳。"有好稻田"，鄉在縣之西南方，屬羊摩江溉灌區也。"東方常氏"，亦可有二解：（一）東方氏與常氏為大姓。（二）謂小亭鄉之東方里，為常氏聚族所在。就文法言當用前說。然全書無東方姓再見。文井江在羊摩江更西，不得為"東方"，故疑"東方"是里名。"常隄"，即常氏隄，蓋常氏合族所築以捍衛其農田兼資引灌者。《水經注》云："縣濱文井江。文井江上有常氏堤，跨四十里。有朱亭。"蓋即所謂小亭也。本書卷三越巂郡會無縣云："有天馬河。馬日行千里，後死於蜀，葬江原小亭，今天馬冢是也。"此云堤"上有天馬祠"，蓋即祠此死馬。《寰宇記·蜀州》"晉原縣"引李膺《益州記》云"寧州有馬元河（"天馬河"譌倒），河邊牧馬產駿駒，一日千里。至此斃之，岸南人為立祠"是也。

⑯秦、漢、六朝臨邛縣，隋、唐、宋曰邛州。故城在今邛崍縣南二里。後周時徙。《一統志》云："在省治西南一百八十里。"此云"二百里"，晉里度異也。其城位成都平原西南端，當邛、筰、滇諸國入蜀門戶，商貿所薈。"本有邛民"者，謂邛國人與所為市易之奴隸居此。縣名臨邛者，邛商人來返必須踰海拔三千公尺之大山（今云大相嶺），有九折阪最險峻，舊稱邛崍山。秦縣界至此山，故名臨邛，非謂臨邛國界。《周地圖記》云"取南界邛崍山為名"是也。

⑰此"上郡"，謂關東中原諸郡，對邊疆民少賦薄之下郡言，不可體會為三十六郡之上郡。秦徙趙、齊遷虜於臨邛，見《貨殖傳》。上郡在關內，民稀，多胡寇，亦賴山東民遷實，不可能自彼上郡徙民實此。

⑱"布濮水"，邛崍南河之上源也。源出今名山縣北之石碑岡，曰"大幕

水"。經名山縣之朱家場至邛崍縣之夾門關,與自太和場來之西源會。又東北流,經倒座廟、平落壩、平壩場,至馬湖營與火井江會。會口至源頭約百五十里,皆僻險山區,古爲布濮民族聚居地。司馬相如文"西蒲之長",指此族也。蒲、僰、濮、僕古語皆指一族。此地濮民保存至元明年代。明代軍屯遺址猶多。清代始有場鎮。故晉世特稱爲布濮水。火井江,源出鎮西山,亦東北流,與布濮水并行,經高興場、沙壩場、何家場、高家場、油榨沱,爲一夾谷,世稱"火井槽"。合支流周家河後,折向東南流,至馬湖營,合夾門關河(布濮水)。自此轉東五十里,與清源河會,入平原即《蜀總序》之白水江也。過邛崍城南之南河橋。以下通稱"邛州南河"。至新津入江。

火井場,公元前二世紀時曾出火井。蓋作陂池鹽井者掘出天然氣。有人投以家火,遂燃燒發光焰。古人用濕絮塞之而滅。遂有人作石盤鎮閉,而穿小孔洩氣,燃以煮鹽。亦可以竹筒吸盛其氣,穿孔燃之,以代燭夜行。其氣不與空氣接觸則不自燃,故可"拽行"也。此説明兩千年前我國巴蜀地區已能利用天然氣,載此科學奇迹的歷史文獻,甚可珍貴。

晉人記火井者,先有張華《博物志》(據《古今逸史》本),其文云:"臨邛火井一所,從(縱)廣五尺,深二三丈。井在縣南百里。昔時人以竹木投以取火。諸葛丞相往視之,後火轉盛。熱盆蓋井上,煮鹽,得鹽。入以家火即滅。迄今不復然也。"(劉昭《郡國志注》引,稱《博物記》作"後人以火燭投井中,火即滅絶不復然"。)

次有劉逵《蜀都賦注》曰:"蜀都有火井,在臨邛縣西南。火井,鹽井也。欲出其火,先以家火投之,須臾許,隆隆如雷聲,爛出通天(劉昭《郡國志》注引"出"作"然"),光輝(劉引作"耀")十里。以筒盛之,接其光而無炭也。"劉昭注引,此下更有"取井火還煮井水。一斛水得四五斗鹽。家火煮之,不過二三斗鹽耳"十七字。今本賦注無。

劉逵得其説於張載。張載曾入蜀,時則井火已絶矣。蓋得其説於蜀之賈人。常璩更晚,亦祇可能是得之傳説。或即是得之《蜀都賦》注。要其説者去火井煮鹽時間未遠。

謂井火煮鹽能多得者,當是火井出於鹽井,其人分別引出,因其火煮之。如此者,得鹽多至五斛,謂其井水濃度達於什之四五。家火煮則得鹽無幾者,謂井深不及出火,則滷水濃度小。亦不可得井火煮之,則不過得鹽二三斗。煮鹽皆熬至水蒸發盡,非火力能增減其滷之含量。

張華云"以燭火投井中即滅絕,不復然"者,蓋天然氣將盡,火勢且滅。人投火以助之,無益於天然氣之絕,非由火入井而不復燃也。

火井漕本布濮地,因火井鹽利,工商業者麇集,地墾利興,漢濮融合,乃成腹地。周置火井鎮,隋升爲縣(《唐書·地理志》)。袁天綱爲火井尉,見兩《唐書》本傳。故治在邛州西八十里,約當今高興場附近。宋開寶三年徙治平落鎮,去州六十里(《寰宇記》)。元時省入州,其時猶有獠、濮,與漢民稱爲"三班"(《一統志》)。

⑲古石山,《元和志》與《九域志》作"孤石山"。《元和志》謂在臨溪縣十九里。《九域志》云在火井縣。《寰宇記》作"古石山",在臨溪縣。《方輿紀要》"邛州"云:"古城山,在州西七里,亦謂之古石山。"皆據《華陽國志》,而指地遠異如此。蓋各時代人各以其所知產鐵地定之。以今地理推之:火井槽兩岸連山,固當是鐵礦地區。其鐵宜是侏羅紀之磁鐵礦。臨溪縣,後魏分臨邛置(《元和志》),宋熙寧五年省爲鎮(《宋史·地理志》)。明改入蒲江縣,在縣北五十里(《一統志》)。其地當在今西來場附近,地質屬第四紀黃土層,祇能有褐鐵礦,宋世已廢爲鎮,採易盡也。按《常志》所言"石礦大如蒜子"乃菱鐵礦,爲純鐵在石中結晶。上古人類易於發現,破石得之,即可爲天然鐵錐。"火燒合之",自然隨沙模成各種形之鐵器,故曰"流支鐵"。鑄鐵則甚硬,故云"甚剛"。臨邛古城在今城西南五里之古城坪。(即張儀城,後訛爲公孫述城,瓦礫猶有存者。)《邛州舊志》云:"古城山在州南十里,山有五面,亦名五面山。對拱州治,上有鐵祖廟,鼓鑄家祀之。"(《一統志》引)蓋此一帶山,古產菱鐵礦石,故《志》云"石礦",不言鐵礦。鐵礦,須待冶鍊乃得成鐵。石礦則破石即自得鐵也。云"蒜子鐵",菱鐵晶體似蒜子也。云"置鐵官",《前漢志》臨邛"有鐵官、鹽官"。《貨殖傳》言卓氏至臨邛,"即鐵山鼓鑄",由是致巨富。漢武

帝縊天下鹽鐵，奪其利，因而置鐵官，國營之也。鹽官之設，緣火井江與蒲江地區先有鹽井故也。菱礦鐵易盡。李蜀後，縣地沒於獠，宋、齊、梁皆不置郡縣，隋唐後乃漸恢復。獠人肆取鹽鐵，菱鐵遂盡，但存鐵祖廟在八面山，今山下廢鐵渣猶往往發現。然則漢晉所云古石山，即今之八面山，又名古鐵山也。

⑳鄧通事詳具《史》、《漢·佞幸傳》。但言"賜蜀嚴道銅山，得自鑄錢。鄧氏錢布天下"。然鄧通不能自鼓鑄，其假手卓氏耶？

㉑事詳《史》、《漢》之《司馬相如傳》。

㉒陳立事具本書《先賢志》及《後漢書·西南夷傳》（武英殿本卷九十五）。

㉓考廣都縣治曾屢徙。蜀王時廣都在樊鄉。其時成都平原出水不久，多沮洳，卑濕不宜建都邑。故其初入平地，居九隴之郫，次徙新都，次營廣都，最後居成都，亦祇在赤里街之黃土地帶。其新都亦祇能是天隳山附近，廣都祇可能是今龍泉驛至黃龍溪間之黃土丘陵區，不可設想為今雙流縣地。至秦世，郡下二江開通，合為"府河"，通舟於武陽，時廣都縣必當自樊鄉徙就府河沿岸，即今正興場（中興場）永和場地帶，或在籍田舖附近以便兼管鹽井。又其後鑿望川原，時縣治當在牧馬山下，大約當今文興場附近，以便督導望川原水利工程。此後成都平原成為大陸。郫與三都皆徙就美田疇間，隨時代需要築城，城亦屢有徙變。《元和志》："廣都縣，北至府四十二里。""雙流縣，北至府四十里"。《太平寰宇記》："雙流縣（府）西南四十里。""廣都縣，（府）南二十七里。"《方輿紀要》引《明一統志》云："廣都廢縣在府城南四十五里。唐所置即此城也。又有漢廣都城在廢縣東北十五里。晉廣都城，在廢縣北十二里。"皆廣都縣城屢徙之證。《隋·地理志》："雙流縣舊曰廣都。置寧蜀郡（謂桓溫平蜀後，見《寰宇記》引臧榮緒《晉書》）。後周郡廢。仁壽元年改縣曰雙流。"《舊唐書·地理志》："廣都縣，龍朔三年分雙流縣置。"按《常志》所言鹽井、鐵礦、魚漕梁、望川原諸迹，可定秦漢廣都縣境為成都東南，府河兩岸，西包牧馬山區，東至龍泉驛，南包今仁壽縣境之地。桓溫平蜀時，軍從廣都水道入，縣境因戰爭荒凉。其後五年（352，即晉穆帝永和八年），周撫斬蕭敬文，再平益州，因三蜀流民集居所在，徙廣都縣治於西界，置寧蜀郡。隋改名"雙流"，取《蜀都賦》"二江之

雙流"爲名。唐又更分其東境府河兩岸地復置廣都縣。而其南境若今仁壽縣地，則已置陵州矣。此言"郡西三十里"者，蓋謂望川原附近之縣城。"西"字當作"西南"。

㉔廣都鹽井、魚池皆李冰時開。皆在今仁壽縣境，已詳6章之注⑲。"大豪馮氏有魚池鹽井"是常氏自注語。又下十三字，則當是宋人側注，非常氏語，或即呂大防所加，後人誤鐫爲正文。

㉕"魚漕梁"，謂沿江作石隄分水，設笱以取魚。小河則截江爲橫梁阻水，開口設笱。大河通舟航者，則順江分水爲隄，再作橫梁設笱，取魚，俾不害舟運，故曰魚漕梁。

㉖今仁壽、井研、榮、威、資陽五縣接界處，有侏羅紀地層隆穹地帶富於鐵礦，從來被人稱爲"大鐵山"。在秦漢時爲廣都與武陽、南安、僰道、資中、牛鞞六縣連界地。《前漢志》武陽、南安皆有鐵官。南安產鐵面甚寬，不必在此。若武陽，則唯此處產鐵。應是以犍爲郡治故，收歸國營最早。廣都則祇有民營爐冶，故但云"有鐵礦"也。

蜀漢時，曾大量開採此山，冶鐵鑄兵器，見《元和志》。晉安帝義熙十年立冶官縣，今仁壽建始場是也。其後鐵山地區没於獠，鐵冶業仍自興盛。（隋世復立縣於鐵山西部，字訛爲"治官"。唐以後又作"資官"，徙於鐵山西南今榮縣、宜賓界上。元代省，近世鐵業則轉入鐵山東南榮縣、威遠界内，仍以連界場爲中心。仁壽、井研鐵業仍未廢。）鐵山没於獠人後，冶官縣廢。梁於其處置"懷仁郡"以撫獠民，尋亦廢。魏於陵井上置陵州，周於其北界分廣都立籍縣隸之。隋唐世，鐵山地區遂與廣都隔絕。

㉗《後漢書·郡國志》廣都縣，劉昭注云："任豫《益州記》曰：'縣有望川源，鑿石二十里，引取郫江水灌廣都田，云《後漢》所穿鑿者。"此所謂"郫江"，實即秦人所稱之檢江。漢徙郫縣於毗河南檢江灌域内，人遂混稱檢江爲郫江也。

《水經注》："江水東逕廣都縣……李冰識察水脈，穿縣鹽井。江西有望川原，鑿山度水，結諸陂池，故盛養生之饒，即南江也。"此其文是摘取《常志》

語撰成。"即南江也"句，常氏所無。應是因檢江於二江爲南江，又自檢江分水南行，故稱其渠爲南江。今云新開河者是也。

望川原，在今華陽縣文興場附近。牧馬山石基曳尾露出，漢世廣都人鑿石開渠，引水過此山爪，灌府河西側田疇。土堰不固，則易泛敗。穿石爲渠，則如灌縣寶瓶口，樂山離堆渠，千百年不敗，安全行灌，故曰"安稻田"。府河之西而稱"江西"者，李冰開二江，至萬里橋下游合爲一水，稱"郡江"。後世改蜀郡稱成都府，乃被稱爲"府河"。牧馬山下平原在其西，故稱江西（江原縣地在外江西，亦稱"江西"）。

《水經注》文接"望川原"於李冰事下。後人遂謂望川原亦李冰開。王先謙《合校水經注》云："若此神功，要非李冰不能。"與常氏、任豫及劉昭語不合。成都水利，自李冰開始後，文翁以下歷世皆有開鑿，迄今未止，已數百渠。其實，由官民合力籌劃，國力與民力結合開鑿之大幹渠堰，不過十餘處而已。

㉘朱辰事迹唯見於此。獽、蜑，已詳見《巴志》3章。

㉙成都有市官，當是秦漢舊制。故少城外有"市橋"，又稱爲"州市"。凡漢户縣至四萬以上者，市居恒在一半以上，即不能不置市官。市官有長，即有丞、掾。市官仍當隸屬於縣，其縣即不同於他縣。故《常志》謂蜀郡屬縣五，不計成都。而成都令馮顥亦得劾免郡守。後漢雖廢市官，成都令地位仍與他縣不同。

㉚《晉書·武帝紀》太康十年（289）："立皇子乂爲長沙王，穎爲成都王。"又卷五十九《成都王穎傳》："武帝第十六子也。太康末受封，邑十萬户。"穎實未就國，留京師，參預八王之亂。本書《大同志》敍在太康八年。合蜀、廣漢、犍爲、汶山爲十萬户。計實十一萬一千一百户，舉成數也。又《穎傳》，直至敗死，未改封，"永嘉中，立東萊王蕤子遵爲穎嗣，封華容縣王"。常氏云"改封"當指此。

十三

廣漢郡，高帝六年置。屬縣八。漢户十七萬，晉四萬①。去洛三千里。南去成都百二十里。西接汶山，北接梓潼，元豐本作"橦"。東接巴郡，南接蜀犍爲。原脱"南接"一句，蓋以"南去成都"句代蜀郡也。然廣漢西南接犍爲之牛鞞、資中界。此不當省。本治繩鄉。《水經注》引作"乘鄉"。又作"沈鄉"，云姜詩居。實一地。安帝永【和】初中陰平、漢中羌反，羌亂發於安帝永初元年。漢中羌亂發生於永初四年。永和爲順帝年號，上距永初三十餘年，羌亂已平矣。故改一字。元初二年移涪。《水經注》引作"永初二年"，亦誤。後治雒元豐本作"頜"。下同。城②。王莽改曰新【就】都③。劉、李本作"新都"。他各本皆同《漢志》作"就都"。公孫述名曰子同④。益州以蜀郡、廣漢、犍爲爲"三蜀"。舊各本不重"爲"字。廖本加。當有。土地沃美，人士俊乂，此下舊各本皆有"爲"字。顧廣圻校稿批云："上'爲'字錯壓下。"廖本删。當删移。一州稱望。【然】似爲贅文。漢選此下浙本有"爲"字，并擠刻下"蜀郡"字。蜀郡、廣漢太守，每重德劉本作"得"。他各本作"德"。疑"重德"上脱一字。高俊。故前有廖本脱"有"字。他本具。趙護、疑當作"樓護"。見《游俠傳》。趙護徒以平鄭躬亂入史。常氏未言鄭躬事，即不當列趙護。【弟】第五伯魚，見《蜀郡》。後有蔡、陳，表章禮物，殊於諸郡⑤。其太守著功德者，有劉【感】咸、據《後漢書·獨行·李業傳》改。孫【賓】寶、依《漢書》七十七改。蔡茂、原脱。顧廣圻校稿云："蔡茂，在《大同志》，又《士女讚》。陳寵。《四部備要》本"陳"下空二格，奪"寵伯"二字。【伯魚】此廣漢太守，淺人妄緣上文奪"茂"、"寵"填"伯魚"字也。茂自郡逕遷司徒。寵亦至三公。而【祋】祋廖本從衣作"祋"。諷、尹睦、鮮于定、《四部備要》本奪"定"字，祇空位。趙瑶皆公望也。薛鴻疑當作"漢"。説在注⑥。輩，卿佐也。【而】許靖亦爲上公。【及】何衹、常閎劉、錢、吳、何、《函》、王諸本作"閎"。李本作"閜"。廖本改作"閡"。皆有稱⑥。此下，張、吳、何、王、浙本皆有一"望"字，并下連，於其上空格。劉、李、錢、《函》、廖本但空格，無"望"字。兹從。以處州中，益州恒明各本缺筆。治此郡。

初平中，益州牧劉焉自縣竹移雒縣城⑦。築闕門，云其地不王。云上當有"占"字。乃留孫肸，《三國志》作"循"。吳、何本作"脩"。據之。建安十八年，劉先主自涪攻圍，且一年。軍師龐統中流矢死。先主痛惜，言則涕泣。廣漢太守南【楊】陽廖本"南陽"作"南楊"，誤，兹據錢本等改回。張存曰："統雖可惜，違大雅之體。"先主怒曰："統殺身成仁，非仁者廖本無"者"字，兹依錢本等補。乎。"即免存官。十九年夏，雒城拔。何本作"牧"，與他舊本并有"雒城援"三字連。廖本無。兹從廖本，刪三字。援，李本作"接"。襄陽馬良書詒劉、李本作"詔"，吳、何本作"詣"。《三國志·馬良傳》作"與"。詒同貽。諸葛亮曰："承雒城何、王本作"縣"。已下，尊兄配業光舊各本作"先"。《函海》云："應作'光'。"廖本改作"光"。良本傳固作"光"。國，魄兆見矣。"時州或治成都，時復治雒，爲蜀淵府⑧。

案：《廣漢郡序》指出其特點爲土地平腴亞於蜀郡，人物之盛略與蜀郡相當。地位居全州中央，當中原往來要道。故守令恒出上選，重要比於蜀郡。舊刻每多訛脱，昔人未檢校。兹校正。

【注釋】

①《漢書·地理志》廣漢郡十三縣，户十六萬七千四百九十九，口六十六萬二千二百四十九。《後漢·郡國志》廣漢郡十一城，户十三萬九千八百六十五，口五十萬九千四百三十八。合廣漢屬國三縣户三萬七千一百一十，口二十萬五千六百五十二。爲户十七萬六千九百七十五，口七十一萬五千一百九十。則仍是前漢舊境，户口僅較前漢略增十分之一左右。遠遜於蜀郡增長率者，前有鄭躬之役，後有羌亂頻擾故也。漢末蜀亂，此郡最酷，故入晉更復鋭減。《晉書·地

理志》新都郡户二萬四千五百，廣漢郡户五千一百，合計纔二萬九千六百户，是太康時此郡户口僅及兩漢六分之一。此云四萬，蓋元康户數，亦僅較晉初稍多而已。

②繩鄉，即姜詩故里（下詳），今爲綿竹縣孝泉鎮，在雒水（石亭江）北。元初二年因禦羌亂，太守徙居涪。羌亂平後，"治雒城"，謂劉循所固守之雒在雒水南今廣漢縣北金輪場也。憑綿、雒二重水以拒劉備，備圍之一年乃克。今廣漢縣城，又其後徙（參看14章之注①）。

③按《前漢志》廣漢郡班固自注"莽曰就都"。此"就"字，可疑是"新"字之譌。宋槧已譌，後世遂莫能改。知其然者，宋刻《華陽國志》本作"王莽改曰新都"。明刻劉、張二本，張佳胤用《漢志》文校改，則作"就都"，劉大昌遵用宋刻原字作"新都"。李一公亦通人也，改刻劉本，糾其謬譌，而於此"新都"二字遵用不改。當時去宋未遠，蜀中不但有李至邛州刻本可校，亦且有呂大防成都刻本可校。李，進士也，豈能不見《漢書》？乃亦遵《常志》舊刻者，固已定其當作"新都"，或亦曾見《漢書》寫本有作"新都"者，祗緣非校《漢書》，故未言及耳。張佳胤後明清學人所見《漢書》皆遵宋刻，莫能更見寫本，則乃相與改易常氏原字，宋刻不可復見，遂亦無能正此誤譌之《漢書》傳寫字矣。兹校《華陽國志》，從而校出《四史》中譌誤字尚多，此其一例耳。

斷定《漢志》此"就都"爲"新都"之譌尚有理據數條。一爲《漢・地理志》本身，蜀郡、廣都縣云："莽曰就都亭。"明王莽廢蜀郡之廣都縣并入成都縣爲就都亭也。若其已改廣漢郡爲"就都郡"，則何能又於蜀郡屬縣下改廣都爲"就都亭"？廣都與廣漢同在成都平原中，相距僅百餘里，分屬兩郡而作同文之兩地改名，有何必要故作混淆？二爲晉併蜀初，復因蜀漢"西廣漢郡"故境爲"新都郡"，其郡治不在新都而在雒。別領什邡、綿竹、新都，凡四縣。雒在後漢爲廣漢郡治，蓋王莽時已然矣。王莽改雒縣曰"吾雒"，什邡縣曰"美信"，廣漢縣曰"廣信"，涪縣曰"統睦"，梓潼縣曰"子同"。綿竹、新都未改名。晉世不因"西廣漢"舊名，亦未用郡治雒縣命名，而遠取偏近成都之屬縣"新都"以爲郡名，此不可解也。夫地名因革，自有綫索，不能突然而生。若依宋槧《常志》定王莽已改稱廣漢郡爲新都郡，不用誤檗《漢書》，則自然通貫，無復扞格。三爲王莽好符命，又好用儒家經典文飾符命，自欺欺人以取天下。其初封新都侯，食邑爲南郡新都縣。篡位後，改名"新林"，而廣漢之新都縣不改名。新林者，蓋取伏生《尚書》"納于大林（麓），烈風雷雨弗迷"之義，謂初貴時也。既篡位，國號曰"新"。改益州郡名爲"就新"（亦猶改犍爲郡名曰"西順"，明爲"向化"之意），取去漢就新之義也。改益州部爲"庸部"，蓋亦取伏氏《尚書》"舜生三十登庸"之義。正以廣漢郡亦有新都縣故也。其改廣都縣曰"就都亭"者，謂就併于成都也（亦可能是併于新都）。改雒縣爲"吾雒"者，明雒是其一別都所在，加吾字更顯明也。以"吾雒"爲郡治而改郡名曰新都，則其契合符命之意尤爲明瞭。

或疑郡已有新都縣，既非郡治，即不得改郡名爲新都，是亦不然。《漢志》益州刺史（或牧）部，有益州郡，非刺史治。廣漢郡有廣漢縣，非郡治。其他縣同郡名而非郡治者甚多，則新都郡領有新都縣而治"吾雒"，非莽創例矣。

④王莽改梓潼縣名曰"子同"，公孫述遂改廣漢郡爲子同郡。皆因地方土語，本無定字，存其音而簡化字形。或且是土民已經習用之簡化字。在王莽輒改地名諸荒謬措施中，獨此微具進步意義，應爲一方人民所便，故公孫述遂以爲郡名。此亦猶汶山人改"蠶陵"字作"八陵"，《郡國志》亦遵用之。約定俗成，既久，未可強廢也。（八爲蜀人古寫之蠶字，象兩蠶對望待飼之形，説在《蠶叢考》。）

⑤此言雖"三蜀"并稱，朝廷特重蜀與廣漢兩郡。選用太守，每能注意其才與德。"高俊"，謂才能出衆。例如前漢的趙護（廣漢）、後漢初的第五倫（蜀郡），和以後的蔡茂、陳寵（并廣漢）。趙護唯以鎮壓農民革命著績（另詳附錄《鄭躬事件》）。第五倫自蜀郡入爲三公。蔡、陳皆於廣漢太守任中屢參朝廷議論。蔡茂在郡，論董宣糾湖陽公主事，光武納之，見《後漢書》列傳第十六。陳寵在郡，"廷尉有疑獄，輒手筆作議，所活者甚多"，見《東觀記·寵傳》。常氏謂"表章禮物，殊於諸郡"，蓋謂如此之類。

⑥自"其太守"至"皆有稱"六十餘字，爲兼論蜀、廣漢兩郡太守位望

後，另起爲單敍後漢廣漢太守專條。列舉太守十二人。除校正舊刻譌脱外，彙列諸人參考資料如下：

劉咸，《後漢書》列傳第七十一附見《李業傳》。王莽居攝時爲廣漢太守，欲屈殺李業者，非賢守也。然能因客規諫改過，出業於獄，"因舉方正"。舊譌"劉感"。

孫寶，《漢書》卷七十七有傳，鴻嘉中爲益州刺史，哀帝時以丞相司直出爲廣漢太守。"蠻夷安輯，夷民稱之。徵爲京兆尹。"在劉咸稍前。舊譌作"孫賓"。

蔡茂，《後漢書》列傳第十六有傳，東漢初爲廣漢太守，"建武二十年代戴涉爲司徒"。舊刻脱"茂"字。

陳寵，《後漢書》列傳第三十六有傳，章帝時爲廣漢太守，和帝時擢爲大司農，"代徐防爲司空"。《東觀記》卷十九已有傳。"自郡逕遷司徒"者蔡茂，字子禮。"伯魚"，第五倫字，非廣漢太守，亦非遷司徒。當正。

祋諷，《後漢書》附見《來歷傳》。延光三年爲光禄勳，與將作大匠來歷等固諫廢太子。又附見《陳忠傳》（《列傳》第三十六），作"建光中，尚書令祝諷"，又云："順帝之爲太子廢也，諸名臣來歷、祝諷等守闕固爭。""祝"字顯爲"祋"字譌。章懷注《來歷傳》云："祋，音丁外反。"《説文》："祋，殳也。"引《詩》"荷戈與祋"。又漢左馮翊有祋祤縣，字從衣。顏師古注："祋，音丁活反，又音丁外反。祤音詡。"要不出"殳"音之變。諷無傳，未知其何時作廣漢太守。以人事推，當在建光（121）前。

尹睦，見《後漢書·黨錮·尹勳傳》。云勳"伯父睦爲司徒"。勳，順桓時人。則睦作廣漢太守當在安帝時，後亦至三公也。

鮮于定，無考。

趙瑶，靈帝時爲蜀郡守。獻帝初轉廣漢。已見《蜀郡序》之末章。

薛鴻亦無考，疑爲"薛漢"字譌。薛漢入《後漢書·儒林傳》："字公子，淮陽人也，世習《韓詩》。……永平中，爲千乘太守，政有異迹。從坐楚事辭相連，下獄死。"同卷《杜撫傳》："受業於薛漢。"本書《先賢志》言撫"少師事薛漢"，皆未言其曾至淮陽、千乘及京師就業。疑漢亦曾作廣漢太守，杜撫時方少，自犍爲赴廣漢就業。漢代經師作守令，多兼講學。漢世重"經德"。史稱"當時言《詩》者推（薛）漢爲長"，故常氏擬云"卿佐"耶？

許靖，《三國·蜀志》有傳。劉璋時爲巴郡、廣漢太守，轉蜀郡。踰城降劉備，爲太傅，至司徒。

何祇，見《三國·蜀志·楊洪傳》及裴注引《益部耆舊傳》，本書《先賢志》與《後主志》。後主時爲廣漢太守。

常閎，見本書《後賢志·常勗傳》："從父閎，漢中、廣漢太守。"亦當是後主時。

⑦《前漢志》廣漢郡治梓潼。雒縣爲"都尉治"。《後漢志》廣漢郡治雒，亦"刺史治"，前漢當同。劉焉爲州牧，治綿竹，後徙成都。蔣琬常駐涪，費禕常駐葭萌，皆本郡地。其後刺史皆治成都。

⑧此節雜取《三國志》之《二牧傳》、《先主志》、《龐統傳》、《馬良傳》爲之，藉以說明雒城地位之重要。惟張存論龐統一則獨見此書，亦由其是廣漢太守，故屬入也。蜀中歷史形勢，北防重於三方。外倚漢中、武都陰平山水之阻。內則葭萌阻白水、西漢水，爲第一防綫；劍門、馬閣、江油諸山道，爲第二防綫；涪城阻涪水，爲第三防綫；鹿頭、黃滸山水捍衛，爲第四防綫；雒城阻石亭江、雒水，爲第五防綫。成都屏障盡於此矣，皆廣漢郡地也。諸葛亮極力經營漢中。費禕死於葭萌。姜維扼守劍閣，諸葛瞻失涪而扼黃滸（綿竹），劉璋惟守雒城，則皆不免於速亡。禦寇於門墻之內，得苟延一年之命，已云幸矣。故先民之言曰："禦盜于藩垣之外。"又曰，"守在四夷"。《常志》於廣漢郡突出雒城事，殊有意義。

十四

雒縣　郡治①。【汜】沈舊各本譌作"汜"。廖本注："當作'沈'。"鄉舊各本"汜鄉"上連，下乃空格，甚至提行，以"郡治汜鄉"爲句。茲移正。有孝子姜詩田【地】宅、姓族②。大姓有鐔、李、郭、翟氏③。

緜竹縣　劉焉初所治④。緜與雒，各出稻稼，畝收三十斛，有至五十斛⑤。舊各本皆作"十五斛"。廖本改作"五十斛"。是。漢時，任定祖舊各本此下有安字。廖本刪。是。以儒學教，號侔洙泗⑥。有多士，秦、杜爲首族也⑦。

什【仿】邡廖本作"仿"。縣⑧　山出好茶⑨。楊氏爲大姓。美田。有鹽井⑩。

新都縣　蜀以成都、廣都、新都爲三都，號名城⑪。有金堂山。當作"峽"。水通於巴⑫。漢時五倉，名萬安倉⑬。有棗，魚梁⑭。多名士，有楊厚、當作"序"。董扶。當有誤。又有四姓馬、史、汝、鄭者也⑮。

五城縣　郡東南。有水通於巴⑯。漢時置五倉，發五縣民，尉部主之。"尉部"當倒。後因以爲縣⑰。玄武山，一名三隅山，在縣東二里，其山六屈六起。山此處原有脫。用《寰宇記》引文補二十字，當舊寫本一行。出龍骨。云龍升其山，值天門閉，不達，墮死於此。後没地中。錢寫本脫"中"字。故掘取得龍骨⑱。

郪縣⑲　有山原田⑳，富國鹽井㉑，濮㉒疑當重"濮"字。出好棗㉓。宜君山出麖，顧觀光校作"麈"。尾特好，入貢㉔。大姓，王、李氏㉕。又有高、馬家，世掌舊各本作"常"。廖本改作"掌"。部曲。蜀時，高勝、馬秦舊本皆作"泰"。廖本依《李嚴傳》改作"秦"。皆叛，伏誅㉖。

廣漢縣㉗　有山原田。蜀時，彭【義】羕廖本注云："當作'羕'。"《三國志》傳文不誤。**有儁才；晉世【改】**，舊各本皆衹此"改"字。廖本注云："當作'段'。下當有'容'字。段容見《後賢志》。"**段容號令德：故二姓爲甲族也㉓**。

　　德陽縣㉙ **有青石祠㉚**。**山原肥沃，有澤漁之利。士女貞孝**。唐百川校云：《御覽》五百五十六引，作"山原沃美，有澤原之利。士女多貞孝"。**望山樂水，土地易爲生事。車騎將軍鄧芝**此下，顧觀光依《御覽》補"方之鄧林"四字。**雅有終焉之思，後遂葬其山㉛。太守夏侯慕**《三國志·秦宓傳》作"纂"。未定孰是。**時，古濮爲功曹。康、古、袁氏爲四姓，大族之甲者也㉜**。錢寫本無"也"字。

　　劉氏延熙中，分廣漢四縣置東廣漢郡。咸熙初省㉝。泰始末，《晉書》作"泰始二年"。**又分置新都郡。太康省㉞。末年，又置【蜀】新都王國**晉世無"蜀王國"。按《後賢志·常騫傳》當作"新都王國"。**蜀郡常騫爲內史。永嘉末省㉟**。按《晉書·成都王穎傳》："永嘉中，立東萊王蕤子遵爲穎嗣，封華容縣王。"是穎初封成都王，失權後降封新都王。至永嘉繼絕世，乃立遵爲縣王。然則新都王國已除廢。當在永嘉五年，穎敗死時國除也。

　　案：廣漢郡屬縣，較前漢已分出廣漢屬國三縣，增置德陽一縣。較後漢已分出梓潼、涪、葭萌、白水四縣爲梓潼郡，又增置五城一縣。故爲八縣。

【注釋】

①廣漢郡治，上文云"本治繩鄉"，謂姜詩故里之乘鄉也（下條詳）。"後移治雒城"，謂元初羌難定後，各郡太守罷兵還治，廣漢太守遂徙治於雒水（今石亭江）南岸之雒城也（今廣漢縣北金輪城也）。其地近憑雒水，外捍綿水，足以禦敵，故劉備圍雒城一年乃克之。平原中城易移徙，大約是劉備破雒後，城邑敗壞，已更徙築。歷南北戰亂，雒縣城已徙至今廣漢縣位置（即唐以來之漢州）。城雖屢徙，縣名不改。元省縣入漢州。民國改曰廣漢縣也。歷世地理書莫能詳及雒城轉徙遺迹。每有執一地以讀《華陽國志》與《水經注》者，則多牴牾難通。故略因史事辨訂之。

②此謂沈鄉爲姜詩故里。《水經注》云："漢高祖六年，乃分巴、蜀置廣漢郡於乘鄉……後治雒縣。"此明是用《常志》說，以"乘鄉"與"雒縣"爲兩地。用以回校常文，可定"雒縣郡治"爲句，不當因上文"本治繩鄉"而混爲一。此下"沈鄉有孝子姜詩田宅姓族"爲句。謂縣屬之沈鄉有此名迹可傳，不當以郡治沈鄉爲句也。繩、乘、沈古同音 chén。（今讀繩爲 shéng，與乘、沈微異。然《廣韻》作"食陵切"，《集韻》、《韻會》、《正韻》皆"神陵切"，并音乘。）是三者爲一地，傳者作字不同。《水經注》又云："（雒）縣有沈鄉，去江七里，姜士遊之所居。"與上文別爲乘、沈二字，讀者每誤會縣舊治之"乘鄉"與姜詩里之"沈鄉"是兩地，不知酈氏文是雜取當時所有各種地理書纂合以成。傳姜詩故里"去江七里"爲另一書，非用《常志》故所言地名音同而字異，實一地也。

姜詩與其妻龐氏孝行，詳具本書《廣漢士女》與《後漢書·列女·姜詩妻傳》及《水經注》卷三十三。其故里在今綿竹德陽界上之孝泉鎮。《後漢書》作"治鄉"，亦沈鄉之譌，與《常志》舊刻作"汎鄉"均當用《水經注》正。本是雒縣舊治，故姜詩孝行易於上聞。縣徙至雒水南後，仍稱故邑爲"沈鄉"。地處平原中，更南北朝之亂，縣城屢徙，縣境屢更，今乃成爲德陽、綿竹界上之一鎮。（西北距綿竹三十里，東北距德陽四十里，西南距漢州〈今廣漢〉六十里，距金輪場三十里。）隋唐世屬德陽縣，宋《元豐九域志》屬綿竹縣，六朝以前屬雒縣，皆有文籍可據。

封建道德首重忠孝，故姜詩以布衣顯名當世。後漢明帝永平三年（60），察孝廉至京。"顯宗詔曰：'大孝入朝，凡諸舉者一聽平之。'由是皆拜郎中。詩尋除江陽令。"卒後，"鄉人爲立祀"，香火延至近世。甚至"赤眉散賊經詩里，弛兵而過……遺詩米肉"（并引《後漢書》）。傳姜詩母嗜魚，詩夫妻勉供之，宅側涌泉，日出雙魚以應之。故宋治平中詔改姜詩里爲"孝泉鎮"，名故泉爲"孝感泉"。近世姜祠香火猶盛。清代有人撰《三孝記》傳奇，搬演詩夫婦及其子安安孝行故事。每歲必迎名劇團演之，爲一方盛會，由歷世誇張，深入人心也。常氏此言"田、宅"，志其所居與業，蓋農民也。"姓"謂其子孫後裔，"族"謂其族人聚居者。不爲大姓，四姓，但以孝稱而已。

③雒縣人物，前漢有烏桓校尉郭堅，後漢有司隸校尉郭賀。文學李尤、李充。將作大匠翟酺。又有武威太守、南陽折侯張江名雒，後裔改姓折。折、翟爲同音姓，蓋通譜，爲雒有二翟也（并見《士女目録》）。惟鐔氏在雒無名人。

④漢綿縣故城，今爲德陽縣之黃滸鎮，在鹿頭關内綿水西岸。當時轄境，包有整個綿水流域，即今德陽、綿竹兩縣地。北道來赴成都者必先經此。成都恒藉此城與綿水、鹿頭爲屏障以衛此大平原，故歷世爲軍事重鎮。劉焉初入蜀，疑賈龍等未敢遂入成都，但駐此爲進退之備也。

⑤古以十斗爲斛。若古斗與今斗同，則斛即是石。以今量計，每石約重百五十斤。三十石則重四千餘斤，即在今日水稻最高産量不能及此。便十五斛，亦合二千餘斤，古不能有此産量。以生産條件綜合估計漢、魏、晉世水稻畝産量不能達五百斤。綿、雒雖美稻田，平均畝産四百斤已成奇迹矣。於此可以證明漢、魏、晉斗、石實量與今不同。大抵古一斗祇相當於今之一升。而古斛，祇相當於今之一斗。古斗字亦作䇷，從豆。豆爲盛粟之祭器，約容今之一升。以此覈本文稻産量，斯近理矣。

《漢書・百官公卿表》顔師古注云："漢制，三公號稱萬石，其月俸各三百五十斛穀。其稱中二千石者月各百八十斛，二千石者百二十斛，比二千石者百斛，千石者九十斛，比千石者八十斛，六百石者七十斛……比二百石者二十七斛，一百石者十六斛。"二百石爲長吏最低秩。百石爲吏掾之禄，"百石以下，有斗食佐史之秩"。又注《漢官名秩簿》云："斗食，月俸十一斛。佐史，月俸八斛也。一説斗食者，歲俸不滿百石，計日而食一斗二升。故云斗食也。"（即謂計日而食之俸，祇當今日一升二合。）顧名思義，斗食者，僅可餬口之禄食也。"月俸八斛"，若以斛百斤計，亦已八百斤，足供十六口人一月之費矣。斛爲十斤，則八十斤，已足供二口有餘矣。足見漢、晉之斛，只合今之十斤而已。解放前，成都平原水稻田，歲收中稻一次，産量以二百斤爲率。漢晉世綿雒田，年産三百斤爲可能，五百斤爲最高矣。

⑥任安，字定祖，《後漢書・儒林》有傳。又見《方術・董扶傳》及本書《先賢志》。

⑦綿竹名士，後漢最多，楊厚、寇懽、劉寵、董扶、任安、杜真、秦宓、鄭

度,均見《士女目録》,杜真僅以義士稱。

⑧什邡縣,《前漢志》作"十方",《高惠文功臣表》作"汁防",《後漢志》作"什邡"。蓋録蜀人本語之音,故無定字。本蜀國之要邑,秦已置縣,故《漢志》列於郡治梓潼之次,明其歷史地位更重於涪與雒也。原縣境甚廣闊,半爲山地,半是平原。大抵蜀王内徙後,其族人先就高地,停滯於海窝子及綿、雒二水之上游山地區頗久。後乃從罿上及高景關等山口下入平原。故其山地及平原農業於蜀地開發最早。秦滅蜀,郫與什邡皆爲大縣。李冰治湔堋後,特爲什邡開綿雒稻田,其後乃分什邡置綿、雒二縣也。

⑨什邡後山,歷世皆出好茶,茶樹風候土質特宜故也。此云"山出好茶",自是就漢晉時言。《詩·谷風》:"誰謂荼苦,其甘如薺。"係涇渭間平民之詩。唐陸羽《茶經》與宋魏了翁文,皆説荼(《爾雅》"檟,苦荼"之荼)即漢以來之茶字。可疑我國什邡縣山産茶最早,自周代即爲商品行銷關隴(關隴非産茶之地)。是否尚待考訂,然值研究茶業史者注意也(宋代什邡曾設買茶場,見《九域志》)。

⑩什邡又爲成都平原内唯一産鹽之縣。其鹽井,蓋李冰所開,故能著於《常志》。晉時,應是陂井,宋以來亦改竹筒井,直至近年未廢。水淡流小,爲不利條件,然燃料廉便,近銷廣大山區夷區,比值廉近,故歷世不息也。"美田"謂綿、雒浸灌田也。

⑪新都,蜀王舊邑,秦已置縣。縣境東抵雲頂山金堂峽,宋咸淳二年(1266)始分置金堂縣。

⑫金堂山謂金堂峽岸兩山。《一統志》引《通志》云:"兩山拱峙,河流其中,相傳望帝相鱉靈所鑿。宋轉運使韓璹復修之以通楫。"今趙家渡(金堂新治)峽口岸山是也。沱江會綿、雒,穿龍泉山脉北段成此峽,至江陽(今瀘縣)入江,皆可行舟,故曰"水通於巴"。峽東岸山之南端,即雲頂山,宋余玠設"四柱八極"之山城以禦蒙古,此一柱也。

⑬漢世,各郡建五倉,以儲糧賦,備災祲。廣漢郡最大者爲萬安倉,建於新都縣東界之萬安山上。山爲三段相綴之一黄土丘陵。土質堅緻,排水良好,故宜

建倉。北近綿、雒，西連郫、繁、三都，南通巴楚，糧穀集散均便（去金堂峽口祇十餘里）。山以倉名，今猶沿稱。世俗訛言，"相傳洪水時，居其上者萬人俱得免。因名"（《一統志》），妄也，謂曾有荒年賴此獲救者萬人，則或然矣。他四處未詳所在，要必在其附近、金堂山與鹿頭山間高亢處，居全郡中央。又由下五城縣文，足以知也。

⑭"有棗"謂金堂山區產棗。下郪縣云"出好棗"，郪界連金堂山，故亦產棗也。迄今此一山區，猶以果園業著名。有"魚梁"者，縣境多大河岔港，亦如廣都之多魚漕梁也。

⑮楊厚，《後漢書》有傳（《列傳》第二十上），本書《先賢志》與《士女目錄》作"楊序"。考"厚"字譌。董扶，《士女目錄》與《後漢書》皆云綿竹人。此董扶字，當是段恭之誤，在《先賢志》。馬、史、汝、鄧，四姓在新都聞人。蓋承吏役之大姓，不以詩書顯者。

⑯五城縣今爲中江縣。隋改玄武縣，宋改名中江。有中江水從羅江縣入境，水量雖不大，縣治以下平緩，通舟船，舊稱"五城水"。入涪處，稱"五城水口"，即今三台縣治所在也。舟運入涪轉巴，從來自荊楚入蜀，樂從內水（涪江）。又樂循此水至五城，踰山入新都取捷。故曰"水通于巴"。

⑰漢世習稱縣爲城（《後漢志》足證）。漢徵五縣民營造五倉時，倉地多在中江水側，以廣漢部尉督之。遂因部尉所駐立縣，稱五城縣。應徵役之五縣，當爲郪、涪、綿竹、雒與新都。此地最居中，故部尉恒駐此。部尉，郡都尉也。

⑱五城縣地質，屬上侏羅紀。此種地層中恒有完整之恐龍及古犀象化石。近年於合川、開江發現恐龍化石，已非一處。玄武山龍骨，蓋恐龍化石發現之最早者也。全形似龍，隱於地中，昔人不解其理，妄謂天龍死而沒地。吳普作《本草》以入藥焉。

⑲郪縣故城，在今三台縣西南九十里，菊河場附近，古郪王國邑也。世稱"郪王城"（本書《李雄志》），宋時猶存基址（見《寰宇記》）。秦滅郪置縣。郪王城外有小河，南經蓬萊鎮，折而東流入涪，曰郪江，其會口曰郪口。郪江不通航，然自古有名。蓋戰國時巴與蜀往來之捷道爲：自墊江（今合川）入涪，至

335

郪口陸行，循郪江至新都大渡（今金堂之趙渡），入成都平原。郪王之國實綰此道，成爲巴與蜀間之緩衝部落，從而得交好於蜀與巴，兼取其文化物資，以發展地方經濟，克成爲四川盆地內紫土丘陵區生產發達最早之一部落。故秦滅巴、蜀後，并滅之以爲縣也。秦漢在四川盆地內縣治，皆依水運節點，惟郪與梓潼，既離水運綫，又非在冲積平原中，而衹在紫土丘陵內。蓋皆由其爲交通要道上之故國要邑也。隋大業初，徙郪縣於五城水口，郪王舊城乃廢。時則巴蜀往來，恒取中江（五城水）一路，不復過郪王城矣。

⑳高平曰原。《常志》於郪、廣漢、德陽三縣皆强調"山原田"者：廣漢郡八縣中，惟此三縣無大山，少冲積平原，全屬白堊紀地層之紫土丘陵。此種丘陵爲砂岩與紫色軟頁岩交互層叠之淺山淺谷。其砂岩層皆形成絶壁外露，頁岩層則風化爲紫色耕土平鋪其上，層層內縮，以至山頂。舊稱此種耕土爲"山原田"，義爲山丘階層之平田。此三縣與五城縣之一部，皆是如此地質，具有如此耕土，與成都平原和涪水中游平原不同也。巴西、梓潼兩郡，亦多是此種山原耕土，然在漢世全屬旱田，利用率低，故其人之詩歌曰"山崖惟平，其稼多黍"（《巴志》）。不似郪等三縣，已於如此山原上築成梯級水田，種稻麥，利用率高，故特稱之也。

㉑"富國鹽井"，漢晉間郪甚著名之鹽井，蓋亦如隋唐時之"陵井"（今仁壽縣），唐、宋時之"富世井"（今富順縣），皆李冰法式陂井也（其後亦皆改作筒井）。近世三台、中江、蓬溪、射洪等縣皆多產鹽筒井。胖子店（隋、唐、宋之飛烏縣，元明併入玄武縣，改名中江）、蓬萊鎮（原郪縣地，郪縣徙後屬銅山縣。元省銅山，蓬萊鎮劃屬蓬溪縣）爲最集中，皆郪王故地。今尤有"通山井"地名而無鹽井（地在菊河場西二十里，蓋唐宋之通山井，曾設銅山縣處），疑即漢晉世所謂"富國鹽井"。自筒井興，乃與陵井、富世井同廢也。

㉒此"濮"字，當上承有字爲句。謂郪國本爲濮族。經秦、漢、及晉，猶有保持舊俗之濮民。疑《尚書·牧誓》"庸、蜀、羌、髳、微、盧、彭、濮"之濮，即郪王先世部族，在百濮中，緣近蜀，故得成先進。亦緣自負先進，族性頑强，故有入晉猶保持舊俗不變者也。（彭是閬中古部族，秦稱"彭道"，説在《巴

西郡》"閬中縣"。盧即奴。説在《巴志》3章。微,尚難定。)

㉓紫土丘陵宜棗,故郪縣"出好棗"。或以"濮出好棗"爲句,對下"宜君山出麋"成文。則濮下當有脱字(如鄉、亭、里、邑字)。疑原重有"濮"字,謂濮人住區出好棗,傳寫者誤奪之耳。蓋濮人受統治者壓迫,必漸退入山地。郪西北與新都界金堂山(今云龍泉山脉)相連。新都縣云"有棗",與郪之"濮出好棗"適成一片。常文因縣有濮人,而綴以"濮出好棗"。他縣亦多有如此法式,如"臨邛縣":"有布濮水從布濮來。"因即敍布濮火井之類,不勝舉矣。

㉔宜君山,《寰宇記》引《九州要記》云:"玄武山一名赤雀山,一名宜君山,有鹿,尾入貢。"《方輿紀要》引作:"一名朱雀山,一名宜君山,又名大雄山。"《清一統志》元武山云:"在中江縣東。……《明一統志》:在縣東南,一名大雄山。舊有真武祠,今廢。水中之石多若龍蛇紋。"又"五城山"引"舊志"云:"山在今縣東郭外,隔河一面陡峻,餘皆階級層層如梯。"審此,則所謂"玄武山出龍骨"者,在今中江縣東,隔江(即五城縣東二里),一名五城山,係紫土丘陵,故出龍骨。由對城一面受江蝕削而峻。其尾六屈六起似龜蛇,故稱玄武(漢儒説玄武爲龜蛇連體)。後人因而立真武祠。又因其赤色壁立似火焰,科舉時代喻爲文峰,爲南方朱雀之應,呼爲朱雀山,隔江對縣城,則東南亦爲南也。此與宜君山本不相涉,後人妄相引合,脱離實際也。宜君山自是郪縣山名,當是郪王城西之大山,故產鹿類,不得與玄武山混。

"出麋",《九州要記》作"鹿"。《函海》注"麋"下云:"當作'鹿'。"顧觀光校作"出麈尾"。注云:"麈,原誤'麋'。依《廣韻》九虞,《御覽》七百三改。"麈尾,古作拂塵用固矣。麋、鹿尾美,古以爲珍味,皆可入貢。

㉕《先賢志》與《士女目錄》郪人有王堂、王稚及王祐、王博、王遵、王商、王士、王甫,與李朝、李邵、李邈,皆大官。故曰"大姓王、李氏"。

㉖高勝、馬秦事,見《三國志·李嚴傳》。漢魏時,邊郡大姓皆有奴隸編隊供戰鬥,稱爲"部曲",本書屢見(説在《涪陵郡》)。腹郡中惟見於此。疑高、馬皆舊大姓,有奴隸軍隊殘存。因與資中界大姓私爭,妄合族衆越郡界尋釁,實非反叛。故雖號稱"數萬",李嚴"但率將部士五千人討之",即能"斬秦、勝等

首，枝黨星散，悉復民籍"。嚴亦誇誕言之以自詡也。

㉗漢廣漢縣治，在今射洪縣北三十里梓潼水口之小味壩。舊曰"小廣魏"，對廣漢郡言，稱小廣漢。六朝魏人改廣漢爲廣魏，對廣魏郡言，稱"小廣魏"。俗訛爲"小廣味"，又訛爲小味壩也。

㉘彭羕，《三國志》有傳，本書《先賢志》有讚。段容，字仲宗，廣漢人。見《士女目錄》及《後賢志·常勗傳》。《目錄》廣漢人士，尚有嚴象、趙翹、張鉗、甯叔、周幹、彭勰，官至二千石者祇彭羕、段容二人。故"二姓爲甲族"。

㉙德陽縣，前漢無，後漢有。始置年歲無考。《巴志》云：巴郡"北接安漢、德陽"，明其位置在墊江縣西北界外矣。《三國志·張裔傳》："張飛自荊州由墊江入。（劉）璋授裔兵，拒飛於德陽陌下。"陌，城外田間也。《史記·龜策列傳》："故牧人民，爲之城郭，內經閭術，外爲阡陌。"龔煦春《四川郡縣志》云："唐宋青石縣，即今蓬溪縣之青石壩。由鎮沿涪江東南行五十餘里，即今之潼南縣。其東南有下縣壩，即古德陽陌，亦即後漢之德陽縣治。"今按：龔氏之書，考訂四川古縣城，如飛烏、小廣魏、德陽、武隆等處，皆從地理實踐中多發前人所未及，爲一代創見。所定漢德陽縣城位置，近之矣，猶未甚準也。下縣壩一作"下鄉壩"，在今潼南縣治西北十里，又西北去雙江鎮亦十里。龔氏蓋以雙江鎮爲潼南縣治。潼南縣建於清末民初，原曾擬設治於雙江鎮，後決治小潼壩，在下縣壩東南十里矣。下縣壩水平緩無險，不利於守。小潼壩或雙江鎮地較險要。疑下鄉壩是古德陽縣治，張裔所守德陽陌則是小潼壩或雙江鎮也。

㉚青石祠，祀青石山神之祠也。《元和志》卷三十二青石縣云："西北至（遂）州七十里……青石山，在縣東南，水路五十九里。舊巴蜀爭界，累年未分。一朝密霧，石爲之裂破，從上至下，直若引繩。因此定遂、合二州之界。"《寰宇記》卷八十七青石縣云："青石山有祠甚嚴。《九州要記》云：'此山，天下青石無佳於此，可爲鍾磬。"亦傳青石自裂息爭說，云是"漢高帝八年"事。時無合、遂二州，與《元和志》不合。又謂"因共立祠。民將採石，必先祀之"。顧祖禹《方輿紀要》卷七十一蓬溪縣又引《益州記》云："青石嶺有九折，亦名九節嶺，九嶺溪水出焉。山下有九節鎮，其東麓入合州界。"則青石山即合川西北蓬

溪界上之龍多山也。所謂九節鎮，當在今合川二郎場與潼南三合場之間，以產堅緻之青石著名。採石者立祠以祀山神，從而傅會爲若干神話耳。

青石，即黛石也，巴地新石器遺址中石器刀、斧、鑿、削及飾物用青石製成者甚夥，古磬即多爲青石製成，然則此山採石歷史悠久矣。龍多山，爲白堊紀地層之穹窿部分，故自侏羅紀露出此石層。凡堅緻石層，如頁岩與礫岩，砂岩層當地殼穹隆部，恒易直裂。青石山因裂處爲界，理有可能。

㉛鄧芝墓，《寰宇記》云在青石山。《一統志》引《舊志》云："在蓬溪縣南一百里。或曰：在遂寧縣北二十里鳳臺山。"今按：1972年春過遂寧，聞城西南石馬壩山嘴新開漢墓，有陶馬等物，赴縣文化館訪問，陶馬等明器已在展覽後運走。墓穴在石馬壩上山嘴紫頁岩層鑿造，有羨道、墓室，室中更鑿壁爲二龕，殉葬物已空。紫頁崖已微有風化崩解。羨道有兩重磚拱門，陶磚散存者皆有幾何凸紋，無文字。確是漢墓。其下平壩（河原），石馬及闕與碑皆已無迹，但存其名，竊疑即鄧芝墓。考遂寧唐時始置縣，因南齊"東遂寧郡"舊名，郡治"小漢"即漢之廣漢縣故治（小魏壩）。其西遂寧郡即今之蓬萊鎮，亦即齊、梁、陳之遂寧縣，南宋時省入蓬溪。前漢廣漢縣，後漢分南境置德陽縣，分界處在今遂寧縣城北。凡今遂寧縣城，與其西之石船山、靈泉山、石馬壩、安居壩，其東之廣德寺至蓬溪砦諸處皆屬德陽縣。故石馬壩漢墓，無論就墓葬規制與地理沿革言，皆可定爲鄧芝墓也。按東漢末年各墓葬制度，中二千石以上墓，皆可樹碑立闕，墓道列石獸。三國時，曹操與諸葛亮皆禁厚葬，然蜀之大官仍有竊爲之者，如漢嘉王謀墓、龍泉山霍峻墓、大邑趙雲墓，皆有石獸表墓道，惟碑闕皆不存，疑是畏明法。此鄧芝墓與葭萌費褘墓（前詳）皆有石馬，無碑闕。故經六朝及獠亂後，人遂不能定其爲何人墓也。

㉜古濮爲郡守夏侯纂功曹，王普爲主簿，并見《三國志·秦宓傳》。此作"夏侯慕"與"古濮"，未定孰誤，又失王普。疑所據是黃崇《蜀書》，非《陳壽志》。

"康、古、袁"祇三姓而曰"四姓"，成都縣以柳、杜、張、趙、郭、楊爲"四姓"，皆可證"四姓"爲助縣之世吏所出大姓之習稱，別於"大姓"。猶"九卿"之不必爲九數。後漢至十餘卿，仍稱"九卿"，有時不具，亦云"九卿"

（參看 12 章之注⑥）。

㉝《晉書·地理志》云，東廣漢郡，"劉禪建興二年（224）立"，與此微異，又云"蜀平，省東廣漢郡"，則與"咸熙初（264）省"合。咸熙祇一年，即滅蜀之次年也。吳增僅《三國郡縣表》云："後主分廣漢四縣置，治郪。"今按：四縣，五城、郪、廣漢、德陽也。若其時郪縣猶治郪王城，以地理形勢論，則郡當治廣漢。若果治郪，則郪縣當已徙治五城水口。然《晉書·譙縱載記》猶云："（侯暉）與巴西陽昧結謀，於五城水口共倡縱爲主。"則晉世郪縣猶未徙。則東廣漢郡治應非在郪。

㉞《晉書·地理志》梁州新都郡："泰始二年置（266）。統縣四，户二萬四千五百。"四縣，雒、什邡、綿竹、新都。皆在成都平原中。

㉟成都王國，已詳 12 章之注㉚。《大同志》云：太康"八年（287），武帝子成都王穎受封，以蜀郡、廣漢、犍爲、汶山十萬户爲王國，蜀郡太守爲成都内史"。穎實未之國，留洛陽。惠帝元康九年（299）出鎮鄴，永寧元年（301），與齊王冏起兵討趙王倫，誅倫，惠帝復位。穎還鄴，於時賢名卓著，衆望所歸。太安元年（302），長沙王乂攻殺冏（河間王顒亦起兵討冏，請以穎代之）。二年，顒與穎合兵討乂。明年（304，改元永安，又改永興），乂敗死。穎爲太弟、丞相、都督中外事。顒爲雍州牧，仍鎮關中。穎專任私黨，始失人望。東海王越奉帝討穎。顒遣將張方助穎，遂據洛，劫穎與帝赴長安。豫州牧范陽王虓，徐州牧東平王楙奏："穎弗克負荷，宜降封一邑，特全其命。"（并據《通鑑》卷八十五）穎坐廢。其後東海王越檄聚山東兵討張方，穎敗奔新野，更走朝歌，聚衆圖再起。被執，送鄴，并其二子見殺。終身未曾入蜀。蜀地則自永康元年（300）趙王倫誅賈后，趙廞據地自擅，李特等農民軍崛起，浸據其地。王國亦有名無實。成都内史徒有虛名。而本書《後賢志·常騫傳》云："從（成都）王起義有功，封關内侯，遷魏郡太守，加材官將軍。以晉政衰，睹中原不靖，固辭去官，拜新都内史。"然則成都王穎失權後，似曾因范陽、東平二王請，降封爲新都王。故常騫爲"新都内史"。時間當在公元 304 年。李特、李雄初亦稱成都王。304 年，乃稱成帝。然則，成都王穎作皇太弟時，已失其封國矣。

十五

犍爲郡，孝武晉代人當稱漢武。蓋李壽國號漢，故凡漢帝皆不加"漢"字。建元六年置。時治鷩①。此下廖本注云當有"屬"字。今按：《漢志》十二縣無鷩。若治鷩時即不是屬十二縣，應是下脫"其後"二字。謂鷩屬牂柯後，乃爲十二縣也。其後縣十二，【漢】户十萬②。鷩，故犍爲地【是】也。鷩有犍山，見《保乾圖》③。元豐本此下空五格。劉、張本提行。武帝初，欲開南中，令蜀通僰、青衣道。建元【年】中，舊各本皆作"是元年"。廖本改作"建元年"，又注'年'，當作'中'。兹從廖本。僰道令通之，費功無成，百姓愁怨。司馬相如諷諭之④。司上當有"帝使"二字。使者唐蒙將南入，以道不通，執令，將斬之。令廖本無"令"，此據錢本等補。嘆曰："乔官益土，恨不見成都市。"蒙即令送成都市而殺之。蒙乃斬石通閣道。故世爲諺曰"思都郵，斬令頭"云⑤。後蒙爲都尉，治南夷道。元光五年，郡移治南廣。太初二字舊脱，廖本據《水經注》補。四年，益州刺史任安城武陽。孝昭元年，郡治僰道，後遂徙武陽⑥。至晉，屬縣五，户二萬。去洛三千二百七十里。東接江陽，南接朱提，北接蜀郡，西接【廣】漢嘉。舊各本俱作"廣漢"。顧廣圻校稿，圈"廣漢"，改"漢嘉"。批"癸酉校定"字。廖本不改，注云："當作'漢嘉'。"兹遒改。王【橋】喬浙、廖本作"橋"。升其北山⑦，彭祖家其彭濛⑧。元豐本作"濛"，他各本作"蒙"。廖本於"家"字下注云："當有誤。"此字下云："當作'冢'。"查顧廣圻校稿云："'蒙'當作'冢'。彭冢見《水經注》。"今按：彭濛，山名。《岑彭傳》作"彭亡"。《桓溫傳》作"彭模"。劉昭引《南中志》作"彭望"。《元和志》云"亦曰平無"。《寰宇記》作"彭女山"，"又名彭亡山，亦云平模山"。《水經注》："江水自武陽東至彭亡聚……謂之平模。"下云："此地有彭冢，言彭祖冢焉。"非謂山名"彭冢"也。濛、蒙、模、亡、無、汝音近，蜀人山名不當混爲"冢"字。白虎仁於廣德⑨，寶鼎見於江溉⑩。劉、李本作"江流"。綏吳、何、王本誤作"緩"。和【五】元年，綏和祇二年，成帝崩。五字當是"元"字之譌。又上寶磬十六。劉向以爲美化所降，用立辟雍⑪。此下，舊本皆有"而"字，綏其下八字承上爲句。大謬。兹刪"而"字，以"士"、"女"八字屬下。説在注。【而】士多仁孝，女性貞專。王莽改曰西順，郡人不會。更始都南陽，遠奉貢職。及公孫述有蜀，郡拒守。述伐之。顧觀光校云："《書鈔》百十八，伐作'攻'。與《御覽》合。"郡功曹朱遵逆戰，衆寡不敵。遵絆馬死戰。當倒作"戰死"。遂爲述所并。而任君業閉户，費貽素隱⑫。光武帝嘉之曰："士大夫之郡也。"

郡去成都百五十里，渡大江。昔人作大橋，曰漢安橋。顧廣圻校稿批"安漢。《水經注》"五字。今按：安漢，巴西縣名，犍爲不至襲用。他彙書亦未見作"安漢橋"者，《水經注》亦誤倒耳。廣當作"長"。一里半。每秋夏水盛，斷絶。歲歲脩理，百姓苦之⑬。建安二十一年，太守南陽李嚴，乃鑿天社錢寫本誤作"柱"。山，尋江通車道，"車"字，元豐本作"東"。顧廣圻校稿批云："《水經》州三無。"廖本注云："當衍。"今按："車"字不誤。後漢末，成都平原與彭眉平原間已行鹿車也。省橋【梁】，渡三津，舊本皆作"省橋梁三津"。廖本刪"梁"字。皆與地理實際不合。審舊本"梁"字爲"渡"字譌。謂省漢安橋，改由天社山下渡三津以通車道。説詳注與圖。吏民悦之⑭。嚴因更造起府寺，觀樓壯麗，舊脱"樓"字。觀樓、射蘭，見本卷第五章。爲一州勝宇。二十四年，黃龍見武陽，錢寫本"武"下衍"功"字。赤水九日，蜀以爲劉氏瑞應⑮。其太守，漢興以來，鮮有顯者。

案：以上《犍爲郡序》。郡雖三蜀之一，然在漢晉間，猶爲民族複雜，產業落後地區，除武陽、資中比較先進外，其他山地住民僅纔開始向封建社會過渡。朝廷視同邊郡，官吏僅用中下品人物，大都貪鄙無能。李嚴爲其獨著績稱者而已。地方事權，委於大姓豪族，平民積受壓迫，故社會經濟與文化皆發展緩慢，無可稱述。讀者亦大都忽視此郡，傳寫鐫刻，訛謬特多。章節、句讀之分，尤多混亂。

【注釋】

①鱉縣，後屬牂柯郡。"時治鱉"者，謂建元六年初置郡時。元鼎六年（前111）開置牂柯郡，郡治已在南廣（前130徙）。故鱉度入牂柯，犍爲祇十二縣也。鱉爲楚國故邑，秦已置縣，漢初屬巴郡。建元六年（前135），唐蒙因蒟醬建議開南夷牂柯江道，出奇制南越。武帝分蜀、巴置犍爲郡，"拜蒙爲中郎將，將千人，食重萬人，從巴符關入"，開南夷道（《西南夷傳》）。巴符關，即符縣。其南，即鱉縣，皆巴郡地也。於時人力、財力，皆資巴、蜀、廣漢、漢中四郡，自蜀郡往者，集中於僰道。自巴漢三郡往者，皆集中於鱉。鱉之南爲且蘭，其西爲夜郎，皆南夷大國，故唐蒙駐鱉以便經營二國。二國與其旁邑皆貪漢繒帛，"聽蒙約，還報，乃以爲犍爲郡"，故初置郡治於鱉。迨經營"數歲道不通。士疲餓餒，罹暑濕，死者甚衆"。元朔三年（前126），乃因公孫弘言，"罷西夷，獨置南夷兩縣，一都尉。唐蒙爲都尉，治鱉，轄夜郎、且蘭兩縣"。時郡治已徙就南廣也。至元狩元年（前122），漢發八校尉擊滅且蘭。元鼎六年置牂柯郡。鱉乃劃屬牂柯。

②《前漢志》犍爲郡十二縣，户十萬九千四百一十九，口四十八萬九千四百八十六。首僰道，是元始初郡治尚未徙武陽也。《後漢志》祇九縣，首武陽，户十三萬七千七百一十三，口四十一萬一千三百七十八。而朱提、漢陽爲犍爲屬國，户七千九百三十八，口三萬七千一百八十七。合郡計，户十四萬五千六百五十一，口四十四萬八千五百六十五，較前漢多三萬六千二百三十二户，少四萬零九百二十一口。多漢安一縣，少郁鄢、堂琅二縣，實際郡境未變。至晉太康時，分爲犍爲、江陽、朱提三郡，共户一萬五千七百。犍爲郡五縣一萬，江陽郡三縣，三千一百。朱提郡五縣，二千六百。境域如舊而户數則鋭減矣。常氏云"漢户十萬"，約舉成數。晉"户二萬"，倍多於太康時。蓋元康户數，自南中返蜀者，多滯留於此郡故也。

③此以説明犍爲郡名取義。犍山，疑即《漢志》之"不狼山"。犍，野牛。

其山蓋即今遵義之婁山，古以產野牛，稱爲犍山。爲，治也。置郡於此，爲開南夷道，故因其山名曰犍爲（參看《南中志·牂柯郡》）。

《保乾圖》，讖緯書。今佚。

④《司馬相如傳》（《史》、《漢》同）："相如爲郎數歲，會唐蒙使略通夜郎僰中，發巴、蜀吏卒千人。郡又多爲發轉漕萬餘人，用軍興法誅其渠率，巴蜀民大驚恐。上聞之，乃遣相如責唐蒙等因諭告巴蜀民以非上意。"其文全載本傳及《文選》。"相如還報，唐蒙已略通夜郎"，相如亦遂請通西夷矣。

⑤《相如傳》又云因通西南夷道，發巴蜀廣漢卒，作者數萬人。治道二歲，道不成，士卒多物故。費以億萬計。則斬僰道令在元光二三年唐蒙爲都尉時也。

僰道在未置犍爲郡前，其縣屬蜀郡，其令當受命成都。"治道二歲不成"，唐蒙將斬之，臨死，乃嘆"未見成都市"。可知其非漢人官此。蓋僰侯之子弟，就地受任，因使將僰民鑿通夜郎道也。《西南夷傳》固云，唐蒙"見夜郎侯多同，厚賜，諭以威德，約爲置吏使其子爲令"。其於僰侯亦當然也。其所治道，蓋即自僰道通向夜郎之道，屬今昭通、東川通向曲靖之路（《南中志·南廣郡》詳）。僰人技術落後，固無法克服險峻山嶺，故至於死。"思都郵，斬令頭"亦僰人相與自誡之語。思，猶漢言"念之誡之"。都郵，僰人稱唐蒙也。蒙督諸都軍民開通驛道，故曰"都郵"。故下文云"後蒙爲都尉，治南夷道"，其前則被稱爲都郵也。

⑥犍爲郡，治鱉者六年，治南廣四十二年（前130—前86，即武帝元光五年至昭帝始元元年）。何時自僰道徙武陽，《元和志·眉州》彭山縣云："漢昭帝時，犍爲郡自僰道移理武陽。"必非。昭帝僅十三年，不至於元年徙治僰道，及身又再徙武陽。《前漢志》依平帝元始二年簿，郡尚治僰道。故徙郡治於武陽，當在王莽時。公孫述攻犍爲，朱遵拒戰於六水門，則其時郡治已徙，故《後漢志》首列武陽縣也。任安城武陽，與徙郡治無關。

《水經注》卷三十三云："太初四年（前101），益州刺史任安城武陽。王莽更名郡曰'西順'，縣曰'戢成'。"蓋即摘取《常志》與《班志》爲之。太初至王莽已約百年，時郡治尚在南廣。武帝正經營南中，無圖徙郡治近蜀之理。祇緣武陽漬化已深，人物漸盛，爲之營築，擬劃歸蜀郡耳。任安事迹，見《史記》卷一〇四，《漢書》卷六十二及六十六，與司馬遷同時，死於戾太子之獄。

⑦王喬，《後漢書·方術》有傳。謂"或云即古仙人王子喬也"。王子喬出劉向《神仙傳》（《後漢書》注引）。劉昭《郡國志注》武陽縣引李膺《益州記》曰："縣有王喬仙處。王喬祠在今縣下。"

⑧彭祖，王子年《拾遺記》云姓錢名鏗，古仙人之長壽者。《郡國志》注引《益州記》曰：武陽縣"有彭祖冢，上有彭祖祠"。《元和志》："彭亡城，亦曰平無城。彭祖家於此而死，故曰彭亡。"皆以岑彭死於此，傅會虛誕之説。《常志》妄採也。

⑨曹學佺《蜀中名勝記》引《神異記》云："犍爲有一白虎，出，衆黑虎隨之，不傷人物。漢王褒《招碧雞神詞》云：'黃龍見兮白虎仁。'指此。"
《元和志》、《寰宇記》皆言眉州通義縣東北有白虎山倚江，長二十五里（或二十里）。查在今眉山太和場張壩之東，即晉時武陽縣之廣德也。虎非不吃人，惟飽時不食人耳。或曾有人遇飽虎不死，遂妄傳爲"虎仁"。

⑩《寰宇記》彭山縣："鼎鼻山一名打鼻山。上有城，亦名鼎鼻，其城消滅。李膺《記》：'周德既衰，九鼎淪散。一沒此山下江中，或見其鼻，因以爲名。'宋將朱齡石伐蜀，寨于此。"今按：蜀王時已能鑄鼎，或曾有鼎沒於江溉，曾爲人見，因以名山。傳爲周鼎恐非。《常志》云"見於江溉"尚非謬，傳者斯謬耳。江溉，江水渡頭也。溉音既，今讀如概（gài）。

⑪此出《漢書·禮樂志》。原文云："至成帝時，犍爲郡於水濱得古磬十六枚，議者以爲蕭祥。劉向因是説上：'宜興辟雍，設庠序，陳禮樂，隆雅頌之聲，盛揖攘（讓）之容，以風化天下。……'成帝以向言下公卿議，會向病卒，丞相大司空奏請立辟雍。案行長安城南，營表未作，遭成帝崩，羣臣引以定諡。及王莽爲宰衡，欲燿衆庶，遂興辟廱，因以篡位。"查《劉向傳》，向死十三年，王莽篡漢，則其卒在哀帝建平三年（前4）。蜀上編磬，在綏和元年，則閱三年而向死，又十三年而漢亡。終漢之世，訖未立辟雍於京師，更何能影響於蜀

俗？刻作"而士多仁孝，女性貞專"，謬之甚者也。此八字應是領起下段語。

⑫王莽雖改郡名西順，郡人并不附莽。"不會"謂不朝會上計，而遠附於更始，亦不附公孫述。朱遵事詳《先賢志》。任永、李業，亦各有讚。又分見《後漢書·譙玄傳》與《李業傳》。

⑬漢安橋蓋竹索橋也，仿都江竹索橋爲之，跨府河。竹索橋分段作倒虹下垂，至於近水，水漲則冲壞，須歲歲脩，大水後又必壞必脩。雖通行人，不任車馬，故百姓不便之，而以維脩爲苦。然而江面闊深，不可以架木橋。

⑭漢武陽城故址在今彭山縣之江口。其赴成都有三道：東道循府河通船，下行甚便。然上行則沿江險窄，曲屈紆繞不便。中道過漢安橋出牧馬山西側，沿江平坦，上行者恒取此。以橋故，不利車運。西道自江口下渡岷江，合南安縣赴成都大道，過天社山（今新津寶子山）下，繞渡蒲江（南河）與外江（羊馬河）入成都平原。雖越三津，水皆平緩，可渡車馬。西出則分向邛崍，亦平原坦道，惟天社山嘴石岸偪江，險窄難踰。劉備以南陽李嚴爲犍爲太守，治武陽。嚴好立功名，敢於興作，乃鑿天社山嘴，使能通車馬，廢漢安橋爲津渡，郡民便之。"三津"謂西道所歷三渡。其後武陽縣城竟徙至大江西岸，以就天社山道，蓋以其赴成都、臨邛與南安、僰道尤近便也。

⑮《三國志·蜀先主紀》建安二十五年，"所在并言衆瑞"。勸承漢統稱帝也。許靖等上言："間，黄龍見武陽赤水，九日乃去。"是常氏所據。赤水，發源於龍泉山，西南流會府河，今云黄龍溪也。

十六

　　武陽縣① 郡治。有王【橋】喬、浙、廖本作"橋"，錢本等作"喬"，茲據改。彭祖祠。蒲元豐本作"藉"。廖本注云："當作'藉'。"江此下廖本又注云："當有'爲'字，見《水經注》。"大堰灌郡下②。六水門"水"字用《水經注》補。有朱遵祠。山出鐵及白玉③。疑當作"土"。特多大姓，有七楊、劉、錢、《函》本作"陽"。五李諸姓十二也④。疑"大姓"下有脫文。

　　南安縣 郡東四百里。治青衣江會⑤。縣溉，"縣"字，《水經》作"懸"。古字通。有名灘，一曰雷垣，二曰鹽溉。李冰所平也⑥。《水經注》引此作"懸溉有灘名壘坻。亦曰鹽溉，李冰所平也"。顧廣圻校稿據以反改本書。廖本亦據以入注。茲不取。有柑橘官社。"柑"字當衍。漢有鹽井⑦（南安、武陽皆出名茶，多陂池⑧。）此十一字，係常氏自注語。原當是雙行小字，不害正文。茲加括弧。西有熊耳峽⑨。舊脫一字。廖本注云："當有'峽'字。《續漢志》引不誤。"南有峨眉山，山去縣八十里。《孔子地圖》言有仙藥，漢武帝遣使者祭之，欲致其藥，不能得⑩。此二十三字，疑後人竄入。有四姓，能、宣、謝、審、五。大族：楊、費⑪。"有四姓"至此句疑有脫誤。又有信士呂孟真，紀至行也⑫。

　　僰道縣 在南安東四百里。距舊各本作"拒"。廖本改作"距"。二字古通用。郡八百里。按南安縣文推，當有八字。高后六年城之，治馬湖江會。水通越嶲⑬，本有僰人，故《秦紀》言僰童之富。漢民多，漸斥徙之⑭。有荔芰、張、何、《函海》本作"支"。劉、錢本同廖本。薑、蒟⑮。濱江有兵蘭，劉、錢、《函》本作"欄"。張、吳、何、王本有注云："《後漢書》注引本志云：'有王兵蘭'，疑'兵欄'誤。"今按：欄、蘭古通用。蜀王兵欄，已見前本卷6章之注⑭。李冰所燒之崖有五色，赤白映水玄黃。魚從楚廖本注云："當作'僰'，見《水經注》。"

347

來，至此而止，畏崖映水也⑯。《函海》注云："何本少'所'字。"又空此字。張、吳本已然。有韓原素祠⑰。又有孝子隗通，爲母汲江【裔】臍舊皆作"裔"，廖本注云："當作'臍'，見《水經注》。"是。水，天爲出平石生元豐本作"至"。江中。廖本注"江"字下云："當有'臍'字。"今石在馬湖江⑱。而孝子吳順【奉】養廖本作"奉"。母，赤烏巢其門⑲。崩容江，浙本無"容"字，作空位。出好磨石。【崩】江廖本刪"崩"字。是。多魚害⑳。張、吳、何、王、浙本俱無"害"字。張誤刪也。民失在徵巫，好鬼妖㉑。大姓吳、隗，又有楚、石、薛、相者。

　　牛鞞縣　受新都江。去郡三百里㉒。元鼎《水經注》作"元封"。二年置。【相】有舊皆作"相"，應是"有"字之譌。廖本注云："當作'有'。下屬。"陽明鹽井㉓。程、韓氏爲冠蓋之族㉔。此下，劉、張、吳、何本接寫資中縣，不提行。《函海》本有小注隔之。錢寫本與廖本提行。

　　資中縣　受牛鞞江也㉕。此下，宋、明舊本有"江陽郡"三字，提行。《函海》本、廖本乃逕接"先有"以下三十六字。先有王延世著勳河平㉖，後有董鈞爲漢定禮㉗。王、董、張、趙爲四族㉘。二縣在中水，舊各本脫"水"字，即不成文。茲補。中水，即沱江。此云牛鞞江者也，多山田，少種稻之地。廖本此下注云："以上三十六字，舊錯簡入《江陽郡》下，今移正。"未知《函海》本已先移正矣。

　　案：犍爲郡屬五縣，縣治皆濱江。其三屬外水（岷江），二屬中水（沱江），是爲距江稍遠諸山原猶未開發之驗。

【注釋】

　　①武陽，秦縣名。本丹犁國北界。秦伐蜀，蜀王兵敗，欲從丹犁走僰，至此，被秦軍追及。秦殺蜀王，滅蜀，并滅丹犁，降僰侯。置武陽、南安、僰道縣。本作"武揚"。周、秦漢間揚、陽字通。《詩》曰"我朱孔陽"，三家詩作"揚"；《禮記·玉藻》"盛氣顛實揚休"，注云"揚讀爲陽"；蜀中揚雄本姓楊，別支爲

陽姓可證。錄地名者，喜用陽字。然此縣既無武山在北，亦無武水在南，不合"山南曰陽"與"水北曰陽"之例，故知本武揚義也。王莽改其名曰"戟成"，亦是就《武成》"乃偃武修文"與《詩》"載戢干戈，載櫜弓矢"爲義也。

秦漢武陽治城，在今彭山縣之江口鎮。《寰宇記》云："相傳云秦惠王時張儀所築。"《常志》未有此說，而云："益州刺史任安城武陽。"時自赤水以南及於鐵山，跨岷江西岸平原地帶皆武陽縣境，其精華所聚，則在"六水門與赤水兩部"。通聯兩間，則玉津也。南北朝時，縣治屢遭兵燹廢壞，乃徙至岷江之西，後周置隆山郡，唐改彭山縣，今彭山縣治是也。在犍爲屬縣中開置最早而近蜀，故文化高於諸縣。雖偏在全郡極北，後漢至晉，郡治仍必在此。

②《水經注》"江水過武陽縣"云："此縣藉江爲大堰，開六水門，用灌郡下。"未詳何時何人開。《常志》稱"蒲江大堰"者，新津南河舊名蒲江，西魏於水北原置臨溪（鹽溪）縣，屬蒲原郡，隋分置蒲江縣，皆因水爲名也。此水至天社山下入江。前漢時，已有人於天社山嘴鑿石爲渠，引蒲江水灌武陽縣大江西岸平原諸田。其時水位高，渠緣山行開水門六處分水下灌，故稱其地爲"六水門"，本志與《水經注》并見。《元和志》稱之爲"馨堰"，云在"彭山縣西南二十五里，擁江水爲大堰，開六水門，用灌郡下"云云，即此所謂"蒲江大堰"也。其稱"馨堰"者，不知開鑿者誰，縣民但每常馨香祀之以報明德，或是馨香堰字省。蓋古人依李冰法自鑿之，亦如廣都之望川原也。朱遵率郡人拒公孫述，戰死於"六水門"，即是在此堰區，以此知堰是前漢時開。凡大堰皆必藉江水爲隄壩提高水位。《水經注》之"藉江"，顯爲"蒲江"字譌。此堰至唐開元中已圮塞。章仇兼瓊爲益州長史，因李嚴舊鑿車道穿石渠，就低作新幹渠，長百二十里，開水門十處，爲支渠小堰，灌彭、眉田四千六百頃。改名"通濟堰"（蜀人語訛爲"桐子堰"）。仍是堰蒲江水，非壅大江水也。李吉甫失其沿革，仍用馨堰舊稱。章仇兼瓊後，五代、宋、元、明、清皆屢有修治，迄今與青神鴻化堰（唐代新開）并稱爲川西南兩大水利工程。

③武陽縣境東南至鐵山，故云"山出鐵"（參看12章之注㉖）。侏羅紀與白堊紀地層皆不出玉。疑此"白玉"字是"白土"之譌。白土即堊，已見《蜀總

序》（1章之注⑩）。然《四川通志》眉州土産云："州東蠶頤山出寒水石。"本漢武陽縣地。縣又有"玉津"。寒水石白色透明，與方解石同類，疑昔人呼之爲"白玉"，故蟆頤渡有玉津之稱也（玉津參看10章之注⑧）。

④"七楊、五李"，猶閬中之"三狐、五馬"，異其族源而姓同一字。大抵產生於少數民族初與漢人融合樹立姓氏時，取字相同，如周代巴子、驪戎、吳王皆與周爲姬姓，申、呂、許皆與齊爲姜姓之類。其人物，楊見於《三州士女目錄》者，有揚州刺史楊莽，司隸校尉楊渙，及其子漢中太守楊文芳，孫司隸校尉楊準。蜀郡太守楊洪，射聲校尉楊戲。李見於《後賢志》者，有漢中太守李宓，其子汶山太守賜弟兄。則祇爲一李，其他四李無聞也。

按：武陽首族自漢至晉皆當推張氏。張皓爲留侯張良六世孫，順帝時官至大司空。其子綱，卒廣陵太守。其子植，官郎中，子續官尚書，子方官豫州牧。曾孫翼，仕蜀，至左車騎將軍。翼子微，仕晉，至廣漢太守。世代冠冕，垂數百年，其爲首族應無可疑。此外則有上黨太守趙松，新都令趙敦，皆武陽人，見《士女目錄》。疑原作"特多大姓，張、趙爲冠族，又有七楊五李"云云。

⑤南安，本蜀支封丹犂地。秦武王時，丹犂結蜀侯叛秦（詳5章之注④）。武王二年伐丹犂，取沿江地，至此。於時置縣，此爲蜀郡極南，故名"南安"。

漢、晉南安縣，由本書"治青衣江會"五字，可定爲今之樂山。與《水經注》所記亦合。由經獠亂，周、隋、唐次第收復，陸續分置龍游（今樂山）、平羌（今夾江縣千佛崖西北泾口壩）、夾江（今夾江縣東之干江壩）、洪雅（今洪雅止戈街）、峨眉（今峨眉縣思峨場）、綏山（今峨眉縣青龍場）、羅目（今峨眉縣大爲場）、犍爲（今犍爲縣城南）。皆故南安縣地而失其舊名。諸城又屢徙不定。惟龍游當兩江會處，隋唐爲嘉州治。明省龍游縣入嘉州。清雍正十三年升州爲嘉定府，復置縣改名樂山。民國廢府，存縣，即秦漢南安縣城所在也。

⑥"縣溉"者，邑名。今樂山縣與青神縣交界處，岷江水橫穿一背斜層（屬龍泉山脉背斜層西南端露出部分），構成一段淺峽，通稱漢陽峽。中間江水曲繞一大河原，曰漢陽壩，即古縣溉邑也。背斜層之南北部，各有一石質較硬之頁岩層側立，成二石闕，使江水決爲二灘。一曰雷垣，一曰鹽溉。雷狀其聲，垣狀其

形。水昳流曰溉。鹽亦狀其水花白沫耳。懸溉猶鹽溉，因即以爲邑名也。《水經注》誤爲一灘，其文似出《常志》，而實非。故雷垣字作"壘坻"，蓋出於轉述《常志》如《益州記》者之文，壘、雷同音，垣、坻形譌也。

張澍《蜀典》又作"雷塠"，誤以爲沫水之離堆。其文云："《益州記》：青衣神號雷塠廟，班固以爲離堆。按壘坻即壘塠。據常璩說，雷塠、鹽溉係二灘。酈道元說即一灘。而李膺之記又以爲即離堆也。近刊《華陽國志》作雷垣、監溉，誤。"（所據爲王謨本。）今按：塠、崔，皆古堆字。李冰鑿之離堆在樂山烏尤寺下，與此毫不相涉。言地理者昧於實踐，恒妄體舊文，作脫離實際之謬解，另自爲書，李膺、酈道元猶不能免。張澍博識舊文矣，而其體會之謬則又益遠也，故說地理當重實踐。

⑦《前漢志》南安"有鹽官，鐵官"，不言橘官。然樂山以下河谷溫暖，近世猶產荔支，則漢世當產柑橘，曾設柑橘官。廢後，稱其地爲橘官社，即"有鹽井"之處。今世牛華溪、五通橋盛產鹽，皆南安故地，然其井係近代所開（唐宋無聞），非秦漢已有。秦漢時陂池井在今夾江、丹稜縣界。夾江舊貢荔支，橘官社當在其處。

⑧《常志》多有自注文，例如《先賢志》各讚下小傳，《士女目錄》内小字，皆其著者。此處蓋於本條寫成後，復因王褒"武陽買茶"句補"二縣皆產茶"與"多陂池"句爲小注。夾小注，則無礙於本縣文也。此二縣，西北總岡山脉，西南峨眉、瓦屋諸山，東南自龍泉、鼎鼻、蟆頤、中岩、九頂、三龜諸山，自古產茶。漢世集售於武陽市，故王褒《僮約》云"武陽買茶"也。陂池，大多爲舊廢鹽井以成。恒在紫土丘陵中，與廣縣同。

⑨熊耳峽，即洪雅縣西北竹箐關下青衣江峽。蜀王"以熊耳、靈關爲後戶"，謂此外皆少數民族地也。《元和志》嘉州平羌縣云："熊耳峽在縣東北三十一里。"後人遂謂熊耳山在青神縣（指漢陽峽），皆與《常志》文不合。或疑東西瓦山對峙於大渡河北岸，似熊雙耳，其下即大渡河，萬工堰下至金口場間有大峽，乃《常志》之熊耳。此解理有可能，然唐宋以來地書皆無此說。

⑩峨眉山，爲四川盆地内緣最孤峭之高山。山頂海拔三千又數十公尺，山下

平原海拔僅四百公尺。全山由石灰岩構成。有捨身崖，自山頂直下千餘公尺，如劈壁；其他三方層峯側擁，如蓮瓣複叠。崖間多洞穴，九老洞空透數十里。山下溪水，有雙溪、牛心石、烏龍江、龍門峽、石船、龍洞諸勝。宋以前爲道家勝地，稱"虛凌太妙之天"（三十六洞天之一）。宋以來爲佛教徒所奪，號爲"普賢菩薩道場"（四大名山之一）。頂上有稍平處，已是寒帶氣候，有金頂、千佛頂、萬佛頂三寺。遠瞻數百里外，東西瓦山如在腳下，西番山（木雅貢噶）如在對席。常在"積雲"平鋪山腰，萬里無際，號爲"雲海"，日斜射反光構成平環，映觀者身影於其中，僧侶稱爲"佛光"。夜晦，望見捨身崖下青龍場大平原中人家燈火，閃灼如將相就，號曰"萬盞神燈朝普賢"。往時步行至頂須三日，有蛇倒退、鑽天坡諸險道。沿途寺廟密布，僧侶賴香客爲生者數百人。亦有宋明以來名刹古物，名貴可珍如磚殿、佛牙、舍利、貝葉經、玉佛、銅佛、珍珠繖，與集王羲之、褚遂良帖字鐫成之兩銅碑，皆藝術之極品。自麓至頂，具備熱、溫、寒各帶氣候與各帶生物，杜鵑科植物至數百種，居然一最完備之自然博物館。解放後，僧侶已皆從事生產勞動，又已建盤山公路，汽車可直達金頂矣。

《孔子地圖》，漢魏人傳會《禹貢》之緯書，竟言及漢武帝事。

⑪安南人物見於《士女目錄》者，有合浦太守費貽、學士謝襃、蜀漢諫議大夫費詩、五官中郎將五梁，能、宣、審、楊四族無聞。五梁，又見《三國志·杜微傳》。

⑫《先賢志》譔曰："犍爲呂孟，有託孤之節。若茲之類，郡邑往往垂象刊銘。"然其事不傳，《士女目錄》亦惟"呂孟"二字，云"南安人"。其事不詳，蓋後人所補，非常氏文。常氏必知其事者，故此云"信士"，彼云"託孤之節"。

⑬漢僰道城，即今宜賓縣治，可由此云"馬湖江會"定。馬湖江，今日金沙江。自越巂郡會無縣來，故曰"水通越巂"。然此水自馬湖、石角營以上不行船，石角營以下通船。三國時旄牛道閉，諸葛亮南征，即是循馬湖江水路，自石角營循西寧溝踰山至上安縣（今昭覺）至越巂（今西昌），故《南中志》云："自安上由水路入越巂。"

馬湖，今云雷波海子。在今雷波縣東，古云龍馬湖，在群山中，距金沙江二十里。舊有水口入金沙江，故漢晉人稱金沙江曰馬湖江也。似係一陷落湖，逐年下陷，今水已與江絕，然人猶傳其湖底與江暗通。古時，岸上有草原，牧馬者每產駿駒，人傳爲龍種，故名。前漢置郁鄢縣，後漢廢。蜀漢置馬湖縣。故治在今雷波之黃螂。隋唐時爲彝族所據，稱馬湖部。元置馬湖路。明平土酋安鰲，置馬湖府（治今屏山縣）。湖地屬雷波長官司（馬湖四土之一），清改雷波廳。今雷波縣屬涼山彝族自治州。

⑭僰人，爲能操漢語之少數民族，大抵本是百濮之屬，受内地及巴、楚統治階級壓迫，西徙來居此者，其字與濮同音。在周秦時，向西分布甚廣，凡青衣以南、氐笮以東、巴楚以西廣大地面皆有之。司馬相如所云"西蒲之長"，常璩所云"布濮"，《唐書》所謂白夷，與今大理之白族，皆僰族區域性之音別用字。疑邛穀王與夜郎民族，及西爨皆是其別支。凡唐、宋、元、明、清西南地區之譯員什九皆屬僰人，因其人皆能漢語，兼通西南各民族語言者多也。又仁柔不好爭鬥，故在秦、漢、六朝、唐、宋世被掠賣爲奴隸者甚多，特稱"僰僮"，奴隸主皆喜購之。奴隸商人遠販售之達於京師，《漢書》服虔注云"京師有僰婢"是也。《史》、《漢》之《貨殖傳》與《西南夷傳》皆言"僰僮"。此作"僰童"，亦非字譌。許慎《説文》"僮，未冠也"，"童，奴僕也"，與今説二字恰相反，亦與《史》、《漢》用字相反，常璩用許義也。

⑮荔支、薑、蒟皆熱帶作物，自周秦世，已由雲南高原傳入巴蜀之長江河谷種植。此河谷冬無霜雪，故能獨成此利。薑在近世，已因農民技術精細，能栽培於四川盆地的全部農田。在六朝時，他州郡尚不能種，必須商運致於内地。

⑯已詳 6 章之注⑭。

⑰韓原素，應即《先賢志‧犍爲士女讚》中之韓姜。太守龔揚爲之誅左習、王蘇，并立祠也。

⑱"隗通"，《犍爲士女讚》作："隗相，字叔通。"《水經注‧若水》："至僰道，又謂之馬湖江。……水有孝子石。昔縣人有隗叔通者，性至孝，爲母汲江膂水，天爲出平石至江膂中。"全祖望校注："江膂，江心也。"顧廣圻校稿注云：

"脊膂也。"《蜀典·姓氏類》引袁山松《後漢書》云："隗相養母至孝。母飲江流，相常隆冬取水。一朝横石浮江，無有難涉，由是顯名。"大抵皆據《常志》，常又摭取地方傳説。今按：凡江水斜過硬崖石闋處，每有石梗連陸，深入江膂。膂，傅脊肉也。有近於正中之義。蜀江如此者甚多。（例如涪陵城外之石梁，冬季出水，長約一里。）此皆由地質條件自然形成，遠在數十百萬年前所已有。舊時養生家有飲江心水却病之説。漢世重孝行，民得察孝廉者能致官禄，官吏考績，多祥異者得上考。郡縣利在考績而上之朝廷，朝廷利誇瑞應而旌揚之。相傳"哀帝世察孝廉，平帝世爲郎"，皆王莽姑姪當政之世。

⑲吴順，《犍爲士女讚》亦與隗相聯稱。應是同時人。因"赤烏巢其門，甘露降其户"，從而得"察孝廉，官永昌太守"。此皆當時縣人已慕封建官禄，而不能以文學自顯，故求以孝德干時，是已開始向封建社會過渡之徵也（吴、隗爲縣大姓，見下文）。

⑳崩容江，即今之横江，一曰石門江。上游有石閣道通夜郎，即唐蒙所開閣道也。地層古，石質堅硬，故云"好磨石"。"魚害"，謂食草之魚類，每天雨，或霧、露時，成群踴入農田食害禾稼，有成大災者。此非親見者往往不信，故張佳胤刻時删"害"字作"多魚"。夫江河多魚則皆然也，豈唯崩容江獨然而特見稱哉？

㉑《寰宇記》卷七十七《戎州風俗》云："夏夷雜居，風俗各異。其蠻獠之類，不識文字，不知禮教，言語不通，嗜慾不同；椎髻、跣足，鑿齒、穿耳；衣緋布、羊皮、莎草；以鬼神爲徵驗，以殺傷爲戲笑，少壯爲上，衰老爲下；男女無別，山岡是居。"所言爲唐世僰道地區少數民族一般情況與漢族居此區者不同之處。其時此區多僚人（所言鑿齒，即是僚俗），然其所述，不盡爲僚俗。信奉巫法，一切落後民族皆然。若"以鬼神爲徵驗"，則居此之漢族亦不例外，故有孝感石生、赤烏、甘露之謡也。

㉒漢牛鞞縣治，在今簡陽縣之石橋鎮。《説文》："鞞，刀室也。"今云刀鞘。蓋因其俗尚爲名。《漢書》注："孟康曰音髀。"謂與髀通，意爲象地形隆窐之狀。又縣故有牛鞞井，蓋爲以牛皮爲囊，人負之下汲滷水之李冰式鹽井。縣或因井名

爲名，難定。新都江即沱江，自新都大渡（趙渡）穿金堂山來，故曰"新都江"。《漢志》曰湔水，《水經注》曰雒水，一曰綿水，唐宋地書稱中水（或譌作"十水"）或中江，清代始用《禹貢》文曰沱江也。

㉓《元和志》簡州陽安縣云："陽明鹽井，在縣北十四里。又有牛鞞等四井，公私仰給。"《寰宇記》云："今郡北十里陽明井是也。"所云北，皆實指西北。唐時無筒井，凡本書所言鹽井，皆李冰法之陂井。牛鞞井開最早，故與縣同名，閱兩漢浸衰，"陽明井"起而代之，唐宋間陽明井猶盛，而牛鞞井亦尚未廢。此四井皆在今龍泉山下石礄溪向斜谷中，今已塞爲稻田。凡龍泉山東南側，北起今中江縣，南訖今井研縣，向斜層部皆有鹽井。本書廣都、武陽、南安與此牛鞞諸鹽井皆屬之。宋以後筒井大興，汲鹽滷於地下深達數十百丈，淺層之陂井皆廢矣。

㉔牛鞞人物，在本書，惟見程瑗玉貞節，未聞以文學顯者。此云"冠蓋之族"，未喻所指，疑是"冠族"文衍。

㉕漢資中縣，故城爲今資陽縣治。晉末，地沒於鐵山僚部。西魏復開，置資州，治陽安縣，即故牛鞞。又置資陽縣，即故資中。周明帝武成二年（560），移州治資陽，爲資中郡。武帝保定中（561）又置磐石縣（今資中縣）。隋開皇七年（587），移郡治磐石。唐爲資州資陽郡，曾徙治內江，僚亂漸平，故逐漸向南推進也。元代州縣并廢入簡州。明復分置資、內江與資陽縣，并隸成都府。清以資陽縣隸簡州，升資縣爲資州。民國改資州爲資中縣，非漢晉資中故縣也。

漢資中縣富盛不如牛鞞（後爲簡州治）而文物勝之。蓋地居沱江中游紫土丘陵間，農業資于山田，人多貧乏，能發奮也。相傳周萇弘爲資中人（《莊子》證萇弘爲蜀人）。近世於資陽黃善溪發現"資陽人"頭骨，證明人類初進爲真人時，已經住於此地。

㉖王延世，字長叔，資中人。漢元帝永光五年（前39），河決清河郡靈縣鳴犢口。後三歲，河決館陶及東郡金堤，泛濫四郡三十二縣，水居地十五萬餘頃，徙民避水居丘陵者九萬七千餘口，一時莫能塞之。延世應募爲河堤使者，用李冰籠石叠堤法，"三旬立塞"（《漢書·溝洫志》）。是年三月詔曰："河決東

郡，流漂二州。校尉王延世，隄塞輒平，其改元爲河平。"（《成帝紀》）"以延世爲光祿大夫，秩中二千石，賜爵關內侯，黃金百斤。"後二歲，河復決平原，流入濟南千乘。再塞之，復賜延世黃金百斤（《溝洫志》）。本書《先賢志》有讚。

㉗董鈞，《先賢志》有讚，詳《後漢書·儒林傳》。

㉘資中人物，王延世、董鈞外，有趙㫋、杜撫。又有王冲爲李嚴督郵，并見《先賢志》。張氏無見。《函海》於"張"字下注"皓"字，誤。皓，武陽人也。惟牛鞞程瑗玉、夫張惟，可能是資中人，故王冲圖娶之。

十七

江陽郡，舊刻本此下錯入資中縣"先有王延世"至"種稻之地"三十六字。《函海》本與廖本先已移正。本犍爲枝江都尉①，建安【十】八年置郡。原衍"十"字。漢安程徵、石謙白州牧劉璋求立郡。璋聽之，以都尉、廣漢成存爲太守②。屬縣四。户五千③。去洛四千八【百】十廖本"十"作"百"，非。里④。東接巴郡，南接牂張、吳、何、王本作"牂"。下同。柯，李本作"牁"。西接【廣漢】犍爲，錢、《函》及張、吳、何、王、廖本皆作"西接廣漢、犍爲"。《函海》注云："劉、李本無'廣漢'二字。"廖本注："當衍'廣漢'二字"。查郡西界亦不當與廣漢接。迳省之。北接廣漢。有荔芰、巴菽、桃枝、蒟、給橙⑤。廖本注云："當有'客'字。"俗好文刻，廖本注云："當作刺。"少儒學，多樸野，蓋天性也⑥。

江陽縣　郡治。治舊各本不重。廖本有。江、雒會⑦。有方山蘭祠⑧。劉昭《郡國志》注引此文，無"方"字。江中有大闕、小闕。季春，黃龍堆没，闕即平⑨。昔云，世祖微時，過江陽，有一子。望氣者曰："江陽有貴兒氣。"王莽求之，縣人殺之。後世祖爲子立祠，謫江陽民不使冠帶者數世⑩。有富【義】世鹽井⑪。本名富世鹽井，後周因之置富世縣。唐人避諱作"富義"。又郡下百二十里者，當是"有"字譌。曰當衍。伯塗魚梁，云舊各本皆作"六"。廖本改作"云"。當作"云"。伯氏女爲塗氏婦，造此梁⑫。張、吳、何、王本無"造此"二字。他各本有。浙本擠刻有。四姓，王、孫、程、鄭⑬。八族，又有魏、趙、先、周也⑭。錢寫本此下有小注云："有荔支、巴菽、桃枝、蒟、給橙字，與上文《巴志序》所稱果蓏名大同小異。"蓋元豐本已有之校批語。嘉泰本存之。張本移郡序下。李本在書頭。《函海》本注云："李本，小注在上段書頭。是本江陽縣云云接上段爲一，故置小注於‘魏趙先周’句下。"

　　漢安縣　郡東元豐本作"西"。五百里⑮。顧廣圻校稿據《一統志》改此句爲"在郡西五十里"。廖本於"東"字、"百"字下并注云"當有誤"。今按：當作"郡東三百里"。土地雖迫，山水特美好。宜蠶桑，有鹽井。魚池以百數，家家有焉⑯。一郡豐沃。四姓，程、姚、郭、石。八族，張、季、李、趙輩。而程、石傑立，郡常秉議論選之⑰。

　　符錢寫作"苻"。**縣**　郡東二百里。元鼎二年置。治安樂水會⑱。此下廖本注云："當有‘水’字。"東接巴【蜀】顧廣圻銖改"蜀"作"郡"字。又批"癸酉"字。廖本注云："當衍。"樂城，南【水】廖本注云："當衍。"通平夷、舊皆作"羌"。廖本改作"夷"。是。鬻縣。永建元年十二顧廣圻校稿改作"一"。批云："據《水經注》州三。"按朱、趙本作"十一"，官本仍作"十二"。茲不改。月，縣長趙祉遣吏先尼和《搜神記》作"叔先泥和"。《後漢書·列女傳》作"孝女叔先雄"。《水經注》作"先尼和女絡"。疑當作"先尼叔和"。先爲姓，名尼字叔和。拜檄巴【蜀】郡顧廣圻校稿改"蜀"字作"郡"。廖本注云："當衍。"守，過成【湍】湍灘，《水經注》官本作成"湍"，朱、趙本作"成濡"。《范史》作"乘船墮湍水物故"。皆足證原是水旁字。死。子賢求喪，不得。女絡《范史》作"雄"。年二十五，有二子並數歲。依《水經注》與《范史》補。洒分金珠，作二錦囊繫兒頭下。至二年二月十五日，女絡乃乘小船，至父没所，哀哭自沈。見夢告賢曰："至二十一日與父尸張、吳、何本作"屍"。俱出。"至日，父子浮出。縣言郡，太守蕭登高之，上尚書，遣户曹掾爲之立碑。人爲語曰："符有先絡。下當有脱。僰道張帛，求其夫，天下無有其偶者矣⑲。"此下張本有小注云："按僰道黃帛，張貞妻也。沈身求貞，事頗類此。語乃云。"吳、何、王、浙本并有，劉、李、錢、《函》、廖本無。黃帛事具《先賢志》。《水經注》引《益部耆舊傳》亦作"張帛"，從夫姓也。顧廣圻校稿批云："《士女讚》無‘張’字。又無‘者矣’二字。"又注云："廣圻按：當云‘符有先絡，僰道帛，求其夫，父無有偶’。絡、帛爲韻，父、偶爲韻也。"今按：不如云"符有先絡求其父，僰道張帛求其夫，天下無偶"亦韻。各書無删"天下"字者。

　　新樂縣　郡西二百八十里⑳。元康五年置。西【楚】接僰道。舊各本作

"西楚"。元豐本小注："'西楚僰道'四字未詳。"嘉泰本注："'西楚僰道'四字疑誤。"并在文末。李本在書頭。張本刪此注。吳、何、王本并無。顧廣圻改"楚"爲"近"字。廖本注云："當作'通'。"意謂水道相通。茲按符縣"東接樂城"例改。**有鹽井**[21]。**大姓魏、吕氏。**

案：江陽郡與其屬縣雖居巴、蜀水運中心，而以偏近"南夷"故，不爲秦漢統治階級所重，文化落後，經濟落後，入三國世始漸進入封建社會。《常志》雖以其爲郡而欲重之，苦無資料充實篇章。徒多採民間傳說，後之覽者亦弗注視。若干訛誤，明以前無人校及。茲以其所代表者爲開始向封建制過渡之社會心理與社會動態，仍詳爲校訂。

【注釋】

①江陽郡，因秦舊縣名爲稱。治城在江之北岸，故曰"江陽"。郡境則跨江之南北也。

枝江都尉，兩《漢書》不見。蓋亦如涪陵都尉，爲劉二牧時，因犍爲郡境遼闊而形勢分散，分設都尉以治盜賊，劃有屬縣，遂因程石大姓之請，升爲郡也。枝江者，沱江之別稱。沱江自都江堰分水，稱爲内江。至郫納湔水，至新都大渡，納綿、雒水，穿金堂峽，經牛鞞、資中、漢安至江陽（皆用漢縣名）復入江水，（古人稱岷江及今宜賓市以下的長江爲"江水"，蓋誤以岷江上游爲長江上游也。）故《禹貢》稱之爲沱。（後世因他處多有江、沱分合，不專稱此水爲沱江者約兩千年。）《漢志》稱之爲湔（文在"綿虒縣"）。《水經》稱之爲雒。《酈注》引用他書，時復稱爲綿水。《常志》則於牛鞞稱新都江，於資中稱"牛鞞江"，於此稱爲枝江（《水經注》朱、趙本作"歧江"）。其後又有資江（漢安人語，《一統志》用）、支江（《寰宇記》）、中水（《水經注》）等別稱。至明清復稱沱江。枝、歧、支、資古同音義，漢安人呼資江，江陽人呼枝江也。

②成存，未見《廣漢士女目録》及《三國志》。不知何時作此都尉。本書謂其升太守在建安十八年（213），微有可疑。《晉書·地理志》謂："蜀章武元

年，又改固陵爲巴東郡，巴西郡爲巴郡，又分廣漢立梓潼郡，分犍爲立江陽郡。"是改郡在章武元年（221），非建安十八年也。建安十八年，劉備攻劉璋已圍雒城，劉璋正惶迫垂滅之年，安可能從容升江陽爲郡？且就《三國志》各傳作江陽太守者程畿、劉邕、彭羕諸人傳記推之，亦不可能是建安十八年升郡。若作八年，則合矣。

《三國志·楊戲傳·輔臣贊》注贊程季然云："季然名畿，巴西閬中人也，劉璋時爲漢昌長……羲知畿必不爲己，厚陳謝於璋以致無咎。璋聞之，遷畿江陽太守。先主領益州牧，徵爲從事祭酒。"趙韙叛璋，龐羲疑貳，在建安五年（200）；先主領益州牧，在建安十九年（214）。則謂建安十八年升郡，成存、程畿於一年内更爲太守，爲不可能。又注贊劉和南云："劉和南，名邕，義然人也，隨先主入蜀。益州即定，爲江陽太守。建興中稍遷至監軍、後將軍。"又《彭羕傳》云："先主領益州牧，拔羕爲治中從事。……左遷江陽太守。"以此推之，建安十八年前後，江陽太守首爲成存，代存者爲程畿，皆在劉璋時。程畿徵，代之者爲彭羕。羕未就任，以怨誹死於獄中，代畿者實爲劉邕，邕任甚久（至後主世）。龐羲疑貳，璋初未知。其知由程畿不附而拔畿爲江陽太守，應在建安六年以後、十六年劉備入蜀以前，不能遲至劉備反攻劉璋之後。故江陽爲郡，祇能是建安八年，不能是十八年。至於《晉書》作章武元年，則尤誤矣。

成存已至二千石秩，爲常璩所知，而《廣漢士女目錄》未收者，蓋曾參加叛亂罪廢。常氏書例，凡參加賈龍與趙韙之亂者皆不收。疑存附趙韙叛璋。韙敗後久之乃爲璋所覺，故以程畿代之。

③晉《太康簿》，江陽郡户三千一百。此云五千，是元康時户數。

④《後漢·郡國志》，廣漢郡治雒，去洛陽三千里。蜀郡治成都，去洛陽三千一百里。犍爲治武陽，三千二百里。巴治江州，三千七百里。依此推，江陽去洛陽，不得至四千八百里。四千八十里則合。

⑤各物已詳《巴志》注。僰道、江陽、巴郡與巴東，同屬四川紅盆地之長江河谷，在北緯三十度以南。海拔三百公尺左右，全年無霜雪，屬亞熱帶氣候，故其物產大抵相同。

⑥"文刻",謂用律文法例中傷人,深刻無禮讓,不温厚。"文學"謂儒士之學。文謂詩書六藝之文,說在《論語》。常璩,儒者,以此俗爲"樸野"也。

⑦江謂岷江。雒謂沱江。故城今爲瀘縣。

⑧《水經注》:"綿水(即沱江)至江陽縣方山下入江。謂之綿水口。"此《常志》所言之方山也。"蘭祠"未詳。劉昭《郡國志》注引《華陽國志》作"有方蘭祠",無"山"字,似女子名,應非。唐宋以來地書皆謂瀘州有方山,而所指地不同。《元和志》江安縣云:"在縣北一十三里。"則當是今江安之九龍山也。《寰宇記》合江縣云:"方山,唐天寶六年勅改爲迴峰山,在縣東二十里,山形八角。"則當是今合江彌陀場北之來龍山也。《一統志》云:"方山在州西。"引舊志云:"在州西四十里,有九十九峰。顛頂有池,周一里許。北去資江十餘里。"則自今瀘縣城連龍透關臨沱江一帶諸山皆是也。凡紫土丘陵地之山皆方崖側立,被稱爲方山者甚多。近世地文學者,以方山爲此種山形之通稱。江陽之方山,應即在江會處,不當是遠至十里以外。

⑨大小闕,蓋江中矗立之石嶼對立如闕者,重慶沙坪壩外"龍門石闕"之類也。《寰宇記》引《郡國志》云:"瀘江水中有大闕焉。季春三月,黄龍堆没,闕即平。"謂不待夏季洪泛,但祇季春水漲,闕石即没至水下。又云:"黄龍堆者,昔尹吉甫子伯奇至孝,後母譖之,自投江中,衣苔帶藻。忽夢見水仙,賜其美樂,揚聲悲歌,船人學之。吉甫聞船人之聲,疑是伯奇,援琴作《子安之操》,在此。"相傳蔡邕作《琴操》,載此曲故事。然尹吉甫非巴蜀人。而近世瀘縣尚有尹吉甫祠廟,稱"穆清祠",造以勸孝行者也。常氏未取於此説。

⑩"世祖"謂後漢光武皇帝。生平事迹具在,不可能至江陽有兒。此蓋內地文士淪落於此者妄造,常氏蓋姑存民間傳説也。《三州士女目錄》江陽郡祇女子先絡一人,此"不使冠帶"之説所由造也。

⑪《元和志》:"富義縣,本漢江陽縣地。周武帝於此置富世縣。貞觀二十三年改爲富義縣。"又云:"富義鹽井在縣西南五十步,月出鹽三千六百六十石。劍南鹽井,唯此最大。"蓋李冰式之陂井,以鹽汁濃,自漢魏即已開鑿,晉已有富世之名,後周因井以置縣,至唐猶大盛。宋代筒井大興,此井乃廢也。

⑫"伯塗魚梁"，別無所見。云"郡下百二十里"，則當在今龍溪口以下，去郡已遠而名不泯，必大工程也。大江不能作魚梁，應是就江水岔港爲之。工程不能不大，惟大富室乃能興工。伯塗其人，蓋如巴寡婦清之類，以工商業致巨富之寡婦也。非大地主或大奴隸主不能造此魚梁，且亦不單爲取魚，蓋兼爲沿江造田或溉灌之用。江水漲落大，雖岔港亦非有高隄障水即不得爲魚梁也。郡少儒學而能進入封建社會者，蓋地當江雒之會，近鹽鐵生產之區，人習於工商運輸之業，易致巨富，樂得封建秩序而不喜詩書文學之業故也。富至累世，則子弟淫佚自戕，賴婦女持其業，每每出名寡婦。巴寡婦清與此伯塗，皆其一例。

⑬"王孫"是一姓或二姓尚難點定，本書言"四姓"，代表掌鄉亭政權之姓，不必適爲四數，已前注明。程、鄭舊皆臨邛巨富，晉世不見於他縣，乃獨於此同著，疑自漢行"均輸法"後，官籠天下鹽鐵工巧之事，臨邛大姓驟敗，徙就此區賈南夷，復以工商業爲豪富大姓。其卓王孫子孫，更以自衆盛故，爲王孫氏，用羌氏俗以父名母氏爲姓也耶？此地無故傳光武有子於此之説，蓋即緣有姓王孫者而造耶（上云"方山蘭祠"疑即祠光武子）？江陽，被江、沱二水劃割縣境爲三個自然區，故其鄉亭行政亦當爲三區，從而"四姓"祇實有三姓。

⑭"八族"對四姓言，漢安縣同，亦皆祇舉四族。上"資中縣"云"王、董、張、趙爲四族"，是"八族"與"四族"爲同義語，謂世任掾史之氏族。不爲四，必爲八者，縣有丞、尉、五官之屬，亦城鄉氏族任其掾史。有獄史、佐史、鄉佐、斗食、令史、嗇夫等名目（見《百官志》劉昭注引《漢官》）。小縣四族，大縣八族，皆分鄉舉之，鄉各一姓爲四，各二姓爲八。江陽、漢陽皆工商業集聚之大縣，城市人口多，故掾史有八族，實仍皆祇四族當權。此種在官署有秩之掾史，大多必須識字，由習慣規定之氏族推舉更任，先尼和即其一例。鄉亭掌權之四姓則無秩，有似後世之土司頭人，此其不同之處。在文學已盛之縣出仕守、令、長、尉及大官者多，則不任此役，亦有權言議地方利弊，是爲大姓，每在四姓八族以外。

⑮漢安故城即今内江縣治。《水經注·雒水》："又東逕資中縣，又逕漢安縣謂之綿水也。"《元和志》資州内江縣云："本漢資中縣地，後漢分置漢安縣，李

雄之後陷於夷獠。周武帝天和二年，於中江（當云"中水"，對內水、外水言）水濱置漢安戌，其年，改爲中江縣，屬資中郡。隋文帝避廟諱（謂其父名忠也）改爲内江縣。"《寰宇記》文同，并續云："開皇二年，徙内江於漢安故城，即今縣也。"是謂周之漢安戌，雖曾爲内江（中江）縣治，非漢安故城。至開皇二年乃徙内江回漢安故城，即今内江縣也。周漢安戌，疑在今牛佛渡，與富世井近，且阻江峽以禦鐵山獠也。獠歛縮後，乃得徙還故城。

漢安本在郡北，約三百里。云在"郡東五百里"者，古無正確地圖，但依所出城門方位言之。郡赴漢安，當出東門，渡沱江，從陸道往。按《後漢志》道里推算，郡北至漢安祇能二百里，水行約三百里。疑"五百"是"三百"字譌，"東"字不誤。

《元和志》江安縣又云："本漢江陽地也，李雄後没於夷獠。晉穆帝於此置漢安縣。十八年，改爲江安縣。"（晉穆帝在位十七年。惟孝武帝太元有十八年。疑原脱"太元"二字。）《一統志》遂謂："後漢所置漢安縣，在今瀘州江安縣東。"世遂有誤今納谿縣爲漢安者，大誤（顧廣圻校稿改此句爲"郡西五十里"，即誤指納谿）。

⑯漢安、資中位沱江中游，當四川盆地正中，紫土丘陵間，溪谷盤紆，道路曲折，方山、梯田，農產豐贍。在漢世，人口尚稀，林木散在，風景和美，人民質樸，甚爲士大夫階級所欣賞（涪江下游之德陽、廣漢，嘉陵中游之安漢、閬中亦正如此）。故鄧芝樂德陽山水，而常璩亦贊美漢安。此種紫土丘陵，土性黏重，易於貯水。其地近巴，故家家皆有魚池，蠶桑收入。山原田盛產糧食，又有鹽井。江陽四縣中，農產之富，此爲首屈。舟運四方，一郡仰給，故曰"一郡豐沃"也。縣境遼闊，包有今日榮昌、隆昌與榮、威遠諸縣。西界抵鐵山，鐵山穹窿帶之西東南三側皆產鹽，漢世已多作陂井，至唐益盛，宋改筒井深汲，迄今未衰。

⑰漢安在晉世仍祇開始向封建社會過渡，多富室而少儒士，大族當權。四姓、八族中，程、石兩姓已有士人，少治文學，能與州郡官吏周旋，故地方政務，常受其言議影響，郡人咸遵重之，選猶遵也。劉璋立郡，即從程徵、石謙

之議。

⑱符縣故城，今爲合江縣治。安樂水，即今赤水河也。古巴國通夜郎商道，從安樂水入。經平夷至朱提，轉夜郎與滇，旁循鱛水道通於鱉，故巴王設關於此，以稽商賈，税貨物，驗符而後放行，稱"巴符關"。《水經》："江水又東過符縣北郭東南。鱛部水從符關東北注之。"《酈注》："縣故巴夷之地也。漢武帝建元六年，以唐蒙爲中郎將，從萬人，出巴符關者也。元鼎二年立（縣），王莽曰符信矣。縣治安樂水會，水源南通寧州平夷郡、鱉縣，北經安樂縣界之東，又逕符縣下，北入江。"南齊置安樂縣，因水爲名。鱛部水，今云鱛水，在貴州習水縣，爲赤水支流。其上源曰温水，有名温泉，古代循此道通鱉邑（遵義）。明以來始開婁山關新道。

⑲先絡，《後漢·列女傳》作"先雄"，蓋"雒"字譌。"張帛"，謂張真妻黃帛，《先賢志》有讚，亦載此謡歌。《先賢志》無江陽士女，故別詳其事於此。大抵沿江男女皆習水能泅泳。封建官吏重孝義，而治喪貴得尸，故絡與帛没水求之，力竭以死。家人復得尸，誇言神奇，官吏從而炫之方志，然亦可見此地區於時封建文化雖尚未深入，孝道則已隨官吏之提倡深入人心矣。

⑳新樂故城，以道里推之，當在今江安縣治西。今江安城西五里，當清江口，有小河原曰舊縣壩，地屬長寧縣。傳爲江安舊城，而無城址與瓦礫之迹，蓋即此新樂縣故治。土城湮滅，久成耕土也。

按江安縣沿革，《一統志》云："後漢置漢安縣……隋開皇十八年改曰江安。"此緣《隋志》文省所誤耳。龔煦春《四川州縣沿革表》作："二九五置新樂縣。三七三後改名常安。"魏、周、隋欄復曰："漢安，五九八改名江安。"查二九五即晉惠帝元康五年，此據《常志》也。三七三即東晉孝武帝寧康元年，此據《宋書·州郡志》也。（《宋志》云："常安令，晉孝武立。"）劉宋江陽郡領江陽、綿水、漢安、常安四縣，其漢安在今之内江，不在江安甚明（參見注⑯）。《元和志》謂"晉穆帝于此立漢安縣"者，蓋就流民所在置之僑縣。迨宋平獠亂，置東江陽郡時，漢安曾復遷故治。南齊時，東江陽郡復陷，魏、周得蜀，於東江陽故地置中江縣（隋改曰内江），而改常安從故僑縣名，故《隋志》曰"舊曰漢安,開皇十八年改名"也。《隋志》本稱《五代史志》,略於梁、魏以前沿革,行文又極省略,苟非與漢、晉、宋諸志綜合分析,即不可能得其沿革全面。唐以後地理書尊《隋志》而徑依之,遂至直通漢安。至晉穆帝時,則與《常志》、《沈志》皆不合矣。

《晉書·地理志》無新樂縣,蓋所據爲《太康簿》,新樂置於元康年,固不能有也。

㉑此"鹽井"當指安寧河(淯水)側之淯井,唐置淯州,宋置淯井監。本鹽泉,與川東各鹽泉相似,非李冰式之陂井也,距淯水口祇十餘里,今爲長寧縣,晉時爲新樂縣地也。

十八

汶山郡，本蜀郡北部冉、駹都尉①。孝武元封四年置。廖本"封四"下注云："當作'鼎六'。《漢書·武帝紀》、《後漢書·冉駹夷傳》皆有明文。郡立於元鼎六年庚午，省于地節三年甲寅，故凡四十五年也。"今按：常氏非不見《漢書》，此特與之立異者，必有所據。帝紀就決策時言之，方志就實成郡時言之，地方史與正史記年不同者，往往由此。遲四年者，或是吏民反對立郡，都尉已改太守，仍祗行都尉職以慰撫其人，更閱四年綏輯而後成郡。故《帝紀》汶山郡敘在新立五郡之最後也。舊屬縣八。當作"五"。戶二十五萬②。去洛三千四百六十三里。東接蜀郡，當云"東接廣漢"。對北部言，蜀郡當在南。南接漢嘉，當作"南接蜀郡漢嘉"。西接涼廖本注云："舊誤'梁'，今改正。"州【酒泉】生羌，漢魏涼州洮、湟內外皆羌民。洮、湟內者，與齊民同供賦役。洮、湟外者爲生羌，北至祁連，南盡賜支，不隸郡縣，稱爲徼外。酒泉郡又在祁連山北，與汶山隔絶。《常志》誤與陰平同。茲改"酒泉"爲"生羌"，俾符實際。北接陰平。有六、爲樓薄族之省稱。用陳宗祥先生説。夷、羌、胡、【羌】貲虜、原作"羌虜"。茲用《吐谷渾傳》改"貲虜"。即陰平郡之紫羌也。白蘭、蜂峒錢、廖本作"峒"，他各本作"蛔"。《大同志》作"蜂蛔羌"。九種之戎③。上七種合冉氏與駹爲九也。《後漢書·冉駹夷傳》作"其山有六夷七羌九氏，各有部落"。是范氏因六夷、九氏語誤湊爲"七羌"之字。牛、馬、旄氈、班罽、劉、張、吳、何、王本作"斑"。錢、《函》、廖本作"班"。義同。青頓、毞毲、錢、《函》、廖本作"毞"。他各本作"芼毲"。羊、【殺】羧廖本注云："《後漢書》'殺'作'羧'。"茲據改。之屬④。《後漢書》以羊羧比旄氈、班罽、青頓、毞毲爲工藝品。是誤。當以羊、羧爲家畜。特多雜藥，名香⑤。土地剛鹵，不宜五穀，唯種稞麥⑥。原脱"稞"字。《范史》同。當補。【而】此字衍。多冰寒，盛夏凝凍不釋⑦。【故】此後人緣《范史》文衍。夷人冬則避寒入蜀，庸李本作"傭"。賃自食，夏則避暑反落，歲以爲常，故蜀人謂之作【五】氏舊皆作"五"。茲據《寰宇記》引文改。百石子也⑧。

宣帝地節【元】三年，舊各本皆作"元"年。廖本注云："當作'三'。《漢書·宣帝紀》、《後漢書·冉駹夷傳》皆有明文。又前云'孝宣地節三年罷汶山郡'者，即此事，亦可證。《太平寰宇記》引作元年，所見本已譌耳。"用本書證，固應作"三年"。武都白馬羌反。使者駱武平之。因舊刻此下接"拜越巂太守，迎者如雲"句，屬《越巂郡序》張璘事。中脱汶山、漢嘉、越巂三郡文字，約宋刻六頁之多。明清校刻諸家，未有覺者。顧廣圻校稿開始指出，并輯有各書引文數條。廖本有長注六百十五字説明，并續有輯句。茲更蒐討《史》、《漢》、《三國》、《晉志》、《宋志》及各方志、地理書與彙書所記三郡文之可能出於《常志》及常氏所引據者，進行補綴，力遵常氏格局、語調、纂組方法，俾成《蜀志》全文。慰勞汶山郡⑨。吏及百姓詣武自訟："一歲再役，更賦至重。邊人貧苦，無以供給。求省郡。"郡建以來四十五年矣。武以狀上，遂省郡，復置北部都尉⑩。以上依金陵刻本，《寰宇記》卷七十八引《華陽國志》文補，原誤"詣"作"謂"，"役"作"度"，"郡"作"部"，并據他本改正。又都尉上脱"北部"字，用《後漢書·冉駹夷傳》補。孝安延光三年，復立之以爲郡。十二字用《後漢·郡國志》劉昭注引《華陽國志》補。已仍爲蜀郡北部都尉。靈帝時再爲郡⑪。此據《後漢書·冉駹夷傳》意補。原傳云"靈帝時復分蜀郡北部爲汶山郡"。則延光後曾復爲都尉也。尋復爲都尉。先主定蜀，陳震爲都尉，因易郡名爲汶山太守。據《三國志·陳震傳》文補。後主延熙十年，平康夷反。衛將軍姜維討平之。維資此郡，屢出兵狄道。此據《三國志·後主紀》及《姜維傳》補。晉平蜀，郡人不附。泰始七年，諸屯兵殺其督以叛。十年，白馬胡叛。刺史皇甫晏討之，至都安，軍叛被殺。後刺史王濬討平之。此據《大同志》補。於時屬縣八，户一萬六千。此用《晉書·地理志》補。元康八年，西夷校尉麹炳討興樂亂羌，大爲羌胡所破。群羌皆叛，太守但保都安。永寧元年，刺史羅尚遣牙門將王敦討之。爲羌所殺。李雄入成都，汶山太守蘭維隨尚東走。雄棄其地，以都安屬蜀郡。依本書《大同志》補。

案：《汶山郡序》界至、道里與民族特點，原具。歷史部分，脱駱武平亂因字以下，兹輯補成全章。自漢武開西南夷，置蜀徼六郡。越嶲、牂柯、益州三郡較固定，惟亦皆曾叛没，沈黎、汶山與武都皆羌部，武都最穩定。沈黎郡立十四年而廢，汶山雖至晉世乃廢，然屢罷屢立，拖延二百三十一年（71—301），終不能免於廢併。推原其故：越嶲、牂柯、益州土著屬僰族，時已進入奴隸社會；又多有内地工商之民雜居，故較易穩定。沈黎以北皆羌胡，與封建社會制度距離懸遠，格格不能接受。沈黎郡自旄牛一縣外，漢民罕至，故罷廢特早。汶山郡自都安一縣外，漢民入居者較多，然皆商賈，不足以支持郡縣政權，故屢立復廢。武都近漢中與隴，西多農田，漢民定居者多，經濟基礎與上層建築相適應（漢嘉郡同）。故雖亦屢有羌亂，郡卒穩定也。原存舊文，寫刻每有脱亂，除校注外，補充説明八條。輯補之部，已注原書，足資查核，非有大疑，不爲注釋。

【注釋】

①漢初，蜀郡設北、西、南三部都尉。并見《後漢·郡國志》。其北部都尉駐陰平，見《前漢·地理志》及本書《陰平郡》；分廣漢郡後，稱"廣漢西部都尉"，見本書《武都郡序》。此云"北部冉駹都尉"者，蓋原北部有兩都尉。駐陰平者主白馬羌，稱北部白馬都尉。駐汶山者主冉駹羌，稱北部冉駹都尉。《郡國志》省"白馬"二字，但云北部，《常志》於此著其全稱也。其後西部亦設兩都尉，見《後漢書·莋都夷傳》。

②按：《前漢志》蜀郡十五縣，惟綿虒、湔氐道、汶江、廣柔、蠶陵五縣在汶山郡界。《後漢志》同，但汶江、綿虒稱道，蠶陵作"八陵"不同。看來武帝立郡時，秖當有五縣，至蜀漢乃有八縣也。五縣户二十五萬，已與《前漢志》蜀郡十五縣之數（二十六萬八千二百七十九）接近，相當《後漢志》蜀郡十一縣（有四縣爲屬國都尉）户數（三十萬零四百五十二）之半，且皆不廝稱。此所云"舊屬縣、户"，皆就蜀漢時言，非開郡時數也。蜀漢姜維經略隴西，招撫羌胡，得其歡心，故此郡增拓三縣。羌胡内附者多，故其載籍户數，至超越一般腹

郡。(後漢永昌郡户大於腹郡十倍左右,亦正如此。)至晉太康不過二十年,又復減爲一萬六千户,散失二十餘萬,亦緣羌氐不附者多耳。

③此句在《范書·冉駹傳》作"六夷、七羌、九氐"。遍參各書,莫能凑足六、七、九種之數。且郡境民族主爲羌氐,支派雖别,亦不至遂有二十二種之多。疑范曄實誤解《常志》"六夷"與"九種之戎",又誤訾(紫羌)爲"七羌"也。常氏明言"九種之戎",是謂有字所綰諸種皆西戎,有九種也。設以六夷爲六種,則其下舊存七字無論如何點讀,皆當有四種以上,不得爲"九種",況加以"七羌"乎?其結數既爲九字,又有可得九種之理。兹分别解釋如下:

六　陳宗祥先生云:"六不是個數詞,却是指樓薄。"陳有《試論岷江上游石棺葬的族屬問題》一文,又有《〈後漢書〉白狼語詩研究》一篇,皆辨訂了此一問題。他所得最有力的證據,是雅安專區寳興縣的藏族語,呼天全"六番招討"土司爲樓薄甲波。"六"字對音既合,"番"字古音正讀同薄,今世乃讀如翻,而播、鄱、皤等字猶與薄音近也。甲波,藏語國王之義。考天全土司爲唐宋劉、楊、駱"三王部落"的氐王之一(餘二王部落在今漢源與瀘定縣),他們正是漢代樓薄王後代。《范史》稱樓薄夷王名唐繒。足知其是近邊夷部,已慕漢俗,故有漢名。樓薄(六番)既爲種族名稱,自亦可省稱爲"六"。《范史》又稱其是:"旄牛(縣名,今漢源)徼外夷。"旄牛夷曾經入侵到汶山郡蠶陵縣,見於《帝紀》。《竹書紀年》梁惠成王十年(前361):"瑕陽人自秦道岷山、青衣水來歸"。瑕陽,唐代地理書作"夏陽",後世通作"徙陽"或"始陽",歷爲樓薄夷王的國邑(天全六番招討司亦世代居此,今存遺迹甚多)。正是説樓薄(六番)人從青衣水溯源入汶山(岷山)地區,到秦國和魏國去經商,請求受廛居留。足見六番入居汶山地區者,早已有矣。六番,爲氐族之善于經商,樂與漢民接近的一支氐人。故漢民説汶山民族者首先舉之。

夷　爲汶山土著自稱語之譯字。越嶲郡定莋縣云:"汶山曰夷,南中曰昆明,漢嘉、越嶲曰莋,蜀曰邛,皆夷種也。"(結語"夷"字當作"氐"。)是常氏自證。此郡氐人,以冉氏、駹氏爲最衆盛(即《史》、《漢》所謂"冉駹夷")。接受封建文化較遲於六番(秦漢間始開通),故敍列六番之次。

羌 指新自賜支（黃河上源三俄洛地區之古稱，見《禹貢》與《西羌傳》）地區徙居於此者，主要爲工、商、牧業之羌人。其人頗能與漢人親近，數量亦頗大，尤以郡西北草原部分爲多。如陰平郡之黑、白水羌，及六朝載籍所稱宕昌羌、鄧至羌皆是。姜維所撫用者多屬此類。

胡 《後漢書·冉駹夷傳》言："北有黃石、北地、盧水胡，其表乃爲徼外。"此可說明汶山郡北部，洮湟（邊徼）以內舊有胡人。胡人是古人加於塞北草原和沙原地區少數民族的通稱，包括匈奴和東胡、月氏、鮮卑及北狄（本羌類）等。他們全是沾染了匈奴習俗的人。匈奴西徙後，他們被留存於長城南北郡縣，被稱爲"雜胡"。本書《大同志》興樂縣有"黃石、北地、瀘水胡、成豚堅、安角、成明石等"。瀘水是湟水的支流，在今青海省。"北地"，郡名，在今陝西耀縣。"黃石"亦當是地名，在今山西、河南地界（張良師稱黃石公）。合如此不相接近之三地名爲聯稱，足知其原是分居三地之一種，在匈奴西徙後，又重新合居於隴西，爲一族落者。其中瀘水胡早見於《西羌傳》與《竇固傳》及《三國志》的郭淮、張既等傳。大概他們從黃石、北地遷出，最後與瀘水胡合并，居於湟水地區，他們的擴散性很大，在三國時屢在河西四郡與隴西郡縣生事，都祇稱爲瀘水胡。其入住汶山郡北的興樂縣，即在三國年代。

貲虜 即陰平郡的"紫羌"和《大同志》興樂縣的"紫利羌"。紫非顏色之義，而是錄音，故亦作"紫利"，又作"貲虜"。此紫、貲字，又與"月氏"之"氏"字同音。疑即秦世之月氏遺民，未服匈奴而遁居於汶山之西者。《後漢·冉駹夷傳》："其西又有三河槃于虜。""三河"即今阿壩州唐克縣之白河（噶曲）、黑河（納曲）與黃河（瑪曲）。"槃于"，猶云盤紆，謂三河水行高原頂部，盤曲紆迴而多沼澤之地區，因稱其人爲"三河槃于虜"，以別於黑水、白水羌（皆入嘉陵江，非入黃河之黑、白水），稱紫利羌也。此族孱弱，無力拒羌胡之暴，故屢退避至三河沮洳之處以自存。自周秦至魏晉，未曾建成強武部落，亦未爲他種所破滅，故稱爲虜。六朝時爲鄧至羌，"至"亦紫音之別字也，後爲吐谷渾所併，故吐谷渾亦有貲虜之稱。

白蘭 爲西康高原東北部原有之牧族。三河之西爲析支（賜支），其羌族後稱党項，今云俄洛。俄洛之南爲白蘭，其名屢見於隋、唐文籍。今世石渠、色達、壤塘三縣與羅科馬、榆柯、獨柯、色柯之地，皆古白蘭人舊牧場也。（與《莋都夷傳》之白狼是否同源，應成問題。其爲不同的兩個羌族則可肯定。）地接汶山草原，故有入居郡界爲編戶者。

　　峒　《大同志》作"蠭蛦"。峒、蛦易混，封建文人又好以虫旁字加於少數民族，兼"蠭"字已有虫旁，傳寫遂譌也，當以"峒"字爲正。據茂汶羌民談，古原有鑿峒穴居之民。今其遺迹猶存。《寰宇記》汶山縣云："石室，冉駹夷人所造者，深十餘丈。"穴居，原是黃土丘陵地區住民從古已有之生活習慣，整個華北與秦隴地區皆然，後皆成爲華夏族。此區非黃土丘陵，不易營造穴室，而有穴居先民者，蓋其祖先原居隴西爲夏族，如《五帝本紀》所傳，昌意、青陽之流是也。其人入居此區，仍樂於營造穴室以居，因而自成一支民族，被稱爲峒。又傳禹生於石紐一石穴，故稱"禹穴"，亦傳禹爲黃帝之裔。然則，晉人所謂"蠭蛦"與"峒人"，實與華夏族同源。故昌意與青陽之子孫顓頊、帝嚳及禹，皆自此區入爲中華君王，是上古世此區與中原密切聯繫之證。自舟車興於中原，農業與牧業分地發展以後，此區乃與中原隔絕。而後蜀國興於此區，自創文化。秦漢、六朝，褒斜道開，此區逐漸成爲少數民族活躍的地區；穴居之民亦漸衰落，在汶山爲末族矣。晉人又稱之爲"蠭蛦"者，疑其人本自稱爲瑲。峒乃別族所加字。此處繼貲虜、白蘭後，當連續爲雙字族名，證以《大同志》，當原作"蠭峒"，傳鈔者失之耳。今松潘少數民族，有被稱爲"別棒子"者，語言與羌氏不同，疑即古蠭峒羌之遺存者。（清代稱尼泊爾人爲"別棒子"，亦可能是唐代吐蕃征服尼婆羅後，徙其人來戍松州所遺。未經調查，不能定也。）

　　以上雖九或十字，仍祇七種，不合九種之數。蓋郡本開冉、駹夷置，冉與駹爲此區人數最多、文化最高之主人。上已云"冉駹都尉"，此故但舉此兩種以外之雜居和新附之民族七種也。

　　《范史》作"六夷、七羌、九氐"者，蓋晉、宋鈔傳此文者，於"貲虜"旁注"紫羌"字，"紫"字漫漶，被審爲"七羌"，宋世刻本，亦誤於此羌字而譌作"羌虜"。又或傳鈔者欲注明此諸字爲七種羌別，旁注"七羌"字而范氏用之與"六夷"、"九氐"配合。《西南夷傳》固云自邛都以北至白馬"皆氐類",故范又改"九種"爲"九氐"也。

④此舉郡地特産九種,"牛、馬"與"羊、羧"皆爲牲畜,中夾手工業品五種,疑當倒"羊羧"在"牛馬"下。《後漢・冉駹夷傳》作"其人能作旄氈、斑罽、青頓、毞毲、羊羧之屬",則羊羧又似手工藝品。雖然,郡境西北部爲大草原,既産牛馬,即斷無不産羊者。今此區畜産猶重於農業,養羊更多於牛馬,則"牛馬"下不能少"羊羧"字。疑宋刻本妄依《范書》,倒"羊羧"在後耳。

《范書》"羧"字,舊刻《常志》作"羖"。羖在《爾雅》爲牝羊,在《説文》爲牡羊。無論爲牝爲牡,皆羊之别稱,不得與羊爲二物。羧則字書所無,《范史》亦不能别有所據以異《常志》,是作"羧"爲正字矣。"羧"字祇見於《篇海》,"羊病也",與此文義不相應。疑爲"狻"之變寫,指今之藏犬,字亦作"羧"。本猛獸狻猊(後借爲獅子古稱)。經羌人馴養以衛家畜,非犬類也。其毛亦有羊毛之用,故亦作"羧",作"毲"。

李賢《後漢書》注云:"青頓、毲羧並未詳,字書無此二字。《周書》:'伊尹爲四方獻令曰:"正西昆侖、狗國、鬼親、枳己、闟耳、貫匈、雕題、離丘、漆齒,請令以丹青、白旄、紕罽、龍角、神龜爲獻。"湯曰:"善"。'何承天《纂文》曰:'紕,氐罽也。'音卑疑反。毞即紕也。"今按:"青頓",羌布也,麻織品,氐言頓,猶漢語言布。"毞毲",譯音字,當説爲毛織布,"班罽",拚合毛布所成之毯也。羌氐與藏族同,迄今世尚無紡織機,用手擰毛爲綫,挽纏小短木枝上代梭。長凳爲機,亦拴縱爲上下,足踏互張,手遞橫綫以織,布不能寬過五寸。亦能染色,柔綫細匀者爲氆氌,粗拙者爲氇子,即毞毲也。不可能作寬幅之毯(罽),其寬幅之毯,皆駢其幅而縫合之,可織就色條,故漢語云"班罽",與波斯編花之罽不同。"旄"即氂牛之尾毛,"氈",亂毛所碾製之毛氈。皆漢地所無而漢人好之,爲羌氐主要商品。

⑤"雜藥",謂此區所産羌活、大黄、秦艽、甘草、貝母之類。"名香",謂麝香、木香、甘松、香草之屬。皆海拔三千公尺以上乃生,内地所難得有者。魏晉時,唯自汶山輸出,宋元以來始漸轉移至康定輸出。

⑥ "土地剛鹵"，謂山石硬固不平，土質淺薄而含鹽鹼，不宜種稻梁五穀。麥亦"五穀"之一，"不宜五穀，唯種麥"，文自牴牾。"麥"上當有"稞"字。稞麥即青稞，爲最耐寒之麥種。惟羌族種之。内地不種，故不在五穀之内。内地所謂麥一般指小麥，或大小麥合稱（"二麥"）。若稞與穬及莜，雖麥類，各自有字爲專稱者，古人列於"百穀"，不在"五穀"之列，以此知此處脱有"稞"字。

范曄《冉駹傳》亦多用《常志》文，然不盡依《常志》。其言曰："土地剛鹵，不生穀粟麻菽，唯以麥爲資。"此蓋南人不知稞麥，妄以爲衍"稞"字，祇從麥字體會，而礙於"五穀"字義，故删改之，失其實矣。又云："而宜畜牧。有旄牛，無角，一名童牛，肉重千斤，毛可爲旄。出名馬。"此就《常志》"牛、馬"二字用他書補充，則誇大失實。旄牛即犛牛，自是羌人住區特産（内地燠熱處不能生活）。其牛皆有角，雖亦偶有犝牛，非其性也。肉重亦不至千斤，毛亦不盡可結旄。是傳説已謬矣。又云："有靈羊，可療毒。又有食藥鹿。鹿麑有胎者，其腸中糞亦療毒疾。又有五角羊，麝香，輕毛毦雞，狌狌。其人能作……羊羧之屬。特多雜藥，地有鹹土，煮以爲鹽，麑羊牛馬，食之皆肥。"皆據誇者所談以益《常志》，似是而非，不如《常志》之謹嚴。"靈羊"即羚羊，其角入藥，云療毒則難信矣。鹿不專食藥，食藥者糞有藥氣則然矣，療毒則謬也。五角羊亦實有，正如犝牛、角馬，非物之性。"狌狌"蓋謂金絲猴，與麝香及輕毛毦雞皆實，有鹹土煮鹽亦實，地質本由海底升起，歲時寒燥少雨，故土含食鹽微量。仇池山亦有如此記載，隴西且有岩鹽。麑即麂子，此區甚多，肉味美，皮柔韌，一方所重。但非家畜，惟可獵得之。又誤解"羊羧"如上注。

⑦ 常氏於"唯種稞麥"句下，述其氣候高寒，明"不宜五穀"之故。意雖相綴，文則另起爲段。《范史》作"土氣多寒，在盛夏冰猶不釋，故夷人冬則避寒入蜀爲傭"云云，移在"土地剛鹵"句前。亦是另起爲段。後人妄添"而"字爲轉介，非常氏本語明矣。

此郡自岷江河谷外，皆海拔三千公尺以上之高山與草原，氣溫經常低於成都十餘度（攝氏）。有盛夏而冰不消釋之高山，如岷江東岸之九頂山是，故有"玉壘"之稱也。又如唐克草原沮洳地，秋冬、早春皆凝凍如平陸，夏季乃冰融生草。自此西北望大積石山（隔黃河），晶冰百丈，皚皚射目。即此平地，陰秘處，亦每有殘冰未化者。迤西俄洛草原至西藏羌塘，皆是如此，是皆古代羌族居處之地區。

⑧舊刻此句皆是"故蜀人謂之作五百石子也"十一字。《寰宇記》卷七十八《茂州風俗》云："此一州本羌戎之人，好弓馬，以勇悍相高，詩禮之訓闕如也。貧下者冬則避寒入蜀，傭賃自食，故人謂之作氐。""貧下者"以下十六字，顯明引自《常志》。省"作五百石子"爲"作氐"，足知舊刻皆誤"作氐"爲"作五"。"五"與"氐"草書難辨。是宋元豐刻所據寫本已誤，李㙦以下莫能正也。

"作氐百石子"者，古稱勞動爲作，相傳堯時《擊壤歌》曰："日出而作，日入而息；鑿井而飲，耕田而食。帝力于我何有哉。"《詩·邶風》："定之方中，作于楚宮。"《後漢書·廉范傳》："不禁火，民安作。"（蜀人讀作爲"做"，協暮、絝韻。今同。）故蜀人稱此種出郡就傭之羌氐爲"作氐"。"百石子"者，蓋另一稱呼而聯言之。氐字，今讀如低，古音讀如紙，與子（zǐ）在蜀人爲同音字。揚雄《解嘲》："響若氐隤。"《説文》引作"氏隤"。《玉篇》云："氏，崩聲也。承紙切。"又《集韻》："氏，軫視切，音旨。氏道，地名，在廣漢。"（謂甸氐道、剛氐道。）皆氐、氏同音通用之證。蜀語稱"作氐"爲"百石氏"，又作"百石子"也。云"百石"者，當時購買奴隸，最粗笨者值錢六百（已詳1章之注⑪），用之終身。賃如此氏人，值廉便。可省購奴之費，故其人傭無不售。一冬得值，亦獲百石之多，蜀人利其勞而羨其所得，故稱爲"百石氏"也。

茂汶羌民，直至清末民初，猶多有男女結隊入成都平原及川北各地賣藥、打井及傭力者。故唐宋猶存"作氐"之稱。若"百石子"，則隋唐以後，禄食以銀、幣計，人莫知百石之義，故不克傳，樂史亦不取矣。

⑨駱武稱"使者"，當是當時益州刺史。漢刺史恒得徵用各郡軍平亂，駱武既平武都羌亂，因循部至汶山郡，慰勞恭順之羌民。故羌民與郡縣吏向其籲請罷郡。漢制，郡縣吏恒徵用地方人，故下云："吏乃百姓詣武自訟。"

⑩汶山夷至唐宋皆未進入奴隸社會，故雖已有"頗知文書"（《范史》語）

之吏人，王侯邑君亦多馴順，習近漢民，而其人終不願接受封建郡縣制度。自漢武建郡四十五年而廢爲"蜀郡北部都尉"。此謂縣併入蜀郡，廢汶山太守，僅以蜀郡之北部都尉鎮汶山。都尉但領兵，主徵調、征伐，不問民事，則其民事僅由縣官督率各族落首領自理，可省大量禄食之費以輕其人民負擔也。《前漢・地理志》證明自地節三年（前67）至東漢初，將近二百年間，皆未復郡。

⑪自延光三年（124）至靈帝時（168—188）五十年左右，雖置郡，亦數數有亂。延光三年，隴西羌亂與西南夷亂皆已平定，粉飾太平之時也。其二年，"分蜀郡西部爲屬國都尉"（《安帝紀》）。旋復以北部都尉爲郡，加强封建統治，以鎮羌戎。然自順帝永建元年（126）隴西鍾羌叛，直至漢末，諸羌陸續叛亂，中間延及武都、漢中、廣漢及蜀郡者多次，汶山恒不安定。自"永初元年（107），蜀郡三襄種夷與徼外汙衍種并兵三千餘人反叛，攻蠶陵城，殺長吏"。至桓帝永壽二年（156），"蜀郡夷叛，殺略吏民"，延熹二年（159），三襄夷又"寇蠶陵，殺長吏"。（并見《莋都夷傳》。《桓帝紀》作"蜀郡夷寇蠶陵殺縣令"。）疑安帝復置汶山郡後再廢，即在此時。靈帝再置再廢年度未詳，疑再置郡在建寧二年（169）"段熲大破先零羌于射虎塞外谷，東羌悉平"之後，再廢於中平元年（184）"湟中義從胡北宫伯玉與先零羌叛"時（并《靈帝紀》文）。若然，則汶山郡建四十五年而罷，罷郡百九十一年復置，復立三十六年再罷，再罷十年又立，又立十五年又罷，又罷三十年，至建安十九年（214）劉備復立。閱蜀漢至晉元康八年（298）郡没，僅存都安一縣，旋并都安於蜀郡，汶山郡遂永廢矣。

十九

汶山縣① 郡治。此用《晉書·地理志》補。原作"文山"。**本汶江道**，依《後漢·郡國志》。**蜀改**。據《三國志·廖立傳》。**汶山在西，有玉輪坂**。用《水經注》文綴。原作"崏山"，字古通。**湔水、駹水出焉**②。六字，劉昭《郡國志》注引《華陽國志》文。湔，《前漢志》作"溅"，《水經》作"洱"。**故冉駹界邑也**。依《後漢書·冉駹夷傳》意補。説在注。**其王侯頗知文書。而法嚴重。貴婦人，黨母族。死，則燒其尸**③。用《冉駹傳》文補。**山巖間多石室，深者十餘丈**④。用《寰宇記》卷七十八"汶川縣"文割補。**有鹽溪。山出鹹石，煎之得鹽**⑤。此據《太平御覽》卷五十二引《華陽國志》文，參《寰宇記》卷七十八文補。

都安縣⑥ **本湔氐道**。據《前漢·地理志》。**李冰作堰處**。據《蜀志序》文。**蜀曰湔縣。有觀坂，後主登之，看汶水之流**。據《三國志·後主紀》建興十四年文補。**縣東南皆沃野**，此用《史記·貨殖傳》文意補綴。**有大芋如蹲鴟也**。七字據顔師古《貨殖傳》注引《華陽國志》文補。張守節《史記正義》同引，"都安"誤作"安上"，"蹲"作"踆"。

廣陽縣⑦ **郡北一百里**。此據《元和志》。《水經注》文爲"百二十里"。**本縣虒道**。依《郡國志》。《前漢》無"道"字。**北部都尉治。太康初更名**。據《水經注》文推定。**有玉壘山，出璧玉，湔水所出**。《郡國志》注"綿虒道"引《華陽國志》文。**連嶺九峯，通曰岷山。夏含霜雪，昆侖之仲也**。此用《寰宇記》引王羲之《與謝安書》論岷山文，并《一統志》綴九峰句補。**一曰沃焦。安鄉山，直上六里，岷嶺之最高者。遇大雪開泮，望見成都**⑧。二十六字爲《寰宇記》卷七十八引《華陽國志》文。《四川通志》作"其高直上六十里，山有九峰，四時積雪"。**山出青珠**。此爲《初學記》卷二十七引《華陽國志》文。

廣柔縣⑨　郡西百里。依《元和志》推定。有石紐鄉，禹所生也。據《水經注》卷三十六文補。夷人共營其地，方百里，不敢居牧。有過，逃其中，不敢追，《水經注》作"捕之者不逼"。云畏禹神；能藏三年，爲人所得，則共原之，云禹神靈佑之⑩。此二十三字，爲《郡國志注》引《華陽國志》文。末句《水經注》作"大禹之神所佑也"。

蠶陵縣⑪　郡北二百二十里。此據《水經注》"蠶陵至北部一百二十里"計算補。本蠶叢邑也。漢武帝元鼎中開爲縣。此依《元和志・翼州》文補。莽曰步昌。《前漢・地理志》文。有蠶陵山。據《舊唐書・地理志》補。

升遷縣⑫　在廣陽西百里。此定晉升遷縣爲今黑水位置推定。説詳注。蜀漢立。依洪亮吉《補三國疆域志》補，下三縣同。

平康縣⑬　在郡北三百里。意推補。有岷阜，江水所出之處也。此爲《北堂書鈔》卷一百五十七引《華陽國志》文。"岷"原譌作"㟭"。《水經注》云："汶阜山在徼外，江水所導也。"亦當是引《常志》，岷、汶字古通，《禹貢》作"岷"。《漢書》作"崏"，又作"㟭"。《史記》作"汶"。《三國志・秦宓傳》："蜀有汶阜之山，江出其腹。"疑常氏原語爲"有汶阜之山"，《書鈔》奪二字。江初出，未可濫觴。至北部，始百許步。又西百二十餘里至汶山，乃廣二百餘步矣⑭。此用《水經注・江水》文補。原引《益州記》，疑亦出於《常志》。

興樂縣⑮　在郡東北五百里。依南坪位置推算。蜀開，爲白馬縣。晉平蜀，更名。此據《宋書・州郡志》引《太康地記》補。云"元年更名，本曰白馬"。

案：全補汶山郡屬縣。縣名依《晉書・地理志》，縣敍首汶山，郡治也。次都安，近蜀，門户也。次廣陽，漢縣處最前列，秦舊也。次廣柔，禹故鄉也。次蠶陵，蜀國之源，漢世郡之北門也。次升遷、平康、興樂，皆蜀置，由内及外，自南而北。

郡自晉不受中央政權節制，直至隋唐，始由羈縻州逐步規復。中間三百餘年，文獻斷絶。唐宋地志，考訂沿革者，多有謬亂。其後承謬相習，每失其實。兹先考訂八縣部位，乃可裁輯舊文，分別綴附。所考部位，不入補文，另爲注説之。引補文有當説明者，亦爲注釋。

【注釋】

①前漢汶江縣，即後漢汶江道，蜀改爲汶山縣，晉曰文山，皆郡治也。漢置郡，郡治當在居中便於控制全局之處。置郡以冉駹二部落爲基礎，駹氏爲今理縣地，故理番廳之雜谷腦河古稱駹水，則冉氏爲叠溪以下之岷江河谷爲必然矣。今汶川縣治，爲唐代之維州，宋曰威州，位駹水入江處，即冉與駹部間，爲全郡正中。岷江之側，地勢開展，此宜爲郡治矣。岷江一稱汶江，而駹水之上源爲汶山。從來以竹索橋渡江，轄境偏在駹水之部，沿駹水開山道以出西徼，是於稱汶江，稱汶山，稱汶江道，名義無不合。移於他處，則不盡然。

然自《元和志》以來言沿革地理者，皆謂漢汶江是今茂縣，而以舊汶川縣爲綿虒，此大誤也。綿虒，秦舊縣，故《前漢志》敍在蜀郡十五縣第九，次於嚴道，而在旄牛及徙、湔氐道、汶江、廣柔、蠶陵五新置縣之上。蓋秦以前龍溪與娘子嶺山道（即所謂湔氐道）未開，冉駹與蜀之交通皆取土門關（安鄉山）下湔水（海窩子河）至郫之路，故綿虒（茂汶縣）地位最重要。湔氐新道既開後，冉駹區之重心自然自綿虒（茂汶縣）下移至此（威州）。漢置郡時，但以郡尉駐綿虒，稱北部冉駹都尉，太守則在汶山（威州），故曰汶山郡也。

其縣境沿江最少，主要在於駹水流域，西包有今馬爾康縣之地，此由《前漢志》文可以肯定。

②《前漢志》汶江縣云：“渽水出徼外，南至南安（今樂山）東入江。過郡三，行三千四十里。”此所云"渽水"，《水經注》作"洈水"，《郡國志》注引作"灖水"，未知孰譌。要其所指皆爲今之大渡河，古今部位全合。過郡三者，謂發於蜀郡之汶山，經越嶲郡闌縣，至犍爲郡南安入岷江也。班氏又云：“江沱在西南，東入江。”駹水亦有沱水之名，緣其入江處先入大洲之岔港，已乃合流，故依“江別出者爲沱”之義，稱爲“江沱”，實即指駹水。

《水經注》：“江水又經汶江道。”下云：“汶出徼外岷山西玉輪坂下而南行，又東，逕其縣下而注于大江。”此指爲駹水，亦即《班志》之“江沱”也。

所云"岷山玉輪坂",今云鷓鴣山是也。山北麓爲馬爾康河,即《班志》之湡水,《常志》之濊水,大渡之上源也。山南坡陡急,常凝冰雪,即所謂"玉輪坂"。出水"南行",經渺羅,"又東"折經雜谷腦下,迤"其縣",明言是汶江縣,"注于大江",即今云岷江,古云汶江,字句無一不合。故知漢汶江縣(道)與魏、晉汶山縣是今威州故城,而其縣境奄過今之馬爾康河。

③冉、駹,本爲同族之兩支,別爲二國,故司馬相如文曰"朝冉、從駹"。地與蜀近,其人民冬恒入蜀,故其王侯君長亦慕漢文化而知文書(此諸王侯清代猶多存者,多已漢化)。此漢代能置郡縣之原因。汶山郡所謂夷亂,皆非始於此部,而皆出於後置三縣,及他族之入侵,冉駹人在漢官失勢時,亦不能不附之也。其俗尊貴婦女而黨母族者,蓋羌族尚在母系氏族時代即已徙來。山谷孤棲,經濟雖已改變而習俗猶守舊慣所致。(羌族在周世有西王母之國,隋唐時有東西兩女國,皆説明其停滯於母系氏族的時間甚長。惟洮湟羌頻戰爭,進入父系氏族時代較早,亦當自秦漢始耳。)

④已於18章論述。

⑤鹽溪地名今存,屬理縣。

⑥都安縣,蜀漢爲湔縣,取湔氐道舊稱,省爲一字。湔水,本是郫之海窩子河之專稱,著於《漢志》,入沱江後,沱江亦納爲通稱。秦漢間稱成都平原北山之土著爲湔氐,西迤踰蒲村,灌口達於漩口、青城,皆湔氐族落,故秦開龍溪峽至娘子嶺山道通於岷江上游地區,稱"湔氐道",漢因以爲縣。蜀漢時,湔氐與漢族融合爲一,不願用湔氐名故省作湔縣,其地實在湔外(後人有混湔爲江者,非義)。湔縣以李冰堰重,而設晏官,改稱湔澍爲都安堰,皆蜀漢時事。晉遂改稱湔縣爲都安縣,即今之灌縣也。

⑦《寰宇記》茂州汶山縣云:"晉置廣陽縣,屬汶山郡,在西北五百五十里,晉末廢,今不詳其處所。又立廣陽縣于石鏡山南六十里,置廣陽郡即今縣也。"宋白《續通典》則云:"晉置廣陽縣於汶江縣西北五十里,周移置于石鏡山南六十里。"似皆出於周隋人之書,而道里懸絶如此,均惝恍不可定其地。龔煦春《四川郡縣志》依《元和志》定晉改汶江爲廣陽縣,又謂"在茂縣北五十

里"，皆未足徵信。審《晉志》，汶山郡八縣，自蜀立三新縣外，漢舊五縣，四縣皆備，惟無綿虒而有廣陽。則《元和志》謂晉改綿虒爲廣陽可定矣。若定綿虒是今茂汶羌族自治縣，則廣陽不能"在茂縣北五十里"。若謂綿虒是舊汶川，則更不能説"在茂縣北"。兩漢、魏至晉初，郡縣相當固定。縣治在山區者尤皆有一定條件限制，不易遷徙。岷江上游河谷，邑聚受地理條件制約尤大，雖改縣名，不得即徙城，故可以肯定廣陽即漢綿虒。虒、綿二字，邊民難辨識，因今茂汶地勢較開敞，故改廣陽耳。

⑧成都平原北面最高之山，世稱"鎣華九頂"，與岷江并行，偪在東岸，長數百里。西南終于灌縣之龍溪娘子嶺，東北連於松潘之雪寶頂，《禹貢》所謂"岷山導江"，指此山也。後世乃必于江、源求之，而指岷山爲松潘城北之羊膊嶺。羊膊嶺但土丘淺阜，不足以言山。且三代人知界亦未即得至源。猶之"導河自積石"，積石山亦非河源也。（《前漢志》郡縣亦未言江源河源，其時皆在徼外故也。）漢儒改岷山曰汶山，所指乃驍水源。《元和志》稱此水爲"汶水"。本江之巨支流，亦可以云江源矣。故世儒又有岷江以東諸山皆岷，岷江以西諸山皆汶之説，欲以此統貫古今，亦徒爲多事耳。山不自名，隨時從其人稱可也。常璩與晉世多人實稱此山群爲岷山，唐人則稱之爲玉壘，明清人則稱之云鎣華九頂，列於祀典。成都望江樓對岸之鎣華寺（今九中），即祀此山之專祠也。

安鄉山，即土門關山口，爲此九頂連峯中最低之凹脊。自茂汶羌族自治縣登山脊二十里，山道中此爲最高，相傳晴朗時可俯望成都。"大雪開泮"，山雪初融時，即雲氣最薄時。

⑨廣柔縣故城，《括地志》、《元和志》及《輿地紀勝》并云："汶川縣西七十二里。"治書本之地理學者，每於今汶川縣正西理縣境内求之，無可得其似處。竊謂此"西"字，當向西南江水西岸求之。大抵今汶川縣西南部，自瓦寺土司官寨以南，漩口以西，踰日龍關，巴朗山（斑爛山）包有小金縣地，皆漢廣柔縣境。若江水東岸娘子關，興文坪與舊汶川城一綫，是否亦屬廣柔縣，則可疑。因自都安至威州（汶山），衹此一縣相通聯，未宜割歸廣柔也。廣柔舊治，決不能是舊汶川，衹可能是今之漩口，去都安百里，從岷江南岸與成都平原交通，故在

郡境雖距蜀甚近，仍爲僻縣。知其然者，漢晉巴蜀各縣治，皆傍江河，汶山郡八縣亦無不在沿之河谷底部。審其配置疏密，固宜如此。《水經》："沫水出廣柔徼外……與青衣水合，東入于江。"所言是今寶興河。其源出夾金山，山以北爲小金與汶川縣境。廣柔縣以此山爲邊徼，故曰"廣柔徼外"，若茂、理等縣，皆不可能與此水源接近。又《樊敏碑》稱其"濱近聖禹，飲汶茹污"。樊敏，漢嘉（舊青衣縣）人；禹，廣柔人。此亦廣柔縣在汶山郡最南，接近青衣水流域之證。

⑩《史記正義》引《蜀王本紀》云："禹本汶山郡廣柔縣人也，生於石紐。"裴松之《秦宓傳》注作"譙周《蜀王本紀》"，文同。又有"其地名刳兒坪"句。《水經》："沫水出廣柔縣徼外。"《酈注》云："縣有石紐鄉，禹所生也。"下文與《史記正義》引《華陽國志》文略同，其後《括地志》、《元和志》皆肯定其說。《寰宇記》引《郡國志》同，又引《十道錄》云："石紐是秦州地名，未詳孰是。"大抵愈至近世，言禹生地者愈分歧。壽春、當塗、會稽、秦州，皆爭言是禹生處。甚至於同在汶山郡界之《北川（石泉）縣志》，亦稱其爲石紐禹穴，有摩崖大字，而今汶川縣境亦但傳瓦寺土寨後山爲石紐鄉、刳兒坪，究莫能得其證驗。《常志》曾有此文，則爲必然也。

⑪蠶陵故城，在今松潘縣南界之疊溪，當松坪小河入江處，周、隋、唐、宋爲翼州治。《元和志》以來地理書皆如此說，形勢亦合，可定。清代爲疊溪營，有市街，民國二十三年地震山崩，塞江爲湖，適當其處。（其後疏導積水，於湖畔得古碑，有蠶陵縣字，見龔氏《四川郡縣志》。）

⑫升遷縣在何地，從來地理書無專條考訂。惟《水經注》卷三十三氐道縣下云："縣本秦置，後爲升遷縣也。"未言所據。《清一統志》依之，并妄列入松潘廳古迹湔氐道云："在廳西北，秦置，晉改昇遷縣，宋有。《水經注》：'江水東迆氐道縣北。縣本秦始皇置，後爲昇遷縣。'"乾嘉以來考沿革者，皆袛依據此條，雖或疑之，亦無法加以辨訂，更無法指出是今日何地。蓋徒恃書本之學，至此窮矣。龔煦春《四川郡縣志》（民國乙酉刊），爲考訂四川郡縣沿革最詳備者，於蜀漢汶山郡，有升遷縣，并云："《太康地志》屬汶山郡，疑係蜀立，治地未詳。"（其考漢湔氐道，亦遵《一統志》說。）已爲矜慎矣。

今按：湔水自是沱江支流（《班志》則逕以爲沱江之源，見《地理志》"綿虒"本注），與江水（岷江）無關。即如設言湔水即岷江，發源在羊膊嶺，亦祇今松潘城北四十里之黃勝關外盡其源矣，秦縣何能至此，又何得稱其縣爲"湔氐道"？又況松潘西北皆高寒草原，或沮洳、雪山之地、平均每平方公里不能有二人。蜀能於如此之松潘界置升遷、平康、白馬三羌縣耶？秦與兩漢之湔氐舊縣，又安置於何所耶？此其不可能爲必然矣。用此資料以爲説者，疏矣。

再查《水經注》，亦泛取當時地理書説所纂成。其於蜀地，由於酈氏未有踐履，所纂用出於"扣槃捫燭"之誤者甚多。楊守敬雖精於此書，亦因未有實踐而不能多所訂正。龔氏於此郡地亦無實踐經驗，但依楊氏爲説，故不能解決問題。解決汶山屬縣問題之道，見於書本者既祇如此，即當更從歷史條件所許可，與地理環境之可能推定之，不能窮迷於文字徵驗。譬如考古，當重發掘，豈可倚恃於文獻證訂哉？

今考蜀地秦縣，屬於岷江上游地區者，秦世極於綿虒，漢世盡於蠶陵，過此即非當時之農地。按當時情況來説，無定居耕種之農民即不可能置郡縣。此郡縣發展所受制約之必然規律也。蜀漢時，農業隨社會經濟的發展與農民之逃避兵役，藉工商之藝，混居少數民族地區，使耕地向邊區推展甚爲迅速。從户口文獻推究，汶山、漢嘉、越巂與南中人口，比於耕地面積，考其密度，皆已多與巴、蜀腹縣相當，或且超過。汶山郡人口密度，即已超過蜀郡。估計當時凡岷江本支流河谷比較低暖可以種麥種蕎之地無不開墾矣，此其所以能較兩漢增設三縣之基本原因，亦姜維之所以能屢從此郡出兵經營隴西，與魏爭地爭民而無後顧憂之唯一原因也。此爲歷史條件已許可矣。

至於地理條件，則除此諸河谷外，即不能耕之地。史言"姜維屯田沓中"，其地難於確指，要必在松潘之北草原中河谷以内，如今世南木寺、迭部、碌曲、瑪曲、唐克、阿壩等處羌中之地，亦祇是松潘草原西北之河谷，不可能在草原上，恃在軍隊行屯，非農民能耕種於羌族之中。然則蜀漢時置縣所至祇能在此草原之南部岷江本支流河谷間，不可能更入於松潘西北之草原也。則安得於松潘西北更有升遷縣哉？

上列前提解決，則升遷縣部位可得依準確之地圖定矣。今以實測《四川省地圖》推，灌縣以西汶川縣南部岷江西南魚子溪與江口河兩大支流地面，北至瓦寺寨，南盡漩口，西踰巴朗山之地已有廣柔縣。其北，西盡駹水（雜谷腦河）踰鷓鴣山，東至威州之地，已有汶山縣。其北沿江水而上，兩三百里，東踰土門（安鄉山）之地，已有廣陽縣。更二三百里沿江，包有大姓溝之地，已有蠶陵縣。更北岷江盡頭之部，已有平康縣。惟黑水蘆花河谷縱橫各三百餘里之地，山高谷深，溫暖宜農，而對外交通不便。既不可紆曲以遙附於廣陽，又不可踰雪山以隸屬於蠶陵、汶山及平康，其羌氏土著，自成部落久矣，雖至近世，猶爲"梗化"之區。往時鄧錫侯經略此區，曾遣軍征討，兵敗而罷。解放後，民族政策適合其人民意願，乃克建成黑水縣（唐宋國力極盛時此河谷曾建羈縻州）。蜀漢時，既已北推縣治達於岷江盡頭，則其民族政策與經濟發展應已深入於此區，其爲升遷縣地，應可必矣。然由於其地僻險，去江道遠，而人民族性強固，置縣亦不能固定。大抵自蜀滅後，即已淪沒，故史籍罕得其資料，考地理者亦不能設想其爲蜀漢縣治焉。

今則可以得如此結論：蜀漢升遷縣，即今黑水縣也。

⑬由上條理據，知蜀漢平康縣即今松潘縣，當岷江最上游農牧交界處。漢魏縣治，祇可能推展至此，兩千年來西陲邊防，亦惟能推展至此。岷江上游，入此縣界後，即平坦高曠，故蜀取縣名爲平康也。陳壽《蜀書·姜維傳》：建興六年（228），"汶山平康夷反，維率衆討定之"。龔氏《四川郡縣志》定爲："縣蓋蜀漢時立。治今松潘縣西南一百五十里。"不知所指何地，唐宋地理書，無作此道里記述者。按《元和志》有平康縣："西至當州六十里，顯慶中，因古平康城置，在平康水西，屬翼州，尋廢。垂拱元年復置，屬當州。"又云："當州，東北至松州二百十里，東南至翼州二百七十里。本蠶陵縣地。貞觀三年置通軌縣，屬松州。二十一年，於縣置當州，仍以羌首領爲刺史。"翼州即漢蠶陵縣，松州即今松潘縣，則當州應在今黑水河上游毛兒蓋之位置。當州東六十里，即當大姓溝內某地，去松州與翼州道里相當，故唐代隸屬無定。要皆是今松潘縣地，而平康去松州尤近，不可能至一百五十里。況唐去漢遠，中經羌亂陷沒約三百年，所謂

"古平康城"未必即不在松潘而在大姓溝内。果其在大姓溝内，亦祇是岷江最上游支流之一，地理條件與松潘同，不得在松潘西南百五十里之遠。

《隋書·地理志》汶山郡平康縣："後周置，有羊腸山。"《唐書·地理志》松州："垂拱元年，割交川及當州通軌、翼針三縣置平康縣，屬當州。天寶元年，改交川郡也。"是唐之平康縣，確在大姓溝内。蜀亡三百年後周武帝時（《舊唐志》謂在天和六年）復置，置而復廢，又近一百年，唐高宗顯慶中乃復置。所云"古平康城"，蓋周平康縣故城，非蜀漢平康城也。所謂"平康水"，亦確是今之大姓溝，但係因周平康縣爲名，非蜀漢時已稱平康水也。北周時，蜀平康縣城已滅，於今松潘縣東黃龍寺處立龍涸郡。治嘉誠縣，設扶州總管府。其地距今松潘祇十里，故分其西境置平康於大姓溝。用平康舊名，而非蜀平康故治，此可理解也。今松潘縣，唐時乃立松州都督府，督文、扶、當、祐、靜、翼六州，遂逐漸繁榮至今，其地位形勢所固當也。由是觀之，蜀平康縣治，不能不是今松潘縣城位置（龍涸以風景幽美勝，非行政與交通中心）。唐以後之平康，在大姓溝，是周平康縣地，非蜀平康縣治，可以成爲定論。

⑭平康縣爲江源所在，常氏誇稱井絡，必於江源有所敍述。徒以郡文脱逸，無可輯補。"汶阜之山"出《秦宓傳》，常氏用之，見《北堂書鈔》。《水經注》亦有，多"在徼外"三字，係參《漢志》增。然《漢志》繫於湔氐道，則當云徼外（時無平康縣）。常氏必於平康縣言之，則不得云徼外矣。

《荀子》："江出汶山，其始發源可以濫觴。"《水經注》引《益州記》作"殆未濫觴"，應脱"可"字。此《益州記》無論是李膺抑任豫作，皆出常氏後，復在汶山郡陷没後甚久，不可能知江流形勢。唯常氏得讀蜀漢文獻，必能知之，《益州記》亦祇承常氏説耳，故截補二十四字。

⑮興樂縣，《宋書·州郡志》南晉壽云："興樂令，兩漢、魏無。《太康地記》云：'元年更名。本曰白馬，屬汶山郡。'《何志》（指何承天之書）：'漢舊縣。'檢二漢益部無白馬縣。"今按：《何志》所云，謂蜀漢劉備未即位前立汶山郡時置此縣也。

《水經注》引《益州記》謂江源東南百餘里有白馬嶺。"自白馬嶺迴行二十

(一本作"千")餘里至龍涸,又八十里至蠶陵縣,又南下六十里至石鏡,又六十餘里而至北部(廣陽)"。又西百二十里至汶山故郡。所言道里比例與今不應,然謂白馬嶺在龍涸與蠶陵之間則合。蓋江東岸之山,連今平武縣界,本爲白馬氐住區。《四川通志》卷三百四"龍安府關隘"云:"白馬寨,在平武縣北三百里,番寨也。北通階、文,西抵漳臘(在松潘縣東北四十里),其生番(明清人以羌氐混稱爲番)號黑人。延袤數百里,碉房百許,有名色可舉者凡十八寨。"今平武縣西北水晶堡地區有黑水河,山嶺抵松潘歸化堡新塘鎮江岸,即《益州記》所云白馬山也。自水晶堡西入松潘界,即是黃龍寺(龍涸)與漳臘。水晶堡之東北,踰山嶺爲白馬河(至平武城西近入涪)。其上游即明清白馬寨落分布之地,有道通南坪縣及甘南之文縣與階州(武都縣)。凡此諸處,皆漢魏時白馬羌住居之地,故蜀漢以其地置白馬縣,屬汶山郡,晉改曰興樂縣,其治所無文記可定。今按:漢武帝以廣漢西部白馬爲武都郡,其時郡治武都縣在仇池附近,所管已內附之白馬羌爲東部之白馬羌。其西北,蓋有連結生羌未肯內附者也,故後漢羌亂,武都羌恒響應之,又導其寇蜀、廣漢與漢中。屢受漢廷鎮壓後,東部白馬衰殘,其人漸聚於剛氐道(今平武)與陰平之西。蜀開汶山郡,撫其人置白馬縣,此歷史條件所可能也。蜀亡後,汶山郡夷叛,郡縣陷沒,皆由白馬。本書《大同志》:晉武帝泰始元年,"汶山守兵呂臣殺其督將以叛"。曾説明蜀時在此郡險要地設置"汶江、龍鶴(即龍涸)、冉駹、白馬、匡用五圍,皆置修屯牙門"督將,此顯然爲備内羌叛亂,而非爲備生羌。由於軍士不附晉,故有此變,呂臣雖被族滅,圍守大約亦即撤廢,故泰始十年(274),"汶山白馬夷恣縱,掠諸種",蓋已脅迫諸種同叛。益州刺史皇甫晏率軍進討,至都安,軍叛被害,全郡遂没。太康三年,"以蜀多羌夷,置西夷府",校尉持節統兵,治西夷,汶山郡縣曾漸恢復。改白馬縣名爲興樂,即是此時。元康八年(298),關中饑亂,"汶山興樂縣黃石、北地、瀘水胡與廣柔、平康羌有仇,遂與蚌蜎羌等數千騎劫縣令,叛殺長吏。西夷校尉麴炳討之,大爲胡所破"(節引《大同志》)。郡遂復陷。此役雖不言白馬,自必有白馬助之。由此興樂與白馬之關係及白馬地理分布與歷史情勢綜合分析,興樂縣治應在今南坪縣。與洮岷、白水接近,故有盧水胡，與平康接界，故與紫利羌爲仇，縣境南接蠶陵、廣陽，故以白馬一族能縱掠諸種也。《宋志》南晉壽郡係僑郡，所屬興樂亦是僑縣。蓋自晉世郡陷，興樂晉民皆南流，由陰平至晉壽者較多，再流轉入綿雒地區，遂聚居爲僑郡縣也。

於此可得一結論：晉興樂縣治是今之南坪縣，轄境包有今平武縣西部。

二十

漢嘉郡，本筰都夷也[①]。五字用《後漢書·南蠻·筰都夷傳》文借補。原有"都"字，當衍，説在注①。自嶲以東北，君長以什數，徙、筰都最大。自筰以東北，君長以什數，冉、駹最大。其俗或土著，或移徙，在蜀之西，上四十一字，借用《史記·西南夷傳》補。是謂西夷。用《西南夷傳》意補。秦時嘗通爲郡縣，至漢興而罷。十二字，用《司馬相如傳》文。元鼎六年通南夷道，邛、筰君長聞南夷與漢通，得賞賜多，多願爲内臣妾，請吏比南夷。《西南夷傳》。乃拜司馬相如爲中郎將，建節往使，副使王然于、壺充國、吕越人，馳四乘之傳，因巴蜀吏、幣物以賂西夷，便略定西夷。邛、筰、冉、駹、斯榆之君，皆請爲内臣。除邊關，關益斥，西至沫、若水，南至牂柯爲徼。此節取《史記·司馬相如傳》文。及漢誅且蘭、邛君，并殺筰侯，冉、駹皆請臣、置吏。乃以邛都爲越嶲郡，筰都爲沈犁郡，冉、駹爲汶山郡。此用《史記·西南夷傳》文。《漢書》同。沈犁郡，治筰都，去長安三千三百三十五里。領縣二十一[②]。此據《漢書·武帝本紀》顔注引《茂陵書》文。天漢四年，并蜀郡爲西部，置兩都尉。一居旄牛，主徼外夷；一居青衣，主漢人。此用《後漢書·筰都夷傳》文補。邛來山本名邛筰，邛人、筰人所由來也。此依劉昭《郡國志》注引《華陽國志》文改三字。"來"字原作"崍"，依李賢《後漢書》注引文改。"筰"下句，原作"故邛人、筰人界也"，兩注同。考其山爲今大相嶺，在漢爲旄牛、嚴道兩縣界，非邛人、筰人界，邛國尤遠不及此。但邛人、筰人入蜀，則必須由此山。當是原釋邛來之義，作"邛人、筰人所由來也"。劉昭或據誤本，或誤"本名邛筰"之義爲界山，改"由來"爲"界"字，李賢又緣覈對劉注而從其誤。兹訂正。有九折阪，意補四字，以啓下文。巖阻峻迴，曲九折乃至山上。凝冰夏結，冬則劇寒。此續用劉昭注引文。李賢注引"迴"作"回"。又重"山上"二字。宣帝時，琅邪王吉子陽此據《漢書》卷七十五《王吉傳》文，以郡、姓名、字聯稱之常氏語格綴補劉注引文。劉注有"王陽行部至此退"句。爲益州刺史，行部至此歎曰："奉先人遺體，奈何數乘此險。"後以病去。及元帝時，涿郡王尊子贛爲刺史，至此阪，問吏曰："此非王陽所畏道邪？"吏對曰："是。"尊叱其馭曰："驅之！王陽爲孝子。王尊爲忠臣。"尊居部二歲，懷來徼外，蠻夷歸附其威信。此用《漢書》卷七十六《王尊傳》文補。微有加字。公孫述據蜀，青衣人不附。世祖嘉之，建武十九年以爲漢嘉郡。據《水經注》卷三十六文補。已，復爲都尉。此據《郡國志》蜀郡屬國注推定。永平中，益州刺史梁國朱輔好立功名，在州數歲，宣示漢德，威懷遠夷。自汶山以西，前世所不至，正朔所未加，白狼、槃木、唐菆等百餘國，戶百三十萬，口六百萬以上，舉種奉貢，稱爲臣僕。輔上疏曰："臣聞《詩》云：'彼徂者岐，有夷之行。'傳曰：'岐道雖僻而人不遠。'詩人誦詠，以爲符驗。今白狼王唐菆等慕化歸義，作詩三章。路經邛來大山，零高坂，峭危峻險，百倍岐道。繩負老幼，若歸慈母。遠夷之語，辭意難正。草木異種，鳥獸殊類，有犍爲郡掾田恭與之習狎，頗曉其言。臣輒令訊其風俗，譯其辭語。今遣從事史李陵與恭護送詣闕，並上其樂詩。昔在聖帝，舞四夷之樂，今之所上，庶備其一。"明帝嘉之，事下史官録其歌焉③。此全用《莋都夷傳》文補。《常志》既志邛來山，必綴有此三故事。《東觀記》有《朱酺傳》，今存殘文云："朱酺，梁國寧陵人，明帝時爲益州刺史，移書屬郡，喻以聖德。白狼王等百餘國重譯來庭。獻詩三章。"時部尉府舍，以部御雜夷，宜炫燿之。乃雕飾城墙，華畫府寺及諸門，作神仙、海靈、窮奇、鑿齒。夷人出入恐懼。騾馬或憚而趦趄④。此用《太平御覽》卷七百五十引《華陽國志》文補。"御"原作"禦"。恐下原無"懼"字。《後漢書》作"畫山神、海靈、奇禽、怪獸以眩燿之"。延光二年，旄牛夷叛攻零關，殺長吏。益州刺史張喬與西部都尉擊破之⑤。於是分置蜀郡屬國都尉，領四縣，如太守⑥。此用《漢書·莋都夷傳》文。靈帝時，復以蜀郡屬國爲漢嘉郡。

此用《莋都夷傳》文。加"復"字以照上文。**四縣戶十一萬**。依《郡國志》蜀郡屬國户數。**太康户一萬三千**。據《晉書·地理志》。

  案：補《漢嘉郡序》。除《太平御覽》有《華陽國志》一條適用外，唯可用《史記》、《兩漢書》與《水經注》補。《范史》與《酈注》引用常氏文甚多，正史例不舉所據書名。酈氏凡雜取衆書纂成，非專用《常志》者，亦不舉書名。雖不舉，察其資料必出《常志》者，固無妨酌取以補《常志》所佚。常氏所引《史》、《漢》、《三國》與《東觀記》亦不用原文。兹取引補，即必儘量遵用其原文，乃便檢覈。以此字量未免於浮腫。要能循其意趣，存其神致而已。

【注釋】

①《史記》、《漢書》都有《西南夷傳》，并言漢武帝"以邛都爲越嶲郡，莋都爲沈犁郡"。本書定莋縣云："莋，夷也。……漢嘉、越嶲曰莋。蜀曰邛，皆夷種也。"說明莋之與邛，皆種族名稱。邛族有王（邛穀王），其國都在邛海旁。是爲"邛都"，即今西昌縣。邛人、莋人與汶山郡之所謂夷人皆氐類也。本書《越嶲郡》定莋縣文之"皆夷種也"，與《史記》、《漢書》之《西南夷傳》之"皆氐類也"爲同一含義，故漢、魏、南北朝史地書，恒以"羌"、"氐"、"夷"字混用。（如青衣夷一作"青羌"，一作"青氐"。白馬夷一曰"白馬氐"，或"白馬羌"。冉、駹夷一曰"冉羌"，或"蚺氐"。）就中，邛人進入奴隸社會最早，秦漢時已經土著營農業，具備國家組織形式，有國王，有都邑，漢武帝開置爲越嶲一郡。其他部分之氐人，漢時尚多停滯于游牧轉徙，或半農半牧的原始社會階段，僅祇有氐族組織或原始公社性質之"邑君"與酋長。當時或稱其北部高原附近之人爲氐，南部狹谷地區之人爲莋，《漢書·張騫傳》所云"北閉氐莋"是也。或合稱爲"西夷"，《史》、《漢》合南夷爲一傳是也。或又混之於羌，後漢《西羌傳》是也。或通稱之以夷，《常志》是也。更或隨郡界而別其稱，則漢嘉郡與故沈黎郡人皆曰莋，《後漢·冉駹傳》是也。

其所以稱爲筰者，其地山高谷狹，水深而激，難架橋梁與設舟渡。其住民遠在數千年前，已創絞篾爲索，相對斜張於狹谷兩岸，用木殻繫皮條騎人，挾之滑翔以達對岸之法，即所謂筰，古云"度索尋橦"，今人呼爲"溜索橋"者是也。《説文》："筰，笮也。"又："笮，竹索也。"謂以竹篾相絞纏成之巨緪也。其字亦省作"笮"。《漢書》作"莋"。此種筰渡之法，迄今仍甚普遍。山區邊民之智慧，因地形之宜，竹材之便，創爲此製，簡便適用，猶李冰之都江竹籠索橋，近世之有登山索梯。巧拙不同，其爲人類征服自然之巧思則一也。習於舟車之平原人民，驚異其製，稱其地爲"筰域"（筰國），稱其人爲"筰人"，非其人自有筰族之稱也。

　　筰域在兩漢世，由於發展前進程度之不同，又可分爲若干部分。最北岷江上游冉駹部分，由於接近都江，習見李冰式之索橋，脱離溜索尋橦的階段較早，蜀西青衣江流域亦然，後漢置郡後，已頗建造橋閣，通要道。至於山僻民間，則雖近世，仍用溜索，故魏晉南北朝人，皆以青衣氏列入筰類。然由其密近蜀郡，文化在諸筰中爲最先進也。青衣之西，大渡河以内，邛崍山脉盤結地區，在漢世爲樓薄部落，在唐宋爲"三王部落"，（有劉、楊、郝三王分治，摇擺依附於中原與吐蕃之間，號稱兩面羌。）即《後漢・冉駹夷傳》所謂"白狼樓薄"，元、明、清世所稱之"天全六番"也。大渡河外，西達雅礱江，包括今康定木雅鄉、九龍、冕寧與瀘定西岸之地爲旄牛部，《西羌傳》所謂"氂牛種"，《張嶷傳》所稱之"旄牛王"，蓋筰夷中之最强大部落也。其南，當今鹽源、木里與雲南寧蒗縣地，爲槃木部，《後漢書》所云"白狼槃木"，《張嶷傳》所云"槃木王"，今普米族是也。更還有旄牛部以北，相當今大渡河上游魚通、孔玉、金湯、大小金川一帶，在漢代被稱"三襄、污衍"等部落，唐宋稱爲"東西嘉良"等部分亦是筰夷。但隔於青衣、冉駹與樓薄等部，極少與内地有交涉。

　　筰夷既非一個民族，亦未建成一個國家，而《史》、《漢》有"筰都"一專稱者，緣諸筰有共同的商貿市集，其中一處最大，地位適中，漢開西夷置沈黎郡時，郡治於此，稱筰都縣，故曰"以筰都爲沈黎郡也"。其地在今瀘定縣南之沈村，説另詳。

②《茂陵書》今佚，《漢書》注所引者，有珠崖、儋耳與沈黎郡三條，蓋紀漢武帝開置新郡縣事。三條皆據臣瓚舊引，是隋唐間已佚，顏師古亦未見也。

沈黎郡置立十四年而罷。所領二十一縣，除筰都與旄牛可定，及徙、嚴道、青衣與越嶲郡之莋秦、定莋、大莋、姑復可能是故沈黎郡領，可知名者九縣外，不知名者猶有十二縣。又如《相如傳》言除邊關，"西至沫、若水"，又云"關沫若"。若水爲今雅礱江，是沈黎郡西境達雅礱江也。又沈黎郡廢後，存旄牛都尉。《前漢·地理志》旄牛縣云："鮮水，出徼外，南入若水。若水亦出徼外，南至大莋入繩。過郡二，行千六百里。"所云鮮水，今流經爐霍、道孚、乾寧三縣，至雅江縣界入雅礱江之鮮水河也（羌藏語鮮爲赤金之義，沿河產金，羌語未變，故古今名同），與雅礱江皆發源於俄洛草原，故云"徼外"。繩水即金沙江，雅礱江南至渡口市入金沙江，"過郡二"者，蜀（或沈黎郡）與越嶲二郡。"行二千六百里"則與渝氏道所載江水同長。謂僰道以上合繩若計之，古今地理皆合，然則漢沈黎郡境，蓋又不祇包括今之康定，且又曾擴展至鮮水流域矣。《水經》："若水出蜀郡旄牛徼外。東南至故關爲若水也。南過越嶲邛都縣西，直南至會無縣，淹水東南流注之。"與《漢志》全合，皆若水爲今雅礱江之證。所言淹水，謂今渡口以上金沙江，會若水後乃稱繩水也。"故關"，當即是今之雅江縣，沈黎郡立時，郡西界至此爲關徼，郡廢後，西徼內移至沫水，故謂雅江爲故關也。

如此，則沈黎郡失名之十二縣，皆當在今康定、九龍、乾寧、道孚、爐霍縣內，隨當時部落酋長請置吏者置立。大都皆犛牛種之小酋，貪賞賜者所請。時皆牧部，人無定居，縣不能立，故旋復廢去，并以屬於旄牛都尉也。

③白狼槃木王地在今四川鹽源、木里與今雲南寧蒗三縣鹽池附近，不僅《三國志·蜀·張嶷傳》可定，即今其遺民稱爲"普米"者，所分布地域與其所傳歷史亦可定。其所獻詩三章，《東觀漢記》存其本語譯音與田恭譯意對照。《後漢書》注亦存錄之。"恩深"作"渡諾"音，"外"作"儀"音，"不遠萬里"作"莫受萬柳"，"心歸慈母"作"仍路孳模"之類，皆四字四音爲句，顯然是朱輔先爲作詩，乃命田恭隨文填比其本語音字。中有多字俱係無本語可對，而直借漢

音者，非其人固有之詩也。後漢越巂郡户十三萬零一百二十，口六十二萬三千四百一十八，永昌郡户二十三萬一千八百九十七，口一百八十九萬七千三百四十四。益州郡户二萬九千零三十六，口十一萬零八百零二。牂柯郡三萬一千五百二十三，口二十六萬七千二百五十三，四郡合計纔四十二萬二千餘户，二百八十九萬八千餘口，尚不及朱輔所稱白狼槃本等百餘國户口之一半，此其誇妄欺誕亦甚明矣。然其詩存，足以考訂民族語言古今通變，則足珍也。

④范曄《莋都夷傳》云："肅宗初，（朱）輔坐事免。是時郡府舍皆有雕飾，畫山神海靈，奇禽異獸，以眩耀之。夷人畏憚焉。"不如《御覽》引文較詳，且明爲《華陽國志》文。"窮奇"、"鑿齒"皆異域遠夷名稱，見《山海經》。

⑤延光二年（123），東漢安帝即位之十七年也。《安帝紀》亦有此文，作"寇靈關"，《莋都夷傳》則作"攻零關"，又多刺史張喬名。《范史·莋都夷傳》應係引用《常志》，《安帝紀》則非用《常志》，而是依據他種官書之證。兩《漢志》越巂郡皆有"靈關道"，字不作"零"。惟《常志》依《司馬相如傳》"鏤零山，梁孫原"語，作"零關"（《越巂郡》闌縣文譌作"寒關"），又別指蜀王開國時以"熊耳、靈關爲後户"。其熊耳與靈關，皆在青衣江流域（已詳本卷2章之注⑩）。其地與旄牛夷隔邛崍山，與徙及嚴道縣，不可能爲旄牛夷所寇攻。惟越巂郡之零關，近旄牛夷，故被攻入，殺長吏。長，謂零關道（漢縣，在晉爲闌縣，參看《越巂郡》闌縣注）之縣尹。吏，謂其縣署之吏司。惟零關道有長吏。若青衣之靈關，則僅爲邊徼險要，時無縣治（今爲寶興縣治），不得云"殺長吏"。零關，是常璩書的正字，故越巂郡闌縣下舊刻譌作"寒"。"零"字易譌作"寒"，若"靈"字，則不可能譌作"寒"。以此知兩《漢志》之"靈關道"及《靈帝紀》之"寇靈關"，皆當時朝廷官書之譌字，非如常氏地方史之得其本字也（參看《蜀志》2章及越巂郡闌縣注）。

⑥漢制，部都尉與屬國都尉秩皆比二千石，其不同處爲部都尉但主軍、刑事，屬國都尉則領縣，兼理軍、民、財、刑各政如太守。"屬國"謂少數民族部落，自有君長，雖內附而不隸於縣官之部落，置吏則比於縣官，不置吏，則祇管都尉鈐束者也。

二十一

漢嘉縣① 郡治。據《晉書·地理志》，是用《太康地志》文。故青衣羌國也。此用《水經注》卷三六原語。高后六年開爲青衣縣。此據《蜀志總序》與《漢書·地理志》有蒙山。此用《後漢·郡國志》漢嘉縣文。《前漢志》合。青衣水所發。東逕縣，南與沫水會②。此用《水經注》文。删"縣"上"其"字與"會"字下"於越巂郡之靈關道"八字謬文。沫水從岷山西來，出靈山下。其山上合下開，水出其間，至縣東與青衣水合，東入於江③。此用《郡國志》注引《華陽國志》文，參合《水經注》文整補。劉昭此注引《華陽國志》，文殊謬亂，不可句讀。蓋據誤本又自行竄亂。故與地理實際剌謬。《水經注》文亦多竄亂，故用今地文參合訂之。土地多山。此劉昭注引《華陽國志》原語。産名茶④。此用《寰宇記》引《九州記》及《茶譜》補。說詳注釋。靈山下有靈關，在縣北六十里。有峽，口闊三丈，長二百步。關外即夷邑。此借《元和志》文。安帝永初二年，青衣道夷邑長令西，與徼外三種夷三十一萬口，齎黄金，旄牛毦舉土内屬。安帝增令田爵，號爲奉通邑君。據《莋都夷傳》文。延光二年，爲屬國都尉治。陽嘉二年，改縣名漢嘉。節取《莋都夷傳》文。用建武時郡名也。意補。自時厥後，人文蔚興。王元泰州里無繼。據《三國志·楊戲傳·季漢輔臣贊注》補。樊叔達號爲吏師。用《樊敏碑》文補。向舉爲一時表率。據《三國志·先主傳》，勸進表名列第二。張休、王暉並俊彥稱也⑤。並據今存墓銘等文獻補。

嚴道縣⑥ 邛來山，邛水所出，東入青衣。有木官。十四字用《漢書·地理志》班固本注文。秦開邛來道，置郵傳，屬臨邛。右十一字依《司馬相如傳》與《淮南王傳》合參意補。始皇二十五年滅楚，徙嚴王之族以實于此地，漢爲縣，故曰嚴道，屬蜀郡。至文帝，又徙淮南王之族於此⑦。此四十字，用《寰宇記》卷七十七文。倒"漢爲縣"三字在"故曰"上，以明"嚴道"取義。秦與前漢皆不諱"莊"爲"嚴"。常氏不當有此説。然《讀史方輿紀要》及《清一統志》皆有與此相同之文，云出《華陽國志》。是唐宋人書引《華陽國志》以存此説者尚有他種。樂史亦實轉引可知。固當録補。**道通邛筰，至險。有長嶺、若棟、八渡之難，楊母閣之峻。昔楊氏倡造作閣，故名焉**⑧。此《郡國志》注引《華陽國志》文。原無"通邛筰"三字，據《水經注》卷三十三再增補。**有銅山，文帝賜鄧通鑄錢處也**。取《史》、《漢·佞幸·鄧通傳》補。**其人士，則李磐圖像府庭**，見《先賢志》，前漢時屬蜀郡。**高頤樹闕錦里**。據現存雅安姚橋之《高君碑》，與石闕。雅安，漢嚴道縣地也。**衛繼仕蜀，至奉車都尉、大尚書**⑨。《三國志》附《楊戲傳》。

　　徙陽縣⑩　**本斯榆邑。漢武略斯，以爲徙縣**。據《司馬相如傳》及《漢書·地理志》，顏注："徙音斯。"**晉改曰徙陽也**。據《晉書·地理志》。**山出丹砂、雄、雌黄、空青、青碧**⑪。據《郡國志》注引《華陽國志》文增"山"字。

　　旄牛縣⑫　**在邛來山表，本旄牛王地。邛人筰人入蜀必度此山，甚險難，南人毒之，恒止市於此**。此用《郡國志》注引《華陽國志》文，改"旄地也"爲"本旄牛王地"，改"邛人自蜀入"爲"邛人筰人入蜀必"七字，增"恒止市於此"五字，補全文義。昔人引文多意爲奪衍，故失之也。**有鮮水、若水**五字據《郡國志》注引《華陽國志》。**出徼外，南至大莋入繩**。⑬九字用《前漢志》旄牛縣注補足。**濊水一名洲江，合沫水，自南安入江**。⑭《郡國志》注原引脱"濊水"字，遂失《常志》本旨。兹用《前漢志》青衣縣注，更補後八字。而易"溓"字爲"濊水"，俾與"汶山縣"引文符合。

　　晉樂縣⑮　此據《宋書·州郡志》補。説在注釋。

　　案：補漢嘉郡屬縣，縣名依《晉志》。考補李雄時晉樂縣。引據舊籍，明著出於《華陽國志》者較多，而每因奪字衍文，害其本旨。兹既徵引，不能不爲之考訂釐正。

【注釋】

①《前漢志》蜀郡有青衣縣。《後漢志》蜀郡屬國云："漢嘉，故青衣，陽嘉二年改。"考故青衣縣治即今蘆山縣城，漢晉時縣境，即今蘆山、寶興縣境及康定之上下魚通地區（康定縣城以東之河谷地區，包有今蘆山河谷、寶興河谷的全部，與大渡河谷的一段），本青羌（青羌）根據地。青羌大酋住靈關外沫水河谷（今穆坪），早在周代已與蜀國開明帝發生政治關係，故秦漢世即已請吏置縣，并以青衣爲縣名。縣治本青衣夷族經營漢羌市易之市場。置縣時，築城以居漢官，漢民稱爲"羌城"，後世訛爲"姜城"。唐宋以後，又訛爲姜維故壘，甚至妄指爲姜維墓葬處（或云膽墓），皆明清方志無稽之謬説也。今有姜祠與石獸及《都尉楊君碑》石殘片（俗稱天狗吃月），寶漢末葬制遺物，當是都尉楊顗碑。（另詳《蘆山漢石圖考》，見於《康導月刊》四卷六、七期，1942年9月，原題爲《蘆山新出漢石圖考》。）置縣後，漢民居留者多，與蘆山河谷羌戶習漸融合。至公孫述據蜀，蜀中巨室避地，多徙居此，後漢遂發展爲郡治。時則靈關以外，仍爲夷邑，惟已習漢文書，延聘漢儒爲主書記，并供租賦與征役矣。

②《水經》："青衣水出青衣縣西蒙山。東與沫水合。"此所言爲今之蘆山河。所云蒙山，即今羅繩山，爲成都平原西側岷江水系，與青衣江水系之大分水嶺之統稱。山脉縱行數百里，爲四川紅盆地之西界。海拔全在千公尺以上，經常細雨迷霧，罕睹晴日，故古有蒙山之稱。其支脉東南出，爲今名山、雅安兩縣之界山者，有蒙頂寺，唐以來始有蒙山之名，非即《禹貢》與《漢志》之蒙山也。《漢志》"青衣縣"注云："《禹貢》蒙山谿、大渡水，東南至南安入湔。"所指亦是今蘆山河。緣其出自蒙山，并與蒙山山脉并行入嚴道界，故曰蒙山谿。嚴道界有"大渡"最險要，故又稱"大渡水"。合沫水、邛水諸支流，穿飛仙關、竹箐關（熊耳峽），至南安合濊水（濊水，今云大渡河），入岷江，此古今地理可勘合者。《雅安縣志》隨近世俗稱名山界上之蒙頂寺爲"蒙山"，遂以青衣江之小支流三里溪爲蒙山谿（溪在雅安城對岸，沿溪有上里、中里、下里三村），以爲是青衣水正源，此大誤也。雅安爲漢嚴道縣地，蘆山乃漢青衣縣治所在。自飛仙關以北，蘆山河全域，及西靈關外之沫水（今寶興河）流域，皆漢青衣縣與青衣夷邑

君長轄地。水因縣爲名,稱爲青衣江(羌江)正源,固不可以三里溪之小支流當之也。

③《水經注》云:"沫水,出岷山西,東流過漢嘉郡,南流,衝一高山。山上合下開,水逕其間,山即蒙山也。"所言"上合下開"之山,即今上自靈關(現爲寶興縣治)朱砂溪,下迄天全銅頭場長近百里之峽江。峽山爲礫岩斷裂所成,兩岸壁如刀劈,離立十數丈,猿猱不得下汲,筏流不見天日,幽閉有如洞穴,故有其山上合下開之喻,實係一山中裂。其山本曰靈山,今云靈鷲山,《水經注》混爲蒙山也。蒙山之西爲青衣水,青衣水西爲此礫岩構成之大山脉(靈鷲山),又西乃爲沫水(寶興河)。《水經》云:"沫水出蒙山南。"《酈注》云:"沫水出岷山西。"查今寶興縣之穆坪河,源出寶興縣堯磧鎮北之夾金山,本與汶山郡之岷山(鷓鴣山)爲一脉,同高而近,固得同稱"岷山"。更穿靈關峽而至青衣縣南,與青衣水會,當蒙山山脉之南段,亦即漢嘉縣之南界。是諸書文并無誤,祇《水經注》以靈山爲蒙山是誤耳。《酈注》於西南諸水道,隨所引資料文字妄作體會,而致誤者多矣。即如青衣水"與沫水會於越嶲郡之靈關道"一語,便是以靈山下之靈關,誤爲越嶲郡之零關道(前於臨邛縣引布濮水,亦被混於南中入海之"濮水")。苟非用地理實踐細加辨訂,而祇盡信其書,則誠不如無書矣。

④今蘆山縣境諸山皆産茶。其歷世著名者,爲蒙山茶。《寰宇記》名山縣云:"蒙山,在縣西七十里,北連羅繩山,山接嚴道縣。"(唐宋時嚴道縣爲今雅安,而漢嚴道縣爲榮經縣。)此言蒙山,包括羅繩正西諸山,而以五頂之一的上清宮爲蒙山正峯也。《寰宇記》又引《九州記》云:"蒙者,沐也,言雨露蒙沐,因以爲名。山頂受全陽氣,其茶香芳。"又引《茶譜》云:"山有五嶺,嶺有茶園。中頂曰上清峯,所謂蒙頂茶也,爲天下所稱。"今按:茶園宜温濕氣候,與排水良好之山地。故於川西南諸山地無不相宜。《茶譜》謂"百丈、名山二縣尤佳"者,亦祇緣二縣多茶園,人善焙製茶葉言之。實則整個蒙山産茶無不良好也。(百丈縣,唐貞觀八年置。宋熙寧五年省入名山縣,爲鎮。今百丈驛。)

⑤青衣縣人物,前漢無稱。公孫述據蜀,蜀中士大夫不附,而述偪之出仕甚

厲，故巨家多徙避於此。後漢年代，人文已盛，故光武爲之升爲漢嘉郡也。今其地田塍間多漢磚，有建初、永元等年號字。漢末，縣人樊敏，結青羌助劉焉平馬相、賈龍之亂，官至巴郡太守，舉三公，行事見其墓碑（今存），有"號曰吏師"語。

陳壽《三國志·楊戲傳·輔臣贊注》云："王元泰，名謀，漢嘉人也，有容止、操行。劉璋時爲巴郡太守，還爲州治中從事。先主定益州，領牧，以爲別駕。先主爲漢中王。用荊楚宿士零陵賴恭爲太常，南陽黃柱爲光祿勳，謀爲少府。建興初，賜爵關內侯。後代賴恭爲太常。……後大將軍蔣琬問張休曰：'漢嘉前輩有王元泰。今誰繼者？'休對曰：'至於元泰，州里無繼，況鄙郡乎？'其見重如此。"蓋蜀人仕於劉二牧與蜀二主至九卿者，唯王謀一人。州里，謂益州郡縣中。王謀墓在蘆山縣郊，石獸尚存。

《三國志·先主傳》：建安二十五年，"所在並言衆瑞，日月相屬。故議郎陽泉侯劉豹，青衣侯向舉，偏將軍張裔、黃權……上言"。凡勸進者十二人皆蜀人，則劉豹、向舉亦蜀人也。青衣非侯國，漢制蜀地亦不建封國，則青衣侯者，青衣夷邑君之封號，在當時屬漢嘉縣也。

張休，亦漢嘉縣人，官至雲南太守，見《士女目錄》。王暉，益州上計史。墓在蘆山東郊。石棺、磚槨製甚偉，近年發現。漢上計史皆用地方名士。程苞、趙壹并著於《范史》。王暉行事雖無考，由其墓銘，知其爲州里俊彥矣。

⑥漢嚴道故城，今榮經縣郊古城壩是也。今榮經河，在《漢志》爲邛水，出邛崍山北麓，經縣城下，北貫峽道，至始陽，合和水（天全河），東至飛仙關，入青衣江。峽道歷爲徙與嚴道界（今云天全與榮經界）。今雅安縣，亦古嚴道縣地。秦漢時，蜀通西夷道，係自臨邛（今邛崍）西經火井槽，出八步關（今蘆山縣東北二十里），入青衣水河谷；出飛仙關，渡和水（大渡），入此邛水峽，出嚴道；沿邛水度邛崍山，至旄牛縣，通於邛、筰。（此綫即《張嶷傳》所謂"旄牛故道"，今已建成公路。）非由百丈、名山、雅安一路。南北朝時，臨邛舊境全爲夷獠所據。後魏始重開青衣，置蒙山縣與蒙山郡（郡治始陽）。隋以蒙山爲蘆山縣，屬邛州，而別開東道置名山縣，又於雅安山（今云蒼坪山）別立嚴

道縣，爲雅州治。唐武德初，乃復於故嚴道城置榮經縣。又於故青衣與斯榆（徙縣）地立靈關、蒙陽、長松、楊啓、嘉良、大利等縣，皆因內附夷落立，與蘆山俱屬雅州。武德六年，省諸夷縣。惟存嚴道、名山、蘆山、榮經四縣。貞觀中，增百丈縣（今爲名山縣之百丈驛），凡五縣，俱隸雅州。置雅州都督府，督青衣以西諸夷落羈縻州。直至明清，形勢未變，而與晉宋以前形勢、地名全不相應矣。後人治史地名，不知獠亂約二百年的陷沒歷史與重開過程，每以隋唐名稱，還求漢晉故址；展轉混亂，往往造成謬誤。玆依兩漢史實，覈以今世地理，重爲釐定，則漢嘉是今蘆山，嚴道是今榮經，隋唐以後之嚴道乃是今雅安縣也。

⑦顧祖禹《讀史方輿紀要》與官修之《大清一統志》，并有此文，云出《華陽國志》，故不能不因以引補。然其説甚可疑也。劉昭《郡國志》注嚴道縣引有《華陽國志》六十七字，無此語意。顧觀光校勘記引各類書已遍，亦未見有此説。宋刻《華陽國志》兩種，俱全脱漢嘉郡，清人何乃能更見寫本，爭傳此文？此資料來源有可疑者也。秦與前漢無諱莊王作嚴王之理。後漢明帝名莊，自其時起，乃有諱莊爲嚴之例（相傳嚴君平本姓莊）。班固撰《漢書》，改莊道爲嚴道可矣。《史記·佞倖傳》云"嚴道銅山"，《淮南王傳》云"嚴道邛郵"，則可知縣名本是嚴道，非因諱莊改也，此就名義推尋矣。竊謂嚴、巖古同音義，《魯頌》："泰山巖巖，魯邦所詹。"韻與詹協。人事嚴急，與山道巖險亦正同義。嚴道，謂邛崍山道與邛水峽道并嚴急險峻，非有嚴王之族徙此之義。常氏縱有此文，亦當駁正。

⑧"長嶺、若棟"，別無可考。按引文次序，揆以今地理，當是自臨邛至旄牛全綫敍列。"長嶺"謂火井槽大山。"若棟"，蓋橋閣地名，在飛仙關附近青衣水側。"八渡"疑是"大渡"字譌，即今飛仙關外多營坪渡口，水急無舟，古人不慣度索尋橦，以爲險難，故稱之爲"大渡"。因謂其水爲"大度水"。《漢志》所云"蒙山谿、大度水，東至南安入渽"者是也。蓋謂青衣水爲蒙山谿，始陽河（即天全河，古云和水）爲大度水，合流至嘉定入渽。（汶山郡之濊水，今稱大渡河，緣納此水而得爲通稱也。）又東入岷江也。楊母閣，在今榮經縣黃泥堡南。

崖道險窄數里，有舊銘刻甚多，今已漫漶。有妄人鐫"七擒孟獲處"五大字方丈，蓋漢世之閣道也。《元和志》嚴道縣有"長墳嶺，在縣西二十七里"，唐嚴道縣是今雅安，則所指長墳嶺是今麂子岡。同卷名山縣又有"弱楝坂，在縣東北八里，長二里，道至險阻"，則似指今之黑竹關。以今視之，皆平淺土丘，未爲險地。蓋唐人妄引《常志》所傅會。夫唐世治地理者，尚不能指漢嚴道城之正確位置，則安得能確指長嶺、若楝之險哉？是蓋不可取也。自楊母閣起，止邛崍山，與劉昭引文敍次乃合。

⑨《常志》例於郡序舉地方人物。茲補漢嘉郡，以人物分別入縣者，郡境四縣地宜天候、社會經濟、人物文化，互有不同，未可如巴、蜀諸郡之可通爲一體。分縣敍列，足以説明其文化發展不平衡的概況。大抵青衣縣人文最盛，文化最高，漢末時竟可凌駕腹地山郡諸縣，嚴道縣次之，徙與旄牛則無聞矣。

李磐事在《先賢・蜀郡士女讚注》。高頤碑闕在今雅安縣東之姚橋，漢嚴道縣地也。（碑文今滅，《金石録》有拓勾本。）衛繼事附見《三國志・楊戲傳》注引《益部耆舊雜記》："漢嘉嚴道人也。""屢遷拜奉車都尉、大尚書。忠篤信厚，爲衆所敬。鍾會之亂，遇害成都。"《先賢志》及《士女目録》并失漢嘉郡，故補其人。

⑩《漢志》徙縣，今天全縣始陽鎮是也。顔師古注曰"徙音斯"，謂即《相如傳》之"斯榆"。"榆"字，羌氏語族落地區之義，其人稱爲"斯叟"，屬白狼樓薄種，青羌之別支也。漢武帝開西夷，以其地爲三縣，邛崍山内，青衣水支流大渡水以西爲徙縣，邛崍山外爲旄牛縣，大渡河縱谷爲莋都縣。其後遂發展爲楊、劉、郝三王部落，而楊王最强大，後則爲天全六番招討司也。漢徙縣，晉改曰徙陽縣，後没於夷。唐宋爲蘆山縣始陽鎮，爲六番正招討司駐地。元更增設天全招討司，主西番市易。明清合稱天全六番正副招討，分駐碉門、始陽。雍正七年改土歸流，設天全州於碉門，州同於始陽，兩地相去二十里。

⑪雄黄、雌黄，皆硫、砷化合物，并生於一礦。今天全尚以山出硫黄著名。靈關朱砂溪，疑即古産丹沙之地。天全南接滎經縣界一帶連山，礦産豐富。嚴道銅山即其支脉，故今天全猶多銅礦。空青與碧石皆銅礦副産品。然則徙縣礦産自

晉迄今猶未衰也（引文"青碧"，疑衍"青"字）。

⑫漢旄牛縣故城當在今漢源縣九襄鎮（即漢原街）。今之流沙河，古有漢水之名，故其河原稱漢原，李雄置漢原縣也。其地在全縣最中，寬坦腴饒，漢民所聚，設縣自必從之。稱旄牛縣者，本旄牛王屬地。始旄牛王就邛崃山下立此與漢民市易之邑。漢民漸集，夷民漸與融合，亦如青衣，遂得置縣。然青衣去蜀近，青衣夷君亦慕漢文化，故縣能穩固。此縣去蜀郡遠，隔以邛崃大山，而與邛、筰兩地接近。筰中旄牛夷最強梁，貪賞賜而不慕漢文化，故屢叛。在漢末世，邛崃山道爲之閉絕者數十年，張嶷爲越嶲太守，乃漸撫旄牛王，復開此路（事詳《三國志·張嶷傳》）。入晉又復陷没。李雄據蜀，再撫通之，置沈黎郡。桓温滅蜀，遂棄南中，此縣復廢。隋平夷獠，乃再開，其後爲西南邊防嚴重之地，州縣興廢無常，關戍重沓，幻起幻滅，鮮有直存至百年以上者。元明遂降爲土司領地。清雍正改土歸流，於黎州舊城置清溪縣，在舊縣北三十里，邛崃九折坂下。解放後，徙治大渡河北之富林鎮。旄牛舊名自劉宋時廢，更未再用矣。

⑬《漢志》旄牛縣列鮮水、若水，足知沈黎郡廢後，所有旄牛以西，未著名之十餘縣地，皆併入旄牛縣境，故其縣境至鮮、若水也（參看20章之注②）。

⑭劉昭《郡國志》注旄牛縣下引《華陽國志》曰："有鮮水、若水，一名洲江。"（《水經注》引作"州江"。州，古字；洲，今字。）洲，水中可居處也。鮮水、若水從海拔四千公尺之西康高原合流，至會無（今會理縣）西界合孫水（繩水同），入金沙江（淹水），再流入僰道合岷江。僰道江面，海拔不足三百公尺，自僰道以上皆行峽谷中，無掌闊之河原，絶無洲渚可見，（鮮水在道孚、爐霍境内地勢較平緩，亦未嘗有洲渚住民。）則鮮、若水以及金沙江，皆不得有洲江之名矣。再，旄牛縣境（今漢源縣同）之西南兩面繞大渡河，則縣境大水，當重在近接之大渡河，不重在窵遠之鮮、若。常氏記旄牛縣水道，何能遠舉鮮、若，而近遺大渡河？又大渡河上游、中游雖亦同鮮、若行高山狹谷中，無洲渚；但其下游出三峨山麓後，則展擴爲廣袤數十里之平流，岔港縱橫者百餘里，大小洲渚以百計，洲中農民住户數千家。乃與青衣水合，斂束而東，直冲樂山大佛崖，秦代稱之爲沫水，《漢志》稱之爲涐水，《水經注》作"泧水"，又作"大度

水"，又曰"一名州江"。常璩於《汶山郡》志其源曰"濊水"，於《漢嘉郡》志其委曰"一名洲江"，是州江爲今大渡河也。劉昭未諳邊徼地理，引文時奪若干字，遂至張冠李戴，以洲江誤接於鮮若水，此必當辨明糾正者也。

《前漢志》青衣縣云："大渡水，東南至南安入瀎。"此謂青衣水（今蘆山河）與沫水（今寶興河）合流至飛仙關外，合和水（今天全河，古曰和川），有大渡，甚險難，而爲蜀與邛、筰交通所必經，故又稱爲大渡水（大渡已詳上注⑧八渡解説）。以下通稱青衣水，再合瀎水於南安縣界，又東百里乃入岷江。"水隨所納入而得通稱"，故瀎水被稱爲沫水（《史》、《漢》并云李冰鑿離堆避沫之害），又被稱爲大渡河。唐於黎州置大渡戍，儀鳳四年又分漢源置大渡縣，皆因大渡河爲名。蓋其時青衣江之大渡已建橋，轉爲平易；而瀎水之大渡特顯緊要，遂得專享大渡之名，直至今世；而瀎水、濊水、州江諸名并消失也。

瀎水，顏師古注云"音哉"，未詳何義，《水經注》作"洈"，狀其水聲也，《常志·汶山郡》作"濊"，亦狀其水嘰嘰之聲也。"哉"字古音才、音載、音戈，皆不成爲水聲。疑今本"洈"字是"濊"字譌，抑或皆是"洈"字之譌，茲係引補，故從《汶山郡》引作"濊"。

⑮晉樂縣，不見《晉書》。然《宋書·州郡志》卷三十八《益州》有晉原太守，領縣五，江原、臨邛、晉樂、徙陽、漢嘉。其"晉樂令"下云：《何志》故屬沈黎，晉《太康地志》無沈黎郡及晉樂縣。"同卷沈黎郡云："二漢、晉，并無此郡。《永初郡國》有，《何志》無，舊領縣四。"而其所列祇城陽、蘭、旄牛三縣，是"舊領縣四"者，謂永初時（420—422）領縣有晉樂，合此三縣爲四；大明時（457—464）乃祇此三縣，晉樂已別隸晉原郡故也。《齊書》沈黎爲"獠郡"，謂獠民歸附，因其首領從其習俗爲治，存郡名而已，而有"晉康郡"領縣與《宋志》晉原郡同，有晉樂。又查《晉書·地理志·益州》云："李雄又分漢嘉、蜀二郡立沈黎、漢原二郡。"蓋謂李雄分漢嘉郡邛崍山外之旄牛、蘭、城陽、晉樂四縣爲沈黎郡，而以蜀郡之江原、臨邛與漢嘉、徙陽等縣流徙之民立漢原郡也。《晉書·地理志》："桓溫滅蜀，其地復爲晉有，省漢原、沈黎……"仍復蜀與漢嘉之舊。至宋武帝永初時，復有沈黎、晉原二郡，晉樂縣屬沈黎。至孝武帝

大明年，晉樂改隸晉原郡，沈黎郡亦爲獠郡矣。

《宋志》無嚴道縣，有晉樂縣，是劉宋已改嚴道爲晉樂之證，然若緣此即謂晉樂是嚴道縣改，亦不然也。晉永嘉（307—313）後，蜀地大地主隨羅尚東徙入巴及荆、湘州者甚多，其次南入七郡。出蜀以後，所至觀望停留，冀得復還。其奔向越嶲者，踰邛崍山後，度李氏軍力不能至，每多停留於大渡河谷舊旄牛、闌縣諸地，漸分縣籍、郡貫，而相與聚合爲僑郡縣。既非地著，隨時復有流轉分合，幻變起滅，晉宋間，各州皆然，固不止此一隅而已。就此邛崍山外一隅而論，當蜀中劇亂時，江原、臨邛、漢嘉、徙、嚴道諸縣人民已大部遷入旄牛縣境，舊縣境內殆無民户。李雄得范長生支持，建國後次第招徠撫綏，蜀人回里者漸多，其流移觀望不肯邊還者，雄亦因其所在撫定，就立郡縣。於時邛崍山外，旄牛縣境內僑立漢原、沈黎兩郡，證以文獻爲必然矣。如《沈志》所稱晉原郡領之"江原、臨邛、晉樂、徙陽、漢嘉"五縣，皆當原是李雄就舊縣僑民所立於邛崍山外者，從而撫定之，非漢舊之實縣也。惟晉樂不見《漢志》，《舊唐志》云"晉滅李雄後立"。云"晉滅李雄"，文已誤矣，若謂桓温滅蜀後，則《晉志》固云桓温滅蜀"省漢原沈黎"，又將作何解？審晉樂名，固當是李雄據蜀時，流移寄居於此區之"晉民"（晉世漢民入居夷中者稱晉民），縣籍人數不足成僑縣者，則共合爲一僑縣，附晉原郡稱"晉樂"也。《晉書》蜀郡固有江原與臨邛縣，漢嘉郡固有漢嘉、旄牛、徙與嚴道縣，皆有户口，則安能更以此五縣立晉原郡哉？是晉原之爲在邛崍山外之僑郡可定矣。《沈志》沈黎郡，李雄分漢嘉立，領城陽、旄牛、蘭三縣。無晉樂，而別入晉原郡者，蓋桓温滅蜀後，招懷晉原僑郡人民各回本籍，擬棄邛崍山外。故雖云"省漢原、沈黎"，而流人居留已久，驟難遷回，僑郡實仍未廢，故《宋書》仍有晉原沈黎二郡。惟大明時，厲行土斷，晉原僑民乃皆遷還故縣，但存沈黎實郡。晉樂民亦隨徙還蜀，團聚已久，不樂分散，因留墾嚴道荒地。從而并改嚴道爲晉樂，非常璩時已改嚴道爲晉樂也。常璩時，晉樂與嚴道并存，故當補入漢嘉郡。

自永嘉至大明百五十年，晉樂雖僑縣，其人亦當墾地土著數世矣。原屬此區僑縣，皆已返其本籍，惟晉樂一縣獨存。則其初流徙時所住地，必是荒廢可墾之地，乃能成爲定居之新縣。又先屬於沈黎郡，沈黎故郡治在今瀘定縣之沈村，即漢之筰都縣治。沈黎郡廢，筰都亦廢并入旄牛縣，其地隨之荒曠。然河谷溫暖而河原開展可墾，疑流徙蜀人墾於此處者多，故成爲晉樂之新縣也。李雄因之立沈黎郡，用舊郡名也。於時蓋以流沙河流域爲漢原郡，治漢原街，聽諸僑民墾居，而統於借住旄牛之漢原太守。別以大渡河地區爲沈黎郡，領晉樂、旄牛、蘭與城陽縣，晉樂爲郡治。桓溫平蜀後，招還僑民，晉樂人民乃漸內徙，先移就晉原郡（即李雄之漢原郡），最後乃徙過邛崍山，而停滯於嚴道境內，此當時之歷史實際情形也。

劉宋時，越巂郡與沈黎郡尚能置吏，蕭齊時雖皆爲獠郡，邛崍山外僑民，不能不內徙。晉樂雖已徙就嚴道，未幾漢嘉、臨邛諸郡縣亦同爲獠地，直至隋唐乃漸恢復。故唐宋以來地理書，莫能詳確邛、雅、黎、巂諸州縣沿革，更何況此晉樂一縣。惟因於舊文，覈以地實，審形度勢，略可推知其當然耳。

今瀘定縣之沈村，原沈邊土司駐地。古今未聞有沈姓居此，蓋沈黎郡之遺字，存其音於番夷之口，傳至近世者也。其地在瀘定縣境，上連冷磧、龍巴鋪、化林坪，下連得拖，對岸摩西面，皆良田，爲農户與商民密集之地，宜其歷世爲邊徼重地。在唐宋爲三王部落之劉王住地，王墓磚造，甚祕固宏大，今猶保存完好。臨大渡河山爪，石皐上有古筰渡與守衞人石室，近世已改爲皮船渡，現爲舟渡。在未有瀘定鐵橋以前（康熙以前），此爲兩岸交通之最大渡口。在打箭爐商路未通以前（明代以前），此爲漢蕃民族最主要一商路碼頭。其路自此渡河，從摩西面上山，踰雅加埂，入木雅鄉，即漢世旄牛王之大牧場也。由此諸條件，可以判斷其爲漢沈黎郡治之筰都縣，從而亦可判斷其爲晉之晉樂縣。

二十二

越巂郡,【拜越巂太守,迎者如雲。後蜀郡趙温,亦著治績】十八字當後移。故邛都夷國也①。此用《後漢書·南蠻·邛都夷傳》(以下省稱《邛傳》)文意。秦時嘗通爲郡縣。此用《史記·司馬相如傳》語插補。漢武帝復開,用《邛傳》文,加"漢"字與"復"字。以爲邛都縣②。無幾而地陷爲汙澤,因名爲邛池,南人以爲陷河③,《邛傳》文作"邛河"。兹依劉昭注引李膺《益州記》改作"陷河"。李膺後於常璩,當據《常志》,《范史》字譌。後復反叛。元鼎六年,漢兵誅邛君,以爲越巂郡④。《邛傳》漢兵下"自越巂水伐之"六字,係用應劭説改《常志》語,其説無足取。兹用《史記·西南夷傳》"誅邛君"三字易之,參看注釋。其土地,平原有稻田。以上并用《邛傳》文。其人椎髻、耕田,有邑聚。用《西南夷傳》文補。俗多游蕩,而喜謳歌,略與牂柯相類。豪帥放縱,難得而制。用《邛傳》文。

王莽時,郡守枚根調邛人任貴以爲軍候。《邛傳》文本作"長貴"。兹依宋槧殘文改作"任貴",下同。更始元年,任貴率種人攻殺枚根,自立爲邛穀王。用《邛傳》文。改"更始二年"爲元年。説在注釋。【故】王莽【遣】以任貴爲鎮戎大尹守之⑤。此十二字爲宋元豐刻本所謂"略加整理刻之"所保存舊本訛亂中的殘文。原作"遣任貴"改用"以"字。又降於公孫述。述敗,光武封任貴爲邛王。建武十四年,任貴遣使上三年計,天子即授越巂太守印綬。十九年,武威將軍劉尚擊益州夷,路由越巂。任貴聞之,疑尚既定南邊,威法必行,己不得自放縱,即聚兵,起營臺,招呼諸君長,多釀毒酒,欲先以勞軍,因襲擊尚。尚知其謀,即分軍先據邛都,遂掩任貴,誅之,徙其家屬於成都⑥。以上《邛傳》文。

自建武後，數叛。此六字亦宋槧所保存舊本訛亂中的殘文。永平元年，姑復夷叛，益州刺史發兵討破之，斬其渠帥，傳首京師⑦。後太守巴郡張翕，政化清平，得夷人和。在郡十七年卒，夷人愛慕，如喪父母，蘇祈叟二百餘人，齎牛羊送喪至翕本縣安漢，起墳、祭祀。詔書嘉美，爲立祠堂。此用《邛傳》文。《太平御覽》卷六十引《華陽國志·張翕傳》作"在官十九年"，別詳《補巴郡士女佚文》。安帝元初三年，郡徼外夷大羊等八種，戶三萬一千，口十六萬七千六百二十，慕義内屬⑧。時郡縣賦斂煩數。五羊、卷夷大牛種封離等反畔，殺遂久令。明年，永昌、益州及蜀郡夷皆叛應之，⑨衆遂十餘萬，破壞二十餘縣，殺長吏，燔燒邑郭，剽略百姓，骸骨委積，千里無人。詔益州刺史張喬選堪能從事討之。從事楊竦將兵至楪榆，大破之。封離等惶怖，斬其同謀渠帥，詣竦乞降，竦厚加慰納。其餘三十六種皆來降附，諸郡皆平。州中論功，未及上，會竦病創卒，張喬深痛惜之，乃刻石勒銘，圖畫其像。以上用《邛傳》文。刪省與《南中志》從同者及戰略部署七十二字。存常氏刺守令不良，激成夷亂與表彰楊竦功勳之意。天子以張翕有遺愛，此用《邛傳》文截綴《御覽》引文。翕子瑞，方察孝廉，天子起家拜越巂太守。迎者如雲⑩。此二十字，用《太平御覽》卷二百六十二引《華陽國志》文。"瑞"原作"端"，《范史·邛傳》作"湍"，本書《士女目錄》又作"張瑞"，《巴志》同，兹改從本書。後九字亦保存於宋槧訛亂殘文中。足見《御覽》引文原在此處。原所謂"略加整頓"者妄以上接於汶山郡駱武事因字之下，時次列王莽前，謬甚。兹移正於此。曰："郎君儀貌類我府君。"後瑞頗失其心，有欲叛者，諸夷耆老相曉語曰："當爲先府君故。"遂以得安。此《邛傳》文。"曰"上原有"夷人懽喜，奉迎道路"八字，刪去。後順桓間，廣漢馮顥爲太守，十字用《邛都傳》文。亦著治績。《邛傳》文作"政化尤多異迹云"。本書宋刻本有訛舛略加整頓殘文作"後蜀郡趙溫，亦著治績。"當是妄人用殘亂之"後"字，與"亦著治績"字，及惝殘存字妄用趙溫綴成。亦足證《常志》此處本有此後四字，范曄改其文耳。馮顥見12章之注③。

章武三年，越巂此下廖本有高字，他各本無。【高】叟大帥張、吳、何、王浙本作"師"。高定元《三國志·張嶷傳》作"高定"。稱王恣睢，錢寫本譌作"睡"。遣都督李承之《張嶷傳》作"李求承"。煞《函》、廖二本作"煞"。他各本作"殺"。《函海》注云："亦作'殺之'。"當非。將軍梓潼焦璜，破沒郡土。丞相亮遣越巂太守龔祿住安上縣，遥領太守。安上去郡八百里《張嶷傳》作"八百餘里"。今按："八"當衍，常氏緣《陳志》文誤也。有名當作"徒有郡名"。而已⑪。建興三年，丞相亮南征，復郡治。此依《三國志·後主紀》及《楊戲傳·輔臣贊》"龔德緒贊"注文補。【蜀安南將軍馬忠討越巂郡夷】舊刻此上混亂，不成文理，考與史事殆全不合。除已校訂上文，存其殘字，更還《常志》原貌外，審此十字，與馬忠與張嶷兩傳皆不合，又下文疊出而不銜接，當是宋槧依妄人竄亂殘字所爲，故刪去另補。郡夷剛狠廖本作"很"。皆鴟視。軍去後，復殺太守祿叛⑫。延熙初以安南將軍馬忠率將張嶷爲越巂太守。【張】嶷將所領之郡⑬。以上舊刻訛亂，依《三國志》馬忠、張嶷傳及本書《南中志》改補。移上"安南將軍馬忠率"七字於此。誘殺蘇祈、顧廣圻校稿注"即蘇示"。邑君冬逢及其弟隗渠等，懷集種落，威信允著，諸種漸服。又斬斯都耆帥李承之首，乃吳、何、王本作"及"。浙本剜改作"乃"。手煞焦璜、龔祿者也。又討叛鄙，降夷人，安種落，蠻夷率服⑭。嶷始以郡郭宇頹，更築小隖居之，延熙二"二"當作"五"。年乃還舊郡。《嶷傳》云："在官三年，徙還故郡。"更城郡城，夷人男女莫不致力。興復七縣⑮。嶷遷後，復頗奸軌，舊各本"後復"二字倒。兹從廖本。雖有四部斯兒，廖本注云："當作'叟'。下同。"及七營軍，不足固守。乃置赤甲、北軍元豐本作"都"。二牙門，及斯兒督軍中堅，衛夷徼⑯。此下劉、張、李本連綴，誤。

　　舊本記此段，訛舛不重敘，姑考事之本末，略加整頓刻之。"記"字，《函海》本作"紀"。并注云："李本此注在書頭。劉、李本作'記'。劉、吳、何本亦有此注。似呂氏語。"按：此二十三字，各本皆有，在"更築小隖居之"句下，大字、提行，低一格排，作二行。其下"延熙二年"，乃提行作正文。此明是吕大防付刻時，因前脱頁下，存文蠹壞，漫不成理，妄以所可辨識殘字纂合爲之。廖本刻作雙行夾注，在"小隖居之"句下。循此以求原文，參合歷史文獻，本易得其大致，而竟將"拜越巂太守"句上接汶山郡駱武事下之"因"字，而又將殘頁末行

"更築小隝居之,延熙二年乃還舊郡"的不可分割之句割離爲兩段。兹將其移於章末,存其原形,以助瞭解校補移易之義。

案:補全《越嶲郡序》,多用《范史·南蠻邛都夷傳》文。爲了便於覈對引據,率用原語,字量不免溢濫,不可能得常氏原句,但求能得其意耳。常氏自《巴志》至《南中志》各篇,對於少數民族地區的"民變"、"夷亂",恒歸咎於守令不良,於此郡尤爲突出。故敍張翕父子事當詳,敍"夷亂"慘酷報復亦當詳也。越嶲在益州八郡中,去蜀最遠,漢、晉時,正由奴隸社會向封建社會過渡,比較筰與汶山爲易接受封建制度,故其郡縣保存獨久。然其地漢民甚少,而挾大民族主義以凌土民之官府,肆其貪暴,每每積成民族仇恨。在此過渡期中,人民與封建統治者之間,漢族與地方民族之間,封建經濟與奴隸經濟之間,及各土著頭人相互之間,矛盾重重,發展變化,風雲萬態。故其局勢常呈不安。然若守、令仁廉,則能得地方擁護,力足以制土頭諸惡勢力的發展,可以導致其社會前進。如或失之貪酷,則地方上少數民族轉爲土頭勢力所挾持,而驅之以抗官府。地方由之糜爛矣。漢代越嶲郡史,足爲反映此一規律之適例。張翕、楊竦、張嶷,爲良長吏之三種類型,所致效驗,并皆明顯。任貴、高定、李承之、狼岑、狼路等地方領袖人物,因隨政局變化,從而興起,從而敗亡,或克存在,皆符合於如此規律。

【注釋】

①邛族,在《史》、《漢》之《西南夷傳》中屬於氐類。常璩與范曄之書,謂其略同於牂柯,是則僰類也。要皆可認爲遠古羌族東徙者,隨地理條件與社會經濟條件不同而形成爲藏緬語系之一支。地接於筰,故邛筰恒聯稱,經濟生活似夜郎與僰人,故又每被視同僰,而有"邛僰"之聯稱,在唐代,則稱"白蠻"。白、僰、濮古同音,實亦皆最古(或在舊石器時代)即已進入四川盆地東南邊緣山區之羌族。本與中原居住之漢族不甚相遠,由於進化速度不同,而自周

407

代起，被稱爲濮、竇、僰、邛、白蠻也。大約周隋之際，烏蠻入居此處，并隨邛俗進入奴隸社會，互相掠賣。而烏蠻强，白蠻弱，浸被掠賣殆盡，閱千餘年至近世，古邛遺民爲之消滅。惟鹽邊、會理山村，偶有所謂"白兒子"者，存在於小村落，蓋其遺裔也。

《范史》邛都夷、笮都夷，皆祇稱邛夷、笮夷，兹隨俗稱，衍"都"字也。

②秦及漢初之邛都縣，皆不廢邛君，但置吏，導行郡縣之務（青衣、徙都、旄牛、笮都，與沈黎郡諸廢縣皆同），令、長皆以夷君及其子弟臣僚兼之，故《西南夷傳》曰："約爲置吏，使其子弟爲令、長。"至誅邛君後，乃置越巂郡，設令、長，如內地矣。

③西昌邛海爲四川省內第一大湖，其湖由地殼局部下陷而成。南中僰語謂湖澤曰"河"，故曰"陷河"。初陷時尚小，故漢語曰"邛池"，後漸擴陷浸大，今世稱爲"邛海"，縱橫各四十餘里矣。現仍在繼續下陷，其東部深不可測，西南部湖心亭以外甚淺，清光緒前尚爲縣人墓地。光緒初一次地震，下陷約一公尺，水中道光、咸豐時墓碑仍豎立，刻字明見，碑頂尚在水外，康熙、乾隆時碑，則全没矣。往時湖水西流入安寧河，稱爲"海河"，今則安寧河水倒流入湖。自西昌城東門至湖僅三里，地面被牽引傾斜，城垣亦爲之圮裂，惟東南緣山，湖面無擴展。成湖在元鼎時，距今二千年耳。《後漢書》李賢注引李膺《益州記》云："邛都縣下有一老姥，家貧孤獨，每食，輒有小蛇頭上戴角在牀閒，姥憐而飴之。後稍長大，遂長丈餘。令有駿馬，蛇遂吸殺之。令因大忿恨，責姥出蛇。姥云在牀下。令即掘地，愈深愈大，而無所見。令又遷怒殺姥。……此後，每夜輒聞若雷若風，四十許日，百姓相見咸驚語：'汝頭那忽戴魚？'是夜方四十里與城一時俱陷爲湖，土人謂之爲'陷河'。唯姥宅無恙，訖今猶存。……風靜水清，猶見城郭樓櫓晏然。今水淺時，彼土人没水取得舊木，堅貞，光黑如漆，今好事人以爲枕相贈。"所記除龍姥神話外，描陷落前現象，及舊木炭化，皆眞實。李膺有二，一隨桓溫入蜀，一梁時人，皆有《益州記》傳世。若梁李膺，則上距建元六年近七百歲，晉李膺亦五百歲，故水中木已炭化也。

④越巂郡名義，《前漢·地理志》注引應劭説曰："有巂水，言越此水以章休

盛也。"此説無據。常氏書無雟水。《漢志》與《水經》亦皆無所謂雟水。《酈注》爲之説云："越雟水，即繩若矣，似隨水地而更名矣。"夫越雟郡惟定筰縣在若水西，武帝置郡時亦屬沈黎郡。繩水即金沙，郡境初未超越此二水。則《酈注》傅會之説，亦不能通。後世又有指邛海河爲雟水者，海河在郡治下，亦不能圓應劭之説。夫越者，南方民族之稱，亦用爲越族住區之稱。雟者，《西南夷傳》與昆明同爲牧族之名稱，本書《蜀志》固云"南接于越"。是以郡與益州、牂柯諸南中地爲越矣。"自雟以東北，邛都爲大。"然則邛筰在漢初，亦被認爲與雟同類，此所以稱爲越雟耶？越字在《漢書》通作"粤"，非"度越"之義。今《漢志》越雟郡作"越"者，後人用應劭説改之也。

⑤王莽改刺史爲大尹，郡守爲卒正，鎮戍大尹，係其末年設置招徠遠人之官。原作"更始二年"。更始二年莽敗死，不可能拜官至邊徼。應是殘文漫漶，蝕"元"字成"二"。兹還爲"元年"字。

⑥任貴，《范史》作"長貴"，説者謂是君長之義。然邊民歷世相傳，皆作"任貴"，《常志》殘文亦是"任貴"，故悉改所引《范史》"長"字。雅、黎、雟、邛一帶人民，奉任貴爲土主，與川主李冰并重。雅安縣解放前，土主廟頗宏麗，每年賽神，歡動一邑。其神像烏鬚衮服，亦似李冰，碑文明著"邛穀王任貴"。是任貴雖以叛罪被誅，民間仍尊奉之，近兩千年。稱"邛穀王"者，蓋其人在邛國農業生産上有大貢獻，使其地多穀，故能留思於民間也。

⑦姑復縣，兩《漢志》并有，屬越雟郡。《班志》本注云："臨池澤在南。"《續志》劉昭注引《地道記》云："鹽池澤在南。"俱當是今鹽源西境之黑鹽塘。鹽源縣有二處鹽泉成池，在東者俗稱"白鹽井"，其鹽歷爲漢民工匠所掌握，川黔邊郡縣食鹽皆仰之。《三國志·張嶷傳》撻殺槃木王舅狼岑所奪取之定筰鹽池，即此池也。在西者俗呼"黑鹽塘"，歷世恒爲"夷民"掌握，鹽中多夾木灰，唯銷該地區，即此池也。黑鹽塘之北，爲今木里縣。其西北爲川滇界上之永寧湖，湖大於邛海，有洲島甚清美。湖西有平原與永寧寺，明、清世爲永寧土知州駐地，蓋即漢姑復縣治也。湖西南爲雲南寧蒗縣境，黑鹽塘西卧龍河流域，乃木里縣地，凡此皆當是漢姑復縣境。縣名姑復者，蓋開郡置縣時，因其民族自

稱，加"復"字，與川東郡之魚復同義。姑族之民，麗江人呼爲"古宗"（見《維西小志》，《小方壺齋叢書》收）。康藏民族，在內地人稱之爲羌，在滇西人稱之爲古宗也（舊刻作"狖猔"）。復謂資其鹽利，故免其徭役也。川黔邊廣大地面乏於食鹽。當地人民擁有此鹽泉，技術雖落後（參看"定莋縣"文），亦足自富，怨漢官奪之，故易叛亂。雖強武如張嶷，亦祗曾撻殺定莋狼岑，奪得白鹽井自贍，未能恢復姑復縣，故《晉志》與《常志》并無之，補注於此。

⑧此言徼外夷，謂不屬於已置郡縣之"西夷"，稱"大羊種"，蓋姑復以北，旄牛以西，即今理塘、鄉城、稻城、雅江、木里等縣高原牧場之土著民族部落，因姑復、白狼、旄牛等夷王招致來附者。說明張嶷德化所致，一部夷民信服，百部夷人咸傾向之，不純爲貪賞賜來也。

⑨"卷夷"一作"以卷夷"，"大牛種"，謂今雲南永勝、麗江、維西、大理、洱海以北之牧民，屬於嶲、昆明一類。其地較低濕，牧畜以牛爲主，故曰大牛種。原附屬於永昌郡之楪榆、嶲唐及益州郡之弄棟縣。因受歧視與壓迫而畔，遂影響永昌、益州兩郡土民，響應而起，"殺遂久令"，則致亂原因在於越嶲郡，姑復、定莋、大莋、莋秦等縣民亦必應之。影響之遠，及於蜀郡，則旄牛、斯都、白狼諸部落亦起矣，故曰"破壞二十餘縣"，其禍源則起於越嶲內之遂久縣。遂久，在定莋、姑復兩鹽池之南，疑亦是爲食鹽糾紛所致。此後姑復遂陷，迄未收復（參看注⑦）。

⑩璊音門。《詩·王風》："毳衣如璊。"《說文》："璊，玉經色也。"作"湍"、作"端"者皆非。張嶷父子事，詳《先賢志·巴郡佚文輯補》。

⑪安上縣，考是今昭覺縣地。《三國志·張嶷傳》云："去郡八百餘里。"此"百"字，蓋"十"字之譌也。吕大防刻《常志》整頓此段殘文剩字，因隨《嶷傳》爲文，亦作"八百里"。今按《嶷傳》："定莋、臺登、卑水三縣，去郡三百餘里。"臺登去郡實祗百里，可知其記里多謬。又云："自旄牛道絕，已百餘年，更由安上，既險且遠。"此"百"字，亦當是"十"字之譌。知其譌者，旄牛道即邛崍山道，"靈帝時，以蜀郡屬國爲漢嘉郡"（《後漢書·莋都夷傳》），所領四縣猶有旄牛縣，則旄牛道未曾閉絕可知。《三國志·先主傳》，章

武二年（222）冬十二月，漢嘉太守黃元反。又《楊洪傳》："衆議以爲元若不能圍成都，當由越嶲據南中。"是當時旄牛道亦未閉絕也。又《後主傳》："建興元年（223）夏，牂柯太守朱褒擁郡反。先是，益州郡有大姓雍闓反……越嶲夷王高定（元）亦背叛。"是雍闓、高定、朱褒，皆因黃元叛蜀，屏絕旄牛道，漢軍無由得至，乃陸續俱叛，使旄牛道絕。時距張嶷卸郡守回成都之時間（延熙十七年，254）僅三十一年，距其初赴郡任僅十四年。然則旄牛道閉之時間當祇十餘年耳，其"百"字當作"十"矣。《續漢·郡國志》記各郡道里：蜀郡治成都，在"雒陽西三千一百里"，越嶲郡治邛都，在"雒陽西四千八百里"，可知邛都距成都爲七百里。安上縣爲今昭覺，去西昌正一百里，則其循郡治至州治成都，正是八百里。然則《嶷傳》云"去郡八百里"者，本是"去州八百里"或"去郡百里"，或"去郡八十里"之譌。由旄牛道閉絕之"百餘年"，實祇十餘年，以揆此"去郡八百里"之當爲八十里，殆可以定。舉成數言之，亦當祇作"百里"。

⑫《陳志》論史筆爲良矣，然所用材料，牴牾者多，經校審本書時發現者，不止百處，即以《張嶷傳》言亦不祇上條兩"百"字而已。傳云："越嶲郡，自丞相亮討高定之後，叟夷數反，殺太守龔祿、焦璜。是後，太守不敢之郡。"茲考：焦璜作郡守在先，章武三年初反時所殺太守也。郡陷後，蜀廷任龔祿爲太守，即已不敢之郡，但留成都俟亮南征。《陳志·楊戲傳·輔臣贊》注云：龔德緒"名祿，巴西安漢人也。先主定益州，爲郡從事、牙門將。建興三年爲越嶲太守，隨丞相亮南征，爲蠻所害"。亮南征取道安上，高定與雍闓聯軍于卑水距之，已而高定部曲殺雍闓，孟獲代領其衆，還益州拒瀘水。亮得先破斬高定，恢復越嶲郡，龔祿始到郡治邛都。亮渡瀘後，平南中，遂從漢陽、江陽返蜀，未虞高定雖死，李承之（李求承）復殺龔祿以叛。蜀廷雖更拜太守，乃皆祇住安上，存郡空名（參看《南中志》）。《常志》以焦璜列龔祿前，得其實矣。

⑬吕大防整頓舊本訛舛殘亂文中，作"建興三年，蜀安南將軍馬忠率越嶲郡夷。郡夷剛很，皆鴟視。忠率越嶲太守張嶷，將所領之郡……"此與《三國志·馬忠傳》及相關各傳記皆不合。查《馬忠傳》：建興"三年，亮入南，拜忠牂柯

太守"。蓋與亮分道南征,忠向牂柯討朱襃,亮向越嶲討高定(元),别命庲降都督李恢案道向建寧(原益州郡)。張嶷"拜牙門將,屬馬忠"(《嶷傳》),則必從馬忠入牂柯矣。建興八年(230),馬忠回成都爲丞相參軍。明年,詣漢中隨亮出祁山。"軍還,督將軍張嶷等討汶山叛羌。"十一年,忠代張翼爲庲降都督,討劉胄。"嶷復屬焉。戰鬪常冠軍首,遂斬胄。平南事訖,牂柯、興古獠種復反,忠率嶷領諸營往討"(裴松之《張嶷傳》注引《益部耆舊傳》文)。至建興末,嶷皆在南中,爲馬忠率將。馬忠則住昧縣,都督南中,未曾入越嶲。《忠傳》云:"越嶲郡亦久失土地,忠率將太守張嶷開復舊郡,由此就加安南將軍,進封彭鄉亭侯。延熙五年還朝。"則張嶷恢復越嶲舊郡工作,在延熙五年(242)以前完成可知。本嶷之功,與忠無預,其因此進爵者,緣嶷是其率將,按封建舊俗,軍功當歸於主將故也。吕大防整理殘字,竟一再誤解率將爲率與同往之義,有如忠曾兩度躬往越嶲。兹考訂更正,增删補入。

⑭"討叛酈",謂討平北徼捉馬。《嶷傳》云:"北徼捉馬最驍勁,不承節度。嶷乃往討,生縛其帥魏狼,又解縱告喻,使招懷餘類。表拜狼爲邑侯,種落三千餘户皆安土供職。諸種聞之,多漸降服。嶷以功賜爵關内侯。"此嶷初展威恩,克復郡理之首功,同時馬忠亦以此進爵,事在延熙五年時。捉馬是今何地,無考。云"北徼",云"邑君",疑是今甘洛或喜德縣地,在安上縣北,故首當撫定之,爲進入郡治邛都創造條件。捉馬平,夷落次第就撫,至復還郡治,爲時三年。《嶷傳》在郡十五年,以延熙十七年還朝,是延熙二年(239)赴郡,在郡三年正延熙五年時也。還郡後,乃誅蘇祁邑君冬逢,殺其弟隗渠,募購得李承之(求承),奪回定莋鹽井,通旄牛道,完成全功。其術在於推其誠信,威恩并用。陳壽贊其"識斷明果",蓋亦班定遠之流亞也。

⑮"七縣",謂邛都、臺登、蘇祁闌、定莋、卑水、會無皆謂難於收復之縣也,尚有大莋、三縫、潛街,合安上爲十一縣,較《漢志》少遂久、姑復、莋秦、靈關道、青蛉五縣。遂久、青蛉在《南中志》,零關併入闌縣,唯莋秦不復見,無考,以今地理與民族語言估定之,當在今雅礱江套"兒斯營"與九龍縣界。羌藏語❀(秦或靖),大也;莋秦,猶云大莋也,《後漢·郡國志》已無此

縣。蓋地既僻險，又與大筰地近名同，故合併之，或廢棄之也。

⑯"四部斯兒"者，白狼樓薄夷稱"斯叟"，故其首邑稱"斯都"（即《漢志》之徙縣）。凡漢之徙、嚴道、旄牛、闌縣（零關道）、蘇祁（蘇示）土著民皆是，率居於越巂郡之西北部，邛崍山道内外。其首領稱"耆帥"，其丁壯稱"斯兒"，或以爲"斯兒"是"斯叟"字譌者，非也。下文邛都縣，亦作"四部斯兒"。與"七部營軍"，皆編組土民丁壯爲郡部曲，統制於馴順效忠之民族首領，受太守徵調，不在漢軍編制之内。後世稱爲"土兵"。前《巴志·涪陵郡》所云"分羸弱配督將韓蔣，名爲助郡軍，遂世掌部曲"是也。下文"邛之初有七部，後爲七部營軍"及《南中志》所謂"四姓五子"亦是此種土兵。越巂郡所轄邛族原有七大支，故有七部，斯叟人數較少，故有四部斯兒，此制蓋兩漢已然，高定（元）即斯叟大帥，七部總制之土兵統帥也。李承之稱"斯都耆帥"，即七部率將之一人。張嶷率軍入郡時，高定已死，李承之（李求承）逃匿，嶷購殺之，七部營軍與四部斯兒乃皆復爲郡用。

張嶷去後，土著民漸攜離，邛人七部與斯人四部皆不足恃，故又更調内地軍往長駐以鎮壓之。"赤甲軍"，本白帝城戍守之民兵（見《涪陵郡》）。本以備吳，於時吳蜀和好，故分調部分戍此；"北軍"，謂戍守漢中地區諸圍之軍，分調部分戍此；"斯兒中堅"，則編組斯兒之最忠勇可任者爲正式戰兵。與赤甲、北軍，皆食軍餉者，與四部土兵又不同矣。

魏晉時，例稱自民間徵募的兵士隊伍爲"軍"，自少數民族私家部曲抽調丁壯所組成的隊伍爲"部"。是當時區別軍士成分的習慣用語，本書《南中志》謂諸葛亮"移南中青羌勁卒萬餘家於蜀，爲五部"，《三國志·王平傳》"統五部，兼當營事"，與此所云"七部營軍"、"四部斯兒"，皆其例也。

二十三

邛都縣　郡治，因邛邑名也①。邛、卭二字古通用。《史》、《漢》及宋、明各本皆作"卭"。《函海》與廖本作"邛"。邛之初有七部，後爲七部營軍。又有四部斯兒。顧觀光校勘記引上文廖本注。并於此注云："《史記·司馬相如傳》索隱引作'叟'。不誤。"今按：是誤。南山出銅，此下，廖本注云："《續漢書·志》注引'邛都河有唪嶲山。'疑此有脱文。"邛河有唪嶲山②，又有温泉穴，冬夏常熱，依《郡國志》注引《華陽國志》文補上八字。其温《初學記》卷七、《太平御覽》卷七十一引作"源"。可湯《水經注》卷三十六引作"燖"。雞、豚。下流《初學記》作"湯"。澡洗治疾病。《初學記》作"下湯澡洗療宿疾"。《御覽》引作"下流澡洗治宿病。"餘多惡水，水神護之，不可污穢及沈亂髮，照面《函海》注云："元本作'囬'，古'面'字也。吴、何本誤'回'。"則使人被惡疾，一郡通云然③。

臺登縣④　有孫水，一曰白沙江，入馬湖水⑤。山有砮石，火燒成鐵，剛利。《禹貢》"厥賦砮"是也⑥。又有漆，漢末，夷皆有之，張嶷取焉⑦。宋槧元有小注"嶷，張嶷也"。錢寫本祇"張嶷"二字。《函海》注云："劉本無'也'字。李本小注在書頭，亦無'也'字。"兹逕補"張"字。

【闌】闌縣舊皆同誤本《郡國志》作"蘭縣"。兹依《前漢志》改。故邛人邑，李本作"也"。治邛【都】部城⑧。舊本皆祇"邛都"二字。兹依《郡國志》注引《華陽國志》文補"治"、"城"兩字。兹依《元和志》改"邛都"爲"邛部"字。地接【寒】零關。舊各本皆作"接寒關"三字。"寒"爲"零"字譌甚明。依《司馬相如傳》改，并補"地"字。

零關道⑨依《郡國志》注引《華陽國志》補。有銅山，又有利慈渚。太始九年，黃龍見於利慈，縣令董玄之率吏民觀之，以白刺史王濬。濬表上

414

之，改名護龍縣。前七字，用《郡國志》注引文。并援《水經注》卷三十六補"渚"字及其下三十五字。今省⑩。此二字存宋槧舊文，元接"闌縣"條。

蘇示縣⑪錢寫本作"漢示縣"。《張嶷傳》作"蘇祁"。　漢末，夷王冬逢依《張嶷傳》補此二字。及弟隗渠數偕劉、李本作"背"。吳、何、王本作"偕"。錢、函、廖本作"偕"。浙本剜改作"偕"。叛。以服諸種，張嶷先殺王。【弟】隗渠又叛，遁入西徼，遣親信二人使嶷。《張嶷傳》云："詐降嶷。實取消息。"嶷知奸計，以重賂使，使殺渠。《嶷傳》云："許以重賞，使爲反間。二人遂合謀殺渠。"渠死，夷徼肅清⑫。【縣晉省】。此三字，當是後人批注，吕刻收入正文，説在注釋。

會無縣⑬　【路通寧州。渡瀘得住狼縣】⑭廖本注：住，"當作'堂'"。狼，"當作'蜋'。《南中志》作'蜋'"。今按：此十字，當倒在末，以"故濮人邑"句上承縣。故濮人邑也。今有濮人冢，冢不閉户⑮，"閉"字宋明舊本皆作"開"。清刻本皆同《郡國志》注引作"閉"。其穴多有碧珠，人不可取，取之不祥。有天馬河，天馬《郡國志》注引譌作"元馬"。下文同。天馬日千里，依《郡國志》注引文補"天"字。後死於蜀，葬江原小亭，今天馬冢是也⑯。【縣】山有天馬祠。"山有"是常氏文例，"縣有"非例。《郡國志》注所引文，固多改字，不足全遵。兹還"縣"字爲"山"字，與下文"山下"字相應。山，謂天馬河側之天馬山也。【初】舊本皆有此字，於文不適。《郡國志》注引亦無。民家馬牧山下，或産駿駒，云天馬子也。今有錢、《函》本作"其"，廖本作"有"。天馬【徑】逕，劉、《函》、廖本作"徑"。不取。厥跡存焉。河中有銅胎，錢、《函》、廖本作"胎"，《郡國志》注引作"船"，張、吳、何、王本同作"船"，《水經注》作"具子銅胎"。顧廣圻校云："當依《水經注》。"今以羊祀之，可取，河中見存⑰。土地【時】特産好犀牛⑱，"犀"當作"兕"。東山【色】出青碧。依《郡國志》注所引《華陽國志》文補"好"字與"東"字，改"時"作"特"，"色"作"出"。顧廣圻、顧觀光二校稿已先見及。

大筰縣⑲舊各本作"笮"，廖本作"筰"。　漢末省也。劉、李本無"也"字。

定筰縣⑳《函海》注云："前後《漢書》、《晉書》作'莋'。　筰，笮夷也。"筰"字，廖本注云"當衍"。汶山曰夷，南中曰昆明，漢嘉、越巂曰筰，蜀曰邛，皆夷種也㉑。縣在郡西。渡瀘水，賓剛徼，【白】曰舊皆作"白"，茲改作"曰"。摩沙夷㉒。有鹽池，《郡國志》注引此文，作"鹽坑"。積薪，以齊水灌而【後】焚之，《郡國志》注引作"而後焚之"。其"後"字當衍。成鹽。漢末，夷皆錮之，張嶷往爭，夷帥狼舊無此"狼"字，廖本補，并注。岑，槃木王舅，舊各本作"槃木明"。廖本依《張嶷傳》改，有注。不肯服，嶷禽，撻殺之。厚賞賜，餘類皆安㉓。官迄今有之。【北沙河是】㉔四字可疑，當衍，說在注釋。

三縫縣《前漢志》作"三絳"。 一曰小會無㉕，音三播。舊本此下皆有小注云："'音三播'字疑誤。"唯劉本多注"縫音播"三字。通道寧州。渡瀘，【得】接蜻蛉縣。"得"當作"接"，謂縣境越瀘水，接蜻蛉縣界處有長谷。蜻蛉在雲南郡。有長谷石劉、李本作"古"。【時】豬舊各本皆作"石時坪"。顧廣圻校稿依《水經注》改。坪，張、吳、何、王本作"平"，依元豐本也。劉、李、錢、《函》、廖本作"坪"，依嘉泰本也。中有石豬，子母數千頭。長老傳言：夷昔牧豬於此，一朝豬化爲石，迄今夷不敢牧於此。張、吳、何、王本作"不敢往牧"。

卑水縣 去郡三百里㉖。水流通馬湖。《郡國志》注引作"水通馬湖"四字，當是"水通馬湖江"五字被削，詳注釋。

潛街縣《函海》注云："劉、吳、何、李本作'溪'。《漢志》作'灊'。" 漢【末】置，《前漢志》已有此縣，"末"字衍。晉初省㉗。《後漢志》已無此縣，則當云"後漢省"。而云"晉初省"者，蓋蜀漢時曾復置。

安上縣㉘

馬湖縣㉙ 水通僰道入江。晉初省。劉、李本無"初"字。

案：越嶲郡屬縣，非常氏所身歷，雜採《三國志》與當時閱歷者之説，非不可據，而多飾爲神話。後世傳寫鎸行，復有奪亂。茲詳爲訂正，考其位置。

【注釋】

①"因邛邑名"者，謂郡治邛都縣，係就邛君所居之邑爲縣名。"邑"字，劉熙《釋名》云："人聚會之稱也。"《史記·五帝本紀》："一年而所居成聚，二年成邑。"此言集市成定居，有街衢者爲邑也。原始社會，初有農業，隨其氏族首領所在，依近墾殖，始有"邑"字以表其酋長所居。奴隸社會，稱爲"國邑"。《尚書·胤征》："荒于厥邑。"《湯誓》之"夏邑"，《盤庚》之"不常厥邑"、"懷兹新邑"，《商頌》之"商邑翼翼"，皆國邑之義。封建社會則稱國都矣。《周禮》鄉遂編制，"四井爲邑，四邑爲丘"，以定賦役（《周禮·小司徒》）。邑乃成爲農奴編組之單位，其公卿、大夫食采之地，亦各爲"家邑"。王畿之備作采邑而未授者，是爲"公邑"（《周禮·載師》注）。諸侯之國亦然。故曰"制，巖邑也"（《左傳》隱元年）。漢世稱少數民族之君長之大者曰"邑君"（《張嶷傳》），其首領之小者曰"夷邑長"（《西南夷傳》），故《説文》曰："邑，國也。"意指夷王所居之都邑也。此處"邛邑"即爲邛王所在之都邑，與《詩》、《書》國邑含義正同。故漢世稱以爲邛都也。《西南夷傳》之"旁小邑"，本書"會無縣"之"故濮人邑也"及其他夷邑字，皆是小奴隸主所居地之義。

②此"南山"，指今西昌、會理界上之螺髻山，非指嶲嶲山。嶲嶲山，今云瀘山，在邛海南岸，爲一區名勝，故《常志》志之。所言"邛河"即邛海，從南人語，謂湖爲河也，《水經注》作"蛙嶲山"，朱氏箋引《華陽國志》作"奉嶲山"，《官本水經注》作"蜯嶲山"，足見《常志》原自作嶲，各家轉寫，譌爲奉、蜯、蛙字。蜯嶲，邛語，其義不傳，或謂山形似蜯（蚌），似玳瑁（蠵蠵），皆就譌字意揣之説耳。

③西昌縣温泉有二：一在禮州東北二十里之熱水溝，《元和志》卷三十二蘇祁縣（今禮州），"温水出縣東平地二十一里"是也；一在安寧河西之鹽中鄉，北周置可泉縣，唐天寶初改名西瀘，《元和志》西瀘縣云"温湯水出縣西山下一十二里"是也；後者水温特高，是《常志》所傳。

④漢臺登故城，在今冕寧縣瀘沽鎮外一黄土臺地上，基址猶在，俗名"關索

城"，并傳有"關羽之子關索"與"鮑三娘"故事，謂城下安寧河畔橋頭故壘爲"鮑三娘梳粧臺"，皆傳説也。"關索"是"關鎖"之訛，關羽并無子名索。此城據孫水與安寧河會口，最險要，守此，則邛地諸河谷夷民不易相往來，故有關鎖之稱也。川、滇、黔邊險要地名稱關索者多，俱是此義。

⑤孫水，漢世爲安寧河之通稱，有二源：東源出大凉山，經喜德縣，西入山峽會出自小相嶺之冕山河，有"孫水關"依山險置。出峽即瀘沽鎮，與西源合。小相嶺即古之零山（今云冕山），爲秦漢所開旄牛道之南段，司馬相如所謂"鏤零山，梁孫原"者是也（今有孫水關橋）。西源即"白沙江"，《前漢志》曰旄（夷）江，出今冕寧縣西北，曰大橋河，經北山關，過冕寧縣城東，至瀘沽鎮外受孫水。古以孫水爲正源，今以西源爲安寧河正源也。

⑥"砮石"謂鐵礦。古剥菱礦鐵結晶爲砮矢，其後遂謂磁鐵礦石爲砮石。臺登鐵礦近在瀘沽鎮之後山，與臺登故城斜對，鐵質絶佳。開採已兩千年，歷世著名，今其藏量猶豐富。

⑦今孫水（喜德河）流域，古代皆森林，近世乃成童山，故常氏特著"有漆"。"夷人皆有之"者，謂佔有其利，不容官採。其漆山，本捉馬夷地。疑平捉馬，乃得取其漆，供軍國之用也。

⑧兩《漢志》皆有靈關道與闌縣，考其地皆在今越西縣境。《續漢書·郡國志》作"闡縣"。顔師古《漢書》注"闌，音蘭"，則《續漢志》作"闡"，爲形譌字也。舊刻《常志》，改從《續漢志》作"闡"，非也。

漢闌縣故城，考是今越西縣海棠營地，縣之北界抵大渡河岸，爲邛國北徼。邛人稱之爲闌，與射闌、闌干同義，猶言藩衞之邑也。

"治邛部城"者，其城本曰邛部，故周武帝改稱邛部縣，歷隋、唐、五代皆曰邛部，宋爲邛部王邑，近世之大田土司（嶺土司），其遺裔也。蓋邛部之稱魏晉已有。其邑君係自邛分族，故曰邛部（疑即捉馬魏狼故邑）。今甘洛縣，地爲闌縣東境，云"地接零關"者，今越西縣南部爲漢零關縣地，二縣爲旄牛道南段所經，故云地接也。

⑨漢零關道，《水經注》曰靈道縣，兩漢字本作"零"，後人與青衣之靈關

混，改寫作"靈"，譌也。宋刻《常志》又誤作"寒"，然正因此誤，更可知漢舊字作"零"，寒形近零，故易譌，若"靈"字則不可譌爲"寒"也。

漢縣故城，當是今越西縣南之"小哨"。屬越西河大平原之南部，近小相嶺。小相嶺，故零山也。自小哨南踰此山，下登相營，冕山營至孫水關橋，是爲司馬相如"鏤零山梁孫原"故道，屬旄牛道之南段，爲從來蜀邛間唯一平易之大道，《張嶷傳》所謂"既平且近"者也。

今人稱邛崍山爲大相嶺，零山爲小相嶺，一曰大相公嶺、小相公嶺（《一統志》），謂因諸葛亮南征經此得名。考亮南征不經此道，稱相嶺者，或司馬相如所開也。

⑩零關道縣省後，必是併入闌縣。越西平原與海棠平原同屬越西河本支流上游之高原部分，自然區域不可分也，零山以外則當屬臺登縣。利慈渚，蓋越西平原中之窪地淹爲湖者，今越西縣諸山猶多銅礦，故知零關故縣是今越西縣地，《常志》云"有銅山"也。

⑪《前漢志》："蘇示，尼江在西北。"顏師古注曰："示音祇。尼，古夷字。"則故城在今冕寧縣位置。祇當讀如神祇之祇，《正韻》"祇，渠宜切，音歧。同示，地神"是也。《後漢書·邛都夷傳》作"蘇祇"，《三國志·張嶷傳》作"蘇祁"，《宋書·州郡志》作"蘇利"，《隋書·地理志》作"蘇祇"，皆當讀如祁音。按：《張嶷傳》，蘇祁近旄牛界，故其邑君冬逢爲旄牛王狼路姑壻。嶷殺冬逢，與其弟隗渠，定蘇祁縣，狼路欲爲冬逢報怨，"遣叔父離，將逢衆，相度形勢。嶷逆遣親近齎牛酒勞賜，又令離逆逢妻宣暢意旨。離既受賜，并見其姊，姊弟歡悦，悉率所領將詣嶷，嶷厚加賞待，遣還，旄牛由是輒不爲患"。"嶷與路兄弟妻子盟誓，開通舊道，千里肅清，復古亭驛"。以此知漢蘇示縣是今冕寧，晉時淪没，周武帝復開越巂，别立蘇祇縣於今禮州，非漢蘇示故地也。唐與吐蕃爭巂州漢蘇示縣地，稱爲"臺登北谷"（見《韋皋傳》），後没於吐蕃，又没於南詔，又没於烏蠻。至明設寧番衛，清始復置冕寧縣。

⑫《晉書·地理志》無蘇示縣，當是已省併於臺登。然《宋書·州郡志》仍有此縣，當是李雄時復置，常璩撰此書時，縣固存也。常氏例云"今省"，未有

帶"縣"字者。此云"縣晉省",明是後人因《晉志》無,批注此三字,被鑴入正文,故當删。

⑬會無縣故城,即今會理縣治。知其必然者,安寧河平原之南,金沙江以北廣大地面,惟此間爲較大之乎原,氣候温和,人文爲盛,歷代置縣,宜必於此。其轄境亦當與近世會理州境相當,北至螺髻、夷門,南繞金沙江,西至繩若。(孫水下游合雅礱江,入金沙,古皆稱爲繩水,孫水之異字也。)惟東境接卑水縣界南定,大抵與今會東、寧南縣界相當,且跨越金沙江,佔有江南部分地,即所謂住狼縣,係會無分出也。

⑭此十字,當在"山出青碧"句下,以"故濮人邑也"句承縣字,乃合常氏文例。今既已倒移在前,亦即依次説明。

廖本以"住狼"爲"堂琅"之謁者,非也,堂琅縣固在《南中志》,何得竄越於此?此蓋謂會無縣轄境遼闊,曾分瀘水以南地置住狼縣,約當在李雄時。後以其不便,復還會無,故附及之。按地理推,其故治當在今雲南省祿勸縣北之撒營盤。其地距會理之通安甚近,自會理經通安,渡金沙江至此約百二十里,道依鴨掌河,經祿勸、富民至昆明市約二百里。乃魏晉時會無縣入寧州故道也,故李雄開寧州時曾於此置縣,尋復廢併,故僅見於《常志》也。通安以東,今仍分置會東縣。

⑮濮人即白族之古稱,與僰人同,今會理縣猶有存者。唐以前,在越巂郡界甚昌盛,此所言冢,蓋濮王墓也,縣多碧石,故濮王多有碧珠殉葬。曾見瀘定沈村三山墓(磚砌),遂道深狹下陷,亦不閉,而人不敢入探,深而卑落能悶閉故也。此濮王冢或似之,地點未詳。

⑯江原小亭,常璩家所在,故特能詳天馬事。

⑰銅胎亦謬説耳,會理縣以産銅著名,河床有銅礦石歲積,土民以其取之不盡,遂謂爲有銅胎耳。此與下文山出青碧當連看,青,謂空青,碧,謂碧玉,皆含氧化銅之寶石,副生於銅礦之山者。

⑱舊刻此句作"土地時産犀牛",劉昭《郡國志》注引《華陽國志》作"特産好群牛"。"群"字不成文理,是"犀"字謁可定,昔人已見之矣。然"好犀

牛"亦不成文理，蓋亦如《蜀志序》李冰作石犀五頭之犀，當作"兕"，即耕田之水牛也。會無沿金沙江諸支谷、最低下部爲乾燥之亞熱帶氣候，海拔較高處爲濕熱之暖溫帶氣候，此帶稻田可三季收，且出好水牛。"好兕牛"，謂其馴而多力，耕效高也，若野生之犀，則何所謂好不好哉？

⑲大筰縣，兩《漢志》并有，皆無注文。惟《前漢志》旄牛縣云："若水亦出徼外，南至大筰入繩。"此謂雅礱江，南至今鹽邊縣東合孫水。又南至渡口市入金沙江（繩水）。是凡今渡口市以北，鹽邊、米易兩縣之地皆漢大筰縣地。故縣治當在今鹽邊河口雅礱江岸附近。

⑳漢定筰縣，今爲鹽源縣，由擁有黑白兩鹽泉，爲一方所仰，封建官府與蜀土著酋長互相爭奪閱數千年。其食鹽行銷地區爲金沙江北之蜀郡邊徼，如今世之甘孜藏族自治州，西昌專區，涼山彝族自治州的全部地面。秦漢時爲筰人住地，漢開西夷，首在通道置吏，懾以軍威，軍威既定，官吏軍民生活問題不容一日緩議者，即在於食鹽。故開置郡縣之地雖集中於邛國地區，利其農業已盛，易於接受封建文化；而爲食鹽故，尚不能不推展至於筰區以保證鹽之供給。漢開邛地置二十餘縣，獨此縣稱爲"定筰"者，得此鹽泉則筰人皆當就範，故曰定筰也。鹽泉在筰人自擁時，生產方法極其落後（下文已志其法），供應量低，而質量惡劣。經建郡縣後，由內地工匠以比較先進技術煎取之，產量提高，鹽質亦美，當時川西南邊區漢族與少數民族對此無不滿意。然少數民族上層則徒見其大利被奪，極爲嫉妒，每有動亂，即自據有，以挾制四方。自漢世此區之亂，下迄清末寧遠府區之亂，莫不由此。治邊區歷史者，恒只注意於道路之通閉，郡縣之廢興，與"夷民"之叛服等表面事象，説爲因果（如常璩之重視守令賢能與否與唐宋人之偏重軍威與德化皆是），而不知其骨子裏原因在於此二鹽泉，是治史者之失也。

鹽源地形平坦，海拔高出二千公尺以上，土質磽瘠瀉鹵，屬於高寒草原地帶。古代農民之耕種技術，尚不能充分利用之，故三千年中，內地農業移民所至，止於"白鹽井"一部及其與西昌（邛都）聯絡一綫之地。廣大草原，委棄荒蕪，留爲土著之牧場，亦即留爲川滇間各民族互爭之地。自秦漢迄今，其地民族，已多次變更主人，今其後裔皆有遺存者。是故鹽源西境如黑鹽塘附近與木里南部，雲南寧蒗、華坪、永寧、永北及四川之鹽邊地面，不同族源之民族，約在二三十種以上，皆祇數戶或數十百戶而止，上千戶之民族甚少。語言習俗，各自不同，亦多能自言其先世之歷史，其人大多爲爭奪鹽泉來也。

今可驗於古史者：漢益州刺史朱輔，招懷遠夷，近在大渡河內外之"白狼樓薄"未受招致，而乃遠致"白狼槃木王"所表率者一百餘部，百三十萬戶、六百萬口之多。白狼槃木王有何才能，遂得糾合如此眾多之部族（縱謂其誇大具報，亦不能全無依據）？由《張嶷傳》，可知其爲擁此二鹽泉者，藉鹽之交易故能號召其他諸需鹽諸部落與之聯合助勢以爲此獻詩之舉，圖取漢廷賞賜也。設其無鹽，則一渺小部族，不得比於邛、筰、滇、僰，安可得糾合百餘部落上書獻詩哉（研究白狼獻詩的人每多忽視此點，故特提示於此）？

張嶷去後，此縣又漸淪陷，賴李雄時再得興復。桓溫滅蜀後，放棄南中，此縣再淪陷，遂不見於《宋書·州郡志》。周武帝重開越嶲，以定筰爲鎮屬可泉縣，蓋其時郡境不能踰安寧河平原，惟此鹽泉不可不得，故撫其夷酋，許內地工匠入住白鹽井，經營煎鹽，與酋分利，工匠戶與商戶隸屬可泉縣而已。其時此地似屬於摩莎夷（那哈族），摩些人傳其先世佔地越過此處也。《隋書·地理志》仍無此縣，《唐志》有"昆明縣"，武德二年置，屬嶲州。武德時招撫西南土酋與豪傑之族，內附者皆授令長，昆明縣，當即此間夷酋內附者所授名稱。利其內附，厚予賞賜，以博嶲州諸縣之食鹽而已，故未久亦變爲羈縻州矣。又後則没於南詔，南詔置香城郡於此，從而嶲州郡縣無不次第陷於南詔矣（昆明與嶲皆藏語之牧民部落，見《史記·西南夷傳》）。蒙古人滅南詔，佔有今雲南全境及嶲州地區，乃自此區協同陝西之軍夾攻四川，以嶲州地爲"建昌路"，招撫土酋，設置州府甚多。此縣初爲"閏鹽州"（至元十七年立），尋復爲"柏興府，治閏鹽縣"。稱閏鹽者，南詔自有鹽泉多處（另詳《南中志》），皆在金沙江南。以此二泉爲金沙江北所僅有，故以爲閏鹽，取閏餘之義也。其時此縣已有彝族入住，故又隸屬於"羅羅蒙慶宣慰司"彝族（住建昌路）。

彝族於南北朝末期始由昭通（彝語讀作"阿火地"，被認爲乃其族源所在）

渡金沙江進入大涼山，有其筆摩經典及老民口傳歷史可據，與史籍文獻亦符合。唐代、宋代皆祇盤結於安寧河東岸之大小涼山地區，元代始從越嶲、冕寧縣境西向進入雅礱江流域，遂直向鹽源西境移進，勢如兔突，蓋亦爲圖奄有此一鹽泉也。近世黑鹽塘地區，實際已是彝族佔有，其他諸族，次第徙避，或被黑夷奴隸主消滅，祇白鹽井一處尚爲漢族所有（解放後形勢不同，不在此論）。

明代平定四川、雲南，改舊柏興土官爲柏興千戶，更於白鹽井立鹽井縣，又置鹽井衛於其北，即故定筰縣城處（今云衛城），企圖用軍墾開發鹽源河流域，充實民戶以固鹽城。曾經重開黑鹽塘，未幾仍復爲彝族佔有。清改鹽井縣名鹽源，徙治衛城，徒有白鹽一泉，黑鹽塘在官僚政治上下欺蒙敷衍之下實際并未開發。

同爲含有氯化鈉之鹽泉，而被黑、白鹽之異稱者，兩泉相距百餘里，西泉黑鹽塘，歷世爲少數民族所據有，其煎鹽方法不用鍋，但燔柴得高溫，以曬後之濃鹽水潑之，連灰成鹽，故鹽黑質劣，雜有鉀鱗與炭質。東泉爲漢族工匠，亦苦無鹽鍋，歷世傳統方法用耐火小陶盃，如手臼狀，多數安放小孔蜂窩狀灶上，徐徐斟濃汁鹽水使陸續蒸發，得多臼中乾鹽塊，俗稱"硴窩鹽"，以爲商品，故其鹽純白。歷世漢民工匠，祇施工於此處，已足供廣大邊區人民消費，無須更用黑鹽塘，故黑鹽塘迄未興復。

㉑常氏云"筰，笮夷也"者，笮，矢服也（《儀禮》注）。笮夷，謂定筰之夷爲恒佩竹服，負矢之射獵民族（今滇西北之傈僳族、怒族仍保此俗）。與川邊河谷"度索尋橦"之笮人有別，然族源相同，古人統稱爲筰類，因遍舉各郡對於氐類之異稱，而統謂之"夷種"。常云夷種，與《史》、《漢》云"氐類"同義，言其與汶山夷爲同類而又有區別也。

㉒"渡瀘水"，謂自邛都向西，渡雅礱江若水。晉時稱金沙江爲瀘水，雅礱江流入金沙江，昔人以爲正流，故亦名瀘水。"賓剛徼"，西方邊徼曰剛徼，取西方主金剛之氣爲義，文士語也。"賓"與"濱"字義通，亦取其人附義不背之義，言其時定筰西徼爲摩沙夷，情頗內向而猶未爲郡縣，僅結市易關係，和平相處而已。疑黑鹽塘當時已在摩些人經營中，摩沙即摩些（沙與些并讀如莎）即今之納西族，主要分布地在麗江與其附近。曾經擴展東到冕寧、瀘定，西入維西、

中甸、德欽諸縣地方。由《常志》,知其晉世已入定筰西界。

㉓其事詳具《張嶷傳》,傳云:"定筰率豪狼岑,槃木王舅,甚爲蠻夷所信任。"明其人是白狼槃木王下一貴踞頭領,掌握此白鹽井利源與他諸部族市易相結。"忿嶷自侵,不自來詣",明是張嶷欲奪此鹽利,岑意不服,故受召不往,表示意在抗拒。張嶷既仗軍威,遂"使壯士數十直往收致,撻而殺之",以示威嚴。岑罪不至死,遭此酷虐,其率必將反叛。嶷則利用其人怯弱貪賞心理,"持尸還種,厚加賞賜,喻以狼岑之惡,且曰:'無得妄動,動即殄矣!'"以威脅利誘之,遂得使其"種類咸面縛謝過,嶷殺牛享宴,重申恩信,遂獲鹽鐵"。(同時獲臺登、卑水之鐵與漆,"器用周贍"矣。)

下云"官迄有之",謂白鹽井始歸官營。

㉔"北沙河是"四字,於文當指白鹽井地名之別稱。但白鹽池即步北澤,在定筰南,不當云"北沙河"。按上文臺登縣:"孫水一名白沙江。"孫水即瀘沽河,臺登鐵礦所在。疑是昔人傳寫《常志》者參覈《張嶷傳》至"遂獲鹽鐵,器用周贍"句,不明兩縣地理距離,誤連"鹽鐵"所產爲一地,遂用上文臺登之"白沙江"批於此文之末,宋刻以爲正文。此當刪除之句也,故存其文加刪號。

㉕三縫縣,兩漢并有,晉、宋無。應是晉初已廢,李雄開寧州時復置,桓溫滅蜀棄寧州,遂不復見,故城舊籍無論述者。今按《常志》文推,其縣境當在今渡口市附近金沙江南北,下至三磊子、黎溪,踰江包有雲南姜驛一帶皆是也。知其然者:就縣名推,前漢曰三絳者,謂三大水會流處也。渡口附近雅礱江(若水)自北來,金沙江(淹水)自西來,合流(繩水或馬湖江)向東南去,三水皆水勢浩瀚,河谷深邃而燥熱,古稱洪水爲絳水(見《孟子》),故曰三絳也。三大河谷合而爲一,故《後漢志》與《常志》作"三縫"。縫爲會合爲一之義,與絳同,字亦作"縤",非祇與"絳"形近,邊民書寫易混,含義亦正可通。《常志》特言音播者,古播字與絳、縫、縤字皆蒲禾切,音婆,義皆爲分體綴合故也。其次證驗,在《常志》明言長坪石豬在瀘水(金沙江)南,接蜻蛉縣界。今渡口市附近金沙江北曲,其南岸仁和街部分固當屬越巂,不當屬大姚,自然地所必然,他處則不能合。至於縣治位置,則似在若水入繩之下游三磊子,三磊子爲

江北岸一大河原臺地，以有三大石堆著名，金沙江自此以上平緩可行舟船，古爲瀘水渡口之一。晉至唐世，寧州永昌，雲南兩郡及南詔與嶲、邛、蜀交通皆必由此。故知其爲三縫故治也。

蜻蛉縣屬雲南郡，常氏另有文記述，不言石猪事，以此知三縫縣而言蜻蛉，但謂其接境於瀘水之南耳。不同於會無之言住狼縣，故不當云得，祇當云接耳。《水經注》誤解常氏文，遂以長谷石猪逕入于蜻蛉縣下，故此附駁正之。

㉖卑水縣，兩漢并有。"去郡三百里"是《張嶷傳》文，"水流通馬湖"應是言水流與馬湖江通。馬湖江，即金沙江，過馬湖縣則稱馬湖江也，以此推知卑水即今之寧南河（披沙河，或普格河）。卑水縣，即今之寧南縣。古縣治或是今之普格，或是近世之披沙汛（今寧南縣治）。《水經注》謂"馬湖江（繩水）左合卑水"，《南中志》謂丞相亮南征"軍卑水"，皆是此處。孟康曰："卑音班。"

㉗潛街，《前漢志》作"灊街"，音仍爲潛。《後漢志》無，疑是蜀漢時置。蜀漢自越嶲郡爲高定（元）叛據後，太守祇住安上，蓋曾開闢內方漢民住居區，向未置縣者立爲新縣，以湊合一郡形勢，如安上、馬湖、潛街與新道皆是。新道見《李嚴傳》，其地蓋是今峨邊、沙灣鎮，亦通越嶲之小道也。不見《常志》，當是旋廢。潛街與馬湖皆當在僰道徼外，馬湖有湖可定，潛街當是今雲南綏江縣地，屬金沙江南岸之河原地帶，其縣治若非今之綏江，即可能是檜江，或是故永善縣治（今云蓮峯鎮）。此帶江原肥沃而對蜀、滇、黔交通皆不便，形勢幽閉，所以稱爲潛街耶？

㉘安上故城，在今涼山州昭覺縣治南十里之"古城壩"。清宣統初，因黑彝殺法國遊歷者，分五路軍大剿涼山，會師於此，設交足汛。旋改昭覺縣，取舊城磚建新城，皆漢代磚也。又得大量五銖錢及其他漢代器物，摩有圖片，載在宣統《昭覺縣志》（寫本，四川省圖書館與川大圖書館俱有）。蜀漢前此區無縣，蜀漢建興三年，丞相亮南征，"由水路入越嶲"，"軍卑水"，"夏五月，亮渡瀘水進征益州"（并《南中志》）。是亮下岷江自僰道分馬忠征牂柯，李恢入建寧，而自循安上入越嶲。自卑水破雍闓、高定（元）聯軍後，平定越嶲，留龔祿守之，乃自赴建寧（益州郡）援李恢，完成南征全局勝利，取漢陽道還蜀也。自僰道至卑

水，必過此地，亮去後，"叟夷數反，殺太守龔祿、焦璜。是後太守不敢之郡，只住安上"（《張嶷傳》）。則安上是昭覺爲可定矣。時旄牛（邛崍山）道閉，故丞相南征由此，旄牛道復通後，此縣還爲僻邑。六朝時没於夷獠，千餘年後乃克復爲縣治，僅賴此故城遺迹與常氏遺文證其是蜀漢故縣也。自宣統至解放前，三十餘年中，昭覺雖置縣，脅於惡夷，縣官皆留滯西昌，莫敢赴任，縣亦徒有其名而已。解放後，爲涼山彝族自治州治，始復繁榮焉。現已公路四通，其西南經布拖至普格路，即諸葛亮自安上趣卑水擊破雍闓、高定（元）聯軍之路。其地屬涼山高原頂部，海拔二千公尺，平坦、高寒，仍能種稻，故蜀漢能置新縣於此，作越嶲郡僑治。《張嶷傳》云"去郡八百里"是誤文，已前注。

㉙馬湖縣，《前漢志》犍爲郡之郁鄢縣也。王莽改曰羼鄢，因馬湖爲名。湖在今屏山縣西三百七十里，周二百餘里，去金沙江約祇二里，高出群山中，四周皆竣崖，祇海腦壩一隅成爲黃種溪之三角洲，有黃瑯鄉。又有湖心螺髻山，可住四百餘人。相傳牧馬湖灘者得駿駒，故稱馬湖，又曰龍湖。郁鄢，僰語育馬之義也。後漢縣廢。蜀漢時，越嶲郡陷，没於叟夷，漢民内徙者多停留於安上與湖旁諸河谷間，復開爲縣。今黃瑯，蓋即當時縣治，轄境則包有今雷波縣與屏山縣西部至沐川馬邊諸地，李雄時猶存，其後陷没於夷獠。唐時稱馬湖部，分爲殷、馴、騁、浪四羈縻州，屬戎州都督府。宋時有烏蠻主屯于湖內（見《元史·地理志》），元至元十三年内附，立馬湖路，因其土酋治之，轄雷波、泥溪、平夷、蠻夷、夷都五長官司。明爲馬湖土知府，萬曆十三年，立屏山縣爲府治，仍稱馬湖府，轄五長官司地。清雍正五年改土歸流，廢土府，雷波土官楊明義不服，作亂，剿平後置雷波衛鎮攝之。乾隆二十六年改設流官曰雷波廳，因土官寨爲廳治。民國爲雷波縣，楊土司後裔猶存，仍是一方彝民領袖，他四部土官則屬屏山縣爲場鎮矣。

川邊凡僰民地區置郡縣者，非至内地大混亂後不淪没。惟黑夷奴隸主所在地，不唯縣易淪没，更能向腹浸漬，侵害所住漢民，馬湖彝、漢民族變遷史事，足以代表屏山、馬邊、峨邊以及越西地區歷史發展變化之一般情況。近世地理書，每以馬湖與屏山混亂，昧其部位沿革，故因考訂漢晉馬湖縣論訂之。

二十四

右益州，漢初統郡五。按：謂巴、漢中、蜀、廣漢、犍爲，皆高祖王漢中時故地，截至武帝建元六年止，不計武帝新開諸郡也。**後漸分建，蜀郡及巴【郡】，又分爲五郡**。爲，當作"出"。謂蜀郡分出漢嘉、江陽二郡，巴郡分出巴東、巴西、涪陵三郡，合爲五郡，皆在建安以前。不計汶山郡，非漢王故地也。**劉二主時，又自廣漢、漢中、犍爲、巴西分出六【爲四】郡**。謂自廣漢分出梓潼、陰平，漢中分出西城、上庸、房陵，巴西分出宕渠，犍爲分出朱提，亦皆故漢中王故境。**武帝【又】開益州五郡**，此謂武都、汶山、越嶲、牂柯、益州五郡，沈黎旋廢不計，益州後改晉寧。**明帝開永昌郡，丞相亮分置建寧、興古、雲南郡，合二十五郡**①。蜀漢世有此二十五郡不誤，但上文奪去字多，即不可合，各郡文固在，可按補也。南中平樂、南廣二郡亦蜀漢置。平樂旋廢，南廣丞相亮後所置，故不當計入。舊刻各本怪其數不合，莫知考補，廖本注云："以上舛駁，所未詳矣。"**及寧、【州】荆、梁州建，復增七郡，蜀於是有【三】州四**，"及"字，《函海》注云："何本誤'又'。"顧觀光校云："原誤'又'。"蓋元豐與張、吳、何本皆作"又"，劉、李、錢、《函》、廖本作"及"也。又"於是有"下"州四"上，各本皆無三字。廖本有，并注云："舊脱此字，今補正。"今按：李雄曾置荆州，見《大同志》，常氏原本有荆，爲州四。降江左後，嫌荆州與晉牴牾，删去，改"荆"爲"州"以掩之，而"州四"二字未及改。後之傳鈔者遂自"州"斷句，以"四"下屬。兹改還"荆"字，從"四"斷句。**凡三十二郡**，舊刻誤以"四"字下屬代"三"字。兹補"凡三"二字。三十二郡者，上二十五郡，加李雄與王遜所增立之平夷、夜郎、平樂、南廣（李雄復置）、河陽、梁水、西平七郡及荆州之建平郡。由常氏去"荆"字删建平郡，故從來鈔傳與鐫刻者不能得三十二數而作四十二，并上各數字疑昧不解，聽其舛駁，甚至於改"四州"爲"三州"、"三十二"郡爲"四十二"也。**一百九十六縣**②。各本此文并同。查本書所列郡縣，共祇百七十四縣，尚差二十縣，疑皆在原荆州郡縣中，合省并之縣計，非常氏原文有誤，不盡詳考。州分後，《函海》作"爲"。益州凡新舊郡【九】七③，舊刻皆作"九"，當是"七"字之譌，説詳注釋。縣四十八，户夷、晉二十【二】四萬。廖本作"二十二萬"。

　　譔曰：蜀之爲邦，天文，則井絡輝其上④；地理，則岷、嶓鎮其域⑤。五岳，則廖本有"則"字，他本無。華山表其陽⑥；四瀆，則舊各本有。汶江出其徼⑦。故上聖，則大禹生其鄉⑧；媾姻，則黄帝婚其女⑨。顯族，吳、何本無"女"、"顯"二字，吳作墨巴，何本空格。疑是張佳胤删，以"族"代"女"字，意實勝於嘉泰本，然竊疑"顯族"下有脱文，當是原有表揚諸大族字被删。大賢，彭祖育其山⑩。列仙，王喬升其岡⑪。而寶鼎輝光於中流⑫，離張、吳、何、王本作"驪"。龍、仁虎躍當脱有一字。乎淵陵⑬。開闢及漢，國富民殷。府腐穀帛，家藴畜積⑭。《雅》、《頌》之聲，充塞天衢⑮；中【林】穆舊本皆作"穆"。廖本作"林"。之詠，侔乎《二南》⑯。蕃衍三州，土廣萬里⑰。方之九區，於斯爲盛。固乾坤之靈囿，先王之所經緯也⑱。

　　案：《蜀志》總結兩章，前章統計郡縣總數，先包舉全書郡縣者，蓋其先撰《蜀漢書》時，本以《蜀志》爲第一卷，降晉後乃首列梁州，爲尊晉也（巴併入梁州乃晉之建置，李雄則以巴爲荆州），故於益州郡縣統計，用"州分後"句另起。後章爲讚詞，係各卷末所例有。《蜀志》作"譔曰"，入江左後，改訂蜀、巴、漢編次時皆改作"讚曰"，惟《蜀志》未改，亦是《蜀志》保存《蜀漢書》舊貌之驗，故仍酌注其出處。

【注釋】

　　①往時讀《常志》者，多偏重於人物與史事，雖亦重其地理四卷，而由於昧於此區地理實際，不能考訂。傳鈔擅改與删省之處頗多，以致舊文統計，一片舛亂，不可回驗於本書，亦不可符合于衆史。顧廣圻校稿，首先從考訂郡縣下手，是其能傑出於數十家校勘之上的主要原因。茲踵其事，更爲詳細考訂，删補

其文，克與"二十五郡"原文吻合。上文夅駁，庶獲澄清，前人誤改之"廣漢、漢中、犍爲爲四郡"之語則逕刪之可也。

②前人或於李雄曾置荆州事未能注意，又因常氏入江左，因晉并巴入梁州後，删去荆州各語，而未及改"州四"爲州三，遂謂"有州四，三十二郡爲有三州四十二郡"。此則與江左改寫本之稱"梁、益、寧三州"（《士女目録》冠語）合矣，至於何來四十二郡則不問焉。於是回查本書，無從理解。兹改"寧州梁州"爲"寧荆梁州"，加建平郡，完全符合《大同志》文義，而州郡數字無不脗合。縣數合李雄所爭得之建平、宜都與武陵諸縣，亦當可足一百九十六數。此爲李氏疆域之極數，惟常氏知之，正倖在於過去人未注意，克以保存至今。因常氏删去《巴志》之建平郡，故州郡數可落實，縣數不能盡落實，所關亦甚微也。

③益州新舊郡，七郡明在《常志》，即蜀郡、廣漢、犍爲、江陽、汶山、漢嘉、越嶲。舊刻皆作"郡九"者，後主時廣漢郡更分出東廣漢郡，犍爲郡又分出南廣郡，即爲九郡。然在李雄時，東西廣漢仍合爲一郡（西廣漢即晉之新都郡），而南廣劃入寧州，故仍祇當爲七郡。於此益足見《蜀志》所保存者是《蜀漢書》原文未改，但常氏於江左依晉制統計益州郡縣時，作九郡四十八縣，乃非《蜀漢書》所原有也。

《晉書·地理志》："益州，統郡八，縣四十四，户十四萬九千三百。"依《太康地志》也。以與本書此文校，少一郡，四縣，十萬零七百户。查《晉志》係以新都、廣漢二郡屬梁州，本書則合爲一郡屬益州。又《晉志》益州有朱提郡與牂柯郡，故較李雄時多一郡爲八郡。縣户數，亦俱與李雄時不同，由《太康簿》與《元康簿》不同故也。

④"井絡"，已詳本卷1章之注⑧。

⑤"岷嶓"，已詳1章之注⑤與注⑧。

⑥華山，《爾雅》之西嶽，歷代崇祀。陝西華縣有西嶽廟，山在其南，屬於秦嶺山脉東段（太華山脉）之一支峰。自山以南，爲《禹貢》梁州地界，故曰"華陽黑水惟梁州"。常氏取爲書名。山雖不在益州，謂其爲梁州之表，在漢則益州之表也。

⑦《爾雅》:"江、河、淮、濟爲四瀆。"江出岷山,爲四瀆之首,故《史記·封禪書》稱岷山(汶山)爲"瀆山"。

⑧禹生於石紐,説在補《汶山郡》"廣柔縣"。

⑨黃帝娶西陵氏女曰嫘祖,始教中原人民養蠶,"西陵"蓋即蠶陵國也。生二子,昌意降居若水,娶蜀山氏女,俱見《大戴禮》與《世本》及《史記》。

⑩彭祖家於彭模,已詳 15 章之注⑧。

⑪王喬升其北山,已詳 15 章之注⑦。

⑫"寶鼎"已詳 15 章之注⑩。

⑬"離龍",《犍爲郡序》作"黃龍"。《易·離卦》:"彖曰:離,麗也。"又"六二,黃麗元吉。象曰:"黃離元吉,得中道也。"舊以五色配五方,黃爲中央正色,離,謂黃色之尤麗者,故此謂黃龍爲離龍。張佳胤改離爲驪則非,"驪龍"見《莊子》。五經注文皆釋驪爲黑色,與"黃龍見武陽赤水"文義不應。"仁虎"見 15 章之注⑨。

⑭此誇蜀土農產之盛,亦言官府徵取之濫,至於穀朽於倉,帛腐於庫。

⑮此言司馬相如、揚雄、王褒、王尤等獻賦、獻頌事,"天衢"謂天子之都。

⑯此言益州刺史王襄獻《中和頌樂歌》,"中穆"即中和之義。《詩·二南》二十五篇多南國所獻於周王之詩歌,故曰"侔乎《二南》"。張佳胤改作"中林",取《周南·兔罝》"施于中林"之義,失之鑿矣。《兔罝》雖可能亦是蜀地江漢間人之詩,本在《二南》中,則安得云"侔乎《二南》"乎?

⑰此謂巴蜀文化發展流播爲"蕃衍",由蜀之一郡,展拓及於南中(寧州)與荆梁三州。由此語足見常氏原作精神,固以蜀文化爲主體,未甚注意巴、邛、滇、僰諸民族文化。

⑱"乾坤",天地之代稱取《易·繫》"天尊地卑,乾坤定矣"之義。"靈囿",取《詩·靈臺》"王在靈囿"成語,然所指爲梁、益二州,則又是用"人皇九囿"之義。"經緯",是經營締造之義。

附一

蠶叢考

蠶叢之名，始著於揚雄《蜀王本紀》，其書今佚，唯有輯本。所輯魏晉以來雜史、地書及彙書，文字小有異同，大旨若一，無非出於揚雄所傳。茲於《常志》外選錄數種以便參訂：

《文選·蜀都賦》注："蜀王之先名蠶叢、柏濩、蒲澤、開明。是時，人萌（民）椎髻、左言，不曉文字，未有禮樂。從開明以上到蠶叢，積三萬四千歲。"（左言，謂不同于漢語。六朝有"左郡"，謂語言不同之郡。）

《藝文類聚》卷六："蜀王始曰蠶叢，次曰伯雍，次曰魚鳧。"

《太平御覽》卷一百六十六："蜀之先稱王者曰蠶叢、柏灌、魚易（鳧）、開明。是時，椎髻、左衽，不曉文字，未有禮樂。自開明以上至蠶叢凡四千歲。"（左衽非羌氏俗，應是"左言"譌。）

又卷八百八十八："蜀王之先名蠶叢，後代名曰柏灌，後者名魚鳧。此三代各數百歲，神化不死。其民亦隨王化去。"

綜合分析，以求揚雄本語，則蜀王先世最先著名者為蠶叢氏。其時與中原不同俗，無文字，無禮樂，年代荒遠，連墳墓亦無有。質言之，還是原始社會的初期或中期，或說是中石器時代以前的社會。自蠶叢氏開始，乃有氏族組織。所謂"王"，乃後人加於其氏族首領之稱，正如稱伏羲氏、神農氏曰"帝",非即已經有國家制度之王號也。

常璩在《序志篇》,用特筆反對揚雄所傳之說云:"世俗間橫有爲蜀傳者,言蜀王、蠶叢間週迴三千歲。……按《蜀紀》,'帝居房心,決事參伐'。(參)伐,則蜀分野。言蜀在帝議政之方。帝不議政,則王氣流于西。故周失紀綱而蜀先(稱)王。七國皆王,蜀又稱帝。此則蠶叢自王,杜宇自帝,皆周之叔世,安得三千歲?"所據《蜀紀》三語,與《三國志·秦宓傳》"請爲明府陳其《本紀》"文同。璩固云:"司馬相如、嚴君平、揚子雲、陽成子玄、鄭伯邑、尹彭城、譙常侍、任給事等各集傳記以作《本紀》。"則從前漢至魏晉,作《蜀本紀》者凡八家。揚雄僅居其一。璩與秦宓所據之《蜀本紀》,出於星象家言,非揚雄語。揚雄"懷鉛握槧遍訪故老"(《方言序》),傳其《方言》。其記蜀王事,當亦如此。凡民族在無文字時,率有口誦其先代歷史之能力。(近世彝族奴隸主,有能誦其祖先名氏至七十代以上者。)揚雄生於蜀,與故老習,記其傳說如此。雖其真實性不能甚大,亦應較其他學人專恃書本、推斷者爲可靠。故璩所持以駁雄說者,不能成立。從而可知對《常志》相關諸語,亦當有所抉擇矣。

用歷史唯物主義觀點分析舊籍所傳關於蠶叢氏之資料,可以肯定其爲原始社會最先形成一個氏族集團之首領。其至周末之時間,說三千歲,爲保守數;四千歲,爲近似數;估萬餘歲亦非甚誇。此爲結論之一。

胡爲稱曰蠶叢?凡古籍記述原始社會之氏族名稱,有錄音者,有錄意者。"蠶叢"爲錄音耶?必不取於如此繁畫之兩字。意必亦如"伏羲"、"神農"、"有巢"、"豕韋"之爲錄意,或由其飼養原蠶成功,創繅絲法,爲民族興利,故號"蠶叢"也。宋黃休復《茅亭客話》云:"蜀有蠶市……耆舊相傳:古蠶叢氏爲蜀主,民無定居,隨蠶叢所在致市居。此其遺風也。"是蜀人相傳蠶叢氏時尚無都邑,隨桑林所在,聚其人,教以養蠶繅絲,故曰蠶叢。然宋去蠶叢已遠,後於揚雄一千餘年,既非秦漢人傳説，更難信賴。竊疑蠶叢之義，謂聚蠶於一箔飼養之，共簇作繭，非如原蠶之蜎蜎獨生，分散作繭。是原始人類一大發明創造，故成爲氏族專稱也。今蜀人猶稱作繭之草樹爲簇（cù），語音作叢（cóng）之入聲，疑即蠶叢語變也。

古史相傳，黃帝元妃嫘祖，教民養蠶（出《世本》）。《史記·五帝本紀》據《世本》與《大戴禮·帝繫姓·五帝德》撰成，稱："黃帝居軒轅之丘，而娶於西陵之女，是爲嫘祖。嫘祖爲黃帝正妃，生二子……青陽降居江水；其二曰昌意，降居若水。昌意娶蜀山氏女，曰昌僕，生高陽……是爲帝顓頊也。"蜀山氏居於何地，暫可不論。論蜀之爲字，蓋即原蠶之本稱也。就我國文字發展過程言，先衹象形，次會意。周秦以降，諧聲字乃多。蠶字，從蚰，朁聲。其非原始之蠶字甚明。較蠶字早出者，有蜀字；古文作罖，後加虫字，象形兼會意。所表者爲蛾類之幼蟲。蛾類幼蟲與人類生活最關切者莫如蠶。故蜀字係古人專爲原蠶製造。象巨目之蟲。又加虫爲識者，是象形末期字；更加虫，以明其非他種巨目動物。原蠶眼實微小，然有大黑斑爲僞目，故其造字如此。（家蠶經人工改良變化，多失其眼斑。）我國象形文字，在漁獵經濟時代開始，畜牧時代大盛。進入農業時代轉衰，乃漸進入會意、諧聲階段。估計蜀字之製成，即在黃帝之世。其字，亦即爲當時之蠶字。後世乃以蜀爲原蠶，而於人工改良之蠶種，則造蠶字以相區別。故《淮南子》云："蠶與蜀似而愛憎異。"其所云"蜀"，即原蠶，今云野蠶者是也。

野蠶，今四川有桑之處皆有之。桑林歲久，即自繁生。其蛾與蠶蛾無異，産卵於桑之枝幹，不甚密集。春暖自孵出，就葉芽。恒分散，鮮共葉者。蛻變四化而後成繭。體較家蠶短小，形質全同。散向桑下枯草、籬栅、牆垣間結繭，或就桑皮皺裂間。繭淡灰黃色，較家蠶繭小而堅硬。可煮而抽絲，與家蠶絲無異，但多纇結。性不群聚。故蜀字引伸之義爲獨。揚雄《方言》："一，蜀也。南楚謂之獨。"蓋蜀人古語讀一爲蜀，其字作，象蠶之形，亦即古代之蠶字。我國古代傳養蠶法者，初亦祇呼爲"蜀"。更造爲蜀字。是故"蜀山氏"，即古人加於蠶叢氏之稱也。其義皆謂最先創造養蠶法之氏族。西陵氏女子嫘祖得其法，轉施之於中原地區。故其子娶於蜀山氏。疑西陵氏居地與蜀山氏近，故傳其術於中原獨早。然則蠶叢氏在黄帝之先已養蠶矣。

蜀族在蠶叢時無文字可定。自其入居蜀地，進入農業社會以後，即不能不有文字。其字在出土文物中頗有可驗證者，如：手紋是造作義；花蒂紋，是王之義；持刀人，是兵之義；舞蹈人，是快樂及勝利之義。惟不識其作何音。其 字，象蠶形，讀蜀音，可緣《方言》定。又 字，象二蠶對望待飼，讀蠶音，則可由《後漢·郡國志》蠶陵縣字作"八陵"而定。《前漢志》作"蠶陵"。《後漢書》帝紀及《西南夷傳》并記有安帝永初元年，桓帝永壽二年，"蜀郡夷叛，攻蠶陵"。字并作蠶。惟《郡國志》作"八陵"。故可知此 字乃蜀人習慣使用之"蠶"字。《帝紀》用漢字，作蠶，《郡國》用地方字，作 。是蜀王時已有之古蠶字，一（蜀）表單數，音如獨。 （蠶）表複數，爲蠶字音。蜀人已知中原稱此蟲爲蠶，緣之讀 爲蠶字音也。（參看圖版13《花蒂紋圖的發展變化》）

由文字發展的時代變化，與區域性的不同，可以證明蠶叢氏之所以著名於世，由其創始發明養蠶。是爲結論之二。

蠶叢氏居住何地？《前漢·地理志》蜀郡有蠶陵縣。"莽曰步昌"，敍在蜀郡十五縣之末，可知其爲武帝時新開縣。《後漢志》作"八陵"，可知其爲蜀山氏故地，亦蠶叢之故邑也。《元和志》："翼州，北至松州（今松潘）一百八十里。……周武帝置。本漢蠶陵縣地。漢元鼎中開。梁太清中，蕭紀于舊縣置鐵州，尋廢。周天和元年，討蠶陵羌，於七頃山下置翼州。"考地理者，皆一致定爲今松潘縣南百八十里之叠溪。其地當松坪河岷江會口，舊有小平原。1933年地震，山崩壅江，今爲叠溪湖。其北山名蠶陵山，見《舊唐書·地理志》"翼州衛山縣"。

縣名蠶陵者，蓋舊傳有蠶叢王墓在此。猶楚之夷陵，巴之故陵。皆因舊墓爲稱。抑或謂蠶叢氏所居之丘，與"蜀山氏"之蜀山同義。要必與蠶叢氏舊居有關。漢元鼎時，去蜀王杜宇未遠。武帝時蜀人必能知其先王住地所在，故立縣時用此名也。

上古人類，原從牧業漸進入於農耕。方其牧業經濟時，以草原爲樂園，暖谷爲畏途。岷江上游地區，爲一丘低谷淺之大草原，北連隴西，接於河套。西連大渡河上游與雅礱江上游之康北大草原，接於析支、洮湟。如此連成一片之大草原，兼有淺谷河原，可以種植麥類與牧草，是爲我國牧畜時代民族活動之中心地區。其後中原農業，與巴蜀吳楚農地次第開闢，蔚起爲新的經濟中心。初猶與此舊的牧業中心不能無頻繁深厚之經濟聯繫。在黃帝世，此草原與中原農區，猶是一大家庭。故黃帝"西至于空同"，而娶西陵氏女。（此西陵當指隴西某地，與楚之西陵無關。）其二子又降居江水、若水地區，與蜀山氏婚。其孫、曾之顓頊與帝嚳，又次第入爲中原大君。大禹亦生於此江水河谷，而入爲堯舜之"司空"。其後遂克建成夏后氏之國家，開始了我國的奴隸社會。而此牧業時代中心之大片草原，受地理條件限制，社會停頓不前。周秦漢後，差距日大，遂形成夷夏畛域之別；人有論及蠶叢爲蠶絲業之發明者，則反群起疑之，以爲唯嫘祖是養蠶之創造發明人也。

蜀地與華夏之原始交通，原本以岷江上游河谷爲媒介。縣虒（故茂州舊名）與蠶陵，爲其樞紐。蠶陵以上，大體平易。故王莽改名步昌。蠶陵以下，河谷深狹，岸道險窄，至縣虒乃略開展，多農地。故秦縣止于縣虒。縣字，古爲繭絮之義。亦與蠶叢文義有關。自縣虒東踰土門關（今地名），僅一淺嶺（屬九頂山脈凹部），循湔水（海窩子之白鹿河）而下，至瞿上（彭縣北之關口，《元和志》指爲天彭門），穿短峽而出山，入于成都平原之郫邑。此蜀王柏灌、魚鳧由蠶陵漸遷入蜀農業地帶之道路也。別自土門關循濰水下行至緜竹,一日可達。今世猶通行。遠古時,成都內海未全出土,其東北已出土部分,爲郫、什邡、綿竹等地區。此地區人物之往來於中原者,恒自緜虒、蠶陵,溯江源(黃勝關),入於隴西地區,轉入渭水平原。當時蜀與內地交通,祇能如此。其後自寶雞、故關入武都盆地,再循嘉陵江水至葭萌入蜀。是爲殷周時代蜀與內地交通孔道。沿綫多有橋梁與阪險,惟捷於草原舊路。此則必待至人民已能鑿山、架橋之農業經濟時代乃能開通。故知其爲殷周世開。其時,蜀山氏(蠶叢氏)部落亦已轉進至瞿上(海窩子)與郫矣。又後,巴蜀與中原商業發達,經濟聯繫緊密,政治聯繫逐漸加強,褒斜棧道乃建成。蜀與內地交通孔道乃更東移,而以漢中爲樞紐,則已在秦圖統一之始。時則草原故道無復有人過問矣。秦滅蜀後,乃開湔氏道,即自今灌縣龍溪出汶川娘子關之路。是爲岷江上游河谷與成都平原間新開之捷徑,爲漢置汶山郡創立了基礎。於是土門關古道亦漸廢矣。又至蜀漢時,修成劍閣橋道,南棧新路成,馬鳴閣舊路亦廢。不知此種交通發展過程者,妄謂"三皇乘祇車出谷口"(《秦宓傳》文),爲今之褒斜谷口。而以爲蠶叢氏之入爲蜀王,是循江水而出。反以疑瞿上爲蜀王故治之說焉,昧於地理故也。

以此考訂古代西陲交通路綫的發展變化,決定蠶叢氏最先住居地點,亦合於舊籍沿革之文。當爲結論之三。

蠶叢氏屬於何種民族?由其居地所在,即可肯定其爲氐類。氐與羌族同源,爲人類最先入居於康、青、藏大草原者。由於草原遼闊,多食草獸,易獵食;又富於白石英塊,成天然的犀利石器;其地乾燥無雨,空氣清潔,人鮮疾病;又無毒蟲猛獸害敵:故原始人類樂於留處,從而較早育成卓越之牧業文化。其貢獻留存於今世者爲:育成馴優之牦牛與藏狗,更進而育成乳肉兼用之良種犏牛,與耐寒之來麥(青稞)。來麥,爲世界麥種之始祖。歐洲之黑麥至今仍用其音。我國之麥類名字,皆從來字爲文。大麥、小麥、糵麥、莜麥,今已普種於世界各地,皆來麥之變種也。羊類、馬類及玉類之爲商品，莫不以羌族爲最早、最多。中原文化，在牧畜經濟時代，尚落後於羌族。雖已進入農業經濟時代，依憑於羌族商品者仍多。"黃帝以玉爲兵"（出《胡非子》），或多資於羌族之產品。后稷之"貽我來牟"（《詩·生民》），正謂開始引種青稞。《禹貢》之"織皮"，謂連毛羊皮，古人市以織褐也。《史》、《漢》之"莋馬、旄牛"，秦漢世猶依賴於羌族供應。羌雖限於地文，日漸落後於中原。若言石器時代之經濟文化，則或較我國他族爲古老矣。

羌族的原始住區，爲藏北之絳塘草原（羌塘），與康北之俄洛草原。（《禹貢》之"析支"，《漢書》曰"賜支"。賜，古讀如錫。）當其極盛時，人口發展無已，分向四方延展：南入雅魯藏布江河谷者，爲播族（《西羌傳》云"髮羌"，隋唐時爲吐蕃）；更南延展者，爲喜馬拉雅山南斜面尼婆羅、哲孟雄、布丹、珞巴諸族；向西延展者，爲克什米爾，在唐爲大小勃律與西女國；向西北越崑崙而下，入於塔里木盆地者，後爲西王母，與鄯善、于闐、龜茲諸沙漠綠洲國族；向東北延展者，別爲党項（秦爲義渠，唐爲党項，宋爲西夏）與獫狁，及赤狄、白狄、長狄等族；其向東南延展於西康高原者，在漢爲旄牛羌，在隋唐爲附國、白蘭、東女（蘇毗），在元爲霍爾、木雅、梭羅，在清爲明正、理塘、巴塘、德格等土司部。其更早已入居於西康高原與四川盆地，及雲貴高原間之河谷地帶者，是爲氐族。又有更早已遠入漢水流域與大巴山區者，則於唐虞時爲三苗，殷周時爲楚芈，魏晉時爲巴氐：皆已進入農業社會，漸與內地民族融合矣。（楚國芈姓，其字爲羌之變體，而讀音如米，與羌氐語呼人爲米同音。蓋羌族語猶存之證。）未能更向東南延展，向東扼于中原，向南後于越族故也。凡文化較高民族，恒向其四周文化落後地區作波浪式延展推進，其規律如此。

氐者，居於低地之羌也。岷江、大渡河、金沙江諸河谷，比較羌族居住之高原地方低暖，宜於種植，而交通不便。地理既異，經濟生活不同，民俗隨之變化，形成新的支派。自武都之白馬，汶山之冉駹，漢嘉之青衣，沈黎之莋，越巂之白狼，皆稱曰氐。蠶叢，蓋居岷江河谷之尤早者。蠶叢之族徙蜀，而後冉駹承居其地，是故蠶叢氏，雖蜀之先王，亦氐類也。

《殷武》之詩，稱"自彼氐羌，莫敢不來享，莫敢不來王"。謂成湯時，住居隴蜀之氐羌民族，咸與殷商民族發生和好關係，商品市易不絕。殷墟甲骨文中，刻入羌字甚多。其字從羊從人，形態甚多。有羌加"石"字的，它表示羌族賣石器（玉器）的商人，石器最美者以古羌族住區爲多，中原古代人珍貴的玉器，大都由羌人運來出售，故加石字的羌字，仍應讀爲羌字的音。另還有大量的加"系"的字，有人解爲被繫虜的羌人，竊以爲那是表示的賣絲的羌人。蠶絲是羌族所居溫暖河谷纔能生產的，岷江上游河谷生產得最早。那些河谷地區的人，中原古代把他稱作"氐人"。故從羌加系的字，實際是指的"氐人"，即羌族入居溫暖河谷經營農蠶業的人。

附甲骨文的三種羌字。

（據1934年哈佛燕京社出版的《甲骨文編》）

⿱⿱⿱⿱　　（表示的一般羌人）

⿱⿱⿱⿱　　（表示賣石器〔玉器〕的羌人）

⿱⿱⿱⿱　　（表示賣絲的羌人〔氐人〕）

羌人善養馬牛羊。既居河谷，不利於養牛羊，行動咸需於馬，故氐族皆有宜於山道之良馬及驉行銷內地，是謂"莋馬"。蠶絲與馬，爲殷、周間氐人與內地商人市易之兩大商品。故秦漢恆以蠶與馬爲類。《荀子·蠶賦》謂蠶神"馬首"。鄭玄注經，謂："蠶與馬同氣，故蠶月禁殺馬。"《甘石星經》謂房四星其一爲"天馬"，一爲"天駟"。《協律辨方書》謂："天馬爲叢神，爲掌蠶之命神。"《唐月令注》謂"先蠶爲天駟星"（並據《辭海》引）。而隋唐時以馬明王爲蠶神。馬明王塑像，額上多一縱目，乘白馬，此蓋表示其神爲縱目人，屬白馬氏類，隱指蠶叢也。宋王欽若駁天蠶爲天駟之説（詳《宋史》卷五十五本傳），於是朝廷祀典稱"先蠶"。廢其燔柴，但瘞埋以祭。神亦另作翁媪持繭像，擬嫘祖。人民不願從欽若説者，乃因馬頭娘故事，塑女子披馬皮者爲蠶神。或私祀馬明王如故，但改稱其廟爲白馬廟而已。馬頭娘故事者，唐人所造。謂高辛氏時，蜀人爲賊掠去。其女誓於衆曰：能使父還者嫁之。家有馬，絶繮逸去，乘其父歸，父不肯以女嫁馬。馬咆哮嘶啼。其父怒，射殺之，曝其皮於庭。女過其處，皮蹶然起，捲女飛去，棲於桑上。女化爲蠶，食桑成繭（節《太平廣記》）。此明是迷信蠶馬同氣者所造。仍稱"蜀人"，遠託於"高辛氏"時，其意猶指蜀山氏也。明清人又謂蠶神爲"青衣神"（徐光啓《農政全書》），謂"蠶叢氏衣青衣"。青衣、白馬，皆氏族支别之稱。要皆足以説明養蠶爲蜀地氐人所創。是爲結論之四。

近世，有西人傳教士著書，謂中國蠶絲業始於山東。其人不知蜀地有蠶叢，有原蠶，但緣山東有柞蠶，有黄絲（較原始的絲色），遂言之。夫若先無天然自生之野蠶以啓發遠古勞動人民，即不可能有養蠶的創造。四川自岷江河谷入四川盆地，今猶多有野蠶，亦其證也。

1976 年任乃强再稿

附二

成都七橋考

常璩《華陽國志》云："長老傳言，李冰造七橋，上應七星。"其上文專章記李冰事，未言造橋。此雖補述，猶曰"長老傳言"，固疑之也。

今按：李冰既穿二江"雙過郡下"，即不能不跨江造橋，以通行旅。二江者，郫江，自沱江（毗河）分水，至張儀、張若所造成都城西北，繞少城西，折向東流，過城南之市橋與江橋，至合江亭，與檢江合。自灌田外，兼具護衛城防與漕轉汶山地區竹木財物之用。是爲二江之北江。其故迹，驗於今地，則爲自郫縣三道堰，經成都市區之洞子口、九里隄，與今城內之王家塘、洗馬池一帶低地，出外東蓮花池，至望江樓附近合檢江。秦城在此江之北，面積不過今城九分之一、二。其商業繁盛區在市橋附近（屬秦少城石牛門外）。其下有石犀淵，相當寬深。漢世展拓秦城，合大城、少城作十八郭，此市與淵均仍在市橋門郭外，當時漢民與少數民族市易，不樂在城內受官吏拘束故也。自隋、唐、宋、明，屢徙城址。明、清兩代修建磚城時，則王家塘、洗馬池一帶已包入磚城之內，而別鑿護城河以泛竹木（今云油子河）。城內郫江舊迹次第填平，變成街道，每大雨，街水漫流時，此舊河迹部分恒成澤國，有淹沒屋基一、二尺深者，其明驗也。

李冰二江之檢江，遠自都江堰內江之寶瓶口外分水，長百餘里。即今之走馬河，灌、溫江、郫、崇慶、雙流、新津諸縣和成都廣大田野之幹流。秦時係自今百花潭、十二橋循金河一綫，至合江亭，與郫江合。明代築磚城包金河後，乃更於南門外開護城河，即今南門大橋下河，清代同。城內金河，初亦行船，後漸爲沿岸民居侵奪，乃更開拓南門外渠爲正流。今則金河漸堙滅矣。冲積平原開河易，可以隨時依人意改變河道，其都市土城，亦屢圮，屢築，移徙不定，故執今地形以求古地名位置者，每每致謬。先瞭解秦李冰二江舊迹與大城、少城之位置，乃可以考訂秦之七橋。

兹先_彙錄七橋資料，以便審證：

1. 常璩《華陽國志》（依新校本）："西南兩江有七橋。直西郫江上曰衝里橋，西南石牛門曰市橋……大城南門曰江橋，南渡流（江）曰萬里橋。西上曰夷里橋。上曰笮橋。又從衝里橋西北折曰長昇橋。郫江上西有永平橋。"

2. 《水經注》卷三十三："西南兩江有七橋：直西門郫江上曰衝治橋。（一本無上曰二字，治作里。）西南石牛門曰市橋。吳漢入蜀，至廣都，令輕騎先往焚之。……大城南門曰江橋。橋南曰萬里橋。西上曰夷星橋（一本作"夷里橋"）。下（校作亦）曰笮橋。南岸道東有文學……道西城，故錦官也……又從衝治橋北折曰長昇橋。城北十里曰昇僊橋，有送客觀……李冰沿水造橋，上應七宿。故世祖謂吳漢曰：安軍宜在七橋連星間。"（此則明是引據《常志》而以笮橋爲夷里橋之別稱，以昇仙橋入七數。無永平橋。）

3. 《初學記》卷七《橋總序》云："蜀有七橋：一，衝里；二，市橋；三，江橋；四，萬里橋；五，夷里橋；六，笮橋；七，長昇橋。"（此亦明是依據《常志》，未似《酈注》之參雜他書，不用昇仙橋。）

4. 《一統志》引李膺《益州記》云："一，長星橋，今名萬里。二，員星橋，今名安樂。三，璣星橋，今名建昌。四，夷星橋，今名笮橋。五,尾星橋,今名襌尼。六,衝星橋,今名永平。七,曲星橋,今名昇仙。"(附原注:"按《益州記》與《華陽國志》多不同。《華陽國志》昇仙橋亦不在七星之數。")

今按:李膺從桓溫伐蜀,留蜀中頗久,蓋與常璩爲同時人。而所記李冰七橋與常氏異者,常氏記"故老"傳説,李膺記當時星緯家言,《酈注》折衷二家爲文。《初學記》則恪遵《常志》也。兹先依《常志》次第,考訂各橋名稱,位置如下(參看圖版14《李冰造七星橋位置圖》):

衝治橋 《初學記》作衝里。《水經注》官本作治,朱本、趙本作里。趙一清《水經注釋》云:"是唐時寫本避高宗諱耳。"今按:秦漢制,縣域區劃,有鄉、亭、里。"鄉置有秩三老、游徼。""亭有亭長,以禁盗賊。""里有里魁,民有什伍,善惡以告。"(引《後漢·百官志》)《常志》亦云:"故蜀立里多以橋爲名。"編户之法,大十户左右爲甲。十甲左右爲里。地有興衰,户有增減。增減度過大時,亦每有分併。先有橋,則里因橋爲名;先有里,則橋因里爲名。此其大較也。秦已建橋,漢始分里,故可推斷衝里橋者,原始當單名衝橋。衝即衝途、衝繁之衝字。秦時成都西側當羌氐、筰、邛出入之衝(當時臨邛入郡自西門,僰自南門,賨自東門,秦自北門),故正西之郫江橋曰衝。漢立里,因曰衝里。後遂轉爲衝里橋。宋人刻書者與傳寫《常志》者,每因唐避治作里,而誤會理、里字爲唐人避改,遂妄還爲衝治橋。猶俗本《史記》、《漢書》,改元元爲玄元,説爲黑頭之義。亦謂古本爲避諱改也。

市橋 秦少城正南爲石牛門。門外跨郫江有橋,爲市橋,爲當時各族人民市易處。漢建益州,稱爲"州市",謂一州最大市也。《寰宇記》卷七十二云:"市橋,在州西四里。"又引李膺《益州記》云:"漢舊州市在橋南,《華陽國志》云,後漢大司馬吳漢征公孫述,述妹壻延岑僞遣鼓角麾幟渡市橋挑戰,漢兵爭觀,延岑縱兵出漢軍後襲擊,大破之。(在《公孫述志》)即此橋也,七星橋之五。"鄭樵《通志》謂古市橋"今曰金花橋"。考石犀淵當即今之王家塘。石牛門當在今寧夏街東武擔山與文殊院之間，去金花街、五福橋不遠。宋代猶能知其處，今難確定何點矣。

江橋　在大城南門外，嘗估其橋址當在今城東北方正街、貴州館街之間。《寰宇記》云："南江橋亦曰安樂橋，在城南二十五步（按：此謂唐宋之府城）。宋孝武以橋名安樂，寺改名安樂寺。"今安樂寺爲人民市場，在鹽市口附近，祀蜀後主安樂公劉禪，非古之橋神廟也。

萬里橋　在郫、檢二江合流處之西跨檢江。成都舟運，始暢於此。《元和志》云："在縣南八里。蜀使費禕聘吳，諸葛亮祖之（於此），禕歎曰：'萬里之行，始於此橋。'因以爲名。"又"明皇幸蜀過此（《寰宇記》作"適此橋"，義較佳），問橋名。左右以對。明皇歎曰：'開元末，僧一行謂，更二十年，朕當遠游萬里外，此其驗也。'"范成大《吳船錄》云："在合江亭西。"考合江亭，當在今望江公園附近。萬里橋當在今九眼橋附近。檢江，亦即錦江，一名流江，《元和志》曰"大江"，云"萬里橋架大江水"也。舟行者自此始，故祖餞者恒於此處。費禕所歎，謂使程之遠，正如此橋名，非因有此歎而名此橋也。萬里之名，當秦已定，取長江萬里爲義。《寰宇記》云："在州南二里。亦名篤泉橋。橋之南有篤泉也。……七星橋之二。"今按："二里"上疑脱十字。或二爲八之譌。所舉費禕、玄宗兩故事與《元和志》同，則道里不能遠異。宋之州城距此，亦不能是二里。所言"篤泉"，疑即今之"薛濤井"，本名"篤泉"，清人傅會爲薛濤故井也。成都郊區皆飲江水、渠水，不作井泉，惟此有一井泉，故知其爲篤泉也。萬亦爲姓氏字，亦可疑"萬里"是里名。

夷里橋　故址當在今鹽市口南，跨金河（檢江）。本曰夷橋，漢立夷里，遂稱夷里橋也。夷字本義訓大，訓平易，又爲姓，齊大夫有夷仲年，又與彝通，不必即爲"蠻夷"義。

笮橋　常氏夾敍在七星橋之間。《益州記》、《水經注》，皆以爲即夷里橋。《寰宇記》云："笮橋，去州西四里，一名夷里橋，又名笮橋，以竹索爲之。"今按：李冰七橋皆木製之板橋，可行車馬。惟此附郭七橋外，乃仍舊爲竹索橋，夷里橋決非竹索爲之。李冰于成都通臨邛道上各渡口皆作笮橋，明著《常志》。其出少城赴臨邛之第一笮橋，正跨檢江，當在夷里橋上方赴臨邛方向，疑是今草堂寺外龍爪堰處，雖李冰作，不在七木橋内。吴漢入蜀，蜀人堅守夷里、萬里二橋，軍不得渡。故上趨笮橋。延岑乃以鼓角、旗幟，大出市橋，趨夷里，若欲擊其後者，漢軍爭東向夷里禦之，延岑乃以奇兵向笮橋擊其後方，故大敗之。漢墮水，援馬尾得出。其時笮橋亦已易木橋，而市橋、江橋皆易爲石橋矣。今成都南郊四十里，有地名簇橋，亦非秦之笮橋，秦笮橋當跨檢江。

長昇橋　按《常志》，當在少城西北，跨郫江，約在今洞子口附近。

永平橋　按《常志》文，當在郫江更上游，今踏水橋附近。舊地書於此兩橋無所稱述。兹訂爲如此位置者，如此乃合"上應七星"語。北斗七星特明朗。其四星排列略成四方（微作梯形），是爲斗勺；其三星排列微弧，接於勺，爲斗柄。李冰七橋，市、江兩橋跨郫江，萬、夷兩橋跨檢江，亦略成四方形，似斗勺；衝里以西北三橋，皆跨郫江上游，配合恰似斗柄狀。如此乃與"七星"形位相應，否則不爲"相應"。此應字，祇能是相類似之義。北斗七星，斗勺之前端二星爲天樞，其間作直綫引長更約七倍距離處爲北極星（北辰），正當天心，亘古對地面位置不變。北斗七星與其他星群則每晝夜對地面旋轉一次（實即地球自轉所見的天象），每月之同一時間，斗柄所指的方位又不相同。每一周年，斗柄回指一定方位（實即地球公轉所産生的天象）。上古人類，便依據它轉向的方位，定出年、月、日、時的曆法來。李冰所造七橋，形位與斗宿七星相似，惟不能旋轉如斗，每日僅瞬刻與之相應。李冰當時隨地理形便造橋，恰有形似北斗之排列。後人遂飾爲"上應七星"，傳播於蜀人之口，常璩從而採入於書耳。笮橋位置與七星排列不相應，而與萬、夷兩橋同在檢江上，故夾述及之。

昇仙橋　即今之"駟馬橋"，本漢城咸陽門外護城河橋。張儀築時應已有木橋，非李冰造。唯郫、檢二江上木橋，工程較大，或是李冰造耳。此橋既非跨郫檢江，又不與七星排列位置相應，即不當在七橋之內。（《水經注》誤入於七星橋，緣《益州記》誤。）

李膺《益州記》久失傳。唐宋人每多引之，文不盡同。如《寰宇記》謂南江橋爲"七星橋之一"，萬里橋爲"七星橋之二"，市橋爲"七星橋之五"，餘四橋無名次，但有"夷里橋又名笮橋"，不言七星橋次，而與《一統志》所傳《益州記》"四，夷星橋又名笮橋"之文正同。故知其出於《益州記》也。然《一統志》所傳《益州記》之橋次爲：一萬里橋；二安樂橋（按《寰宇記》，安樂橋即江橋）；三建昌橋，謂即長升橋，其下突然躍越至斗柄中，顯有未合，疑原是夷里橋；其四爲笮橋；而五爲市橋（禪尼橋），順序乃合，然則李膺本語固以笮橋入於七星，與《水經注》同也；其六爲"冲星橋"，沿市橋溯郫江而上，次敍合；其七爲昇仙橋，又不合如上所述。可疑所云"李膺《益州記》"，亦只是後人所安托。即如長、員、璣、夷、尾、冲、曲等星名，亦非天文諸書所固有，不得爲李膺實地考察之言矣。

若《常志》文，"上曰笮橋"四字爲自注語，則從江橋爲斗魁第一星起，次萬里、夷里、市橋爲勺，次冲里、長昇、永平三橋爲柄，以象北斗，殆似之矣。

綜上言之，可得下之結論："上應七星"之說，除形似外，不能有其他意義。既云："（秦城）西南兩江有七橋……上應七星。"即不得有昇仙橋（駟馬橋），亦不得有笮橋。笮橋雖亦在檢江，與七星不相應，亦非如七星橋之爲木橋，常文本自明白。後人轉引訛謬，以昇仙亦爲木橋（漢世笮橋亦爲木橋），而永平橋遠（或已壞），說者不知，亦不細審常文，致昧七星之義。

《五行志》

　　成帝鴻嘉三年五月乙亥，天水、冀、南山大石鳴，聲隆隆如雷。有頃止，聞平襄二百四十里。……是歲，廣漢鉗子謀攻牢。（顏注："鉗子，謂鉗徒也。牢，繫重囚之處。"）篡死皋囚。鄭躬等盜庫兵，劫略吏民。衣繡衣。自號曰山君。黨羽寖廣。明年冬，乃伏誅。自歸者三千餘人。